Microservices
Security
IN ACTION

Microservices
Security
IN ACTION

마이크로서비스 아키텍처
보안 설계와 구현

프라바스 시리와데나
누완 디아스 지음

박상영 옮김

i!i
에이콘

한 세기 동안 아니 영원한 우리의 멘토인

산지바 위라와라나 박사님께 이 책을 바칩니다!

 에이콘출판의 기틀을 마련하신 故 정완재 선생님 (1935-2004)

| 지은이 소개 |

프라바스 시리와데나^{Prabath Siriwardena}

WSO2에서 보안 아키텍처 부사장을 맡고 있고 2007년부터 ID 관리 및 보안 분야에서 종사하고 있다.

누완 디아스^{Nuwan Dias}

WSO2의 API 아키텍처 임원으로 2012년부터 소프트웨어 업계에 종사하고 있으며 현재까지 API 관리 분야에 관한 업무를 주로 해오고 있다.

| 감사의 글 |

이 책이 세상에 나올 수 있도록 아낌없이 지원해주신 모든 분들께 감사를 드립니다.

- 매닝의 수석 편집자인 브라이언 소여는 이 책의 출판을 제안해주셨고 제안을 구성하는 데 도움을 주셨습니다.
- 매닝의 개발 편집자인 마리나 마이클스는 출판 과정 내내 높은 인내심과 아량을 보여주셨고 글쓰기 과정에서 귀중한 조언을 해주셨습니다.
- 매닝의 프로젝트 편집자 디어드레 이암, 교열 담당자 샤론 윌키, 교정자 케리 헤일스, 리뷰 편집자 이반 마티노빅에게도 감사를 표합니다.
- MEAP^{Manning Early Access Program} 구독자분들은 이 책을 출간하기 전부터 많은 관심을 가져주셨습니다.
- 기술 교정자인 토르스텐 웨버는 모든 예제 코드가 예상대로 동작하도록 코드를 검토하는 데 도움을 주셨습니다.
- OPA^{Open Policy Agent} 프로젝트 생성자 중 한 명인 팀 힌리히와 SPIFFE 프로젝트 생성자 중 한 명인 앤드류 제섭이 OPA와 SPIFFE 관련 부록을 검토해주셨습니다.
- WSO2 창립자이자 최고 경영자인 산지바 위라와라나와 WSO2의 최고 기술 경영자 폴 프리맨틀은 수년간 지속적인 멘토링을 해주셨습니다.
- 이 책을 검토해주신 앤드류 보빌, 비에른 노르드블럼, 브루노 버나이, 에로스 페드리니, 에브게니 스마네브, 게르트 코에니그, 구스타보 고메즈, 하리나스 말레팔리, 조엘 홈스, 존 거스리, 조나스 메디나, 조너선 레빈, 조지 에세키엘 보, 레오나르도 고메즈 다 실바, 루카스 호즈다, 마시모 시아니, 매튜 루디 제이콥스, 모스타파 시라즈, 필립 타펫, 라우산 자, 살바토레 캄파냐, 시므온 레이저전, 스리하리 스리다란, 스테판 펀바움, 틸로 케제만, 팀 반 두루젠, 우발도 페스카토레, 유리 보다레프는 더 나은 책으로 만들 수 있는 제안을 해주셨습니다.

프라바스 시리와데나: 집필 과정 전반을 지원해준 아내 파비트라와 어린 딸 디나디에게 고마움을 표하고 싶고 항상 나와 함께해주며 나를 위해 많은 것을 해준 부모님과 내 누이에게도 항상 감사합니다. 또한 제 아내의 부모님도 놀라울 정도로 큰 도움을 주었습니다.

누완 디아스: 내 아내 카순과 아들 제이슨을 포함한 가족의 지속적인 지원과 인내가 없었다면 이 책을 집필할 수 없었단 걸 잘 알고 있습니다. 양가 부모님은 항상 제게 힘이 되고 제가 하는 모든 일에서 저를 지원해주고 계십니다.

| 옮긴이 소개 |

박상영(intothesec@gmail.com)

'미래 유망직종 1위'라는 달콤한 말에 현혹돼 보안 분야에 입문한, 여전히 자기계발의 끈을 놓지 않고 있는 이커머스 기업의 개인정보보호 담당자다. 좋아하는 분야의 전문가가 되고 싶다는 뚜렷한 목표와 해외에서 일하며 가족들에게 글로벌 경험을 쌓게 해주고 싶단 포부를 갖고 오늘도 하루를 살아간다.

마이크로서비스 아키텍처^{MSA, Microservices Architecture}는 단일 애플리케이션을 작고 독립적
으로 배포 가능한 작은 서비스 집합으로 개발하는 방법으로, 일체형을 의미하는 모놀리
식 아키텍처와 달리 보안을 위한 새로운 접근 방식이 필요하다. 이 책은 다양한 예제 코
드와 쿠버네티스, 도커, 이스티오 서비스 메시와 같은 최신 기술을 사용해 마이크로서비
스를 안전하게 보호하는 방법을 설명하고 배경지식이 부족한 독자를 위한 부록을 제공함
으로써 마이크로서비스 보안 이슈 해결에 필요한 지침 역할을 충실히 해준다.

먼저 1부의 마이크로서비스 보안 기본 원칙으로 시작해, 2부에서 마이크로서비스 경계
지점과 진입점에서 마이크로서비스를 보호하는 방법을 설명하고, 3부에서 클라이언트
요청으로 발생한 마이크로서비스 간 통신을 보호하는 방법을 알아본다. 이어서 4부에서
는 컨테이너 환경으로 구성한 마이크로서비스를 보호하는 방법을 다루며 마지막 5부에
서 보안 점검 자동화 방안을 개발 프로세스에 적용하는 방법을 살펴본다. 이를 통해 마이
크로서비스 아키텍처로 전환을 고려하고 있지만 보안 이슈를 간과하거나, 어떤 보안 이
슈가 있을 수 있는지와 보안 이슈를 어떻게 해결해야 할지 고민하는 개발자와 보안 담당
자에게 지식을 전달한다.

마이크로서비스 전반을 다룬 책은 시중에 많고 해당 책의 세부 주제 중 하나로 보안을 언
급하는 경우 또한 많다. 하지만 보안을 메인 주제로 마이크로서비스를 다룬 책은 국내에
아직 없어 번역을 할 경우 많은 분들에게 도움을 줄 수 있을 거란 기대감에 시작한 번역
이라 필요한 분들에게 의미를 부여할 수 있는 책이 되었으면 하는 바람이다.

마지막으로 퇴근 이후와 주말에도 계속 작업을 하느라 가정에 소홀함이 많았던 시기를
이겨낼 수 있게 해준 부모님과 가족, 역자의 길로 입문할 수 있도록 번역을 맡겨주시고
일정 지연에도 불편함을 드러내시지 않은 출판사 분들에게 감사함을 전한다.

| 차례 |

지은이 소개 7

감사의 글 8

옮긴이 소개 10

옮긴이의 말 11

머리말 22

들어가며 24

1부   개요   **29**

1장   마이크로서비스 보안의 특징   **31**

1.1 모놀리식 애플리케이션의 보안 동작 원리 33

1.2 마이크로서비스 보안의 어려움 36

　1.2.1 공격 노출 지점이 넓어질수록 공격받을 위험도 증가 36

　1.2.2 보안 검증 지점 분리는 성능 저하를 초래 37

　1.2.3 배포 복잡성으로 인한 마이크로서비스 간 초기 신뢰 설정 어려움 ... 37

　1.2.4 다양한 마이크로서비스 간 통신 추적의 어려움 39

　1.2.5 컨테이너의 불변성으로 인한 자격증명과 접근 제어 정책 유지의 어려움 ... 39

　1.2.6 마이크로서비스의 분산된 특성으로 인한 사용자 컨텍스트 공유의 어려움 ... 41

　1.2.7 다중 개발 언어 지원 아키텍처는 개발 팀에 더 많은 보안 전문지식을 요구 ... 41

1.3 핵심 보안 원칙 42

　1.3.1 인증은 스푸핑으로부터 시스템을 보호 42

　1.3.2 무결성 검증으로 데이터 변조에서 시스템을 보호 44

　1.3.3 부인방지: 한 번의 서명으로 영구적으로 기록하자 45

　1.3.4 기밀성은 의도하지 않은 정보 노출에서 시스템을 보호 46

　1.3.5 가용성: 어떠한 상황에서도 시스템을 가동 중인 상태로 유지 ... 48

　1.3.6 인가: 권한 범위를 넘어선 행위 차단 50

1.4 외부 경계 보안 50

    1.4.1 마이크로서비스 그룹에서 API 게이트웨이의 역할 52

    1.4.2 경계 지점에서의 인증 52

    1.4.3 경계 지점 인가 절차 55

    1.4.4 클라이언트 애플리케이션/사용자 컨텍스트를 상위 마이크로서비스로 전달 ... 55

1.5 서비스 간 통신 보안 56

    1.5.1 서비스 간 인증 56

    1.5.2 서비스 수준 인가 60

    1.5.3 마이크로서비스 간 사용자 컨텍스트 전파 62

    1.5.4 신뢰 경계 간 연결 63

요약 67

2장   마이크로서비스 보안을 위한 첫 단계   69

2.1 첫 번째 마이크로서비스 제작 70

    2.1.1 필요 소프트웨어 다운로드 및 설치 71

    2.1.2 예제 코드 저장소 복사본 생성 72

    2.1.3 주문 처리 마이크로서비스 컴파일 72

    2.1.4 주문 처리 마이크로서비스 접근 73

    2.1.5 소스 코드 디렉토리에는 어떤 것이 있는가? 75

    2.1.6 마이크로서비스의 소스 코드 이해 76

2.2 OAuth 2.0 서버 준비 78

    2.2.1 인가 서버와의 통신 78

    2.2.2 OAuth 2.0 인가 서버 실행 81

    2.2.3 OAuth 2.0 인가 서버에서 액세스 토큰 획득 82

    2.2.4 액세스 토큰 응답 이해하기 84

2.3 OAuth 2.0을 사용한 마이크로서비스 보안 84

    2.3.1 OAuth 2.0 기반 보안 85

    2.3.2 예제 코드 실행 86

2.4 클라이언트 애플리케이션에서 보안이 적용된 마이크로서비스 호출 89

2.5 OAuth 2.0 권한 범위를 사용한 서비스 수준 인가 수행 91

    2.5.1 인가 서버에서 범위가 지정된 액세스 토큰 획득 92

    2.5.2 OAuth 2.0 범위를 사용한 마이크로서비스 접근 보호 94

요약 97

3장   API 게이트웨이를 사용한 클라이언트와 내부 시스템 사이의 트래픽 보안   101

  3.1 마이크로서비스 그룹에서 API 게이트웨이의 필요성 102

    3.1.1 마이크로서비스에서 보안 영역 분리 104

    3.1.2 소비를 더 어렵게 하는 마이크로서비스 그룹의 고유한 복잡성 106

    3.1.3 외부에 노출하지 않는 게 바람직한 마이크로서비스의 특성 107

  3.2 외부 경계 보안 109

    3.2.1 마이크로서비스 소비자 환경 이해 109

    3.2.2 접근 위임 110

    3.2.3 API 보호를 위해 Basic 인증을 사용해선 안 되는 이유 112

    3.2.4 API 보호를 위해 공통 전송 계층 보안을 사용해선 안 되는 이유 112

    3.2.5 OAuth 2.0을 사용해야 하는 이유 113

  3.3 Zuul API 게이트웨이 설치 114

    3.3.1 주문 처리 마이크로서비스 컴파일 및 실행 114

    3.3.2 Zuul 프록시 컴파일 및 실행 116

    3.3.3 Zuul 게이트웨이에 OAuth 2.0 기반 보안 적용 118

  3.4 Zuul과 마이크로서비스 간의 통신 보안 129

    3.4.1 방화벽으로 접근 방지 129

    3.4.2 mTLS를 사용한 API 게이트웨이와 마이크로서비스 간의 통신 보안 130

  요약 132

4장   단일 페이지 애플리케이션으로 보안을 강화한 마이크로서비스 접근   135

  4.1 앵귤러를 사용해 단일 페이지 애플리케이션 실행 136

    4.1.1 앵귤러 애플리케이션 빌드 및 실행 136

    4.1.2 단일 페이지 애플리케이션의 동작원리 살펴보기 138

  4.2 CORS 구축 143

    4.2.1 동일 출처 정책 사용 143

    4.2.2 CORS 사용 145

    4.2.3 교차 출처 요청을 허용하는 출발지 검사 147

    4.2.4 API 게이트웨이를 리소스 서버 프록시로 운영 147

  4.3 OIDC를 사용한 단일 페이지 애플리케이션 보안 151

    4.3.1 OIDC 로그인 흐름 이해 152

4.3.2 애플리케이션 코드 분석 157
4.4 연합 인증 사용 161
4.4.1 다수의 신뢰 도메인들 163
4.4.2 도메인 간의 신뢰 형성 164
요약 166

5장   요청 제한, 모니터링 및 접근 제어 수행   167

5.1 Zuul을 사용해 API 게이트웨이로 보내지는 요청 관리 168
5.1.1 할당량 기반 애플리케이션 요청 제한 170
5.1.2 사용자를 위한 공평한 사용 정책 172
5.1.3 주문 처리 마이크로서비스에 할당량 기반 요청 제한 적용 173
5.1.4 마이크로서비스의 최대 처리 용량 178
5.1.5 운영 관점에서의 요청 제한 180
5.1.6 OAuth 2.0 토큰 및 인가 처리 지점을 향한 요청 제한 181
5.1.7 권한 기반 요청 제한 182
5.2 프로메테우스와 그라파나를 사용한 모니터링 및 분석 183
5.2.1 주문 처리 마이크로서비스 모니터링 184
5.2.2 프로메테우스 메트릭 모니터링의 동작원리 190
5.3 OPA를 사용해 API 게이트웨이에 접근 제어 정책 적용 192
5.3.1 도커 컨테이너로 OPA 실행 193
5.3.2 OPA 엔진에 데이터 제공 194
5.3.3 OPA 엔진에 접근 제어 정책 제공 196
5.3.4 OPA 정책 평가 197
5.3.5 OPA 사용 시 참고사항 199
요약 199

3부   서비스 간 통신   201

6장   인증서를 사용해 내부 시스템(서비스) 간의 트래픽 보호   203

6.1 mTLS를 사용하는 이유 204
6.1.1 인증기관을 이용해 클라이언트와 서버 간에 신뢰 구축 204
6.1.2 mTLS는 클라이언트와 서버가 서로를 식별하도록 지원 205

6.1.3 HTTPS는 TLS 기반으로 동작하는 HTTP 프로토콜 206

6.2 마이크로서비스 접근을 보호하기 위해 인증서 생성 207

6.2.1 인증기관 생성 207

6.2.2 주문 처리 마이크로서비스에서 사용할 키 생성 208

6.2.3 재고 마이크로서비스에서 사용할 키 생성 208

6.2.4 한 번의 스크립트 실행으로 필요한 모든 키 생성 209

6.3 TLS를 사용해 마이크로서비스 보호 210

6.3.1 TLS를 적용한 주문 처리 마이크로서비스 실행 210

6.3.2 TLS를 적용한 재고 마이크로서비스 실행 214

6.3.3 TLS를 사용해 2개의 마이크로서비스 간 통신 보호 215

6.4 매력적인 mTLS 219

6.5 키 관리의 어려움 223

6.5.1 키 프로비저닝과 부트스트래핑 신뢰 223

6.5.2 인증서 해지 226

6.6 키 순환 233

6.7 키 사용 모니터링 234

요약 235

7장   JWT를 사용한 내부 시스템(서비스) 간의 트래픽 보호   237

7.1 마이크로서비스 보호를 위한 JWT 사용 사례 238

7.1.1 공유 JWT를 사용해 마이크로서비스 간 사용자 컨텍스트 공유 238

7.1.2 서비스 간 상호작용을 위해 새로 발급한 JWT를 사용해 사용자 컨텍스트 공유 .. 240

7.1.3 다른 신뢰 도메인에 속한 마이크로서비스와 사용자 컨텍스트 공유 242

7.1.4 자체발급 JWT 243

7.1.5 네스티드 JWT 245

7.2 JWT를 발급하는 STS 구축 246

7.3 JWT를 사용해 마이크로서비스 보호 249

7.4 접근 제어에 사용할 권한 범위 출처로 JWT 사용 251

7.5 JWT를 사용해 서비스 간 통신 보호 253

7.6 다른 aud 속성을 가진 새로운 JWT로 JWT 교환 255

요약 259

8장   gRPC를 사용한 내부 시스템(서비스) 간의 트래픽 보호   261

8.1 gRPC를 사용한 서비스 간 통신 262

8.2 mTLS를 사용해 서비스 간 gRPC 통신 보호 268

8.3 JWT를 사용해 서비스 간 gRPC 통신 보호 276

요약 281

9장   반응형 마이크로서비스 보호   283

9.1 반응형 마이크로서비스를 사용하는 이유 284

9.2 카프카를 메시지 브로커로 구축 290

9.3 이벤트를 카프카 토픽에 푸시하는 마이크로서비스 개발 293

9.4 카프카 토픽에서 이벤트를 읽는 마이크로서비스 개발 296

9.5 TLS를 사용해 전송 데이터 보호 299

　　9.5.1 TLS 키와 카프카 인증서 생성 및 서명 299

　　9.5.2 카프카 서버에 TLS 설정 301

　　9.5.3 마이크로서비스에 TLS 설정 302

9.6 mTLS를 사용한 인증 305

9.7 접근 제어 목록을 사용해 카프카 토픽에 대한 접근 제어 308

　　9.7.1 카프카 접근 제어 목록 활성화 및 클라이언트 식별 310

　　9.7.2 카프카에서 접근 제어 목록 정의 312

9.8 NATS를 메시지 브로커로 설정 315

요약 319

4부   안전한 배포   321

10장   도커로 컨테이너 보안 정복   323

10.1 도커에서 STS 실행 324

10.2 도커 컨테이너에서 시크릿 관리 326

　　10.2.1 도커 이미지에 포함한 시크릿 외부화 328

　　10.2.2 환경 변수로 시크릿 전달 331

　　10.2.3 도커로 배포하는 운영 환경의 시크릿 관리 방안 333

10.3 도커 이미지 서명 및 검증을 위해 도커 컨텐트 트러스트 사용 333

    10.3.1 TUF 334

    10.3.2 도커 컨텐트 트러스트 334

    10.3.3 키 생성 335

    10.3.4 DCT로 서명 337

    10.3.5 DCT로 서명 검증 339

    10.3.6 DCT가 사용하는 키 유형 339

    10.3.7 DCT가 클라이언트 애플리케이션을 리플레이 공격으로부터 보호하는 방법 .. 342

10.4 주문 처리 마이크로서비스를 도커에서 실행 343

10.5 제한된 권한으로 컨테이너 실행 347

    10.5.1 컨테이너를 root 외의 사용자로 실행 348

    10.5.2 root 사용자의 권한 삭제 350

10.6 Docker Bench for Security 실행 353

10.7 도커 호스트에 대한 접근 보호 355

    10.7.1 도커 데몬에 원격 접근 활성화 356

    10.7.2 도커 API 접근을 보호하기 위해 엔진엑스 서버에서 mTLS 활성화 359

10.8 컨테이너 이상의 보안 고려 365

요약 366

11장 쿠버네티스상의 마이크로서비스 보안   367

11.1 쿠버네티스상에서 STS 실행 368

    11.1.1 STS로 사용할 쿠버네티스 디플로이먼트를 YAML 형식으로 정의 368

    11.1.2 쿠버네티스에서 STS 디플로이먼트 생성 369

    11.1.3 디플로이먼트 트러블슈팅 369

    11.1.4 쿠버네티스 클러스터 외부에 STS 노출 370

11.2 쿠버네티스 환경에서 시크릿 관리 373

    11.2.1 컨피그맵을 사용한 쿠버네티스 설정 외부화 375

    11.2.2 application.properties 파일을 위한 컨피그맵 정의 376

    11.2.3 keystore.jks와 jwt.jks 파일을 위한 컨피그맵 정의 377

    11.2.4 키 저장소 자격증명을 위한 컨피그맵 정의 377

    11.2.5 kubectl 클라이언트로 컨피그맵 생성 378

    11.2.6 쿠버네티스 디플로이먼트에서 컨피그맵 소비 379

    11.2.7 초기화 컨테이너를 사용한 키 저장소 로딩 381

11.3 쿠버네티스 시크릿 사용 384

   11.3.1 모든 컨테이너의 디폴트 토큰 시크릿 384

   11.3.2 시크릿 사용을 위해 STS 업데이트 386

   11.3.3 쿠버네티스가 시크릿을 저장하는 방법에 대한 이해 388

11.4 쿠버네티스에서 주문 처리 마이크로서비스 실행 389

   11.4.1 주문 처리 마이크로서비스의 컨피그맵/시크릿 생성 390

   11.4.2 주문 처리 마이크로서비스의 디플로이먼트 생성 393

   11.4.3 주문 처리 마이크로서비스의 서비스 생성 393

   11.4.4 종단 간 흐름 테스트 394

11.5 쿠버네티스에서 재고 마이크로서비스 실행 396

11.6 쿠버네티스 서비스 계정 사용 400

   11.6.1 서비스 계정 생성 및 파드와 계정 연결 402

   11.6.2 사용자 지정 서비스 계정으로 파드 실행 시 이점 403

11.7 쿠버네티스에서 역할 기반 접근 제어 사용 404

   11.7.1 STS에서 쿠버네티스 API 서버와 통신 408

   11.7.2 서비스 계정을 클러스터롤과 연결 409

요약 410

12장   이스티오 서비스 메시로 마이크로서비스 보호   413

12.1 쿠버네티스 디플로이먼트 설정 414

   12.1.1 이스티오 자동삽입 활성화 415

   12.1.2 기존 작업 정리 417

   12.1.3 마이크로서비스 배포 417

   12.1.4 주문 처리와 STS를 노드포트 서비스 유형으로 재배포 419

   12.1.5 종단 간 흐름 테스트 419

12.2 이스티오 인그레스 게이트웨이에서 TLS 터미네이션 활성화 421

   12.2.1 이스티오 인그레스 게이트웨이에 TLS 인증서 배포 422

   12.2.2 가상 서비스 배포 430

   12.2.3 PERMISSIVE 인증 정책 정의 432

   12.2.4 종단 간 흐름 테스트 434

12.3 mTLS로 서비스 간 통신 보호 437

12.4 JWT로 서비스 간 통신 보호 440

   12.4.1 JWT 인증 적용 441

12.4.2 JWT 인증으로 종단 간 흐름 테스트 442

12.4.3 PeerAuthentication과 RequestAuthentication 445

12.4.4 서비스 간 통신에서 JWT를 사용하는 방법 449

12.4.5 JWK 상세히 살펴보기 450

12.5 인가 적용 450

12.5.1 JWT 상세히 살펴보기 451

12.5.2 역할 기반 접근 제어 적용 451

12.5.3 역할 기반 접근 제어를 사용한 종단 간 흐름 테스트 455

12.5.4 이스티오 1.4.0 버전 이후 역할 기반 접근 제어 개선사항 459

12.6 이스티오에서 키 관리 462

12.6.1 볼륨 마운트를 통한 키 프로비저닝과 교체 462

12.6.2 볼륨 마운트를 통한 키 프로비저닝 및 키 교체 제한 464

12.6.3 SDS로 키 프로비저닝 및 교체 464

요약 467

5부   안전한 개발   469

13장   시큐어 코딩 관행 및 자동화   471

13.1 OWASP API 보안 TOP 10 472

13.1.1 취약한 객체 수준 인가 472

13.1.2 취약한 인증 474

13.1.3 과도한 데이터 노출 475

13.1.4 리소스 부족 및 속도 제한 476

13.1.5 취약한 함수 수준 인가 477

13.1.6 대량 할당 478

13.1.7 잘못된 보안 설정 479

13.1.8 인젝션 479

13.1.9 부적절한 자산 관리 480

13.1.10 불충분한 로깅 및 모니터링 481

13.2 정적 코드 분석 실행 481

13.3 젠킨스와 보안 점검 통합 485

13.3.1 젠킨스 설정 및 실행 486

13.3.2 젠킨스로 빌드 파이프라인 설정 489

13.4 OWASP ZAP으로 동적 분석 실행 493

　　13.4.1 패시브 스캐닝과 액티브 스캐닝 비교 494

　　13.4.2 ZAP으로 모의해킹 수행 495

요약 502

부록 A　OAuth 2.0과 OIDC　　　　　　　　　　　　505

부록 B　JWT　　　　　　　　　　　　　　　　　529

부록 C　단일 페이지 애플리케이션 아키텍처　　　　　545

부록 D　마이크로서비스 환경의 모니터링 가능성　　　551

부록 E　도커의 원리　　　　　　　　　　　　　　561

부록 F　OPA　　　　　　　　　　　　　　　　613

부록 G　OpenSSL을 사용한 인증기관 및 관련 키 생성　　643

부록 H　SPIFFE　　　　　　　　　　　　　　　649

부록 I　gRPC 원리　　　　　　　　　　　　　　667

부록 J　쿠버네티스의 원리　　　　　　　　　　　683

부록 K　서비스 메시와 이스티오의 원리　　　　　　735

찾아보기 778

2005년에 설립된 오픈소스 기술 제공회사인 WSO2에서 10년 이상 재직하면서 SOAP^{Simple Object Access Protocol} 기반 서비스에서 JSON/RESTful 서비스로, JSON/RESTful 서비스에서 마이크로서비스로 진화해오는 과정을 지켜봐 왔다. WSO2 설립 초창기에는 그 당시 인기 있는 SOAP 엔진이던 아파치 액시스2^{Apache Axis2}와 웹 서비스 보안을 위해 비영리 기관인 오아시스^{OASIS, Organization for the Advancement of Structured Information Standards}의 표준을 구현하는 아파치 램파트^{Apache Rampart} 프로젝트에 참여하는 데 집중했었다. SOAP은 당시 꽤나 유망했지만 시간이 지남에 따라 빠르게 사라지기 시작했고 JSON/RESTful 서비스가 그 자리를 대체하기 시작했다. 오늘날 우리가 접할 수 있는 대부분의 마이크로서비스는 RESTful 설계 원칙을 따른다.

최근 2, 3년 동안 마이크로서비스 아키텍처로 전환하려는 수많은 회사들의 진지한 관심과 마이크로서비스 원칙을 채택하는 신규 프로젝트들을 봐왔다. 대부분의 마이크로서비스 얼리 어답터^{early adopter}들은 프로젝트 완료와 기능 요구사항 구현에만 신경을 쓸 뿐 당연히 고려해야 하는 보안에 대해서는 걱정하지 않았다. 대부분의 경우 마이크로서비스를 보호한다는 건 TLS^{Transport Layer Security}로 마이크로서비스 간의 통신을 보호하는 것을 의미하고 간혹 서비스 간 인증 목적으로 mTLS^{mutual TLS}를 적용하는 경우까지 포함하기도 하지만 두 가지만으로 마이크로서비스 보안 이슈들을 해결할 수는 없다. 보안을 걱정하지 않는 건 주로 복잡성과 인식 두 가지 이유 때문이다.

얼마 전 마이크로서비스 보안을 위한 대부분의 도구가 사용하기 어렵거나 마이크로서비스 배포 관련 문제들을 해결할 수 없다는 사실을 알게 됐는데 이러한 복잡성은 마이크로서비스 보안의 장애요소다. 보안에 많은 노력을 기울이지 않는 사람들은 위험을 완전히 인식하지 못했기 때문이라는 의견이 있다. 이러한 마이크로서비스 보안에 대한 의견들을 많은 고객과 참여하고 있는 오픈소스 커뮤니티에서 듣기 시작하면서 마이크로서비스 보안을 주제로 한 이 책을 써야겠다는 생각을 하게 됐지만 생각해왔던 것들을 현실화하는 데는 상당한 시간과 노력이 필요했다. 매닝 출판사에서 다가올 때까지 책을 써야겠다는 생각만 가진 채 2년 넘게 살아왔고 해당 기간 동안 마이크로서비스 채택이 증가함에 따라 마이크로서비스 보안 인프라도 발전을 거듭했다.

발전 속도가 빠른 영역의 책을 쓰는 건 일종의 도전인지라 이 책이 언제 쓸모없어질지 결코 예측할 수 없다. 이러한 어려움에 대해 출판사와 논의한 후 원칙과 패턴에 더 많은 비중을 두고 실제 적용 방법을 시연하기 위해 도구를 사용하는 실습을 포함하기로 결정했고 이것이 이 책의 기술 스택을 선택하는 기본 규칙이다. 책에서 다룬 모든 예제는 스프링 부트와 자바로 개발했지만, 자바나 스프링 부트를 잘 알고 있어야 이 책을 이해할 수 있는 건 아니며 프로그래밍 언어를 다뤄본 경험이 있다면 모든 예제는 어려움 없이 따라갈 수 있는 수준이다.

보안 점검 경험이 있는 이 책의 감수자 중 한 분이 강조한 것처럼 보안은 광범위한 주제여서 마이크로서비스 보안은 사람마다 보유하고 있는 경험과 기대에 따라 다른 의미를 가질 수 있다. 이 책은 인증 및 인가 절차를 통해 마이크로서비스 접근을 보호하는 내용을 중점적으로 다루고 싶었기 때문에 SQL 인젝션, 크로스 사이트 스크립팅[XSS, cross-site scripting], 크로스 사이트 요청 위조[CSRF, cross-site request forgery]와 같은 공격 유형에 대응하는 방법을 언급하지는 않는다.

2년이 넘는 기나긴 노력의 결과 마이크로서비스 보안을 주제로 한 이 책이 세상에 나올 수 있게 되어 기쁘고 이 책이 마이크로서비스 보안을 다루는 첫 번째 책이라는 사실 또한 감개무량하다. 부담 없이 읽어주시길 바란다!

| 들어가며 |

마이크로서비스 애플리케이션 코드와 인프라를 보호하는 방법을 다루고 있어 이 책을 통해 마이크로서비스 보안 문제를 간단하게 소개하고 애플리케이션 경계와 서비스 간 통신을 보호하는 데 필요한 기본적인 지식을 배울 수 있다. 예제를 실습하면서 단일 페이지 애플리케이션^{SPA, single-page application}을 통해 마이크로서비스에 접근하는 방법뿐만 아니라 API 게이트웨이 뒷단의 마이크로서비스를 배포하고 보호하는 방법을 살펴본다.

이 책은 실습 과정에서 API 게이트웨이의 트래픽 제한, 분석, 수집 및 접근 제어와 마이크로서비스 간 통신을 포함한 중요한 개념들을 강조하며 쿠버네티스, 도커, 이스티오 서비스 메시 등을 포함한 최신 기술을 사용해 마이크로서비스를 안전하게 배포하는 방법까지 다룬다.

다양한 실습을 통해 실습 과정에서 배울 환경들을 보호할 수 있으며 보안 프로세스 검토 및 모범 사례 등을 간략히 가이드함으로써 책을 마무리한다. 책을 다 읽을 때쯤이면 마이크로서비스 애플리케이션이 안전하다는 사실에 대한 귀중한 확신과 함께 계획, 설계 및 구현까지 가능해질 것으로 예상한다.

이 책의 대상 독자

마이크로서비스 설계 원칙에 정통하고 자바에 대한 기본 지식을 가진 개발자를 위해 쓰였다. 자바 개발자가 아니더라도 C++나 C# 같은 객체지향 프로그래밍 언어에 익숙하고 기본적인 프로그래밍 구조를 이해하고 있다면 이 책을 통해 많은 걸 얻을 수 있다. 온라인상에 일부 문서와 블로그 게시물이 존재하지만 이 책은 모든 걸 명확하고 따르기 쉬운 형식으로 모아뒀기 때문에 마이크로서비스 보안에 대해 철저히 이해하려는 모든 사람에게 도움을 줄 수 있다.

이 책의 구성

이 책은 5부 13장으로 구성돼 있다. 1부는 마이크로서비스 보안의 기본사항을 설명한다.

- 1장은 마이크로서비스 보안이 어려운 이유와 마이크로서비스 환경을 보호하기 위한 핵심 원칙을 설명한다.
- 2장은 스프링 부트로 첫 번째 마이크로서비스를 빌드하고 OAuth 2.0으로 보호하는 방법을 설명하며 OAuth 2.0 토큰 발급자를 설정하는 방법까지 다룬다.

2부는 일반적인 마이크로서비스 환경의 경계 지점이나 진입점에서 마이크로서비스를 보호하는 방법을 설명한다.

- 3장은 마이크로서비스 소비자 환경을 살펴보고 Zuul API 게이트웨이 뒷단의 스프링 부트 마이크로서비스를 배포하는 방법을 설명하며 Zuul API 게이트웨이에 OAuth 2.0 기반 보안을 적용하는 방법까지 다룬다.
- 4장은 앵귤러^{Angular}로 단일 페이지 애플리케이션^{SPA}을 개발하는 방법을 설명하며 OIDC^{OpenID Connect}로 단일 페이지 애플리케이션을 보호하는 방법까지 다룬다.
- 5장은 Zuul API 게이트웨이에 트래픽 제한, 모니터링 및 접근 제어를 적용해 4장에서 구축한 사례를 확장하는 방법을 설명한다.

3부는 클라이언트 애플리케이션의 요청이 경계 지점의 보안 정책을 통과해 마이크로서비스 그룹 내부로 들어간 다음 마이크로서비스 간의 상호작용을 보호하는 프로세스를 설명한다.

- 6장은 mTLS(상호 TLS)로 HTTP 프로토콜 기반 마이크로서비스 간 통신을 보호하는 방법을 설명한다.
- 7장은 JWT^{JSON Web Token}를 사용해 마이크로서비스 간 컨텍스트 데이터(및 최종 사용자 컨텍스트)를 공유하는 방법을 설명한다.
- 8장은 mTLS와 JWT를 사용하는 gRPC 프레임워크 기반 마이크로서비스 간 통신을 보호하는 방법을 설명한다.

- 9장은 반응형 마이크로서비스를 보호하는 방법을 설명하며 카프카를 메시지 브로커로 설치하는 방법과 카프카 토픽에 접근 제어 정책을 적용하는 방법까지 다룬다.

4부는 컨테이너화한 환경에서 마이크로서비스를 배포하고 보호하는 방법을 설명한다.

- 10장은 도커에 마이크로서비스를 배포하고 mTLS와 JWT로 마이크로서비스 간 상호작용을 보호하는 방법을 설명하며 도커가 내장하고 있는 몇 가지 보안 기능을 다룬다.
- 11장은 쿠버네티스에서 도커 컨테이너로 마이크로서비스를 배포하고 mTLS와 JWT로 서비스 간 통신을 보호하는 방법을 설명한다.
- 12장은 이스티오 서비스 메시로 마이크로서비스의 보안 처리 부담을 전가하는 방법을 설명한다.

5부는 개발 프로세스에서 보안 점검을 수행하는 방법을 설명한다.

- 13장은 소나큐브, 젠킨스 및 OWASP ZAP으로 마이크로서비스를 대상으로 한 보안 점검을 자동화하는 방법을 설명한다.

일반적으로 처음 두 장을 읽어봐야 마이크로서비스 보안 문제에 대처할 수 있는 적절한 사고방식을 체득하고 이 책에서 알려주는 더 복잡한 보안 패턴을 구축할 수 있다. 부록은 OAuth 2.0, JWT, gRPC, 도커, 쿠버네티스, 이스티오, OPA^{Open Policy Agent}, SPIFFE 등에 관한 정보를 제공함으로써 책의 다른 부분에 대한 배경지식을 보충하는 역할을 한다.

코드에 관한 설명

이 책은 번호를 매긴 리스트와 주석을 포함한 소스 코드 예제로 설명을 돕는다. 소스 코드는 고정폭 글꼴을 사용해 일반 텍스트와 구분해 표기한다.

대부분의 소스 코드는 이 책에서 사용 가능한 페이지 공간을 수용할 수 있도록 개행을 추가하고 들여쓰기 작업을 해 원본 소스 코드의 형식과 다르게 보일 수 있다. 드물지만, 여러 줄로 구성된 명령이나 코드에는 줄 연속 표시(\)를 적용한 부분도 있다. 또한 텍스트로 설명한 코드가 있는 경우 목록 내 소스 코드의 주석을 제거한 경우도 많으며 코드 주석은 중요한 개념과 의미 있는 코드 행을 강조한다.

이 책의 예제 코드는 출판사 웹사이트(www.manning.com/books/microservices-security-in-action)와 에이콘출판사의 깃허브 https://github.com/AcornPublishing/ms-security-action에서도 내려받을 수 있다.

질문

이 책에 관한 질문은 이 책의 옮긴이나 에이콘출판사 편집 팀(editor@acornpub.co.kr)으로 문의할 수 있다.

## Part 1

개요

마이크로서비스는 더 이상 새로운 개념이 아니다. 수천 개의 서비스를 가진 대규모 마이크로서비스 그룹을 쉽사리 볼 수 있으며 서비스 개수와 무관하게 보안은 항상 최우선 사항이다. 1부는 마이크로서비스 보안의 기본 원칙을 다룬다.

1장에서는 마이크로서비스 보안이 어려운 이유와 마이크로서비스 그룹 보안 강화의 핵심 원칙을 다룰 예정이다.

2장에서는 스프링 부트Spring Boot 환경에서 마이크로서비스를 구축해보고 OAuth 2.0을 사용해 보안을 강화하는 방법을 다룬다. OAuth 2.0 토큰 발급 환경을 설치하는 방법까지 배울 수 있다.

1부를 마칠 때쯤에는 마이크로서비스 보안 문제에 대한 올바른 사고방식을 갖게 된다. 이 책을 읽기 시작한 순간부터 마이크로서비스에 더 복잡한 보안 패턴을 구축할 준비를 시작한 것이나 다름없다.

1

마이크로서비스 보안의
특징

1장에서 다루는 내용

- 마이크로서비스 보안이 어려운 이유
- 마이크로서비스 보안 설계 원칙과 핵심 요소
- 외부 경계 보안과 API 게이트웨이의 역할
- 서비스 간 통신을 안전하게 하는 패턴과 실습

빠르고 빈번하게 실패하라는 실리콘 밸리Silicon Valley의 좌우명이 있다. 모든 사람이 동의하는 건 아니지만 새로운 도전, 실패 인정, 문제 해결, 재시도를 반복할 수 있게 해주는 가치 있는 좌우명이다. 뛰어난 예술 작품도 처한 환경에 따라 달리 보일 수 있는 것처럼 유기적인 통솔력, 문화 및 기술력이 뒷받침되지 않는다면 빠르고 빈번한 실패는 의미 없는 메시지에 불과하다.

마이크로서비스는 빠르고 빈번한 실패를 가능하게 하는 핵심 도구이며, 마이크로서비스 아키텍처는 기술과 설계 원리를 넘어서 문화가 되어가고 있다. 넷플릭스Netflix, 아마존Amazon, 리프트Lyft, 우버Uber와 이베이eBay는 마이크로서비스 아키텍처 문화를 구축하는 선두주자들이다. 단순히 아키텍처나 기술을 적용하는 것이 아니라 조직 문화 관점에서 생활화된 마이크로서비스 사용 표준화를 도입하면 안정적으로 제품을 구축할 수 있고, 최소한의 번거로움으로 생산 환경에 팀을 배치할 수 있으며, 시스템에 부정적인 영향을 끼칠 수 있는 빈번한 변화들을 접할 수 있게 해준다.

마이크로서비스 아키텍처의 핵심 결과물은 생산과 해결 능력 향상이다. IDC[International Data Corporation][1]는 2022년까지 앱의 90%가 설계, 디버그, 업데이트, 타사 코드 사용성 향상 등의 마이크로서비스 아키텍처 특징을 가질 것으로 예상했다.[2]

이 책은 마이크로서비스 설계 원칙, 애플리케이션, 도입 시 이점에 대한 이해가 깊은 분들을 주 대상으로 하고 있다. 마이크로서비스가 생소하거나 업무적으로 활용해본 적이 없는 분들은 존 카넬[John Carnell]의 『스프링 마이크로서비스 코딩 공작소』(길벗, 2018)를 읽어보길 권장한다. 크리스 리처드슨[Chris Richardson]의 『마이크로서비스 패턴』(길벗, 2020), 모건 브루스[Morgan Bruce]와 파울로 페레이라[Paulo A. Pereira]의 『마이크로서비스 인 액션』(위키북스, 2019)도 동일한 주제를 다룬 좋은 책들이다. 이 책의 공동 저자이기도 한 프라바스 시리와데나[Prabath Siriwardena]와 카순 인드라시리[Kasun Indrasiri]가 쓴 『엔터프라이즈 환경을 위한 마이크로서비스』(에이콘, 2020)도 마이크로서비스 입문용으로 참고할 만한 책이다.

이 책은 **마이크로서비스 보안**[microservices security]을 중점적으로 다룬다. 중요 사업 활동을 마이크로서비스 환경에서 운영하려 한다면 보안을 가장 중요하게 고려해야 한다. 침해 사고는 고객 신뢰 하락으로 시작해 파산으로 귀결될 수 있는 수많은 부정적 결과를 초래할 수 있다. 오늘날 보안의 중요성은 그 어느 때보다 높다. 마이크로서비스는 디지털 전환의 핵심 도구 중 하나이며, 마이크로서비스 보안은 의식적으로 계획, 설계, 시행해야 하는 필수 요건이다.

이 책에서는 마이크로서비스의 핵심 원리, 보안 원칙, 우수 사례 등을 소개한다. 시연을 위해 업계를 선도하는 오픈소스 도구와 스프링 부트[Spring Boot] 프로젝트로 개발된 자바 샘플 코드를 사용한다. 추후 마이크로서비스를 이용해 자신만의 운영 환경을 구축할 때

---

1 미국 IT 시장 분석 전문기관 – 옮긴이

2 2019년과 그 이후에 대한 IDC 예측은 https://www.forbes.com/sites/louiscolumbus/2018/11/04/idc-top-10-predictions-for-worldwide-it-2019/#e0d54b27b962에서 확인할 수 있다.

는 좀 더 경쟁력 있는 도구를 사용해도 무방하다.

이 책은 마이크로서비스 보안 개념을 실생활에서 적용할 수 있을 정도의 충분한 지식을 제공한다. 샘플 코드가 자바로 개발되어 있지만 자바 개발자가 아니더라도 C++, C# 같은 객체지향 프로그래밍 언어에 익숙하거나 프로그래밍에 대한 기본적인 이해도가 있는 사람이라면 즐겁게 읽을 수 있는 내용으로 책을 구성했다. 다시 말하지만 보안은 광범위한 주제이면서 다양한 하위 분야를 갖고 있는 지식 분야에 해당한다. 이 책은 마이크로서비스의 접근 관리 방안을 고민하는 애플리케이션 개발자와 설계자에게 가이드를 제공하는 데 중점을 두고 있다. 접근 관리 방안은 보안 분야에서 상당히 광범위한 부분을 차지한다. 이 책은 침투 테스트, 위협 모델 개발, 방화벽, 시스템 설정 등의 시스템 보안을 강화하는 방법을 다루지 않는다.

1.1 모놀리식 애플리케이션의 보안 동작 원리

모놀리식 애플리케이션^{monolithic application}은 최소한의 진입점만을 갖고 있다. 애플리케이션의 **진입점**^{entry point}은 건물의 출입구와 유사하다. 보안 검색 절차를 통과한 출입자만 출입구를 통해 건물 안으로 들어올 수 있는 것처럼 애플리케이션 진입점은 사용자의 요청을 허용하는 역할을 한다.

192.168.0.1 IP의 서버에서 HTTP 80 포트를 점유하고 있는 웹 애플리케이션(그림 1.1 참고)이 있다고 가정해보자. 80 포트는 웹 애플리케이션을 위한 진입점이고 HTTPS 요청까지 허용한다면 443 포트까지 웹 애플리케이션을 위한 진입점이 된다. 진입점이 많을수록 보안을 걱정해야 하는 지점이 더 많은 셈이다(보호해야 할 국경이 길수록 침입을 막기 위해 더 많은 군대를 배치하거나 벽을 쌓아야 한다). 애플리케이션 진입점이 더 많아질수록 공격받을 수 있는 지점은 더 넓어진다.

대부분의 모놀리식 애플리케이션은 약 2~3개 정도의 진입점만을 갖고 있고, 진입점 외의 구성요소를 조직 외부에 노출하거나 직접 접근할 수 있도록 허용하지 않는다.

그림 1.1 형태의 전형적인 자바 엔터프라이즈 에디션^{Java EE, Java Platform, Enterprise Edition} 웹

애플리케이션은 들어오는 모든 요청을 서블릿 필터[servlet filter3]를 활용해 애플리케이션 수준에서 보안 목적으로 살펴본다. 이러한 보안 검증 절차는 현재 요청이 유효한 웹 세션을 갖고 있는지 확인하고 갖고 있지 않다면 인증을 먼저 받고 와야 한다는 응답을 전달한다.

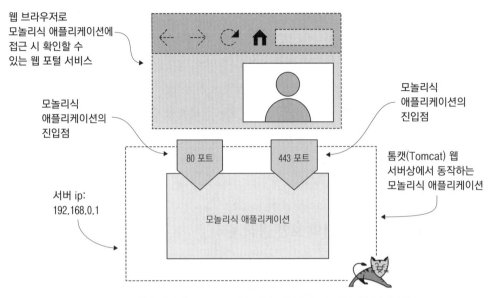

▲ **그림 1.1** 최소한의 진입점(80, 443 포트)을 가진 전형적인 모놀리식 애플리케이션

추가 접근 제어 절차는 요청 당사자가 의도한 행동을 할 수 있는 권한을 갖고 있는지 검증한다. 실제로 중앙에서 검증 절차를 수행하는 서블릿 필터는 정당한 요청에 한해 상응하는 내부 구성요소로의 연결 허용을 보장한다. 내부 구성요소들은 요청의 정당성에 대해 염려할 필요가 없으며 도달한 요청들이 보안 검증 절차를 정상적으로 통과했다고 가정한다.

내부 구성요소들은 요청 당사자가 누구인지, 요청 당사자와 관련한 다른 정보를 알아야 하는 경우 공유하고 있는 웹 세션으로부터 정보를 얻을 수 있다(그림 1.2 참고). 서블릿 필터는 인증과 인가 절차를 마친 후 초기 보안 검증 절차에서 요청 당사자 정보를 웹 세션에 추가한다.

---

3   서블릿 필터를 잘 모른다면, 웹 애플리케이션과 동일 프로세스상에서 동작하며 들어오는 모든 요청을 가로채는 역할을 하는 인터셉터라고 생각하면 된다. – 옮긴이

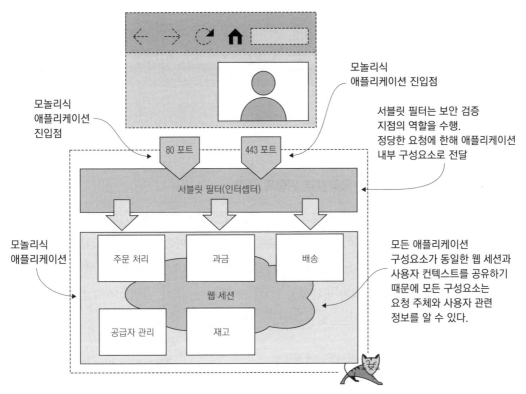

모놀리식
애플리케이션 진입점

모놀리식
애플리케이션
진입점

모놀리식
애플리케이션

80 포트   443 포트

서블릿 필터(인터셉터)

주문 처리   과금   배송

웹 세션

공급자 관리   재고

모놀리식
애플리케이션 진입점

서블릿 필터는 보안 검증
지점의 역할을 수행.
정당한 요청에 한해 애플리케이션
내부 구성요소로 전달

모든 애플리케이션
구성요소가 동일한 웹 세션과
사용자 컨텍스트를 공유하기
때문에 모든 구성요소는
요청 주체와 사용자 관련
정보를 알 수 있다.

▲ **그림 1.2** 다양한 진입점은 단일 서블릿 필터로 좁혀지고 서블릿 필터는 중앙화된 정책 적용 지점으로서 역할을 수행한다.

요청이 애플리케이션 계층 내부로 들어오면, 구성요소들 간에 알아서 통신을 하기 때문에 보안에 대해 걱정할 필요가 없다. 예를 들어, 주문과 재고 구성요소 간의 통신 과정에 부가적인 보안 검증 절차를 도입할 필요가 없다는 뜻이다(구성요소 수준에서 좀 더 세분화된 접근 제어 절차를 도입해야 한다면 물론 가능하다). 구성요소 간의 호출 절차는 프로세스 내부에서 처리하는 호출 절차이며, 프로세스를 벗어나는 경우에는 서블릿 필터에서 가로채기가 어렵다.

대부분의 모놀리식 애플리케이션에서 보안 절차는 중앙화된 단일 지점에서 시행하기 때문에 도입 필요성이 없다면 개별 구성요소들은 부가적인 검증 절차 도입을 고민할 필요가 없다. 모놀리식 애플리케이션 보안 모델은 마이크로서비스 아키텍처 기반의 애플리케이션보다 훨씬 간단하다.

1.2 마이크로서비스 보안의 어려움

마이크로서비스 아키텍처의 고유 성질 때문에 마이크로서비스 보안은 어려운 문제다. 1.2절에서는 세부적인 해결 방안에 대한 언급을 제외한 마이크로서비스 보안 수준 향상의 어려움을 논의하며, 이 책의 나머지 부분에서 어려움을 해결할 수 있는 다양한 방법을 논의할 예정이다.

1.2.1 공격 노출 지점이 넓어질수록 공격받을 위험도 증가

모놀리식 애플리케이션에서 내부 구성요소 간의 통신은 자바 가상 머신^{JVM, Java Virtual Machine} 같은 단일 자바 애플리케이션 프로세스 내에서 발생한다. 마이크로서비스 아키텍처에서는 내부 구성요소를 분리하고 독립적인 마이크로서비스로 설계하기 때문에 내부 구성요소 간의 프로세스 내 호출 절차는 원격 호출 절차로 변경이 필요하다. 개별 마이크로서비스는 자신을 향한 요청을 독립적으로 허용하거나 자신만의 진입점을 갖는다(그림 1.3 참고).

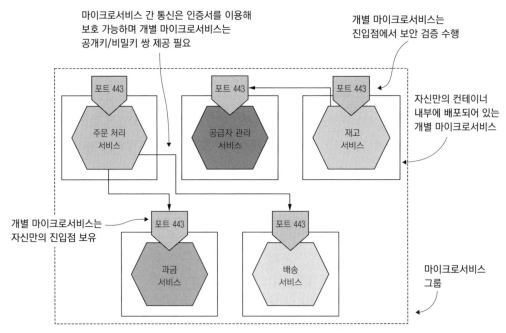

▲ **그림 1.3** 최소한의 진입점을 가진 모놀리식 애플리케이션과 대조적으로 마이크로서비스 애플리케이션은 보호해야 하는 많은 진입점을 보유한다.

모놀리식 애플리케이션처럼 최소한의 진입점을 갖는 게 아니라 많은 수의 진입점을 갖게 된다. 시스템으로 들어올 수 있는 진입점의 수가 증가할수록 공격 노출 지점 또한 넓어진 다. 공격 노출 지점의 증가는 마이크로서비스 보안 설계 관점에서 가장 어려운 문제 중 하나이기 때문에 마이크로서비스별 진입점을 동등한 수준으로 보호해야만 한다. 취약한 진입점이 존재할 경우 연결고리가 약해져 마이크로서비스 전체 보안 수준이 낮아진다.

1.2.2 보안 검증 지점 분리는 성능 저하를 초래

모놀리식 애플리케이션과 달리 마이크로서비스 그룹 내의 개별 마이크로서비스는 독립 적인 보안 검증을 수행해야 한다. 모놀리식 애플리케이션에서는 한 번의 보안 검증 절차 를 통과하고 나면 요청을 상응하는 내부 구성요소로 연결하지만, 개별 마이크로서비스에 서는 진입점마다 보안 검증을 수행하고 있어 불필요하게 중복된 절차가 존재한다. 또한 개별 마이크로서비스에서 요청을 확인하는 동안 원격지에 있는 보안 토큰 서비스STS, security token service와 연결이 필요할 수 있다. 반복적이고 분산된 보안 검증과 원격지 연결 은 시간 지연 및 상당한 시스템 성능 저하를 야기한다.

단순히 마이크로서비스 간의 통신을 네트워크 단위로 신뢰하거나 보안 검증을 생략하는 우회적인 방법을 모든 마이크로서비스에 적용하는 방법으로 문제를 해결하는 조직도 있 다. 시간이 경과하면서 네트워크를 신뢰하는 방법을 비효율적인 패턴으로 인식하면서 업 계에서는 어떠한 것도 신뢰하지 않는 네트워크 원칙zero-trust networking principle으로 점차 이 동하고 있다. 어떠한 것도 신뢰하지 않는 네트워크 원칙하에 네트워크 내부의 개별 리소 스들을 좀 더 밀접하게 관리할 수 있는 보안 절차를 수행한다. 마이크로서비스 보안을 설 계할 때는 전반적인 성능까지 고려할 필요가 있고 발생 가능한 문제점들을 해결하기 위 한 조치를 취해야만 한다.

1.2.3 배포 복잡성으로 인한 마이크로서비스 간 초기 신뢰 설정 어려움

보안을 제외하더라도 1개의 모놀리식 애플리케이션 대신 10개를 넘거나 수백 개인 독립 적인 마이크로서비스를 관리한다면 배포 절차가 얼마나 어려울까? 상호 통신하는 수천 개의 서비스를 포함하는 마이크로서비스 그룹을 운영하는 사례가 실제로 나타나고 있다.

미국 최고의 금융기관 중 하나인 캐피털 원^{Capital One}의 2019년 7월 발표에 따르면 캐피털 원의 마이크로서비스 그룹은 AWS EC2 인스턴스를 이용해 수천 개의 컨테이너상에서 동작하고 있는 수천 개의 마이크로서비스를 포함하고 있다고 한다. 최근에 영국 금융기관인 몬조^{Monzo}는 마이크로서비스 그룹 내부에서 1,500개 이상의 서비스를 운영하고 있다고 발표했다. 몬조의 백엔드 엔지니어 잭 클리만^{Jack Kleeman}은 블로그(http://mng.bz/gyAx)에 몬조 보안 수준 향상을 위해 1,500개 서비스의 네트워크를 격리한 방법을 게시했다. 수천 개의 서비스를 갖고 있는 대규모 마이크로서비스 그룹이 현실화되고 있다.

수천 개의 서비스를 갖고 있는 대규모 마이크로서비스 그룹은 자동화 방안이 없다면 관리하기가 대단히 어렵다. 컨테이너가 존재하지 않던 시점에 마이크로서비스가 등장했다면 극소수의 인원이나 조직만 마이크로서비스를 채택할 생각을 했을 것이다. 다행히 마이크로서비스 등장 시점에 컨테이너가 존재했기 때문에 마이크로서비스와 컨테이너를 완벽한 조합으로 생각하고 있다. 컨테이너를 들어본 적이 없거나 도커^{Docker}에 대해 모르는 경우 컨테이너를 소프트웨어 유통과 배포를 편리하게 만들어주는 수단으로 생각하자. 마이크로서비스와 컨테이너(도커)는 서로를 훌륭하게 보완할 수 있는 적절한 시기에 생겨났다. 컨테이너와 도커는 10장에서 다룬다.

"마이크로서비스 아키텍처의 배포 복잡성이 보안을 더 어렵게 만드는가?"라는 질문에 대한 답을 자세히 다루지는 않지만 간단한 예를 살펴보겠다. 서비스 간 통신은 여러 마이크로서비스 간에 발생하고 모든 통신 채널을 암호화할 필요가 있다. 통신 채널 암호화를 위한 다양한 선택권(6장과 7장에서 상세히 다룰 예정)이 있지만 인증서를 이용해 실습할 계획이다.

서비스 간 통신 과정에서 마이크로서비스를 인증하기 위한 용도로 사용할 인증서(개인키 포함)를 포함하여 개별 마이크로서비스를 프로비저닝해야 한다. 수신 측 마이크로서비스는 요청 측 마이크로서비스의 인증서를 검증하는 방법을 알고 있어야 한다. 마이크로서비스 간의 신뢰를 초기 설정하는 방법, 개인키 유출 발생 시 인증서를 해지할 수 있는 방법, 키 분실 위험을 최소화하기 위해 정기적으로 인증서를 교체할 수 있는 방법을 알고 있어야 한다. 인증서 관련 작업은 번거롭고 자동화 방안이 없다면 마이크로서비스 배포 작업은 지루할 가능성이 높다.

1.2.4 다양한 마이크로서비스 간 통신 추적의 어려움

모니터링 가능성observability은 외부와의 통신 모니터링을 통해 시스템 내부 상태를 짐작할 수 있는 척도다. 로그, 메트릭, 추적은 모니터링 가능성을 결정하는 세 가지 주요 요소다.

로그log는 지정한 서비스와 관련해 의도적으로 기록하는 특정한 이벤트를 의미한다. 예를 들어 설명하자면, 주문 처리 마이크로서비스가 사용자 피터를 대신해 2020년 4월 15일 오후 10시 15분 12초에 재고 목록을 업데이트하기 위해 재고 마이크로서비스에 접근했음을 나타내는 감사 추적 기록이다.

로그 집합을 집계함으로써 **메트릭**metric을 만들 수 있는데 메트릭은 시스템의 상태를 반영하기도 한다. 보안 관점에서는 시간당 부적절한 접근 요청의 평균값이 메트릭으로 삼을 수 있는 예다. 높은 평균값은 시스템이 공격을 받고 있거나 1단계 방어 방법이 미흡함을 의미한다. 메트릭 기반 알람 설정도 가능하며 지정한 마이크로서비스를 향한 부적절한 접근 요청값이 설정한 임계치를 넘어선다면 시스템은 알람을 보낸다.

추적trace도 로그를 기반으로 하지만 시스템의 다른 관점의 값을 제공하는데, 시스템으로 들어오는 순간부터 떠나는 순간까지의 통신 과정들을 쫓을 수 있게 해준다. 추적은 마이크로서비스 그룹 내에서 어려운 활동이다. 모놀리식 애플리케이션과 달리 마이크로서비스 그룹을 향한 요청은 들어올 때는 하나의 마이크로서비스로부터 들어오지만 시스템을 떠나기 전까지 여러 마이크로서비스로 전달되는 구조를 띠고 있다.

마이크로서비스 간 요청의 상관관계 분석은 어려워 재거Jaeger나 집킨Zipkin 등의 분산 추적 시스템에 의존할 필요가 있다. 5장에서 마이크로서비스 그룹을 향한 요청값을 모니터링하기 위해 프로메테우스Prometheus와 그라파나Grafana 사용 방법을 알아볼 예정이다.

1.2.5 컨테이너의 불변성으로 인한 자격증명과 접근 제어 정책 유지의 어려움

서버 구동 후 상탯값을 변경할 수 없는 서버를 **변경 불가능한 서버**immutable server라고 부른다. 가장 대중적인 마이크로서비스 배포 패턴은 컨테이너 기반 배포 패턴이다(이 책에서는 **컨테이너**container라는 용어와 **도커**Docker라는 용어를 문맥에 따라 번갈아가며 사용하는데 실제로는 같은 의미다). 개별 마이크로서비스는 자신만의 컨테이너 내부에서 동작하고 모범 사례로 컨테이너를 변경 불가능한 서버로 구성해야 한다.[4] 다시 말해, 컨테이너를 구성한 후에는 파일시스템 안의 파일들을 변경할 수 없게 하거나 컨테이너 내부를 항상 실행 상태로 유지해야 한다.

마이크로서비스 배포 절차에서 변경 불가능한 서버를 구성하는 이유는 배포 절차를 깔끔하고 단순하게 만들기 위해서다. 원할 경우 언제라도 컨테이너 동작을 중지할 수 있고 실행 중인 데이터 유실 걱정 없이 기본 구성으로 새로운 컨테이너를 생성할 수 있다. 마이크로서비스 부하가 높아지는 경우가 있다면 수평확장scale out 용도로 사용할 더 많은 서버 인스턴스가 필요하다. 동작 중인 어떠한 서버 인스턴스도 실행 상태가 아니기 때문에 부하를 공유할 새로운 컨테이너를 간단히 추가할 수 있다.

불변성이 보안에 어떤 영향을 미치고 변경 불가능한 서버가 마이크로서비스 보안을 어렵게 만드는가? 마이크로서비스 보안 아키텍처에서는 마이크로서비스 자신이 보안 적용 지점으로서의 역할을 수행한다.[5] 따라서 마이크로서비스에 접근을 허용할 사용자 목록(다른 마이크로서비스가 될 확률이 높다.)과 접근 제어 정책을 유지해야 한다.

허용할 사용자 목록과 접근 제어 정책은 고정 값이 아닌 업데이트 필요한 값이라 변경 불가능한 서버의 파일시스템에서는 유지할 수 없다. 서버 부팅 시점에 정책 관리 지점에서 업데이트된 정책을 받아 푸시 또는 풀 모델 기반으로 정책을 메모리상에서 동적으로 업데이트할 수 있는 방안이 필요하다. **푸시 모델**push model은 정책 관리 지점에서 업데이트를 받고 싶어 하는 마이크로서비스(또는 정책 적용 지점)에게 정책 업데이트를 먼저 보내준다. **풀 모델**pull model은 개별 마이크로서비스가 정책 관리 지점에 정책 업데이트 전송을 정기적으로 요구한다. 1.5.2절에서 서비스 수준 인가에 대해 자세히 설명할 예정이다.

개별 마이크로서비스는 인증서 같은 자신만의 자격증명도 유지해야 한다. 더 우수한 보안성 유지를 위해 자격증명을 정기적으로 교체해야 한다. 자격증명을 마이크로서비스 내부(컨테이너 파일시스템 내부)에 보관하는 것은 가능하지만 부팅 시점의 마이크로서비스에

---

4 아몬 대드거(Armon Dadger)는 'What Is Mutable vs. Immutable Infrastructure' 영상에서 변경 가능한 인프라와 변경 불가능한 인프라의 균형에 대해 설명한다.

5 마이크로서비스 자신이 항상 보안 적용 지점의 역할을 수행하는 건 아니며, 관련해서는 12장에서 다룰 예정이다. 대부분의 경우 마이크로서비스와 함께 배치된 프록시가 보안 검증 지점이지만 불변성과 관련한 논리는 타당하다.

삽입할 수 있는 방안이 있어야 한다. 변경 불가능한 서버를 사용하면 자격증명을 마이크로서비스에 삽입하지 않고 자격증명을 유지, 교체, 삽입하는 절차들은 지속적인 딜리버리 파이프라인^{continuous delivery pipeline}의 일부분일 수 있다.

1.2.6 마이크로서비스의 분산된 특성으로 인한 사용자 컨텍스트 공유의 어려움

모놀리식 애플리케이션에서는 모든 내부 구성요소가 동일한 웹 세션을 공유하고 요청 당사자와 관련된 정보를 웹 세션을 통해 획득한다. 마이크로서비스 아키텍처에서는 동일 웹 세션 공유와 같은 편리함을 누릴 수 없다. 마이크로서비스 간에 공유하는 정보는 아예 없거나 지극히 제한적인 리소스 정보 정도이고 사용자 컨텍스트를 명시적으로 전달해야만 한다. 수신 측 마이크로서비스가 호출 측 마이크로서비스로부터 사용자 컨텍스트를 얻기 위해 마이크로서비스 간 신뢰 관계를 구축해야 하는 게 어려운 점이다. 마이크로서비스 간에 전달하는 사용자 컨텍스트[6]를 의도적으로 수정하진 않았는지 검증할 수 있는 방안이 필요하다.

JWT^{JSON Web Token}가 마이크로서비스 간에 사용자 컨텍스트를 공유하기 위해 이용하는 대중적인 방안이라 이 책의 7장에서 관련 내용을 다룰 예정이다. 우선은 JWT를 마이크로서비스 간의 사용자 속성 전달을 암호학적으로 안전한 방법으로 지원하는 JSON 메시지라고 생각해도 무방하다.

1.2.7 다중 개발 언어 지원 아키텍처는 개발 팀에 더 많은 보안 전문지식을 요구

마이크로서비스 그룹 내 서비스들은 네트워크를 통해 통신한다. 개별 서비스들은 구현 방식이 아닌 인터페이스에 의존적이며 이러한 의존적인 상황은 개별 마이크로서비스가 자신의 개발 언어와 기술 스택을 선택할 수 있도록 한다. 여러 팀을 운영하고 있는 조직에서 개별 팀은 담당 업무와 관련한 마이크로서비스를 개발하고 요구사항에 부합하는 최적의 기술 스택을 선택할 수 있는 유연성을 확보한다. 시스템 내 다른 구성요소들이 최선

---

6 사용자 컨텍스트는 마이크로서비스를 호출하는 사용자와 관련된 정보를 전달한다. 사용자는 사람일 수도 있고 시스템일 수도 있으며, 관련 정보는 이름, 이메일 주소, 기타 사용자 속성일 수도 있다. – 옮긴이

의 기술 스택을 선택하도록 지원하는 이러한 아키텍처는 **다중 개발 언어 지원 아키텍처** polyglot architecture로 알려져 있다.

다중 개발 언어 지원 아키텍처는 보안을 어렵게 만든다. 팀별로 개발 업무를 위한 별도의 기술 스택을 사용하기 때문에 개별 팀은 팀 내 보안 전문가가 필요하다. 팀 내 보안 전문가들은 최선의 보안 기준과 가이드라인을 정의할 책임을 갖고 소스 코드 정적 분석과 동적 점검에 사용할 보안 도구를 조사해야 하며, 보안 도구를 소스 코드 빌드 절차에 통합해야 한다. 조직 전체의 보안을 담당하는 중앙 집중식 보안 팀의 책임을 이제는 다른 여러 팀으로 분산하고 있다. 대부분의 조직은 중앙 집중식 보안 팀을 운영하는 동시에 마이크로서비스를 구축하는 개별 팀에 보안에 특화된 엔지니어를 배치하는 접근 방법을 사용한다.

1.3 핵심 보안 원칙

보안을 설계할 때 원칙을 준수하는 것은 중요하다. 완벽하거나 깨지지 않는 보안은 없다. 보안을 얼마나 걱정해야 하는지는 기술적인 결정일 뿐만 아니라 경제적인 결정이기도 하다. 예를 들어, 비어 있는 차고를 지키기 위한 도난 경보 시스템 구축은 경제적인 관점에서 필요할지 고려가 필요하다. 필요한 보안 수준은 보호하길 원하는 자산 가치를 고려하여 결정해야 한다. 이커머스 애플리케이션 보안 설계는 금융 애플리케이션과 다를 수 있다.

어떤 경우든 보안 원칙 준수는 중요하다. 보안 위협을 예측하지 못하더라도 1.3.1~1.3.6절에서 다룰 보안 원칙을 준수하면 보안 위협으로부터 시스템을 보호할 수 있는 가능성이 높다. 1.3절에서는 핵심 보안 원칙을 안내하고 마이크로서비스 보안과 어떻게 관련이 있는지 다룬다.

1.3.1 인증은 스푸핑으로부터 시스템을 보호

인증authentication은 스푸핑으로부터 시스템을 보호하기 위해 요청 당사자를 식별하는 절차를 의미한다. 요청 당사자는 마이크로서비스이거나 사용자를 대신해 접근을 요청하는 시스템일 수도 있지만(그림 1.4 참고), 사용자는 일반적으로 마이크로서비스에 직접 접근하지 않는다. 보안을 설계하기 전에 사용자를 식별할 필요가 있다. 선택한 인증 방법은 사용자 특성에 맞아야 한다.

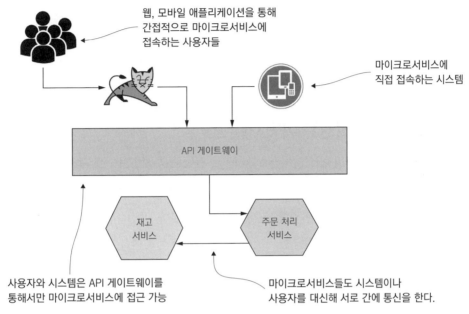

웹, 모바일 애플리케이션을 통해
간접적으로 마이크로서비스에
접속하는 사용자들

마이크로서비스에
직접 접속하는 시스템

API 게이트웨이

재고
서비스

주문 처리
서비스

사용자와 시스템은 API 게이트웨이를
통해서만 마이크로서비스에 접근 가능

마이크로서비스들도 시스템이나
사용자를 대신해 서로 간에 통신을 한다.

▲ **그림 1.4** 사용자나 다른 시스템을 대신해 마이크로서비스에 접근하는 웹/모바일 애플리케이션 등의 시스템은 API 게이트웨이를 통해서만 접근 가능하다.

마이크로서비스가 사용자를 대신해 시스템에 접근하는 것에 대한 우려가 있다면, 사용자 뿐만 아니라 시스템을 인증하는 방안에 대해 생각해볼 필요가 있다. 웹 애플리케이션에 로그인을 시도하는 사용자를 대신해 마이크로서비스에 접근하는 실제 주체는 웹 애플리케이션이다. 시스템이 다른 시스템이나 사용자를 대신해 접근을 요청하는 이러한 위임 사례에서는 OAuth 2.0이 사실상 보안 표준이다. OAuth 2.0은 부록 D에서 자세히 다루고 있다.

웹 애플리케이션과 같은 시스템에 접속하려는 사용자를 인증하기 위해 사용자명과 비밀번호 외에 멀티팩터 인증^{MFA, multifactor authentication}에 사용할 추가 정보를 요구할 수 있다. 멀티팩터 인증 필요 여부는 자산의 가치와 사용자와 공유하려는 데이터 민감도를 근거로

한 사업적 결정에 달려 있다. 가장 인기 있는 멀티팩터 인증 방법은 SMS로 인증코드를
받는 방법이다. 보안 측면에서 최선의 방법은 아니지만 전 세계 인구의 대부분이 휴대폰
(스마트폰이 아니어도 가능)을 갖고 있어 가장 유용한 방법이다. 멀티팩터 인증은 계정 침해
를 거의 99%까지 줄이는 데 도움을 준다.[7] 좀 더 강력한 멀티팩터 인증 방법은 생체인증,
인증서, 신속한 온라인 인증FIDO, Fast Identity Online 등이 있다.

시스템을 인증하는 방법은 다양하며 가장 인기 있는 수단은 인증서와 JWT다. 인증서와
JWT에 대해서는 6장과 7장에서 예제를 이용해 상세하게 다룰 예정이다.

1.3.2 무결성 검증으로 데이터 변조에서 시스템을 보호

클라이언트 애플리케이션에서 마이크로서비스로 데이터를 전송하거나 마이크로서비스
간에 데이터를 전송할 때 선택한 통신 채널의 강도에 따라 공격자가 자신의 이익을 위해
통신을 가로채거나 데이터를 변조할 수 있는지가 결정된다. 통신 채널이 주문 데이터를
전송한다면 공격자는 배송지 주소를 자신의 주소로 바꾸려고 한다. 무결성 검증으로 보
호받는 시스템은 데이터 가로채기와 변조 가능성을 항상 염두에 두고 있으며, 메시지 변
조를 확인하면 수신자가 인지하고 요청값을 버릴 수 있는 조치방안을 운영한다.

가장 흔한 메시지 무결성 보장 방안은 메시지에 서명을 하는 것이다. 예를 들어,
TLSTransport Layer Security를 적용한 통신 채널로 전송하는 데이터는 무결성을 보장받는다.
마이크로서비스 간 통신에 HTTPS를 적용하면 HTTP 통신 구간은 TLS로 전송 계층 암
호화 연결을 함으로써 메시지 전송 시 무결성을 보장한다.

전송 데이터와 마찬가지로 저장 데이터도 무결성을 보장받아야 한다. 모든 비즈니스 데
이터 중에 감사 추적 로그의 무결성 보장이 가장 중요하다. 시스템 접근 권한을 획득한
공격자는 감사 추적 로그를 수정해 증거 삭제가 가능할 때 가장 행복하다. 컨테이너 기반
마이크로서비스 그룹은 감사 로그를 실행 중인 개별 시스템에 보관하지 않고 재거Jaeger
나 집킨Zipkin 같은 분산 추적 시스템에 보낸다. 분산 추적 시스템상에서 관리하는 데이터

---

7   2018년 6월 알렉스 웨이너트(Alex Weinert)의 'Basics and Black Magic: Defending Against Current and Emerging
    Threats' 발표자료: https://www.youtube.com/watch?v=NmkegOwPRGE

의 무결성 보장 여부를 확인할 필요가 있다.

무결성 보장을 확인하는 한 가지 방안은 정기적으로 감사 로그의 해시값을 출력해 암호화한 후 안전하게 저장하는 것이다. 스토니 브룩 대학교 고파란 시바타누^{Gopalan Sivathanu}, 찰스 P. 라이트^{Charles P. Wright}, 에레즈 자독^{Erez Zadok}의 연구 보고서는 저장 시 무결성 위반의 원인을 강조하고 사용 가능한 무결성 보장 기술에 대한 조사 결과를 제시한다.[8] 연구 보고서는 보안과는 별개로 저장 데이터의 무결성을 검증하는 여러 가지 애플리케이션을 설명하고 무결성 검증 기술과 관련한 구현 방안을 논의한다.

1.3.3 부인방지: 한 번의 서명으로 영구적으로 기록하자

부인방지^{nonrepudiation}는 행동하거나 약속한 것을 부인하지 못하게 하는 정보보호의 중요한 측면이다. 실세계를 예로 들면, 아파트 한 채를 임대하기 위해 임대회사의 약관에 동의해야 한다. 임대가 끝나기 전에 아파트를 떠난다면 남아 있는 기간 동안 임대료를 지불하거나 아파트를 전대할 다른 세입자를 찾아야 한다. 모든 용어는 동의하고 서명한 임대차 계약서에 명시되어 있다. 이러한 임대차 계약은 실세계의 부인방지 예이며 법적 의무를 생성한다. 디지털 세계에서도 서명은 부인을 방지하는 데 도움을 주며 실세계와 달리 실제 서명이 아닌 전자서명을 이용한다.

이커머스 애플리케이션을 예로 들면, 고객이 주문을 완료하면 주문 처리 마이크로서비스는 재고 목록을 업데이트하기 위해 재고 마이크로서비스와 통신해야 한다. 이러한 처리 과정에 부인방지 보호조치를 적용한다면 추후 주문 처리 마이크로서비스는 재고 목록을 업데이트한 사실을 부인할 수 없다. 주문 처리 마이크로서비스가 처리 과정을 개인키로 서명하면 추후 주문 처리 마이크로서비스가 생성한 처리 과정임을 부인할 수 없다. 디지털 서명을 사용한다면 개인키 소유자만 동일 서명을 생성할 수 있기 때문에 키를 절대 분실해서는 안 된다!

서명 검증만으로는 부인방지를 달성하기 어렵다. 처리 과정을 시간 정보와 서명까지 포

---

8 'Ensuring Data Integrity in Storage: Techniques and Applications'(http://mng.bz/eQVP) 참고

함해 기록해야 하며 기록을 상당한 기간 동안 유지해야 한다. 누군가가 나중에 처리 과정에 이의를 제기할 경우 기록을 확인해 대응할 수 있다.

1.3.4 기밀성은 의도하지 않은 정보 노출에서 시스템을 보호

클라이언트 애플리케이션이 주문 데이터를 주문 처리 마이크로서비스로 보낼 때 주문 처리 마이크로서비스 외에는 아무도 데이터를 볼 수 없을 것이라고 기대한다. 선택한 통신 채널의 강도에 따라 공격자가 통신을 가로채거나 데이터를 획득할 수 있는지가 결정된다. 전송 중인 데이터뿐만 아니라 저장된 데이터까지 기밀성을 보장받을 필요가 있다(그림 1.5 참고). 데이터 저장소나 백업 데이터 접근 권한을 획득한 공격자는 기밀성 보호조치가 적용되어 있지 않다면 중요한 비즈니스 데이터 전체에 직접 접근이 가능하다.

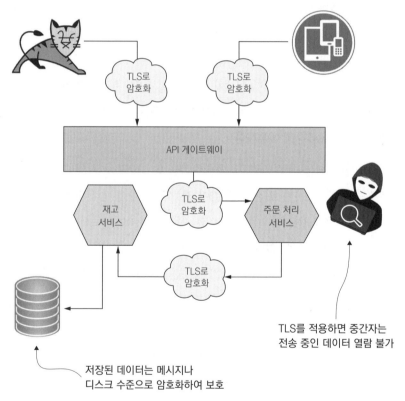

TLS를 적용하면 중간자는
전송 중인 데이터 열람 불가

저장된 데이터는 메시지나
디스크 수준으로 암호화하여 보호

▲ **그림 1.5** 시스템의 기밀성을 유지하기 위해서는 전송 중인 데이터뿐만 아니라 저장된 데이터까지 보호해야 한다. 전송 중인 데이터는 TLS 적용으로, 저장된 데이터는 암호화 적용으로 보호 가능하다.

전송 데이터 암호화

전송 데이터 암호화는 기밀성 확보에 도움을 준다. 암호화 작업은 의도한 수신자만 평문 데이터를 열람할 수 있게 해준다. TLS는 전송 중 데이터의 무결성 확보 방안 중 가장 대중적인 방안이다. 마이크로서비스 간 통신을 HTTPS로 한다면 TLS가 적용된 상태이고 수신 측 마이크로서비스만 평문 데이터를 열람할 수 있다.

TLS는 지점 간 전송 구간을 보호하기 때문에 TLS 연결이 종료되는 지점까지만 전송 구간을 보호한다. 클라이언트 애플리케이션이 프록시 서버를 거쳐 마이크로서비스와 연결한다면 첫 번째 TLS 연결은 프록시 서버에서 종료하고 프록시 서버와 마이크로서비스 간에 새로운 TLS 연결을 성립한다. 프록시 서버 접근 권한 보유자는 데이터가 첫 번째 연결 구간을 떠나는 시점에 평문으로 메시지를 기록할 수 있다는 위험 요소가 있다.

대부분의 프록시 서버는 TLS 브리징과 터널링이라는 두 가지 TLS 운영 모드를 지원한다. **TLS 브리징**[TLS bridging] 모드는 프록시 서버에서 맺어진 TLS 연결을 종료하고 프록시 서버와 메시지의 다음 목적지 간에 새로운 TLS 연결을 맺는다. 프록시 서버가 TLS 브리징 모드를 사용한다면 TLS나 HTTPS를 사용하더라도 프록시 서버를 신뢰해서는 안 되며 데이터가 위험에 놓여 있다고 생각해야 한다. TLS 브리징 모드에서 프록시 서버를 거쳐가는 동안에는 메시지가 평문 상태다. **TLS 터널링**[TLS tunneling] 모드는 클라이언트 애플리케이션과 마이크로서비스 간에 터널을 생성하고 프록시 서버를 포함한 어떠한 중간자도 거쳐가는 데이터를 볼 수 없다. TLS에 대해 더 알고 싶은 사람에게는 에릭 레스콜라[Eric Rescorla]가 쓴 『SSL and TLS』(Addison-Wesley Professional, 2000)를 추천한다.

> |**참고**| 암호화는 공개키 암호화와 대칭키 암호화 방식이 있다. **공개키 암호화**(public-key encryption)를 사용하면 데이터를 수신자의 공개키로 암호화하고 부합하는 개인키를 가진 사람만이 메시지를 복호화해 내용을 볼 수 있다. **대칭키 암호화**(symmetric-key encryption)를 사용하면 데이터를 송신자와 수신자 모두가 갖고 있는 동일한 키로 암호화한다. TLS는 두 가지 방식을 모두 사용한다. 대칭키 암호화는 데이터를 암호화하는 데 사용하고, 공개키 암호화는 대칭키 암호화에 사용할 암호키를 암호화하는 데 사용한다. 암호화와 암호 기법에 대해 더 알고 싶은 사람에게는 데이비드 웡(David Wong)이 쓴 『Real-World Cryptography』(Manning, 2021)를 추천한다.

저장된 데이터

시스템 직접 접근 권한을 획득한 공격자에게서 저장 데이터를 보호하기 위해 암호화 적용이 필요하다. 데이터는 파일시스템에 저장된 다른 시스템의 자격증명일 수도 있고 데이터베이스에 저장된 중요한 비즈니스 데이터일 수도 있다. 대부분의 데이터베이스 관리 시스템은 자동화된 암호화 기능을 제공하며 디스크 단위 암호화 기능은 운영체제에서 지원해줄 경우 사용 가능하다. 애플리케이션이 파일시스템이나 데이터베이스로 데이터를 전달하기 전에 암호화하는 방식인 애플리케이션 수준 암호화는 또 다른 선택권이다.

모든 선택권 중에 애플리케이션에 가장 적합한 것은 비즈니스 운영 중요도에 따라 다르다. 암호화는 최적의 적용 방안을 적용하지 않을 경우 애플리케이션 성능에 상당한 영향을 줄 수 있는 리소스를 많이 소모하는 활동임을 유념해야 한다.[9]

1.3.5 가용성: 어떠한 상황에서도 시스템을 가동 중인 상태로 유지

시스템 종류와 무관하게 구축 시 가장 중요한 고려 요소는 사용자들이 사용할 수 있는 시스템을 만드는 것이다. 시스템이 중단되면 분 단위, 심할 경우 초 단위로 비즈니스는 손실을 입는다. 2016년 3월 아마존이 20분간 중단됐을 때 예상 손실은 375만 달러에 달했다. 2017년 1월 170개 이상의 델타항공 비행편이 시스템 중단으로 취소됐고 850만 달러의 예상 손실을 기록했다.

가용성 유지는 가동 중인 상태를 유지할 필요가 있는 시스템의 보안 설계 관점의 이슈를 넘어서 전체 아키텍처 관점의 이슈에 해당한다. 애플리케이션의 핵심 기능에 존재하는 버그는 전체 시스템 중단을 초래할 수 있다. 가용성 이슈는 마이크로서비스 아키텍처의 핵심 설계 원칙으로 어느 정도는 보완할 수 있다. 모놀리식 애플리케이션과 달리 버그가 일부 구성요소나 마이크로서비스에만 존재한다면 마이크로서비스 그룹 내 전체 시스템 중단은 발생하지 않는다. 버그를 가진 마이크로서비스만 중단되고 나머지 마이크로서비스는 정상적으로 동작해야 한다.

---

9 Performance Evaluation of Encryption Techniques for Confidentiality of Very Large Databases: http://www.ijcte. org/papers/410-G1188.pdf

시스템 중단을 초래할 수 있는 모든 요소 중에서 보안은 적법한 이해관계자가 시스템을 지속적으로 사용할 수 있도록 하는 데 중요한 역할을 한다. 많은 진입점을 인터넷에 노출하고 있는 마이크로서비스 그룹을 대상으로 공격자는 서비스 거부 공격^{DoS, denial-of-service}이나 분산 서비스 거부 공격^{DDoS, distributed denial-of-service}을 하거나 시스템 중단을 시도할 수 있다.

공격자에 대한 방어조치를 다른 수준에서 구축할 수 있다. 애플리케이션 수준에서 할 수 있는 가장 효과적인 방어조치는 적법하지 않은 메시지나 요청을 발견하자마자 거부하는 것이다. 계층적 보안 아키텍처를 사용하면 개별 계층이 다른 공격 유형에 대응할 수 있고 가장 바깥쪽 계층에서 공격자를 거부할 수 있게 해준다.

그림 1.6에서 볼 수 있듯이 마이크로서비스를 향한 모든 요청은 우선 **API 게이트웨이**^{API gateway}를 거쳐야만 한다. API 게이트웨이는 마이크로서비스 그룹으로 들어가는 모든 요청을 대상으로 인증, 인가, 제한 및 알려진 보안 위협을 예방하기 위한 메시지 내용 검증과 같은 보안을 적용한다. API 게이트웨이가 적용하는 보안과 관련해서는 이 책의 3, 4, 5장에서 상세히 설명한다.

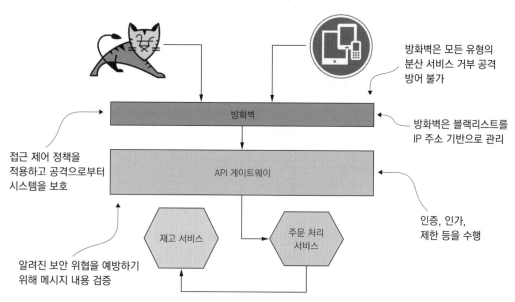

▲ **그림 1.6** 여러 계층의 다양한 보안 적용 지점은 마이크로서비스 그룹의 보안 수준을 개선한다.

네트워크 경계 지점은 서비스 거부 공격이나 분산 서비스 거부 공격을 방어하기 위한 최선의 방어수단이 구축돼야 하는 곳이다. 방화벽은 네트워크의 외부 경계에서 동작하는 악의적인 사용자를 차단하는 데 사용할 수 있는 선택권 중 하나다. 방화벽은 분산 서비스 거부 공격을 완벽히 방어할 수 없다. 분산 서비스 거부 공격 방어를 전문적으로 하는 회사들은 기업 방화벽 외부에서 사용할 수 있는 별도의 보안 제품을 제공한다. 시스템을 인터넷을 통해 접근 가능한 상태로 운영 중이라면 보안 제품 도입을 고려해볼 필요가 있다. 경계 지점에서 수행하는 모든 분산 서비스 거부 공격 방어조치가 마이크로서비스에 특화되진 않았다. 인터넷을 통해 접근 가능한 모든 경계 지점을 서비스 거부 공격/분산 서비스 거부 공격으로부터 보호해야 한다.

1.3.6 인가: 권한 범위를 넘어선 행위 차단

인가는 사용자나 요청 당사자를 알 수 있게 도와준다. 인가는 인증을 통과한 사용자가 시스템상에서 해야 하는 행동을 실제 할 수 있게끔 권한을 부여하는 절차를 의미한다. 이커머스 애플리케이션을 예로 들면, 시스템에 로그인한 특정 고객만 주문을 할 수 있고 재고 관리자만 재고를 업데이트할 수 있다.

전형적인 마이크로서비스 그룹에서 인가는 경계 지점(마이크로서비스 그룹 진입점)과 개별 서비스 접근 시점에 발생한다. 1.4.3절에서는 경계 지점에서 인가 정책을 적용하는 방법과 서비스 수준으로 서비스 간 통신 과정에 인가 정책 적용 시 어떤 선택권을 가질 수 있는지를 다룰 예정이다.

1.4 외부 경계 보안

전형적인 마이크로서비스 그룹은 마이크로서비스를 클라이언트 애플리케이션에 직접 노출하지 않는다. 대부분의 마이크로서비스는 API 게이트웨이를 거쳐 외부 네트워크와 통신하는 일련의 API 뒷단에 위치한다. API 게이트웨이는 들어오는 모든 메시지를 보안 목적으로 검증하는 마이크로서비스 그룹의 진입점이다.

그림 1.7은 Zuul API 게이트웨이를 통해서만 마이크로서비스를 노출하는 넷플릭스와 유사한 마이크로서비스 그룹을 묘사한다.[10] Zuul API 게이트웨이는 동적 라우팅, 모니터링, 회복, 보안 외에도 많은 기능을 제공한다. Zuul API 게이트웨이는 넷플릭스 서버 인프라의 현관문 역할을 하며 전 세계 사용자가 생성한 트래픽을 처리한다. 그림 1.7에서 Zuul API 게이트웨이는 API를 사용해 주문 처리 마이크로서비스에 접근할 수 있는 인터페이스 역할을 한다. 마이크로서비스 그룹 내 재고와 배송 마이크로서비스들은 외부 애플리케이션이 호출할 필요가 없기 때문에 API 게이트웨이를 통해 외부에 노출할 필요가 없다. 마이크로서비스 그룹은 외부 애플리케이션이 접근할 필요가 있는 것과 접근할 필요가 없는 마이크로서비스를 모두 포함하고 있고 접근할 필요가 있는 것들에 한해 API 게이트웨이를 통해 외부에 노출하고 있다.

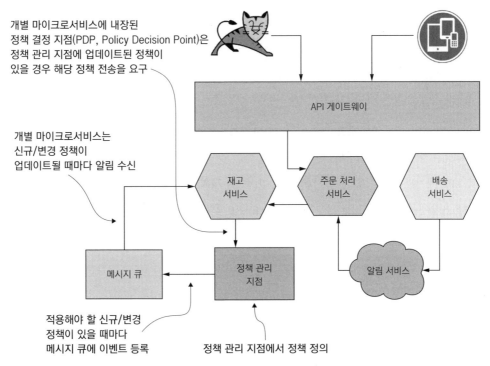

▲ **그림 1.7** 들어오는 모든 메시지를 보안 목적으로 검증하는 마이크로서비스 그룹의 진입점으로 API 게이트웨이를 운영하는 전형적인 마이크로서비스 그룹

---

10 Zuul(https://github.com/Netflix/zuul): 동적 라우팅, 모니터링, 회복, 보안 외에도 많은 기능을 제공하는 게이트웨이 서비스

1.4.1 마이크로서비스 그룹에서 API 게이트웨이의 역할

시간이 지나면서 API는 많은 회사의 대외 상징적 역할을 하고 있다. 조금도 과장됨 없이 표현하자면 API 없는 회사는 인터넷 없는 컴퓨터와 같다고 해도 과언이 아니다. 개발자들은 인터넷이 없는 삶이 어떨지 확실히 알고 있다.

또한 API는 많은 회사의 주요 캐시카우 역할을 하고 있다. 사례를 몇 가지 들어보면, 익스피디아^{Expedia}는 수익의 90%를, 세일즈포스^{Salesforce}는 수익의 50%를, 이베이^{eBay}는 수익의 60%를 API를 통해 얻고 있다.[11] 넷플릭스는 API에 대단히 많은 투자를 한 또 다른 유형의 회사다. 넷플릭스는 북미와 전 세계 인터넷 트래픽의 상당 부분을 차지하고 있고, 해당 트래픽은 넷플릭스 API가 생성한다.

API와 마이크로서비스는 밀접한 관련이 있다. 대부분의 경우 클라이언트 애플리케이션이 접근할 필요가 있는 마이크로서비스는 API 게이트웨이를 통해 API 형태로만 접근을 허용한다. 마이크로서비스 그룹 내에서 API 게이트웨이의 핵심 역할은 마이크로서비스를 API 형태로 외부에 노출하고 서비스 품질$^{QoS, quality\ of\ service}$ 기능을 구축하는 것이다. 서비스 품질 기능은 보안, 제한 및 분석 등의 기능을 의미한다.

마이크로서비스를 외부에 노출한다는 게 반드시 인터넷상의 불특정 다수에게 노출한다는 의미는 아니다. 단순히 부서 밖으로 노출하여 같은 조직의 다른 부서 사용자나 시스템이 API 게이트웨이를 통해 상위^{upstream} 마이크로서비스와 통신할 수 있게 노출할 수도 있다. 3장에서 마이크로서비스 그룹 내에서 API 게이트웨이의 역할에 대해 상세히 다룰 예정이다.

1.4.2 경계 지점에서의 인증

마이크로서비스와 유사하게 API의 경우에도 실제 사용자는 API 자신 또는 사용자나 다른 시스템을 대신해 행동하는 시스템이다(그림 1.8 참고). 사용자가 API와 직접 통신할 가능성은 낮지만 불가능하진 않다. 대부분의 경우 API 게이트웨이는 시스템과 통신한다.

---

11 'The Strategic Value of APIs'(https://hbr.org/2015/01/the-strategic-value-of-apis) 참고

다음 절에서 API 게이트웨이에서 시스템을 인증하는 선택권에 대해 다룰 예정이다.

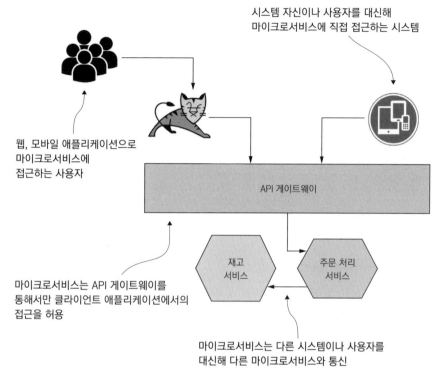

▲ **그림 1.8** 외부 경계 지점에서의 인증은 API 게이트웨이가 처리한다. 인증 과정을 통과한 요청만 상위 마이크로서비스로 전달한다.

인증서 기반 인증

인증서 기반 인증^{certificate-based authentication}은 공통 전송 계층 보안^{mTLS, mutual Transport Layer Security}을 사용해 외부 경계 지점에서 API를 보호한다. 넷플릭스 마이크로서비스 그룹은 API를 향한 접근을 인증서로 보호한다. 유효한 인증서로 프로비저닝된 클라이언트 애플리케이션만 넷플릭스 API에 접근할 수 있다. 인증서 기반 인증을 할 때 API 게이트웨이의 역할은 신뢰할 수 있는 인증서를 보유한 클라이언트 애플리케이션만 API에 접근할 수 있게 하고 해당 사용자의 요청만 상위 마이크로서비스로 보내는 것이다. 이 책의 3장에서 mTLS를 사용해 API 게이트웨이에서 API를 안전하게 하는 방법을 다룰 예정이다.

OAuth 2.0: 접근 위임 기반 프레임워크

누구나 트위터^{Twitter}나 페이스북^{Facebook} API를 사용하는 애플리케이션을 만들 수 있다. 이런 애플리케이션은 웹이나 모바일 애플리케이션이다(그림 1.8 참고). 애플리케이션은 사용자를 대신하거나 자신이 직접 API에 접근한다. OAuth 2.0은 접근 제어를 위임할 수 있는 인가 프레임워크를 의미하며, 하나의 시스템이 사용자나 다른 시스템을 대신해 API에 접근하려 할 때 API 보호를 위해 권장하는 접근 방식이다.

이 책의 3장과 부록 D에서 OAuth 2.0에 대해 다룰 예정이니 잘 모르는 부분이 있어도 걱정할 필요는 없다. OAuth 2.0을 모르더라도 다른 서비스 제공자의 웹 애플리케이션 로그인을 위해 페이스북을 사용한 적이 있다면 페이스북이 자사 API를 보호하기 위해 OAuth 2.0을 사용하고 있기 때문에 OAuth 2.0을 써본 경험이 있다고 할 수 있다.

캠브리지 애널리티카/페이스북 사건

캠브리지 애널리티카(Cambridge Analytica)/페이스북 프라이버시 사건은 2018년 초에 발생했는데 공영미디어가 영국 정치 컨설팅 회사인 캠프리지 애널리티카가 8,700만 이상의 개인 페이스북 데이터를 정치 캠페인 광고에 활용할 목적으로 정보 주체의 동의 없이 수집한 사실을 공개하면서 밝혀진 사건이다. 페이스북 데이터는 알렉산드르 코간(Alexander Kogan)이 만든 'This is Your Digital Life' 애플리케이션에서 수집해 캠브리지 애널리티카(Cambridge Analytica)에 판매됐다.

'This Is Your Digital Life' 애플리케이션은 개인정보 수집 목적으로 정당한 페이스북 사용자를 대신해 OAuth 2.0으로 보호받는 페이스북 API에 접근하는 시스템처럼 행동했다. 다시 말해, 해당 페이스북 사용자들은 직접 혹은 간접적으로 'This Is Your Digital Life' 애플리케이션에 개인정보 접근 권한을 위임했다. 사용자들은 대학에서 학업 목적으로 결과를 사용하기 위한 성격 테스트를 받고 있다고 착각했다.

API 게이트웨이의 역할은 개별 API 요청마다 포함하는 OAuth 2.0 보안 토큰을 검증하는 것이다. OAuth 2.0 보안 토큰은 다른 서비스 제공자의 애플리케이션과 사용자를 대신해 API에 접근할 수 있도록 해당 애플리케이션에 접근 권한을 위임한 사용자 모두를 나타내는 값이다.

OAuth 2.0은 애플리케이션 영역이 아닌 API 게이트웨이가 위치한 서버 영역의 인증 프로토콜이기 때문에 OAuth 2.0에 대해 정확히 알고 있는 사람들은 인증 관련 논의에서

OAuth 2.0을 언급하는 걸 언짢아한다. OAuth 2.0 인증과 관련해서는 부록 A에서 다룰 예정이다.

1.4.3 경계 지점 인가 절차

API 게이트웨이는 인증을 진행하는 동안 요청 당사자를 이해하는 업무뿐만 아니라 전사 관점에서 준수해야 하는 대단위 접근 제어 정책을 적용하는 업무까지 담당하기도 한다. 좀 더 세분화된 접근 제어 정책은 마이크로서비스 자신(마이크로서비스 자신 또는 마이크로서비스의 프록시일 수도 있는데 12장에서 다룰 예정)이 서비스 수준으로 적용한다. 1.5.2절에서 서비스 수준의 인가에 대해 상세히 다룰 예정이다.

1.4.4 클라이언트 애플리케이션/사용자 컨텍스트를 상위 마이크로서비스로 전달

API 게이트웨이는 경계 지점에서 사용자의 정상적인 연결 요청을 목적지 상위 마이크로서비스로 전달하고 그 밖의 모든 연결은 종료시킨다. API 게이트웨이와 마이크로서비스 간의 통신 채널을 보호할 수 있는 방안과 초기 사용자 컨텍스트를 전달할 수 있는 방안이 필요하다. **사용자 컨텍스트**^{user context}는 사용자의 기본 정보를 포함하고, **클라이언트 컨텍스트**^{client context}는 클라이언트 애플리케이션의 정보를 포함한다. 컨텍스트가 포함하고 있는 정보는 서비스 수준 접근 제어를 수행하기 위해 상위 마이크로서비스가 사용할 수도 있다.

API 게이트웨이와 마이크로서비스 간 통신도 시스템 간 통신이기 때문에 통신 채널 보안을 위해 공통 전송 계층 보안 인증을 사용할 수 있다. 하지만 사용자 컨텍스트를 상위 마이크로서비스에 전달할 방안을 찾아봐야 한다. 사용자 컨텍스트를 HTTP 헤더에 포함해 전달하는 방법, 사용자 데이터를 사용해 JWT를 만드는 방법 등 몇 가지 선택권이 있다. HTTP 헤더를 사용하는 방법은 간단하지만 첫 번째 마이크로서비스가 다른 마이크로서비스에 사용자 컨텍스트를 HTTP 헤더 포함해 전달할 경우 약간의 신뢰 문제가 발생한다. 첫 번째 마이크로서비스로부터 사용자 컨텍스트를 전달받은 두 번째 마이크로서비스는 사용자 컨텍스트의 무결성을 신뢰할 수 없다. 하지만 JWT를 사용한다면 JWT 발급자가 서명을 하기 때문에 중간자 공격으로 무결성이 훼손되지 않았음을 보장할 수 있다.

JWT는 부록 B에서 상세히 다룰 예정이기 때문에 우선은 암호학적으로 안전한 방법으로 데이터(사용자 컨텍스트 포함)를 전달할 수 있는 서명한 페이로드라고 생각하자. 게이트웨이나 게이트웨이와 연결 상태인 보안 토큰 서비스는 사용자나 클라이언트의 컨텍스트를 포함한 JWT를 생성해 상위 마이크로서비스로 전달할 수 있다. 수신 측 마이크로서비스는 JWT를 발급한 보안 토큰 서비스의 공개키를 사용해 서명을 검증함으로써 JWT의 유효성을 검증할 수 있다.

1.5 서비스 간 통신 보안

마이크로서비스 그룹 내 서비스 간 통신 빈도는 더 높다. 서비스 간 통신은 동일한 신뢰 도메인 내의 마이크로서비스 간에 발생하거나 서로 다른 신뢰 도메인에 위치한 마이크로서비스 간에도 발생할 수 있다. 신뢰 도메인은 소유권을 나타낸다. 함께 개발, 배포, 관리하는 마이크로서비스는 동일한 신뢰 도메인이나 다른 여러 요소를 고려한 조직 수준에서 정의한 신뢰 경계 범위에 속할 가능성이 높다.

서비스 간 통신을 보호하기 위해 개발한 보안 모델은 마이크로서비스 간에 실제 통신이 이뤄지는 방식이 동기식인지 비동기식인지뿐만 아니라 서로 다른 신뢰 경계 간 통신 채널까지 고려해야 한다. 동기식 통신의 대부분은 HTTP 프로토콜 기반으로 통신을 하고 비동기식 통신은 래빗MQ^{RabbitMQ}, 카프카^{Kafka}, 액티브MQ^{ActiveMQ}, 아마존 SQS^{Simple Queue Service} 등의 특정 메시지 시스템을 사용해 통신을 한다. 마이크로서비스 간 동기식 통신의 여러 보안 모델을 이 책의 6~8장에서 다룰 예정이며, 이벤트 기반 마이크로서비스를 9장에서 다룰 예정이다.

1.5.1 서비스 간 인증

마이크로서비스 그룹 내 서비스 간 통신을 보호할 수 있는 세 가지 방안은 트러스트 네트워크, 공통 전송 계층 보안^{mTLS}, JWT^{JSON Web Token}다.

트러스트 네트워크

트러스트 네트워크trust-the-network 접근법은 서비스 간 통신에 어떠한 보안 정책도 적용하지 않는, 요즘은 잘 사용하지 않는 모델이며 네트워크 수준 보안(그림 1.9 참고)에 다소 의존적이다. 네트워크 수준 보안은 어떠한 공격자도 마이크로서비스 간 통신을 가로챌 수 없음을 보장해야 하며, 개별 마이크로서비스를 신뢰할 수 있는 시스템으로 인지해야 한다. 마이크로서비스 자신과 사용자가 무엇을 요구하든 다른 마이크로서비스는 신뢰해야 한다. 기대하는 보안 수준과 네트워크상의 모든 구성요소에 대한 신뢰를 기반으로 마이크로서비스 그룹을 만들어야 한다.

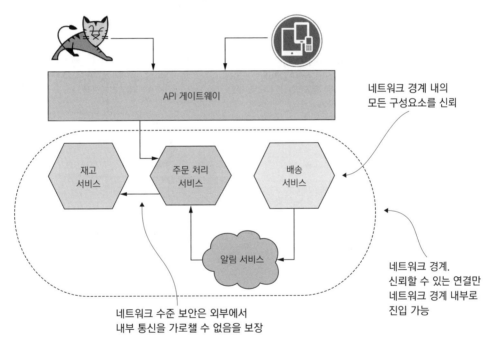

▲ **그림 1.9** 트러스트 네트워크는 마이크로서비스 간 통신을 보호한다. 트러스트 네트워크 외부의 누구도 마이크로서비스 간의 트래픽 흐름을 확인할 수 없다.

어떠한 네트워크도 신뢰하지 않는 것으로 알려진 **제로 트러스트 네트워크**zero-trust network 접근법은 네트워크를 신뢰하는 트러스트 네트워크 접근법의 정반대로, 네트워크를 항상 적대적이고 신뢰할 수 없다고 가정하고 어떠한 것도 당연히 여기지 않는다. 개별 요청에 대한 처리를 허용하기 전에 거쳐가는 노드별로 인증과 인가를 받아야만 한다. 제로 트러스트 네트워크 접근법에 관심이 있는 사람이 있다면 에반 길먼[Evan Gilman]과 더그 바스[Doug Barth]의 『Zero Trust Networks: Building Secure Systems in Untrusted Networks』 (O'Reilly Media, 2017)를 읽어보길 추천한다.

공통 전송 계층 보안

공통 전송 계층 보안[mTLS]은 마이크로서비스 그룹 내 서비스 간 통신을 보호할 수 있는 또 다른 인기 있는 방법이다(그림 1.10 참고). 사실상 공통 전송 계층 보안이 오늘날 가장 흔하게 사용하는 인증 방법이다. 마이크로서비스 그룹 내 개별 마이크로서비스는 공개키와 개인키 쌍을 전달해야 하고 공통 전송 계층 보안을 사용해 수신 측 마이크로서비스를 인증하기 위해 전달한 키 쌍을 사용한다.

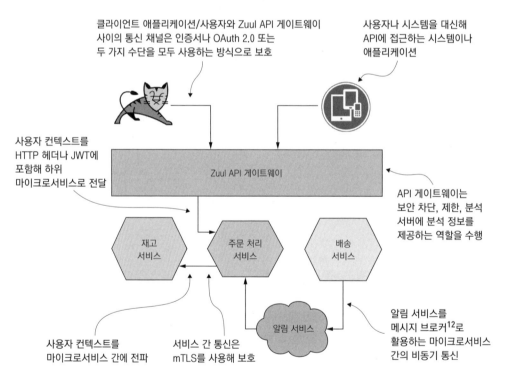

클라이언트 애플리케이션/사용자와 Zuul API 게이트웨이 사이의 통신 채널은 인증서나 OAuth 2.0 또는 두 가지 수단을 모두 사용하는 방식으로 보호

사용자나 시스템을 대신해 API에 접근하는 시스템이나 애플리케이션

사용자 컨텍스트를 HTTP 헤더나 JWT에 포함해 하위 마이크로서비스로 전달

Zuul API 게이트웨이

API 게이트웨이는 보안 차단, 제한, 분석 서버에 분석 정보를 제공하는 역할을 수행

재고 서비스

주문 처리 서비스

배송 서비스

알림 서비스

사용자 컨텍스트를 마이크로서비스 간에 전파

서비스 간 통신은 mTLS를 사용해 보호

알림 서비스를 메시지 브로커[12]로 활용하는 마이크로서비스 간의 비동기 통신

▲ **그림 1.10** 마이크로서비스 간 통신은 mTLS로 보호한다. 마이크로서비스 그룹 내 모든 마이크로서비스는 인증 기관(CA, certificate authority) 신뢰를 기반으로 서로 간에 통신한다.

---

12 송신 측과 수신 측 사이에서 메시지의 전달을 중재하는 역할 - 옮긴이

TLS는 전송 중인 데이터의 기밀성과 무결성을 제공하고 클라이언트 애플리케이션이 서비스를 식별하도록 지원한다. 클라이언트 마이크로서비스는 어떤 마이크로서비스와 통신해야 할지를 알고 있다. 하지만 단방향 TLS를 사용한다면 수신 측 마이크로서비스는 송신 측 마이크로서비스의 신원을 검증할 수 없다. 수신 측에서 송신 측 신원을 검증할 수 없기 때문에 공통 전송 계층 보안이 생겨나게 됐다. mTLS는 통신 중인 개별 마이크로서비스가 다른 마이크로서비스를 식별할 수 있다.

mTLS 적용 시 초기 신뢰 관계 설정, 시스템/마이크로서비스에 키/인증서 프로비저닝, 키 폐기, 키 교체, 키 모니터링 등은 어려운 과제다. mTLS 과제와 해결 방안은 6장에서 상세히 다룰 예정이다.

JWT

JWT^{JSON Web Token}는 마이크로서비스 그룹 내 서비스 간 통신을 보호하기 위한 세 번째 접근 방법이다(그림 1.11 참고). mTLS와 달리 JWT는 전송 계층이 아닌 애플리케이션 계층에서 동작한다. JWT는 클레임^{claim} 묶음을 다른 곳으로 운반할 수 있는 컨테이너다.

클레임에는 최종 사용자 속성(이메일 주소, 전화번호)이나 자격증명 또는 호출 측 마이크로서비스가 수신 측 마이크로서비스로 전달하고 싶은 인숫값 등 어떠한 값도 포함할 수 있다. JWT는 클레임값을 포함하고 JWT 발급자에 의해 서명을 받는다. JWT 발급은 외부 STS나 호출 측 마이크로서비스 자신(자체발급 JWT) 모두 가능하다.

mTLS처럼 자체발급 JWT 기반 인증 방식을 사용한다면 개별 마이크로서비스는 자신의 키 쌍을 갖고 있어야 하며 개인키를 JWT에 서명하기 위한 용도로 사용해야 한다. 대부분의 경우 JWT 기반 인증은 TLS 프로토콜상에서 동작하는데, JWT는 인증 기능을 제공하고 TLS는 전송 데이터의 기밀성과 무결성을 보장하는 역할을 담당한다.

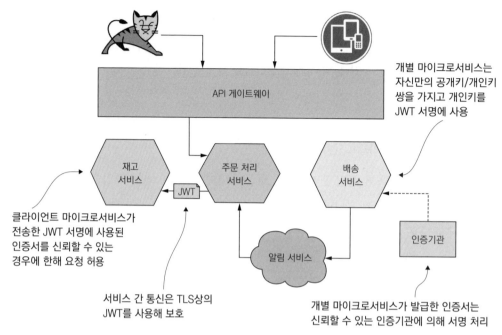

개별 마이크로서비스는
자신만의 공개키/개인키
쌍을 가지고 개인키를
JWT 서명에 사용

클라이언트 마이크로서비스가
전송한 JWT 서명에 사용된
인증서를 신뢰할 수 있는
경우에 한해 요청 허용

서비스 간 통신은 TLS상의
JWT를 사용해 보호

개별 마이크로서비스가 발급한 인증서는
신뢰할 수 있는 인증기관에 의해 서명 처리

▲ **그림 1.11** 마이크로서비스 간의 통신은 JWT를 사용해 보호한다. 개별 마이크로서비스는 JWT 서명에 인증기관에서 발급한 인증서를 사용한다.

1.5.2 서비스 수준 인가

전형적인 마이크로서비스 그룹 내 인가 절차는 경계 지점(API 게이트웨이), 서비스 단위, 경계 지점과 서비스 단위 양측에서 수행한다. 서비스 수준 인가는 (필요할 경우) 개별 마이크로서비스에게 접근 제어 정책 적용을 위한 더 많은 통제권을 부여한다. 서비스 수준 인가 절차를 적용하기 위해서는 두 가지 접근 방법이 있는데, 첫 번째 방법은 중앙화된 정책 결정 지점 모델이고 두 번째 방법은 내장화된 정책 결정 지점 모델이다.

중앙화된 정책 결정 지점 모델centralized PDP model에서 접근 제어 정책 정의, 저장, 평가는 단일 지점에서 수행한다(그림 1.12 참고). 마이크로서비스가 수신한 요청을 검증하고 싶을 때마다 중앙화된 정책 결정 지점과 통신이 필요하기 때문에 정책 결정 지점에 대한 의존도가 높고 원격 호출에 따른 리소스 소모로 인해 지연이 증가할 수 있다. 경우에 따라 지연 영향은 마이크로서비스에서 정책을 캐시에 저장하는 방법으로 예방할 수 있는데, 캐시 만료 시간이 경과하지 않는다면 정책을 업데이트할 방법이 없고 실무에서는 정책 업데이트 주기가 길어 캐시가 만료될 확률이 높다.

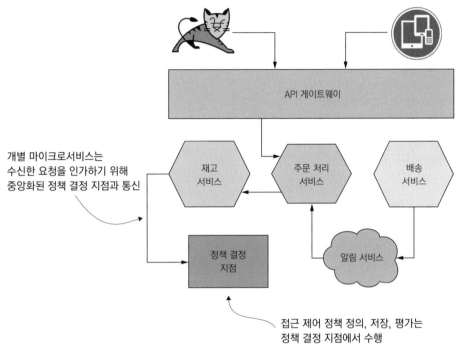

▲ **그림 1.12** 개별 마이크로서비스는 수신한 요청을 인가하기 위해 중앙화된 정책 결정 지점과 통신한다. 접근 제어 정책 정의, 저장, 평가는 중앙화된 정책 결정 지점에서 모두 수행한다.

내장화된 정책 결정 지점 모델embedded PDP model에서 정책은 중앙에서 정의하지만 서비스 수준에서 정책을 저장 및 평가한다. 내장화된 정책 결정 지점은 중앙화된 정책 관리 지점 PAP, policy administration point에서 업데이트된 정책을 가져오기 힘들다.

업데이트된 정책을 가져올 수 있는 두 가지 방법이 있는데, 첫 번째는 정책 관리 지점을 일정 시간마다 지속적으로 폴링함으로써 업데이트된 정책을 내려받는 방법이다. 두 번째 는 푸시 메커니즘을 사용해 새로운 정책이나 업데이트된 정책이 있을 때마다 정책 관리 지점에서 정책을 내려주는 방법이다(그림 1.13 참고). 개별 마이크로서비스는 이벤트 소비 자처럼 행동해 관심 있는 이벤트를 등록한다. 마이크로서비스는 등록한 주제에 관한 이벤트를 수신할 때마다 관련 정책을 정책 관리 지점에서 내려받고 내장화된 자체 정책 결정 지점에 업데이트해놓는다.

두 가지 접근 방법 모두 과하다고 생각하는 사람들이 있지만 실제로는 서버가 시작할 때만 내장화된 자체 정책 결정 지점에 정책을 적재한다. 신규 정책이 추가되거나 기존 정책이 업데이트되면 개별 마이크로서비스는 재시작이 필요하다.

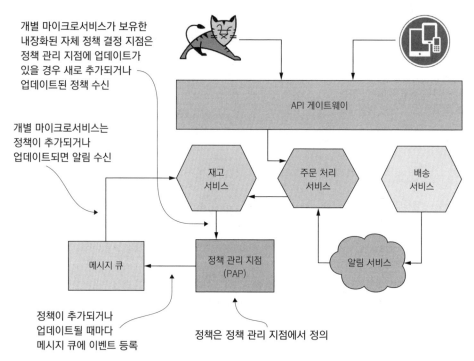

▲ **그림 1.13** 개별 마이크로서비스는 자신만의 정책 결정 지점을 보유한다. 정책 결정 지점은 알림을 받으면 정책 관리 지점에서 정책을 수신한다.

1.5.3 마이크로서비스 간 사용자 컨텍스트 전파

마이크로서비스가 다른 마이크로서비스를 호출할 때 최종 사용자 식별자와 마이크로서비스 자신의 식별자를 함께 전달할 필요가 있다. 마이크로서비스가 다른 마이크로서비스를 mTLS나 JWT로 인증할 때 호출 측 마이크로서비스의 식별자는 내장된 자격증명에서 추론할 수 있다. 최종 사용자 컨텍스트를 마이크로서비스 간에 전달하기 위해 흔하게 사용하는 세 가지 방법이 있다.

- **HTTP 헤더에 포함해 사용자 컨텍스트 전달**: 수신 측 마이크로서비스가 사용자를 식별할 수 있지만 수신 측 마이크로서비스에게 호출 측 마이크로서비스를 신뢰하라고 요구한다. 호출 측 마이크로서비스를 신뢰할 수 없다. 호출 측 마이크로서비스가 HTTP 헤더에 임의의 값을 추가하면 수신 측 마이크로서비스를 속일 수 있다.

- **JWT를 사용해 사용자 컨텍스트 전달**: JWT는 헤더 형태로 HTTP 요청 메시지에 포함되어 호출 측 마이크로서비스로부터 수신 측 마이크로서비스에게 사용자 컨텍스트를 전달한다. 자체발급 JWT를 사용하는 경우 HTTP 헤더에 포함해 사용자 컨텍스트를 전달하는 방법보다 보안 수준이 높다고 볼 수 없다. 자체발급 JWT는 호출 측 마이크로서비스 자신이 서명하기 때문에 임의의 값을 추가하면 수신 측 마이크로서비스를 속일 수 있다.

- **마이크로서비스 그룹 내 모든 마이크로서비스가 신뢰하는 외부 STS가 발급한 JWT 사용**: JWT 내부에 위치한 사용자 컨텍스트를 수정할 경우 서명값이 무효화되기 때문에 수정 여부를 확인할 수 있어 가장 안전한 방법이다. 외부 STS에서 JWT를 받으면 호출 측 마이크로서비스는 원래 JWT를 내부에 포함한 새로운 JWT(마이크로서비스 간에 사용하는 JWT 기반 인증)를 만들거나 원래 JWT를 HTTP 헤더에 포함해 전달한다(mTLS가 마이크로서비스 간 통신에 사용될 경우).

1.5.4 신뢰 경계 간 연결

전형적인 마이크로서비스 그룹에는 다양한 신뢰 도메인이 존재한다. 신뢰 도메인은 마이크로서비스나 조직 경계에 대한 통제권과 거버넌스를 갖고 있는 팀이 정의한다. 예를 들어, 구매 부서는 구매 관련 마이크로서비스를 관리하고 자신만의 신뢰 도메인을 만들 수 있다.

마이크로서비스 간 통신을 할 때 호출 측과 수신 측 모두 동일한 신뢰 도메인에 속해 있다면 개별 마이크로서비스는 동일 도메인에서 사용하는 외부 STS나 인증기관을 신뢰할 수 있다. 신뢰에 기반해 수신 측 마이크로서비스는 호출 측 마이크로서비스가 보내온 보안 토큰을 검증할 수 있다. 일반적으로 단일 신뢰 도메인 내의 모든 마이크로서비스는 하나의 STS를 신뢰하고 해당 STS가 발급한 보안 토큰만 허용한다.

각기 다른 신뢰 도메인 내의 마이크로서비스 간 통신은 두 가지 기본 접근 방법 중 한 가지를 택해야 한다. 첫 번째 접근 방법은(그림 1.14 참고) 신뢰 도메인 foo의 주문 처리 마이크로서비스가 신뢰 도메인 bar의 배송 마이크로서비스와 통신을 희망한다고 가정하면 주문 처리 마이크로서비스는 우선 신뢰 도메인 bar의 모든 마이크로서비스가 신뢰할 수 있는 보안 토큰을 얻는 것이다. 다시 말하자면 호출 측 마이크로서비스는 수신 측 신뢰 도메인 STS의 보안 토큰을 얻어야 한다.

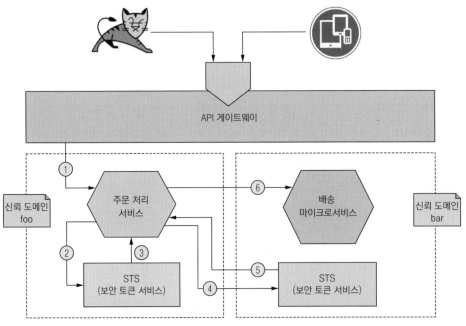

▲ **그림 1.14** 단일 API 게이트웨이 뒷단에 위치한 2개의 신뢰 도메인 간 교차 도메인 보안. 개별 신뢰 도메인은 자신만의 STS를 운영한다.

그림 1.14를 단계별로 설명하면 다음과 같다.

- **1단계**: API 게이트웨이는 클라이언트 애플리케이션이 보낸 요청값에 자신 또는 STS에서 서명한 JWT를 포함하여 신뢰 도메인 foo 내 주문 처리 마이크로서비스로 전송한다. 신뢰 도메인 foo 내 모든 마이크로서비스는 API 게이트웨이에 붙어 있는 상태인 최상위 STS를 신뢰하기 때문에 주문 처리 마이크로서비스는 토큰을 유효하게 받아들인다. JWT는 대상 시스템을 정의한 aud^{audience} 속성을 갖고 있는데, 1단계에서 aud는 신뢰 도메인 foo의 주문 처리 마이크로서비스를 나타낸다. 주문 처리 마이크로서비스는 수신한 JWT의 aud 속성이 자신이 아닌 다른 값이라면 서명이 유효하더라도 JWT를 거부해야 한다. 부록 B에서 JWT에 대해 상세히 다룰 예정이다.
- **2단계**: 주문 처리 마이크로서비스는 API 게이트웨이나 최상위 STS로부터 획득한 JWT를 신뢰 도메인 foo의 STS로 전송한다. foo 신뢰 도메인의 STS에서도 aud 속성을 검증해야 하고 aud 속성을 식별할 수 없다면 JWT를 거절해야 한다.
- **3단계**: 신뢰 도메인 foo의 STS는 자신이 서명한, aud 속성이 신뢰 도메인 bar의 STS로 설정된 새로운 JWT를 반환한다.
- **4, 5단계**: 주문 처리 마이크로서비스는 신뢰 도메인 bar의 STS에 접근해 3단계에서 획득한 JWT를 신뢰 도메인 bar의 STS가 서명한, aud 속성이 배송 마이크로서비스로 설정된 새로운 JWT와 맞바꾼다.
- **6단계**: 주문 처리 마이크로서비스는 5단계에서 획득한 JWT를 가지고 배송 마이크로서비스에 접근한다. 신뢰 도메인 bar의 STS가 JWT에 서명을 했고 aud 속성이 배송 마이크로서비스를 나타내고 있기 때문에 배송 마이크로서비스는 토큰을 허용한다.

두 번째 접근 방법은 신뢰 도메인 foo 내 주문 처리 마이크로서비스가 신뢰 도메인 bar 내 배송 서비스와 직접 통신하지 않는 방법이다.

개별 신뢰 도메인은 자신의 API 게이트웨이를 갖고 있어 마이크로서비스 간 통신은 API 게이트웨이를 통해서 일어난다(그림 1.15 참고).

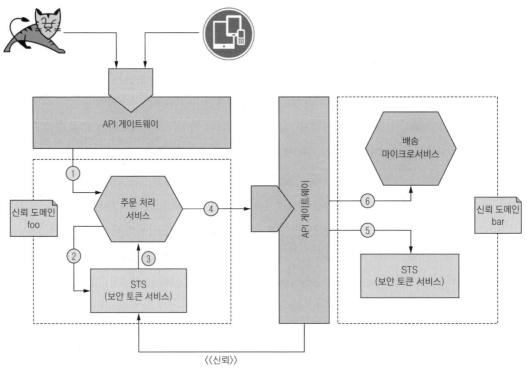

▲ **그림 1.15** 2개의 API 게이트웨이와 STS 뒷단에 위치한 2개의 신뢰 도메인 간 교차 도메인 보안

그림 1.15를 단계별로 설명하면 다음과 같다.

- **1단계**: 신뢰 도메인 foo의 API 게이트웨이는 클라이언트 애플리케이션으로부터 온 요청과 함께 게이트웨이나 foo의 API 게이트웨이에 붙어 있는 foo의 STS에서 서명한 JWT를 주문 처리 마이크로서비스로 전달한다. 신뢰 도메인 foo 내 모든 마이크로서비스가 foo의 STS를 신뢰하기 때문에 주문 처리 마이크로서비스는 토큰을 유효하게 받아들인다.
- **2단계**: 주문 처리 마이크로서비스는 API 게이트웨이나 신뢰 도메인 foo의 STS로부터 획득한 JWT를 신뢰 도메인 foo의 보안 토큰 서비스로 전송한다.
- **3단계**: 신뢰 도메인 foo의 STS는 자신이 서명한, aud 속성이 신뢰 도메인 bar의 API 게이트웨이로 설정된 새로운 JWT를 반환한다.

- **4단계**: 주문 처리 마이크로서비스는 3단계에서 획득한 JWT를 가지고 신뢰 도메인 bar의 배송 마이크로서비스에 접근한다. 신뢰 도메인 bar의 API 게이트웨이는 신뢰 도메인 foo의 STS를 신뢰하기 때문에 JWT를 유효하게 받아들인다. JWT는 신뢰 도메인 foo의 STS가 서명을 했고 aud 속성이 신뢰 도메인 bar의 API 게이트웨이로 설정되어 있다.

- **5단계**: 신뢰 도메인 bar의 API 게이트웨이는 신뢰 도메인 bar의 STS가 서명한, aud 속성을 배송 마이크로서비스로 설정한 자신의 JWT를 생성하기 위해 신뢰 도메인 bar의 보안 토큰 서비스와 통신한다.

- **6단계**: 신뢰 도메인 bar의 API 게이트웨이는 자신이 수신한 요청값에 신뢰 도메인 bar의 STS가 발급한 새로운 JWT를 포함하여 배송 마이크로서비스로 전달한다. 배송 마이크로서비스는 신뢰 도메인 bar의 STS를 신뢰하기 때문에 JWT를 유효하게 받아들인다.

요약

- 마이크로서비스 보안은 아키텍처의 고유 성질 때문에 모놀리식 애플리케이션 보안보다 어렵다.

- 마이크로서비스 보안 설계는 개발을 간소화하고 개발 주기의 초기 단계에서 코드 수준 취약점을 발견하기 위해 보안 스캔 도구를 빌드 시스템에 적용하는 프로세스를 정의하는 것으로 시작한다.

- 외부 경계 보안과 마이크로서비스 간 통신의 보안을 고민해야 한다.

- 외부 경계 보안은 클라이언트 애플리케이션, API 게이트웨이와 같은 경계 지점에서 마이크로서비스 그룹 내부로 들어온 요청을 인증 및 인가하는 것과 관련이 있다.

- 마이크로서비스 간 통신을 보호하는 게 가장 어려운 부분이다. 1장에서 다양한 기술을 다뤘는데 실제 사용할 기술을 선정할 때는 보안 수준, 통신 유형(동기/비동기), 신뢰 경계 등을 고려해야 한다.

2

마이크로서비스 보안을 위한
첫 단계

2장에서 다루는 내용

- 스프링 부트/자바 환경에서 마이크로서비스 개발
- curl 명령으로 스프링 부트/자바 실행 및 테스트
- OAuth 2.0으로 경계 지점의 마이크로서비스 보안
- OAuth 2.0 범위를 사용해 서비스 수준에서 인가 적용

마이크로서비스 아키텍처 원칙을 준수한다면 애플리케이션을 소형화/모듈화한 서비스나 구성요소로 만들 것이다. 시스템, 사용자를 대신한 시스템이나 또 다른 시스템 등은 마이크로서비스를 호출할 수 있는데 마이크로서비스에 도달하는 모든 요청을 적절히 인증 및 인가할 필요가 있다. 마이크로서비스는 요청을 처리하기 위해 하나 이상의 마이크로서비스를 호출할 수 있다. 마이크로서비스가 다른 마이크로서비스를 호출할 경우 하위 서비스나 클라이언트 애플리케이션에서 수신한 사용자 컨텍스트를 상위 마이크로서비스로 전파할 필요가 있다.

2장에서는 들어오는 요청값을 보안 검증하는 방법을 설명하고, 3장에서는 사용자 컨텍스트를 상위 마이크로서비스로 전파하는 방법을 다룰 예정이다. 2장은 간단한 배포를 통해 마이크로서비스에 입문하는 과정을 중점적으로 다룬다. 2장에서 다룰 예제들의 설계

방식은 실제 상용 환경과 차이가 있다. 이 책을 통해 마이크로서비스 보안 설계 관점에서 격차를 메우는 방법과 운영 환경을 만드는 방법을 단계별로 설명할 예정이다.

2.1 첫 번째 마이크로서비스 제작

2.1절에서는 스프링 부트(https://spring.io/projects/spring-boot) 프레임워크를 사용해 첫 번째 마이크로서비스 소스 코드를 작성, 컴파일 및 실행하는 방법을 다루며 스프링 부트 프레임워크 기초와 마이크로서비스를 제작하는 방법을 배워볼 예정이다. 이 책 전반에서 다루는 예제는 마이크로서비스로 제작된 온라인 쇼핑몰 애플리케이션이다. 2.1절에서는 주문 생성 및 관리를 위해 요청을 허용하는 스프링 부트 환경의 첫 번째 마이크로서비스를 제작한다.

스프링 부트^{Spring Boot}는 자바 프로그래밍 언어로 개발된 함수들을, 소스 코드를 특수한 애노테이션^{annotation} 모음으로 표현한 서비스나 API로 알려진 '네트워크 접근 가능 함수'로 변환할 수 있게 해주는 스프링 플랫폼 기반의 프레임워크다. 자바 프로그래밍 언어와 친숙하지 않더라도 소스 코드를 직접 작성하는 예제는 없기 때문에 걱정할 필요는 없다. 이 책에서 다루는 모든 예제 코드는 깃허브(https://github.com/microservices-security-in-action/samples)에서 다운로드할 수 있으며, 소스 코드 개발 경험이 있다면 쉽게 이해할 수 있는 수준이다.

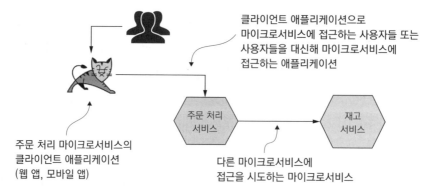

▲ 그림 2.1 전형적인 마이크로서비스 그룹에서 소비자 애플리케이션(웹/모바일 앱)은 최종 사용자를 대신해 마이크로서비스에 접근하고 마이크로서비스는 서로 간에 통신한다.

그림 2.1은 이 책에서 실습할 온라인 쇼핑몰 애플리케이션의 마이크로서비스 일부와 소비자 애플리케이션을 보여주고 있다. 소비자 애플리케이션은 실제로는 마이크로서비스의 소비자다.

2.1.1 필요 소프트웨어 다운로드 및 설치

이 책의 예제 코드를 빌드하고 실행하려면 자바 개발 도구[JDK, Java Development Kit], 아파치 메이븐[Apache Maven], curl 명령행 도구, git 클라이언트 명령행 도구와 같은 개발 환경 설치가 필요하다.

자바 개발 도구 설치

자바 개발 도구는 예제 코드 컴파일 시 필요하다. 최신 자바 개발 도구는 http://mng.bz/OMmo에서 다운로드할 수 있고 이 책에서 테스트한 환경은 JDK 11 버전이다.

아파치 메이븐 설치

아파치 메이븐은 컴파일/빌드 단계에서 자바 프로젝트의 외부 의존성을 쉽게 파악할 수 있게 해주는 프로젝트 관리 및 이해 도구이며, 자바 소스 코드를 컴파일할 수 있고 실행 파일을 생성할 수 있는 컴파일러 플러그인과 같은 다양한 플러그인을 갖고 있다. 아파치 메이븐은 https://maven.apache.org/download.cgi에서 다운로드할 수 있고 https://maven.apache.org/install.html의 설명대로 따라 하면 설치할 수 있다. 이 책에서 테스트한 환경은 아파치 메이븐 3.5 버전이다. 필요한 모든 명령을 알려주기 때문에 이 책의 예제 실습을 위해 아파치 메이븐에 대해 상세히 알 필요는 없다. 아파치 메이븐에 관심이 있다면 이 책의 공동 저자이기도 한 프라바스 시리와데나가 쓴 『Mastering Apache Maven 3』(Packt Publishing, 2014)를 추천한다.

curl 명령행 도구 설치

curl은 https://curl.haxx.se/download.html에서 내려받아 설치할 수 있다. 이 책에서는 curl을 마이크로서비스 접근용 클라이언트 애플리케이션으로 사용하는데, 대부분의 운영체제에는 curl이 이미 설치되어 있을 확률이 높다.

git 명령행 도구 설치

이 책에서 사용할 예제 코드 깃^{Git} 저장소의 복사본을 생성^{clone}하려면 운영체제에 맞는 git을 설치하거나 https://github.com/microservices-security-in-action/samples 에서 zip 파일을 수동으로 다운로드해야 한다. 복제/다운로드 이후에는 git을 사용할 일이 없기 때문에 실습을 위해 필수적으로 설치할 필요는 없다. 이 책에서 테스트한 환경은 https://gitforwindows.org/에서 내려받은 Git-2.28.0이다.

2.1.2 예제 코드 저장소 복사본 생성

2.1.1절의 모든 과정을 완료했고 zip 파일 다운로드보다는 깃 저장소의 복사본을 생성하고 싶다면 다음 명령을 실행해 예제 코드 깃 저장소 복사본을 생성할 수 있다.

```
\> git clone https://github.com/microservices-security-in-action/samples.git
```

명령을 성공적으로 실행하면 예제 코드를 포함한 samples 디렉토리가 생성된다.

2.1.3 주문 처리 마이크로서비스 컴파일

필요 소프트웨어를 설치하고 예제 코드까지 준비했다면 다소 번거롭고 수고스럽지만 마이크로서비스를 실행할 차례다. 우선 운영체제의 명령행 도구를 실행하고 예제 코드가 위치한 경로로 이동한다. 이제부터 편의상 예제 코드 경로는 [samples]로 지칭할 예정이다.

```
\> cd [samples]/chapter02/sample01
```

chapter02/sample01 디렉토리에는 주문 처리 마이크로서비스 소스 코드가 있다. 주문처리 마이크로서비스를 빌드하기 위해 디렉토리 내에서 다음 명령을 실행한다.

```
\> mvn clean install
```

mvn clean install 명령은 소스 코드를 컴파일하고 실행 가능한 JAR^{Java Archive} 파일을 생성한다. 명령 실행에 문제가 있다면 아파치 메이븐 저장소 내부에서 이전 버전과 충돌이 나거나 호환되지 않는 종속성이 원인일 수 있다. 문제를 해결하려면 홈 디렉토리 내

.m2 디렉토리를 삭제하거나 이름을 변경해야 한다. 명령이 정상적으로 실행되면 BUILD SUCCESS 메시지를 확인할 수 있다.

스프링 부트 프로젝트 제작이 처음일 경우 아파치 메이븐은 스프링 부트와 의존성이 있는 모든 요소를 자체 저장소에서 다운로드하기 때문에 인터넷이 연결되어 있어야 한다. 최초 빌드는 다음번 빌드보다 조금 더 오래 걸릴 수 있다. 최초 빌드 시점에 모든 의존 요소를 파일시스템에 설치하기 때문에 다음번 빌드에 걸리는 시간은 상당히 짧아진다.

빌드를 성공적으로 완료하면 현재 디렉토리에 target 디렉토리가 생성된 것을 확인할 수 있다. target 디렉토리에는 여러 파일들이 있는데 com.manning.mss.ch02.sample01-1.0.jar 파일을 제외하고는 당장은 관심을 갖지 않아도 무방하다. chapter02/sample01/ 디렉토리에서 spring-boot 플러그인을 사용해 다음 명령을 실행하여 주문 처리 마이크로서비스를 구동한다.

```
\> mvn spring-boot:run
```

마이크로서비스가 성공적으로 시작되면 터미널에 출력되는 메시지 모음 마지막 줄에서 Started OrderApplication in <X> seconds 메시지를 확인할 수 있다.

스프링 부트는 마이크로서비스를 8080 포트에서 구동한다. 8080 포트를 사용하고 있는 다른 서비스가 있다면 마이크로서비스 실행 전에 중지시켜야 한다. 8080 포트를 사용하고 있는 다른 서비스를 중지할 수 없다면 chapter02/sample01/src/main/resources/application.properties 파일의 server.port 속성을 변경함으로써 주문 처리 마이크로서비스의 디폴트^{default} 포트를 8080 외의 포트로 변경하는 방법도 있지만 디폴트 포트를 변경하지 않는 게 이 책의 나머지 예제 실습을 훨씬 수월하게 한다.

2.1.4 주문 처리 마이크로서비스 접근

기본적으로, 스프링부트는 내장되어 있는 아파치 톰캣 웹 서버를 실행해 8080 포트로 들어오는 HTTP 요청을 수신한다. 2.1.4절에서는 curl 명령을 클라이언트 애플리케이션으로 사용해 마이크로서비스에 접근한다. 주문 처리 마이크로서비스의 포트를 변경했다면 다음 명령의 8080 값을 사용하는 실제 포트번호로 변경해야 한다. 명령행 실행 도구를 열고 다음과 같은 curl 명령을 실행해 마이크로서비스를 호출한다.

```
curl -v http://localhost:8080/orders \
-H 'Content-Type: application/json' \
--data-binary @- << EOF
{
  "items":[
    {
      "itemCode":"IT0001",
      "quantity":3
    },
    {
      "itemCode":"IT0004",
      "quantity":1
    }
  ],
  "shippingAddress":"No 4, Castro Street, Mountain View, CA, USA"
}
EOF
```

명령이 실행되면 다음과 같은 메시지가 터미널에 출력된다.

```
{
  "orderId":"63b2229f-b1b3-46dc-8401-dc55e8e1d530",
  "items":[
    {
      "itemCode":"IT0001",
      "quantity":3
    },
    {
      "itemCode":"IT0004",
      "quantity":1
    }
  ],
  "shippingAddress":"No 4, Castro Street, Mountain View, CA, USA"
}
```

메시지를 확인했다면 첫 번째 마이크로서비스의 개발, 배포 및 테스트를 성공적으로 완료한 것이다.

> |**참고**| 2장에서 실습한 모든 예제는 적절한 인증서 설치 과정을 생략하고 필요시 유선 네트워크 상의 데이터를 조사할 수 있도록 경계 지점에서 HTTPS가 아닌 HTTP를 사용한다. 상용 환경의 경계 지점에서 HTTP 통신은 권장하지 않으며, 모든 경계 지점과의 통신 구간에는 HTTPS를 적용해야 한다. 6장에서 HTTPS를 사용해 마이크로서비스를 보호하는 방법을 알아본다.

명령을 실행하면 curl은 로컬호스트^{localhost} 8080 포트에 접근해 /orders 리소스를 HTTP POST 메서드로 요청한다. 페이로드에는 특정 주소로 배송해야 하는 상품 2개를 주문하는 요청 데이터가 들어 있다. 스프링 부트 서버(내장된 톰캣)는 요청을 주문 처리 마이크로서비스의 placeOrder 함수로 전달해 처리한다.

2.1.5 소스 코드 디렉토리에는 어떤 것이 있는가?

sample01 디렉토리로 이동해 어떤 파일들이 있는지 확인해보면 pom.xml 파일과 src 디렉토리가 존재해야 한다. src/main/java/com/manning/mss/ch02/sample01/service/ 디렉토리로 이동해보면 OrderApplication.java 파일과 OrderProcesingService.java 파일을 볼 수 있다.

파일들의 소스 코드를 분석하기 전에 빌드했던 첫 번째 마이크로서비스에 대해 설명할 필요가 있다. 이미 알고 있듯이, **마이크로서비스**^{microservice}는 네트워크를 통해 접근 가능한 함수들의 모음이다. '네트워크를 통해 접근 가능'하다는 건 웹 브라우저, 모바일 애플리케이션, curl(https://curl.haxx.se/) 같은 HTTP 통신이 가능한 도구를 사용해 HTTP 프로토콜(https://tools.ietf.org/html/rfc2616)로 함수에 접근 가능하다는 뜻이다. 전형적인 마이크로서비스는 함수를 REST 리소스(https://spring.io/guides/tutorials/rest/)에 대한 행위^{action}로 노출한다. 보통 REST 리소스는 조사하거나 조작하려는 객체나 실체를 나타낸다. 리소스를 HTTP 프로토콜과 매핑할 때 리소스는 요청 URI로 식별하고 행위는 HTTP 메서드로 나타내는데, 이와 관련된 내용은 HTTP를 설명한 5.1.1절과 5.1.2절이나 RFC 2616(https://tools.ietf.org/html/rfc2616#page-35)을 읽어봐야 한다.

이커머스 애플리케이션이 주문 상세 정보를 검색하기 위해 마이크로서비스를 사용하는 시나리오를 가정해보면 마이크로서비스의 특정 함수에 매핑되는 HTTP 요청 템플릿은 다음과 유사하다.

```
GET /orders/{orderid}
```

데이터 검색 작업을 실행하고 있기 때문에 HTTP 메서드로 GET을 사용한다. /orders/
{orderid}는 마이크로서비스를 구동하는 서버상의 리소스 경로를 나타낸다. 리소스 경로
는 주문 리소스를 식별할 수 있는 고유한 값일 수도 있다. {orderid}는 실제 HTTP 요청
에서는 적절한 값으로 대체해야 하는 변숫값이다. GET 메서드로 /orders/ 3e69aca8-
03d8-415b-987a-55a455e7ebc5를 마이크로서비스에 요청하면 3e69aca8-03d8-
415b-987a-55a455e7ebc5 ID를 가진 주문 상세 정보를 검색한다.

2.1.6 마이크로서비스의 소스 코드 이해

이제 HTTP 리소스로 마이크로서비스를 노출하는 방법을 어느 정도 이해했으니 자바로
함수를 어떻게 개발했으며 스프링 부트에서 HTTP 요청에 응답할 수 있도록 구현한 방법
을 살펴보기 위해 소스 코드를 열어볼 차례다. PC의 파일 브라우저로 sample01/src/
main/java/com/manning/mss/ch02/sample01/service 디렉토리로 이동해 텍스트 편
집기로 OrderProcessingService.java 파일을 열어보자. 이클립스Eclipse, 넷빈즈NetBeans,
인텔리J IDEAIntelliJ IDEA 등의 자바 통합 개발 환경IDE, integrated development environment에 대
해 잘 알고 있다면 소스 코드를 메이븐 프로젝트에서 자바 통합 개발 환경에 맞게끔 변환
할 수 있다. 리스트 2.1은 OrderProcessingService.java 파일의 소스 코드 내용이다.

리스트 2.1 OrderProcessingService.java 파일의 소스 코드

```
                    │ OrderProcessingService 클래스를 마이크로서비스로
                    │ 노출하고 싶음을 스프링 부트 런타임에 알림
@RestController ◀──┘
@RequestMapping("/orders") ◀─── 서비스의 모든 리소스가 위치하는 경로 지정
public class OrderProcessingService {

  private Map<String, Order> orders = new HashMap<>();

  @PostMapping ◀─── placeOrder 함수를 HTTP POST 메서드로 노출하고 싶음을 스프링 부트 런타임에 알림
  public ResponseEntity<Order> placeOrder(@RequestBody Order order) {
```

```
        System.out.println("Received Order For "
                        + order.getItems().size() + " Items");
        order.getItems().forEach((lineItem) ->
        System.out.println("Item: " + lineItem.getItemCode() +
                        " Quantity: " + lineItem.getQuantity()));

        String orderId = UUID.randomUUID().toString();
        order.setOrderId(orderId);
        orders.put(orderId, order);
        return new ResponseEntity<Order>(order, HttpStatus.CREATED);
    }
```

소스 코드는 placeOrder 함수를 포함하는 간단한 자바 클래스다. 소스 코드를 통해 확인한 것처럼, 클래스를 마이크로서비스로 노출하고 싶음을 스프링 부트 런타임에 알리기 위해 @RestController 애노테이션으로 OrderProcessingService 클래스를 데코레이션decoration했다. @RequestMapping 애노테이션은 서비스의 모든 리소스가 위치하는 경로를 지정한다. placeOrder 함수는 /orders 경로를 HTTP POST 메서드로 노출하고 싶음을 알리기 위해 @PostMapping 애노테이션으로 데코레이션했다. @RequestBody 애노테이션은 HTTP 요청 페이로드를 Order 유형 객체에 할당함을 의미한다.

sample01/src/main/java/com/manning/mss/ch02/sample01/service 경로의 OrderApplication.java 파일을 텍스트 편집기로 열어보면 다음과 같은 소스 코드를 볼 수 있다.

```
@SpringBootApplication
public class OrderApplication {
    public static void main(String args[]) {
        SpringApplication.run(OrderApplication.class, args);
    }
}
```

OrderApplication은 main 함수만 있는 간단한 자바 클래스다. @SpringBootApplication 애노테이션은 OrderApplication.java 파일이 스프링 부트 애플리케이션임을 스프링 부트 런타임에 알리고 OrderApplication 클래스와 같은 패키지 내에서 Controller 클래스(예

OrderProcessingService 클래스)에 대한 런타임 검사를 실시한다. main 함수는 특정 자바 프로그램을 실행할 때 자바 가상 머신^{JVM}이 호출하는 함수다. main 함수는 스프링 프레임워크 내에 있는 SpringApplication 클래스의 run 유틸리티 함수를 실행하면서 스프링 부트 애플리케이션을 시작한다.

2.2 OAuth 2.0 서버 준비

첫 번째 마이크로서비스가 잘 실행되고 있기 때문에 이 책의 주제인 마이크로서비스 보안을 다뤄야 할 차례다. 마이크로서비스 경계 지점을 보호하기 위해 OAuth 2.0을 사용할 예정이다. OAuth 2.0에 익숙하지 않다면 OAuth 2.0 프로토콜의 종합적인 개요와 동작원리를 다루고 있는 부록 A를 먼저 읽어보는 게 좋다. 3장에서는 기본 인증과 인증서 기반 인증 등의 단순 옵션 설명이 아닌 OAuth 2.0을 선택한 이유를 상세히 다룰 예정이다. 우선은 OAuth 2.0이 사용자명과 비밀번호를 신뢰할 수 없는 애플리케이션에 제공하는 것에 관한 문제들을 해결하기 위한 적합한 메커니즘이라는 사실을 알아두자.

JWT와 결합할 때 OAuth 2.0은 굉장히 확장성 있고 마이크로서비스 보안에 중요한 인증 및 인가 메커니즘이 될 수 있다.[1] OAuth 2.0을 알고 있는 사람들은 인증의 한 유형으로 OAuth 2.0을 언급하는 걸 언짢아한다. OAuth 2.0이 클라이언트 애플리케이션을 위한 인증 프로토콜이 아니라 마이크로서비스와 같은 리소스 서버를 위한 인증 프로토콜임에 동의한다.

2.2.1 인가 서버와의 통신

OAuth 2.0 흐름에서 클라이언트 애플리케이션, 최종 사용자 및 리소스 서버는 각기 다른 시점에 인가 서버와 직접적으로 통신한다(그림 2.2 참고). 인가 서버에서 토큰 요청이 오기 전에 클라이언트 애플리케이션은 미리 토큰을 등록해둬야 한다.

---

1   1장에서 언급한 것처럼 JWT(JSON Web Token)는 암호학적으로 안전한 방법으로 어설션(assertion)이나 클레임(claim) 묶음을 다른 곳으로 운반할 수 있는 컨테이너다.

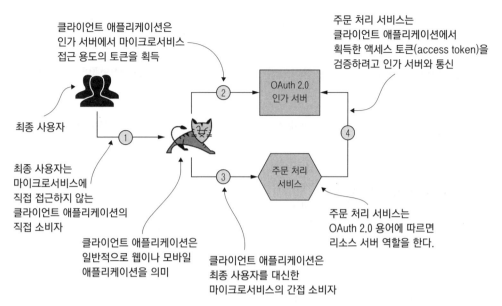

클라이언트 애플리케이션은
인가 서버에서 마이크로서비스
접근 용도의 토큰을 획득

주문 처리 서비스는
클라이언트 애플리케이션에서
획득한 액세스 토큰(access token)을
검증하려고 인가 서버와 통신

최종 사용자

최종 사용자는
마이크로서비스에
직접 접근하지 않는
클라이언트 애플리케이션의
직접 소비자

클라이언트 애플리케이션은
일반적으로 웹이나 모바일
애플리케이션을 의미

클라이언트 애플리케이션은
최종 사용자를 대신한
마이크로서비스의 간접 소비자

주문 처리 서비스는
OAuth 2.0 용어에 따르면
리소스 서버 역할을 한다.

▲ **그림 2.2** OAuth 2.0 흐름의 행위자: 일반적인 접근 위임 흐름에서 최종 사용자를 대신한 클라이언트 애플리케이션은 인가 서버에서 받은 토큰을 사용해 리소스 서버에서 관리하는 리소스에 접근한다.

인가 서버는 이미 알고 있는 클라이언트 애플리케이션에게만 토큰을 발급한다. 일부 인가 서버는 클라이언트가 상황에 따라 자신을 인가 서버에 등록할 수 있게 하는 동적 클라이언트 등록 프로토콜Dynamic Client Registration Protocol(https://tools.ietf.org/html/rfc7591)을 지원한다(그림 2.3 참고).

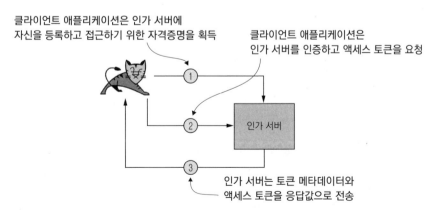

클라이언트 애플리케이션은 인가 서버에
자신을 등록하고 접근하기 위한 자격증명을 획득

클라이언트 애플리케이션은
인가 서버를 인증하고 액세스 토큰을 요청

인가 서버

인가 서버는 토큰 메타데이터와
액세스 토큰을 응답값으로 전송

▲ **그림 2.3** 클라이언트 애플리케이션은 인가 서버에 액세스 토큰을 요청한다. 인가 서버는 자신에게 등록된 클라이언트 애플리케이션에게만 토큰을 발급한다. 클라이언트 애플리케이션은 액세스 토큰 요청 전에 인가 서버에 등록해야 한다.

리소스 서버 역할을 하는 주문 처리 마이크로서비스는 클라이언트가 생성한 HTTP 요청의 HTTP 헤더나 쿼리 파라미터 형태로 포함된 인가 서버가 발급한 토큰을 클라이언트에서 받는다(그림 2.4의 1단계 참고). 클라이언트는 마이크로서비스와 HTTPS 통신을 하고 쿼리 파라미터가 아닌 HTTP 헤더에 토큰을 포함해 보내는 게 바람직한데 쿼리 파라미터는 URL에 포함해서 보내는 방식이라 서버 로그에 기록이 남을 수 있고 로그에 접근할 수 있는 모든 사람이 정보를 볼 수 있다는 위험이 있다.

OAuth 2.0 흐름 내 모든 구성요소 간의 통신을 보안하기 위해 TLS(HTTPS)를 사용하는 게 매우 중요하다. 인가 서버가 마이크로서비스(리소스) 접근용으로 발급한 액세스 토큰은 비밀번호처럼 안전하게 보호받아야 한다. 비밀번호를 HTTP로 평문 전송하지 않듯이 유선으로 액세스 토큰을 보낼 때도 비밀번호와 동일하게 HTTPS로 암호화가 필요하다.

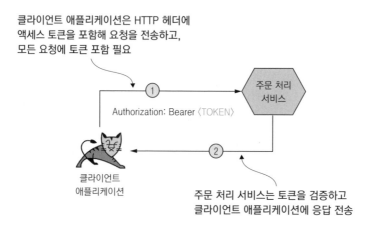

▲ **그림 2.4** 클라이언트 애플리케이션은 리소스 서버의 리소스에 접근하기 위해 OAuth 액세스 토큰을 HTTP Authorization 헤더에 포함해 전달한다.

액세스 토큰을 수신한 주문 처리 마이크로서비스는 리소스에 접근을 허용하기 전에 인가 서버에게 액세스 토큰 검증을 요청해야 한다. OAuth 2.0 인가 서버는 OAuth 2.0 토큰 유효성 검사(OAuth 2.0 token introspection)를 지원하거나 리소스 서버가 액세스 토큰의 유효성 검증을 위해 사용할 수 있는 유사한 다른 대안을 지원한다(그림 2.5 참고). 액세스 토큰이 자가 수용적 JWT인 경우 리소스 서버는 인가 서버와 통신하지 않고도 자체적으로 토큰을 검증할 수 있다. 자가 수용적 JWT는 6장에서 상세히 다룬다.

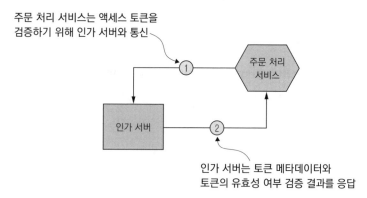

주문 처리 서비스는 액세스 토큰을
검증하기 위해 인가 서버와 통신

인가 서버는 토큰 메타데이터와
토큰의 유효성 여부 검증 결과를 응답

▲ **그림 2.5** 주문 처리 마이크로서비스는 인가 서버와 통신을 통해 액세스 토큰 유효성을 검사한다.

2.2.2 OAuth 2.0 인가 서버 실행

독점이나 오픈소스 소프트웨어 완성품 형태의 OAuth 2.0 인가 서버도 있지만 2장에서
는 액세스 토큰 발급 역할만 하는 스프링 부트로 제작된 간단한 인가 서버를 사용한다.
깃 저장소 복사본을 생성했던 경로의 chapter02 디렉토리 하위에 sample02 디렉토리가
있다. 디렉토리 내부에는 간단한 OAuth 2.0 인가 서버 소스 코드가 있다. 먼저 컴파일과
실행을 해보고 내부 로직 확인을 위해 소스 코드를 살펴보자.

명령행 실행 도구로 chapter02/sample02 디렉토리로 이동한 후 다음 명령을 실행해 컴
파일과 실행 가능한 파일을 빌드하자.

```
\> mvn clean install
```

빌드가 성공적으로 완료되면 BUILD SUCCESS 메시지를 노출하고 target 디렉토리에 com.
manning.mss.ch02.sample02-1.0.jar 파일을 생성한다. OAuth 2.0 인가 서버를 실행하
기 위해 명령행 실행 도구로 chapter02/sample02 디렉토리에서 다음 명령을 실행하자.

```
\> mvn spring-boot:run
```

OAuth 2.0 인가 서버가 정상적으로 실행되면 다음과 같은 메시지를 확인할 수 있다.

```
Started OAuthServerApplication in <X> seconds
```

메시지는 인가 서버를 성공적으로 시작했음을 의미한다. OAuth 2.0 인가 서버는 디폴트로 HTTP 8085 포트에서 동작한다. 시스템에서 8085 포트를 이미 사용 중인 서비스가 있을 경우 해당 서비스를 미리 멈추거나 chapter02/sample02/src/main/resources/application.properties 파일의 server.port 속성을 변경해 인가 서버의 디폴트 포트를 변경해야 한다. 인가 서버의 디폴트 포트를 변경하지 않는 게 최소한의 변경으로 2장의 나머지 예제 코드를 좀 더 쉽게 실습할 수 있는 방법이다.

> |참고| 상용 환경이라면 HTTPS를 사용해야 하지만 2장에서 사용하는 OAuth 2.0 인가 서버는 HTTP 프로토콜 기반으로 동작한다. 6장에서 인가 서버에 HTTPS를 적용하는 방법을 알아볼 예정이다.

2.2.3 OAuth 2.0 인가 서버에서 액세스 토큰 획득

인가 서버에서 액세스 토큰을 얻으려면 클라이언트는 서버로 HTTP 요청을 보내야 한다. 실세계에서는 마이크로서비스에 접근하는 클라이언트 애플리케이션이 HTTP 요청을 보낸다. 이 책에서는 HTTP 요청을 보내는 클라이언트 애플리케이션으로 curl을 계속 사용할 예정이다. 8085 포트에서 동작 중인 인가 서버에 액세스 토큰을 요청하려면 명령행 도구에서 다음 명령을 실행해야 한다.

```
\> curl -u orderprocessingapp:orderprocessingappsecret \
-H "Content-Type: application/json" \
-d '{"grant_type": "client_credentials", "scope": "read write"}' \
http://localhost:8085/oauth/token
```

HTTP 요청 내용을 이해하기 위해 실행한 명령을 간단히 살펴보자. orderprocessingapp:orderprocessingappsecret 문자열은 클라이언트 애플리케이션의 사용자명(orderprocessingapp)과 비밀번호(orderprocessingappsecret)처럼 보이는데, 사용자가 아닌 애플리케이션에 부여된 자격증명이다. 토큰을 요청하려는 애플리케이션은 인가 서버에서 알고 있는 고유 식별자와 시크릿secret을 알고 있어야 한다. -u 옵션은 Basic 인증 헤더를 생성하여 HTTP

요청에 포함해 인가 서버로 전송하도록 지시한다. curl은 orderprocessingapp:orderpro cessingappsecret 문자열을 base64로 인코딩하고 다음과 같이 Basic 인증 헤더를 생성한다.

```
Authorization: Basic
b3JkZXJwcm9jZXNzaW5nYXBwOm9yZGVycHJvY2Vzc2luZ2FwcHNlY3JldA==
```

Basic 하단의 문자열은 orderprocessingapp:orderprocessingappsecret을 base64로 인코 딩한 문자열이다. 토큰 처리 지점 보호를 위해 Basic 인증(https://tools.ietf.org/html/ rfc2617)이 적용되어 있기 때문에 Basic 인증 헤더를 OAuth 2.0 인가 서버 내 토큰 처리 지점에 전송해야 한다. 토큰을 요청하는 주체가 클라이언트 애플리케이션이기 때문에 Basic 인증 헤더는 사용자가 아닌 클라이언트 애플리케이션의 자격증명으로 구성해야 한 다. 리소스 서버나 마이크로서비스 보안을 위해서는 Basic 인증이 아닌 OAuth 2.0을 사 용한다. 현 시점에서 Basic 인증을 사용하는 유일한 이유는 마이크로서비스 접근을 위해 필요한 OAuth 토큰을 얻기 위해서다.

3장에서 리소스 서버 보안을 위해 Basic 인증과 공통 전송 계층 보안과 같은 프로토콜이 아닌 OAuth 2.0을 선택한 이유를 상세히 알아볼 예정이다. OAuth 2.0 인가 서버의 토 큰 처리 지점 보안의 경우에도 Basic 인증 대신에 선호하는 다른 인증 메커니즘을 선택 할 수 있으며, 강력한 인증을 적용하기 위해 많은 사람들은 인증서 사용을 선호한다.

-H 옵션의 "Content-Type: application/json" 파라미터는 클라이언트가 JSON 형식으로 토큰 요청을 전송함을 인가 서버에게 알려준다. -d 옵션의 파라미터는 HTTP 본문에 들 어가는 메시지의 실제 JSON 내용이다. JSON 메시지 내 grant_type은 토큰 발급 시 따라 야 할 프로토콜을 나타낸다. OAuth 2.0 승인 방식에 대해서는 3장에서 좀 더 다룰 예정 이다. 지금은 **승인 방식**grant type을 클라이언트 애플리케이션과 인가 서버가 액세스 토큰 발급 시 따라야 하는 단계라고만 생각하자. 승인 방식이 client_credentials이면 인가 서 버는 Basic 인증 헤더를 검증하고 유효할 경우 토큰을 발급하는 방식이다.

scope는 애플리케이션이 토큰으로 하려는 행위를 선언한다. 토큰을 발급할 때 인가 서버 는 요청 측 애플리케이션이 요청 권한 범위scope를 얻을 수 있게 허가받았는지를 검증한 후 적절한 토큰을 할당한다. orderprocessingapp 식별자가 지정한 애플리케이션이 읽기 작업만 수행할 수 있다면 인가 서버는 read 범위 내에서 토큰을 발급한다. http://localhost:8085/oauth/token URL은 액세스 토큰 발급이 가능한 인가 서버의 토큰 처리 지점이다. curl은 액세스 토큰을 얻기 위해 URL로 HTTP 요청을 전송한다. 인가 서버가 요청을 정상적으로 처리한다면 다음과 같은 응답을 확인할 수 있다.

```
{
  "access_token":"cac6faf3-a142-4f4c-a348-369964255bf9",
  "token_type":"bearer",
  "expires_in":3599,
  "scope":"read write"
}
```

2.2.4 액세스 토큰 응답 이해하기

다음은 인가 서버에서 보낸 JSON 응답에 관한 세부 정보다. OAuth 2.0을 처음 접한다면 자세한 내용은 부록 A를 참고하길 바란다.

- access_token: 인가 서버가 클라이언트 애플리케이션(curl)에 발급한 토큰값
- token_type: 토큰 유형(부록 A에서 OAuth 2.0을 다룰 때 좀 더 상세히 언급). 요즘 대부분의 OAuth 환경은 무기명 토큰을 사용
- expires_in: 초 단위로 표현한 토큰 유효 기간. 유효 기간이 경과한 토큰은 유효하지 않은(만료된) 것으로 간주
- scope: 토큰이 리소스 서버(마이크로서비스)상에서 수행할 수 있는 행동

2.3 OAuth 2.0을 사용한 마이크로서비스 보안

지금까지는 첫 번째 마이크로서비스를 개발하고 액세스 토큰 획득을 위해 OAuth 2.0 인가 서버를 구축하는 방법을 배웠다. 2.3절에서는 첫 번째 마이크로서비스를 보호하는 방법을 다룰 예정이다. 지금까지는 아무런 보안조치가 없어 자유롭게 접근할 수 있었다.

2.3.1 OAuth 2.0 기반 보안

OAuth 2.0으로 보안을 적용하면 주문 처리 마이크로서비스는 호출 측 클라이언트 애플리케이션이 유효한 보안 토큰(액세스 토큰)을 보내줄 것으로 예상한다. 리소스에 접근을 승인하기 전에 수신한 액세스 토큰을 인가 서버의 도움을 받아 검증한다. 그림 2.6은 액세스 토큰을 검증하고 리소스에 접근을 승인하는 시나리오를 그림으로 보여준다.

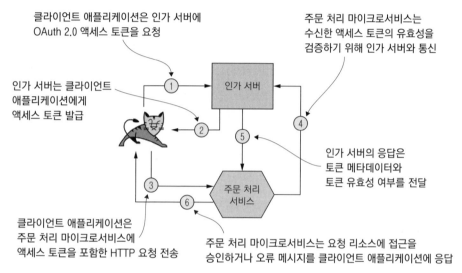

▲ **그림 2.6** 클라이언트 애플리케이션은 인가 서버에서 획득한 액세스 토큰을 사용해 보안을 적용한 마이크로서비스에 접근한다. 주문 처리 마이크로서비스는 리소스에 대한 접근을 승인하기 전에 토큰을 검증하기 위해 인가 서버와 통신한다.

그림 2.6을 단계별로 설명하면 다음과 같다.

1. 클라이언트 애플리케이션은 인가 서버에 OAuth 2.0 액세스 토큰 요청

2. (1단계의 요청에 대한 응답으로) 인가 서버는 클라이언트 애플리케이션에 액세스 토큰 발급

3. 클라이언트 애플리케이션은 주문 처리 마이크로서비스에 HTTP 요청. HTTP 요청은 2단계에서 획득한 액세스 토큰을 HTTP 헤더에 포함

4. 주문 처리 마이크로서비스는 수신한 액세스 토큰이 유효한지를 확인하기 위해 인가 서버에 확인 요청

5. (4단계의 요청에 대한 응답으로) 인가 서버는 제공받은 액세스 토큰이 시스템상에서 활성 상태인지와 유효 기간이 남았는지를 확인하고 주문 처리 마이크로서비스에 유효성 여부를 나타내는 값을 회신

6. (3단계의 요청에 대한 응답으로) 5단계의 회신값에 기반해 주문 처리 마이크로서비스는 요청한 리소스 접근 승인이나 오류 메시지 중 하나를 클라이언트 애플리케이션에 응답

지금까지의 2장 예제에서는 client_credentials를 인가 서버에서 액세스 토큰을 얻기 위한 승인 방식으로 사용했는데, 인가 서버의 토큰 처리 지점을 클라이언트 고유 식별자와 애플리케이션의 시크릿을 사용한 Basic 인증으로 보호하는 방식이다. client_credentials 승인 방식은 클라이언트 애플리케이션이 최종 사용자를 염려할 필요가 없을 경우에 한해 유용하지만, 아닐 경우 다른 적절한 승인 방식을 선택해야 한다. client_credentials 승인 방식은 주로 시스템 간 인증에 사용한다.

2.3.2 예제 코드 실행

2.1절에서 실습한 주문 처리 마이크로서비스를 아직도 실행 중이라면, 같은 포트에서 동작하는 동일한 마이크로서비스의 안전한 버전을 실행할 예정이기 때문에 중단해도 된다. 실행 중인 터미널 창에서 **Ctrl+C**를 누르면 마이크로서비스를 중단할 수 있다. 새로운 예제를 실행하기 위해 명령행 실행 도구로 깃 저장소의 복사본을 생성한 디렉토리에서 chapter02/sample03 디렉토리로 이동해 다음 명령을 실행해 예제 코드를 빌드한다.

```
\> mvn clean install
```

빌드가 성공적으로 완료되면 BUILD SUCCESS 메시지를 노출하고 target 디렉토리를 생성한다. target 디렉토리에는 com.manning.mss.ch02.sample03-1.0.jar 파일이 있다 (디렉토리 내 다른 파일들은 현시점에서 신경 쓸 필요 없다). spring-boot 메이븐 플러그인을 사용한 다음 명령을 실행해 안전한 주문 처리 마이크로서비스를 구동하자.

```
\> mvn spring-boot:run
```

마이크로서비스가 정상적으로 실행되면 다음과 같은 메시지를 확인할 수 있다.

```
Started OrderApplication in <X> seconds
```

주문 처리 마이크로서비스에 접근하기 위해 curl로 2.1.4절과 동일한 명령을 실행할 차례다.

```
\> curl -v http://localhost:8080/orders \
-H 'Content-Type: application/json' \
--data-binary @- << EOF
{
  "items":[
    {
      "itemCode":"IT0001",
      "quantity":3
    },
    {
      "itemCode":"IT0004",
      "quantity":1
    }
  ],
  "shippingAddress":"No 4, Castro Street, Mountain View, CA, USA"
}
EOF
```

요청을 성공적으로 처리하지 못했다는 다음과 같은 응답 메시지를 확인할 수 있다.

```
{
  "error":"unauthorized",
    "error_description":"Full authentication is
      required to access this resource"
}
```

주문 처리 마이크로서비스에 보안을 적용했기 때문에 인가 서버에서 획득한 유효한 액세스 토큰 없이는 더 이상 접근이 불가능하다. 기존과 바뀐 점을 이해하기 위해 수정한 주문 처리 마이크로서비스의 소스 코드를 살펴보자. 선호하는 텍스트 편집기나 통합 개발 환경IDE, integrated development environment으로 src/main/java/com/manning/mss/ch02/

sample03/ 경로에 있는 OrderProcessingService.java 파일을 열어보자. 이전에 확인했던 placeOrder 함수를 포함한 클래스 파일과 거의 동일하다. 한 가지 추가된 건 @EnableWebSecurity 애노테이션이다. @EnableWebSecurity는 스프링 부트 런타임에게 마이크로서비스 리소스에 보안을 적용함을 알려주는 애노테이션이다. 다음은 클래스 정의를 나타낸다.

```
@EnableResourceServer
@EnableWebSecurity
@RestController
@RequestMapping("/orders")
public class OrderProcessingService extends WebSecurityConfigurerAdapter {
}
```

OrderProcessingService 클래스에 대해 더 알고 싶다면 ResourceServerTokenServices 유형의 객체를 반환하는 tokenServices 함수를 알아야 한다(리스트 2.2 참고). ResourceServerTokenServices 유형인 RemoteTokenServices 객체 내에 정의된 속성들은 주문 처리 마이크로서비스(리소스 서버)가 수신한 자격증명을 검증하기 위해 스프링 부트 런타임이 인가 서버와 통신하는 데 사용하는 속성이다.

tokenServices 함수의 소스 코드를 살펴보면 http://localhost:8085/oauth/check_token 값을 RemoteTokenServices 클래스의 TokenEndpointURL 속성으로 설정하기 위한 용도의 setCheckTokenEndpointUrl 함수를 볼 수 있다. TokenEndpointURL 속성은 통신해야 하는 OAuth 2.0 인가 서버의 URL을 파악하고 수신한 토큰을 검증하기 위해 스프링 부트 런타임이 사용한다. TokenEndpointURL 속성은 그림 2.6의 4단계에서 주문 처리 마이크로서비스가 인가 서버와 통신하기 위해 사용한 URL이다.

리스트 2.2 OrderProcessingService.java 파일의 tokenServices 함수

```
@Bean
public ResourceServerTokenServices tokenServices() {
  RemoteTokenServices tokenServices = new RemoteTokenServices();
  tokenServices.setClientId("orderprocessingservice");
  tokenServices.setClientSecret("orderprocessingservicesecret");
  tokenServices
```

```
    .setCheckTokenEndpointUrl("http://localhost:8085/oauth/check_token");
  return tokenServices;
}
```

토큰 자체의 유효성을 검사하는 처리 지점은 유효한 Basic 인증 헤더를 요구하기 때문에 안전하다. 인증 헤더는 유효한 클라이언트 ID와 클라이언트의 시크릿으로 구성되어 있다. 클라이언트 ID와 클라이언트 시크릿 쌍이 RemoteTokenServices 객체에 저장되어 있기 때문에 실습에서 사용한 유효한 클라이언트 ID와 클라이언트 시크릿은 orderprocessingservice와 orderprocessingservicesecret이다. 실제로는 클라이언트 ID와 클라이언트 시크릿은 실습한 OAuth 서버 소스 코드에 하드코딩되어 있다.

2.4절에서는 2.2절의 인가 서버에서 획득한 토큰을, 보안을 강화한 새로운 주문 처리 마이크로서비스에 전달하기 위한 요청 생성에 사용하는 방법을 살펴볼 예정이다.

2.4   클라이언트 애플리케이션에서 보안이 적용된 마이크로서비스 호출

클라이언트 애플리케이션이 보안이 적용된 주문 처리 마이크로서비스에 접근하려면 인가 서버에서 OAuth 2.0 액세스 토큰을 먼저 얻어야 한다. 2.2.4절에서 설명한 것처럼 클라이언트 애플리케이션이 액세스 토큰을 얻으려면 최소한 유효한 클라이언트 ID와 클라이언트 시크릿이 필요하다. 현재 OAuth 2.0 인가 서버에 등록된 클라이언트 ID와 클라이언트 시크릿은 orderprocessingapp과 orderprocessingappsecret이다. 2.2.3절과 동일하게 액세스 토큰을 얻기 위해서는 curl로 다음 명령을 실행해야 한다.

```
\> curl -u orderprocessingapp:orderprocessingappsecret \
-H "Content-Type: application/json" \
-d '{ "grant_type": "client_credentials", "scope": "read write" }' \
http://localhost:8085/oauth/token
```

요청을 성공적으로 실행하면 인가 서버는 다음과 같은 액세스 토큰을 보내준다.

```
{
  "access_token":"cac6faf3-a142-4f4c-a348-369964255bf9",
  "token_type":"bearer",
```

```
  "expires_in":3514,
  "scope":"read write"
}
```

이미 알고 있는 것처럼 cac6faf3-a142-4f4c-a348-369964255bf9는 약 60분(3514초)간 유효한 액세스 토큰이고 주문 처리 마이크로서비스에 HTTP 요청을 보내기 위해 필요하다. 액세스 토큰을 Authorization HTTP 헤더에 포함하고 헤더값 앞에 Bearer를 붙여 다음과 같이 보내야 한다.

```
Authorization: Bearer cac6faf3-a142-4f4c-a348-369964255bf9
```

주문 처리 마이크로서비스에 접근하기 위한 새로운 curl 명령은 다음과 같다.

```
\> curl -v http://localhost:8080/orders \
-H 'Content-Type: application/json' \
-H "Authorization: Bearer cac6faf3-a142-4f4c-a348-369964255bf9" \
--data-binary @- << EOF
{
  "items":[
    {
      "itemCode":"IT0001",
      "quantity":3
    },
    {
      "itemCode":"IT0004",
      "quantity":1
    }
  ],
  "shippingAddress":"No 4, Castro Street, Mountain View, CA, USA"
}
EOF
```

Authorization HTTP 헤더에 액세스 토큰을 포함하여 요청하기 위해 -H 옵션이 사용된다. 주문 처리 마이크로서비스는 주문을 성공적으로 처리했다는 응답 메시지를 보내온다.

```
{
  "orderId":"3e69aca8-03d8-415b-987a-55a455e7ebc5",
  "items":[
```

```
  {
    "itemCode":"IT0001",
    "quantity":3
  },
  {
    "itemCode":"IT0004",
    "quantity":1
  }
 ],
 "shippingAddress":"No 4, Castro Street, Mountain View, CA, USA"
}
```

응답 메시지를 확인했다면 보안을 적용한 마이크로서비스를 성공적으로 생성, 배포 및
테스트했음을 의미한다. 축하한다! 클라이언트 애플리케이션(curl)이 HTTP 헤더로 주문
처리 마이크로서비스에 보낸 액세스 토큰은 토큰 유효성 검사로 불리는 인가 서버의 검
증을 통과했다. 유효성 검사에 성공했기 때문에 주문 처리 마이크로서비스는 리소스 접
근을 승인한다.

2.5 OAuth 2.0 권한 범위를 사용한 서비스 수준 인가 수행

마이크로서비스에 접근하려면 유효한 액세스 토큰이 필요하다. 인증은 스푸핑^{spoofing} 공
격으로부터 보호하기 위해 마이크로서비스에 적용하는 첫 번째 방어수단이다. 마이크로
서비스 접근을 승인하기 전에 거쳐야 하는 인증 단계는 호출 측이 시스템상의 유효한 클
라이언트(사용자 또는 애플리케이션)인지 확인한다. 하지만 인증은 시스템상의 클라이언트
가 보유한 권한 수준에 관해 언급하지는 않는다.

수신 측 마이크로서비스는 몇 가지 작업을 더 해야 할 수도 있다. 예를 들어, 주문 처리
마이크로서비스는 주문 생성(POST /orders) 작업과 주문 상세 정보 검색(GET /orders/{id})
작업을 해야 한다. 마이크로서비스가 하는 각각의 작업은 다른 수준의 접근 권한을 요
구한다.

권한은 리소스상에서 할 수 있도록 허가받은 작업을 나타낸다. 일반적으로 담당하고 있
는 역할이나 조직 내 역할은 조직 내에서 할 수 있는 것과 할 수 없는 작업을 나타낸다.

권한은 상태나 신뢰성을 나타내기도 한다. 민간 항공사를 이용해본 적이 있다면 항공사 마일리지 프로그램을 이용하는 여행자의 멤버십^{membership} 상태를 잘 알고 있을 것이다. 이와 유사하게, 권한은 사용자나 애플리케이션이 시스템에서 소유한 접근 수준을 나타낸다.

OAuth 2.0 세계에서 권한은 범위와 연결되는데, **범위**^{scope}는 권한을 추상화하는 방법이다. 권한은 사용자의 역할, 멤버십 상태, 신뢰성 등의 속성이며 몇 가지 속성의 조합일 수도 있다. 권한의 의미를 추상화하기 위해 범위를 사용한다. 범위는 호출 측 클라이언트 애플리케이션이 리소스에 접근하기 위해 필요한 권한을 선언한다. placeOrder 작업은 쓰기(write) 범위를 요구하고 getOrder 작업은 읽기(read) 범위를 요구한다. 쓰기와 읽기의 영향은 사용자 역할, 신뢰성 등과의 관련성에 따라 리소스 서버 관점에서 서로 영향을 주지 않으며 동작한다.

2.5.1 인가 서버에서 범위가 지정된 액세스 토큰 획득

2장에서 빌드한 인가 서버에는 2개의 애플리케이션이 있다. 하나는 마이크로서비스 접근에 사용한 orderprocessingapp 클라이언트 ID를 사용하고 다른 애플리케이션은 클라이언트 ID로 orderprocessingservice를 사용한다. 다음 리스트에서 확인할 수 있듯이 클라이언트 ID로 orderprocessingapp을 사용하는 첫 번째 애플리케이션은 읽기와 쓰기 범위 모두를 얻을 수 있는 권한을 갖고 있지만 클라이언트 ID로 orderprocessingservice를 사용하는 두 번째 애플리케이션은 읽기 범위에 한정된 권한을 갖도록 설정했다.

리스트 2.3 인가 서버의 OAuthServerConfig.java 파일 내 설정 함수

```
clients.inMemory()
  .withClient("orderprocessingapp").secret("orderprocessingsecret")
  .authorizedGrantTypes("client_credentials", "password")
  .scopes("read", "write")
  .accessTokenValiditySeconds(3600)
  .resourceIds("sample-oauth")
  .and()
  .withClient("orderprocessingservice")
  .secret("orderprocessingservicesecret")
  .authorizedGrantTypes("client_credentials", "password")
```

```
.scopes("read")
.accessTokenValiditySeconds(3600)
.resourceIds("sample-oauth");
```

리스트 2.3의 소스 코드는 orderprocessingapp 클라이언트 ID의 사용자는 읽기와 쓰기 모
두를 범위로 가진 액세스 토큰을 얻을 수 있지만 orderprocessingservice 클라이언트 ID
의 사용자는 읽기를 범위로 가진 액세스 토큰만 얻을 수 있음을 나타낸다. 지금까지 액세
스 토큰을 얻기 위한 요청들은 orderprocessingapp을 클라이언트 ID로 사용했고 읽기와
쓰기를 범위로 요청했다.

이제 어떤 토큰을 응답하는지 확인하기 위해 동일한 액세스 토큰 요청을 orderprocessing
service 클라이언트 ID로 실행한다. 다음 curl 명령을 실행해 토큰을 요청해보자.

```
\> curl -u orderprocessingservice:orderprocessingservicesecret \
-H "Content-Type: application/json" \
-d '{ "grant_type": "client_credentials", "scopes": "read write" }' \
http://localhost:8085/oauth/token
```

토큰 요청을 성공적으로 처리하면 다음과 같은 응답 메시지를 볼 수 있다.

```
{
  "access_token":"4911aefc-1fbb-4092-9a13-67dce41003c7",
  "token_type":"bearer",
  "expires_in":3560,
  "scope":"read"
}
```

읽기와 쓰기를 범위로 지정해 토큰을 요청했지만 OAuth 2.0 인가 서버는 읽기 전용 범
위로 토큰을 발급한 걸 눈여겨봐야 한다. OAuth 2.0 인가 서버의 한 가지 장점은 요청한
범위를 얻을 수 있는 권한이 없어도 토큰 발급을 거부하는 게 아니라 권한과 부합하는 범
위로 토큰을 발급한다는 것이다. 다시 말해, 사용하려는 인가 서버 유형에 따라 달라질
수 있지만 OAuth 2.0 표준은 토큰 요청 시 부합하는 권한을 갖고 있지 않을 경우 토큰
발급 거부 여부에 대해 지시하지 않는다.

2.5.2 OAuth 2.0 범위를 사용한 마이크로서비스 접근 보호

이제 인가 서버가 범위를 기반으로 토큰의 권한을 승인하는 방법을 알게 됐다. 2.5.2절에
서는 리소스 서버나 마이크로서비스가 보호하고 싶은 리소스의 범위를 적용하는 방법을
알아본다. 리스트 2.4는 리소스 서버가 리소스의 범위를 적용하는 방법을 설명하는
chapter02/sample03/src/main/java/com/manning/mss/ch02/sample03/service/
경로에 있는 ResourceServerConfig.java 파일의 내용이다.

리스트 2.4 ResourceServerConfig.java

```java
@Configuration
@EnableResourceServer
public class ResourceServerConfig extends ResourceServerConfigurerAdapter {

    private static final String SECURED_READ_SCOPE =
                                    "#oauth2.hasScope('read')";

    private static final String SECURED_WRITE_SCOPE =
                                    "#oauth2.hasScope('write')";

    private static final String SECURED_PATTERN_WRITE = "/orders/**";

    private static final String SECURED_PATTERN_READ = "/orders/{id}";

    @Override
    public void configure(HttpSecurity http) throws Exception {

      http.requestMatchers()
      .antMatchers(SECURED_PATTERN_WRITE).and().authorizeRequests()
      .antMatchers(HttpMethod.POST,SECURED_PATTERN_WRITE)
      .access(SECURED_WRITE_SCOPE)
      .antMatchers(HttpMethod.GET,SECURED_PATTERN_READ)
      .access(SECURED_READ_SCOPE);
    }

    @Override
    public void configure(ResourceServerSecurityConfigurer resources) {
      resources.resourceId("sample-oauth");
    }
}
```

소스 코드는 마이크로서비스 런타임에게 특정 HTTP 메서드와 요청 경로에서 관련 있는 범위를 확인하도록 지시한다. 다음 소스 코드는 요청 경로가 정규 표현식 /orders/**와 일치하는 HTTP POST 요청의 쓰기 범위를 확인한다.

```
.antMatchers(HttpMethod.POST,
        SECURED_PATTERN_WRITE).access(SECURED_WRITE_SCOPE)
```

마찬가지로 다음 소스 코드는 요청 경로가 /orders/{id}와 일치하는 HTTP GET 요청의 읽기 범위를 확인한다.

```
.antMatchers(HttpMethod.GET,
        SECURED_PATTERN_READ).access(SECURED_READ_SCOPE)
```

이제 읽기 범위를 가진 토큰을 사용해 POST 메서드로 /orders 리소스에 접근해보자. 2.4절에서 /orders 리소스 접근 시 실행한 것과 동일한 curl 명령을 읽기 접근만 가능한 다른 토큰을 포함해 실행하자.

```
\> curl -v http://localhost:8080/orders \
-H 'Content-Type: application/json' \
-H "Authorization: Bearer 4911aefc-1fbb-4092-9a13-67dce41003c7" \
--data-binary @- << EOF
{
  "items":[
    {
      "itemCode":"IT0001",
      "quantity":3
    },
    {
      "itemCode":"IT0004",
      "quantity":1
    }
  ],
  "shippingAddress":"No 4, Castro Street, Mountain View, CA, USA"
}
EOF
```

명령을 실행하면 리소스 서버에서 보낸 오류 메시지를 다음과 같이 출력한다.

```
{
  "error":"insufficient_scope",
  "error_description":"Insufficient scope for this resource",
  "scope":"write"
}
```

오류 메시지는 작업을 위한 토큰 범위가 불충분하며 쓰기 범위가 필요하다는 의미다.

2.4절에서 POST 메서드로 /orders 경로를 요청해 획득한 유효한 orderId(http://localhost:
8080/orders/3e69aca8-03d8-415b-987a-55a455e7ebc5)를 아직 갖고 있다고 가정하고
2.5.1절의 curl 명령 실행을 통해 획득한 토큰을 사용해 GET 메서드로 /orders/{id} 요청
을 해보자. 이번 요청을 위해서는 다음과 같은 명령을 실행해야 하는데, 명령 내 orderId
에 이전에 직접 주문을 생성했을 때 획득한 orderId와 다른 값을 넣어야 함을 주의하자.
책에 명시한 orderId 대신에 2.4절에서 실제 획득한 orderId를 사용하고 Authorization 헤
더에도 2.5.1절에서 획득한 토큰을 넣어야 한다.

```
\> curl -H "Authorization: Bearer 4911aefc-1fbb-4092-9a13-67dce41003c7" \
http://localhost:8080/orders/3e69aca8-03d8-415b-987a-55a455e7ebc5
```

이번 요청은 다음과 같은 성공적인 응답을 출력한다. 요청에 포함한 이전에 획득한 토큰
은 리소스 서버상의 ResourceServerConfig.java 파일에 선언된 대로 GET 메서드로
/order/{id} 리소스 요청 시 요구하는 읽기 범위를 갖고 있다.

```
{
  "orderId":"3e69aca8-03d8-415b-987a-55a455e7ebc5",
  "items":[
    {
      "itemCode":"IT0001",
      "quantity":3
    },
    {
      "itemCode":"IT0004",
      "quantity":1
    }
  ],
  "shippingAddress":"No 4, Castro Street, Mountain View, CA, USA"
}
```

2장에서는 마이크로서비스 보안과 인증을 적용한 마이크로서비스 접근의 가장 기본적인 메커니즘을 다뤘다. 이미 느끼고 있겠지만 2장은 시작에 불과하다. 실제 시나리오에서는 마이크로서비스 리소스 접근 권한을 얻으려면 유효한 클라이언트 ID와 클라이언트 시크 릿보다 더 많은 옵션을 요구한다. 기타 옵션들에 대해서는 이 책의 나머지 부분에서 다룰 예정이다.

요약

- OAuth 2.0은 경계 지점에서 마이크로서비스를 보호하기 위해 널리 사용 중인 인가 프레임워크다.

- OAuth 2.0은 다양한 승인 유형을 지원한다. 2장에서 사용한 클라이언트 자격증명 승인 유형은 주로 시스템 간 인증에 사용한다.

- 인가 서버가 발급한 액세스 토큰은 하나 이상의 범위를 갖는다. OAuth 2.0에서 범 위는 액세스 토큰과 연결된 권한을 표현하는 데 사용한다.

- OAuth 2.0에서 범위는 마이크로서비스의 특정 작업을 보호하고 접근 통제를 적용 할 목적으로 사용한다.

- 2장에서 실습한 모든 예제는 적절한 인증서 설치 과정을 생략하고 필요시 유선 네트 워크상의 데이터를 조사할 수 있도록 경계 지점에서 HTTPS가 아닌 HTTP를 사용한 다. 상용 환경의 시스템에서는 경계 지점에서의 HTTP 사용을 권장하지 않는다.

## Part 2

외부 경계 보안

1부에서 실습한 OAuth 2.0으로 보안을 적용한 첫 번째 마이크로서비스는 마이크로서비스 보안을 시작하기에는 좋은 예시였다. 하지만 실세계나 상용 환경의 마이크로서비스를 보호하기 위해 준수해야 하는 접근 방식은 1부에서 수행한 접근 방식과 약간 다르다. 2부는 일반적인 마이크로서비스 환경의 경계 지점이나 진입점에서 마이크로서비스를 보호하는 방법을 설명한다. 대부분의 마이크로서비스는 API 게이트웨이를 통해 외부에 노출되는 API 모음 뒷단에 위치하고 API 게이트웨이는 들어오는 모든 메시지를 보안 목적으로 검증하는 마이크로서비스 환경의 진입점이다.

3장은 마이크로서비스의 소비자 환경을 살펴보고 Zuul API 게이트웨이 뒷단에 스프링 부트 마이크로서비스를 배치하는 방법을 설명하며 Zuul API 게이트웨이에 OAuth 2.0 기반 보안을 적용하는 방법까지 같이 알려준다. 3장 실습을 마치면 클라이언트 애플리케이션이 Zuul API 게이트웨이를 통해서만 접근할 수 있는 API를 갖게 되고 Zuul API 게이트웨이는 요청을 스프링 부트 마이크로서비스로 라우팅한다.

4장은 앵귤러^{Angular}로 단일 페이지 애플리케이션을 개발해 3장에서 구축한 사례를 확장하고 OIDC^{OpenID Connect}로 단일 페이지 애플리케이션을 보호하는 방법까지 알려줌으로써 종단 간 동작하는 사례를 실습해볼 수 있다. 사용자는 OIDC를 사용해 단일 페이지 애플리케이션에 로그인할 수 있고, 로그인하면 단일 페이지 애플리케이션은 사용자를 대신해 Zuul API 게이트웨이를 거쳐 스프링 부트 마이크로서비스와 통신한다.

5장은 Zuul API 게이트웨이에 요청 제한, 모니터링 및 접근 제어를 적용해 4장에서 구축한 사례를 확장하는 방법을 설명한다.

2부를 다 읽고 나면 경계 지점에서 마이크로서비스를 보호하는 방법을 알게 된다. 이 책에서 사용한 것과 동일한 도구를 써야만 하는 건 아니기 때문에 각자 선호하는 도구 모음을 사용해 습득한 기술로 상용 환경의 경계 지점에서 마이크로서비스를 보호할 수 있어야 한다.

3

API 게이트웨이를 사용한
클라이언트와 내부 시스템
사이의 트래픽 보안

3장에서 다루는 내용

- API 게이트웨이의 역할
- 2장에서 실습한 아키텍처의 결함 개선
- Zuul API 게이트웨이 뒷단에 마이크로서비스 배치
- 외부 경계에서 마이크로서비스를 보호하기 위해 OAuth 2.0 사용

2장에서 OAuth 2.0으로 외부 경계 지점에 위치한 마이크로서비스를 안전하게 보호하는 방법을 알아봤다. 2장은 단순한 형태로 마이크로서비스 배치를 시작하는 데 중점을 뒀기 때문에 샘플 코드는 상용 환경과 차이가 있었다. 개별 마이크로서비스는 토큰을 검증하기 위해 OAuth 인가 서버와 연결이 필요하며 어떤 OAuth 인가 서버를 신뢰할지 결정해야 하는데, 이러한 구조는 수백 개의 마이크로서비스를 운영하면서 마이크로서비스 개발자에게 많은 책임을 부여하는 경우라면 확장이 어려운 모델에 해당한다.

실세계에서 개발자는 마이크로서비스의 비즈니스 기능만 신경을 쓰고 그 외의 것들은 번거로움을 덜어주는 전문화된 구성요소에 맡겨야 한다. API 게이트웨이와 서비스 메시^{Service Mesh}는 이상적인 방식으로 개발할 수 있게 도와주는 설계 패턴이다. 3장에서는

API 게이트웨이 패턴을 다루고 서비스 메시 패턴은 12장에서 다룰 예정이다. 서비스 메시 패턴이 내부 서비스 간의 보안을 다루고 있는 반면, API 게이트웨이 패턴은 주로 외부 경계 보안과 관련이 있다. 다시 말해 서비스 메시가 내부 시스템(서비스) 간의 트래픽을 다루고 있는 반면에, API 게이트웨이는 클라이언트와 내부 시스템(서비스) 사이의 트래픽을 처리한다. 이 책에서는 API 게이트웨이 패턴을 구현하는 소프트웨어를 **API 게이트웨이**API gateway로, 서비스 메시 패턴을 구현하는 소프트웨어를 **서비스 메시**service mesh라고 지칭한다.

외부 경계 보안은 마이크로서비스 그룹으로 향하는 진입점인 API 게이트웨이에서 일련의 리소스(예 마이크로서비스 그룹)를 보호하는 것과 관련이 있다. API 게이트웨이는 외부에서 발생한 요청을 처리하기 위해 마이크로서비스 그룹으로 들어올 수 있는 단일 진입점이다. 서비스 메시 패턴의 아키텍처는 훨씬 더 분산되어 있다. 개별 마이크로서비스는 서비스에 더 가까울수록 자신만의 정책 적용 지점을 갖게 되는데 정책 적용 지점은 주로 마이크로서비스 근처에서 실행되고 있는 프록시인 경우가 많다. API 게이트웨이는 전체 마이크로서비스 그룹의 중앙화된 정책 적용 지점이다. 서비스 메시 내부에서 개별 마이크로서비스와 함께 실행되는 프록시가 서비스 레벨에서 정책 시행 수준을 제공하는 반면에, API 게이트웨이는 전체 마이크로서비스 그룹을 대상으로 한 중앙화된 정책 적용 지점이다. 12장에서는 종단end-to-end 간 보안 솔루션을 만들어주는 서비스 메시 패턴을 사용해 API 게이트웨이 패턴에 영향을 주는 방법을 알아볼 예정이다.

3.1 마이크로서비스 그룹에서 API 게이트웨이의 필요성

마이크로서비스 그룹에는 API 게이트웨이가 필요하다. API 게이트웨이는 비기능적 요구사항과 기능적인 요구사항을 명확히 분리하는 데 도움을 주는 중요한 역할을 하는 아키텍처 내부 인프라의 핵심이다. 2장의 예시(온라인 쇼핑몰)를 좀 더 확장해 다뤄봄으로써 몇 가지 문제점을 살펴보고 API 게이트웨이 패턴을 사용해 해결하는 방법을 설명할 예정이다.

전형적인 마이크로서비스 그룹은 마이크로서비스를 클라이언트 애플리케이션에 직접 노출하지 않는다. 대부분의 경우 마이크로서비스는 API 게이트웨이를 통해 외부에 노출된 일련의 API 뒷단에 위치한다. API 게이트웨이는 보안 목적과 서비스 품질을 위해 모든 인바운드 메시지를 차단하는 마이크로서비스 그룹으로의 진입점이다.

그림 3.1은 모든 마이크로서비스가 넷플릭스[Netflix]와 유사하게 Zuul API 게이트웨이 뒷단에 위치한 마이크로서비스 그룹을 묘사한다. Zuul은 동적 라우팅, 모니터링, 회복, 보안 그리고 더 많은 기능을 제공한다. Zuul은 전 세계 넷플릭스 사용자들이 생성한 트래픽을 처리하면서 넷플릭스 서버 인프라의 정문처럼 동작한다. 그림 3.1에서 Zuul은 API로 주문 처리 마이크로서비스를 노출하는 역할을 하며 외부 애플리케이션이 접근할 필요가 없기 때문에 재고와 배송 마이크로서비스는 API 게이트웨이에서 직접 접근할 수 없다.

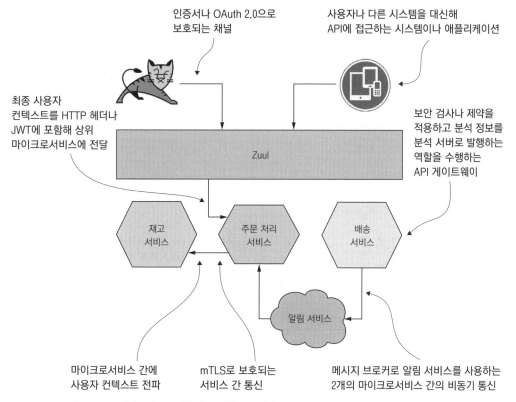

▲ **그림 3.1** API 게이트웨이를 사용하는 전형적인 마이크로서비스 그룹. API 게이트웨이는 보안과 서비스 품질 유지를 위해 모든 수신 메시지를 차단한다.

3.1.1 마이크로서비스에서 보안 영역 분리

마이크로서비스 모범 사례의 한 가지 중요한 요소는 **단일 책임 원칙**single responsibility principle 이다. 단일 책임 원칙은 프로그래밍에서 흔하게 사용하는 원칙으로 모든 모듈, 클래스, 함수는 소프트웨어 기능의 단일 부분을 담당해야 한다는 의미다. 단일 책임 원칙하에 개별 마이크로서비스는 오직 한 가지 특정 기능만 수행해야 한다.

2장의 예제에서 보안을 적용한 주문 처리 마이크로서비스는 주문 처리라는 비즈니스 핵심 기능 수행뿐만 아니라 인가 서버와 통신 및 클라이언트 애플리케이션에서 전달받은 액세스 토큰의 검증까지 처리했다. 그림 3.2에서 확인할 수 있는 것처럼 주문 처리 마이크로서비스는 다음과 같은 다양한 작업에 신경 써야 한다.

- 수신한 요청에서 보안 헤더(토큰) 추출
- 보안 토큰을 검증하기 위해 인가 서버의 위치 사전인지
- 보안 토큰 검증을 위해 인가 서버와 통신 시 사용할 프로토콜과 메시지 포맷 이해
- 마이크로서비스가 클라이언트 애플리케이션에 직접 노출되기 때문에 토큰 검증 절차에서 섬세한 오류 처리
- 주문 처리에 관한 비즈니스 로직 수행

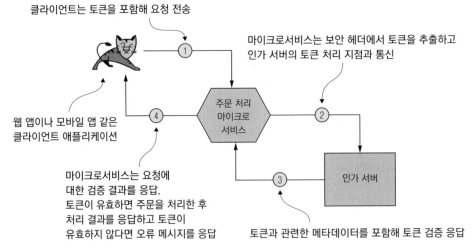

▲ **그림 3.2** 클라이언트 애플리케이션, 마이크로서비스, 인가 서버 간의 통신 흐름. 주문 처리 마이크로서비스는 주문 처리와 무관한 부가적인 업무까지 함께 처리한다.

그림 3.2처럼 마이크로서비스가 부가적인 업무까지 신경을 써야 할 경우 예상한 것보다 더 많은 작업을 처리하면서 근본적인 특성을 상실하기 때문에 문제가 발생한다. 마이크로서비스는 설계상의 비즈니스 로직 처리와 연관된 주문 처리 업무만 수행하는 것이 바람직하다. 보안과 비즈니스 로직의 결합은 마이크로서비스에게 의도하지 않은 복잡성과 유지부담을 준다. 예를 들어, 보안 프로토콜 변경은 마이크로서비스 코드 변경이 필요하고 마이크로서비스 확장은 더 많은 인가 서버 연결을 필요로 한다.

보안 프로토콜 변경은 마이크로서비스 변경을 요구

마이크로서비스에서 사용하는 보안 프로토콜을 OAuth 2.0에서 다른 프로토콜로 변경하면 비즈니스 로직과 관련된 변경이 아님에도 마이크로서비스까지 변경해야 한다. 또한 현재 보안 프로토콜에서 버그가 발견되면 수정을 위해 마이크로서비스 코드를 패치해야 한다. 이러한 원치 않는 부담들은 마이크로서비스 설계, 계발 및 배포 민첩성을 손상시킨다.

마이크로서비스 확장은 인가 서버로 더 많은 연결을 초래

수요 증가에 대응하기 위해 더 많은 마이크로서비스 인스턴스를 실행해야 할 때가 있다. 명절 때처럼 사용자가 평소보다 더 많은 주문을 한다면 수요에 대응하기 위해 마이크로서비스를 확장해야 한다. 개별 마이크로서비스는 토큰 검증을 위해 인가 서버와 통신이 필요하기 때문에 마이크로서비스 확장은 인가 서버를 향한 연결까지 증가시킨다.

단일 마이크로서비스 인스턴스에서 50명의 사용자 주문을 처리하는 것과 10개의 인스턴스에서 사용자 주문을 처리하는 것은 차이가 있다. 50명의 사용자 주문 처리를 위해 단일 마이크로서비스 인스턴스는 인가 서버와 통신 목적으로 약 5개의 커넥션 풀connection pool을 유지해야 할 수도 있다. 개별 마이크로서비스 인스턴스가 인가 서버와 연결하기 위해 5개의 커넥션 풀을 유지한다면 10개의 마이크로서비스 인스턴스는 인가 서버와 5개가 아닌 50개의 연결을 생성한다. 그림 3.3은 수요에 대응하기 위한 마이크로서비스 확장을 표현한다.

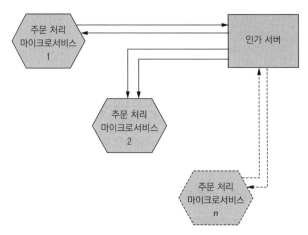

▲ **그림 3.3** 마이크로서비스 확장 시 인가 서버에 더 많은 부하 발생

API 게이트웨이는 마이크로서비스로부터 보안 영역 분리를 돕는다. API 게이트웨이는 마이크로서비스를 향한 모든 요청을 가로채 인가 절차를 처리하며 정당한 요청에 한해 상위 마이크로서비스로 전달하고 정당하지 않은 요청은 오류 메시지를 클라이언트 애플리케이션에 반환한다.

3.1.2 소비를 더 어렵게 하는 마이크로서비스 그룹의 고유한 복잡성

마이크로서비스 그룹은 일반적으로 다양한 마이크로서비스와 마이크로서비스 간의 상호 작용으로 이뤄져 있다(그림 3.4 참고).

자신의 작업을 처리하기 위해 마이크로서비스를 소비하는 애플리케이션은 다른 여러 마이크로서비스와 통신할 수 있어야 한다. 여러 팀을 운영하는 회사 내 개발 팀은 그림 3.4 에서 보이는 마이크로서비스 중 하나를 개발할 책임이 있다. 팀별 개발자들은 개발을 위해 자신의 기술 스택, 표준, 경험을 사용할 수 있다. 마이크로서비스의 비균일성은 애플리케이션 개발자가 일관성 없는 인터페이스와 상호동작하는 방법을 배워야 하기 때문에 애플리케이션 사용을 더 어렵게 만든다.

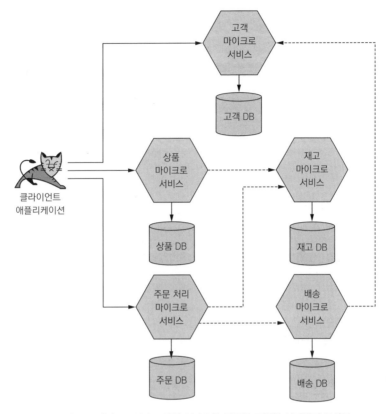

▲ **그림 3.4** 마이크로서비스 간의 서비스와 연결을 표현한 아키텍처 구성도

API 관리 소프트웨어의 일부분인 API 게이트웨이 솔루션은 애플리케이션에 노출된 인터페이스의 일관성 수립을 위해 사용될 수 있다. 마이크로서비스는 외부에 직접 노출되지 않기 때문에 일관성을 갖지 않아도 되며, API 게이트웨이가 마이크로서비스 간의 상호 동작 이슈를 처리한다.

3.1.3 외부에 노출하지 않는 게 바람직한 마이크로서비스의 특성

마이크로서비스는 필요한 만큼 세분화할 수 있다. 상품 마이크로서비스가 상품 목록을 검색하는 기능과 상품 목록에 상품을 추가하는 두 가지 기능을 갖고 있다고 가정해보자. REST 아키텍처 관점에서 상품 검색은 HTTP GET 메서드로 /products 리소스에 접근할 경우, 상품 추가는 HTTP POST 메서드로 /products 리소스에 접근할 경우 동작하도록 개발했다. GET 메서드로 /products 경로에 접근하면 상품 리스트를 얻고(조회 기능) POST 메서드로 /products 경로에 접근하면 새 상품을 상품 목록에 추가한다(쓰기 기능).

쇼핑몰에서는 상품을 상품 목록에 추가하는 것보다 상품 조회가 훨씬 빈번하게 발생하기 때문에 실제로 쓰기 기능보다 조회 기능 구동을 위해 더 많은 요청이 발생한다. 그러므로 마이크로서비스를 독립적으로 확장 가능하도록 만들기 위해 GET 메서드와 POST 메서드 처리를 다른 마이크로서비스상에서 하거나 다른 기술 스택으로 구현할지를 결정해야 할 수도 있다. 하나의 마이크로서비스상에서 발생한 장애가 다른 마이크로서비스 운영에 영향을 미치지 않기 때문에 이러한 해결책은 안정성을 향상하지만 사용자 관점에선 조회와 쓰기 기능을 이용하기 위해 2개의 API와 통신을 해야 하는 특이한 구조다. REST 아키텍처 열성 지지자들은 동일 API상에서 두 가지 기능을 모두 처리하는 게 바람직하다고 주장할 수도 있다.

API 게이트웨이 아키텍처 패턴은 이 문제 해결을 위한 이상적인 해결책이다. API 게이트웨이는 소비 측 애플리케이션이 두 가지 리소스(GET과 POST 메서드로 들어오는 요청)를 단일 API에서 처리하게 해준다. 리소스별 요청은 마이크로서비스 계층에서 요구하는 확장성과 안전성을 제공하고 있는 별도의 마이크로서비스에 의해 처리된다(그림 3.5 참고).

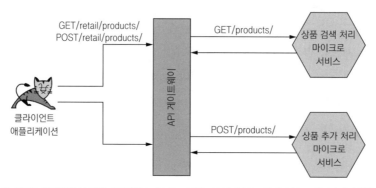

▲ **그림 3.5** 게이트웨이상에서 단일 API처럼 노출되는 마이크로서비스들. 클라이언트 애플리케이션은 단일 지점과의 통신에만 집중해야 한다.

3.2 외부 경계 보안

3.2절에서는 OAuth 2.0이 경계 지점의 보안 수준을 높일 수 있는 가장 적합한 프로토콜인 이유를 알아본다. 일반적인 마이크로서비스 배치 구조상에서 마이크로서비스를 클라이언트 애플리케이션에 직접 노출하지 않는다. 마이크로서비스 그룹의 진입점인 API 게이트웨이가 클라이언트 애플리케이션의 요청을 처리하는 API 형태로 마이크로서비스를 노출한다.

대부분의 경우에 API 게이트웨이들은 외부 경계에 노출한 API를 안전하게 보호하기 위한 보안 프로토콜로 OAuth 2.0을 사용한다. OAuth 2.0이나 API 보안에 대해 상세히 알고 싶다면 이 책의 공동 저자인 프라바스 시리와데나가 쓴 『OAuth 2.0 API 보안 2/e』(에이콘, 2021), 저스틴 리처[Justin Richer]와 안토니오 산소[Antonio Sanso]가 쓴 『OAuth 2 in Action』(에이콘, 2018)을 추천한다.

3.2.1 마이크로서비스 소비자 환경 이해

3장 앞부분에서 다뤘던 것처럼 조직과 기업이 마이크로서비스를 채택하는 주된 이유는 마이크로서비스가 서비스 개발을 위한 민첩성을 제공하기 때문이다. 조직은 개발과 서비스 배포가 가능한 한 빨리 애자일화되기를 원한다. 애자일화는 클라이언트 애플리케이션의 수요 증가에 의해 빨라질 필요가 있다. 오늘날 사람들은 일상생활(피자 주문, 식료품 쇼핑, 관계 형성, 사회적 교류, 은행 업무 등)을 영위하기 위해 모바일 애플리케이션을 사용하고 이러한 애플리케이션들은 다양한 서비스 제공자들이 운영하는 서비스를 소비한다.

조직에서 사용하는 내부 애플리케이션과 제3자가 개발한 외부 애플리케이션 모두 마이크로서비스를 소비할 수 있다. 외부 애플리케이션은 공중 인터넷상의 모바일이나 웹 애플리케이션일 수도 있고 디바이스나 자동차에서 동작하는 애플리케이션일 수도 있다. 이러한 유형의 애플리케이션들을 실행하기 위해서 마이크로서비스에 HTTPS 프로토콜을 적용해 공중 인터넷상에 노출해야 하기 때문에 마이크로서비스 접근을 통제하기 위해서는 네트워크 수준이 아닌 더 높은 계층에서 제공하는 보안수단에 의존해야 한다. 여기서 언급한 '더 높은 보안 계층'은 TCP/IP 프로토콜 스택(www.w3.org/People/Frystyk/thesis/

TcpIp.html)상의 계층을 의미하며, TLS나 HTTPS 같은 전송이나 애플리케이션 계층 등 네트워크 계층의 상위 계층에서 지원하는 보안수단에 의존해야만 한다.

조직의 IT 인프라 환경 내부에서 동작 중인 애플리케이션은 내부향 마이크로서비스와 외부향 마이크로서비스 모두를 소비해야 할 수도 있다. 또한 내부향 마이크로서비스는 다른 외부향 마이크로서비스나 내부향 마이크로서비스에 의해 소비될 수도 있다. 그림 3.6 에서 보여주는 것처럼 온라인 쇼핑몰 예에서 상품 목록을 검색하는 용도의 마이크로서비스(상품 마이크로서비스)와 주문을 처리하는 마이크로서비스(주문 처리 마이크로서비스)는 조직의 보안 경계선 밖에서 동작하는 애플리케이션으로부터의 접근을 허용할 필요가 있는 외부향 마이크로서비스다. 하지만 재고 업데이트 용도의 재고 마이크로서비스는 주문 처리 마이크로서비스에서 주문이 들어오거나 내부 애플리케이션에서 재고를 추가할 때만 사용되기 때문에 조직의 보안 경계선 밖에 노출할 필요가 없다.

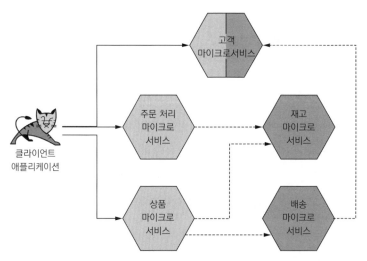

▲ **그림 3.6** 담당 기능 처리를 위해 다른 마이크로서비스들과 통신하는 내 · 외부 및 하이브리드 마이크로서비스

3.2.2 접근 위임

마이크로서비스는 API를 매개체로 외부에 노출되어 있다. 마이크로서비스와 유사하게 API의 경우에도 소비자는 시스템 자신 또는 사용자나 다른 시스템을 대신해 행동하는 시스템이다. 불가능하지는 않지만 사용자가 API와 직접 통신하는 경우는 일반적으로 없어

접근 위임은 중요하고 API 보안에서 핵심적인 역할을 한다.

2장에서 간략히 언급한 것처럼 보안을 적용한 마이크로서비스에 접근하기 위한 전형적인 흐름에는 다양한 참여자들이 관여한다. 단순성에 대해 이전에 언급했을 때는 API에 관해 우려하지 않았지만 그림 3.7에서 보여주는 것처럼 클라이언트 애플리케이션과 주문 처리 마이크로서비스 사이에 API를 도입하더라도 마이크로서비스 접근 흐름은 크게 달라지지 않는다.

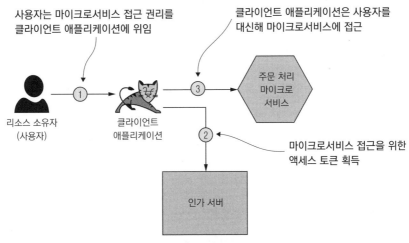

▲ **그림 3.7** OAuth로 보호하는 마이크로서비스에 접근하는 전형적인 흐름에는 다양한 참여자가 관여한다.

사용자(리소스 소유자)는 마이크로서비스에서 인가받은 행위만 할 수 있어, 권한을 가진 데이터에 한해서만 마이크로서비스에서 검색하거나 업데이트받을 수 있다. 권한 수준은 사용자 단위로 확인하지만 마이크로서비스에 실제 접근하는 건 사용자를 대신한 클라이언트 애플리케이션이다. 즉, 사용자가 마이크로서비스에서 인가받은 행위들의 실행 주체는 클라이언트 애플리케이션이며 사용자는 마이크로서비스 리소스에 접근하는 애플리케이션에 권한을 위임하기 때문에 애플리케이션은 위임받은 권한을 적절히 관리할 필요가 있다.

애플리케이션의 신뢰성은 중요한 이슈이고 특히 타사 애플리케이션을 사용해 마이크로서비스 리소스에 접근할 때 애플리케이션이 리소스에서 수행할 수 있는 행위를 제어할 수 있는 방법을 확보하는 것이 중요하다. 클라이언트 애플리케이션에 위임한 권한 통제는 마이크로서비스를 보호하기 위한 메커니즘을 결정하는 데 필수적인 요소다.

3.2.3 API 보호를 위해 Basic 인증을 사용해선 안 되는 이유

Basic 인증은 유효한 사용자명이나 비밀번호를 입력한 사용자에게 API를 통한 마이크로서비스 접근을 허용한다. Basic 인증은 RFC 1945[1]에서 HTTP 1.0과 함께 오래전에 도입한 표준 보안 프로토콜이다. Basic 인증은 base64로 인코딩한 사용자명과 비밀번호를 HTTP `Authorization` 헤더에 포함하여 API 요청과 함께 전달하는데, 3.2.2절에서 다뤘던 마이크로서비스 그룹의 권한 위임 모델 요구사항을 다음과 같은 이유로 충족하지 못한다.

- **사용자명과 비밀번호는 정적이고 유효 기간이 긴 자격증명이다.** 사용자가 애플리케이션에 사용자명과 비밀번호를 제공하면 애플리케이션은 마이크로서비스 접근을 위해 자신이 결정한 보유 기간 동안 해당 정보를 보유하고 있다. 아무도 애플리케이션에 인증 정보를 반복적으로 입력하고 싶어 하지 않기 때문에 Basic 인증을 사용하면 애플리케이션은 사용자명과 비밀번호를 오랜 기간 동안 보유해야만 한다. 보유 기간이 길면 길수록 유출 위험은 높아지고 사용자는 사용자명과 비밀번호를 거의 바꾸지 않기 때문에 유출 시 심각한 결과를 초래할 수 있다.
- **애플리케이션이 할 수 있는 행위에 대한 제약이 없다.** 애플리케이션이 사용자명과 비밀번호를 얻은 후에는 사용자가 마이크로서비스에서 할 수 있는 행위를 동일하게 할 수 있고 마이크로서비스 외의 동일한 사용자명과 비밀번호를 사용하는 다른 시스템에서도 사용자와 동일한 행위를 할 수 있다.

3.2.4 API 보호를 위해 공통 전송 계층 보안을 사용해선 안 되는 이유

공통 전송 계층 보안은 각자의 인증서를 교환하고 서로의 개인키를 제공함으로써 클라이언트 애플리케이션과 서버가 서로를 검증하는 메커니즘이다. 6장에서 공통 전송 계층 보안에 대해 상세히 다룰 예정이다. 지금은 공통 전송 계층 보안을 인증서를 사용해 클라이

---

1   RFC 1945는 https://tools.ietf.org/html/rfc1945에서 확인할 수 있다. – 옮긴이

언트 애플리케이션과 서버 간에 양방향 신뢰를 구축하는 기법이라고만 생각하자.

공통 전송 계층 보안은 인증서 수명주기를 갖고 있어 Basic 인증의 문제점 중 하나를 해결한다. 공통 전송 계층 보안이 사용하는 인증서는 시간 제약이 있어 유효 기간이 경과하면 유효하지 않은 인증서로 분류되기 때문에 인증서와 관련 개인키가 유출돼도 인증서 유효 기간이 남아 있는 동안만 취약한 상태가 유지된다. 하지만 일부 상황에서는 인증서의 수명이 1년 이상인 경우도 있어 Basic 인증 같은 취약한 프로토콜 대체 관점에서 공통 전송 계층 보안의 가치는 제한적이다. 비밀번호를 네트워크를 통해 보내야만 하는 Basic 인증과 달리 공통 전송 계층 보안을 사용하면 개인키가 소유자를 떠나거나 네트워크를 통해 이동할 필요가 없는 게 공통 전송 계층 보안이 Basic 인증 대비 갖는 주요 이점이다.

하지만 Basic 인증과 마찬가지로 공통 전송 계층 보안은 권한을 통제할 수 있는 방법이 없기 때문에 접근 위임 요구사항을 충족하지 못한다. 공통 전송 계층 보안은 애플리케이션을 사용하는 최종 사용자를 나타내는 메커니즘을 제공하지 않아 마이크로서비스와 통신하는 클라이언트 애플리케이션을 인증하는 용도로만 사용할 수 있다. 공통 전송 계층 보안을 사용하면서 최종 사용자 정보를 전달하고 싶다면 HTTP 헤더에 사용자명을 포함해 전송하는 방법과 같은 사용자 지정 기술을 사용해야 하지만 권장하지는 않는다. 최종 사용자를 나타내는 데 어려움이 있어 공통 전송 계층 보안은 클라이언트 애플리케이션과 마이크로서비스의 통신이나 마이크로서비스 간 통신 등 시스템 간의 통신을 보호하기 위해 주로 사용한다.

3.2.5 OAuth 2.0을 사용해야 하는 이유

OAuth 2.0이 외부 경계에서 마이크로서비스를 보호하기 위한 최선의 보안 프로토콜인 이유를 이해하기 위해서는 마이크로서비스 소비자를 먼저 이해하고 리소스에 접근하려는 사람, 접근 목적이나 기간 등을 파악해야 한다. 마이크로서비스 소비자의 특성과 요구사항을 적절히 이해할 필요가 있다.

- **신원**: 허가받은 사용자나 애플리케이션만 리소스 접근 권한을 받았는지 확인
- **목적**: 허가받은 사용자나 애플리케이션이 리소스상에서 허용된 업무만 할 수 있는지 확인

- **기간**: 필요한 기간 내에서만 접근 권한을 부여했는지 확인

이전에도 여러 번 논의했듯이 마이크로서비스 소비자는 시스템 자신, 사용자나 다른 시스템을 대신하는 시스템이다. 마이크로서비스 소유자는 자신이 소유하거나 접근 권한을 보유한 마이크로서비스의 접근 권한을 시스템에 위임할 수 있어야 한다. 넷플릭스 계정을 예로 들면, 스마트 TV로 인기 있는 영화를 보려면 넷플릭스 접근 권한을 스마트 TV에 위임해야 한다. 위임은 마이크로서비스 보안의 핵심 요구사항이고 모든 보안 프로토콜 중에 접근 위임을 고려해 설계된 OAuth 2.0이 외부 경계에서 마이크로서비스를 보호하는 데 가장 적합하다.

> |**참고**| 3장의 예제를 실행하려면 2.1.1절에서 다뤘던 필요 소프트웨어 다운로드 및 설치가 필요하다.

3.3 Zuul API 게이트웨이 설치

3장의 도입부에서 API 게이트웨이가 마이크로서비스 그룹의 중요 구성요소인 이유를 언급했었다. 3.3절에서는 주문 처리 마이크로서비스를 위한 Zuul(https://github.com/Netflix/zuul/wiki) API 게이트웨이를 설치할 예정이다. Zuul은 넷플릭스가 구축한 오픈소스 프록시 서버로, 넷플릭스의 모든 백엔드 스트리밍 애플리케이션backend streaming application의 진입점 역할을 한다.

3.3.1 주문 처리 마이크로서비스 컴파일 및 실행

3장의 예제를 실습하려면 깃허브에서 PC로 예제 코드를 다운로드해야 한다. 예제 코드는 JDK 11 버전을 사용하지만 8 버전 이상이면 정상적으로 동작한다. 3장의 예제들을 실습하기 전에 현재 동작 중인 2장에서 실습한 예제나 그 밖의 예제를 중단해야 한다. 여러 마이크로서비스를 동일 포트에서 실행하려고 하면 포트 충돌을 경험할 수 있다.

깃허브 저장소에서 모든 예제 코드를 내려받았다면 chapter03 디렉토리 하위에 sample01 디렉토리 내부를 살펴봐야 한다. 2장 실습을 건너뛴 사람들을 위해 2장에서

사용한 것과 동일한 예제를 반복해 실행한다. 명령행 도구를 사용해 chapter03/sample01 디렉토리로 이동한 후 주문 처리 마이크로서비스 소스 코드 빌드를 위해 다음 명령을 실행하자.

```
\> mvn clean install
```

빌드가 성공적으로 완료되면 BUILD SUCCESS 메시지를 화면에 노출한다. 메시지를 확인했다면 다음 명령을 실행해 마이크로서비스를 시작할 수 있다.

```
\> mvn spring-boot:run
```

서비스가 성공적으로 시작되면 Started OrderApplication in <X> seconds 메시지를 화면에 노출하는데, 메시지를 확인했다면 주문 처리 마이크로서비스가 정상적으로 동작 중이라는 의미다. 이제 주문 처리 마이크로서비스에서 적절히 응답하는지 확인하기 위해 curl 명령으로 요청을 보내보자.

```
\> curl -v http://localhost:8080/orders \
-H 'Content-Type: application/json' \
--data-binary @- << EOF
{
  "items":[
    {
      "itemCode":"IT0001",
      "quantity":3
    },
    {
      "itemCode":"IT0004",
      "quantity":1
    }
  ],
  "shippingAddress":"No 4, Castro Street, Mountain View, CA, USA"
}
EOF
```

전송한 요청이 정상적으로 실행되면 다음과 같은 응답 메시지를 확인할 수 있다.

```
{
  "orderId":"a04559c6-d120-4615-8d83-418d62da4549",
  "items":[
    {
      "itemCode":"IT0001",
      "quantity":3
    },
    {
      "itemCode":"IT0004",
      "quantity":1
    }
  ],
  "shippingAddress":"No 4, Castro Street, Mountain View, CA, USA"
}
```

클라이언트 애플리케이션으로 curl을 사용해 그림 3.8처럼 주문 처리 마이크로서비스에 직접 접근한다. 클라이언트 애플리케이션은 주문 처리 마이크로서비스에 주문을 생성하는 요청을 보낸다. 응답 메시지상의 주문 ID는 a04559c6-d120-4615-8d83-418d62da4549다. 추후 GET 메서드로 /orders/{id} 리소스를 요청해 주문 ID와 일치하는 주문을 검색하면 주문 상세 정보를 얻을 수 있다.

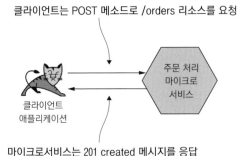

클라이언트는 POST 메소드로 /orders 리소스를 요청

주문 처리
마이크로
서비스

클라이언트
애플리케이션

마이크로서비스는 201 created 메시지를 응답

▲ **그림 3.8** 클라이언트 애플리케이션은 주문 처리 마이크로서비스에 직접 요청을 보내고 주문 ID가 포함된 응답 메시지를 수신한다.

3.3.2 Zuul 프록시 컴파일 및 실행

주문 처리 마이크로서비스의 프록시로 사용하기 위해 Zuul을 컴파일 및 실행할 차례다.

Zuul 프록시를 빌드하려면 명령행 도구로 chapter03/sample02 디렉토리로 이동해 다음 명령을 실행하자.

```
\> mvn clean install
```

빌드가 성공적으로 완료되면 BUILD SUCCESS 메시지를 화면에 노출한다. 동일 디렉토리에서 다음 명령을 실행해 Zuul 프록시를 실행하자.

```
\> mvn spring-boot:run
```

Zuul 프록시가 성공적으로 실행되면 메시지 모음 마지막 줄에서 Started GatewayApplication in <X> seconds 메시지를 확인할 수 있다. 이제 Zuul 프록시를 통해 주문 처리 마이크로서비스에 접근해보자. 터미널 애플리케이션에서 다음 명령을 실행해 이전에 생성한 주문 건의 상세 정보를 검색해보자(3.3.1절과 동일한 주문 ID를 사용해야 검색이 가능하다).

```
\> curl \
http://localhost:9090/retail/orders/a04559c6-d120-4615-8d83-418d62da4549
```

요청이 성공적이었다면 다음과 같은 응답 메시지를 볼 수 있다.

```
{
  "orderId":"a04559c6-d120-4615-8d83-418d62da4549",
  "items":[
    {
      "itemCode":"IT0001",
      "quantity":3
    },
    {
      "itemCode":"IT0004",
      "quantity":1
    }
  ],
  "shippingAddress":"No 4, Castro Street, Mountain View, CA, USA"
}
```

응답 메시지는 이전에 생성한 주문 상세 정보를 포함하고 있어야만 한다. 요청 메시지는 몇 가지 중요한 요소를 포함하고 있다.

- 이번에는 curl로 주문 처리 마이크로서비스가 아닌 Zuul 프록시에 요청을 전송했기 때문에 접근한 포트(9090)는 주문 처리 마이크로서비스 포트(8080)와 다르다.
- 요청 URL이 주문 처리 마이크로서비스로 요청을 라우팅하게 구성한 Zuul의 기본 경로인 /retail로 시작한다. 라우팅 설정을 보려면 텍스트 편집기로 sample02/src/main/resources 디렉토리의 application.properties를 열어봐야 한다. 다음 문장이 Zuul 프록시에게 /ratail로 수신한 요청을 http://localhost:8080으로 라우팅하도록 지시한다.

```
zuul.routes.retail.url=http://localhost:8080
```

그림 3.9는 Zuul이 클라이언트 애플리케이션에서 받은 요청을 주문 처리 마이크로서비스로 라우팅하는 방법을 보여준다.

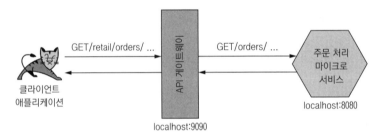

▲ **그림 3.9** Zuul 게이트웨이가 주문 처리 마이크로서비스로의 연결을 중계하기 때문에 모든 요청은 Zuul 게이트웨이를 거쳐야 한다.

3.3.3 Zuul 게이트웨이에 OAuth 2.0 기반 보안 적용

이제 Zuul 게이트웨이를 통해 주문 처리 마이크로서비스를 성공적으로 중계하고 있으니 다음 단계는 인증을 통과한 클라이언트만 주문 처리 마이크로서비스 접근 승인을 받을 수 있도록 Zuul 게이트웨이에 보안을 적용하는 것이다. 먼저 클라이언트 애플리케이션에 액세스 토큰을 발급할 수 있는 OAuth 2.0 인가 서버(부록 A 참고)가 필요하다. 일반적인 상용 환경 마이크로서비스 아키텍처에서는 인가 서버를 조직의 내부 네트워크에 배치하고 필요 지점에 한해 예외적으로 외부에 노출한다. 보통 API 게이트웨이가 외부에서 접근이 허용된 유일한 구성요소이며, API 게이트웨이를 거치지 않고는 조직의 내부 네트워크로 접근할 수 없다. 3.3.3절의 예제에서 클라이언트가 인가 서버에서 액세스 토큰을 얻으려면 Zuul 게이트웨이를 통해서 인가 서버의 토큰 처리 지점인 /oauth2/에 접근해야 한다. 그림 3.10은 3.3.3절에서 지금까지 설명한 마이크로서비스 배치 아키텍처를 보여준다.

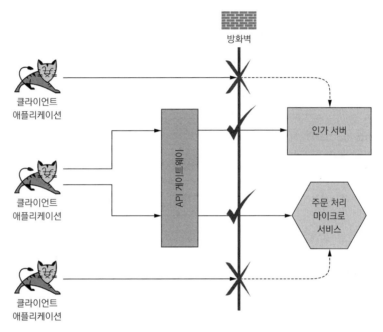

▲ **그림 3.10** 방화벽은 인가 서버와 마이크로서비스를 향한 접근을 API 게이트웨이를 통해서만 가능하도록 보장한다.

인가 서버 빌드를 위해 명령행 도구를 사용해 chapter03/sample03 디렉토리로 이동해 다음 명령을 실행하자.

```
\> mvn clean install
```

인가 서버 빌드를 완료하면 다음 명령을 실행해 인가 서버를 구동할 수 있다.

```
\> mvn spring-boot:run
```

인가 서버가 성공적으로 시작되면 Zuul 게이트웨이를 통해 토큰을 요청할 수 있지만 3.3.2절에서 실행한 Zuul 게이트웨이에 OAuth 2.0 보안을 적용하지 않았다. OAuth 2.0 보안 적용을 위해 3.3.2절에서 실행한 Zuul 게이트웨이를 중단하고 sample04 디렉토리의 새로운 Zuul 게이트웨이를 실행해야 한다.

새로운 Zuul API 게이트웨이를 빌드하기 전에 sample04/src/main/resources 경로의 application.properties 파일을 먼저 살펴보자. application.properties 파일은 인가 서버의 토큰 처리 지점을 포함한다. Zuul 게이트웨이는 application.properties 파일에서 포함하고 있는 토큰 처리 지점과 통신한다. authserver.introspection.endpoint 속성의 값이 실제 인가 서버와 동일한지 확인하자.

```
authserver.introspection.endpoint=http://localhost:8085/oauth/check_token
```

새로운 Zuul 게이트웨이를 빌드하려면 새로운 터미널 애플리케이션을 열고 chapter03/sample04 경로로 이동해 다음 명령을 실행하자.

```
\> mvn clean install
```

빌드가 완료되면 다음 명령을 실행해 Zuul 게이트웨이를 구동할 수 있다.

```
\> mvn spring-boot:run
```

Zuul 게이트웨이를 9090 포트에서 성공적으로 시작한 후 Zuul 게이트웨이를 거쳐 인가 서버에서 액세스 토큰을 얻기 위해 새로운 터미널 애플리케이션을 열어 다음 명령을 실행하자. OAuth 2.0 승인 방식을 client_credentials로, 클라이언트 ID와 시크릿을 application1:application1secret으로 사용한다.

```
\> curl -u application1:application1secret \
-H "Content-Type: application/x-www-form-urlencoded" \
-d "grant_type=client_credentials" \
http://localhost:9090/token/oauth/token
```

토큰 요청을 성공적으로 처리하면 다음과 같은 응답 메시지를 볼 수 있다.

```
{
  "access_token":"21d812ab-7bc5-4786-9517-f01243b54dfc",
  "token_type":"bearer",
  "expires_in":3599,
  "scope":"read write"
}
```

텍스트 편집기를 사용해 sample04/src/main/resources/ 경로에 있는 application.
properties 파일을 열어보면 Zuul 게이트웨이의 /token 경로로 들어온 요청을 인가 서
버로 라우팅하는 다음 설정들을 확인할 수 있다.

```
zuul.routes.token.url=http://localhost:8085
```

클라이언트 애플리케이션이 인가 서버의 토큰 처리 지점에서 액세스 토큰을 얻으면 클라
이언트 애플리케이션은 액세스 토큰을 사용해 Zuul 게이트웨이를 거쳐 주문 처리 마이
크로서비스에 접근한다. Zuul 게이트웨이를 통해 주문 처리 마이크로서비스를 노출하는
목적은 주문 처리 마이크로서비스는 실행하는 비즈니스 로직에만 집중하게 하고 게이트
웨이가 모든 보안 관련 정책을 적용하도록 만들기 위해서이며, 이는 마이크로서비스가
한 가지 일에만 집중해야 한다는 마이크로서비스의 원칙과 일치한다. Zuul 게이트웨이
는 요청 측이 유효한 OAuth 2.0 액세스 토큰을 갖고 있는 경우에만 주문 처리 마이크로
서비스를 향한 요청을 허용한다.

다음 명령을 실행해 유효한 액세스 토큰을 사용하지 않고 Zuul 게이트웨이를 거쳐 주문
처리 마이크로서비스에 접근해볼 차례다.

```
\> curl -v \
http://localhost:9090/retail/orders/a04559c6-d120-4615-8d83-418d62da4549
```

다음과 같은 인증 오류 메시지가 화면에 출력되는데, 유효한 토큰을 갖고 있지 않다면
OAuth 2.0 보안 차단 정책이 적용된 Zuul 게이트웨이가 요청을 허용하지 않음을 의미
한다.

```
< HTTP/1.1 401
< Transfer-Encoding: chunked
```

<

```
{"error": true, "reason":"Authentication Failed"}
```

Zuul은 더 이상 리소스 서버를 향한 접근을 제한 없이 허용하지 않고 인증을 요구한다. 따라서 Zuul 게이트웨이를 통해 주문 처리 마이크로서비스에 접근하려면 유효한 토큰을 사용해야 한다. /token 경로에서 획득한 액세스 토큰을 사용해 주문 처리 마이크로서비스에 다시 접근하기 위해 3.3.1절에서 얻은 정확한 주문 ID인 a04559c6-d120-4615-8d83-418d62da4549를 사용해 다음 명령을 실행하자.

```
\> curl \
http://localhost:9090/retail/orders/a04559c6-d120-4615-8d83-418d62da4549 \
-H "Authorization: Bearer 21d812ab-7bc5-4786-9517-f01243b54dfc"
```

명령을 성공적으로 실행하면 다음과 같은 응답 메시지를 확인할 수 있다.

```
{
  "orderId":"a04559c6-d120-4615-8d83-418d62da4549",
  "items":[
    {
      "itemCode":"IT0001",
      "quantity":3
    },
    {
      "itemCode":"IT0004",
      "quantity":1
    }
  ],
  "shippingAddress":"No 4, Castro Street, Mountain View, CA, USA"
}
```

Zuul 게이트웨이에서 토큰 검증 적용

이전 예제에서 Zuul 게이트웨이는 curl 클라이언트 애플리케이션으로부터 얻은 토큰을 검증하기 위해 인가 서버(토큰 발급자)와 통신했다. 2장에서 배운 것처럼 토큰 검증은 **토큰 유효성 검사**^{token introspection}(https://tools.ietf.org/html/rfc7662)로 알려져 있다. 클라이언트에서 주문 처리 마이크로서비스로의 요청 흐름은 그림 3.11에서 확인할 수 있다.

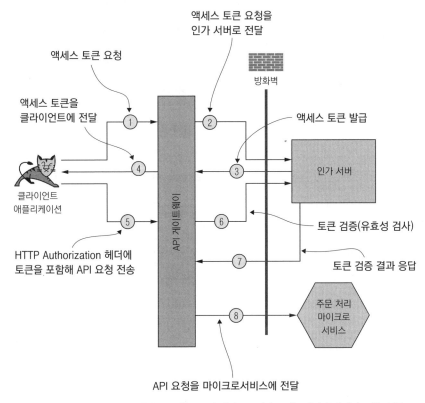

▲ **그림 3.11** 클라이언트 애플리케이션의 토큰 획득부터 마이크로서비스 접근까지의 메시지 교환 흐름

클라이언트 애플리케이션은 OAuth 2.0 액세스 토큰을 HTTP 헤더에 포함해 주문 처리 마이크로서비스(/retail/orders) 접근 경로상에 있는 Zuul 게이트웨이로 보낸다. Zuul 게이트웨이는 HTTP 헤더에서 토큰을 추출하고 인가 서버에 토큰을 보내 유효성 검사를 한다. 인가 서버가 토큰이 유효하다는 결과를 응답하면 Zuul 게이트웨이는 API 요청을 주문 처리 마이크로서비스로 전달한다.

Zuul 게이트웨이는 요청을 가로채서 여러 가지 작업을 수행하는 네 가지 유형의 요청 필터를 사용한다.

- **요청 전 필터**^{prerequest filter}: 요청을 대상 서비스로 라우팅하기 전에 실행

- **라우트 필터**route filter : 메시지 라우팅 처리
- **요청 후 필터**post-request filter : 요청을 대상 서비스로 라우팅한 후 실행
- **오류 필터**error filter : 요청 라우팅 과정에서 오류가 발생하면 실행

그림 3.11의 흐름에서 요청을 대상 서비스로 라우팅하기 전에 유효성 검사를 수행해야 하기 때문에 요청 전 필터를 사용해야 한다. 요청 전 필터의 소스 코드는 sample04/src/main/java/com/manning/mss/ch03/sample04/filters 디렉토리의 OAuthFilter.java 파일에 있다.

소스 코드를 확인해볼 경우 filterType 메서드를 눈여겨봐야 한다. filterType 메서드는 pre 문자열을 반환해 수신한 요청이 대상 서비스에 라우팅하기 전에 실행할 필요가 있는 요청 전 필터임을 Zuul 런타임에게 알린다. run 메서드는 인가 서버의 토큰 검증에 관한 로직을 포함하고 있다. run 메서드를 살펴볼 경우 클라이언트가 HTTP Authorization 헤더에 액세스 토큰을 포함해 오류 없이 정확한 포맷으로 전송했는지를 확인하기 위해 Zuul 게이트웨이가 수행하는 일부 검증 절차를 눈여겨봐야 한다.

포맷에 문제가 없다면 Zuul 게이트웨이는 토큰이 유효한지 확인하기 위해 인가 서버와 통신한다. 인가 서버가 HTTP 응답 상태 코드로 200을 응답하면 토큰이 유효함을 의미한다.

```
int responseCode = connection.getResponseCode();

// 인가 서버가 HTTP 응답 상태 코드 200을 응답하지 않을 경우의 처리문
if (responseCode != 200) {
  log.error("Response code from authz server is " + responseCode);
  handleError(requestContext);
}
```

인가 서버가 HTTP 응답 상태 코드로 200을 응답하지 않으면 인증에 실패함을 의미한다. 인증 실패에는 잘못된 토큰 전송, 토큰 유효 기간 경과, 인가 서버 작동 불능 등의 여러 가지 원인이 있을 수 있다. 현시점에서 인증 실패 원인에 신경 쓸 필요는 없고 인가 서버가 HTTP 응답 상태 코드로 200을 응답하지 않는다면 인증에 실패했다고만 생각하자.

> |**참고**| 앞의 예제는 API 게이트웨이로 마이크로서비스에 OAuth 2.0 기반 보안을 적용하기 위한 기본 메커니즘을 다뤘다. 예제 소스 코드를 완벽히 이해할 필요는 없고 마이크로서비스 보호를 위해 적용한 패턴을 이해하는 게 중요하다.

OAuth 2.0 토큰 유효성 검사 프로파일

지금까지 OAuth 2.0 토큰 유효성 검사(https://tools.ietf.org/html/rfc7662)에 대해 간략히 알아봤는데 API 게이트웨이는 클라이언트가 전송한 토큰을 검증하기 위해 인가 서버로 검증 요청을 전송해야 한다. Zuul 게이트웨이가 액세스 토큰 검증을 위해 인가 서버와 통신할 때 토큰 유효성 검사를 다음과 같은 형태로 요청한다.

```
POST /oauth/check_token
Content-Type: application/x-www-form-urlencoded
Authorization: Basic YXBwbGljYXRpb24xOmFwcGxpY2F0aW9uMXNlY3JldA==

token=21d812ab-7bc5-4786-9517-f01243b54dfc&
token_type_hint=access_token&
```

인가 서버의 토큰 유효성 검사 지점에서 Basic 인증을 하고 있다. 인가 서버가 수신하는 유효성 검사 요청은 Content-Type 헤더가 일반적인 양식 제출 방법인 application/x-www-form-urlencoded로 설정되어 있다. token은 관련 규격상의 유일한 필수 파라미터인 유효성 검사 대상 토큰값이다. token_type_hint 파라미터는 인가 서버에게 유효성 검사 대상 토큰이 액세스 토큰(access_token)인지 리프레시 토큰(refresh_token)인지 알려주기 위한 값을 포함한다. 인가 서버가 토큰 유효성 검사를 완료하면 다음과 같은 형태로 응답한다.

```
HTTP/1.1 200 OK
Content-Type: application/json
Cache-Control: no-store
{
  "active": true,
  "client_id": "application1",
  "scope": "read write",
  "sub": "application1",
  "aud": "http://orders.ecomm.com"
}
```

active 필드는 토큰 유효 기간이 경과하지 않은 상태인지를 알려준다. client_id 필드는 검증한 토큰의 발급 대상 애플리케이션의 식별자다. scope 필드는 토큰으로 할 수 있는 권한 범위를 알려준다. sub 필드는 클라이언트 애플리케이션과 토큰을 공유해도 됨을 인가 서버에 동의한 주체의 식별자를 포함한다. OAuth 2.0 client_credentials 승인 방식을 사용하면 sub 필드의 값은 client_id 필드값과 동일하다. aud 필드는 액세스 토큰의 유효한 수신자로 볼 수 있는 주체들의 식별자 목록이다.

토큰 유효성 검사 응답이 포함하는 정보를 사용해 게이트웨이는 리소스 접근을 허용하거나 거부할 수 있고 client_id 필드값을 확인해 어떤 클라이언트 애플리케이션이 리소스에 접근을 요청하고 있는지를 알 수 있을 뿐만 아니라 권한 범위에 기반한 세분화된 접근 통제(인가)를 수행할 수 있다.

인가 서버와 통합 없이 토큰 자체검증

마이크로서비스 아키텍처를 사용할 때 가장 큰 이점은 소프트웨어 시스템 개발 및 관리 측면에서 개발자에게 제공하는 민첩성이다. 시스템/아키텍처상의 다른 구성요소에 영향을 주지 않고 스스로 동작할 수 있는 마이크로서비스의 능력은 개발자에게 민첩성을 제공하는 중요한 요소다. 시스템/아키텍처의 다른 구성요소에 영향을 주지 않고 스스로 작동할 수 있는 마이크로서비스의 능력은 개발자에게 이러한 민첩성을 제공하는 중요한 요소 중 하나다. 하지만 마이크로서비스 접근을 허용하는 과정에서 게이트웨이 구성요소의 인가 서버 의존도가 높아 게이트웨이 구성요소는 아키텍처상의 다른 개체와 결합하기도 한다. 마이크로서비스 계층에서는 민첩성을 얻을 수 있지만 토큰 검증을 위해 인가 서버에 의존하기 때문에 프론트 계층(API 게이트웨이)은 동일한 수준의 민첩성을 확보할 수 없다.

마이크로서비스 앞단에 API 게이트웨이를 둬야 하는 마이로서비스 개발자라면 필요한 유연성을 얻을 수 없어 토큰 유효성 검사 지점에 접근할 수 있는 자격증명을 얻기 위해 인가 서버 관리자와 합의가 필요하다. 상용 환경에서 시스템을 운영하는 중에 대량의 요청을 처리하기 위해 마이크로서비스와 API 게이트웨이를 확장하려 하는 경우 토큰 검증이 필요할 때마다 게이트웨이가 인가 서버를 호출하기 때문에 인가 서버 성능에 영향을 끼친다. 조직 내 다른 서비스들과 달리 서버의 민감성을 근거로 인가 서버는 일반적으로 특수 권한을 보유한 별도 인원들이 관리하기 때문에 API 게이트웨이의 요구사항을 충족하기 위한 인가 서버의 동일한 수준의 동적 확장 능력을 기대할 수 없다.

문제를 해결하려면 인가 서버의 도움 없이 게이트웨이가 토큰을 자체검증할 수 있는 메커니즘을 찾아야 하고, 이를 위해서는 누군가가 토큰 유효성 검사 호출을 통해 토큰을 검증하려 할 때 인가 서버가 어떤 행동을 하는지를 살펴봐야 한다.

1. 유효성 검사 대상 토큰이 토큰 스토어에 저장되어 있는지 확인. 인가 서버가 발급한 토큰인지와 토큰 상세 정보를 확인하는 단계

2. 토큰이 유효한 상태인지 확인(토큰 상태, 유효 기간 등 확인)

3. 위 1, 2에서 확인한 결과를 반영해 125페이지의 'OAuth 2.0 토큰 유효성 검사 프로파일' 절에서 다뤘던 정보를 사용해 요청 측에 응답

API 게이트웨이가 수신한 액세스 토큰이 이해하기 힘들고 무의미한 문자열이 아닌 필요한 모든 정보(유효 기간, 권한 범위, 클라이언트 ID, 사용자 등)를 포함한다면 게이트웨이는 토큰을 자체적으로 검증할 수 있다. 하지만 누구나 필요한 정보를 포함한 문자열을 만들어 게이트웨이로 보낼 수 있고 게이트웨이는 신뢰할 수 있는 인가 서버가 발급한 토큰인지를 알 수 있는 방법이 없다.

JWT는 이러한 문제를 해결하기 위해 설계됐다(상세 내용은 부록 B 참고). JWS[JSON Web Signature]는 인가 서버가 서명한 JWT다. JWS의 서명을 검증함으로써 게이트웨이는 토큰이 신뢰할 수 있는 곳에서 발급됐고 수신한 정보를 신뢰할 수 있음을 알게 된다. JWT 명세서(https://tools.ietf.org/html/rfc7519)에서 서술하는 표준 클레임은 토큰 유효성 검사 프로파일이 포함하는 client_id나 scope 등의 모든 정보에 대한 자리표시자[placeholder]를 갖고 있지 않다. 하지만 인가 서버는 필요한 정보를 사용자 지정 클레임[2]으로 JWT에 추가할 수 있다.

---

2 책을 쓰는 시점의 IETF OAuth 워킹 그룹의 초안 명세서에는 자가 수용적 액세스 토큰의 구조가 정의되어 있다(http://mng.bz/jgde 참고).

토큰 자체검증의 어려움과 어려움을 피하는 방법

자체검증 토큰 메커니즘은 비용이 발생하고 주의해야 할 점이 있다. 토큰 중 하나를 조기에 해지할 경우 인가 서버가 해지를 처리하고 해지 사실을 게이트웨이에 알려주지 않기 때문에 API 게이트웨이는 토큰의 해지 여부를 알 수 없다.

토큰 해지 여부를 알 수 없는 이슈를 해결하는 한 가지 방법은 토큰이 API 게이트웨이에서 유효한 상태로 간주되는 기간을 최소화한 단기 JWT를 클라이언트 애플리케이션에 발급하는 것이다. 하지만 실제로는 단기 JWT보다 더 긴 사용자 세션을 가진 애플리케이션은 토큰 유효 기간이 짧은 경우 액세스 토큰을 계속 갱신한다.

토큰을 해지할 때마다 인가 서버가 API 게이트웨이에 해지 사실을 알려주는 또 다른 해결 방법도 있다. 게이트웨이와 인가 서버는 pub/sub(https://cloud.google.com/pubsub/docs/overview) 메커니즘을 사용해 통신 채널을 유지할 수 있고 인가 서버가 토큰을 해지할 때마다 게이트웨이는 메시지 브로커^{message broker}를 통해 인가 서버에서 메시지를 받는다. 그러면 게이트웨이는 토큰 만료 시점, 수신한 토큰이 해지된 토큰 목록에 포함되어 있는지를 확인하기 전까지 해지된 토큰 목록을 유지할 수 있다. 그림 3.12는 토큰 해지 흐름을 보여준다.

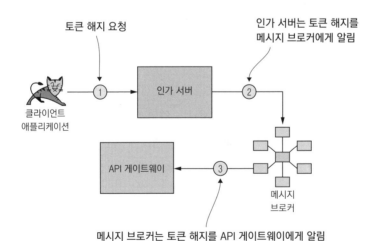

▲ **그림 3.12** pub/sub 메커니즘을 사용한 토큰 해지 흐름. 토큰을 해지하면 인가 서버는 토큰 해지 사실을 메시지 브로커에게 알리고 API 게이트웨이는 메시지 브로커를 통해 해지 사실을 인지한다.

자가 수용적 액세스 토큰의 또 다른 문제는 토큰 서명용 인증서가 만료될 수 있다는 점이다. 토큰 서명용 인증서가 만료되면 게이트웨이는 더 이상 수신한 JWT(액세스 토큰)의 서명을 검증할 수 없다. 문제를 해결하기 위해 인증서가 갱신될 때마다 새로운 인증서를 게이트웨이에 배포해야 한다.

경우에 따라 수명이 짧은 인증서로 대규모 배포를 수행하는 경우 새 인증서를 프로비저닝하는 것이 좀 더 어려울 수 있다. 경우에 따라 달라질 수 있지만, 수명이 짧은 인증서를 대규모로 배포하는 경우 새로운 인증서 프로비저닝이 좀 더 어려워질 수 있는데 이 경우 토큰 발급자의 인증서를 게이트웨이에 프로비저닝할 필요는 없지만 토큰 발급자의 인증서를 발급한 인증기관CA의 인증서로 프로비저닝해야 한다. 인증기관의 인증서가 있으면 게이트웨이는 JWT 서명 검증을 하기 위해 인가 서버가 노출한 지점에서 토큰 발급자의 인증서를 동적으로 가져올 수 있고 신뢰할 수 있는 인증기관에서 서명한 인증서인지를 확인할 수 있다. 하지만 인증기관이 인가 서버의 인증서를 해지하면, 해지했음을 API 게이트웨이에도 알려주거나 API 게이트웨이가 인증서 해지 목록을 참고해 해지 사실을 확인해야 한다.

3.4 Zuul과 마이크로서비스 간의 통신 보안

지금까지는 마이크로서비스 접근을 보호하기 위해 API 게이트웨이 패턴을 사용해왔다. API 게이트웨이 패턴은 유효한 자격증명(토큰)을 갖고 있지 않으면 API 게이트웨이를 거쳐 마이크로서비스에 접근할 수 없게 하지만 API 게이트웨이 계층을 우회해 마이크로서비스에 직접 접근하면 어떤 일이 발생할 수 있는지를 고려해야만 한다. 3.4절에서는 API 게이트웨이 계층을 우회한 마이크로서비스 접근을 보호하는 방법을 다룬다.

3.4.1 방화벽으로 접근 방지

마이크로서비스가 외부 클라이언트에 직접 노출되지 않는 게 가장 중요하기 때문에 마이크로서비스가 조직의 방화벽 뒷단에 위치하는지를 확인해야 한다. 방화벽으로 보호하면 외부 클라이언트는 API 게이트웨이를 거치지 않고서는 마이크로서비스에 접근할 수 없다(그림 3.13 참고).

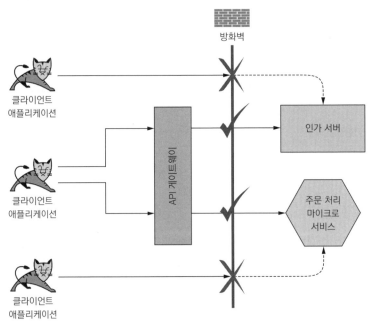

▲ 그림 3.13 클라이언트 애플리케이션의 인가 서버 및 마이크로서비스 직접 접근은 방화벽이 차단하고 API 게이트웨이를 거칠 경우에 한해 접근을 허용한다.

API 게이트웨이 패턴이 조직 외부에서 마이크로서비스 접근을 차단하지만 의도하지 않은 내부 클라이언트가 마이크로서비스에 접근할 수 있는 위험은 여전히 존재한다. 3.4.2절은 해당 위험을 방지할 수 있는 방법을 다룬다.

3.4.2 mTLS를 사용한 API 게이트웨이와 마이크로서비스 간의 통신 보안

마이크로서비스가 내부 클라이언트로부터 안전한 상태이고 API 게이트웨이를 거쳐서만 접근 가능한지 확인하기 위해 API 게이트웨이가 아닌 클라이언트의 요청을 마이크로서비스가 거부하는 메커니즘을 구축해야 한다. 표준 방안은 API 게이트웨이와 마이크로서비스 사이에 mTLS를 활성화하는 것이다. mTLS를 사용하면 요청을 보내오는 클라이언트를 마이크로서비스가 검증할 수 있다. 마이크로서비스가 API 게이트웨이를 신뢰한다면 API 게이트웨이는 마이크로서비스로 요청을 라우팅할 수 있다.

마이크로서비스 원칙에 따르면 마이크로서비스가 여러 가지 작업을 처리하는 건 바람직하지 않고 마이크로서비스는 담당하고 있는 비즈니스 기능 수행에만 집중해야 한다. mTLS로 클라이언트를 검증해주기를 기대하는 게 마이크로서비스에 추가 부담을 준다고 생각할 수도 있지만 mTLS 검증을 전송 계층에서 처리하기 때문에 애플리케이션 계층으로 전파하지는 않는다. 클라이언트 검증을 근본적인 전송 계층 구현으로 처리할 수 있기 때문에 마이크로서비스 개발자는 클라이언트를 검증하는 애플리케이션 로직을 개발할 필요가 없어 mTLS가 마이크로서비스 개발 민첩성에 영향을 주지는 않으며 마이크로서비스 원칙을 위반하지 않고 안전하게 사용할 수 있다.

마이크로서비스가 인증서를 검증하는 역할에 참여하는 게 여전히 걱정스러울 수 있기 때문에 12장에서 서비스 메시 패턴을 사용해 우려를 해소하는 방법을 다룰 예정이다. 서비스 메시 패턴을 사용하면 마이크로서비스와 함께 동작하는 프록시(개별 마이크로서비스는 자체 프록시 보유)가 모든 요청을 가로채고 보안 검증을 하며, 인증서 검증까지 프록시에서 할 수 있다.

6장에서 서비스 간 통신을 보호하기 위한 클라이언트 인증서 사용을 다룰 예정인데 API 게이트웨이가 출발지 서비스, 마이크로서비스가 도착지 서비스가 되는 시나리오다. 인증서 설치 및 클라이언트와 서비스 간의 신뢰 관계 형성에 대해서는 6장에서 자세히 살펴볼 예정이다. 그림 3.14는 조직 내부와 외부의 클라이언트 애플리케이션들이 API 게이트웨이를 거쳐서만 마이크로서비스에 접근하게 하는 방법을 보여준다.

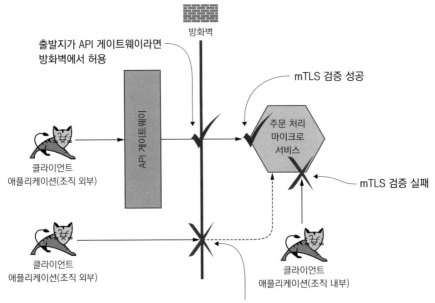

▲ **그림 3.14** 의도하지 않은 접근을 방지하기 위해 마이크로서비스에서 mTLS 활성화. 방화벽 외부에서 발생한 요청은 API 게이트웨이를 거쳐서만 라우팅 처리

요약

- API 게이트웨이 패턴은 마이크로서비스를 클라이언트 애플리케이션에 API 형태로 노출하기 위해 사용한다.

- API 게이트웨이는 일관적이고 이해하기 쉬운 인터페이스로 다양한 종류의 마이크로 서비스를 소비자에게 노출하는 데 도움을 준다.

- 모든 마이크로서비스를 API 게이트웨이를 통해 노출해서는 안 된다. 일부 마이크로 서비스의 소비자는 조직 내부에만 있어 게이트웨이를 통해 조직 외부에 노출할 필요가 없다.

- Basic 인증이나 mTLS 등의 프로토콜만으로는 API를 충분히 보호할 수 없으며, 마이크로서비스는 API로 조직 외부에 노출된다.

- OAuth 2.0은 외부 경계 지점의 API와 마이크로서비스 보호를 위한 사실상의 표준이다.

- OAuth 2.0은 다양한 승인 방식을 가진 확장 가능한 인가 프레임워크다. 개별 승인 방식은 클라이언트 애플리케이션이 API/마이크로서비스에 접근하기 위해 필요한 액세스 토큰을 얻는 방법을 나타내는 프로토콜을 정의한다.

- 클라이언트 애플리케이션의 보안 특성과 신뢰성을 고려해 적합한 OAuth 2.0 승인 방식을 선택해야 한다.

- 액세스 토큰은 참조 토큰이거나 자가 수용적 토큰(JWT)일 수 있는데 참조 토큰일 경우 토큰 검증을 위해 게이트웨이는 발급자나 인가 서버와 상시적으로 통신해야 한다. 자가 수용적 토큰일 경우 게이트웨이는 토큰 서명을 검사해 검증을 수행한다.

- 자가 수용적 토큰은 해지 여부를 게이트웨이에서 알기 어렵다는 문제점이 있는데, 토큰 해지를 피하는 한 가지 방법은 자가 수용적 토큰으로 단기 JWT를 사용하는 것이다.

- 게이트웨이와 마이크로서비스 간의 통신은 방화벽 정책, mTLS 또는 이 둘의 결합으로 보호할 수 있다.

- 3장의 모든 예제는 적절한 인증서 설치 과정을 생략하고 필요시 유선 네트워크상의 메시지를 조사할 수 있도록 HTTPS가 아닌 HTTP 프로토콜을 사용한다. 상용 환경에서 HTTP 프로토콜 사용은 권장하지 않는다.

4

단일 페이지 애플리케이션으로
보안을 강화한
마이크로서비스 접근

4장에서 다루는 내용

- 보안을 강화한 마이크로서비스와 통신하기 위해 앵귤러(Angular)와 스프링 부트(Spring Boot)로 SPA 구축
- CORS 관련 이슈 해결
- OIDC(OpenID Connect)를 사용한 SPA 로그인

2장에서 OAuth 2.0을 사용해 마이크로서비스를 보호하는 방법과 curl로 마이크로서비스를 직접 호출하는 방법을 알아봤고, 3장에서 마이크로서비스를 API 게이트웨이 뒷단에 배치해 추가적인 보안 개선을 적용해봤다. API 게이트웨이는 마이크로서비스를 대신해 OAuth 2.0 토큰을 검증하는 역할을 맡았고 mTLS를 사용해 API 게이트웨이와 마이크로서비스 간 통신을 보호했다. API 게이트웨이는 클라이언트 애플리케이션과 마이크로서비스 사이에 추상화 계층을 도입해 API 게이트웨이를 거치지 않고서는 마이크로서비스와 통신을 할 수 없게 했다.

4장에서는 **단일 페이지 애플리케이션**^{SPA, single-page application}을 빌드하는 방법과 API 게이트웨이를 통해 마이크로서비스를 호출하는 방법을 상세히 다룬다. 마이크로서비스 보안

을 다루는 책에서 단일 페이지 애플리케이션 빌드에 관한 주제를 다루는 이유는 종단 간 보안 설계 시 단일 페이지 애플리케이션 구조에 대해 이해하는 게 중요하기 때문이다. 마이크로서비스 그룹으로 데이터부터 클라이언트 화면에 이르기까지의 종단 간 아키텍처를 완성할 수 있다고 믿는다. 단일 페이지 애플리케이션은 가장 많이 사용하는 클라이언트 애플리케이션 유형이다. 단일 페이지 애플리케이션을 처음 들어보는 경우 부록 C를 먼저 읽어보면 단일 페이지 애플리케이션이 무엇인지, 어떤 이점이 있는지를 이해할 수 있다.

4.1 앵귤러를 사용해 단일 페이지 애플리케이션 실행

단일 페이지 애플리케이션 아키텍처로 온라인 쇼핑몰 웹 애플리케이션을 제작하려 한다고 가정해보자. 4.1절에서는 앵귤러(https://angular.io/)를 사용해 단일 페이지 애플리케이션을 빌드할 예정이다. **앵귤러**^{Angular}는 동적 HTML 콘텐츠로 구성한 웹 페이지 제작을 지원하는 프레임워크다. 간단한 애플리케이션을 구현해 단일 페이지 애플리케이션의 특성과 동작 방식을 직접 경험할 예정이다.

4.1.1 앵귤러 애플리케이션 빌드 및 실행

실습에는 깃허브 저장소(https://github.com/microservices–security–in–action/samples)에 있는 예제 코드들이 필요하다. 4장과 관련 있는 예제 코드들은 chapter04 디렉터리에 있다. 다른 장에서 실습한 예제들이 실행 중이지는 않은지 확인해보고 실행 중이라면 4장 예제를 실습하기 전에 종료해야 하며, 2.1.1절에서 언급한 필요 소프트웨어를 다운로드 및 설치했는지도 확인해야 한다.

또한 Node.js, npm 및 앵귤러 명령행 도구도 실습을 위해 필요하다. Node.js와 npm은 http://mng.bz/pBKR, 앵귤러 명령행 도구는 https://angular.io/guide/setup–local 의 설명을 따라 하면 설치할 수 있다. 4장의 예제 코드를 테스트한 환경은 Node.js 12.16.1, npm 6.13.4, 앵귤러 10.2.0 버전이다. 다음 3개의 명령을 실행해 자신이 설치한 버전을 확인할 수 있다.

```
\> ng version
Angular CLI: 10.2.0
Node: 12.16.1

\> npm -v
6.14.3

\> node -v
v12.16.1
```

실습 환경에 필요 소프트웨어를 설치하고 예제 코드를 다운로드했다면 명령행 도구를 실행해 chapter04/sample01 디렉토리로 이동해보면 resource와 ui 디렉토리가 있다. ui 디렉토리는 단일 페이지 애플리케이션(앵귤러 애플리케이션) 코드를, resource 디렉토리는 자바로 작성한 스프링 부트 코드를 포함하고 있다. 이 책은 OAuth 2.0 용어를 따르기 때문에 스프링 부트 애플리케이션을 **리소스 서버**resource server라고 칭한다. resource 디렉토리로 이동해 다음 명령을 실행하자.

```
\> mvn clean install
```

빌드를 성공적으로 완료하면 BUILD SUCCESS 메시지를 화면에 노출한다. 다음 명령을 실행해 리소스 서버를 실행하자.

```
\> mvn spring-boot:run
```

리소스 서버는 /books URL로 요청이 오면 JSON 형식의 도서 세부 정보 목록을 응답한다. curl 명령을 사용해 HTTP GET 메서드로 /books URL에 요청을 보내자.

```
\> curl http://localhost:8080/books
```

도서 세부 정보 목록을 확인할 수 있다면 리소스 서버가 정상적으로 실행 중임을 의미한다. 이제 웹 페이지상에서 도서 목록을 나열하는 앵귤러 애플리케이션을 실행할 차례다. 새로운 터미널 애플리케이션을 열어 samples/chapter04/sample01/ui 디렉토리로 이동해 다음 명령을 실행하자.

```
\> ng serve
```

애플리케이션을 성공적으로 실행하면 Compiled successfully 메시지를 확인할 수 있다. 메시지를 확인했다면 웹 브라우저를 열어 http://localhost:4200에 접속하자. 그림 4.1처럼 버튼이 하나 있는 간단한 웹 페이지가 보여야 한다. ng serve 명령을 실행했을 때 Cannot find module '@angular-devkit/build-angular/package.json' 오류가 뜨는 경우가 있는데 http://mng.bz/OMBj의 답변을 따라 하면 해결할 수 있다.

Load Books 버튼을 눌러보면 그림 4.2처럼 웹 페이지에 도서 제목을 보여준다.

앵귤러 프레임워크 기반 단일 페이지 애플리케이션을 성공적으로 실행했고 애플리케이션은 웹 페이지에 도서 목록을 출력해주기 위해 리소스 서버(스프링 부트 애플리케이션)와 통신한다. 4.1.2절에서 애플리케이션이 내부적으로 어떻게 동작하는지 자세히 살펴볼 예정이다.

▲ **그림 4.1** Load Books 버튼을 누르면 리소스 서버에서 도서 목록을 조회해서 화면에 출력해주는 앵귤러 단일 페이지 애플리케이션

▲ **그림 4.2** 앵귤러 애플리케이션은 리소스 서버에서 도서 목록을 조회해서 화면에 출력한다.

4.1.2 단일 페이지 애플리케이션의 동작원리 살펴보기

웹 페이지에 도서 제목 목록을 출력하기 위해 단일 페이지 애플리케이션과 리소스 서버가 어떻게 통신하는지 알아보자. 이전 실습에서 사용한 브라우저를 닫고 새 브라우저를 가급적 private/incognito 모드[1]로 열고 나서 내부적으로 어떤 일들이 발생하는지 확인하기 위해 개발자 도구를 실행하자.

개발자 도구가 나타나면 Network 탭으로 이동해 Persist Logs로그 유지[2] 버튼을 클릭해 웹

---

1 방문 이력, 임시 파일, 쿠키 등의 브라우저 사용 이력을 저장하지 않게 하는 브라우저 설정 – 옮긴이
2 파이어폭스 브라우저를 기준으로 작성했으며 크롬 브라우저를 사용할 경우 Preserve log 체크박스가 동일한 기능이다. – 옮긴이

페이지를 다시 불러오거나 전환할 때 기존 로그를 삭제하지 않고 브라우저와 웹 서버 간의 요청과 응답을 살펴볼 수 있는 준비를 한 후 http://localhost:4200을 브라우저 주소창에 입력하고 Enter를 누르자. Load Books 버튼이 있는 지난 실습과 동일한 초기 웹 페이지를 볼 수 있다.

브라우저에서 개발자 도구의 Network 탭을 보면 브라우저가 HTTP GET 메서드로 http://localhost:4200을 요청하는 걸 확인할 수 있다. 요청에 대한 응답은 브라우저의 웹 페이지에 Book List App 문자열과 Load Books 버튼을 출력해주는 HTML 코드 모음이다. 자바스크립트 파일을 브라우저로 불러오는 일부 다른 요청도 확인할 수 있는데 이런 요청들은 4장의 주제와 연관성이 떨어지므로 잠시 잊고 있어도 무방하다.

Load Books 버튼을 다시 클릭해 브라우저 개발자 도구의 Network 탭에서 어떤 일이 발생하는지 관찰해보자. HTTP GET 메서드로 http://localhost:8080/books 요청을 하는 걸 확인할 수 있는데, 이 요청은 리소스 서버에 직접 접근할 때와 동일한 JSON 형식의 도서 제목 목록을 반환한다. 그림 4.3은 웹 브라우저에 도서 제목 목록이 출력되기까지의 절차를 순서대로 보여준다.

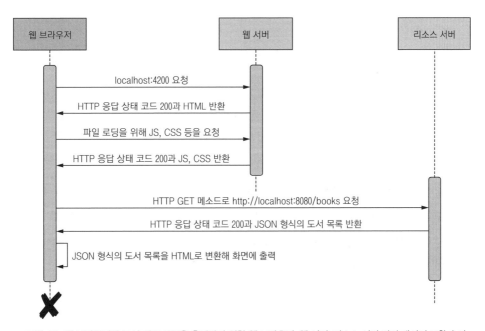

▲ **그림 4.3** 웹 브라우저에 도서 제목 목록을 출력하기 위한 웹 브라우저, 웹 서버, 리소스 서버 간의 메시지 교환 순서

브라우저는 http://localhost:4200으로 초기 요청을 보내 웹 브라우저에 웹 애플리케이션을 로딩한다. 앵귤러 프레임워크 웹 애플리케이션은 4200 포트에서 동작하는 Node.js 서버 상에서 동작한다. 애플리케이션을 브라우저로 로딩하면 **Load Books** 버튼을 가진 홈페이지의 HTML을 화면에 출력한다. **Load Books** 버튼을 클릭하면 브라우저는 localhost:8080에서 동작하는 리소스 서버에서 도서 목록을 가져와 화면에 출력하기 위한 요청을 전송한다. 리소스 서버는 JSON 형식으로 도서 목록을 반환한다. 웹 페이지에 로딩된 자바스크립트는 JSON 형식의 데이터를 도서 목록을 출력하는 HTML로 변환한다.

이제 도서 목록을 생성하는 소스 코드를 살펴볼 차례다. 이전에 언급했듯이 Node.js상에서 동작하는 앵귤러 웹 애플리케이션을 사용 중이다. 부록 C에서 단일 페이지 애플리케이션의 장점을 논의할 때 단일 페이지 애플리케이션이 단순한 디자인과 내용을 갖고 있기 때문에 간단한 HTTP 호스팅 서비스에도 배포할 수 있음을 언급한다. 단일 페이지 애플리케이션도 다른 표준 웹 애플리케이션처럼 index.html 파일을 갖고 있다. index.html 파일은 sample01/ui/src/ 디렉토리에 있으며 텍스트 편집기나 통합 개발 환경으로 파일 내용을 확인할 수 있다. index.html 파일의 흥미로운 부분은 <body> 태그의 내용이다.

```
<body>
  <app-root></app-root>
</body>
```

알다시피, <app-root> 태그는 HTML의 표준 문서 형식 선언(www.w3schools.com/tags/ref_html_dtd.asp)이 아니다. 일반적이지 않은 이 index.html은 웹 서버를 향한 첫 번째 요청 과정에서 브라우저에 로딩되고 브라우저는 <body> 태그의 내용을 사용자와 애플리케이션 간의 통신으로 생성된 새로운 내용으로 대체한다. 브라우저에서 실행 중인 자바스크립트 코드가 단일 페이지 애플리케이션의 일반적인 행위인 <body> 태그의 내용을 대체하는 역할을 수행한다. 많은 애플리케이션은 index.html 파일이 브라우저에 로딩되는 유일한 정적 HTML 파일이 되도록 설계됐다. 사용자 행동(클릭)은 브라우저상에서 실행 중인 자바스크립트가 동적으로 내용을 업데이트하게 한다. 일부 애플리케이션은 단일 페이지 애플리케이션의 아키텍처와 원칙을 따르지만 서로 다른 작업을 위해 로딩된 여러 개의 정적 HTML 파일을 가질 수 있다.

리소스 서버의 /books/ 경로를 향한 요청이 웹 페이지에 보일 실제(동적) 내용을 가져온다. 브라우저 개발자 도구를 관찰하면 다음과 유사한 JSON 형식의 응답 메시지를 확인할 수 있다.

```
[
  {
    "id":1,
    "name":"Microservices Security In Action",
    "author":null
  },
  {
    "id":2,
    "name":"Real World Cryptography",
    "author":null
  },
  . . . . .
]
```

브라우저상의 메시지는 이전 실습에서 확인한 것과 동일한 JSON 문자열을 포함하는 데이터들이다. 브라우저가 localhost:8080에서 실행 중인 리소스 서버의 /books 경로에 요청을 보내면 스프링 부트 애플리케이션 메서드를 실행한다. sample01/resource/src/main/java/com/manning/mss/ch04/sample01/resource/ 경로의 BookController.java을 열어보면 다음과 같은 메서드를 확인할 수 있다.

리스트 4.1 BookController.java 파일 내용

```
@GetMapping("/books")
@CrossOrigin(origins = "http://localhost:4200")
public Collection<Book> getBooks() {
  System.out.println("Executing GET /books");
  return repository.findAll();
}
```

@GetMapping("/books") 메서드 애노테이션은 /books 경로로 GET 요청이 들어오면 getBooks 메서드를 실행해야 한다는 걸 스프링 부트 런타임에 알린다. 메서드의 나머지 부분을 살펴보면 JSON의 내용을 어떻게 구성하는지 알 수 있다.

동적 HTML에 관한 이해를 도울 수 있는 또 다른 파일은 sample01/ui/src/app/ 경로에 있는 app.component.ts 파일이며 index.html의 `<body>` 태그의 내용을 대체하는 HTML을 생성하는 코드를 포함하고 있다(리스트 4.2 참고).

리스트 4.2 app.component.ts 파일 내용

```typescript
@Component({
  selector: 'app-root',
  template: `<h1>Book List App</h1>
    <p>
      <button (click)='loadBooks()'>Load Books</button>
    </p>
    <span>
      <div *ngFor=\"let book of books\">{{book.name}}</div>
    </span>`,
  styles: []
})

export class AppComponent {
  books: Book[];

  constructor(private http: HttpClient) {
  }
  loadBooks(){
    this.http
      .get<Book[]>('http://localhost:8080/books')
      .subscribe(data => {this.books = data});
  }
}
```

{book.name}이 /books 처리 지점에서 보내온 JSON 내용으로 대체되는 지점임을 알아야 한다. app.component.ts의 내부 코드는 타입스크립트다. 버튼 클릭 이벤트가 발생하면 다음 코드처럼 /books 처리 지점에 요청을 시작하는 loadBooks 함수를 실행한다.

```typescript
loadBooks(){
  this.http
    .get<Book[]>('http://localhost:8080/books')
    .subscribe(data => {this.books = data});
}
```

리소스 서버의 /books 처리 지점에 HTTP GET 메서드로 요청을 전송하고 요청에 대한 응답을 books 변수에 할당한다.

4.1절에서 실습한 예제에서 사용자 인터페이스 애플리케이션을 구동하는 웹 서버와 데이터 처리 지점(/books)은 각기 다른 포트에서 실행 중이다. 대부분의 실제 시나리오에서는 브라우저의 동일 출처 정책에 의해 발생 가능한 문제를 초래하는 유사한 배치를 찾을수 있다. 4.2절에서 동일 출처 정책에 대해 상세히 논의하고 교차 출처 리소스 공유[CORS, cross-origin resource sharing]를 사용해 해결하는 방법을 다룬다.

4.2 CORS 구축

조직 내 다른 팀들이 온라인 쇼핑몰 같은 웹 애플리케이션을 구동하는 마이크로서비스를 개발한다고 가정하자. 팀별로 자신의 마이크로서비스를 다른 도메인에서 운영한다(예 orders.retailstore.com, products.retailstore.com). 4.1절에서 다른 포트에서 동작하는 프론트엔드[frontend]와 백엔드[backend]를 가진 단일 페이지 애플리케이션을 빌드했었다. 웹 브라우저는 기본적으로 특정 도메인에서 구동 중인 애플리케이션이 다른 도메인의 리소스에 접근하는 걸 허용하지 않는다.

4.1절에서 실습한 첫 번째 예제에서는 웹 브라우저가 CORS를 허용했기 때문에 가능했다. 동일 출처 정책, 동일 출처 정책의 의미, CORS가 교차 출처 요청을 허용하는 방법에 대해 더 자세히 살펴보자. CORS에 대해 자세히 배우고 싶다면 몬서 후세인[Monsur Hossain]이 쓴 『CORS in Action』(Manning, 2014)을 추천한다.

4.2.1 동일 출처 정책 사용

동일 출처 정책(https://ko.wikipedia.org/wiki/%EB%8F%99%EC%9D%BC-%EC%B6%9C%EC%B2%98_%EC%A0%95%EC%B1%85)은 특정 웹 페이지에서 실행 중인 스크립트는 동일 출처에서 실행 중인 서비스에게만 요청을 보낼 수 있도록 도입한 웹 보안 개념이다. URL의 출처는 URI 체계, 호스트명, 포트번호로 구성되어 있는데 http://localhost:8080/login이라는 URL을 수신한다면 출처는 다음과 같다.

- http: URL 체계
- localhost: 호스트의 IP 주소
- 8080: 포트번호

포트번호 이후 영역은 출처로 간주할 필요가 없어 /login은 출처의 일부분이 아니다. 동일 출처 정책은 악성 스크립트가 하나의 웹사이트에서 다른 웹사이트의 데이터에 의도하지 않게 접근하는 걸 방지하는 역할을 한다. 동일 출처 정책은 CSS, 이미지, 스크립트가 아닌 데이터 접근에만 적용되기 때문에 그림 4.4처럼 다른 출처의 CSS, 이미지, 스크립트를 포함하는 웹 페이지를 작성할 수 있다.

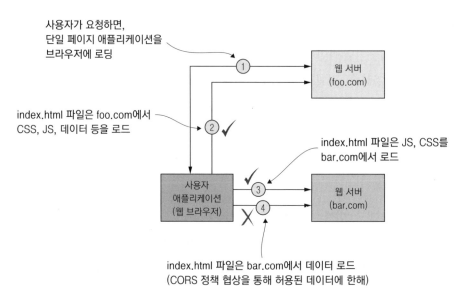

▲ **그림 4.4** 웹 브라우저에서 동일 출처 정책은 특정 웹 페이지에서 실행 중인 스크립트가 동일 출처에서 실행 중인 서비스에만 요청을 보낼 수 있도록 보장한다.

그림 4.4를 단계별로 표현하면 다음과 같다.

1. 브라우저는 foo.com에서 HTML 파일(index.html)을 로드

2. index.html은 CSS와 자바스크립트 파일을 로드하기 위해 foo.com에 요청을 전송하고 foo.com에서 받은 데이터를 로드. 웹 페이지와 동일한 도메인에 있기 때문에 모든 요청을 성공적으로 처리

3. 브라우저가 로드한 index.html 파일은 CSS와 자바스크립트 파일을 로드하기 위해 bar.com에 요청을 전송. CSS와 자바스크립트만 로드하려 하기 때문에 foo.com에서 로드한 웹 페이지에서 다른 도메인인 bar.com으로 요청을 전송하지만 요청을 성공적으로 처리

4. 기본적으로 브라우저는 CSS, 자바스크립트나 이미지 등을 제외한 다른 도메인을 향한 요청을 허용하지 않기 때문에 index.html 파일은 bar.com의 처리 지점에서 데이터를 로드하려 하지만 실패

> **동일 출처 정책이 없을 경우 발생할 수 있는 위험**
>
> 웹 브라우저로 지메일(Gmail)에 로그인한다고 가정해보자. 지메일은 브라우저 세션(session)에 관한 데이터를 유지하기 위해 브라우저의 쿠키(cookie)를 사용한다. 누군가가 이메일이나 채팅으로 관심 있는 웹사이트의 링크를 보냈고 링크를 클릭했다고 가정하면 브라우저에 해당 웹사이트가 로딩된다.
>
> 웹사이트가 데이터를 검색할 수 있는 지메일 API에 접근하는 스크립트를 포함할 경우 동일 출처 정책과 유사한 안전장치가 없다면 스크립트가 실행될 것이다. 이미 지메일 인증을 완료한 상태이기 때문에 세션 데이터를 로컬 쿠키에 저장하고 있어 지메일 API 요청을 해당 쿠키를 사용해 제출한다. 따라서 악성 웹사이트는 사용자인 것처럼 지메일 인증을 통과해 지메일 API 서비스가 제공하는 데이터 검색을 할 수 있게 된다.

지금까지 웹 브라우저에서 동일 출처 정책의 중요성과 동일 출처 정책이 없을 경우의 위험성에 대해 알아봤다. 그러나 실제로는 단일 페이지 애플리케이션의 도메인 외부에 위치한 API/서비스를 호출해야 하는 특정 시나리오에서는 동일 출처 정책이 여전히 필요하다. 웹 브라우저가 정당한 사용 사례를 지원하기 위해 도메인 간 리소스 공유를 가능하게 하는 방법을 살펴보자.

4.2.2 CORS 사용

웹 브라우저는 다른 출처의 리소스에 접근할 수 있게 하는 CORS^{cross-origin resource sharing}와 같은 동일 출처 정책 적용의 예외를 갖고 있는데 이해를 돕기 위해 https://developer.mozilla.org/en-US/docs/Web/HTTP/CORS를 읽어보자. CORS는 localhost:4200에

서 실행 중인 단일 페이지 애플리케이션이 localhost:8080에서 실행 중인 리소스에 접근할 수 있게 해준다. 웹 브라우저는 교차 출처 요청의 허용 여부를 결정하기 위해 특별한 HTTP 헤더와 함께 HTTP OPTIONS 메서드를 사용한다. 프로토콜 동작원리를 살펴보자.

브라우저가 다른 출처로 요청을 보내는 스크립트 실행을 감지할 때마다 HTTP OPTIONS 메서드로 특정 출처에 있는 리소스에 요청을 보낸다. 브라우저 개발자 도구의 **Network** 탭에서 **사전 요청**^{preflight request}으로 알려진 HTTP OPTIONS 메서드를 사용한 요청을 관찰할 수 있다. 요청은 다음 세 가지 HTTP 헤더를 포함한다.

- Access-Control-Request-Headers: 실제 교차 출처 요청을 보낼 때 서버로 보내려는 HTTP 헤더(예 origin, x-requested-with)
- Access-Control-Request-Method: 실제 교차 출처 요청을 보낼 때 사용할 HTTP 메서드(예 GET)
- Origin: 웹 애플리케이션의 출처(예 http://localhost:8080)

사전 요청에 대한 서버 응답은 다음과 같은 헤더들을 포함한다.

- Access-Control-Allow-Credentials: 요청 생성자가 인가 헤더, 쿠키, TLS 클라이언트 인증서 형태로 자격증명을 포함해서 보내는 걸 서버가 허용하는지 여부를 나타내며 true나 false 중 하나의 값
- Access-Control-Allow-Headers: 서버의 특정 리소스가 허용하는 헤더 목록. 서버가 Access-Control-Request-Headers를 통해 요청한 것보다 더 많은 헤더를 허용하면 요청 시 사용한 헤더만 반환
- Access-Control-Allow-Methods: 서버의 특정 리소스가 허용하는 HTTP 메서드의 목록. 서버가 Access-Control-Request-Method 헤더를 통해 요청을 받은 것보다 더 많은 메서드를 허용하더라도 요청받은 메서드(예 GET)만 반환한다.
- Access-Control-Allow-Origin: 서버가 허용하는 교차 출처. 서버는 2개 이상의 출처를 지원하기도 하지만 서버가 요청 생성자의 도메인으로부터의 교차 출처 요청을 지원할 경우 특정 헤더로 반환하는 헤더는 요청에 포함된 Origin 헤더의 값이다(예 http://localhost:8080).

- **Access-Control-Max-Age**: 브라우저가 특정 사전 요청에 대한 응답을 캐시할 수 있는 초 단위 시간(예 3600).

사전 요청에 대한 응답을 받으면, 목적지 서버가 교차 출처 요청을 허용하는지 여부를 결정하기 위해 웹 브라우저는 응답 헤더를 검증한다. 응답 헤더가 전송했던 요청(HTTP 메서드가 허용되지 않거나 Access-Control-Allow-Headers 목록에 포함된 필요 헤더 중 하나가 없는 경우)에 대한 응답이 아니면 브라우저는 교차 출처 요청의 실행을 중지한다.

4.2.3 교차 출처 요청을 허용하는 출발지 검사

chapter04/sample01/resource/src/main/java/com/manning/mss/ch04/sample01/resource 디렉토리의 BookController.java 파일을 텍스트 편집기나 통합 개발 환경으로 열어보면 getBooks 메서드와 @CrossOrigin 애노테이션을 확인할 수 있다.

```
@GetMapping("/books")
@CrossOrigin(origins = "http://localhost:4200")
public Collection<Book> getBooks() {
  System.out.println("Executing GET /books");
  return repository.findAll();
}
```

서버가 /books 리소스에 대한 HTTP OPTIONS 메서드를 포함하는 요청을 수신할 때마다 BookController.java 파일의 소스 코드는 응답 메시지를 생성하기 위해 @CrossOrigin 애노테이션이 지정한 데이터를 사용한다. 애노테이션이 지정한 내용을 살펴보면 사전 요청의 응답 헤더에 해당하는 내용을 파악할 수 있다. 4.2.4절에서는 마이크로서비스가 CORS에 관한 의무에서 벗어날 수 있도록 CORS 책임을 API 게이트웨이 계층으로 넘기는 방법을 알아본다.

4.2.4 API 게이트웨이를 리소스 서버 프록시로 운영

4.2.3절에서 본 것처럼 CORS 설정을 처리하려면 마이크로서비스에 코드가 필요하다. 마이크로서비스 모범 사례와 권장사항에 따라 마이크로서비스에 본연의 기능(비즈니스 기

능) 외의 것들로 인해 부담을 주지 않아야 한다. 동일 출처 정책 처리를 위한 또 다른 대안은 API 게이트웨이가 마이크로서비스의 역방향 프록시 역할을 하게 하는 것이다.

향후 언젠가 동일한 마이크로서비스를 다른 출처에 노출해야 한다고 가정해보자. 이전에 논의한 설계에서 부가적인 출처를 허용하기 위해서는 마이크로서비스의 @CrossOrigin 애노테이션을 수정해야 하는데, 수정할 경우 새로운 출처를 소비자에게 노출하기 위해 마이크로서비스 빌드 및 배포 절차를 다시 거쳐야 한다. 앞서 언급한 것처럼 이러한 수정은 마이크로서비스 모범 사례와 권장사항에 부합하지 않아 API 게이트웨이 솔루션을 사용하는 게 차라리 낫다.

> |참고| 동일 요구사항을 충족하기 위해 NGINX(www.nginx.com) 같은 표준 역방향 프록시 솔루션을 사용할 수도 있다. 백엔드와 소비자(사용자 인터페이스) 애플리케이션을 분리할 때 API 게이트웨이가 CORS 협상만 하는 것보다 훨씬 더 유용해지기 때문에 API 게이트웨이에 대해 계속 언급하고 있다.

역방향 프록시 솔루션을 사용하는 실제 예제를 확인하기 위해 chapter04/sample02 디렉토리를 살펴보자. 4.2.4절의 예제를 실행하기 전에 이전 실습에서 실행한 예제를 종료했는지 확인하자. sample02 디렉토리에는 ui, resource, gateway 등의 하위 디렉토리가 있다. 게이트웨이와 리소스 서버 프로세스를 별도로 빌드 및 실행하기 위해 2개의 명령행 도구 사용이 필요하다. 다음과 같은 2개의 명령을 sample02/gateway 디렉토리에서 실행하자.

```
\> mvn clean install
\> mvn spring-boot:run
```

리소스 서버를 빌드 및 실행하기 위해 다음과 같은 2개의 명령을 sample02/resource 디렉토리에서 실행하자.

```
\> mvn clean install
\> mvn spring-boot:run
```

명령을 정상적으로 실행하면 게이트웨이와 리소스 서버가 시작되고 리소스 서버는 예전과 동일하게 8080 포트에서, 게이트웨이 프로세스는 9090 포트에서 실행 중이다. 이제 sample02/ui 디렉토리로 이동한 후 다음 명령을 실행해 앵귤러 웹 애플리케이션을 시작하자.

```
\> ng serve
```

애플리케이션을 성공적으로 실행하면 웹 브라우저의 개발자 도구를 실행한 상태에서 주소창에 http://localhost:4200을 입력하자. `ng serve` 명령을 실행했을 때 `Cannot find module '@angular-devkit/build-angular/package.json'` 오류가 뜨는 경우가 있는데 http://mng.bz/Mdr2의 답변을 따라 하면 해결할 수 있다.

브라우저 개발자 도구의 **Network** 탭을 관찰하면서 **Load Books** 버튼을 클릭하자. 브라우저가 HTTP `GET` 메서드를 사용해 localhost:8080(리소스 서버)이 아닌 localhost:9090(게이트웨이)의 /books 경로를 요청하는 걸 볼 수 있고, 요청을 성공적으로 처리하면 도서 목록을 확인할 수 있다.

텍스트 편집기나 통합 개발 환경으로 sample02/resource/src/main/java/com/manning/mss/ch04/sample02/resource 디렉토리의 BookController.java 파일을 열어보자. sample01의 BookController.java 파일과 다르게 `getBooks` 함수에 `@CrossOrigin` 애노테이션이 더 이상 존재하지 않는 걸 확인할 수 있는데, 이는 마이크로서비스에서 CORS를 다루지 않고 API 게이트웨이에 위임했기 때문이다. 텍스트 편집기나 통합 개발 환경으로 sample02/gateway/src/main/java/com/manning/mss/ch04/sample02/gateway 디렉토리의 GatewayApplication.java 파일을 열어보자. API 게이트웨이의 CORS를 설정하는 리스트 4.3의 소스 코드를 확인하자.

리스트 4.3 API 게이트웨이에서 CORS를 처리하는 코드

```
@Bean
public WebMvcConfigurer corsConfigurer() {
  return new WebMvcConfigurer() {
    public void addCorsMappings(CorsRegistry registry) {
      registry.addMapping("/books/**")
```

```
        .allowedOrigins("http://localhost:4200")
        .allowedMethods("GET", "POST");
    }
  };
}
```

텍스트 편집기나 통합 개발 환경으로 sample02/gateway/src/main/resources 디렉토리의 application.yml 파일을 열어 다음 라우팅 지시문을 확인하자.

```
zuul:
  routes:
    books:
      path: /books/**
      url: http://localhost:8080/books
```

application.yml 파일은 Zuul API 게이트웨이에게 /books/** 경로로 들어오는 모든 요청을 http://localhost:8080/books로 라우팅하라고 알려준다. 브라우저가 HTTP `GET` 메서드로 http://localhost:9090/books를 요청하면 Zuul 게이트웨이는 요청을 가로채 리소스 서버 URL인 http://localhost:8080/books로 전달한다.

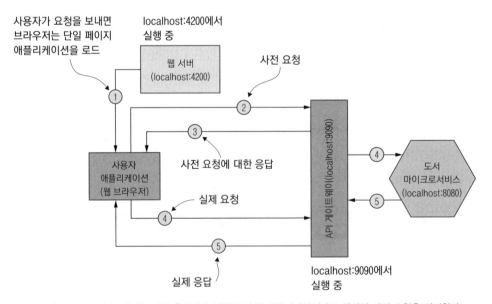

▲ **그림 4.5** API 게이트웨이는 다른 출처에서 실행 중인 웹 애플리케이션별로 생성된 사전 요청을 처리한다.

하지만 Zuul은 OPTIONS 메서드 사전 요청을 도서 마이크로서비스로 포워딩하지 않고 리스트 4.3에서 확인한 소스 코드에 설정된 대로 자신이 응답한다. 그림 4.5는 다른 요청은 리소스 서버로 전달하지만 사전 요청은 API 게이트웨이가 처리하는 패턴을 보여준다.

4.3 OIDC를 사용한 단일 페이지 애플리케이션 보안

4.3절에서는 단일 페이지 애플리케이션을 보호하기 위해 OIDC를 사용한 실제 예제를 실습할 예정이다. OIDC^OpenID Connect는 OAuth 2.0 상위에 구축된 인증 계층이다. OIDC에 익숙하지 않다면 부록 A를 먼저 읽어보는 게 좋다. 4장에서 실습한 이전 예제에서는 단일 페이지 애플리케이션 보호를 위한 인증 절차가 없었다. 4.3절에서는 단일 페이지 애플리케이션 사용자를 인증하기 위해 OIDC를 사용한다. 예제의 소스 코드는 chapter04/sample03 디렉토리 안에 있고 예제는 세 가지 구성요소로 이뤄져 있다.

- **웹 서버**: 단일 페이지 애플리케이션을 호스팅하고 유효한 클라이언트 ID와 시크릿을 가진 OAuth 클라이언트 역할을 하는 사용자 인터페이스 서버
- **OAuth 2.0 인가 서버**: 인가 서버이자 OIDC 제공자
- **리소스 서버**: 도서 세부 정보를 제공하는 마이크로서비스

예제 소스 코드를 빌드하기 위해 명령행 도구를 사용해 chapter04/sample03 디렉토리로 이동하면 ui, resource, authz라는 3개의 하위 디렉토리가 있다. ui 디렉토리는 앵귤러 웹 애플리케이션 코드를, resource 디렉토리는 도서 마이크로서비스 코드를, authz 디렉토리는 **인가 서버**^authorization server 역할을 하는 OIDC 제공자 코드를 저장하고 있다. 2개의 명령행 도구를 실행해 resource 디렉토리와 authz 디렉토리로 개별적으로 이동한 후 마이크로서비스와 인가 서버 코드를 빌드하기 위해 2개의 명령행 도구에서 다음 명령을 모두 실행하자.

```
\> mvn clean install
\> mvn spring-boot:run
```

명령을 정상적으로 실행하면 인가 서버와 리소스 서버가 실행 상태가 된다. HTTP GET 메서드를 사용해 리소스 서버의 /books 경로에 접근해보자.

```
\> curl -v http://localhost:8080/books
```

인가받지 않았음을 나타내는 다음과 같은 형태의 HTTP 응답 상태 코드 401을 반환하는 것을 확인할 수 있다.

```
< HTTP/1.1 401
< Cache-Control: no-store
< Pragma: no-cache
< WWW-Authenticate: Bearer realm="oauth2-resource", error="unauthorized",
error_description="Full authentication is required to access this resource"
```

오류 응답 메시지에서 확인할 수 있듯이 이제 리소스 서버는 OAuth 2.0 Bearer 토큰을 포함해 접근 요청을 할 거라 예상하고 있다. 4.3.1절에서는 OIDC 로그인 흐름을 통해 도서 목록을 조회하기 위해 웹 애플리케이션이 액세스 토큰을 획득하고 리소스 서버에 접근하는 방법을 살펴볼 예정이다.

4.3.1 OIDC 로그인 흐름 이해

앵귤러 웹 애플리케이션의 OIDC 로그인 흐름을 살펴볼 차례다. 실습에는 앵귤러 애플리케이션에서 사용 가능한 angular-oauth2-oidc 라이브러리(https://github.com/manfredsteyer/angular-oauth2-oidc)를 사용한다. angular-oauth2-oidc는 오픈소스이며 인증된 OpenID 라이브러리다. 새로운 명령행 도구를 실행해 sample03/ui 디렉토리로 이동한 후 웹 애플리케이션을 실행하기 위해 다음 명령을 실행하자.

```
\> ng serve
```

private 모드로 브라우저를 실행해 http://localhost:4200/에 접근하면 sample02에서 실습한 것과 유사하지만 그림 4.6처럼 Load Books 버튼 대신 Log In 버튼이 있는 도서 목록 애플리케이션이 보인다.

▲ **그림 4.6** 도서 제목 목록을 조회하려면 로그인이 필요한 도서 목록 애플리케이션 웹 페이지

Log In 버튼을 클릭하면 사용자명과 비밀번호를 입력할 수 있는 인가 서버(localhost:8081)로 이동한다. 그림 4.7에 보이는 화면에 사용자명으로 user를, 비밀번호로 password를 입력한 후 Sign in 버튼을 클릭하자.

▲ **그림 4.7** 인가 서버의 로그인 페이지

정확한 계정 정보를 입력한 후 Sign in 버튼을 클릭하면, 그림 4.8처럼 보호된 리소스에 접근하기 위해 단일 페이지 애플리케이션의 요청을 승인할 수 있는 페이지를 화면에 출력한다.

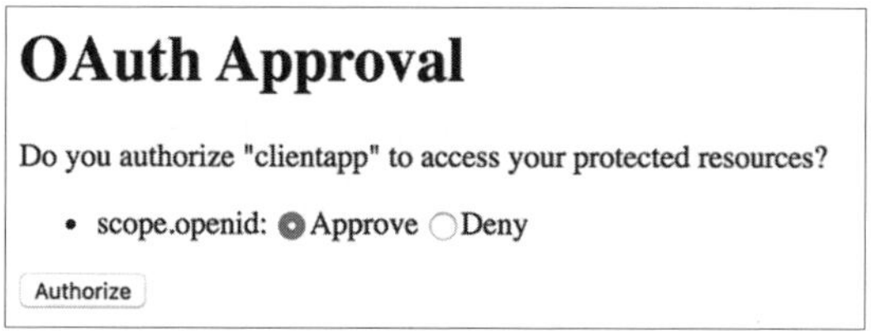

OAuth Approval

Do you authorize "clientapp" to access your protected resources?

- scope.openid: ● Approve ○ Deny

Authorize

▲ **그림 4.8** 인가 서버가 제공하는 권한 부여 페이지

Approve에 체크한 후 Authorize 버튼을 누르면 단일 페이지 애플리케이션 홈페이지로 다시 돌아가고 Log In 버튼 대신 Load Books 버튼이 생긴 걸 확인할 수 있다. Load Books 버튼을 누르면 그림 4.9처럼 도서 제목을 웹 페이지에 로드한다.

방금 살펴본 건 HTTP GET 메서드로 리소스 서버의 /books 리소스에 접근할 목적으로 액세스 토큰을 획득하려는 애플리케이션의 일반적인 OIDC 로그인 흐름이다. 지금까지 실습하는 데 사용한 웹 브라우저를 닫고 새로운 웹 브라우저를 private 모드로 다시 열어 개발자 도구를 실행하자. 이전과 동일한 과정을 다시 수행하면서, 웹 애플리케이션에 로그인을 시도할 때 내부적으로 어떤 일이 발생하는지 확인하기 위해 개발자 도구의 Network 탭을 관찰하자.

Book List App

Load Books Log out Refresh

Microservices Security In Action
Real World Cryptography
Core Kubernetes
Secure By Design
API Design Patterns
Kafka Streams In Action
Docker In Action
Istio In Action
Understanding API Security

▲ 그림 4.9 Load Books 버튼 클릭 시 웹 페이지가 보여주는 도서 제목 목록

Log In 버튼을 클릭했을 때 인가 서버의 /oauth/authorize로 브라우저가 인가 요청을 시작하는 걸 확인할 수 있다. 인가 요청은 response_type 파라미터를 code로 설정해 인가 코드 부여를 초기화하고 있음을 알려주는데, 이런 절차를 OIDC 인가 코드 흐름이라 부른다. 인가 요청 파라미터는 다음과 같다.

```
http://localhost:8081/oauth/authorize?
  response_type=code&
  client_id=clientapp&
  state=Ulg4V1pN.....&
  redirect_uri=http.....&
  scope=openid&
  nonce=Ulg4V1.....&
  audience=https…
```

인가 요청에 대한 응답으로 인가 서버는 HTTP 응답 상태 코드 302를 반환해 웹 브라우저를 로그인 페이지로 이동시킨다. 응답 내 Location 헤더가 http://localhost:8081/login을 가리키고 있음에 주목하자. 브라우저는 HTTP GET 메서드로 http://localhost:8081/login을 요청하고 요청 결과에 대한 응답으로 브라우저에서 로그인 페이지를 확인할 수 있다. 이러한 시나리오를 그림으로 표현하면 그림 4.10과 같다.

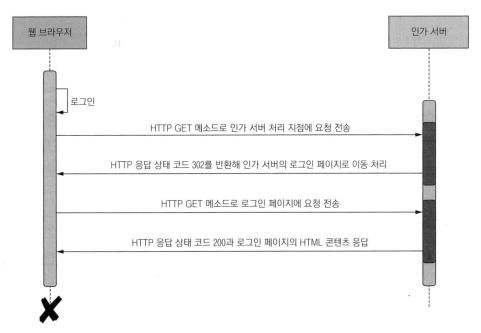

▲ 그림 4.10 OIDC 로그인 과정 중 웹 브라우저에 인가 서버 로그인 페이지 출력 시 처리 절차

사용자명과 비밀번호를 로그인 페이지에 입력하면 브라우저가 인가 서버에 데이터를 전송함을 확인할 수 있다. 그런 다음 인가 서버는 브라우저를 콘텐츠 페이지로 이동시키는데, 콘텐츠 페이지에서 리소스 서버의 보호된 리소스에 대한 웹 애플리케이션의 접근을 승인해야 한다. 승인을 하면 인가 서버는 응답 메시지에 Location 헤더를 보내 브라우저를 인가 코드를 제공하는 웹 애플리케이션으로 다시 이동시킨다.

```
Location: http://localhost:4200/?code=rnRb4K&state=bEs1c.....
```

브라우저가 인가 코드를 받으면 인가 코드를 액세스 토큰으로 교환하기 위해 인가 서버의 /oauth/token 경로로 다음과 유사한 형태로 요청을 시작한다.

```
POST http://localhost:8081/oauth/token
grant_type=authorization_code&
code=rnRb4K&
redirect_uri=http://localhost:4200/&
client_id=clientapp&
client_secret=123456&
audience=https://bookstore.app
```

요청에 대한 응답으로, 웹 애플리케이션이 리소스 서버의 리소스에 접근할 수 있도록 다음과 같은 JSON 형태로 액세스 토큰을 보내준다.

```
{
"access_token":"92ee7d17-cfab-4bad-b110-f287b4c2b630",
"token_type":"bearer",
"refresh_token":"dcce6ad7-9520-43fd-8170-a1a2857818b3",
"expires_in":1478,
"scope":"openid"
}
```

그림 4.11은 메시지 교환 절차를 보여준다.

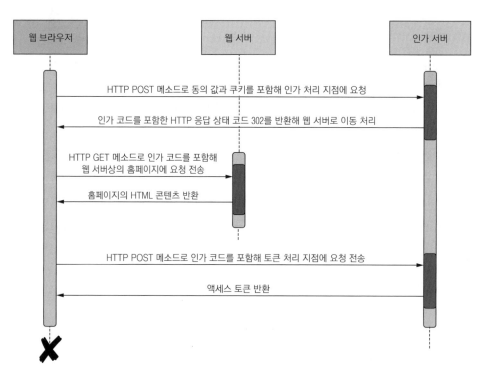

▲ **그림 4.11** 인가 코드를 액세스 토큰으로 교환하는 처리 절차

웹 애플리케이션이 액세스 토큰을 받으면 Log In 버튼 대신 Load Books 버튼을 화면에 보여준다. 도서 제목 조회를 위해 Load Books 버튼을 클릭하면 리소스 서버로 도서 목록을 가져와 웹 페이지에 출력한다. 이번 실습과 4.2절 실습의 차이점은 브라우저가 리소

스 서버에 액세스 토큰을 보내고 Authorization: Bearer 헤더를 받는 데 있다. 리소스 서버는 인가 서버와의 통신을 통해 액세스 토큰을 검증하고 액세스 토큰이 유효한 경우에만 도서 목록을 반환하는데, 이를 도식화하면 그림 4.12와 같다.

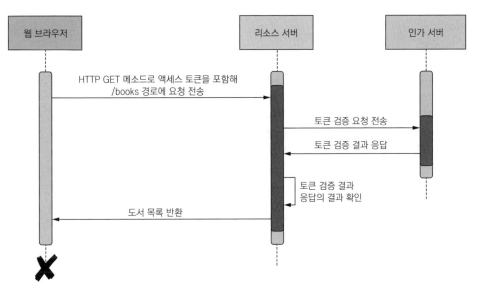

▲ **그림 4.12** 도서 제목 목록을 보여주기 위한 웹 애플리케이션의 처리 절차

4.3.2절에서는 액세스 토큰 검증과 관련된 웹 애플리케이션, 리소스 서버, 인가 서버의 코드를 살펴본다.

4.3.2 애플리케이션 코드 분석

4.3.2절에서는 OIDC로 웹 애플리케이션을 보호하기 위해 그림 4.11과 그림 4.12에서 보이는 절차에 참여할 수 있게 해주는 코드를 살펴본다.

앵귤러 웹 애플리케이션 코드

이전에 언급한 것처럼, OIDC를 사용해 앵귤러 애플리케이션을 보호할 목적으로 angular-oauth2-oidc 라이브러리를 사용한다. 리스트 4.4는 sample03/ui/src/app/ 디렉터리에 있는 app.component.ts 파일의 소스 코드다.

```typescript
import { Component } from '@angular/core';
import { OAuthService, OAuthErrorEvent } from 'angular-oauth2-oidc';
import { HttpClient } from '@angular/common/http';

@Component({
  selector: 'app-root',
  template: `<h1>Book List App</h1>
    <p>
      <button *ngIf="!isLoggedIn()" (click)='login()'>Log In</button>
      <button *ngIf="isLoggedIn()" (click)='loadBooks()'>Load Books</button>
      <button (click)='logout()'>Log out</button>
      <button (click)='refresh()'>Refresh</button>
    </p>

    <span *ngIf="isLoggedIn()">
      <div *ngFor=\"let book of books\">{{book.name}}</div>
    </span>`,
  styles: []
})
```

소스 코드를 보면 isLoggedIn 함수가 false를 반환할 때마다 **Log In** 버튼을 화면에 출력한다. <span> 태그 내 도서 목록 코드는 isLoggedIn 함수가 true를 반환할 때마다 **Load Books** 버튼과 도서 목록(<span> 태그 안에 있는 소스 코드)을 화면에 출력한다. 같은 파일 내의 isLoggedIn 함수는 액세스 토큰이 유효할 경우 true를 반환한다.

```typescript
isLoggedIn(){
  if (this.oauthService.getAccessToken() === null){
    return false;
  }
  return true;
}
```

Log In 버튼을 클릭하면 login 함수를 실행하고 **Load Books** 버튼을 클릭하면 loadBooks 함수를 실행한다. login 함수는 OIDC 흐름을 시작하고 loadBooks 함수는 다음 코드에서 볼 수 있는 것처럼 도서 목록을 가져오기 위해 리소스 서버에 요청을 보낸다. 리스트 4.2의 loadBooks 함수와의 차이점은 요청 헤더에 Authorization: Bearer를 설정한다는 것이다.

```
login() {
  this.oauthService.initCodeFlow();
}

loadBooks(){

  this.http
    .get<Book[]>('http://localhost:8080/books',
      { headers: {'Authorization': 'Bearer '+
                              this.oauthService.getAccessToken()}})
    .subscribe(data => {this.books = data});
}
```

clientId, scope 등의 파라미터를 설정하는 angular-oauth2-oidc 라이브러리의 초기화 코드는 sample03/ui/src/app 디렉토리의 app.module.ts 파일에 있다. 리스트 4.5는 파라미터들을 설정하는 코드 모음이다.

리스트 4.5 angular-oauth2-oidc 라이브러리 초기화를 위한 설정 파라미터

```
const config: AuthConfig = {
  issuer: 'http://localhost:8080/',
  loginUrl: 'http://localhost:8081/oauth/authorize',
  tokenEndpoint: 'http://localhost:8081/oauth/token',
  dummyClientSecret: '123456',
  clientId: 'clientapp',
  disablePKCE: true,
  responseType: 'code',
  oidc: true,
  requireHttps: false,
  strictDiscoveryDocumentValidation: false,
  customQueryParams: { audience: 'https://bookstore.app' },
  redirectUri: window.location.origin + '/',
  silentRefreshRedirectUri: window.location.origin + '/silent-refresh.html',
  scope: 'openid',
  requestAccessToken: true,
  skipIssuerCheck: true,
  showDebugInformation: true,
};
```

리소스 서버 코드

리소스 서버의 코드는 4.2절에서 실습했던 코드와 다소 유사하다. sample03/resource/ 디렉토리에 있는 pom.xml 파일 내 다음 2개의 종속성 포함 코드는 OAuth 2.0을 사용해 리소스 서버에서 노출하고 있는 리소스를 보호할 수 있게 해준다.

```
<dependency>
  <groupId>org.springframework.cloud</groupId>
  <artifactId>spring-cloud-starter-oauth2</artifactId>
  <version>2.2.0.RELEASE</version>
</dependency>
<dependency>
  <groupId>org.springframework.security.oauth.boot</groupId>
  <artifactId>spring-security-oauth2-autoconfigure</artifactId>
  <version>2.2.4.RELEASE</version>
</dependency>
```

위와 같은 스프링 OAuth 2.0 종속성을 소스 코드에 포함하면, 스프링 부트는 리소스 접근 시 자동으로 OAuth 2.0 기반 인증을 적용하고 이 때문에 4.3절에서 유효한 액세스 토큰 없이 curl을 사용해 http://localhost:8080/books에 직접 접근할 수 없었던 것이다.

이제 sample03/resource/src/main/resources 디렉토리에 있는 application. properties 파일을 살펴보자. 파일의 첫 번째 속성(security.oauth2.resource.token-info-uri) 은 리소스 서버에서 수신한 액세스 토큰을 검증하는 인가 서버의 토큰 검증 지점을 나타 낸다. security.oauth2.client.clientId와 security.oauth2.client.clientSecret 속성은 인가 서버가 리소스 서버에 부여한 자격증명으로 토큰 검증 지점인 http://localhost: 8081/oauth/check_token에 접근할 때 필요하다. application.properties 파일의 자격 증명은 인가 서버 접근 시 웹 애플리케이션이 사용하는 자격증명과는 다름에 유의하자.

인가 서버 코드

인가 서버의 코드는 3장과 거의 동일하다. sample03/authz/src/main/java/com/ manning/mss/ch04/sample03/authz/config 디렉토리에 있는 OAuth2Authorization Server.java 파일의 configure 메서드는 인가 서버 설정 코드를 포함한다. 리스트 4.6에

서 2개의 클라이언트 애플리케이션을 등록하는 방법을 살펴보자. 첫 번째는 client_id로 clientapp을 사용하는 단일 페이지 애플리케이션이고, 두 번째는 client_id로 resourceclient를 사용하는 리소스 서버다.

리스트 4.6 인가 서버에 2개의 클라이언트 애플리케이션 등록

```
public void configure(ClientDetailsServiceConfigurer clients) throws Exception {
  clients.inMemory()
    .withClient("clientapp")
    .secret(passwordEncoder.encode("123456"))
    .authorizedGrantTypes("password", "authorization_code",
                          "refresh_token")
    .authorities("READ_ONLY_CLIENT")
    .scopes("openid", "read_profile_info")
    .resourceIds("oauth2-resource")
    .redirectUris("http://localhost:4200/")
    .accessTokenValiditySeconds(5000)
    .refreshTokenValiditySeconds(50000)
    .and()
    .withClient("resourceclient")
    .secret(passwordEncoder.encode("resourcesecret"));
}
```

동일 디렉토리 내 SecurityConfig.java 파일의 **configure** 메서드는 시스템에 유효한 사용자를 등록하는 코드다.

```
protected void configure(AuthenticationManagerBuilder auth) throws Exception {
  auth.inMemoryAuthentication()
    .withUser("user")
    .password(passwordEncoder().encode("password"))
    .roles("USER");
}
```

4.4 연합 인증 사용

4.3절에서는 단일 페이지 애플리케이션 구축과 OIDC를 사용해 단일 페이지 애플리케이션을 보호하는 주제를 다뤘다. 2장과 3장에서는 OAuth 2.0을 사용해 리소스를 보호하

는 방법을 다뤘는데, 4장에서도 리소스 서버를 보호하기 위해 OAuth 2.0을 사용했다. 그림 4.13은 리소스 서버를 어떻게 보호하는지를 개략적으로 보여준다.

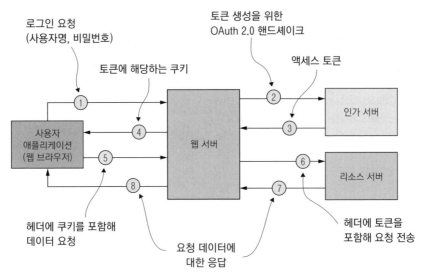

▲ **그림 4.13** 단일 페이지 애플리케이션과 리소스 서버 종단 간 인증 흐름에서 사용자는 OIDC를 사용해 단일 페이지 애플리케이션을 인증하고 리소스 서버는 모든 API를 OAuth 2.0으로 보호한다.

3장에서 다뤘던 것처럼 리소스 서버나 리소스 서버 앞단의 API 게이트웨이가 자가 수용적 액세스 토큰을 수신하고 검증할 때 인가 서버와 통신은 불필요했다. 리소스 서버는 우선 서명을 검증해 액세스 토큰의 신뢰성을 확인한 다음 콘텐츠(의도한 요청자 여부, 유효 기간, 범위 등)의 유효성을 확인한다. 자가 수용적 액세스 토큰(JWT)의 신뢰성을 검증하려면 리소스 서버는 토큰을 서명한 인가 서버의 공개키가 필요하다.

이미 알고 있는 것처럼, 리소스 서버와 인가 서버 간에는 신뢰 관계가 필요하다. 불투명 토큰(참조 토큰)을 사용하더라도 토큰을 검증하려면 리소스 서버는 토큰을 발급한 인가 서버와 통신할 필요가 있어 여전히 리소스 서버와 인가 서버는 신뢰 관계가 필요하다.

> |**참고**| 4장에서 마이크로서비스를 구동하는 스프링 부트 애플리케이션을 계속 **리소스 서버**라는 용어로 지칭하고 있지만 API 게이트웨이를 리소스 서버로 부를 수도 있다. 4장에서 다뤄야 할 구성 요소의 수를 줄이기 위해 **API 게이트웨이**에 대한 설명은 생략하고 있다.

클라이언트 애플리케이션(단일 페이지 애플리케이션), 인가 서버, 리소스 서버를 동일한 신뢰 도메인으로 구성해야 한다. 온라인 쇼핑몰에서 주문에 대한 배송 요청을 하고 대기 중인 배송 건의 세부 정보를 얻기 위해 타사 배송 서비스와 제휴한다고 가정해보자. 사용자가 온라인 쇼핑몰에 로그인할 때 사용자는 신뢰 도메인 구성원임을 증명한다. 그러나 사용자가 배송 상태를 문의할 때 웹 애플리케이션은 타사 배송 서비스와 통신이 필요하다. 배송 서비스는 관련 사용자에게만 배송 정보를 주는지 확인이 필요해 시스템에 로그인을 시도하는 사용자의 신원을 알아야 한다. 배송 서비스는 별도의 신뢰 도메인에 있기 때문에 기본적으로 요청 측의 신뢰 도메인에서 발급한 토큰을 검증하는 방법을 알지 못한다. 배송 신뢰 도메인에서 API나 서비스에 접근하려면 우선 배송 신뢰 도메인이 신뢰하는 인가 서버에게서 토큰을 얻어야만 한다.

4.4.1 다수의 신뢰 도메인들

클라이언트 애플리케이션이 다양한 신뢰 도메인의 경계를 넘어 작동하는 경우 4.3절에서 다뤘던 OIDC를 사용한 단일 페이지 애플리케이션 보안은 작동하지 않는다. 리소스 서버가 다른 신뢰 도메인(리소스 서버는 신뢰하지 않는 도메인)의 인가 서버가 발급한 토큰을 제공받으면 토큰을 검증하거나 유효한 토큰으로 허용할 수 없다.

제공받은 토큰이 서명된 JWT 형태의 자가 수용적 토큰이라면, 리소스 서버는 토큰 서명을 검증하기 위해 외부 신뢰 도메인의 인가 서버가 사용한 공개 인증서를 알아야 한다. 인가 서버와 리소스 서버는 신뢰 도메인이 분리되어 있기 때문에 리소스 서버가 인가 서버가 사용한 공개 인증서를 알 가능성이 낮다.

리소스 서버가 불투명 토큰을 제공받았다면 액세스 토큰을 검증하기 위해 인가 서버와 통신이 필요하다. 다시 말해, 리소스 서버와 인가 서버가 다른 신뢰 도메인에 속해 있기 때문에 불가능한 시나리오다. 리소스 서버는 관련한 인가 서버가 어디에 있는지 모를 수도 있고, 인가 서버의 위치를 알더라도 토큰 검증 처리 지점과의 통신을 위해 필요한 자격증명을 갖고 있지 않을 수 있다. 그림 4.14는 시스템 간의 신뢰 경계를 보여준다.

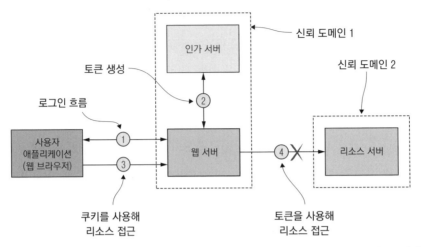

▲ **그림 4.14** 인가 서버와 리소스 서버는 각기 다른 신뢰 도메인에 위치한다. 신뢰 도메인 2의 리소스 서버는 신뢰 도메인 1의 인가 서버가 발급한 토큰의 검증 방법을 모른다.

그림 4.14에서 볼 수 있듯이, 리소스 서버가 수신한 토큰이 신뢰 도메인 1에서 생성한 토큰이기 때문에 4단계는 실패한다. 리소스 서버가 신뢰 도메인 2에 속해 있기 때문에 리소스 서버는 수신한 토큰의 검증 방법을 알지 못한다. 따라서 인증 오류로 요청은 실패한다.

4.4.2 도메인 간의 신뢰 형성

4.4.1절에서 논의한 문제를 해결하기 위해서는 도메인 간 신뢰 관계를 형성하는 메커니즘을 구축해야 한다. 보통 인가 서버 자신이 신뢰 도메인을 정의한다. 신뢰 도메인은 리소스 서버, 웹 애플리케이션, 사용자 저장소 등의 많은 구성요소를 갖고 있지만 특정 도메인의 개별 구성요소나 애플리케이션이 요청을 수락하는 방법을 제어하는 하나의 인가 서버만 갖고 있다. 인가 서버는 단일 신뢰 출처라 도메인 간에 신뢰를 구축하려면 개별 도메인의 인가 서버 간에 신뢰 체인을 구축해야 한다. JWT 승인 방식을 사용한 토큰 교환 패턴과 결합된 신뢰 체인은 해결책을 제공할 수 있다(그림 4.15 참고).

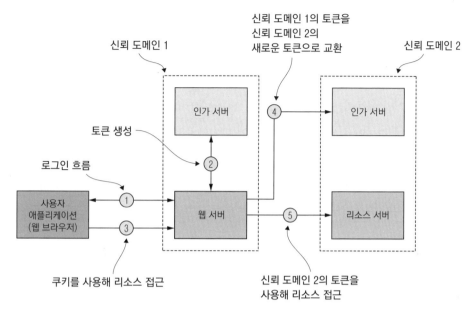

신뢰 도메인 1의 토큰을
신뢰 도메인 2의
새로운 토큰으로 교환

신뢰 도메인 1

신뢰 도메인 2

토큰 생성

로그인 흐름

사용자
애플리케이션
(웹 브라우저)

인가 서버

웹 서버

인가 서버

리소스 서버

쿠키를 사용해 리소스 접근

신뢰 도메인 2의 토큰을
사용해 리소스 접근

▲ **그림 4.15** 신뢰 도메인 2의 유효한 토큰을 얻기 위한 토큰 교환 패턴. 신뢰 도메인 2의 인가 서버는 신뢰 도메인 1의 인가 서버를 신뢰하지만, 신뢰 도메인 2의 리소스 서버는 자신의 신뢰 도메인의 인가 서버만 신뢰한다.

그림 4.15에서 볼 수 있듯이, 서비스 제공자(웹 서버)는 신뢰 도메인 2의 리소스 서버에 접근하기 전에 신뢰 도메인 2의 인가 서버와 토큰을 먼저 교환해야 한다. 신뢰 도메인 1의 인가 서버에서 획득한 토큰이 불투명 토큰이 아닌 JWT라고 가정하면, JWT Bearer 승인 방식(https://tools.ietf.org/html/rfc7523)을 사용해 신뢰 도메인 2의 인가 서버에 액세스 토큰을 요청할 수 있다.

(공식적으로는 OAuth 2.0 클라이언트 인증과 권한 부여를 위한 JWT 프로파일로 알려진) JWT Bearer 승인 방식은 간단한 프로토콜을 갖고 있는데, JWT를 허용하고 서명 및 유효 기간 검증 등의 토큰에 대한 유효성 검사를 수행한다. 토큰이 유효하면, 유효한 또 다른 JWT나 불투명 OAuth 2.0 토큰을 클라이언트에게 발급한다. 중요한 건 신뢰 도메인 2의 인가 서버가 토큰(JWT)을 검증하고 새로운 액세스 토큰으로 교환할 수 있는 능력을 가져야 하는 것이고, 이를 위해 신뢰 도메인 1과 신뢰 도메인 2의 인가 서버 간에 신뢰 관계 구축이 필요하다. 신뢰 관계 구축은 공개 인증서 교환 이슈일 수도 있다.

요약

- 웹 브라우저에서 모든 렌더링을 수행해 네트워크 통신이 줄어들었고 웹 서버의 작업 부하를 줄였기 때문에 단일 페이지 애플리케이션은 더 나은 성능을 발휘한다.

- 단일 페이지 애플리케이션 아키텍처는 JBoss나 Tomcat 같은 복잡한 웹 애플리케이션 호스팅 기능이 필요하지 않기 때문에 마이크로서비스 아키텍처에 단순성을 제공한다.

- 단일 페이지 애플리케이션 아키텍처는 사용자 경험에서부터 데이터까지 추상화한다.

- 단일 페이지 애플리케이션은 웹 브라우저의 동일 출처 정책으로 인해 보안 제약 및 복잡성이 있다.

- 동일 출처 정책은 특정 웹 페이지에서 실행 중인 스크립트가 동일 출처상에서 실행 중인 서비스로만 요청을 보낼 수 있게 한다.

- 동일 출처 정책은 CSS, 이미지, 스크립트가 아닌 데이터 접근 시에만 적용되기 때문에 다른 출처의 CSS, 이미지, 스크립트 링크로 구성한 웹 페이지를 작성할 수 있다.

- OIDC는 OAuth 2.0 상위에 구축된 인증 계층이다. 대부분의 단일 페이지 애플리케이션은 사용자 인증에 OIDC를 사용한다.

- 단일 페이지 애플리케이션은 다양한 신뢰 도메인상의 API(데이터 출처)를 소비할 수 있기 때문에 하나의 신뢰 도메인에서 획득한 토큰은 또 다른 신뢰 도메인에서 유효하지 않을 수 있다. 단일 페이지 애플리케이션이 다양한 신뢰 경계를 넘나들 때 토큰 교환 기능 구축이 필요하다.

- 4장의 모든 예제는 인증서 설치 과정을 생략하고 필요시 유선 네트워크상의 메시지를 조사할 수 있도록 HTTPS가 아닌 HTTP 프로토콜을 사용한다. 상용 환경에서 HTTP 프로토콜 사용은 권장하지 않는다.

5

요청 제한, 모니터링 및 접근 제어 수행

5장에서 다루는 내용

- Zuul 프록시를 설치해 요청 제한 적용
- 프로메테우스와 그라파나로 마이크로서비스 모니터링
- Zuul과 OPA로 외부 경계 지점에 접근 제어 정책 적용

3장에서 API 게이트웨이 아키텍처 패턴을 소개하고 마이크로서비스 그룹을 대상으로 해당 패턴 적용이 가능할지에 대해 논의했다. Zuul은 넷플릭스가 자신들의 마이크로서비스 프록시로 이용하려고 개발한 오픈소스 API 게이트웨이이다. Zuul은 동적 라우팅, 모니터링, 회복, 보안 그리고 더 많은 기능을 제공한다. Zuul은 전 세계 넷플릭스 사용자들이 생성한 트래픽을 처리하면서 넷플릭스 서버 인프라의 정문처럼 동작한다.

3장에서 Zuul을 API 게이트웨이로 사용해 마이크로서비스에 OAuth 2.0 보안을 적용하는 방법까지 논의했다. 5장에서는 Zuul이 요청 제한을 관리하고 접근 제어 정책을 적용하도록 3장의 예제를 확장해 실습하고 마이크로서비스 그룹의 모니터링 측면을 논의한다.

5.1 Zuul을 사용해 API 게이트웨이로 보내지는 요청 관리

5.1절에서는 특정 시간 내에 무수히 많은 요청을 허용할 때 일반적인 마이크로서비스 그룹에 발생 가능한 위협 유형과 요청 트래픽 관리가 중요한 이유에 대해 논의할 예정이다. 그림 5.1을 보고 API 게이트웨이 아키텍처 패턴의 참여자를 다룬 3장의 기억을 되살려보자.

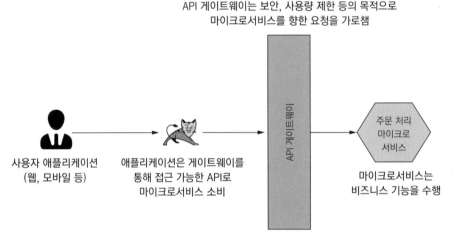

▲ **그림 5.1** 마이크로서비스 아키텍처에서는 마이크로서비스 외부 노출을 위해 API 게이트웨이를 사용한다. 사용자는 업무 처리를 위해 애플리케이션을 사용하고 애플리케이션은 API 게이트웨이를 통해 마이크로서비스를 소비한다.

클라이언트 애플리케이션은 API 게이트웨이에 접근해 목적지 마이크로서비스(백엔드)에 요청을 전송한다. API 게이트웨이와 목적지 서비스 둘 다 시스템에서 요청을 제공하는 지점(노드)에 해당한다. 클라이언트 애플리케이션이 보내온 모든 요청은 API 게이트웨이에서 1차 처리를 하고 유효한 요청에 한해 목적지 마이크로서비스로 보내진다.

클라이언트 애플리케이션의 요청이 증가할수록 API 게이트웨이의 성능과 확장성에 부정적인 영향을 미친다. 시스템을 적절히 설계하지 않았다면 인증과 인가 절차를 통과한 유효한 요청의 증가는 목적지 마이크로서비스의 성능과 확장성에 부정적인 영향을 미친다. 요청 증가에 대응할 수 있는 방법은 애플리케이션 계층(API 게이트웨이 및 목적지 서비스)을 확장하는 것이다.

애플리케이션 계층 확장은 그림 5.2와 같은 수직적 확장과 수평적 확장 두 가지 기본 모델이 있다. **수직적 확장**^{vertical scaling}은 메모리나 CPU 추가와 같은 소프트웨어를 실행하는 서버의 처리 능력을 증가시키는 방법이다. **수평적 확장**^{horizontal scaling}은 소프트웨어를 실행 중인 리소스 풀에 더 많은 가상 머신이나 컴퓨터를 추가해 처리 지점을 확장하고 병렬로 실행하는 방법이다.

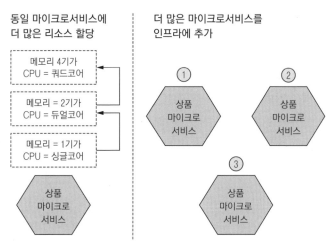

▲ **그림 5.2** 수직적 확장과 수평적 확장 비교. 수직적 확장은 마이크로서비스에서 사용 가능한 리소스에 제한이 있지만, 수평적 확장은 이론적으로 제한이 없다.

수직적 확장과 수평적 확장 중 어떤 방법을 선택하든 모두 비용이 든다. 또한 시스템을 얼마나 확장할 수 있을지에 대한 물리적 제한도 있는데, 사용 가능한 물리적인 하드웨어의 수량에 따라 제한이 정해질 수도 있고 소프트웨어의 수평적 확장 능력이 제한하는 경우도 있다. 특히 관계형 DB에 의존적인 상태 저장^{stateful} 소프트웨어 시스템이면 관계형 DB 확장과 관련한 복잡성으로 인해 특정 수준 이상으로 소프트웨어를 확장하는 게 점점 더 어려워진다.

DB 확장과 관련한 복잡성 때문에 시스템이 처리할 수 있는 요청 수를 제한해야 하는 시점이 필요하고 마이크로서비스의 모든 소비자가 처리 가능한 총 트래픽양을 공평하게 할당받을 수 있도록 공평하게 제한을 설정해야 한다. 요청 수 제한은 대량의 요청 전송에 따른 서비스 거부 공격과 시스템 접근 권한 획득을 시도하는 공격자들로부터 시스템을 보호해주기도 한다. 이제 시스템에 적용 가능한 다양한 유형의 트래픽 제한 방법을 알아볼 차례다.

5.1.1 할당량 기반 애플리케이션 요청 제한

5.1.1절에서는 특정 클라이언트 애플리케이션의 요청 할당량을 기준으로 마이크로서비스에 요청 제한을 적용하는 방법을 다룬다. 요청 가능한 할당량 분배는 수익을 내는 마이크로서비스를 운영하는 경우나 허용할 수 있는 능력 이상으로 마이크로서비스에 요청이 들어오는 걸 방지하려고 할 때 유용하다.

그림 5.3의 예제에서 애플리케이션이나 디바이스^{device}는 주문 처리 마이크로서비스를 소비한다. 모바일 디바이스, 웹 애플리케이션, 데스크톱 애플리케이션 등 2개 이상의 애플리케이션이 동일한 주문 처리 마이크로서비스에 접근할 수 있다. 시스템을 적절히 설계하지 않으면 주문 처리 마이크로서비스를 소비하는 애플리케이션의 수가 증가할수록 시스템 성능이 저하될 수 있다. 주문 처리 마이크로서비스가 초당 1,000개의 요청을 처리할 수 있다고 가정해보자. 모든 모바일 애플리케이션의 요청 합이 1,000개라면 주문 처리 마이크로서비스는 웹 애플리케이션과 데스크톱 애플리케이션의 요청을 처리할 수 없다(그림 5.3 참고).

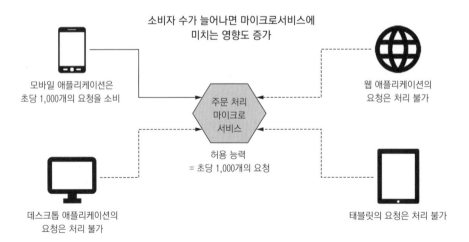

▲ **그림 5.3** 마이크로서비스 소비자가 늘어날수록 허용 능력도 증가 필요

특정 애플리케이션의 요청을 처리할 수 없는 문제는 애플리케이션별로 보낼 수 있는 요청(예 초당 200개 요청)을 할당하고 할당량을 API 게이트웨이에 적용하면 해결할 수 있다. 요청을 할당하면 특정 애플리케이션이나 디바이스가 요청을 모두 점유해 나머지 애플리케이션이나 디바이스의 요청을 처리 불가 상태로 만들지 않는다. 개별 애플리케이션이 시스템에서 소비할 수 있는 최대 요청량은 이제 초당 200개로 제한됐고 다른 애플리케이션이 소비할 수 있는 요청이 초당 800개 남는다. 애플리케이션의 요청 수를 제한했기 때문에 단일 애플리케이션이 서비스 거부 공격을 유발할 수 있는 위험이 사라졌다.

애플리케이션별로 보낼 수 있는 요청을 할당하려면 API 게이트웨이가 개별 요청을 생성하는 애플리케이션을 식별할 수 있어야만 한다. API 게이트웨이가 애플리케이션이나 디바이스 유형을 식별할 수 없다면 공통 값(예 초당 100개)을 디폴트값으로 설정해야 한다. API 게이트웨이를 거쳐가는 API를 OAuth 2.0으로 보호한다고 가정하면 개별 소비자 애플리케이션은 고유한 클라이언트 ID를 가져야 한다. 애플리케이션이 액세스 토큰을 포함해 API 게이트웨이로 요청을 전송하면 API 게이트웨이는 OAuth 2.0 인가 서버와 통신을 통해 액세스 토큰을 조사하고 해당 클라이언트 ID를 검색할 수 있다. 클라이언트 ID는 요청을 생성한 애플리케이션을 고유하게 식별하는 데 사용할 수 있는 값이다.

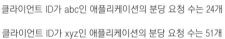

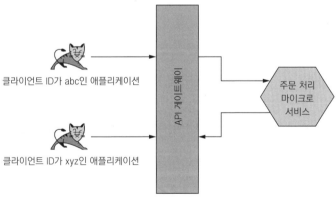

▲ **그림 5.4** 게이트웨이는 애플리케이션별로 정해진 시간 간격 동안 생성한 요청 수를 유지한다. 애플리케이션 ID(OAuth 2.0의 경우 client_id 필드)를 애플리케이션의 고유한 식별자로 사용한다.

그림 5.4에서 볼 수 있듯이, API 게이트웨이는 고유한 클라이언트 ID별로 1초 동안 보내온 요청의 수를 계산한다. 특정 클라이언트 ID가 초당 200개의 요청을 초과해서 보내면, API 게이트웨이는 1초가 경과할 때까지 클라이언트 ID의 추가 요청이 목적지 서비스로 보내지는 걸 방지한다.

5.1.2 사용자를 위한 공평한 사용 정책

5.1.2절에서는 애플리케이션의 모든 사용자를 공평하게 처리하는지 확인할 수 있는 방법을 논의한다. 다른 사용자가 더 많은 할당량을 소비해서 애플리케이션의 특정 사용자가 서비스에 접근할 수 없게 되는 걸 원하지 않는다.

5.1.1절에서 논의했듯이, 애플리케이션별로 정해진 시간 간격 동안 요청 수 제한을 적용할 수 있다. 요청 수 제한을 적용하면, 일부 애플리케이션이 서비스 처리 용량의 대부분을 소비해 다른 애플리케이션의 서비스를 방해하는 걸 막을 수 있다. 애플리케이션 사용자에게도 동일한 문제가 발생할 수 있다. 초당 200개의 요청 할당량을 받은 애플리케이션의 사용자가 20명이라고 가정해보자. 한 명의 사용자가 1초 동안에 200개의 요청을 모두 소비하면, 소비할 수 있는 요청 할당량을 모두 소모해 다른 사용자들의 서비스 이용을 방해하게 된다. 따라서 그림 5.5에서 볼 수 있듯이 모든 사용자가 애플리케이션을 공평하게 사용할 수 있는 할당량을 분배받을 수 있도록 보장하는 공평한 애플리케이션 사용 정책을 적용하는 게 중요하다.

API 게이트웨이/마이크로서비스 접근에 사용한 사용자의 자격증명을 조사하면 공평한 사용 정책 적용 대상을 식별할 수 있다. 예를 들어 API 보호를 위해 Basic 인증을 사용하면 사용자 식별자로 사용자명을 갖고 있고, 자가 수용적 액세스 토큰이나 JWT를 사용하면 JWT에서 사용하는 sub 클레임을 사용자 식별자로 사용할 수 있다. 클라이언트 애플리케이션이 정규 OAuth 2.0 토큰이나 참조 토큰을 사용하면, 토큰 유효성 검사를 위한 인가 서버와의 통신 과정에서 사용자 식별자를 확인할 수 있다.

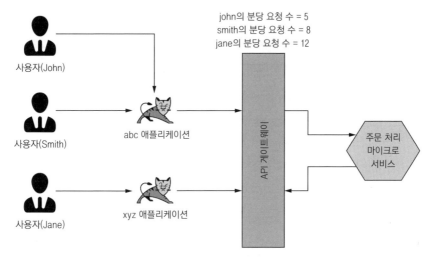

john의 분당 요청 수 = 5
smith의 분당 요청 수 = 8
jane의 분당 요청 수 = 12

사용자(John)

사용자(Smith)

abc 애플리케이션

사용자(Jane)

xyz 애플리케이션

API 게이트웨이

주문 처리 마이크로 서비스

▲ **그림 5.5** 일부 사용자가 다른 사용자들의 애플리케이션 사용을 방해하지 않도록 API 게이트웨이는 애플리케이션의 모든 사용자가 공평한 사용량을 갖도록 보장한다.

5.1.3 주문 처리 마이크로서비스에 할당량 기반 요청 제한 적용

트래픽 제한에 대한 상세 내용을 논의하기 전에 사용자 요청을 제한하는 게 어떤 의미인지 알려줄 수 있는 예제를 실습해보자. 실습을 위해서는 깃허브(https://github.com/microservices-security-in-action/samples)에서 5장의 예제를 PC로 다운로드해야 한다.

> |**참고**| 5장의 예제는 자바 버전 11을 사용하지만 버전 8 이상이라면 실습이 가능하다. 예제를 실행하기 전에 이 책의 다른 예제의 실행을 중지했는지 확인해야 한다. 여러 개의 마이크로서비스를 동일한 포트에서 실행하려고 하면 포트 충돌을 경험할 수 있다.

깃허브 저장소에서 예제를 모두 내려받았다면 chapter05 디렉토리 하위에 sample01 디렉토리가 있고 sample01 디렉토리 하위에서 다음과 같은 3개의 하위 디렉토리를 확인할 수 있다.

- oauth2_server: 3장에서 사용한 것과 동일한 OAuth 2.0 인가 서버의 코드를 포함하고 있다.

- **gateway**: 서비스에 요청 제한 정책을 적용할 Zuul API 게이트웨이의 소스 코드를 포함하고 있다. Zuul API 게이트웨이는 3장처럼 요청을 가로채고 보안 정책을 적용하는 역할뿐만 아니라 이제 트래픽 제한 업무도 수행한다.
- **service**: 실제 비즈니스 기능을 수행하는 주문 처리 마이크로서비스 소스 코드를 포함하고 있다.

명령행 도구를 사용해 oauth2_server 디렉토리로 이동한 후 다음 명령을 실행해 빌드하자.

```
\> mvn clean install
```

빌드를 성공적으로 완료하면 다음 명령을 실행해 OAuth 2.0 인가 서버를 동작시키자.

```
\> mvn spring-boot:run
```

Zuul API 게이트웨이와 주문 처리 마이크로서비스의 빌드 및 실행을 위해 별도의 탭으로 명령행 도구를 실행한 후 위 2개의 명령을 gateway와 service 디렉토리에서도 각자 실행하자. 3개의 프로세스를 모두 실행하면 서비스 사용량 제한을 어떻게 수행하는지 확인할 수 있다.

우선 주문 처리 마이크로서비스 접근에 사용할 액세스 토큰을 가져오자. 주문 처리 마이크로서비스는 Zuul API 게이트웨이를 거쳐야만 접근할 수 있고 OAuth 2.0 기반 보안을 적용해놓은 상태이기 때문에 API 게이트웨이에 요청을 전송하려면 유효한 OAuth 2.0 액세스 토큰이 필요하다. 명령행 도구에서 다음 명령을 실행하면 게이트웨이를 거쳐 인가 서버에 접근해 액세스 토큰을 얻을 수 있다.

```
\> curl -u application1:application1secret \
-H "Content-Type: application/x-www-form-urlencoded" \
-d "grant_type=client_credentials" \
'http://localhost:9090/token/oauth/token'
```

요청을 성공적으로 실행하면 다음과 같은 응답 메시지를 확인할 수 있다.

```json
{
  "access_token":"d61a85d2-35f7-4bb4-bbaa-eb43c4822a4d",
  "token_type":"bearer",
  "expires_in":3599,
  "scope":"read write"
}
```

액세스 토큰이 있으면 Zuul API 게이트웨이를 거쳐 주문 처리 마이크로서비스에 접근할 수 있다. 주문 처리 마이크로서비스에 HTTP POST 메서드로 요청을 전송하기 위해 다음 명령을 실행하자. 위 응답 메시지에서 획득한 액세스 토큰값을 사용하지 않으면 인증 실패 오류 메시지를 수신하게 된다.

```
\> curl -v http://localhost:9090/retail/orders \
-H "Authorization: Bearer d61a85d2-35f7-4bb4-bbaa-eb43c4822a4d" \
-H "Content-Type: application/json" \
--data-binary @- << EOF
{
  "items":[
    {
      "itemCode":"IT0001",
      "quantity":3
    },
    {
      "itemCode":"IT0004",
      "quantity":1
    }
  ],
  "shippingAddress":"No 4, Main Street, Colombo 1, Sri Lanka"
}
EOF
```

요청을 성공적으로 실행하면 HTTP 응답 상태 코드 200과 다음과 같은 응답 메시지를 받는다. 응답 메시지는 주문 처리 마이크로서비스가 주문을 성공적으로 생성했음을 의미하고 응답 메시지 내의 orderId는 새로 생성한 주문의 고유한 식별자다. 다음 단계에서도 orderId는 필요하기 때문에 기록돼둬야 한다.

```
{
  "orderId":"ab22e6f9-1a35-4c33-9fb0-39b5a7c33eb8",
  "items":[
    {
      "itemCode":"IT0001",
      "quantity":3
    },
    {
      "itemCode":"IT0004",
      "quantity":1
    }
  ],
  "shippingAddress":"No 4, Main Street, Colombo 1, Sri Lanka"
}
```

orderId를 사용해 주문 정보를 조회해보자. 책과 동일한 액세스 토큰 및 orderId를 사용하지 말고 이전 실습에서 획득한 값을 사용해야 함에 유의하자.

```
\> curl -v \
-H "Authorization: Bearer d61a85d2-35f7-4bb4-bbaa-eb43c4822a4d" \
http://localhost:9090/retail/orders/ab22e6f9-1a35-4c33-9fb0-39b5a7c33eb8
```

HTTP 응답 상태 코드 200과 이전 주문 건의 상세 정보를 확인할 수 있는데, 동일한 요청을 세 번 더 실행해도 동일한 응답 메시지를 확인할 수 있다. 1분 내에 동일한 요청을 네 번 실행하면 HTTP 응답 상태 코드 429와 요청이 제한됐다는 다음과 같은 응답 메시지를 확인할 수 있다. 요청을 제한하는 기간(1분)은 곧 살펴볼 자바 클래스 파일에 설정한다.

```
< HTTP/1.1 429
< X-Application-Context: application:9090
< Transfer-Encoding: chunked
< Date: Mon, 18 Mar 2019 13:28:36 GMT
<
{"error": true, "reason":"Request Throttled."}
```

3장에서는 API 게이트웨이를 마이크로서비스에 보안을 적용할 목적으로 사용했지만, 5장에서는 동일한 게이트웨이를 확장해 요청 제한까지 적용한다. 3장에서는 API 게이트웨이에 보안을 적용하기 위해 Zuul 필터를 사용했지만, 5장에서는 요청 제한을 적용하기 위해 보안 필터 이후에 실행되는 또 다른 필터를 소개할 예정이다.

코드를 살펴보자. 요청 제한을 수행하는 자바 파일은 gateway/src/main/java/com/manning/mss/ch05/sample01/gateway/filters/ 디렉토리에 있는 ThrottlingFilter.java 파일이다(리스트 5.1 참고). 파일을 텍스트 편집기나 통합 개발 환경으로 열어보면 filterType, filterOrder, shouldFilter 등 3개의 메서드를 볼 수 있다.

리스트 5.1 ThrottlingFilter.java의 파일 일부

```
public String filterType() {
  return "pre"; ◀── 요청을 처리하기 전에 실행해야 하는 필터임을 의미
}

public int filterOrder() {
  return 2; ◀── filterOrder가 1인 OAuthFilter 다음에 실행해야 하는 필터임을 의미
}

public boolean shouldFilter() {
  return true; ◀── 필터를 활성화한다는 의미
}
```

ThrottlingFilter.java 파일의 최상단에서, 메모리 맵에 위치하고 있는 CounterCache 유형의 counter 객체를 초기화한다. 메모리 맵의 개별 항목에는 키에 대한 counter가 있고 약 1분 동안 메모리 맵에 존재하다 삭제된다.

```
// 개별 항목이 1분 내에 만료되는 counter 캐시 생성
// 캐시는 10초마다 삭제
// 캐시에 저장하는 최대 항목 수는 10,000개
private CounterCache counter = new CounterCache(60, 10, 10000);
```

메모리 맵상의 키는 요청을 계산할 수 있는 기준이기 때문에 매우 중요하다. 이번 실습에서는 액세스 토큰을 요청을 계산할 수 있는 키로 사용한다. 액세스 토큰은 비밀번호처럼 일종의 비밀값이라 평문 대신 해시 처리된 값을 사용해야 할 수도 있다. 1분 내에 동일한 액세스 토큰으로 두 번의 요청을 하면 토큰의 counter 값은 2가 된다.

```
// 인가 헤더를 분리해 토큰값을 key 변수에 저장
String key = authHeader.split("Bearer ")[1];
Object count = counter.get(key);
```

사용 사례에 따라 액세스 토큰 외의 값을 요청을 계산하기 위한 키로 사용할 수도 있다. 예를 들어 애플리케이션의 요청 계산을 위한 키로 client_id 필드, 사용자명, IP 주소, OIDC^OpenID Connect 클레임 등을 사용하는 방법도 있다.

5.1.4 마이크로서비스의 최대 처리 용량

특정 마이크로서비스에 접근하는 애플리케이션과 사용자의 점진적 증가는 마이크로서비스가 처리할 수 있는 처리 용량이나 최대 요청 수 증가를 요구한다. 애플리케이션과 개별 사용자에게 할당량을 적용할 수는 있지만 갑작스러운 요청의 증가는 목적지 서비스의 처리 용량을 넘어서는 상황을 초래할 수도 있다.

예를 들어, 목적지 서비스에서 허용하는 최대 처리 용량이 초당 1,500개의 트랜잭션이라고 가정하자. 개별 애플리케이션이 초당 100개의 트랜잭션을 소비하도록 허용하면 최대 15개의 애플리케이션을 허용할 수 있다. 15개 이상의 애플리케이션이 각각 초당 최소 100개의 트랜잭션을 소비한다고 생각해보면 개별 애플리케이션은 할당량 내에 있지만 초당 트랜잭션의 합은 최대 허용 한도인 1,500개를 초과한다. 애플리케이션 사용자의 사용량이 급증할 때도 동일한 상황이 발생할 수 있다(그림 5.6 참고).

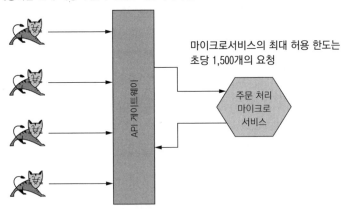

▲ **그림 5.6** 15개 이상의 클라이언트 애플리케이션이 초당 100개의 요청 할당량 내에서 작동 중일 때 API 게이트웨이가 실제 받는 부하의 합은 1,500개 이상이므로 마이크로서비스의 최대 허용 한도를 초과한다.

이러한 갑작스러운 요청 증가는 특별한 이벤트 기간에 발생할 수 있는데 이커머스 애플리케이션이라면 명절이나 블랙프라이데이 같은 특별 이벤트를 예로 들 수 있다. 갑작스러운 요청 증가를 사전에 예측할 수 있다면 필요한 기간 동안 목적지 서비스 계층을 확장하는 것도 좋은 방법이다.

매우 짧은 기간 동안 인기를 얻고 성장한 자동차 함께 타기 서비스를 운영 중인 고객과 확장 작업을 해봤지만 설계 제한으로 인해 안타깝게도 서비스 계층을 실제로 확장하지 못했다. 예상치 못한 빠른 성장으로 인해 금요일 저녁과 토요일에 비정상적으로 많은 트래픽이 발생했고 이로 인해 고객의 서비스 계층 확장에 실패해 수요가 가장 많은 시점에 비즈니스 손실이 발생했다.

이러한 전례 없는 갑작스러운 증가를 처리하려면 서비스의 최대 허용 한계를 알아야 한다. 최대 허용 한계에 맞게끔 정책을 적용하면 갑작스러운 요청 증가로 인한 가용성 상실이 발생하지 않지만 일부 사용자와 애플리케이션은 허용된 할당량 내에서 요청을 보내더라도 서비스를 받을 수 없게 된다. 절충안은 가능한 최대 허용량으로 운영해 시스템 장애나 모든 사용자나 애플리케이션이 서비스를 못 받는 상황을 초래하는 대신에 가능한 많은 사용자와 애플리케이션에게 서비스를 제공하는 것이다.

앞서 언급한 자동차 함께 타기 서비스를 운영했던 고객은 특정 기준 이상으로 확장할 수 없도록 만든 설계 제한을 수정하기 전까지 가능한 많은 사용자와 애플리케이션에게 서비스를 제공하는 절충안을 적용했다(그림 5.7 참고).

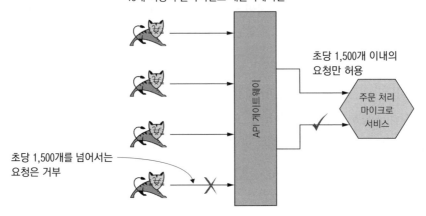

초당 100개의 요청 할당량 범위에서 독립적으로 운영 중인
15개 이상의 클라이언트 애플리케이션

초당 1,500개 이내의
요청만 허용

주문 처리
마이크로
서비스

API 게이트웨이

초당 1,500개를 넘어서는
요청은 거부

▲ **그림 5.7** API 게이트웨이는 마이크로서비스의 허용 가능한 최대 한도를 넘어서는 요청을 통과하지 못하도록 처리한다.

5.1.5 운영 관점에서의 요청 제한

API 게이트웨이에서 처리할 수 있는 API는 하나 이상의 마이크로서비스에 대한 추상화 수준을 제공할 수 있다. 다시 말하면, API는 마이크로서비스와 일대다 관계를 가질 수 있다. 3장에서 논의한 것처럼 마이크로서비스를 단일 API 처리 용도로만 운영하는 게 합리적일 때도 있는데, 이렇게 운영할 경우 API를 대상으로 하는 게 아니라 API의 작업별로 요청 제한을 적용해야 할 수도 있다.

예를 들어, 주문을 처리하는 마이크로서비스를 주문을 조회하는 역할의 마이크로서비스와 주문을 추가하는 마이크로서비스로 구성하는 경우가 있을 수 있다. 2개의 마이크로서비스를 HTTP GET 메서드로 /orders 요청이 올 때와 HTTP POST 메서드로 /orders 요청이 올 때 다른 작업을 하는 단일 API로 운영하면 작업별로 다른 할당량을 허용하는 게 좋다.

티켓 사업군의 고객과도 일한 경험이 있는데 해당 고객은 소비자가 티켓 구매와 티켓 검색까지 가능한 API를 사용했고 티켓 검색과 구매를 할 수 있는 사용자용 애플리케이션을 갖고 있었다. 티켓을 구매하기 위해서는 애플리케이션 로그인이 필요했지만 티켓 검색은 로그인 없이 익명으로도 가능했다. 고객은 티켓 구매보다는 티켓 검색 작업을 더 많이 처리했기 때문에 사용 패턴이 모니터링 결과 및 기대치와 일관성 있게 유지되도록 작업별로 할당량을 제한했다. 티켓 구매에 더 많은 할당량을 제공하는 게 수익 관점에서는 좋은 방법이지만 고객은 안정성 있는 운영을 원했고 사소한 이상 징후도 예방을 한 후에 합리적인 검증을 근거로 할당량을 조정했다(그림 5.8 참고).

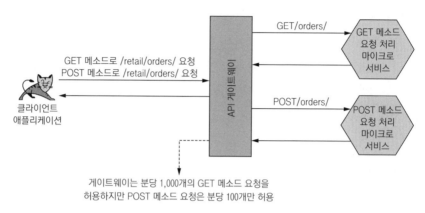

▲ **그림 5.8** 게이트웨이는 동일 API의 업무별로 다른 수준의 요청 제한을 적용한다.

5.1.6 OAuth 2.0 토큰 및 인가 처리 지점을 향한 요청 제한

지금까지 비즈니스 로직을 처리하는 API 요청 제한과 관련해서만 논의를 해왔는데 로그인 요청, 사용자 인증용 API나 인증 처리 지점을 향한 요청은 어떻게 제한해야 할까? 인증 처리 지점을 대상으로 한 서비스 거부 공격은 정당한 사용자가 API에 접근하기 위한 토큰을 얻지 못하게 하기 때문에 요청 제한을 적용하는 건 매우 중요하다.

여타 API와 달리 인증 관련 API는 사전 인증 단계에서 호출되어 요청을 제한하는 게 까다롭다. 인증 API에 접근하는 사람은 로그인을 요청 중이라 아직 인증을 받지 않은 상태이고 이 시점에 사용자가 제시하는 모든 자격증명은 유효하지 않을 수도 있어 필요한 검증을 거친 후에 정당한 사용자인지 평가할 수 있다. 만약 접근하는 게 공격자라면 인증 API의 처리 용량을 소진시키려 하기 때문에 다른 사용자의 정당한 인증 시도 요청을 처리할 수 없게 되는 경우도 있어 애플리케이션 기반이나 사용자별로 할당량을 공평하게 분배하는 방법을 실제로 적용하기는 어려운데, 이는 정당성에 대한 단서가 없는 상태라 인증을 받지 않은 시점에 애플리케이션이나 사용자를 식별하려는 시도는 의미가 없기 때문이다.

인증을 받지 않은 시점에는 IP 주소로 요청 생성자를 고유하게 식별하는 방법을 사용해야 하기 때문에 요청별로 출발지 IP 주소를 확인하고 IP 주소별로 할당량을 적용해야 한다. 출발지 IP 주소는 X-Forwarded-For 헤더를 사용해 확인 가능하다.[1] 규모가 크거나 인터넷에 연결된 애플리케이션이 있는 환경에서 X-Forwarded-For 헤더를 이용해 출발지 IP 주소를 확인하는 방법은 API 게이트웨이가 할 수 있는 범위 밖이라 API 게이트웨이 앞단에서 동작하고 있는 웹 방화벽을 활용해야 한다. 임퍼바^{Imperva}, 아카마이 테크놀로지스 ^{Akamai Technologies}, 클라우드플레어^{Cloudflare}와 아마존 웹 서비스^{Amazon Web Services}는 서비스 거부 공격 방어 기능까지 제공해주는 인기 있는 웹 방화벽 제품 제공업체다.

5.1.7 권한 기반 요청 제한

사용자 권한 수준에 따라 요청 제한을 적용하는 건 업계에서 흔하게 볼 수 있는 사례다. 더 높은 권한을 보유한 사용자는 더 낮은 권한을 보유한 사용자에 비해 더 많은 요청 할당량을 받을 수 있다. 유료 계정에 더 많은 할당량을 제공하는 반면에 무료 계정에게는 제한된 할당량을 제공하는 서비스를 흔하게 볼 수 있다.

4장에서 상세히 논의한 것처럼 사용자 권한 수준을 확인하고 클라이언트 애플리케이션에 요청 제한을 적용하는 데 OIDC 클레임을 사용할 수 있다. API 게이트웨이는 클라이언트 애플리케이션에서 보내온 요청을 가로채고 최종 사용자의 권한 수준을 확인한 다음 최종 사용자의 권한 수준에 근거해 요청 제한을 적용할 수 있다. API 게이트웨이는 클라이언트 애플리케이션에서 JWT(자가 수용적 액세스 토큰) 형태로 클레임을 받거나 인가 서버의 /userinfo 경로에 접근해 액세스 토큰에 관한 정보를 질의한다(그림 5.9 참고). OIDC를 처음 사용한다면 부록 A나 4장을 먼저 읽어봐야 한다.

---

1   X-Forwarded-For(XFF) HTTP 헤더는 HTTP 프록시나 로드밸런서를 통해 웹 서버와 통신하는 클라이언트의 실제 출발지 IP 주소를 확인할 수 있는 일반적인 방법이다.

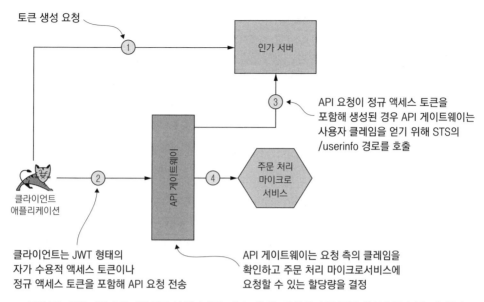

토큰 생성 요청

① 인가 서버

③ API 요청이 정규 액세스 토큰을
포함해 생성된 경우 API 게이트웨이는
사용자 클레임을 얻기 위해 STS의
/userinfo 경로를 호출

클라이언트
애플리케이션

② API 게이트웨이 ④ 주문 처리
마이크로
서비스

클라이언트는 JWT 형태의
자가 수용적 액세스 토큰이나
정규 액세스 토큰을 포함해 API 요청 전송

API 게이트웨이는 요청 측의 클레임을
확인하고 주문 처리 마이크로서비스에
요청할 수 있는 할당량을 결정

▲ **그림 5.9** 권한 기반 요청 제한 적용 시 처리 흐름. 게이트웨이는 요청 측의 클레임을 확인해 할당량을 결정한다.

5.2 프로메테우스와 그라파나를 사용한 모니터링 및 분석

근래 들어 **모니터링 및 분석**을 의미하는 용어로 **모니터링 가능성**observability을 많이 사용한다. 부록 D에서는 마이크로서비스 배포 모니터링의 중요성과 모놀리식 애플리케이션과 비교를 통해 모니터링이 중요한 이유를 다룬다. 5.2절에서는 프로메테우스와 그라파나에 초점을 맞춰 마이크로서비스를 모니터링할 수 있는 기술을 설명할 예정이다.

프로메테우스Prometheus는 마이크로서비스를 모니터링할 수 있는 인기 있는 오픈소스 도구인데 주어진 기간 동안 시스템 메트릭metric을 추적하고 소프트웨어 시스템의 장애 여부를 판단하는 데 도움을 준다. 메트릭은 메모리와 CPU 사용량을 포함한다.

그라파나Grafana는 데이터를 시각적으로 보여주는 오픈소스 도구이며, 프로메테우스나 다른 데이터 소스에서 제공한 메트릭을 시각화하는 대시보드를 구축하는 데 도움을 준다. 이 책을 쓰고 있는 시점을 기준으로 그라파나는 시장에서 가장 인기 있는 데이터 시각화 도구다. 프로메테우스도 자체 시각화 기능이 있지만 그라파나가 지원하는 기능이 훨씬 뛰어나다. 그라파나의 시각화는 프로메테우스보다 훨씬 더 유용하다.

5.2.1 주문 처리 마이크로서비스 모니터링

5.2.1절에서는 프로메테우스와 그라파나를 사용해 주문 처리 마이크로서비스를 모니터링하는 주제를 다룬다. 실습을 위해서는 도커(www.docker.com)가 실습 환경에 설치되어 있어야 한다. 도커에 대해서는 부록 E에서 상세히 다루고 있어 도커의 기본적인 내용을 5.2.1절에서 다루지는 않을 예정이다. 스프링 부트 프레임워크로 개발되어 URL을 통해 시스템 메트릭을 노출하는 주문 처리 마이크로서비스를 실행한 다음 URL에서 시스템 메트릭을 가져오는 프로메테우스와 프로메테우스에서 정보를 가져와 시스템 메트릭을 시각화해주는 그라파나까지 설치할 예정이다.

우선 https://github.com/microservices-security-in-action/samples 깃허브 저장소에서 받은 파일의 chapter05/sample02 디렉토리에 있는 예제를 확인하자. 명령행 도구를 사용해 chapter05/sample02 디렉토리에서 다음 명령을 실행해 주문 처리 마이크로서비스의 소스 코드를 빌드하자.

```
\> mvn clean install
```

빌드에 성공하면 다음 명령을 실행해 마이크로서비스를 실행할 수 있다.

```
\> mvn spring-boot:run
```

명령 실행 결과 다음과 같은 메시지를 화면에 노출한다면 주문 처리 마이크로서비스가 정상적으로 실행 중이란 뜻이다.

```
Started SpringPrometheusApplication in 3.206 seconds
```

프로메테우스가 주문 처리 마이크로서비스를 모니터링할 수 있으려면 마이크로서비스가 공개적으로 접근 가능한 처리 지점에서 메트릭을 노출해줘야 한다. 프로메테우스는 처리 지점에 접근해 주문 처리 마이크로서비스의 다양한 메트릭을 읽어오는데, **스크래핑** scraping이라 부르는 이러한 작업은 추후 상세히 다룰 예정이다. 메트릭을 어떻게 노출하는지 살펴보기 위해 웹 브라우저를 열어 http://localhost:8080/actuator/prometheus 에 접근해보면 리스트 5.2와 같은 응답 메시지를 확인할 수 있다.

```
# system_load_average_1m 값 입력
system_load_average_1m 2.654296875
# 메모리 관리에 사용할 수 있는 바이트 단위의 최대 메모리양
# jvm_memory_max_bytes 값 입력
jvm_memory_max_bytes{area="nonheap",id="Code Cache",} 2.5165824E8
jvm_memory_max_bytes{area="nonheap",id="Metaspace",} -1.0
jvm_memory_max_bytes{area="nonheap",id="Compressed Class Space",} 1.073741824E9
jvm_memory_max_bytes{area="heap",id="PS Eden Space",} 6.2652416E8
jvm_memory_max_bytes{area="heap",id="PS Survivor Space",} 4.456448E7
jvm_memory_max_bytes{area="heap",id="PS Old Gen",} 1.431830528E9
# 파일 설명자의 최대 수
# process_files_max_files 값 입력
process_files_max_files 10240.0
# 프로세스 시작 시간을 1970년 1월 1일 00:00:00 이후 얼마나 경과했는지로 표기(유닉스 시간 표기)
# process_start_time_seconds 값 입력
process_start_time_seconds 1.552603801488E9
# 전체 시스템에 대한 최근 CPU 사용량
# system_cpu_usage 값 입력
system_cpu_usage 0.0
```

리스트 5.2를 통해 확인 가능한 메트릭 유형을 관찰 및 파악할 수 있는데, 예를 들어 jvm_memory_max_bytes 메트릭은 자바 가상 머신이 소비하고 있는 메모리 사용량을 의미하고 process_start_time_seconds 메트릭은 프로세스 시작 후 경과된 시간을 의미한다. 시스템 메트릭 정보를 노출하기 위해서는 주문 처리 마이크로서비스의 스프링 부트 프로젝트에 다음 dependency들을 추가해줘야 하는데 실습한 예제에서는 sample02 디렉토리의 pom.xml 파일에 포함하고 있다.

```
<dependency>
  <groupId>org.springframework.boot</groupId>
  <artifactId>spring-boot-starter-actuator</artifactId>
</dependency>
<dependency>
  <groupId>io.micrometer</groupId>
  <artifactId>micrometer-registry-prometheus</artifactId>
</dependency>
```

런타임 시 시스템 메트릭을 노출하려면 sample02/src/main/resources 디렉토리의 application.properties 파일 내 다음 속성을 활성화해야 한다.

```
management.endpoints.web.exposure.include=prometheus,info,health
management.endpoint.prometheus.enabled=true
```

이제 주문 처리 마이크로서비스에서 메트릭을 노출할 준비를 완료했다. 다음 단계는 주문 처리 마이크로서비스가 노출하는 메트릭을 읽을 수 있도록 프로메테우스를 설정하고 시작시키는 것이다. 이번 실습에서는 프로메테우스를 먼저 시작한 다음 그라파나 컨테이너를 시작하는 docker-compose 스크립트를 만들었다. 명령행 도구를 사용해 sample02/monitoring 디렉토리로 이동해 다음 명령을 실행하자.

```
\> docker-compose -f docker-compose.yml up
```

컨테이너를 처음 시작한다면 도커 허브^{Docker Hub}(https://hub.docker.com/)에서 컨테이너 이미지를 다운로드하고 실습 PC의 도커 레지스트리에 복사하는 과정이 있어 시간이 좀 더 걸리며, 다음 실행부터는 빠르게 컨테이너를 시작할 수 있다. 컨테이너를 성공적으로 실행하면 다음과 같은 메시지를 확인할 수 있다.

```
Starting prometheus ... done
Starting grafana    ... done
```

프로메테우스가 실제 작동 중인지 확인하려면 브라우저에서 새 탭을 열고 http://localhost:9090에 접속해보자. 상단 메뉴 리스트에서 Status 드롭다운 메뉴를 클릭한 후에 Targets을 선택하자. UP 상태로 order-processing이라고 쓰여 있는 주문 처리 마이크로서비스를 볼 수 있다.[2] 가장 최근에 메트릭 정보를 가져온 시점이 언제인지에 관한 마지막 스크래핑^{Last Scrape} 정보도 확인 가능한데, 이는 스프링 부트 서비스에서 노출하는 메트릭을 읽어올 수 있음을 의미한다.

---

2 리눅스 환경에서 실습할 경우 Get http://host.docker.internal:8080/actuator/prometheus: dial tcp: lookup host. docker.internal on 127.0.0.11:53: no such host 오류 메시지를 확인할 수 있는데 텍스트 편집기로 sample02/ monitoring/prometheus 디렉토리에 있는 prometheus.yml 파일의 host.docker.internal을 사용 중인 IP 주소로 변경하면 실습을 진행할 수 있다. 127.0.0.1로 변경해도 오류가 발생하니 192.168.5.130과 같은 인터페이스에 실제 할당된 IP로 변경이 필요함에 주의하자. – 옮긴이

이제 **Graph** 메뉴를 클릭해보자. 프로메테우스 UI는 다양한 메트릭을 질의할 수 있게 해준다. 자바 가상 머신이 얼마나 많은 메모리를 소비하고 있는지 확인하려면 jvm_memory_used_bytes를 텍스트 박스에 입력하고 **Execute** 버튼을 눌러보자. **Graph** 탭은 일정 기간 동안 소비한 메모리를 시각화해 보여주고(그림 5.10 참고), **Console** 탭은 특정 순간의 정확한 값을 보여준다.

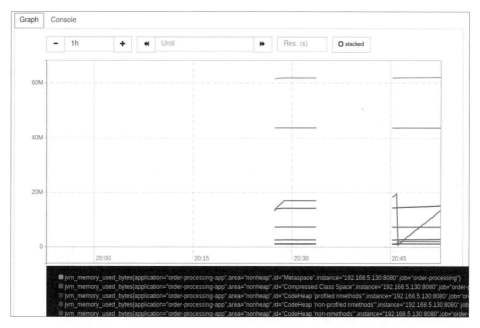

▲ **그림 5.10** 프로메테우스 UI에서 볼 수 있는 jvm_memory_used_bytes 메트릭의 그래프

프로메테우스가 주문 처리 마이크로서비스의 메트릭을 가져오는 방법을 이해하려면 프로메테우스 설정 파일인 sample02/monitoring/prometheus 디렉토리의 prometheus.yml을 열어봐야 한다. 리스트 5.3은 프로메테우스가 주문 처리 마이크로서비스와 메트릭을 찾는 데 필요한 설정 정보다.

```
scrape_configs:
- job_name: 'order-processing'
  scrape_interval: 10s ◄─── order-processing 작업의 메트릭을 수집할 빈도 정의
  metrics_path: '/actuator/prometheus' ◄─── 주문 처리 마이크로서비스의 메트릭을 노출하고 있는 경로 정의
static_configs:
  - targets: ['host.docker.internal:8080'] ◄─── order-processing 작업의 메트릭 수집을 위해
    labels:                                      모니터링할 호스트 나열
      application: 'order-processing-app'
```

디폴트 상태의 프로메테우스 UI로 마이크로서비스를 모니터링하기 위해서는 주요 파라미터명을 알아야 한다. 마이크로서비스 배포 상태를 전반적으로 확인하려는 목적이라면 프로메테우스 사용은 큰 도움이 되지는 않는다. 그라파나는 배포 상태를 전반적으로 확인할 수 있도록 시각화와 대시보드 구축을 지원해준다. 더 보기 좋은 화면을 구성하기 위해 그라파나에 대시보드를 만드는 방법을 살펴보자.

현재 그라파나 컨테이너는 실행 중이라 바로 사용이 가능하다. 새 브라우저 탭을 열어 http://localhost:3000에 접속한 후 사용자명에 admin, 비밀번호에 password를 입력해 로그인한 다음 그라파나에 대시보드를 설치해보자. 왼쪽 메뉴 모음에서 Create를 선택한 후 Import를 클릭하면 나오는 메뉴에서 Upload .json File 버튼을 클릭한 후 sample02/monitoring/grafana 디렉토리의 dashboard.json 파일을 업로드한다.

다음 화면에서 Prometheus 필드 외에는 디폴트값을 유지하고 Prometheus 필드의 데이터 출처를 Prometheus로 선택하고 Import 버튼을 누르자.

왼쪽 메뉴 모음에서 Dashboards를 선택한 후 Manage 링크를 클릭하면 JVM (Micrometer)이라는 대시보드가 보여야 한다. 대시보드를 클릭하면 UI상에 위젯들이 보이는 것을 확인할 수 있다. 위젯들은 Quick Facts, I/O Overview, JVM Memory 등과 같이 여러 영역으로 나뉘어 있다. 처음에는 위젯을 불러오는 데 시간이 조금 걸릴 수도 있다. 위젯을 모두 불러오면 그림 5.11과 유사한 화면을 볼 수 있다.

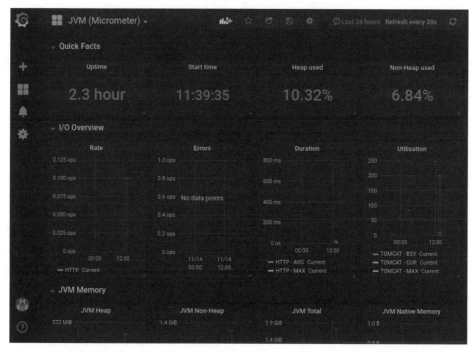

▲ **그림 5.11** 마이크로서비스 메트릭을 보여주는 그라파나 대시보드. 프로메테우스는 정기적으로 메트릭을 수집한다. 그라파나는 PromQL을 사용해 프로메테우스에 질의하고 메트릭을 시각화해 화면에 노출한다.

그라파나는 주문 처리 마이크로서비스가 노출하는 메트릭을 훨씬 더 사용자 친화적으로 보여준다. 그라파나가 프로메테우스의 데이터에 질의하는 방법을 이해하려면 sample02/monitoring/grafana/provisioning/datasources 디렉토리의 datasource.yml 파일을 살펴봐야 한다. 해당 파일은 그라파나가 연결하고 데이터를 질의할 수 있는 프로메테우스 URL을 명시하고 있다. sample02/monitoring/grafana 디렉토리의 dashboard.json 파일은 JSON 형태로 개별 위젯이 시각화해 보여주는 메트릭의 유형을 정의한다. 예를 들어, 대시보드상에서 Uptime 패널을 시각화해 보여주는 JSON 코드는 다음과 같다.

```
"targets": [
{
"expr": "process_uptime_seconds{application=\"$application\",
instance=\"$instance\"}",
  "format": "time_series",
```

```
  "intervalFactor": 2,
  "legendFormat": "",
  "metric": "",
  "refid": "A",
  "step": 14400
}
],
"thresholds": "",
"title": "Uptime",
```

지금까지 프로메테우스로 마이크로서비스에서 메트릭을 수집하고 그라파나로 메트릭을 시각화해봤다.

5.2.2 프로메테우스 메트릭 모니터링의 동작원리

시스템을 모니터링하고 경보를 보내주는 오픈소스 도구인 프로메테우스는 커뮤니티 자체적으로 관리하고 있는 독립적인 프로젝트다. 프로메테우스는 클라우드 네이티브 컴퓨팅 재단CNCF, Cloud Native Computing Foundation의 일부이며 해당 재단의 두 번째 프로젝트다. 이 책을 쓰는 시점에 클라우드 네이티브 컴퓨팅 재단에서 마무리한 프로젝트는 10개이고 프로메테우스도 그중 하나다.

프로메테우스는 사용 가능한 가장 인기 있는 오픈소스 모니터링 도구이기도 하다. 마이크로서비스를 모니터링하기 위해 프로메테우스를 사용한다면 프로메테우스의 동작원리 몇 가지를 이해하고 있어야 한다.

모니터링 용도로 마이크로서비스에서 데이터 수집

프로메테우스는 주기적인 간격으로 마이크로서비스에서 메트릭 데이터를 가져오는데 이러한 절차는 **스크래핑**으로 알려져 있다. 개별 마이크로서비스는 프로메테우스가 스크래핑할 수 있도록 메트릭 정보를 노출하는 처리 지점을 갖고 있어야만 한다. 프로메테우스 서버는 해당 처리 지점에 주기적으로 연결해 모니터링 용도로 필요한 정보를 가져온다.

프로메테우스는 또한 수명이 짧은 프로세스들을 지원하기 위해 푸시^{push} 게이트웨이도 갖고 있다. 프로메테우스가 스크래핑할 만큼 오래 지속되지 않는 프로세스들은 프로세스가 사라지기 전에 메트릭을 푸시 게이트웨이로 밀어 넣어줄 수도 있다. 루시 게이트웨이는 더 이상 존재하지 않는 프로세스의 메트릭 캐시 역할을 한다.

시계열 데이터의 의미

프로메테우스는 밀리초 단위로 시계열 DB에 메트릭을 저장한다. 시계열 DB는 시간대별로 다양한 메트릭 기록을 포함한다. 프로메테우스는 메트릭을 일정한 기간 동안 저장하며 일반적으로 시간대별 선 그래프로 표현한다.

프로메테우스의 메트릭 정의

프로메테우스의 **메트릭**^{metric}은 메트릭 이름과 레이블을 모두 사용해 식별한 변경 불가능한 데이터 블록이다. 메트릭을 타임스탬프^{timestamp} 유형으로 저장하고 메트릭 이름과 레이블이 주어지면 시계열은 다음과 같은 형태로 식별된다.

```
<metric_name>={<label_name>=<label_value>, . . . .}
```

예를 들어, HTTP 요청 수 합계를 가져오는 메트릭은 다음과 같은 형태를 띠고 있다.

```
http_requests_total={method="POST", path="/menu", type="JSON"}
```

그림 5.12는 프로메테우스의 아키텍처를 보여준다.

개별 마이크로서비스는 프로메테우스가 메트릭 정보를 스크래핑할 수 있는 처리 지점을 노출해야 한다. 처리 지점을 노출할 때는 유선으로 전달하는 정보를 침입자로부터 안전하게 보호하기 위해 TLS를 사용하는지와 OAuth 2.0이나 Basic 인증 같은 인증 메커니즘을 적용해 처리 지점을 보호하는지 확인해야 한다.

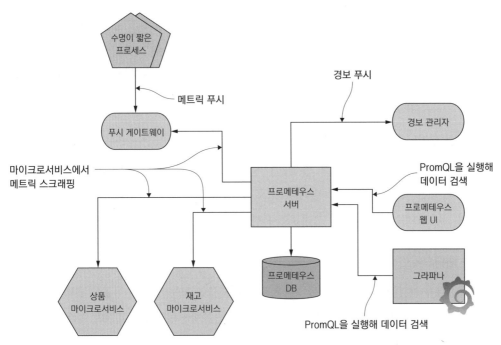

▲ **그림 5.12** 프로메테우스 서버는 마이크로서비스와 푸시 게이트웨이의 메트릭을 스크래핑한다. 스크래핑한 메트릭은 경보를 보내기 위해 사용한다. 프로메테우스 웹 UI와 그라파나는 PromQL로 프로메테우스에서 시각화를 위한 데이터를 조회한다.

5.3 OPA를 사용해 API 게이트웨이에 접근 제어 정책 적용

5.3절에서는 API 게이트웨이에 OPA^{Open Policy Agent}를 적용해 주문 처리 마이크로서비스 접근을 통제하는 방안을 살펴볼 예정이다. 여기서 API 게이트웨이는 정책 적용 지점으로 동작한다. OPA는 마이크로서비스에 의존하지 않는 경량 다용도 정책 엔진이다. OPA를 사용해 세분화된 접근 제어 정책을 정의하고 마이크로서비스 그룹 내 다른 지점에 정책을 적용할 수 있다.

2장에서는 OAuth 2.0 권한 범위를 사용해 마이크로서비스 접근을 통제하는 방안을 살펴봤다. 서비스 코드를 수정해 서비스 수준에서 OAuth 2.0 권한 범위 기반 접근 제어를 적용했는데 이는 좋은 방법이 아니다. 접근 제어 정책은 비즈니스 요구사항이 바뀌면 진화하기 때문에 접근 제어 정책을 바꿔야 할 때마다 마이크로서비스 코드를 변경하는 건 좋은 방법이 아니다.

OPA는 접근 제어 정책을 구체화하고 요청이나 응답 경로 어디든 접근 제어 정책을 적용할 수 있도록 도와준다. 그림 5.13은 OPA로 인가 정책을 적용하기 위해 API 게이트웨이가 클라이언트 요청을 가로챌 때 발생하는 작업 흐름을 보여준다. OPA 엔진은 API 게이트웨이 외부의 다른 프로세스에서 실행되고 API 게이트웨이는 HTTP 프로토콜로 OPA 엔진과 통신을 한다. OPA에 대해 상세히 알고 싶다면 부록 F를 읽어보자.

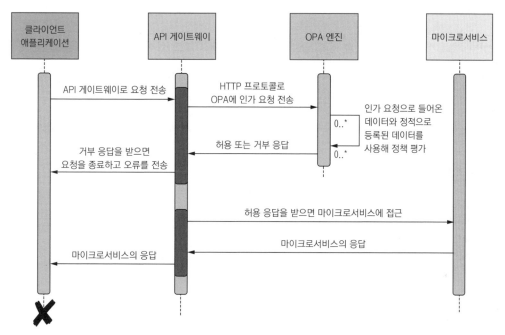

▲ **그림 5.13** OPA를 사용해 인가 정책을 적용하기 위해 API 게이트웨이가 클라이언트 요청을 가로챌 때 발생하는 작업의 흐름

5.3.1 도커 컨테이너로 OPA 실행

OPA를 도커 컨테이너로 시작하는 게 가장 간단하고 쉬운 방법이다. 프로메테우스 예제처럼 이 책의 예제를 실행하려면 실습 환경에 2장에서 언급한 필요 소프트웨어들과 함께 도커를 설치하고 실행해야 한다.

우선 https://github.com/microservices−security−in−action/samples의 chapter05/
sample03 경로에서 예제들을 확인하자. 예제를 실행하기 위해서는 OPA 도커 컨테이너
를 시작해야 한다(도커를 처음 사용한다면 부록 E 참고). 명령행 도구를 사용해 chapter05/
sample03 디렉터리에서 다음 명령을 실행하자. run_opa.sh 스크립트는 OPA 서버를
실습 환경의 8181 포트에서 동작하게 만들기 때문에 다른 프로세스가 8181 포트를 이미
점유하고 있는지 확인해야 한다. run_opa.sh 파일을 수정하면 포트 변경도 가능하다.

```
\> sh run_opa.sh
```

OPA 컨테이너를 성공적으로 실행하면 다음과 같은 메시지를 확인할 수 있다. OPA 컨
테이너를 처음 시작한다면 도커 레지스트리에서 OPA 도커 이미지를 다운로드하는 데
시간이 걸릴 수도 있고 다음 실행부터는 빠르게 시작할 수 있다.

```
{
  "addrs":[
    ":8181"
  ],
  "insecure_addr":"",
  "level":"info",
  "msg":"Initializing server.",
  "time":"2020-11-15T19:23:13Z"
}
```

5.3.2 OPA 엔진에 데이터 제공

이제 OPA 엔진이 실행 중이고 8181 포트로 접근 가능해 정책 실행에 필요한 데이터를
등록해야 한다. 리스트 5.4는 리소스의 경로들을 선언한 내용이다. 이러한 리소스들은
주문 처리 마이크로서비스에 해당하는 하나 이상의 리소스를 나타낸다. 개별 리소스들은
리소스와 관련한 id, path, method, scopes 모음을 갖는다. OPA의 REST API들은 이러한
유형의 데이터 모음 등록을 허용한다. 리스트 5.4는 chapter05/sample03 디렉터리의
order_policy.json 파일 내용이다. 파일의 내용은 개별 리소스가 자신에게 접근 시 필요
한 권한 범위를 선언해놓은 서비스 경로(리소스)의 모음이다.

```
[
{
  "id": "p1",  ◄─── 리소스 경로 식별자
  "path": "orders",  ◄─── 리소스 경로
  "method": "POST",  ◄─── HTTP 메서드
  "scopes": ["create_order"]  ◄─── HTTP POST 메서드로 orders 리소스에 접근할 때 필요한 권한 범위
},
{
  "id": "p2",
  "path": "orders",
  "method": "GET",
  "scopes": ["retrieve_orders"]
},
{
  "id": "p3",
  "path": "orders/{order_id}",
  "method": "PUT",
  "scopes": ["update_order"]
}
]
```

chapter05/sample03 디렉토리에서 다음 curl 명령을 실행해 OPA 서버에 데이터를 등록할 수 있다.

```
\> curl -v -H "Content-Type: application/json" \
-X PUT --data-binary @order_policy.json \
http://localhost:8181/v1/data/order_policy
```

요청을 정상적으로 실행하면 HTTP 응답 상태 코드 204를 응답 메시지로 확인할 수 있다. data 뒤에 있는 OPA 처리 지점의 order_policy 요소가 중요하다. OPA는 order_policy를 사용해 밀어 넣어준[push] 데이터의 패키지 이름을 얻는다. OPA 서버로 밀어 넣어준 데이터는 data.order_policy 패키지 이름으로 등록된다. 더 상세한 내용은 부록 F에서 확인할 수 있다. 다음 curl 명령을 실행해 데이터를 성공적으로 OPA 엔진에 등록했는지 확인할 수 있다. 요청을 성공적으로 보내면 리소스 정의의 내용을 화면에 출력해야 한다.

```
\> curl http://localhost:8181/v1/data/order_policy
```

OPA 엔진을 정책에 필요한 데이터로 초기화하면 다음 단계는 OPA에 접근 제어 정책을 구현하고 배포하는 것이다.

5.3.3 OPA 엔진에 접근 제어 정책 제공

OPA 서버에 인가 정책을 배포하는 방법을 살펴보자. 인가 정책들은 액세스 토큰을 사용해 리소스에 접근하는 사용자/시스템이 해당 리소스에 접근하는 데 필요한 권한 범위를 갖고 있는지를 확인한다. 주문 처리 마이크로서비스는 인가를 처리하기 위해 OPA 정책을 사용한다.

OPA 정책은 Rego라 불리는 선언형 언어를 사용해 작성한다. Rego는 파이썬이나 JSONPath와 유사한 구문을 사용하면서 중복 문서 탐색과 데이터 변환을 풍부하게 지원한다. Rego로 작성한 개별 OPA 정책은 마이크로서비스에 적용해야 하는 규칙 모음이다.

주문 처리 마이크로서비스에 접근하는 데 필요한 토큰이 마이크로서비스가 요구하는 권한 범위를 포함하고 있는지를 확인하는 리스트 5.5의 정책을 살펴보자.

리스트 5.5 Rego로 작성한 OPA 정책

모든 요청은 디폴트로 거부 처리. allow 값을 false로 설정하지 않고 어떠한 허용 규칙도
일치하지 않는 경우 OPA는 사전에 정의한 결정이 아님을 반환

```
package authz.orders  ◄──── 정책의 패키지 이름

import data.order_policy as policies  ◄──── 리스트 5.4처럼 order_policy가 식별하는
                                             정적으로 등록된 데이터 집합 선언
default allow = false

allow {  ◄──── 리소스에 대한 접근을 허용하는 조건 선언
  policy = policies[_]  ◄──── policies 배열에 정의한 값을 반복
  policy.method = input.method  ◄── 메서드 파라미터값과
  policy.path = input.path       │   policy.method 값의 일치 여부를 확인
  policy.scopes[_] = input.scopes[_]
}
```

리스트 5.5에서 패키지 선언은 정책 식별자다. 특정 입력 데이터와 대응하는 정책을 평가하려면 JSON 형식의 입력 데이터를 사용해 HTTP POST 메서드로 http://localhost:8181/

v1/data/authz/orders에 요청을 보내야 한다. 여기서는 /authz/orders URL로 정책을 참조하는데, 마침표(.)를 슬래시(/)로 대체하면 리스트 5.5 앞부분의 정책 패키지 이름과 동일하다.

sample03 디렉토리의 orders.rego 파일에서 리스트 5.5에서 확인한 정책을 확인할 수 있다. chapter05/sample03 디렉토리에서 다음 명령을 실행하면 OPA에 정책을 등록할 수 있다.

```
\> curl -v -X PUT --data-binary @orders.rego \
http://localhost:8181/v1/policies/orders
```

정책을 성공적으로 등록했는지 여부는 다음 명령을 실행해 확인 가능하며, 성공적으로 등록했다면 정책의 내용을 응답 메시지로 받을 수 있다.

```
\> curl http://localhost:8181/v1/policies/orders
```

5.3.4 OPA 정책 평가

데이터와 정책을 가진 OPA 정책 엔진을 실행하면 특정 작업을 수행할 수 있도록 인가받았는지를 확인하기 위해 REST API를 사용할 수 있다. OPA 정책 엔진에 요청을 보내기 위해서는 우선 OPA 입력 문서를 만들어야 한다. 입력 문서는 OPA에 접근하는 사용자의 상세 정보를 OPA에게 알려준다.

입력 문서는 정책에 제공되어 정적으로 정의된 데이터 집합과 비교해 결정을 내릴 수 있게 해주고 비즈니스 기능 수행을 위한 API 요청 제공 시 마이크로서비스나 API 게이트웨이에서 JSON 형태로 OPA 엔진에 제공한다. 리스트 5.6은 주문 처리 마이크로서비스가 제공하는 특정 요청의 정보를 포함하는 입력 문서의 예를 보여준다.

리스트 5.6 OPA 입력 문서(input_true.json)

```
{
  "input":{
    "path":"orders",
    "method":"GET",
```

```
  "scopes":["retrieve_orders"]
  }
}
```

리스트 5.6의 입력 문서는 마이크로서비스가 HTTP GET 메서드로 orders 경로에 요청을
보내고 있음을 OPA에게 알려주고 주문 처리 마이크로서비스에 접근하는 사용자나 토큰
에 관한 권한 범위가 retrieve_orders임을 알려준다. OPA는 정책에서 선언하는 규칙을
평가하기 위해 입력 문서가 포함하는 데이터와 정적으로 선언된 데이터를 사용한다.

특정 입력 결과가 참인지 거짓인지 판단하기 위해 REST API를 사용해 OPA 엔진에 질의
해보자. chapter05/sample03 디렉터리의 input_true.json 파일에서 정의한 입력 문서
를 사용해 실제 사례를 평가하기 위해 chapter05/sample03 디렉터리에서 다음 명령을
실행해보자.

```
\> curl -X POST --data-binary @input_true.json \
http://localhost:8181/v1/data/authz/orders -v
```

명령을 실행하면 HTTP 응답 상태 코드 200과 다음과 같은 응답 메시지를 확인할 수 있
는데 이는 input_true.json 파일에서 정의한 세부 정보가 OPA에 등록된 정책 내 규칙
중 하나와 일치함을 의미한다. 앞서 논의한 것처럼 OPA의 처리 지점(접근 경로)은 평가하
려는 정책의 패키지 이름인 authz.orders에서 유래해 authz/orders가 되는 것이다(리스트
5.5 참고).

```
{"result":{"allow":true}}
```

input_false.json 파일을 사용해 동일한 curl 명령을 실행하면 HTTP 응답 상태 코드
200과 다음과 같은 응답 메시지를 확인할 수 있는데, 이는 주어진 권한 범위로는 리소스
에 접근할 권리가 없음을 의미한다.

```
{"result":{"allow":false}}
```

5.3.5 OPA 사용 시 참고사항

5.3절에서 다뤘던 OPA 사용 사례에 관한 몇 가지 제한사항과 참고사항을 논의해보자. 제한사항을 해결하는 방법은 부록 F에서 배울 수 있다.

- 정책 평가를 위한 OPA 서버와 연결 과정은 적절히 보호받지 않고 있다. OPA를 보호하기 위한 다양한 옵션들이 있고 이는 부록 F에서 다룬다.
- OPA 서버는 도커 컨테이너로 동작하고 API를 사용해 OPA 서버로 보내진 모든 정책과 데이터는 서버를 재시작하면 사라진다. 서버 재시작 시 정책과 데이터가 사라지는 이슈를 해결하는 방법은 부록 F에서 논의한다.
- 5.3절의 예제에서는 curl 클라이언트만 사용해 주어진 요청이나 입력 문서에 대응하는 OPA 정책을 평가한다. OPA를 Zuul API 게이트웨이와 연결하려면 리스트 5.1에서 사용한 ThrottlingFilter와 유사한 Zuul 필터를 작성해야 한다. Zuul 필터는 요청을 가로채고 입력 문서를 생성한 다음 인가된 요청인지를 확인하기 위해 OPA와 통신해야 한다.

요약

- 애플리케이션을 대상으로 한 할당량 기반 요청 제한 정책 적용은 API/마이크로서비스로 수익을 내고 특정 애플리케이션이 API/마이크로서비스를 과도하게 소비하지 않도록 제한하는 데 도움을 준다.
- 모든 사용자가 공평한 요청 할당량을 받을 수 있도록 공평한 사용량 정책을 애플리케이션에 적용해야 한다.
- 사용자 권한 기반 요청 제한은 권한 수준이 다른 사용자에게 다른 할당량을 허용하는 데 유용하다.
- API 게이트웨이는 마이크로서비스 그룹에 요청 제한 규칙을 적용할 수 있게 해준다.
- 프로메테우스는 이 책을 쓰는 시점에 가장 인기 있는 오픈소스 모니터링 도구다.
- 그라파나는 프로메테우스가 수집한 데이터 시각화에 유용한 도구다.
- OPA는 마이크로서비스 그룹을 향한 접근을 통제하는 데 도움을 준다.

- 다양한 접근 제어 규칙을 적용하기 위해 OPA 데이터, OPA 입력 데이터 및 OPA 정책을 함께 사용한다.
- 5장의 모든 예제는 인증서 설치 과정을 생략하고 필요시 유선 네트워크상의 메시지를 조사할 수 있도록 HTTPS가 아닌 HTTP 프로토콜을 사용한다. 상용 환경에서 HTTP 프로토콜 사용은 권장하지 않는다.

Part 3

서비스 간 통신

2부에서 외부 경계에 위치한 마이크로서비스를 보호하는 방법을 배웠다. 클라이언트 애플리케이션의 요청이 경계 지점의 보안을 통과해 마이크로서비스 그룹 내부로 전달된 후에는 마이크로서비스 간의 통신을 보호해야 한다. 3부에서는 마이크로서비스 간의 통신 보호에 대한 주제를 다룬다.

6장은 mTLS^{mutual Transport Layer Security}를 사용해 마이크로서비스 간 HTTP 통신을 보호하는 방법을 설명한다.

7장에서는 JWT^{JSON Web Token}를 사용해 마이크로서비스 간 컨텍스트 데이터(웹 최종 사용자 컨텍스트)를 공유하는 방법을 배운다.

모든 마이크로서비스가 마이크로서비스 간 HTTP 통신에 JSON을 사용하는 건 아니며 gRPC는 이미 JSON 대안으로 널리 사용하고 있는 방법이다. 8장에서는 mTLS와 JWT를 사용해 gRPC 프레임워크상에서 발생하는 마이크로서비스 간의 통신을 보호하는 방법을 다루며, 9장에서는 반응형 마이크로서비스를 보호하는 방법을 알아볼 예정이다. 9장은 카프카^{Kafka}를 메시지 브로커^{message broker}로 설치하는 방법과 카프카 토픽^{topic}에 접근 통제를 적용하는 방법까지 다룬다.

3부를 다 읽고 나면 마이크로서비스 환경에서 HTTP나 gRPC로 발생하는 서비스 간 통신을 보호하는 방법과 반응형 마이크로서비스를 보호하는 방법을 알게 된다.

6

인증서를 사용해 내부 시스템 (서비스) 간의 트래픽 보호

6장에서 다루는 내용

- 키/인증서 생성과 mTLS로 마이크로서비스 보호
- 인증서 프로비저닝, 신뢰 부트스트래핑, 인증서 해지의 어려움

2부에서는 API 게이트웨이를 통해 마이크로서비스를 API 형태로 노출하고 보호하는 방법과 요청 제한이나 모니터링 등의 기타 서비스 품질 기능을 적용하는 방법을 논의했다. 이런 방법들은 일반적인 마이크로서비스 배치 구조의 외부 경계 보안의 전부라 할 수 있다. **외부 경계 보안**은 최종 사용자 인증 및 인가를 처리하는데, 최종 사용자는 사람이나 다른 시스템을 대신해 마이크로서비스에 접근하는 시스템이다. 경계 지점에서 보안 검증 절차를 통과하면 최종 사용자 컨텍스트를 상위 마이크로서비스로 전달한다.

6장에서는 mTLS를 사용해 마이크로서비스 간 통신을 보호하는 방법을 논의할 예정이다. mTLS^mutual Transport Layer Security^는 마이크로서비스 간 통신을 보호할 목적으로 가장 많이 사용하는 옵션이다.

6.1 mTLS를 사용하는 이유

몇 가지를 예로 들면, 아마존에서 상품을 구매할 때 신용카드 정보는 TLS 프로토콜을 사용해 브라우저에서 아마존 서버로 이동하기 때문에 아무도 중간에서 신용카드 정보를 확인할 수 없다. 페이스북에 로그인할 때 자격증명 정보는 TLS 프로토콜을 사용해 브라우저에서 페이스북 서버로 이동하고 아무도 중간에서 통신을 가로채서 내용을 확인할 수 없다.

TLS는 기밀성과 무결성 유지를 위해 참여자들의 통신을 보호하는데, 수년 전부터 관행적으로 TLS를 사용해 전송 데이터를 보호해왔다. 최근 사이버 보안 위협이 증가함에 따라 데이터 보안에 심각한 우려가 있는 비즈니스는 TLS를 필수 적용하기 시작했다. 2018년 7월부터 구글^{Google} 크롬 브라우저 버전 68.0.0 이상은 TLS를 지원하지 않는 모든 웹사이트에 접속 시 안전하지 않다는 메시지를 출력하기 시작했다(http://mng.bz/GVNR).

기밀성과 무결성 유지를 위한 전송 데이터 보호 기능 외에도 TLS는 클라이언트 애플리케이션이 통신 상대방 서버를 식별할 수 있게 해준다. 아마존 예에서 클라이언트 애플리케이션인 브라우저가 TLS로 아마존과 통신할 때 TLS 기반으로 구축한 보안 모델과 인프라로 인해 통신하는 상대방을 알게 된다. 아마존이 서비스에 TLS를 적용해 노출하려고 한다면 통신 대상 클라이언트 애플리케이션이 신뢰할 수 있는 유효한 인증서가 필요하다.

인증서는 해당 서버의 공개키와 서버의 호스트명(일반 이름$^{common name}$)을 포함하고 있다. 예를 들어, 아마존의 공개 인증서(그림 6.1 참고)는 공개키와 www.amazon.com 호스트명을 결합한다. TLS 적용 시 클라이언트와 서버 간에 신뢰를 구축하는 게 가장 중요하고 어려운 부분이다.

6.1.1 인증기관을 이용해 클라이언트와 서버 간에 신뢰 구축

아마존과 아마존에 접근하는 모든 브라우저(클라이언트 애플리케이션) 간에 신뢰를 구축하려면 어떻게 해야 할까? 모든 클라이언트 애플리케이션이 알고 있고 신뢰할 수 있는 제3자가 서명한 인증서를 사용하는 방법이 있다. 신뢰할 수 있는 제3자를 **인증기관**^{CA,} $_{certificate\ authority}$이라 한다. TLS를 적용한 웹 서비스를 제공하려는 모든 기업은 신뢰할 수 있는 인증기관에서 서명한 인증서를 받아야만 한다.

전 세계에서 사용 가능한 신뢰할 수 있는 인증기관은 많지 않으며 인증기관의 공개키는 모든 브라우저가 내장하고 있다. 브라우저가 아마존과 TLS 통신을 할 때 브라우저가 내장하고 있는 인증기관의 공개키에 대한 서명을 확인해 아마존의 인증서가 유효한지(위조하지 않았는지)를 검증할 수 있다. 인증서는 아마존의 호스트명을 포함하고 있어 브라우저는 올바른 서버와 통신을 하는지 알 수 있다. 그림 6.1은 인증기관(DigiCert Global)이 www.amazon.com에 발급한 인증서를 보여준다.

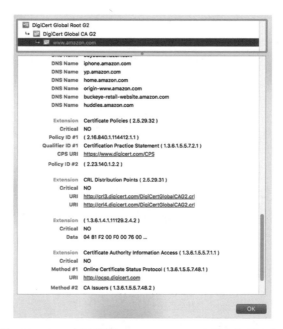

▲ **그림 6.1** 인증기관(DigiCert Global)이 발급한 www.amazon.com의 인증서. 인증서는 www.amazon.com과 통신하는 클라이언트가 서버를 식별할 수 있게 해준다.

6.1.2 mTLS는 클라이언트와 서버가 서로를 식별하도록 지원

TLS는 클라이언트가 통신 상대방 서버를 식별하는 데 도움을 주지만 서버가 클라이언트를 식별할 수는 없어서 **단방향 TLS**$^{one-way\ TLS}$로 알려져 있다. 양방향 TLS나 mTLS는 클라이언트와 서버가 서로를 식별할 수 있게 해줌으로써 TLS를 보완한다. 클라이언트가 단방향 TLS로 통신할 때 상대방 서버를 알고 있는 것처럼 mTLS를 사용하면 서버도 상대방 클라이언트를 알고 있다(그림 6.2 참고).

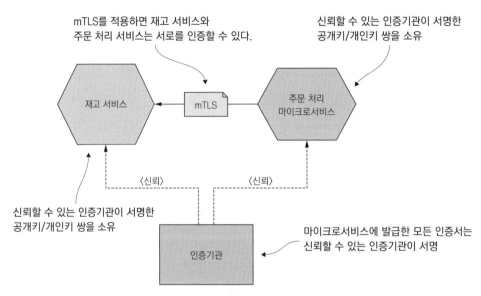

mTLS를 적용하면 재고 서비스와
주문 처리 서비스는 서로를 인증할 수 있다.

신뢰할 수 있는 인증기관이 서명한
공개키/개인키 쌍을 소유

재고 서비스

mTLS

주문 처리
마이크로서비스

〈신뢰〉   〈신뢰〉

신뢰할 수 있는 인증기관이 서명한
공개키/개인키 쌍을 소유

인증기관

마이크로서비스에 발급한 모든 인증서는
신뢰할 수 있는 인증기관이 서명

▲ **그림 6.2** 마이크로서비스 간의 mTLS 통신은 상호 인증을 가능하게 한다. 마이크로서비스 그룹 내 모든 마이크로서비스는 단일 인증기관을 신뢰한다.

mTLS 통신 채널에 참여하려면 서버와 클라이언트 모두 유효한 인증서를 갖고 있어야 하고 인증서 발급자를 신뢰해야만 한다. mTLS를 2개의 마이크로서비스 간 통신을 보호하려는 목적으로 사용한다면 개별 마이크로서비스는 서로 간의 전송 데이터 기밀성과 무결성을 달성할 뿐만 아니라 통신 상대방을 정당하게 식별할 수 있다.

6.1.3 HTTPS는 TLS 기반으로 동작하는 HTTP 프로토콜

TLS 프로토콜로 아마존과 통신하면 브라우저의 주소창은 HTTP가 아닌 HTTPS를 보여준다. HTTPS는 TLS 상위에서 동작하고 TLS에 의존해 통신 채널에 보안을 제공한다.

TLS는 통신을 보호하려는 HTTPS 외의 애플리케이션 계층 프로토콜도 사용 가능하다. 자바 프로그램은 JDBC를 사용해 데이터베이스와 통신할 수 있는데 자바 프로그램과 데이터베이스 간 통신을 보호하는 데도 TLS를 사용할 수 있다. 또한 이메일 클라이언트가 안전한 통신 채널에서 서버와 통신하려 할 때 TLS 기반으로 동작하는 SMTP^{Simple Mail Transfer Protocol} 프로토콜을 사용할 수 있다. 그 외에도 TLS 프로토콜의 사용 범위는 무수히 많다.

6.2 마이크로서비스 접근을 보호하기 위해 인증서 생성

6.2절에서는 마이크로서비스에서 사용할 공개키/개인키 쌍을 생성하는 방법과 서명을 받기 위해 신뢰할 수 있는 인증기관을 생성하는 방법을 설명한다. 일반적인 마이크로서비스 환경에서는 마이크로서비스를 외부에 직접 노출하지 않는다. 외부 클라이언트는 주로 API로 마이크로서비스와 통신을 한다. 마이크로서비스를 외부에 공개하지 않는다면 인증서에 공인 인증기관의 서명을 받을 필요가 없어 모든 마이크로서비스가 신뢰할 수 있는 자체 인증기관을 사용할 수 있다.

6.2.1 인증기관 생성

일반적인 마이크로서비스 그룹에는 모든 마이크로서비스가 신뢰하는 자체 인증기관이 있다. 부록 G는 OpenSSL(www.openssl.org)을 사용해 인증기관을 생성하는 방법을 설명한다. OpenSSL은 다양한 플랫폼에서 TLS 적용을 위해 사용할 수 있는 상용 도구이자 암호화 라이브러리다. OpenSSL을 사용해 인증기관을 생성하기 전에 환경을 먼저 구성해야 한다. 인증기관, 주문 처리 마이크로서비스, 재고 마이크로서비스에서 사용할 키 쌍이 필요하다. chapter06 디렉토리에서 다음 명령을 실행해 3개의 디렉토리를 만들자.

```
\> mkdir -p keys/ca
\> mkdir -p keys/orderprocessing
\> mkdir -p keys/inventory
```

부록 G의 G.1절을 단계별로 따라 해 인증기관의 공개키/개인키 쌍을 만들고 ca_key.pem과 ca_cert.pem 파일을 방금 생성한 keys/ca 디렉토리로 가져오자. 6.2.2절과 6.2.3절에서는 주문 처리와 재고 마이크로서비스에서 사용할 공개키/개인키 쌍을 만드는 방법과 인증기관 서명을 받은 키를 획득하는 방법을 다룰 예정이다.

> |참고| 부록 G의 상세 설명을 읽어보지 않고 인증기관, 주문 처리 및 재고 마이크로서비스의 모든 키를 한 번에 생성하려면 6.2.4절을 참고하자.

6.2.2 주문 처리 마이크로서비스에서 사용할 키 생성

주문 처리 마이크로서비스에서 사용할 공개키와 개인키 쌍을 생성하려면 부록 G의 G.2 절을 따라 실습을 완료해야 한다. 실습을 통해 생성한 키 저장소 파일(app.jks)을 chapter06/keys/orderprocessing 디렉토리로 복사한 다음 orderprocessing.jks로 파일명을 변경하자. 키 저장소 파일은 주문 처리 마이크로서비스의 개인키와 공개키 쌍이고 공개키는 6.2.1절에서 생성한 인증기관의 서명을 받았다.

6.2.3 재고 마이크로서비스에서 사용할 키 생성

재고 마이크로서비스에서 사용할 키를 생성하려면 6.2.2절과 동일한 절차를 반복해야 한다. 부록 G의 G.2절을 따라 실습을 완료한 후 생성한 키 저장소 파일(app.jks)을 chapter06/keys/inventory 디렉토리로 복사한 후 inventory.jks로 파일명을 변경하자. 키 저장소 파일은 재고 마이크로서비스의 개인키와 공개키 쌍이고 공개키는 6.2.1절에서 생성한 인증기관의 서명을 받았다.

그림 6.3은 주문 처리 및 재고 마이크로서비스 모두의 키 저장소 구성을 보여준다. 개별 키 저장소는 자신의 개인키, 인증기관이 서명한 공개키와 인증기관의 공개 인증서를 갖고 있다. 6.3절에서 마이크로서비스 간 통신을 TLS로 보호하기 위해 해당 키 저장소들을 사용하는 방법을 논의할 예정이다.

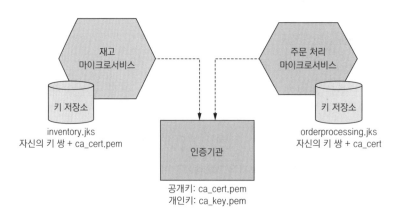

▲ **그림 6.3** 키 저장소 구성. 개별 마이크로서비스는 자신의 공개키와 개인키 쌍 및 인증기관의 공개키를 자바 키 저장소 파일(.jks)에 저장한다.

6.2.4 한 번의 스크립트 실행으로 필요한 모든 키 생성

6.2.4절에서는 인증기관, 주문 처리 마이크로서비스 및 재고 마이크로서비스의 키 생성을 모두 처리해주는 단일 스크립트를 소개한다. 6.2.1절부터 6.2.3절까지의 실습을 모두 했다면 6.2.4절은 건너뛰어도 무방하다.

> |참고| 6장에서 사용하는 모든 예제와 관련된 소스 코드는 https://github.com/microservices-security-in-action/samples 깃허브 저장소의 chapter06 디렉토리에서 받을 수 있다.

우선 chapter06 디렉토리의 gen-key.sh 스크립트를 6.2.1절에서 만든 chapter06/keys 디렉토리로 복사하자. 도커를 처음 접해본다면 부록 E를 참고하면 도움이 되지만 실습을 위해 도커에 능숙해질 필요는 없다. OpenSSL 도커 컨테이너를 구동하려면 chapter06/keys 디렉토리에서 다음 명령을 실행해야 한다.

리스트 6.1 도커 컨테이너에서 OpenSSL 구동

```
\> docker run -it -v $(pwd):/export prabath/openssl
#
```

docker run 명령은 호스트 파일시스템의 chapter06/keys 디렉토리($(pwd)가 지시하는 현재 디렉토리)를 컨테이너 파일시스템의 /export 디렉토리에 바인드 마운트하고 도커 컨테이너에서 OpenSSL을 시작한다. 바인드 마운트를 하면 호스트 파일시스템의 일부를 컨테이너 파일시스템과 공유할 수 있다. OpenSSL 컨테이너가 생성할 인증서는 컨테이너 파일시스템의 /export 디렉토리에 쓰여진다. 바인드 마운트를 해놓은 상태이기 때문에 컨테이너 파일시스템의 /export 디렉토리 내부의 모든 파일 및 디렉토리를 호스트 파일시스템의 chapter06/keys 디렉토리에서도 접근 가능하다.

리스트 6.1의 명령을 처음 실행할 경우 시간이 다소 걸린다. 실행을 완료하면 필요한 모든 키를 생성하기 위해 다음 스크립트를 실행할 수 있는 명령 프롬프트를 화면에 출력한다. 명령을 성공적으로 실행하면 명령 프롬프트에서 exit 명령을 실행해 도커 컨테이너를 종료할 수 있다.

```
# sh /export/gen-key.sh
# exit
```

이제 호스트 파일시스템의 chapter06/keys 디렉토리를 살펴보면 다음과 같은 파일들을 확인할 수 있다.

- ca 디렉토리 내 ca_key.pem, ca_cert.pem 파일
- orderprocessing 디렉토리 내 orderprocessing.jks 파일
- inventory 디렉토리 내 inventory.jks 파일

gen-key.sh 스크립트 실행 시 내부적으로 어떤 일이 발생하는지 이해하려면 부록 G를 참고하자.

6.3 TLS를 사용해 마이크로서비스 보호

6.3절에서는 스프링 부트[1]를 사용해 자바로 주문 처리 마이크로서비스와 재고 마이크로서비스를 개발하고 TLS를 활성화해 주문 처리와 재고 마이크로서비스 간 통신을 보호할 예정이다.

6.3.1 TLS를 적용한 주문 처리 마이크로서비스 실행

주문 처리 마이크로서비스 예제는 깃 저장소 내 chapter06/sample01 디렉토리에 있다. 코드를 자세히 살펴보기 전에 우선 주문 처리 마이크로서비스 빌드, 배포 및 실행부터 진행하자.

예제 코드를 빌드하려면 chapter06/sample01 디렉토리에서 다음 명령을 실행하자. 명령을 처음 실행할 경우 시간이 상당히 걸릴 수도 있다. 빌드를 진행하면서 아파치 메이븐은 주문 처리 마이크로서비스에 필요한 모든 종속성 바이너리를 설치한다. 종속성 이슈를 로컬 저장소에서 자체적으로 해결할 수 없다면 원격지의 아파치 메이븐 저장소에서

---

1 스프링 부트(https://spring.io/projects/spring-boot)는 마이크로서비스 개발 시 사용하는 가장 인기 있는 프레임워크 중 하나다.

다운로드한다. 명령을 정상적으로 실행하면 BUILD SUCCESS 메시지를 화면에 출력한다.

```
\> mvn clean install

[INFO] BUILD SUCCESS
```

마이크로서비스를 실행하기 위해 다음 명령을 실행해야 하며 명령 실행을 위해 스프링 부트 메이븐 플러그인(https://docs.spring.io/spring-boot/docs/current/maven-plugin/reference/html/)을 사용한다. 서비스를 성공적으로 시작하면 주문 처리 마이크로서비스를 HTTP 6443 포트에서 실행 중이라는 로그를 마지막에 확인할 수 있다.

```
\> mvn spring-boot:run

INFO 21811 --- [main] s.b.c.e.t.TomcatEmbeddedServletContainer :
Tomcat started on port(s): 6443 (http)
INFO 21811 --- [main] c.m.m.ch06.sample01.OrderProcessingApp   :
Started OrderProcessingApp in 2.738 seconds (JVM running for 5.552)
```

다음 curl 명령을 실행해 주문 처리 마이크로서비스를 테스트하자. 주문 처리 마이크로서비스가 이상 없이 동작하고 있다면 명령 실행 결과로 주문 내역을 포함한 JSON 응답 메시지를 반환한다.

```
\> curl -v http://localhost:6443/orders/11

{
  "customer_id":"101021",
  "order_id":"11",
  "payment_method":{
    "card_type":"VISA",
    "expiration":"01/22",
    "name":"John Doe",
    "billing_address":"201, 1st Street, San Jose, CA"
  },
  "items":[
    {
      "code":"101",
      "qty":1
    },
```

```
  {
    "code":"103",
    "qty":5
  }
],
"shipping_address":"201,1st Street, San Jose, CA"
}
```

이제 TLS를 활성화하는 방법을 살펴볼 차례다. 우선 **Ctrl+C**를 눌러 서비스를 종료하고 chapter06/keys/orderprocessing 디렉토리의 orderprocessing.jks 파일을 주문 처리 마이크로서비스의 소스 코드가 있는 chapter06/sample01 디렉토리에 복사하자. orderprocessing.jks 파일은 주문 처리 마이크로서비스의 공개키/개인키 쌍을 포함하고 있다. 그다음에는 chapter06/sample01/src/main/resources/ 디렉토리의 application. properties 파일을 텍스트 편집기로 열어 다음과 같은 속성 3개의 주석을 해제해야 한다. 혹시 키 저장소 생성 과정에서 다른 값을 사용한 속성이 있다면 적절한 값으로 바꿔 줘야 한다.

```
server.ssl.key-store: orderprocessing.jks
server.ssl.key-store-password: manning123
server.ssl.keyAlias: orderprocessing
```

application.properties 파일은 위 3개의 속성 외에도 `server.port` 속성을 포함하고 있는데 디폴트값이 6443으로 되어 있어 다른 포트를 사용하려면 변경이 필요하다. 모든 설정을 완료했기 때문에 다음 명령을 실행해 서비스를 다시 빌드하고 실행하자.

```
\> mvn clean install
\> mvn spring-boot:run

INFO 21811 --- [main] s.b.c.e.t.TomcatEmbeddedServletContainer :
Tomcat started on port(s): 6443 (https)
INFO 21811 --- [main] c.m.m.ch06.sample01.OrderProcessingApp   :
Started OrderProcessingApp in 2.738 seconds (JVM running for 5.624)
```

서비스를 성공적으로 실행하면 주문 처리 마이크로서비스가 HTTPS 6443 포트에서 실행 중이라는 로그를 확인할 수 있다. 다음 curl 명령을 사용해 TLS를 테스트해보자.

```
\> curl -v -k https://localhost:6443/orders/11
```

```
{
  "customer_id":"101021",
  "order_id":"11",
  "payment_method":{
    "card_type":"VISA",
    "expiration":"01/22",
    "name":"John Doe",
    "billing_address":"201, 1st Street, San Jose, CA"
  },
  "items":[
    {
      "code":"101",
      "qty":1
    },
    {
      "code":"103",
      "qty":5
    }
  ],
  "shipping_address":"201, 1st Street, San Jose, CA"
}
```

이제 주문 처리 마이크로서비스에 TLS(HTTPS) 적용을 완료했다.

TLS 핸드셰이크 과정에 대한 보충설명

curl 명령으로 TLS를 적용한 마이크로서비스를 호출할 때 curl은 브라우저가 아마존 웹 서버의 클라이언트로 행동하는 것과 동일한 방식으로 TLS 클라이언트 역할을 수행한다. 마이크로서비스는 연결을 맺기 전에 우선 공개 인증서(해당 공개 인증서를 검증한 모든 인증기관의 인증서인 인증서 체인 포함)를 curl 클라이언트와 공유한다. 공개 인증서 공유는 TLS 핸드셰이크(handshake) 과정에서 발생한다.

TLS 핸드셰이크는 TLS 클라이언트와 TLS 서비스가 서로 간에 통신을 하기 전에 일어나고, 핸드셰이크 과정 중에 클라이언트와 서비스는 통신을 보호하기 위해 필요한 속성들을 공유한다. 클라이언트가 TLS 서비스의 공개 인증서를 획득하면 신뢰하는 인증기관이 발급한 인증서인지 확인한다. TLS 서비스에 인증서를 발급한 인증기관의 공개키가 TLS 클라이언트에 있어야만 한다.

(이어짐)

6.3절의 예제에서 주문 처리 마이크로서비스는 자체 인증기관(ca.ecomm.com)이 발급한 인증서를 사용하고 있으며 디폴트로 curl은 해당 인증기관의 공개키를 모른다. 선택할 수 있는 옵션이 두 가지 있는데, 첫 번째는 신뢰할 수 있는 인증기관에서 발급한 인증서인지 검증하지 않고 인증서를 수락하도록 curl에 요청하는 것이고 두 번째는 curl에게 자체 인증기관의 공개키를 제공하는 것이다. 6.3절의 예제는 curl 명령 실행 시 신뢰 검증을 생략하라는 지시인 -k 옵션을 사용함으로써 첫 번째 옵션을 선택했다. 예제 실습이 아닌 상용 환경에서는 신뢰 검증을 생략하지 않는 게 바람직하다.

6.3.2 TLS를 적용한 재고 마이크로서비스 실행

재고 마이크로서비스의 TLS를 활성화하려면 6.3.1절과 동일한 절차를 따라야 한다. 재고 마이크로서비스 스프링 부트 예제는 chapter06/sample02 디렉토리에 있다. 재고 마이크로서비스를 빌드 및 실행하기 전에 chapter06/keys/inventory 디렉토리에 있는 inventory.jks 파일을 samples/chapter06/sample02 디렉토리로 복사하자. inventory.jks 파일은 재고 마이크로서비스의 공개키/개인키 쌍을 포함하고 있다. 그다음에는 TLS를 활성화하기 위해 chapter06/sample02/src/main/resources 디렉토리의 application.properties 파일을 텍스트 편집기로 열어 다음과 같은 속성 3개의 주석을 해제해야 한다. 혹시 키 저장소 생성 과정에서 다른 값을 사용한 속성이 있다면 적절한 값으로 바꿔줘야 한다.

```
server.ssl.key-store: inventory.jks
server.ssl.key-store-password: manning123
server.ssl.keyAlias: inventory
```

application.properties 파일은 위 3개의 속성 외에도 server.port 속성을 포함하고 있는데, 디폴트값이 8443으로 되어 있어 다른 포트를 사용하려면 변경이 필요하다. 이제 모든 설정을 완료했기 때문에 다음 명령을 실행해 서비스를 다시 빌드하고 실행하자.

```
\> mvn clean install
\> mvn spring-boot:run

INFO 22276 --- [main] s.b.c.e.t.TomcatEmbeddedServletContainer :
Tomcat started on port(s): 8443 (https)
```

```
INFO 22276 --- [main] c.m.m.ch06.sample02.InventoryApp :
Started InventoryApp in 3.068 seconds (JVM running for 6.491)
```

서비스를 성공적으로 시작하면 재고 마이크로서비스가 HTTPS 8443 포트에서 실행 중
이라는 로그를 마지막에 확인할 수 있다. 다음 curl 명령을 사용해 TLS를 테스트해보자.

```
\> curl -k -v -X PUT -H "Content-Type: application/json" \
      -d '[{"code":"101","qty":1},{"code":"103","qty":5}]' \
      https://localhost:8443/inventory
```

명령을 정상적으로 실행하면 요청 메시지의 상품번호(101, 103)를 재고 마이크로서비스를
실행 중인 터미널에 출력한다. 이제 주문 처리 마이크로서비스와 재고 마이크로서비스에
TLS(HTTPS) 적용을 완료했다. 6.3.3절에서는 주문 처리 마이크로서비스와 재고 마이크
로서비스가 TLS로 서로 통신하는 방법을 살펴볼 예정이다.

6.3.3 TLS를 사용해 2개의 마이크로서비스 간 통신 보호

주문 처리와 재고 마이크로서비스 간에 TLS 통신을 활성화하려면 아직 몇 단계를 더 거
쳐야 한다. 마이크로서비스에 변경이 필요해 마이크로서비스가 실행 중일 경우 잠시 종
료해야 한다.

주문 처리 마이크로서비스가 재고 마이크로서비스와 TLS로 통신할 때 주문 처리 마이크
로서비스가 TLS 클라이언트가 된다(그림 6.4 참고). TLS 연결을 수립하려면 TLS 핸드셰이
크 과정에서 주문 처리 마이크로서비스가 재고 마이크로서비스가 제공한 서버 인증서 발
급자를 신뢰해야 한다. 즉, 주문 처리 마이크로서비스는 6장 앞부분에서 만든 인증기관
을 신뢰해야 한다.

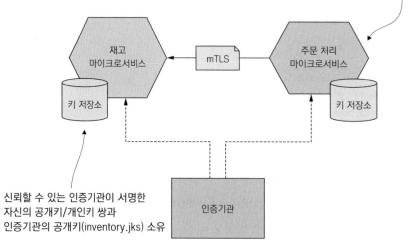

신뢰할 수 있는 인증기관이 서명한
자신의 공개키/개인키 쌍과 인증기관의
공개키(orderprocessing.jks) 소유

신뢰할 수 있는 인증기관이 서명한
자신의 공개키/개인키 쌍과
인증기관의 공개키(inventory.jks) 소유

▲ **그림 6.4** 주문 처리 마이크로서비스는 TLS로 재고 마이크로서비스와 통신한다.

자바, 스프링 부트 환경에서 인증기관을 신뢰하려면 키 저장소를 javax.net.ssl.trustStore 시스템 속성에 명확히 지정해야 한다. javax.net.ssl.trustStore 속성은 해당 인증기관의 공개키와 키 저장소 파일의 위치를 전달한다. 인증 기관의 공개키(ca_cert.pem)를 orderprocessing.jks 파일과 inventory.jks 파일 양쪽으로 가져온 걸 기억하자. 이제 주문 처리 마이크로서비스 측에서 orderprocessing.jks 키 저장소의 위치를 시스템 속성으로 설정해야 한다. 재고 마이크로서비스에서 외부 마이크로서비스를 호출하지는 않기 때문에 당분간 재고 마이크로서비스 측에 동일한 시스템 속성을 설정할 필요는 없다. javax.net.ssl.trustStore 속성 설정은 마이크로서비스가 TLS 클라이언트일 때만 필요한 부분이다. chapter06/sample01/src/main/java/com/manning/mss/ch06/sample01 디렉토리의 OrderAppConfiguration.java 파일을 텍스트 편집기로 연 후 다음 내용을 참고해 javax.net.ssl.trustStore 속성의 값을 orderprocessing.jks로, javax.net.ssl.trustStorePassword 속성의 값을 manning123으로 설정하고 주석을 해제해야 한다.

```
// orderprocessing.jks 키 저장소가 위치한 경로 지정
System.setProperty("javax.net.ssl.trustStore", "orderprocessing.jks");
```

```
// orderprocessing.jks 키 저장소의 비밀번호
System.setProperty("javax.net.ssl.trustStorePassword", "manning123");
```

chapter06/sample01/src/main/java/com/manning/mss/ch06/sample01/service 디렉토리의 OrderProcessingService.java 파일의 다음 코드 모음은 주문 처리 마이크로서비스가 재고 마이크로서비스와 TLS로 통신하는 방법을 보여준다. HTTP POST 메서드로 주문 처리 마이크로서비스에 주문을 하면 주문 처리 마이크로서비스는 재고 목록을 업데이트하기 위해 재고 마이크로서비스와 통신을 하는데, 이때 재고 마이크로서비스를 가리키는 https://localhost:8443/inventory URL을 사용한다. 해당 URL은 chapter06/sample01/src/main/resources 디렉토리의 application.properties 파일에서 가져온다.

```
if (order != null) {
  RestTemplate restTemplate = new RestTemplate();
  URI uri = URI.create(System.getProperty("inventory.service"));
  restTemplate.put(uri, order.getItems());

  order.setOrderId(UUID.randomUUID().toString());
  URI location = ServletUriComponentsBuilder
                   .fromCurrentRequest().path("/{id}")
                   .buildAndExpand(order.getOrderId()).toUri();
  return ResponseEntity.created(location).build();
}
```

위 코드 모음을 사용할 경우 문제가 발생한다. 부록 G의 실습에서는 재고 마이크로서비스의 공개 인증서를 생성했을 때 서버의 호스트명으로 iv.ecomm.com을 사용했다. 재고 마이크로서비스와 통신하는 모든 TLS 클라이언트는 URL 내 호스트명으로 localhost가 아닌 iv.ecomm.com을 사용해야만 하고, 다른 호스트명을 사용할 경우 호스트명 검증을 실패하게 된다.

문제를 해결할 수 있는 정확한 접근법은 코드나 application.properties 파일에 인증서와 동일한 호스트명(iv.ecomm.com)을 넣는 것이지만 해당 방법을 적용하려면 재고 마이크로서비스를 실행 중인 서버의 IP 주소를 반환하는 DNS 설정을 가져야만 한다. 당분간은 약간의 속임수를 써서 우회할 수도 있는데, chapter06/sample01/src/main/java/

com/manning/mss/ch06/sample01 디렉토리의 OrderProcessingApp.java 파일 내 다음 코드 모음의 주석을 해제하면 시스템은 자동으로 호스트명 검증을 무시한다.

```
HttpsURLConnection.setDefaultHostnameVerifier(new HostnameVerifier() {
  public boolean verify(String hostname, SSLSession session) {
    return true;
  }
});
```

이제 TLS를 사용해 주문 처리 마이크로서비스와 재고 마이크로서비스 간 통신을 시도해 보자. 우선 chapter06/sample01 디렉토리에서 다음 명령을 실행해 주문 처리 마이크로 서비스를 빌드 및 실행하자.

```
\> mvn clean install
\> mvn spring-boot:run
```

다음으로 chapter06/sample02 디렉토리에서 다음 명령을 실행해 재고 마이크로서비스를 시작하자.

```
\> mvn clean install
\> mvn spring-boot:run
```

다음 curl 명령을 실행해 HTTP POST 메서드로 주문 처리 마이크로서비스에 주문을 하면 내부적으로 재고 목록을 업데이트하기 위해 TLS로 재고 마이크로서비스와 통신을 한다. 다음 curl 명령은 가독성을 위해 줄바꿈 형식으로 표현을 했다.

```
\> curl -k -v https://localhost:6443/orders \
-H 'Content-Type: application/json' \
-d @- << EOF
{ "customer_id":"101021",
  "payment_method":{
    "card_type":"VISA",
    "expiration":"01/22",
    "name":"John Doe",
    "billing_address":"201, 1st Street, San Jose, CA"
  },
```

```
  "items":[ {
     "code":"101",
     "qty":1
  },
  {
     "code":"103",
     "qty":5
  }
  ],
  "shipping_address":"201, 1st Street, San Jose, CA"
}
EOF
```

명령을 정상적으로 실행하면 재고 마이크로서비스를 실행 중인 터미널에 상품번호(101, 103)를 출력한다.

6.4 매력적인 mTLS

이제 TLS로 서로 통신하는 2개의 마이크로서비스를 가졌지만 아직은 단방향 TLS를 사용하는 상태다. 호출 측 마이크로서비스만이 통신 상대방을 알고 있으며, 수신 측 마이크로서비스는 클라이언트를 식별할 방법이 없어 mTLS가 필요하다.

6.4절에서는 재고 마이크로서비스를 mTLS로 보호하는 방법을 살펴볼 예정이다. 마이크로서비스 간에 TLS를 적용한 경우 mTLS 활성화는 간단하다. 먼저 실행 중인 2개의 마이크로서비스를 종료하고 mTLS를 재고 마이크로서비스에 적용하기 위해 chapter06/sample02/src/main/resources 디렉토리의 application.properties 파일 내 아래 속성의 주석을 해제하자.

```
server.ssl.client-auth = need
```

주석 해제 외에도 신뢰할 수 있는 클라이언트 식별이 필요하다. 이번 실습에서는 인증기관이 서명한 인증서를 가진 모든 클라이언트를 신뢰할 예정이고 이를 위해 javax.net.ssl.trustStore 시스템 속성의 값을 신뢰할 수 있는 인증기관의 공개 인증서를 전달하는 키 저장소로 설정하자. 이미 inventory.jks 키 저장소에 신뢰할 수 있는 인증기관의 공개 인증서를 갖고 있으므로 키 저장소를 가리키는 시스템 속성을 설정만 하면 된다. chapter06/sample02/src/main/java/com/manning/mss/ch06/sample02 디렉토리의 InventoryAppConfiguration.java 파일을 텍스트 편집기로 연 후 다음 내용을 참고해 javax.net.ssl.trustStore 속성의 값을 inventory.jks로, javax.net.ssl.trustStorePassword 속성의 값을 manning123으로 설정하고 주석을 해제해야 한다.

```
// inventory.jks 키 저장소가 위치한 경로 지정
System.setProperty("javax.net.ssl.trustStore", "inventory.jks");
// inventory.jks 키 저장소의 비밀번호
System.setProperty("javax.net.ssl.trustStorePassword", "manning123");
```

다음으로 주문 처리 및 재고 마이크로서비스를 빌드 및 구동해 서비스 간 통신이 동작하는 방법을 살펴보자. chapter06/sample01 디렉토리에서 다음 명령을 실행해 주문 처리 마이크로서비스를 시작하자.

```
\> mvn clean install
\> mvn spring-boot:run
```

chapter06/sample02 디렉토리에서 다음 명령을 실행해 재고 마이크로서비스를 시작하자.

```
\> mvn clean install
\> mvn spring-boot:run
```

2개의 마이크로서비스를 다시 실행했다. 다음 curl 명령을 실행해 HTTP POST 메서드로 주문 처리 마이크로서비스에 주문을 하면 내부적으로 재고 목록을 업데이트하기 위해 TLS로 재고 마이크로서비스와 통신을 한다. 재고 마이크로서비스에서 mTLS를 활성화했으나 재고 마이크로서비스를 주문 처리 마이크로서비스의 개인키로 인증하도록 주문 처리 마이크로서비스를 변경하지 않았기 때문에 요청은 실패할 것으로 예상한다.

```
\> curl -k -v https://localhost:6443/orders \
-H 'Content-Type: application/json' \
```

```
-d @- << EOF
{ "customer_id":"101021",
  "payment_method":{
    "card_type":"VISA",
    "expiration":"01/22",
    "name":"John Doe",
    "billing_address":"201, 1st Street, San Jose, CA"
  },
  "items":[ {
      "code":"101",
      "qty":1
    },
    {
      "code":"103",
      "qty":5
    }
  ],
  "shipping_address":"201, 1st Street, San Jose, CA"
}
EOF
```

예상대로 요청은 오류 메시지를 반환하고 주문 처리 마이크로서비스를 실행 중인 터미널 창에서 다음과 같은 오류 로그를 확인할 수 있다.

```
javax.net.ssl.SSLHandshakeException: Received fatal alert: bad_certificate
```

TLS 핸드셰이크 과정 중에 2개의 마이크로서비스 간 통신은 실패한다. 문제를 해결하려면 주문 처리 마이크로서비스를 우선 중지하고 chapter06/sample01/src/main/java/com/manning/mss/ch06/sample01 디렉토리의 OrderAppConfiguration.java 파일을 텍스트 편집기로 연 후 다음 내용을 참고해 javax.net.ssl.keyStore 속성의 값을 orderprocessing.jks로, javax.net.ssl.keyStorePassword 속성의 값을 manning123으로 설정하고 주석을 해제해야 한다. 다음 코드는 주문 처리 마이크로서비스 시스템이 orderprocessing.jks 파일의 개인키를 사용해 재고 마이크로서비스에 인증을 요청하게 한다.

```
// orderprocessing.jks 키 저장소가 위치한 경로 지정
System.setProperty("javax.net.ssl.keyStore", "orderprocessing.jks");
// orderprocessing.jks 키 저장소의 비밀번호
System.setProperty("javax.net.ssl.keyStorePassword", "manning123");
```

chapter06/sample01 디렉토리에서 다음 명령을 실행해 주문 처리 마이크로서비스를
빌드 및 실행하자.

```
\> mvn clean install
\> mvn spring-boot:run
```

다음 curl 명령을 실행해 HTTP POST 메서드로 주문 처리 마이크로서비스에 주문을 하면
이번에는 정상적으로 동작하는 걸 확인할 수 있다.

```
\> curl -k -v https://localhost:6443/orders \
-H 'Content-Type: application/json' \
-d @- << EOF
{ "customer_id":"101021",
  "payment_method":{
    "card_type":"VISA",
    "expiration":"01/22",
    "name":"John Doe",
    "billing_address":"201, 1st Street, San Jose, CA"
  },
  "items":[ {
      "code":"101",
      "qty":1
    },
    {
      "code":"103",
      "qty":5
    }
  ],
  "shipping_address":"201, 1st Street, San Jose, CA"
}
EOF
```

이제 TLS를 적용한 2개의 마이크로서비스를 갖게 됐고 마이크로서비스 간 통신을 mTLS
로 보호하고 있다.

6.5 키 관리의 어려움

데브옵스^{DevOps} 담당자에게 업무 중 가장 어려운 부분을 물어보면 80%는 **키 관리**^{key} ^{management}라고 대답한다. 이름이 의미하는 것처럼 키 관리는 마이크로서비스 환경에서 키를 관리하는 방법에 관한 업무다. 키 관리는 부트스트래핑 신뢰^{bootstrapping trust} 및 키/ 인증서 프로비저닝, 키 폐기, 키 순환(변경), 키 사용 모니터링이라는 네 가지 주요 영역을 포함한다.

6.5.1 키 프로비저닝과 부트스트래핑 신뢰

6장 앞부분에서 자바 키 저장소 파일을 주문 처리와 재고 마이크로서비스에 수동으로 복사한 것처럼, 일반적인 마이크로서비스 그룹에서 개별 마이크로서비스는 키 쌍을 프로비저닝받는다. 대규모 마이크로서비스 그룹에서는 수동으로 프로비저닝할 수 없기 때문에 프로비저닝 절차를 자동화해야 한다. 이상적인 구조는 지속적 통합과 지속적 배포^{CI/CD,} ^{continuous integration/continuous delivery} 파이프라인으로 마이크로서비스에 키를 생성하고 프로비저닝하는 것이다. 키를 모든 마이크로서비스에 프로비저닝하면 다음 과제는 마이크로서비스 간 신뢰를 구축하는 것이다. 왜 마이크로서비스는 다른 마이크로서비스에서 보내온 요청을 신뢰해야 하는가?

한 가지 접근법은 마이크로서비스 그룹을 위한 단일 인증기관을 가지고 개별 마이크로서비스가 이 인증기관을 신뢰하게 하는 방법이다. 마이크로서비스 부팅 과정 중에 개별 마이크로서비스에 해당 인증기관의 공개 인증서를 프로비저닝해야 한다. 해당 인증기관은 모든 마이크로서비스에 개별 키를 발급한다. 하나의 마이크로서비스가 TLS로 다른 마이크로서비스와 통신할 때 수신 측 마이크로서비스는 호출 측의 인증서를 검증하고 해당 인증서가 신뢰할 수 있는 인증기관이나 마이크로서비스 그룹의 인증기관이 발급한 인증서인지 확인한다. 검증 및 검사 결과, 이상이 없다면 요청을 허용한다. 6장 앞부분의 스프링 부트 예제에서도 동일한 검증 및 검사를 수행했다.

기업의 일반적인 키 프로비저닝 절차

대부분의 기업이 오늘날 사용하는 일반적인 키 프로비저닝 메커니즘은 6장에서 주문 처리 및 재고 마이크로서비스의 키를 생성할 때의 접근 방법과 유사하다. TLS를 적용해 서비스를 보호하려는 개발자는 가장 먼저 공개키/개인키 쌍을 생성해야 하고, 그런 다음 인증서 서명 요청을 만들어 소속 회사의 인증기관을 관리하는 팀에 승인을 받기 위해 제출해야 한다. 제출 내용이 정상이면 인증기관이 서명한 인증서가 서명 요청을 한 개발자에게 전달한 다음, 개발자가 인증서와 키를 마이크로서비스에 배포한다. 실시간으로 동작과 중지가 빈번히 일어나는 수백 개의 서비스를 가진 마이크로서비스 그룹 내 키 프로비저닝 절차는 성가신 절차다.

넷플릭스의 키 프로비저닝 절차

넷플릭스는 수천 개의 마이크로서비스를 운영하고 있고 마이크로서비스 간 통신을 mTLS를 사용해 보호하고 있다. 넷플릭스는 내부 서비스와 인증기관 사이에서 브로커 역할(그림 6.5 참고)을 하고 키 프로비저닝 절차를 자동화하기 위한 관리 기능을 제공하는 오픈소스 인증서 관리 프레임워크인 리머Lemur를 사용하고 있다. 지속적 배포 절차에서 개별 마이크로서비스에 리머 API에 접근할 만큼 충분한 일련의 자격증명을 부여한다. 메타트론Metatron으로 불리는 넷플릭스 내부에서 사용하는 상용 도구가 자격증명 부트스트래핑을 수행한다.

개별 마이크로서비스가 부팅할 때 리머 API와 통신을 통해 마이크로서비스의 공개키/개인키 쌍을 위해 사용할 인증기관이 서명한 인증서를 가져온다.

리머는 인증기관이 아니지만 인증기관과 연계해 서명된 인증서를 생성하는 방법을 알고 있다. 마이크로서비스 개발자들은 인증서 서명 절차가 아니라 리머 API와의 통신을 걱정해야 한다. 그림 6.5는 키 프로비저닝 절차를 보여준다.

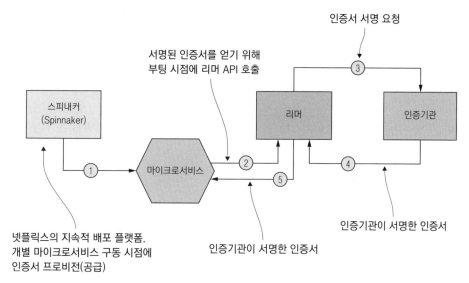

서명된 인증서를 얻기 위해
부팅 시점에 리머 API 호출

인증서 서명 요청

스피내커
(Spinnaker)

리머

인증기관

마이크로서비스

넷플릭스의 지속적 배포 플랫폼.
개별 마이크로서비스 구동 시점에
인증서 프로비전(공급)

인증기관이 서명한 인증서

인증기관이 서명한 인증서

▲ **그림 6.5** 넷플릭스의 키 프로비저닝. 개별 마이크로서비스는 도메인 내 인증기관이 서명한 인증서를 얻기 위해 부팅 시점에 리머와 통신한다.

장기 자격증명 생성

넷플릭스의 키 프로비저닝 모델에서 개별 마이크로서비스는 인증기관이 서명한 인증서를 얻을 목적으로 리머와의 연결에 필요한 유효 기간이 긴 인증서를 프로비저닝받는다. 넷플릭스 환경에서 인증기관이 서명한 인증서는 단기 자격증명이다. 단기 자격증명에 대해서는 6장 뒷부분에서 논의한다. 개별 마이크로서비스는 동일한 장기 자격증명을 인증기관이 서명한 인증서 갱신을 위해 리머와 연결할 때 사용한다. 장기 자격증명을 사용해 신뢰 부트스트래핑 문제를 해결하는 건 일반적인 방법이다.

일전에 언급한 것처럼 넷플릭스는 자격증명 부트스트래핑에 메타트론을 사용한다. 메타트론은 오픈소스가 아니기 때문에 상세한 내부 로직은 아직 공개적으로 접근할 수 없지만 6.5.1절에서는 장기 자격증명을 생성하기 위한 확장 가능한 접근법을 제안한다.

1. 접근하려는 모든 사람이 유효한 키를 제시하도록 인증서 발급자(예 리머)의 API를 보호한다.

2. 마이크로서비스에 장기 자격증명을 주입하는 지속적 배포 파이프라인을 가로챌 수 있는 핸들러를 빌드한다.

3. JWT 형태로 장기 자격증명을 생성하는 방법을 사용 중인 배포 파이프라인을 가로챌 수 있는 핸들러를 작성한다. JWT는 마이크로서비스에 관한 정보를 전달하고 인증서 발급자가 알고 있는 키로 서명을 받는다. JWT에 대한 상세한 내용은 7장에서 논의한다.

4. 부팅 시점에 마이크로서비스는 인증서 발급자의 API와 통신 및 서명이 된 인증서를 획득하기 위해 장기 자격증명(JWT)을 사용한다. 인증서 교체에도 동일한 장기 자격증명을 계속 사용할 수 있다.

SPIFFE

SPIFFE^{Secure Production Identity Framework for Everyone}(모든 사람이 사용할 수 있는 안전한 프로덕션 ID 프레임워크)는 마이크로서비스나 **워크로드**^{workload}가 ID를 설정할 수 있는 방법을 정의한 개방형 표준이다. SPIFFE 런타임 환경^{SPIRE, SPIFFE Runtime Environment}은 SPIFFE의 오픈소스 참조 도구 모음이다. SPIFFE는 마이크로서비스 그룹 내 개별 마이크로서비스에 대한 ID를 설정하는 데 도움을 줌으로써 신뢰 부트스트래핑 문제를 해결한다. SPIFFE에 대한 상세 내용은 부록 H에서 다루고 있다.

6.5.2 인증서 해지

사용 중인 개인키가 손상되거나 인증서를 서명하는 데 사용한 인증기관의 개인키가 손상된 경우에 인증서 해지가 필요하다. 인증기관의 개인키가 손상되는 경우는 드물지만 내부적으로 자체 인증기관을 운영할 때는 발생 가능한 문제. 일반적인 경우는 아니지만 개인 인증서 배포 과정에서 인증서 해지가 필요할 수도 있는데, 서명된 인증서가 포함하고 있는 정보가 인증서 발급 당시의 원래 정보와 일치하지 않거나 인증서 생성 요청 시 제공한 정보가 부적절함을 인증기관이 발견하는 경우 인증기관은 인증서를 해지할 수 있다.

인증서 해지 결정을 이해관계자들에게 전달하는 게 인증서 해지의 어려운 점이다. 아마존이 인증서를 해지한다고 예를 들어보면 해지 결정을 모든 브라우저에 전파해야 한다. 시간이 지나면서 인증서 해지의 어려움을 해결하기 위한 다양한 접근법이 생겨나고 있고 그중 일부를 살펴볼 예정이다.

인증서 해지 목록

인증서 해지 목록CRL, certificate revocation list은 RFC 2459(www.ietf.org/rfc/rfc2459.txt)에서 정의하고 있는 인증서 해지 관련 문제를 극복하기 위한 첫 번째 접근법이다. 개별 인증기관은 TLS 클라이언트 애플리케이션이 인증기관이 최근에 해지한 인증서 목록을 질의 및 조회할 수 있는 처리 지점을 공개한다. 그림 6.6에서 볼 수 있듯이, 해당 처리 지점은 **CRL 배포 지점**CRL distribution point으로 알려져 있고 인증기관의 인증서가 내장하고 있다. RFC 5280(https://tools.ietf.org/html/rfc5280)에 따르면 CRL 배포 지점은 인증서의 중요하지 않은 확장 기능이다. 인증기관이 CRL 배포 지점을 포함하지 않기로 결정하면 다른 방법을 사용해 CRL과 관련한 처리 지점을 찾아야 하는데, 이는 TLS 클라이언트가 해야 할일이다.

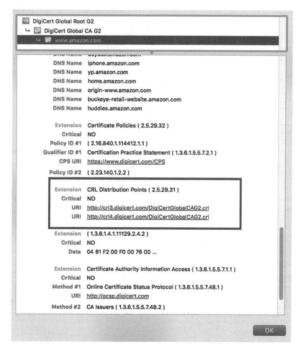

▲ **그림 6.6** 아마존 인증서는 CRL 배포 지점을 내장하고 있다.

TLS 클라이언트 애플리케이션에게 CRL은 부담이다. 클라이언트 애플리케이션이 인증서를 검증할 때마다 해당 인증기관의 CRL 처리 지점과 통신하여 인증서 해지 목록을 조회해 검증하고 있는 인증서가 인증서 해지 목록에 포함되어 있는지를 확인해야 한다. CRL은 메가바이트 단위로 증가하는 경우도 있다. 인증기관의 CRL 배포 지점을 향한 빈번한 요청을 줄이기 위해 클라이언트 애플리케이션은 인증기관의 CRL을 임시 저장하는 방법(캐싱)을 사용할 수도 있는데, 이 방법을 사용할 경우 클라이언트 애플리케이션이 동일한 인증서를 볼 때마다 매번 인증기관의 CRL을 검색할 필요가 없다.

인증기관의 CRL을 임시 저장하는 방법은 오래된 데이터에 기반한 보안 결정을 내릴 가능성이 있어 보안을 매우 중요시하는 환경에서 사용할 수 있는 적절한 방법이 아니다. 또한 TLS 클라이언트와 인증기관이 서로 상이한 CRL을 보유할 가능성도 존재한다. 인증기관의 CRL 배포 지점이 동작하지 않을 경우엔 어떤 일이 발생할까? TLS 클라이언트 애플리케이션이 인증기관이 발급한 모든 인증서를 허용해야 할까? 모든 인증서를 허용하는 건 어렵다. 이러한 단점과 어려움으로 인해 CRL 기반 인증서 해지 여부 확인은 점차 사용하지 않는 추세다.

온라인 인증서 상태 프로토콜

CRL과 달리 온라인 인증서 상태 프로토콜OCSP, Online Certificate Status Protocol은 해지 상태의 모든 인증서 목록을 생성하진 않는다. TLS 클라이언트 애플리케이션이 인증서를 확인할 때마다 OCSP 서버와 통신해 인증서가 해지 상태인지를 확인해야 한다. CRL과 동일하게 인증기관의 OCSP 서버 경로는 인증서 내부에 내장되어 있다(그림 6.7 참고). 클라이언트 애플리케이션은 인증서 검증 과정에서 매번 OCSP 서버와 통신해야 하기 때문에 인증기관(실제로는 OCSP 서버)을 대상으로 많은 트래픽을 생성한다.

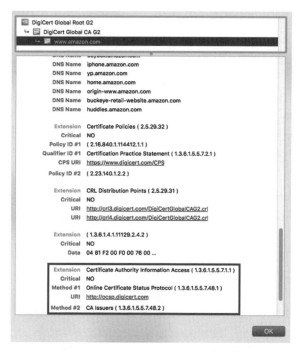

▲ **그림 6.7** OCSP 서버 경로를 내장하고 있는 아마존 인증서

CRL과 동일하게 OCSP 서버에 대한 빈번한 요청을 줄이기 위해 일부 클라이언트는 인증서 해지 결정을 임시 저장(캐싱)한다. 하지만 임시 저장 방법은 CRL과 동일하게 오래된 데이터에 기반한 보안 결정을 내릴 수 있다는 문제가 있다. 또한 OCSP 서버가 동작하지 않을 경우 적절한 해결 방안이 없다. TLS 클라이언트 애플리케이션은 인증기관에서 발급한 모든 인증서를 허용해야만 할까?

OCSP는 인증서 해지를 좀 더 개선했지만 CRL과 관련된 모든 문제를 해결하지는 못했다. 실제로 구글은 자사의 크롬 브라우저에서 OCSP 기반 인증서 검증을 지원하지 않기로 결정했고 크롬 브라우저는 빈번한 브라우저 업데이트에 의존해 해지된 인증서 목록을 공유하고 있다.

OCSP의 문제점

에민 토팔로빅(Emin Topalovic) 외 4인의 '짧은 수명의 인증서 사용으로 전환'(http://bit.ly/2ZC9ISO)은 OCSP의 네 가지 단점을 언급한다.

- 임시 저장 지점(캐시)에서 유효한 응답을 찾지 못하면 인증서 검사 과정에서 해지 상태 검색을 위해 OCSP 서버와 왕복 트래픽을 주고받기 전까지는 다른 일을 할 수 없기 때문에 OCSP 검증은 클라이언트 측의 대기 시간을 증가시킨다. 이전 연구 결과에 따르면 OCSP 검색 트래픽의 91.7%는 비용이 많이 들고 완료까지 100마이크로초 이상의 시간이 걸려 HTTPS 세션 설정 지연을 초래한다.

- OCSP는 실시간 응답을 제공할 수 있지만 응답 메시지가 업데이트된 해지 정보를 포함하고 있는지 명확하지 않다. 일부 OCSP 서버는 자신이 운영하는 임시 저장한 CRL에 의존하기도 한다. 네덜란드의 인증기관인 디지노타(DigiNotar)의 OCSP 서버가 해킹을 당한 후에 잘못된 해지 정보를 반환한 사례가 있다.

- CRL과 마찬가지로 OCSP 검증은 트래픽 필터링, 네트워크 공격자가 위조한 허위 응답 등을 포함한 다양한 방법으로 무력화될 수 있다. 가장 중요한 건 브라우저가 인증서 해지 확인에 실패할 경우 인증서를 정상으로 판단하는 경우다. 브라우저는 OCSP로 인증서를 확인할 수 없는 경우 대부분은 사용자에게 경고하거나 UI를 변경하지 않으며, 심지어 일부 브라우저는 인증서 해지 상태를 전혀 확인하지 않는다. 하지만 브라우저가 OCSP 서버에게 도달할 수 없는 타당한 상황이 발생할 수 있기 때문에 인증서 해지 확인에 실패할 경우 인증서를 정상으로 판단하는 과정이 필요할 수도 있음을 유념해야 한다.

- OCSP는 프라이버시 위험을 야기하기도 한다. OCSP 서버는 최종 사용자가 어떤 인증서를 확인하는지 알고 있어 이론상 사용자가 방문한 사이트들을 추적 가능하다. 프라이버시 위험을 낮추기 위한 OCSP 스테이플링은 사용 빈도가 높지 않다.

OCSP 스테이플링

OCSP 스테이플링[OCSP stapling]은 OCSP를 좀 더 개선했다. OCSP 스테이플링은 TLS 클라이언트의 OCSP 서버와의 통신 부담을 서버로 넘긴다. 흥미롭게도 통신 부담을 서버로 넘기면 OCSP 서버의 트래픽이 상당히 감소한다. 이제 TLS 서버는 먼저 OCSP 서버와 통신을 하고 인증기관이나 OCSP 서버가 서명한 응답을 받은 후에 응답을 인증서에 포함한다. TLS 클라이언트 애플리케이션은 인증서에 포함된 OCSP 응답을 살펴보고 인증서의 해지 여부를 판단한다.

인증서 소유자가 OCSP 응답을 인증서에 포함하기 때문에 OCSP 스테이플링은 약간 까다로울 수 있다. 인증서가 해지된 이후에도 인증서 소유자가 동일한 OCSP 응답을 첨부하기로 결정하면 TLS 클라이언트 애플리케이션을 속이는 게 가능할 수도 있지만 실제로는 실현 불가능하다. 인증기관이나 OCSP 서버가 서명한 개별 OCSP 응답은 시간 정보를 갖고 있어 시간 정보가 비교적 최근이 아니라면 클라이언트는 OCSP 응답을 허용해서는 안 된다.

OCSP 스테이플링 요구사항

OCSP 스테이플링^{OCSP stapling}을 사용할 때 인증서가 OCSP 응답을 포함하지 않으면 어떤 일이 발생할까? 서버와의 통신을 거부해야 할까? 아니면 허용하고 계속 통신해야 할까? 결정을 내리는 건 어렵다. OCSP 스테이플링이 필요한 경우 서버는 TLS 핸드셰이크 과정 중에 교환한 서버 인증서가 OCSP 응답을 포함하도록 보장한다. 인증서가 포함하는 OCSP 응답을 클라이언트에서 찾지 못한다면 클라이언트는 서버와의 통신을 거부할 수 있다.

단기 인증서

인증서 해지 여부는 알기 어렵다는 게 공통된 의견이다. 단기 인증서가 제시하는 해결 방법은 인증서 해지를 무시하고 만료에만 의존하는 것이다. 적정한 인증서 유효 기간은 얼마간일까? 만료에 걸리는 시간이 너무 길다면 키가 유출될 경우 해당 키에 의존하는 모든 시스템도 오랫동안 위험에 노출되기 때문에 단기 인증서는 약 이틀 정도의 짧은 유효 기간을 제안한다.

단기 인증서는 새로운 개념이 아니다. 1998년에 처음 논의가 있었지만 마이크로서비스 환경이 도래하면서 인기 있는 주제로 부상했다. 카네기 멜론 대학교의 연구에서 TLS 성능 향상을 위해 단기 인증서 사용을 제안했었다(http://bit.ly/2ZC9lS0). 해당 제안에 따르면, 실제 사용 환경에서 측정한 OCSP 응답의 유효 수명주기 평균(4일)과 일치하도록 인증기관은 단기 인증서의 유효 기간을 설정할 수 있다. 인증서 유효 기간을 짧게 설정해 빠르게 만료되면 TLS 클라이언트 애플리케이션은 해지 메커니즘을 고려하지 않고 만료 후의 모든 통신을 안전하지 않은 걸로 간주해 모든 통신을 거부한다. 또한 웹사이트에서 유효 기간 1년짜리 인증서를 구매할 때 인증기관의 응답은 주문형 단기 인증서를 다운로드하는 데 필요한 URL이다. URL은 1년간 활성 상태이지만 URL에서 내려받은 인증서는 며칠간만 유효하다.

넷플릭스와 단기 인증서

넷플릭스 마이크로서비스 그룹은 서비스 간 통신을 단기 인증서를 사용한 mTLS로 보호한다. 넷플릭스는 계층화된 방법을 사용해 단기 인증서를 배포할 수 있는 환경을 구축한다. 신뢰 플랫폼 모듈$^{TPM, \text{ Trusted Platform Module}}$이나 인텔^{Intel}의 소프트웨어 가드 익스텐션 $^{SGX, \text{ Software Guard Extensions}}$ 칩 내부의 시스템 ID나 장기 자격증명은 보안을 강화한다. 부팅 과정에서 개별 마이크로서비스는 하드웨어 칩이 저장하고 있는 장기 자격증명에 접근한 후 해당 자격증명을 사용해 단기 자격증명을 획득한다.

> |참고| 신뢰 플랫폼 모듈은 신뢰 컴퓨팅 그룹(TCG, Trusted Computing Group, http://mng. bz/04MI)에서 발표한 사양을 기준으로 암호화 키를 안전하게 저장할 수 있는 하드웨어 칩이다. 인텔의 소프트웨어 가드 익스텐션은 애플리케이션이 코드를 실행하고 신뢰할 수 있는 자체 실행 환경에서 시크릿을 보호할 수 있게 해주며 악성 소프트웨어로부터 시크릿을 보호하도록 설계됐다.

넷플릭스가 자격증명 관리 목적으로 개발한 도구인 메타트론이 자격증명 부트스트랩을 수행한다. 이 책을 쓰는 시점에 메타트론은 추후 오픈소스로 전환할 계획이 있는 베타 버전이다. 초기 장기 자격증명을 마이크로서비스에 프로비저닝하면 마이크로서비스는 해당 자격증명을 사용해 넷플릭스 리머와 통신해 단기 자격증명을 획득한다. 리머(https:// github.com/Netflix/lemur)는 넷플릭스가 개발한 오픈소스 인증서 관리 도구다(그림 6.8 참고). 개별 마이크로서비스는 장기 자격증명을 사용해 주기적으로 단기 자격증명을 갱신할 수 있는데, 마이크로서비스가 새로운 단기 자격증명을 얻을 때마다 해당 자격증명을 서버 환경에 반영해야 한다. 마이크로서비스를 스프링 부트 환경에서 실행하는 경우를 예로 들면 서버를 다시 시작하지 않고 새로운 자격증명으로 전송 송신자$^{\text{transport sender}}$와 대기자^{listener}를 업데이트하는 방법을 알아야만 한다.

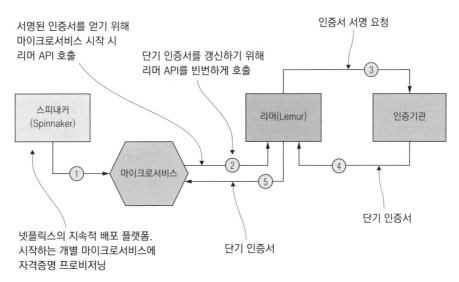

서명된 인증서를 얻기 위해
마이크로서비스 시작 시
리머 API 호출

단기 인증서를 갱신하기 위해
리머 API를 빈번하게 호출

인증서 서명 요청

스피내커
(Spinnaker)

리머(Lemur)

인증기관

①

마이크로서비스

②

③

④

⑤

넷플릭스의 지속적 배포 플랫폼.
시작하는 개별 마이크로서비스에
자격증명 프로비저닝

단기 인증서

단기 인증서

▲ **그림 6.8** 넷플릭스는 서비스 간 통신을 mTLS로 보호하기 위해 단기 인증서를 사용한다.

장기 자격증명을 사용하는 이유

하드웨어에 저장하고 있는 장기 자격증명은 안전하고 손상(침해)이 어렵다. 그렇다면 단기 자격증명이 필요한 이유와 단기 자격증명 대신 더 안전한 장기 자격증명을 사용하지 않는 이유는 무엇일까?

이유는 성능 때문이다. 장기 자격증명은 신뢰 플랫폼 모듈이나 소프트웨어 가드 익스텐션 칩을 사용해 보호받는다. 해당 장기 자격증명을 빈번히 참조하는 건 비용이 많이 드는 작업인 반면에 단기 자격증명은 하드웨어가 아닌 메모리에 위치하고 있어 상대적으로 비용이 적게 든다.

6.6 키 순환

마이크로서비스에 프로비저닝한 모든 키는 만료 전에 순환이 필요하지만 모든 기업이 키 순환을 우려하는 건 아니어서 유효 기간을 5년에서 최대 10년까지로 사용 중인 기업도 많다. 만료 상태의 인증서 때문에 통신 연결이 실패하기 시작할 때 비로소 인증서를 교체해야 함을 인지한다. 일부 회사에는 마이크로서비스 그룹에서 사용하는 모든 키를 1~2개월 내에 교체해야 한다는 키 순환 정책이 있다. 6장 앞부분에서 논의한 단기 인증서를 사용한 접근법은 짧은 간격으로 인증서를 교체한다. 넷플릭스를 예로 들면 마이크로서비스 그룹에서 4분마다 키를 교체한다. 교체 간격이 너무 짧아 보일 수도 있지만 넷플릭스의 보안 정책은 엄격하다. 키 순환 정책은 자격증명의 유효 기간에 따라 다르다.

마이크로서비스가 내장하고 있는 키는 짧은 수명을 부여하고 자주 바꿀 수 있지만 기업에서 운영하는 인증기관의 개인키는 교체할 필요가 없다. 인증기관의 개인키를 교체하는 부담이 마이크로서비스의 키를 교체하는 것보다 훨씬 더 높고 인증기관을 신뢰하는 모든 서비스에 업데이트한 키가 있는지를 확인해야 한다. 키를 빈번하게 변경하기 어려운 경우라면 해당 키를 보호할 수 있는 더 나은 방법을 찾아야 하며, 이러한 방법은 일반적으로 경제성이나 성능 측면에서 비용이 많이 든다. 넷플릭스를 예로 들면 보안을 강화한 신뢰 플랫폼 모듈이나 소프트웨어 가드 익스텐션 칩을 사용해 장기 자격증명을 보호한다.

동작과 중지가 빈번한 서비스를 많이 보유한 마이크로서비스 그룹에서 키 순환은 적용하기 더 어렵다. 키 순환을 자동화하는 게 문제를 해결할 수 있는 가장 좋은 방법이므로 모든 마이크로서비스 배포 과정에 넷플릭스가 리머를 사용하는 것과 유사한 자동화 적용이 필요하다. 또 다른 접근법인 안전한 프로덕션 ID 프레임워크는 부록 H에서 상세히 다룬다.

6.7 키 사용 모니터링

일반적인 마이크로서비스 배포 과정의 필수 요소인 모니터링 가능성^{observability}은 외부 출력 데이터에 기반해 시스템의 내부 상태를 얼마나 잘 파악할 수 있는지를 나타낸다. **모니터링**^{monitoring}은 시스템의 상태를 추적하는 행위를 의미하는데, 시스템의 외부 출력을 모니터링할 수 있는 방법이 없으면 내부 상태를 파악할 수 없어 마이크로서비스 모니터링이 가능한 경우에만 내부 상태를 파악할 수 있다. **모니터링 가능성의 3요소**라 불리는 로깅, 메트릭, 트레이싱(추적)의 세 가지 범주에서 시스템 모니터링 가능성에 대해 논의한다.

로깅^{logging}을 사용하면 '로그인 성공', '로그인 실패', '접근 제어 성공이나 실패', '키 프로비저닝', '키 순환', '키 해지' 등 시스템의 모든 이벤트를 기록할 수 있다.

메트릭metrics은 시스템의 방향을 나타낸다. 로깅 이벤트는 메트릭을 도출하는 데 도움을 준다. 예를 들어, 짧은 간격으로 키를 갱신하는 데 걸리는 시간을 추적해 해당 프로세스가 시스템의 평균 지연 시간에 얼마나 기여하는지를 파악할 수 있다. 시스템의 지연 시간은 시스템을 오고 가는 요청 사이의 시간 간격을 반영한다. 서비스의 실패한 로그인 횟수를 추적해 또 다른 메트릭을 만들 수도 있다. 실패한 로그인 횟수가 많거나 특정 임계치를 초과하면 서비스가 공격을 받고 있거나 인증서 만료 또는 해지 상태가 원인일 수 있다.

트레이싱tracing도 로그가 있어야 가능하다. 트레이싱은 이벤트 순서나 하나의 이벤트가 다른 이벤트에 미치는 영향과 관련이 있다. 마이크로서비스 환경에서 재고 마이크로서비스를 향한 요청이 실패하면 트레이싱은 근본 원인과 주문 처리 및 배송 마이크로서비스를 향한 동일한 요청에서 발생한 일을 찾을 수 있게 도와준다. 또한 서비스 간 어떤 키를 사용 중인지와 비정상적인 행동을 식별하고 경고를 알려주는 데 도움을 주는 키 사용 패턴을 식별할 수 있다. 마이크로서비스 환경 모니터링은 많은 서비스 간 통신이 발생하기 때문에 어려운 문제다. 마이크로서비스 환경에서 키사용 모니터링은 집킨Zipkin, 프로메테우스Prometheus, 그라파나Grafana 같은 도구를 사용한다.

요약

- 마이크로서비스 간 통신을 보호하는 데는 mTLS, JWT 여러 가지 방법이 있다.
- TLS는 통신 당사자 간의 기밀성과 무결성을 보장한다. 전송 데이터 보호를 위해 수년 전부터 관행적으로 TLS를 사용해왔다.
- mTLS는 마이크로서비스 간 내부 통신을 보호하기 위한 가장 인기 있는 방법이다.
- TLS는 주로 클라이언트가 통신 상대방 서버를 식별하는 데 도움을 주지만 서버가 클라이언트를 식별할 수는 없어서 단방향 TLS로 알려져 있다. 양방향 TLS나 mTLS는 클라이언트와 서버가 서로를 식별할 수 있게 해줌으로써 TLS를 보완한다.
- 마이크로서비스 환경에서 키 관리는 어려운 문제라 신뢰 부트스트래핑, 키/인증서 프로비저닝, 키 해지, 키 순환 및 키 사용 모니터링에 주의해야 한다.

- 인증서 해지가 발생하는 두 가지 사유는 개인키가 손상되거나 인증서를 서명한 인증 기관의 개인키가 손상되는 경우다.
- RFC 2459에서 정의한 CRL은 인증서 해지 관련 문제를 극복하기 위한 첫 번째 접근 법이다.
- CRL과 다르게 OCSP는 해지 상태의 모든 인증서 목록을 생성하지 않는다. TLS 클라 이언트 애플리케이션이 인증서를 확인할 때마다 OCSP 서버와 통신해 인증서가 해지 상태인지를 확인해야 한다.
- OCSP 스테이플링은 OCSP를 좀 더 개선했다. OCSP 스테이플링은 TLS 클라이언트 의 OCSP 서버와의 통신 부담을 서버로 넘긴다.
- 단기 인증서가 제시하는 접근법은 인증서 해지를 무시하고 만료에만 의존한다.
- 마이크로서비스에 프로비저닝된 모든 키는 만료 전에 변경이 필요하다.
- 모니터링 가능성은 일반적인 마이크로서비스 환경의 필수 요소이며, 외부 출력 데이 터에 기반해 시스템의 내부 상태를 얼마나 잘 파악할 수 있는지를 나타낸다.

7

JWT를 사용한 내부 시스템(서비스) 간의 트래픽 보호

7장에서 다루는 내용

- JWT로 서비스 간 통신 보호
- JWT로 마이크로서비스 간 사용자 컨텍스트 전달
- JWT로 교차 도메인 인증

6장에서는 mTLS를 사용해 마이크로서비스 환경에서 서비스 간 통신을 보호하는 방법을 논의했다. 실제로 mTLS는 마이크로서비스 간 인증을 목적으로 가장 많이 사용하는 옵션이다. JWT^JSON Web Token는 암호학적으로 안전한 방법으로 통신 당사자 간에 클레임이나 속성을 전달할 수 있는 방법을 제공하고 마이크로서비스 환경에서 서비스 간 통신을 보호하는 데 중요한 역할을 한다.

JWT를 사용해 호출 측 마이크로서비스, 최종 사용자 또는 요청을 시작한 시스템의 신원을 전달할 수 있다. 또한 JWT는 신원 속성을 다양한 교차 도메인에 전파할 수도 있다. 7장에서는 마이크로서비스 환경에서 서비스 간 통신을 보호할 때 JWT가 담당하는 역할을 살펴본다. JWT 사용에 익숙하지 않다면 JWT에 대한 포괄적 개요를 담고 있는 부록 B를 먼저 읽어보는 게 좋다.

7.1 마이크로서비스 보호를 위한 JWT 사용 사례

JWT는 서비스 간 통신 보호와 마이크로서비스 환경에서 최종 사용자 컨텍스트를 전달하는 등 마이크로서비스 보안 설계의 두 가지 주요 우려를 해결한다(그림 7.1 참고). 6장에서 논의한 것처럼 서비스 간 통신을 보호하는 가장 인기 있는 옵션은 JWT가 아닌 mTLS다. 7.1절에서는 서비스 간 통신을 보호하기 위해 mTLS 대신 JWT를 선택한 이유와 마이크로서비스 환경에서 JWT의 다른 사용 사례를 알아본다. 실무에서는 대부분 JWT와 mTLS를 함께 사용한다.

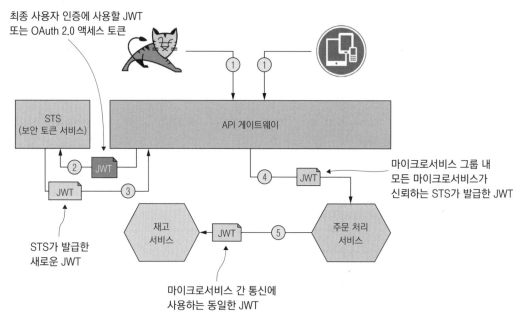

▲ **그림 7.1** JWT가 포함하고 있는 최종 사용자의 신원을 마이크로서비스 간에 전파한다. 마이크로서비스 그룹 내 모든 마이크로서비스는 STS를 신뢰한다. API 게이트웨이는 클라이언트 애플리케이션으로부터 획득한 JWT를 STS가 새로 발급한 JWT로 교환한다.

7.1.1 공유 JWT를 사용해 마이크로서비스 간 사용자 컨텍스트 공유

마이크로서비스가 아닌 최종 사용자(시스템이나 사용자)의 신원과 관련이 있을 때는 mTLS 대신 JWT 사용을 고려해야 한다. JWT를 사용하면 서비스 간에는 서로 인증을 할 수 없다. 모든 요청에서 메시지 흐름을 시작하는 최종 사용자의 신원을 전달할 필요가 있고 전달하지 못한다면 수신 측 마이크로서비스는 요청을 거부한다. 하지만 실제로는 서비스의 신원에 관해서는 걱정하지 않더라도 더 강화된 보안을 적용한다는 관점에서 마이크로서비스 간에 JWT와 mTLS를 함께 적용해 방어 계층을 2단계로 운영해야 한다. 그림 7.1의 단계별 요청 흐름을 자세히 설명하면 다음과 같다.

1. 최종 사용자는 요청 흐름을 시작한다. 최종 사용자는 사용자일 수도 있고 시스템일 수도 있다.

2. 1장과 3장에서 논의한 것처럼 외부 경계 지점의 게이트웨이는 최종 사용자를 인증한다. 해당 게이트웨이는 최종 사용자의 요청을 가로채 토큰(OAuth 2.0 참조 토큰 또는 자가 수용적 토큰)을 추출한 다음 유효성 검증을 위해 STS와 통신한다. 최종 사용자가 제공한 토큰은 STS에서 발급한 토큰이 아니라 STS가 신뢰하는 다른 신원 공급자가 발급한 토큰일 수도 있다. 최종 사용자 인증에 관한 주제는 3장에서 상세히 다뤘으며, STS는 최종 사용자가 제공한 토큰을 검증하는 방법을 알아야만 다음 절차로 넘어갈 수 있다.

3. 토큰 검증을 완료한 후 STS는 자신이 서명한 새로운 JWT를 발급한다. 새로 발급한 JWT는 2단계에서 최종 사용자로부터 받은 기존 JWT에서 획득한 사용자 정보를 포함하고 있다. 외부 경계 지점의 게이트웨이가 새로 발급받은 JWT를 상위 마이크로서비스에 전달할 때 상위 마이크로서비스는 유효한 토큰으로 허용하기 위해 토큰을 발급한 STS만 신뢰하면 된다. 일반적으로 단일 신뢰 도메인상의 모든 마이크로서비스는 단일 STS를 신뢰한다.

4. API 게이트웨이는 STS가 새로 발급한 JWT를 HTTP 헤더(Authorization: Bearer)에 포함해 TLS 프로토콜로 주문 처리 마이크로서비스에 전달한다. 주문 처리 마이크로서비스는 신뢰할 수 있는 STS가 발급한 JWT인지 확인하기 위해 JWT의 서명을 검증한다. 서명 검증 외에도 주문 처리 마이크로서비스는 JWT의 aud 값이 알고 있는 시스템이 맞는지를 확인하는 aud^{audience} 속성 유효성 검사도 수행한다(상세 내용은 부록 B 참고). 7.1절에서 설명하는 패턴을 운영하려면 동일 신뢰 도메인(단일 STS 신뢰) 내의 모든 마이크로서비스는 *.ecomm.com 같은 와일드카드^{wildcard} 형태의 aud 값을 가진 JWT를 허용해야 한다.

5. 주문 처리 마이크로서비스가 재고 마이크로서비스와 통신할 때 주문 처리 마이크로
   서비스는 API 게이트웨이에서 받은 것과 동일한 JWT를 전달한다. 재고 마이크로
   서비스는 신뢰하는 STS가 발급한 JWT인지 확인하기 위해 JWT의 서명을 검증하고
   JWT가 포함하는 aud 속성의 값이 *.ecomm.com이 맞는지도 확인한다.

이러한 패턴에서 JWT 사용은 앞서 설명한 마이크로서비스 보안 설계의 두 가지 우려를
해결하는 데 도움을 준다. 첫 번째로 위조할 수 없는 방법으로 마이크로서비스 간에 최종
사용자 컨텍스트를 전달할 수 있게 한다. JWT의 클레임 묶음에 STS가 서명했기 때문에
서명을 무효화하지 않고는 어떠한 마이크로서비스도 내용을 바꿀 수 없다. 또한 JWT는
서비스 간 통신을 보호할 수 있도록 도와준다. 하나의 마이크로서비스는 신뢰할 수 있는
STS가 발급한 유효한 JWT를 전달하는 경우에만 다른 마이크로서비스에 접근할 수 있다.
모든 수신 측 마이크로서비스는 유효한 JWT를 포함하지 않은 모든 요청을 거절한다.

7.1.2 서비스 간 상호작용을 위해 새로 발급한 JWT를 사용해 사용자 컨텍스트 공유

7.1.2절의 사례는 7.1.1절에서 논의한 사례를 약간 변형하지만 마이크로서비스의 신원
이 아닌 최종 사용자의 신원과는 여전히 관련이 있다. 동일한 JWT를 모든 마이크로서비
스에 전달하고 개별 마이크로서비스에서 동일한 aud 값을 허용하는 게 아니라 서비스별
상호작용에 사용할 새로운 JWT를 발급하는데, 이런 접근법은 공유 JWT를 사용하는 것
보다 훨씬 더 안전하다. 하지만 절대적으로 안전한 보안은 없어 모든 것은 마이크로서비
스 그룹 내 신뢰 수준과 사례에 따라 달라진다.

그림 7.2는 서비스별 상호작용에 사용할 새로운 JWT를 생성하는 패턴이 동작하는 방법
을 보여주는데, 4a와 4b단계를 제외하면 7.1.1절과 동일한 흐름이다. 4a단계에서 주문
처리 마이크로서비스가 재고 마이크로서비스와 통신하기 전에 STS와 통신해 토큰을 교
환한다. 주문 처리 마이크로서비스는 API 게이트웨이에서 받은 JWT(aud 속성값을
op.ecomm.com으로 설정)를 STS에 전달하고 재고 마이크로서비스에 접근하는 데 사용할
새로운 JWT를 요청한다. 4b단계에서 STS는 aud 속성을 iv.ecomm.com으로 설정한 새
로운 JWT를 발급한다. 이후 흐름은 7.1.1절과 동일하다.

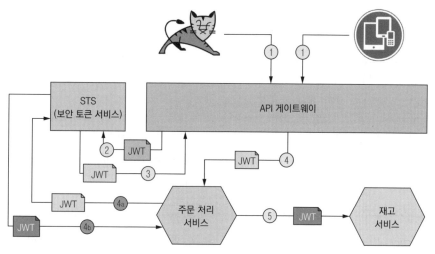

▲ **그림 7.2** 토큰을 교환해 JWT가 포함하고 있는 최종 사용자의 신원을 마이크로서비스 간에 전파한다.

주문 처리 마이크로서비스와 재고 마이크로서비스 간에 통신할 때 왜 새로운 aud 속성값을 가진 새로운 JWT가 필요한가? API 게이트웨이에서 받은 동일한 JWT를 모든 마이크로서비스 간에 공유하고 단일 aud 속성값을 허용하는 것보다 더 안전한 이유는 무엇인가? 최소한 두 가지 유효한 이유가 있다.

- 마이크로서비스 그룹 내에서 마이크로서비스와 STS가 발급한 JWT의 aud 속성값과 일대일로 매핑한다면 통신 상대방이 누구인지 정확히 알 수 있다. 그림 7.2의 4단계를 예로 들면, API 게이트웨이에서 주문 처리 마이크로서비스로 요청을 전달하면 토큰을 주문 처리 마이크로서비스 외의 마이크로서비스로 전달하지 않게 할 수 있다. 토큰을 잘못된 마이크로서비스로 전달하면 aud 속성 불일치로 인해 마이크로서비스에서 토큰을 거부한다.

- 주문 처리 마이크로서비스가 받은 토큰을 재고 마이크로서비스 등에 접근할 목적으로 그대로 재사용하면 JWT 내의 aud 속성의 값이 재고 마이크로서비스의 aud 값과 일치하지 않기 때문에 요청은 실패한다. 주문 처리 마이크로서비스가 재고 마이크로서비스와 통신할 수 있는 유일한 방법은 현재 JWT를 STS에 전달해 재고 마이크로서비스가 허용할 aud 속성의 값을 가진 새로운 JWT로 교환하는 것이다. 이제 STS에서 더 많은 제어권을 갖고 있어 STS는 주문 처리 마이크로서비스가 재고 마이크로

서비스에 접근하도록 할지를 결정할 수 있다.

마이크로서비스의 경계 지점이 아닌 STS에서 토큰 교환 시점에 접근 제어 검사를 수행하는 이유는 무엇인가? 주로 서비스 메시Service Mesh 아키텍처(12장에서 논의)에서 일반적으로 마이크로서비스 경계 지점에 접근 제어를 적용한다.

경계 지점에 접근 제어를 적용할 경우 마이크로서비스의 신원에 대해서는 걱정할 필요가 없기 때문에 STS가 토큰 교환 시점에 자신이 새로 발급한 JWT 내에 호출 측 마이크로서비스에 관한 신원 정보를 내장하지 않는 이상 수신 측 마이크로서비스는 호출 측 마이크로서비스가 누구인지를 알 방법이 없다. 하지만 STS는 토큰 교환 흐름(그림 7.2의 4a단계)을 시작하는 마이크로서비스의 신원과 새로 발급한 토큰으로 호출하려는 첫 번째 마이크로서비스의 신원까지 항상 알고 있으므로 STS가 접근 제어 검사를 수행하는 데 더 적합한 지점이다. STS에서는 개략적인 접근 제어 검사를 수행하고 세분화된 접근 제어 검사는 마이크로서비스 경계 지점에서 수행하는 게 바람직하다.

7.1.3 다른 신뢰 도메인에 속한 마이크로서비스와 사용자 컨텍스트 공유

7.1.3절의 사용 사례는 7.1.2절에서 논의한 토큰 교환의 확장 사례다. 그림 7.3에서 볼 수 있듯이 대부분의 단계는 간단하고 6단계까지는 7.1.2절과 동일하다(그림 7.3의 5단계와 6단계는 그림 7.2의 4a 및 4b단계다).

7단계에서 이커머스 도메인의 주문 처리 마이크로서비스는 배송 API 게이트웨이를 거쳐 배송 도메인의 배송 마이크로서비스에 접근하려 한다. 7단계에서 전달하는 요청 메시지는 이커머스 도메인의 STS가 발급한 JWT를 포함하고 배송 마이크로서비스와 일치하는 aud 속성값을 갖고 있다. 8단계에서 배송 도메인의 API 게이트웨이는 JWT 검증을 위해 자신의 STS와 통신한다. 배송 도메인의 STS가 이커머스 도메인의 STS를 신뢰할 경우에만 JWT 검증을 통과한다. 즉, 이커머스 도메인의 STS가 발급한 JWT의 서명에 부합하는 공개키를 배송 도메인의 STS에게 알려야 하며 이를 위해 9단계에서 배송 도메인의 STS는 자신의 JWT를 생성한 후 API 게이트웨이를 통해 배송 마이크로서비스로 전달한다. 배송 도메인의 모든 마이크로서비스는 배송 도메인의 자체 STS만 신뢰한다.

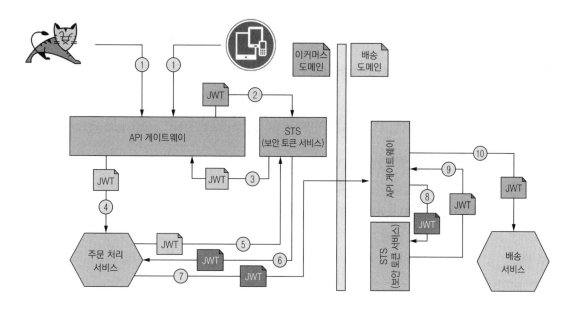

▲ **그림 7.3** 여러 신뢰 도메인 간의 교차 도메인 인증 및 사용자 컨텍스트 공유. 배송 도메인의 STS는 이커머스 도메인의 STS를 신뢰한다.

7.1.4 자체발급 JWT

7장에서 다룬 지금까지의 사례에서는 마이크로서비스 자신의 신원에 대해 걱정할 필요가 없었고 최종 사용자의 신원을 전달하는 신뢰할 수 있는 STS가 발급한 JWT에 의존했다. 그러나 자체발급 JWT(그림 7.4 참고)를 사용하면 마이크로서비스들이 서로 간에 통신할 때 (6장에서 논의한 mTLS를 사용할 때처럼) 마이크로서비스의 신원을 신경 써야 한다.

mTLS나 자체발급 JWT 사용 모델에서 개별 마이크로서비스는 자신의 공개/개인키 쌍을 가져야 한다. 개별 마이크로서비스는 JWT를 생성하고 자신의 개인키로 서명한 다음 요청 메시지의 HTTP 헤더(Authorization: Bearer)에 포함해 TLS로 수신 측 마이크로서비스에 전달한다. JWT가 Bearer 유형의 토큰이기 때문에 TLS 프로토콜을 사용해 암호화할 필요가 있다. 수신 측 마이크로서비스는 부합하는 공개키를 사용해 JWT 서명을 확인한 후에 호출 측 마이크로서비스를 식별할 수 있다.

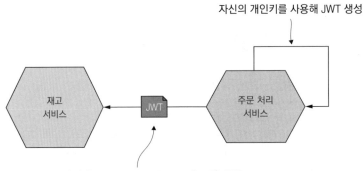

▲ **그림 7.4** 주문 처리 마이크로서비스의 개인키로 서명한 자체발급 JWT

자체발급 JWT는 mTLS와 어떻게 다른가? 2개의 마이크로서비스 간 인증만 처리하면 된다면 JWT와 mTLS 모두 적합한 방법은 아니다. 개발자 부담 관점에서는 mTLS 구축이 자체발급 JWT를 사용하는 것보다 더 간단하지만 JWT와 mTLS 모두 6장에서 논의한 키 관리와 서비스 간 인증 문제를 처리해야 한다. 2개의 마이크로서비스 간에 비즈니스 데이터가 아닌 컨텍스트 데이터를 공유해야 한다면 자체발급 JWT가 mTLS보다 훨씬 더 적합하다. 예를 들어, 주문 처리 마이크로서비스가 재고 마이크로서비스와 상관관계 핸들로 주문 ID를 공유하려 한다면 JWT에 포함해 공유할 수 있지만 mTLS의 경우 HTTP 헤더에 포함해 전달해야 한다.

JWT와 mTLS의 차이점은 무엇인가? mTLS는 전송 중인 데이터의 기밀성과 무결성을 보장하지만 부인방지를 제공하지는 않는다. 부인방지는 암호학적으로 행위와 행위자를 연결해 나중에 행위자가 행위를 부인할 수 없게 하는데, mTLS만 사용한다면 부인방지를 달성할 수 없다. 하지만 자체발급 JWT를 사용하는 경우 JWT에 추가한 모든 데이터는 메시지에 서명하는 데 사용한 개인키의 소유자와 연결되어 부인방지를 달성할 수 있다. 자체발급 JWT를 사용하더라도 대부분의 경우 마이크로서비스 간 통신은 기밀성과 무결성을 제공하는 TLS를 사용해야 한다. TLS 사용을 원치 않는다면 JWT에 서명을 하고 암호화해 기밀성과 무결성을 제공하는 방법도 있지만 대부분은 TLS 사용을 선호할 거라 생각한다.

7.1.5 네스티드 JWT

7.1.5절에서는 7.1.4절의 사례를 확장해서 다룬다. **네스티드 JWT**^{nested JWT}는 또 다른 JWT를 내장하고 있는 JWT를 의미한다(그림 7.5 참고). 자체발급 JWT를 사용해 서비스 간 통신을 보호하는 경우를 예로 들면, 신뢰할 수 있는 STS가 발급한 최종 사용자 컨텍스트를 전달할 용도의 JWT를 자체발급 JWT에 포함해 네스티드 JWT를 만들 수 있다. 수신 측 마이크로서비스는 호출 측 마이크로서비스의 공개키를 사용해 네스티드 JWT의 서명을 검증해야 하고, 신뢰할 수 있는 STS의 공개키를 사용해 네스티드 JWT가 내장하고 있는 JWT의 서명을 검증해야 한다. 네스티드 JWT는 위조할 수 없는 방법으로 최종 사용자와 호출 측 마이크로서비스의 신원을 전달한다.

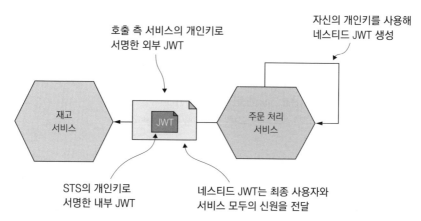

▲ **그림 7.5** 네스티드 JWT 설명. 주문 처리 마이크로서비스는 자신의 JWT를 생성하고 해당 JWT 내부에 하위 마이크로서비스나 API 게이트웨이에서 받은 JWT를 포함한다.

7.2 JWT를 발급하는 STS 구축

7.2절에서는 JWT를 발급하는 STS를 구축할 예정이고 해당 JWT를 보안을 적용한 마이크로서비스 접근에 사용할 예정이다. 7장의 모든 예제 코드는 https://github.com/microservices-security-in-action/samples 깃허브 저장소의 chapter07 디렉토리에 있다. 자바로 개발한 스프링 부트 애플리케이션인 STS의 소스 코드는 chapter07/sample01 디렉토리에 있다.

실습에 사용할 STS는 간단하고 상용 환경에서 사용할 수준은 아니다. 많은 오픈소스와 독점 신원 관리 솔루션은 상용 마이크로서비스 환경에서 써도 될 만한 STS 역할을 제공한다.[1] chapter07/sample01 디렉토리에서 다음 명령을 실행해 STS를 빌드하자. 명령을 성공적으로 실행하면 BUILD SUCCESS 메시지를 확인할 수 있다.

```
\> mvn clean install

[INFO] BUILD SUCCESS
```

STS를 시작하려면 chapter07/sample01 디렉토리에서 다음 명령을 실행하자. STS는 디폴트로 8443 포트에서 동작하기 때문에 다른 서비스에서 해당 포트를 사용 중인지 우선 확인해야 한다. 서버를 부팅하면 부팅하는 데 걸린 시간을 터미널에 출력한다.

```
\> mvn spring-boot:run

INFO 30901 --- [main] s.b.c.e.t.TomcatEmbeddedServletContainer :
Tomcat started on port(s): 8443 (https)
INFO 30901 --- [main] c.m.m.ch07.sample01.TokenService         :
Started TokenService in 4.729 seconds (JVM running for 7.082)
```

STS와 통신해 JWT를 가져오기 위해 다음 curl 명령을 실행하자. 승인 방식(grant_type)으로 password를 지정하는 표준 OAuth 2.0 요청에 대해 잘 알고 있어야 한다. 예제에서는 간단히 테스트를 하기 위해 승인 방식으로 password를 사용하지만 상용 환경에서는

1　글루(Gluu), 키클록(Keycloak), WSO2 Identity Server는 모두 STS 역할을 해줄 수 있는 오픈소스이면서 상용 환경에 적합한 신원 관리 솔루션이다.

authorization_code나 사용 환경에 더 적합한 다른 승인 방식을 선택할 수 있다(부록 A에서 OAuth 2.0 승인 방식을 상세히 다룬다).

```
\> curl -v -X POST --basic -u applicationid:applicationsecret \
-H "Content-Type: application/x-www-form-urlencoded;charset=UTF-8" \
-k -d "grant_type=password&username=peter&password=peter123&scope=foo" \
https://localhost:8443/oauth/token
```

curl 요청이 최종 사용자를 대신해 웹 애플리케이션 같은 외부 애플리케이션이 생성한 요청이라고 생각해보면 클라이언트 ID와 시크릿은 웹 애플리케이션을 나타내고 사용자 명과 비밀번호는 최종 사용자를 나타낸다. 그림 7.6에서는 편의를 위해 API 게이트웨이를 제거했다.

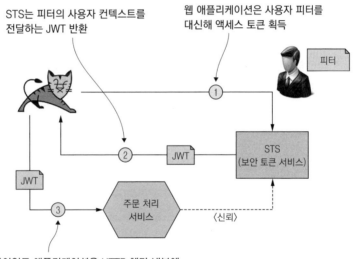

STS는 피터의 사용자 컨텍스트를 전달하는 JWT 반환

웹 애플리케이션은 사용자 피터를 대신해 액세스 토큰 획득

피터

① STS (보안 토큰 서비스)

② JWT

JWT

③ 주문 처리 서비스 〈신뢰〉

클라이언트 애플리케이션은 HTTP 헤더 내부에 JWT를 포함해 전달하면서 마이크로서비스를 호출

▲ **그림 7.6** STS는 웹 애플리케이션에 JWT 액세스 토큰을 발급한다.

curl 명령에서 applicationid는 웹 애플리케이션의 클라이언트 ID이고, applicationsecret 은 클라이언트 시크릿이다. 명령을 성공적으로 실행하면 STS는 OAuth 2.0 액세스 토큰 인 JWT(정확하게는 JWS)를 반환한다.

```
{"access_token":"eyJhbGciOiJSUzI1NiIsInR5cCI6IkpXVCIsImtpZCI6ImQ3ZDg3NTY3LTE4NDAtNGY0NS05
NjE0LTQ5MDcxZmNhNGQyMSJ9.eyJzdWIiOiJwZXRlciIsImF1ZCI6IiouZWNvbW0uY29tIiwidXNlcl9uYW1lIjoi
cGV0ZXIiLCJzY29wZSI6WyJmb28iXSwiaXNzIjoic3RzLmVjb21tLmNvbSIsImV4cCI6MTYwODAzMTUwOCwiaWF0I
joxNjA4MDI1NTA4LCJhdXRob3JpdGllcyI6WyJST0xFX1VTRVIiXSwianRpIjoiYTk2NDU3NjctNDhhZS000GRiLW
E5NWEtMzFkOTg3NjE2YzUwIiwiY2xpZW50X2lkIjoiYXBwbGljYXRpb25pZCJ9.CoU3XXjPPlTX4WNBAcI4YCM9gn
30n2z-N_owW0AbihEHKahgstP5vA2le2n2z7KQU8BQ1lhX8LDIrMw57lNHMLf98bHHVRsqUHZ0mDmAvogBSgm1c
8h0-vIyQUvqfi2LIToo53XtW2_E1YlqJ-vNC8cdP77-w8U6pfT8cSZhR_6Bbmlx1IDHtWhkpn-sgRB3opHNRZ5nwg
l9sZfbXYSryvmgTU2caC0nw0JBItY8tMKion22eQtDtxWymVKY0hvQ5mEjENHiviUNP0gc3dQ8HH0ugLDYBhAv5ws
RpPLTRGcYf-apqaTrvZe4bfwXvqLzB9wquHJoemXnC4TCXutCfg",
"token_type":"bearer",
"refresh_token":"<생략>",
"expires_in":5999,
"scope":"foo",
"sub":"peter",
"aud":"*.ecomm.com",
"iss":"sts.ecomm.com",
"iat":1608025508,
"jti":"a9645767-48ae-48db-a95a-31d987616c50"}
```

JWT 액세스 토큰을 디코딩해보면 다음과 같은 내용을 포함하고 있음을 확인할 수 있다. JWT에 익숙하지 않다면 부록 B를 읽어보는 게 도움이 된다.

```
{
  "sub": "peter",
  "aud": "*.ecomm.com",
  "user_name": "peter",
  "scope": [
    "foo"
  ],
  "iss": "sts.ecomm.com",
  "exp": 1608031508,
  "iat": 1608025508,
  "authorities": [
    "ROLE_USER"
  ],
  "jti": "a9645767-48ae-48db-a95a-31d987616c50",
  "client_id": "applicationid"
}
```

7.3절에서는 보안을 적용한 마이크로서비스 접근을 위해 JWT를 사용하는 방법을 살펴볼 예정이다.

7.3 JWT를 사용해 마이크로서비스 보호

7.3절에서는 우선 JWT로 마이크로서비스에 보안을 적용한 다음, 7.2절에서 구축한 STS
에서 획득한 JWT를 사용해 curl 명령으로 마이크로서비스를 호출한다. 실습 관련 소스
코드는 chapter07/sample02 디렉토리에서 확인할 수 있다. 이번 실습은 스프링 부트
프레임워크에서 자바로 개발한 주문 처리 마이크로서비스를 빌드하고 JWT를 사용해 보
안을 적용할 예정이다. 먼저 chapter07/sample02 디렉토리에서 다음 명령을 실행해 프
로젝트를 빌드하자. 명령을 성공적으로 실행하면 BUILD SUCCESS 메시지를 확인할 수 있다.

```
\> mvn clean install
```

```
[INFO] BUILD SUCCESS
```

주문 처리 마이크로서비스를 시작하려면 chapter07/sample02 디렉토리에서 다음 명령
을 실행하자. 서버를 부팅하면 부팅하는 데 걸린 시간을 터미널에 출력한다. 주문 처리
마이크로서비스는 디폴트로 9443 포트에서 동작한다.

```
\> mvn spring-boot:run
```

```
INFO 32024 --- [main] s.b.c.e.t.TomcatEmbeddedServletContainer :
Tomcat started on port(s): 9443 (https)
INFO 32024 --- [main] c.m.m.ch07.sample02.OrderProcessingApp    :
Started OrderProcessingApp in 6.555 seconds (JVM running for 9.62)
```

보안 토큰 없이 다음 curl 명령을 실행해 주문 처리 마이크로서비스를 호출해보면 예상
대로 오류 메시지를 볼 수 있다.

```
\> curl -k https://localhost:9443/orders/11
```

```
{"error":"unauthorized","error_description":
        "Full authentication is required to access this resource"}
```

보안을 적용한 주문 처리 마이크로서비스를 호출하려면 다음 curl 명령을 실행해 STS에
서 JWT를 가져와야 한다. 실습을 위해서는 7.2절에서 실습한 STS가 8443 포트에서 계
속 동작 중이어야 한다. 간단히 표현하기 위해 JWT 전문을 jwt_access_token 문자열로

대체하고 응답 메시지를 요약해서 보여주면 다음과 같다.

```
\> curl -v -X POST --basic -u applicationid:applicationsecret \
-H "Content-Type: application/x-www-form-urlencoded;charset=UTF-8" \
-k -d "grant_type=password&username=peter&password=peter123&scope=foo" \
https://localhost:8443/oauth/token

{
"access_token":"jwt_access_token",
"token_type":"bearer",
"refresh_token":"<생략>",
"expires_in":5999,
"scope":"foo"
}
```

이제 curl 명령으로 획득한 JWT를 사용해 주문 처리 마이크로서비스를 호출할 차례다. 다음 curl 명령을 실행해 해당 JWT를 HTTP Authorization: Bearer 헤더에 설정하고 주문 처리 마이크로서비스를 호출하자. JWT가 다소 길기 때문에 curl 명령을 실행할 때 도움을 줄 수 있는 팁을 알려주면 JWT를 환경 변수(TOKEN)로 export 하고 주문 처리 마이크로서비스 요청 시 해당 환경 변수를 사용하는 방법이 있다.

```
\> export TOKEN=jwt_access_token
```

```
\> curl -k -H "Authorization: Bearer $TOKEN" \
https://localhost:9443/orders/11

{
  "customer_id":"101021",
  "order_id":"11",
  "payment_method":{
    "card_type":"VISA",
    "expiration":"01/22",
    "name":"John Doe",
    "billing_address":"201, 1st Street, San Jose,CA"
  },
  "items":[{"code":"101","qty":1},{"code":"103","qty":5}],
  "shipping_address":"201, 1st Street, San Jose, CA"
}
```

7.4 접근 제어에 사용할 권한 범위 출처로 JWT 사용

7.4절의 예제는 7.3절의 예제를 확장한다. JWT와 함께 제공되는 데이터를 사용해 주문 처리 마이크로서비스 측에 접근 제어를 적용하기 위해 7.3절과 동일한 코드베이스 codebase를 사용한다. 현재 주문 처리 마이크로서비스를 실행 중이라면 우선 중지시키되 STS는 실행 상태를 유지해야 한다. chapter07/sample02/src/main/java/com/ manning/mss/ch07/sample02/service/ 디렉터리의 OrderProcessingService.java 파일을 열어 코드가 다음과 같이 보이도록 @PreAuthorize("#oauth2.hasScope('bar')")의 주석을 해제하자.

```
@PreAuthorize("#oauth2.hasScope('bar')")
@RequestMapping(value = "/{id}", method = RequestMethod.GET)
public ResponseEntity<?> getOrder(@PathVariable("id") String orderId) {
}
```

다음 명령을 실행해 빌드를 다시 하고 chapter07/sample02 디렉터리에서 주문 처리 마이크로서비스를 구동하자.

```
\> mvn clean install
\> mvn spring-boot:run
```

주문 처리 마이크로서비스를 구동한 후 주문 처리 마이크로서비스에 접근하려면 STS에서 JWT를 다시 가져와야 한다. 주목해야 할 중요한 한 가지는 클라이언트 애플리케이션이 STS와 통신할 때 권한 범위 foo에 대한 액세스 토큰을 요청하는 것이다. curl 요청과 응답 메시지 모두에서 foo 값을 찾을 수 있고 STS에서 받은 응답 메시지 내 JWT를 디코딩하면 foo로 설정한 scope 속성을 확인할 수 있다. 간단히 표현하기 위해 JWT 전문을 jwt_access_token 문자열로 대체하고 응답 메시지를 요약해서 보여주면 다음과 같다.

```
\> curl -v -X POST --basic -u applicationid:applicationsecret \
-H "Content-Type: application/x-www-form-urlencoded;charset=UTF-8" \
-k -d "grant_type=password&username=peter&password=peter123&scope=foo" \
https://localhost:8443/oauth/token

{
```

```
"access_token":"jwt_access_token",
"token_type":"bearer",
"refresh_token":"",
"expires_in":5999,
"scope":"foo"
}
```

이제 STS에서 권한 범위를 foo로 설정한 JWT를 받았다. 권한 범위를 bar로 설정한 토큰을 허용하는 주문 처리 마이크로서비스를 호출해보면 접근 거부 메시지를 출력하며 요청에 실패한다.

```
\> export TOKEN=jwt_access_token
\> curl -k -H "Authorization: Bearer $TOKEN" \
https://localhost:9443/orders/11
```

```
{"error":"access_denied","error_description":"Access is denied"}
```

예상대로 요청에 실패했기 때문에 유효한 권한 범위로 동일한 요청을 전송해보자. 우선 권한 범위를 bar로 설정해 STS에 JWT를 요청하자.

```
\> curl -v -X POST --basic -u applicationid:applicationsecret \
-H "Content-Type: application/x-www-form-urlencoded;charset=UTF-8" \
-k -d "grant_type=password&username=peter&password=peter123&scope=bar" \
https://localhost:8443/oauth/token
```

```
{
"access_token":"jwt_access_token",
"token_type":"bearer",
"refresh_token":"",
"expires_in":,
"scope":"bar"5999
}
```

이제 올바른 토큰으로 주문 처리 마이크로서비스를 호출해보면 요청을 성공적으로 실행해야 한다.

```
\> export TOKEN=jwt_access_token
\> curl -k -H "Authorization: Bearer $TOKEN" \
```

```
https://localhost:9443/orders/11
```

```
{
  "customer_id":"101021",
  "order_id":"11",
  "payment_method":{
    "card_type":"VISA",
    "expiration":"01/22",
    "name":"John Doe",
    "billing_address":"201, 1st Street, San Jose,CA"
  },
  "items":[{"code":"101","qty":1},{"code":"103","qty":5}],
  "shipping_address":"201, 1st Street, San Jose, CA"
}
```

이번 예제에서 curl 클라이언트가 STS에 foo나 bar 권한 범위로 토큰을 요청할 때 STS는 요청을 보낸 사용자(피터)가 요청한 권한 범위의 토큰을 요청할 수 있는 권한이 있는지를 확인하지 않았다. 상용 환경에서 STS를 운영할 때는 STS에 접근 제어 정책을 적용해 유효성 검사를 수행하는 게 바람직하다.

7.5 JWT를 사용해 서비스 간 통신 보호

이제 STS와 JWT로 보안을 적용한 주문 처리 마이크로서비스를 실행하고 있다. 7.5절에서는 JWT로 재고 마이크로서비스에 보안을 적용해 주문 처리 마이크로서비스가 클라이언트 애플리케이션에서 획득한 JWT를 재고 마이크로서비스로 전달하는 방법을 알아볼 예정이다. 기존에 실행한 STS와 주문 처리 마이크로서비스를 그대로 두고 재고 마이크로서비스를 새로 실행해야 한다. chapter07/sample03 디렉터리에서 다음 명령을 실행해 프로젝트를 빌드하자. 명령을 성공적으로 실행하면 BUILD SUCCESS 메시지를 확인할 수 있다.

```
\> mvn clean install

[INFO] BUILD SUCCESS
```

재고 마이크로서비스를 시작하기 위해 chapter07/sample03 디렉토리에서 다음 명령을 실행하자. 서버를 부팅하면 부팅하는 데 걸린 시간을 터미널에 출력한다. 재고 마이크로 서비스는 디폴트로 10443 포트에서 동작한다.

```
\> mvn spring-boot:run

INFO 32024 --- [main] s.b.c.e.t.TomcatEmbeddedServletContainer :
Tomcat started on port(s): 10443 (https)
INFO 32024 --- [main] c.m.m.ch07.sample03.InventoryApp          :
Started InventoryApp in 6.555 seconds (JVM running for 6.79)
```

이제 7.4절에서 실행한 것과 동일한 curl 명령을 실행해 STS에서 JWT를 가져와야 한다. 간단히 표현하기 위해 JWT 전문을 jwt_access_token 문자열로 대체하고 응답 메시지를 요약해서 보여주면 다음과 같다.

```
\> curl -v -X POST --basic -u applicationid:applicationsecret \
-H "Content-Type: application/x-www-form-urlencoded;charset=UTF-8" \
-k -d "grant_type=password&username=peter&password=peter123&scope=bar" \
https://localhost:8443/oauth/token

{
"access_token":"jwt_access_token",
"token_type":"bearer",
"refresh_token":"",
"expires_in":5999,
"scope":"bar"
}
```

이제 획득한 JWT를 사용해 주문 처리 마이크로서비스에 주문을 넣어보자. 먼저 JWT를 환경 변수(TOKEN)에 export 하고 주문 처리 마이크로서비스 요청 시 해당 환경 변수를 사용하자. 명령을 성공적으로 실행하면 주문 처리 마이크로서비스는 JWT를 검증하고 수락한 다음 재고를 업데이트하기 위해 재고 마이크로서비스와 통신하고 재고 마이크로서비스를 실행 중인 터미널상에 상품번호를 출력한다.

```
\> export TOKEN=jwt_access_token
\> curl -k -H "Authorization: Bearer $TOKEN" \
-H 'Content-Type: application/json' \
-v https://localhost:9443/orders \
```

```
-d @- << EOF
{ "customer_id":"101021",
  "payment_method":{
    "card_type":"VISA",
    "expiration":"01/22",
    "name":"John Doe",
    "billing_address":"201, 1st Street, San Jose, CA"
  },
  "items":[{"code":"101","qty":1},{"code":"103","qty":5}],
  "shipping_address":"201, 1st Street, San Jose, CA"
}
EOF
```

7.6 다른 aud 속성을 가진 새로운 JWT로 JWT 교환

토큰 교환은 STS가 담당한다. 7.6절에서는 7.2절에서 구동한 STS와 통신해 JWT를 새로운 JWT로 교환하는 방법을 살펴볼 예정이다. 실습을 위해서는 STS가 실행 상태여야 한다. 그림 7.7은 7.6절에서 수행하려는 작업의 전체 흐름을 보여준다. 1단계에서 클라이언트 애플리케이션은 사용자를 대신해 JWT 액세스 토큰을 가져온다.

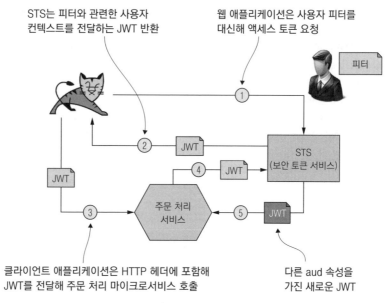

▲ 그림 7.7 STS로 토큰 교환

이제 STS와 통신해 JWT를 가져오기 위해 다음 curl 명령을 실행하자.

```
\> curl -v -k -X POST --basic -u applicationid:applicationsecret \
-H "Content-Type: application/x-www-form-urlencoded;charset=UTF-8" \
-d "grant_type=password&username=peter&password=peter123&scope=bar" \
https://localhost:8443/oauth/token
```

curl 명령에서 applicationid는 웹 애플리케이션의 클라이언트 ID이고, applicationsecret
은 클라이언트 시크릿이다. 명령을 성공적으로 실행하면 STS는 OAuth 2.0 액세스 토큰
인 JWT(정확하게는 JWS)를 반환한다.

```
{"access_token":"eyJhbGciOiJSUzI1NiIsInR5cCI6IkpXVCIsImtpZCI6ImQ3ZDg3NTY3LTE4NDAtNGY0NS05
NjE0LTQ5MDcxZmNhNGQyMSJ9.eyJzdWIiOiJwZXRlciIsImF1ZCI6IiouZWNvbW0uY29tIiwidXNlcl9uYW1lIjoi
cGV0ZXIiLCJzY29wZSI6WyJiYXIiXSwiaXNzIjoic3RzLmVjb21tLmNvbSIsImV4cCI6MTYwODAzNTgxNCwiaWF0I
joxNjA4MDI5ODE0LCJhdXRob3JpdGllcyI6WyJST0xFX1VTRVIiXSwianRpIjoiM2RhOWM5N2MtODIxMS00ZDViLT
hmODgtYWJhMDU2YTEwMGU3IiwiY2xpZW50X2lkIjoiYXBwbGljYXRpb25pZCJ9.W2JvtwYYbhYAFhcbhIBCgXGkyW
EJd56q19qJxmwvGbM8dvgG7QZ4LXjpeW6jsPiX4ig8YgVelNdJaqRdzEM8pOomQ96zte_Ug8zSxnW9KxesYv7qycR
1aNfDKUeHbeEfkbbMaZWHljGIXWJTHTC-9h6wREFLqnVU_N8gO7JzQ0fE3Fr6T5BjLXk2uKXwsPiZt5TtO-
podUFWcb6VCpnVrgqpD_WyWnZ2XjMYuZ_3cArvxdyMj_jC1uHnMMC3NtTfT5NVHI2H7Jq5u-JYkOv6XBakJVc0d8J
1KqTbGTkhXKA6hYjYdhIp4K5oqpCfBiEb-ElJOcjpQr8Ma7uASuL9Ag",
"token_type":"bearer",
"refresh_token":"eyJhbGciOiJSUzI1NiIsInR5cCI6IkpXVCIsImtpZCI6ImQ3ZDg3NTY3LTE4NDAtNGY0NS05
NjE0LTQ5MDcxZmNhNGQyMSJ9.eyJzdWIiOiJwZXRlciIsImF1ZCI6IiouZWNvbW0uY29tIiwidXNlcl9uYW1lIjoi
cGV0ZXIiLCJzY29wZSI6WyJiYXIiXSwiYXRpIjoiM2RhOWM5N2MtODIxMS00Z* Connection #0 to host
localhost left intact
DViLThmODgtYWJhMDU2YTEwMGU3IiwiaXNzIjoic3RzLmVjb21tLmNvbSIsImV4cCI6MTYxMDYyMTgxNCwiaWF0Ij
oxNjA4MDI5ODE0LCJhdXRob3JpdGllcyI6WyJST0xFX1VTRVIiXSwianRpIjoiYWIzYjU2N2EtN2M0My00NGQzLTk
1MTctZDVjYmZkNjhiOTk2IiwiY2xpZW50X2lkIjoiYXBwbGljYXRpb25pZCJ9.7Wthc2_YIGKGImNDvrzPdXzGQXc
9oRqWanlZKHUV4IOMX4-ZKJ9asM8kPsZdq4XG3KoI7kXxyF9YBQe4ylJ75s0quChgQfxJSVzqQv-FZhXgyBD74pf3
iNjFqmT4HEfQPx4ieKQOktaltZgtJoWF1wjfUKBAUqDx129aRckavSSJjwsc8QHNV7utZ6GLuve60FzaM8JqlKhKV
3EeCZust9xciowJCr_RcqHA82aOjG_ElAOg8tNdvrGw45GGwa4OKzCJ0n8mVJegdM1zXygTzCUy9mtCUPHGFT0
It_Xc8hYV2659Rtb_G0pstw7-7YPUiHwOGzeuKa8q8CvIyWVwqA",
"expires_in":5999,
"scope":"bar",
"sub":"peter",
"aud":"*.ecomm.com",
"iss":"sts.ecomm.com",
"iat":1608029814,
"jti":"3da9c97c-8211-4d5b-8f88-aba056a100e7"}
```

aud 속성값 *.ecomm.com을 전달하는 JWT 액세스 토큰을 디코딩해보면 다음과 같은
내용을 포함하고 있음을 확인할 수 있다.

```
{
  "sub": "peter",
  "aud": "*.ecomm.com",
  "user_name": "peter",
  "scope": [
    "bar"
  ],
  "iss": "sts.ecomm.com",
  "exp": 1608035814,
  "iat": 1608029814,
  "authorities": [
    "ROLE_USER"
  ],
  "jti": "3da9c97c-8211-4d5b-8f88-aba056a100e7",
  "client_id": "applicationid"
}
```

이제 그림 7.7의 1단계와 2단계를 완료해 클라이언트 애플리케이션은 JWT 액세스 토큰
을 획득했다. 3단계에서 클라이언트 애플리케이션은 JWT를 사용해 주문 처리 마이크로
서비스와 통신하는데, 3단계를 건너뛰고 토큰 교환을 어떻게 처리하는지를 보여주는 가
장 중요한 두 단계인 4단계와 5단계에서 어떤 일이 발생하는지를 알아볼 예정이다.

> |참고| 7장에서 실습한 STS는 토큰 교환 기능(RFC 8693)을 지원하지 않아 7.6절의 나머지 부분
> 에서 설명하는 STS를 사용한 토큰 교환이 어떻게 작동하는지를 확인할 수 없다. 상용 환경 STS의
> 대부분은 RFC 8693의 토큰 교환 기능을 지원하기 때문에 실제 상용 환경에서는 토큰 교환 기능을
> 사용해볼 수 있다. 토큰 교환은 RFC 8693을 준수하는 STS가 노출하는 표준 API이기 때문에 7.6절
> 의 나머지 부분에서 설명하는 curl 명령은 RFC 8693을 지원하는 모든 STS에서 사용 가능하다.

주문 처리 마이크로서비스가 3단계에서 획득한 JWT를 사용해 다음과 같은 호출을 한다
고 가정하자. 표준 방식으로 토큰 교환 기능을 지원하는 STS는 OAuth 2.0 토큰 교환 사
양(https://tools.ietf.org/html/rfc8693)을 구현해야 한다. 다음 curl 명령을 실행하면 STS와

통신해 보유하고 있는 JWT를 새로운 JWT로 교환한다. 그림 7.7의 3단계에서 획득한 JWT를 환경 변수(TOKEN)로 export 하고 환경 변수를 사용해 토큰 교환 요청을 보내자.

```
\> export TOKEN=jwt_access_token
\> curl -v -X POST https://localhost:8443/oauth/token \
--basic -u applicationid:applicationsecret \
-H "Content-Type: application/x-www-form-urlencoded;charset=UTF-8" -k \
-d @- << EOF
grant_type=urn:ietf:params:oauth:grant-type:token-exchange&
subject_token=$TOKEN&
subject_token_type=urn:ietf:params:oauth:token-type:jwt&
audience=inventory.ecomm.com
EOF
```

subject_token 인수에 교환하려는 JWT를 포함하고 subject_token_type 인수에 urn:ietf:params:oauth:token-type:jwt 값을 설정해 STS의 토큰 처리 지점으로 요청을 보내야 한다. curl 명령의 TOKEN 환경 변수가 교환하려는 JWT 값이다. urn:ietf:params:oauth:grant-type:token-exchange 값을 설정한 grant_type 또한 중요한 인수다.

STS는 수신한 JWT 검증 결과 이상이 없으면 다음과 같이 요청을 받은 aud 값을 사용한 새로운 JWT를 반환한다. 이제 주문 처리 마이크로서비스는 재고 마이크로서비스와 통신하기 위해 새로운 JWT를 사용할 수 있다.

```
{
  "access_token":"new_jwt_access_token",
  "issued_token_type":"urn:ietf:params:oauth:token-type:jwt",
  "token_type":"Bearer",
  "expires_in":60
}
```

STS를 대상으로 이전 curl 명령을 실행하면, STS가 토큰 교환 기능을 지원하지 않기 때문에 다음과 같은 오류 메시지를 노출하며 요청에 실패한다.

```
{
  "error":"unsupported_grant_type",
  "error_description":
    "Unsupported grant type: urn:ietf:params:oauth:grant-type:token-exchange"
}
```

|**참고**| 12장에서는 이스티오 서비스 메시 환경에서 서비스 간 통신을 보호하기 위해 JWT를 사용하는 방법을 다룬다. **이스티오**(Istio)는 구글이 개발한 쿠버네티스 기반 서비스 메시다. **서비스 메시**(service mesh)는 회복, 보안, 모니터링 가능성 및 라우팅 제어를 제공하는 특정 환경에서 마이크로서비스 간의 분산형 애플리케이션 네트워킹 인프라를 의미한다.

요약

- 암호학적으로 안전한 방법으로 통신 당사자 간에 클레임이나 속성을 전달할 목적으로 사용하는 JWT는 마이크로서비스 환경에서 서비스 간 통신을 보호하는 데 중요한 역할을 한다.

- 호출 측 마이크로서비스, 최종 사용자 또는 요청을 시작하는 시스템의 신원을 전달하는 용도로 JWT를 사용할 수 있다.

- JWT는 서비스 간 통신 보호와 마이크로서비스 환경에서 최종 사용자 컨텍스트를 전달하는 등 마이크로서비스 보안 설계의 두 가지 주요 우려를 해결한다.

- 마이크로서비스가 아닌 최종 사용자(시스템이나 사용자)의 신원과 관련이 있을 때는 mTLS 대신 JWT 사용을 고려해야 한다. 하지만 실제로는 방어 계층을 2단계로 운영하기 위해 mTLS와 JWT를 함께 사용하는 경우가 많다.

- 마이크로서비스 간 상호작용에 교환한 새로운 JWT를 사용하는 건 동일한 JWT를 공유하는 것보다 안전한 접근법이다.

- JWT를 교차 도메인 인증과 속성 공유에 사용할 수 있다.

- 자체발급 JWT는 마이크로서비스 자신이 발급해 마이크로서비스 간 인증에 사용한다.

- 네스티드 JWT는 또 다른 JWT를 내장하고 호출 측 마이크로서비스와 최종 사용자 신원을 전달하는 역할을 한다.

8

gRPC를 사용한
내부 시스템(서비스) 간의
트래픽 보호

8장에서 다루는 내용

- 마이크로서비스 환경의 서비스 간 통신에서 gRPC의 역할
- mTLS로 gRPC를 사용한 서비스 간 통신 보호
- JWT로 gRPC를 사용한 서비스 간 통신 보호

6장과 7장에서는 mTLS와 JWT를 사용해 마이크로서비스 간 통신을 보호하는 방법을 논의했다. 6장과 7장의 모든 예제는 호출 측 마이크로서비스와 수신 측 마이크로서비스 간에 JSON 메시지를 사용한 RESTful 방식의 HTTP 통신을 한다고 가정했다. JSON 메시지를 사용한 HTTP 통신은 마이크로서비스 간 통신에서 즐겨 쓰는 방법이지만 최적의 방법은 아니라는 의견을 가진 사람도 많다.

반대 의견을 가진 사람들은 시스템이나 마이크로서비스 간 통신에 사람이 읽을 수 있고 잘 구조화한 데이터 교환 형식을 사용할 필요가 없다고 주장한다. 시스템이 정상적으로 실행 중일 때가 아니라 문제 해결이 필요한 경우에만 사람이 읽을 수 있는 메시지 형식이 필요하기 때문에 이러한 주장은 일리가 있다. JSON 같은 텍스트 기반 프로토콜 대신 프로토콜 버퍼Protocol Buffers 같은 바이너리 프로토콜을 사용할 수도 있는데, 바이너리 프로

토콜은 마이크로서비스 간 통신이 발생할 때 효율적인 방법으로 구조화한 데이터를 인코딩하는 방법을 제공한다.

gRPC(https://grpc.io/)는 원래 구글이 개발한 오픈소스 원격 프로시저 호출 프레임워크 또는 라이브러리를 의미하며 구글이 내부적으로 10년 이상 사용해온 스터비^{Stubby}로 불리는 차세대 시스템이다. gRPC는 전송에는 HTTP 버전 2를, 인터페이스 정의 언어^{IDL,} interface definition language로는 프로토콜 버퍼를 사용해 시스템 간 통신 효율성을 달성한다. 8장에서는 gRPC를 사용해 마이크로서비스 간 통신을 보호하는 방법을 논의할 예정이다. gRPC에 익숙하지 않다면 gRPC 원리를 다루는 부록 I를 먼저 읽어보는 게 좋다.

8.1 gRPC를 사용한 서비스 간 통신

8.1절에서는 gRPC를 사용하는 두 당사자 간에 통신 채널을 수립하는 기본적인 내용을 설명하기 위해 자바로 개발한 간단한 gRPC 클라이언트와 서버를 실행하는 방법을 실습한다. 8.1절의 예제 코드는 https://github.com/microservices-security-in-action/samples 깃허브 저장소의 chapter08/sample01 디렉터리에 있다.

8.1절의 사례는 서비스 간 통신 시뮬레이션이다. 이 책 전반에서 사용한 인기 있는 시나리오인 온라인 쇼핑몰 사례를 8장에서도 이어나갈 예정이다. 8.1절의 사례에서 고객은 시스템을 사용해 주문을 하는데, 이때 시스템은 주문한 상품을 데이터베이스에서 삭제하기 위해 재고를 업데이트해야 한다.

모든 주요 기능을 개별 마이크로서비스로 분리하는 방식으로 시스템을 구축한 상태라 상품 정보 획득, 주문 처리, 재고 업데이트, 주문 배송 등을 처리할 마이크로서비스가 별도로 있다. 이번 사례는 주문 처리 마이크로서비스를 API 게이트웨이를 통해 클라이언트에 노출한다고 가정한다. 클라이언트 애플리케이션이 주문을 요청하면 주문 처리 마이크로서비스는 주문이 적절히 들어왔는지 확인할 책임이 있다. 이러한 프로세스 내에서 주문 처리 마이크로서비스는 결제 처리, 재고 업데이트, 배송 프로세스 시작 등과 같은 일련의 조정된 작업을 수행한다.

재고 마이크로서비스는 gRPC 서비스로 구현했기 때문에 주문 처리 마이크로서비스가 주문을 처리하는 동안에 재고를 업데이트할 필요가 있을 때 재고 마이크로서비스로 gRPC 요청을 해야 한다. 그림 8.1은 지금까지 언급한 사례를 보여준다.

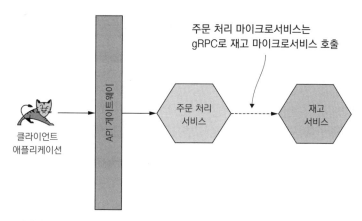

주문 처리 마이크로서비스는
gRPC로 재고 마이크로서비스 호출

▲ **그림 8.1** 클라이언트 애플리케이션은 API 게이트웨이를 통해서만 외부에 노출하고 있는 API로 주문을 요청한다. API 게이트웨이는 클라이언트 요청을 주문 처리 마이크로서비스로 위임한다. 주문이 접수되면 주문 처리 마이크로서비스는 재고 마이크로서비스를 호출한다. 주문 처리 마이크로서비스와 재고 마이크로서비스는 gRPC로 서로 통신한다.

그림 8.1에서 볼 수 있듯이 주문 처리 마이크로서비스와 재고 마이크로서비스 간의 통신은 gRPC로 이뤄지는데, 8.1절에서는 주문 처리 마이크로서비스와 재고 마이크로서비스 간의 통신에만 중점을 둘 예정이다.

먼저 인터페이스 정의 언어로 프로토콜 버퍼를 사용하는 재고 마이크로서비스의 인터페이스 정의를 살펴보자. 재고 마이크로서비스의 인터페이스 정의 언어는 chapter08/sample01/src/main/proto 디렉토리의 inventory.proto 파일에서 확인할 수 있다.

재고 마이크로서비스의 서비스 정의를 살펴보면 UpdateInventory로 명명한 단일 RPC 메서드를 갖고 있음을 알 수 있다.

```
service Inventory {
  rpc UpdateInventory (Order) returns (UpdateReply) {}
}
```

UpdateInventory 메서드는 Order 유형의 메시지를 허용하고 UpdateReply 유형의 메시지를 반환한다. Order와 UpdateReply 메시지 유형의 정의는 리스트 8.1에서 자세히 확인할 수 있다.

리스트 8.1 Order와 UpdateReply 메시지 유형의 **프로토콜 버퍼 정의**

```
message Order {  ◄─── Order는 ID와 LineItem 객체의 모음으로 구성
  int32 orderId = 1;
  repeated LineItem items = 2;
}

message LineItem {  ◄─── LineItem은 quantity(수량)와 product(상품) 값으로 구성
  Product product = 1;
  int32 quantity = 2;
}

message Product {
  int32 id = 1;
  string name = 2;
  string category = 3;
  float unitPrice = 4;
}
                         재고 업데이트에 대한 응답으로 전송하는 메시지.
message UpdateReply {  ◄─── UpdateReply 메시지는 string 유형의 변숫값으로 구성
  string message = 1;
}
```

chapter08/sample01 디렉토리에서 다음 명령을 실행해 재고 마이크로서비스의 서비스 스텁stub과 클라이언트 스텁을 자동 생성하는 코드를 컴파일하자.

```
\> ./gradlew installDist
```

스텁을 성공적으로 빌드하면 BUILD SUCCESSFUL 메시지를 화면에 출력해주고 새롭게 생성한 build 디렉토리를 확인할 수 있다. build 디렉토리에는 sample01/src/main/proto 디렉토리의 inventory.proto 파일에서 자동 생성한 스텁 클래스들이 있다.

chapter08/sample01/build/generated/source/proto/main/grpc/com/manning/ mss/ch08/sample01 디렉토리의 InventoryGrpc.java 파일을 텍스트 편집기나 통합 개발 환경으로 열어보면 다음과 같이 정의된 InventoryImplBase 내부[inner] 클래스가 있다.

```
public static abstract class InventoryImplBase implements
io.grpc.BindableService {
```

위 코드는 재고 마이크로서비스의 스텁인데, UpdateInventory RPC를 실제로 구현하려면 InventoryImplBase 클래스를 확장하고 updateInventory 메서드를 재정의해야 한다. 이제 재고 서버(마이크로서비스)와 재고 클라이언트를 실행하는 방법을 간략히 살펴보자. chapter08/sample01 디렉토리로 다시 이동해 다음 명령을 실행하자.

```
\> ./build/install/sample01/bin/inventory-server
```

명령을 성공적으로 실행하면 50051 포트에서 서버가 동작하고 있다는 메시지를 출력한다. 이제 클라이언트 프로그램을 실행할 차례다. 새로운 터미널을 열어 chapter08/ sample01 디렉토리에서 다음 명령을 실행하자.

```
\> ./build/install/sample01/bin/inventory-client
```

클라이언트 프로그램을 성공적으로 실행하면 INFO: Message: Updated inventory for 1 products 메시지를 화면에 출력하는데, 재고 클라이언트 프로그램이 다른 포트와 프로세스에서 동작 중인(클라이언트와 서버 모두 동일 시스템을 사용해 실습) UpdateInventory RPC를 실행한 것이다. 서버 프로세스는 클라이언트로부터 메시지를 수신하고 응답을 보내기 위해 UpdateReply 메서드를 실행한다.

지금까지 일반적인 클라이언트와 서버의 상호작용을 살펴봤으니 이제 서버와 클라이언트의 소스 코드를 살펴볼 차례다. chapter08/sample01/src/main/java/com/ manning/mss/ch08/sample01 디렉토리의 InventoryClient.java 파일을 텍스트 편집기나 통합 개발 환경으로 열어보자. 리스트 8.2에서 볼 수 있듯이 클라이언트 클래스를 생성자[constructor]를 사용해 인스턴스화한다.

```
public InventoryClient(String host, int port) {        ◄───  제공받은 호스트명과 포트를 사용해
                                                              InventoryServer에 연결하는 클라이언트를 구성
  this(ManagedChannelBuilder.forAddress(host, port)    ◄───  통신 채널은 디폴트로 TLS를 사용해 보호하지만
    .usePlaintext()                                           인증서가 필요하지 않게끔 TLS를 비활성화
    .build());
}
                                                              InventoryServer에 접근하기 위해
private InventoryClient(ManagedChannel channel) {      ◄───  InventoryClient 인스턴스화
  this.channel = channel;
  inventoryBlockingStub = InventoryGrpc.newBlockingStub(channel);
}
```

리스트 8.2의 코드는 클라이언트를 인스턴스화할 때 클라이언트와 서버 간에 채널^{Channel}
을 생성하는데 gRPC 채널은 특정 호스트와 포트에서 gRPC 서버로의 연결을 제공한다.
이번 예제는 간소화를 위해 TLS를 비활성화한 상태로 진행하며 TLS나 mTLS를 사용하
지 않음을 나타내기 위해 usePlaintext를 명시적으로 설정하는데, 8장 후반부에서 TLS를
적용한 예제를 살펴볼 예정이다. 생성한 통신 채널을 사용해 InventoryBlockingStub으로
명명한 스텁을 인스턴스화한다. InventoryBlockingStub 스텁은 RPC가 실행될 때 서버와
통신하는 데 사용한다. 이번 예제에서 클라이언트가 응답을 받거나 오류를 생성할 때까
지 실행 중인 스레드를 차단하는 스텁을 사용하기 때문에 **블로킹 스텁**$^{blocking\ stub}$이라고
표현했는데, 다른 대안으로 실행 중인 스레드를 차단하지 않고 서버가 나중에 응답해줄
것으로 예상하는 InventoryFutureStub을 사용하는 방법도 있다.

클라이언트와 서버 간의 통신은 InventoryClient 클래스의 updateInventory 메서드에서
일어난다. updateInventory 메서드는 확정 주문의 세부 정보를 포함하는 OrderEntity 유
형의 객체를 전달받아 RPC 객체로 변환하고 RPC 객체를 서버에 전달한다.

```
public void updateInventory(OrderEntity order) {
  UpdateReply updateResponse;
  try {
    updateResponse = inventoryBlockingStub.updateInventory(orderBuilder.build());
  } catch (StatusRuntimeException e) {
    logger.log(Level.WARNING, "RPC failed: {0}", e.getStatus());
```

```
    return;
  }
}
```

inventoryBlockingStub.updateInventory는 Order 객체를 서버에 전송하고 응답을 가져온다. 재고 마이크로서비스의 서버 코드는 비교적 간단하다. 서버 코드는 chapter08/sample01/src/main/java/com/manning/mss/ch08/sample01 디렉토리의 InventoryServer.java 파일에 있고 start 메서드는 리스트 8.3처럼 서버를 시작하는 코드를 포함하고 있다.

리스트 8.3 gRPC 서버를 시작하는 코드

```
private void start() throws IOException {
int port = 50051;
server = ServerBuilder.forPort(port)
        .addService(new InventoryImpl())  ◀──── 서버 프로세스상에서 호스팅할 gRPC 서비스 추가
        .build()
        .start();

Runtime.getRuntime().addShutdownHook(new Thread() {
  @Override
  public void run() {
    InventoryServer.this.stop();  ◀──── JVM을 종료하면 gRPC 서버도 종료
    System.err.println("Server shut down");
  }
});
}
```

리스트 8.3의 소스 코드는 서버를 50051 포트에서 동작하게 한 다음 서버 프로세스상에서 호스팅할 gRPC 서비스를 추가한다. 이번 예제에서는 InventoryImpl 자바 클래스를 사용해 재고 마이크로서비스만 추가하는데, 리스트 8.4에서 확인할 수 있는 것처럼 InventoryImpl 클래스는 InventoryServer 클래스 내부에서 정의한 내부 클래스다. InventoryImpl 클래스는 자동 생성된 InventoryImplBase 클래스를 확장하고 updateInventory 메서드를 재정의한다.

```
static class InventoryImpl extends InventoryGrpc.InventoryImplBase {

  @Override
  public void updateInventory(Order req,
      StreamObserver<UpdateReply> responseObserver) {    ◀──── 메시지를 수신하면 재고 업데이트

    UpdateReply updateReply = UpdateReply.newBuilder()
              .setMessage("Updated inventory for " + req.getItemsCount()
              + " products").build();
              responseObserver.onNext(updateReply);
    responseObserver.onCompleted();
  }
}
```

InventoryClient 클래스가 updateInventory 메서드를 실행할 때 클라이언트 스텁은 클라이언트와 서버 간에 생성된 채널을 통해 네트워크로 전송되고 서버에서 updateInventory 메서드를 실행한다. 서버의 updateInventory 메서드는 주문 요청에서 받은 수량으로 재고를 업데이트했다고 클라이언트에 응답한다. 실습을 위한 예제가 아닌 실제 서비스라면 재고 업데이트는 DB를 업데이트하고 재고 목록에서 주문 수량을 제거하는 작업을 수행한다.

8.2 mTLS를 사용해 서비스 간 gRPC 통신 보호

8.2절에서는 mTLS를 사용해 gRPC로 통신하는 당사자 간의 통신 채널을 보호하는 방법을 살펴볼 예정이다. 8.1절에서 gRPC를 사용한 클라이언트와 서버 간의 간단한 통신 채널을 설명하면서 주문 처리 마이크로서비스가 재고를 업데이트하기 위해 재고 마이크로서비스와 통신하는 온라인 쇼핑몰 사례를 다뤘다. 모놀리식 애플리케이션 아키텍처 패턴은 주문 처리 및 재고 업데이트를 단일 프로세스/서비스에서 별도의 함수로 처리한다. updateInventory 함수는 동일한 프로세스상의 orders 함수에서만 직접 접근할 수 있도록 설계됐다.

그림 8.2에서 볼 수 있듯이, API 게이트웨이에서 노출하고 있는 /orders 경로로의 접근이 모놀리식 애플리케이션의 유일한 진입점이다. updateInventory 함수는 Orders 함수 외에는 누구도 직접 접근이 불가능하다.

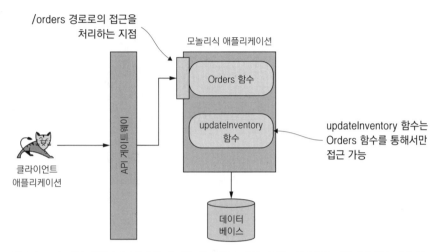

▲ **그림 8.2** 모놀리식 애플리케이션에서 네트워크를 통해 노출하지 않는 함수들은 애플리케이션 자체적으로 접근하지 않는 이상 직접 접근이 불가능하다.

마이크로서비스 아키텍처에서는 재고 마이크로서비스를 독립적으로 배포하기 때문에 네트워크 레벨에서 직접 접근할 수 있는 누구나 해당 함수를 호출할 수 있어 주문 처리 시에만 재고를 업데이트할 수 있도록 보완이 필요해 그림 8.3처럼 직접 접근할 수 있는 경우에도 주문 처리 마이크로서비스만 재고 마이크로서비스의 함수를 실행할 수 있도록 해야 한다.

6장에서 논의한 것처럼 주문 처리 마이크로서비스의 접근만 허용하기 위해서는 mTLS가 필요하다. mTLS를 사용하면 인증서로 주문 처리 마이크로서비스와 재고 마이크로서비스 간에 명시적인 신뢰를 구축할 수 있고, mTLS로 통신을 할 때마다 주문 처리 마이크로서비스는 TLS를 사용해 실제로 재고 마이크로서비스와 통신을 하는지를 검증한다. 또한 재고 마이크로서비스는 클라이언트(주문 처리 마이크로서비스)의 인증서를 검증해 호출 측이 주문 처리 마이크로서비스가 맞는지도 검증한다.

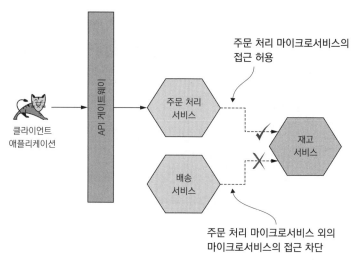

주문 처리 마이크로서비스의
접근 허용

클라이언트
애플리케이션

API 게이트웨이

주문 처리
서비스

재고
서비스

배송
서비스

주문 처리 마이크로서비스 외의
마이크로서비스의 접근 차단

▲ **그림 8.3** 주문 처리 마이크로서비스만 재고 마이크로서비스에 접근 허용

8.1절과 다른 부분은 동일하지만 주문 처리 마이크로서비스와 재고 마이크로서비스 간에 mTLS를 활성화한 예제를 실행해보자. 8.2절의 예제는 chapter08/sample02 디렉토리에서 확인할 수 있는데, 실습을 위해서는 2.1.1절에서 설치한 소프트웨어 외에 OpenSSL 설치가 필요하다.

| **참고** | OpenSSL 설치의 번거로움을 원치 않는다면 6.2.4절에서 설명한 방법으로 OpenSSL을 도커 컨테이너로 실행해도 무방하다.

명령행 도구에서 다음 명령을 실행해 OpenSSL이 설치된 상태인지 확인할 수 있는데, 설치되어 있으면 OpenSSL 버전을 화면에 출력한다.

```
\> openssl version
```

깃허브 저장소에 있는 예제 코드들을 다운로드했는지 확인한 후 소스 코드를 컴파일하고 클라이언트와 서버 바이너리를 빌드하기 위해 chapter08/sample02 디렉토리에서 다음 명령을 실행하자.

```
\> ./gradlew installDist
```

빌드를 성공적으로 완료하면 BUILD SUCCESSFUL 메시지를 화면에 노출하고 sample02 디렉토리 내부에 build 디렉토리가 만들어진다.

다음 단계로 재고 클라이언트와 재고 서버(재고 마이크로서비스)에 필요한 인증서와 키를 생성해야 한다. 6장에서 키와 인증서를 만드는 데 필요한 단계를 포함해 mTLS의 원리를 설명했기 때문에 중복되는 내용은 8장에서 다루지 않을 예정이다. sample02 디렉토리의 mkcerts.sh 스크립트 파일은 필요한 인증서를 한 번에 생성해주는데, 스크립트가 동작하려면 컴퓨터에 OpenSSL이 설치되어 있어야 한다. sample02 디렉토리에서 다음 스크립트를 실행하자.

```
\> ./mkcerts.sh
```

스크립트를 성공적으로 실행하면 /tmp/sslcert 디렉토리에 필요한 인증서를 생성한다.[1] 인증서를 성공적으로 생성하면 다음 명령을 실행해 재고 마이크로서비스를 호스팅하는 재고 서버를 시작해야 한다.

```
\> ./build/install/sample02/bin/inventory-server localhost 50440 \
/tmp/sslcert/server.crt /tmp/sslcert/server.pem /tmp/sslcert/ca.crt
```

서버를 성공적으로 시작하면 다음과 같은 메시지를 확인할 수 있다.

```
INFO: Server started, listening on 50440
```

방금 실행한 명령에서 프로세스로 전달한 파라미터 5개의 값과 용도는 다음과 같다.

- localhost: 서버 프로세스를 실행할 호스트 주소
- 50440: 서버가 동작하는 포트번호
- /tmp/sslcert/server.crt: 서버의 공개 인증서를 포함하는 서버의 인증서 체인 파일
- /tmp/sslcert/server.pem: 서버의 개인키 파일
- /tmp/sslcert/ca.crt: 서버에서 신뢰하는 인증서를 포함하는 신뢰 저장소 모음 파일

---

1   우분투 계열 리눅스에서 mkcerts.sh: 36: popd: not found 오류 메시지를 출력하며 실행이 안 된다면 앞에 bash를 붙여 bash ./mkcerts.sh 형태로 실행한 후 bash셸에서 exit 명령을 실행하면 스크립트를 실행할 수 있다. - 옮긴이

> |**참고**| 인증서와 개인키 파일의 중요성에 관해 알고 싶다면 6장을 참고하자.

클라이언트 프로세스를 시작하려면 터미널을 열어 chapter08/sample02 디렉토리에서 다음 명령을 실행하자.

```
\> ./build/install/sample02/bin/inventory-client localhost 50440 \
/tmp/sslcert/ca.crt /tmp/sslcert/client.crt /tmp/sslcert/client.pem
```

서버 프로세스를 실행한 것과 유사하게 클라이언트 프로세스에도 다음과 같은 유사한 파라미터 전달이 필요하다.

- localhost: 서버의 호스트 주소
- 50440: 서버의 포트번호
- /tmp/sslcert/client.crt: 클라이언트의 공개 인증서를 포함하는 클라이언트의 인증서 체인 파일
- /tmp/sslcert/client.pem: 클라이언트의 개인키 파일
- /tmp/sslcert/ca.crt: 클라이언트에서 신뢰하는 인증서를 포함하는 신뢰 저장소 모음 파일

클라이언트를 성공적으로 실행하면 터미널에 다음과 같은 메시지를 출력한다.

```
INFO: Message: Updated inventory for 1 products
```

서버 및 클라이언트 프로세스에서 mTLS를 활성화한 방법을 이해하려면 chapter08/sample02/src/main/java/com/manning/mss/ch08/sample02 디렉토리에 있는 InventoryServer.java 파일의 소스 코드를 텍스트 편집기나 통합 개별 환경으로 열어 서버 프로세스를 시작하는 start 메서드를 살펴보자.

InventoryImpl 생성자는 addService 함수를 사용해 재고 마이크로서비스를 빌드하고
서버 프로세스에 추가한다.

```java
private void start() throws IOException {
  server = NettyServerBuilder.forAddress(new InetSocketAddress(host, port))
      .addService(new InventoryImpl())
      .sslContext(getSslContextBuilder().build())
      .build()
      .start();

  Runtime.getRuntime().addShutdownHook(new Thread() {
    @Override
    public void run() {
      System.err.println("Shutting down gRPC server since JVM is shutting down");
      InventoryServer.this.stop();
      System.err.println("*** server shut down");
    }
  });
}
```

sslContext는 서버 인증서 파일, 개인키 파일
및 신뢰 저장소 파일 등의 정보를 포함한다.

소스 코드를 보면, 서버를 시작하기 위해 실행한 명령의 첫 번째 파라미터로 전달한 호스
트 주소에 서버 프로세스를 바인딩하고 두 번째 파라미터로 전달한 포트번호로 재고 서
버 프로세스를 시작한다. 리스트 8.6은 getSslContextBuilder 메서드를 보여준다.

```java
private SslContextBuilder getSslContextBuilder() {
  SslContextBuilder sslClientContextBuilder =
      SslContextBuilder.forServer(new File(certChainFilePath),
                                  new File(privateKeyFilePath));
  if (trustCertCollectionFilePath != null) {
    sslClientContextBuilder.trustManager(new File(trustCertCollectionFilePath));
    sslClientContextBuilder.clientAuth(ClientAuth.REQUIRE);
  }
  return GrpcSslContexts.configure(sslClientContextBuilder, SslProvider.OPENSSL);
}
```

리스트 8.6의 코드는 서버 프로세스의 동작을 정의하는 몇 가지 컨텍스트 변수를 설정한다. sslClientContextBuilder.clientAuth(ClientAuth.REQUIRE)를 설정함으로써 서버가 인증서를 검증할 수 있도록 클라이언트 애플리케이션이 자신의 인증서를 서버에게 제공하도록 요구한다(mTLS 의무화). 이제 클라이언트 코드를 살펴보면서 mTLS를 사용하기 위해 변경해야 하는 부분을 알아보자. 우선 리스트 8.1의 클라이언트 코드 일부를 상기해보면 클라이언트 클래스의 생성자를 다음과 같이 구현했었다.

```
public InventoryClient(String host, int port) {
  this(ManagedChannelBuilder.forAddress(host, port)
    .usePlaintext()
    .build());
}
```

TLS나 mTLS를 통신 채널에서 사용하지 않음을 나타내기 위해 usePlaintext를 명시적으로 설정했는데, TLS/mTLS를 활성화하기 위해 동일한 생성자를 다음과 같이 개선한다.

```
public InventoryClient(String host, int port, SslContext sslContext)
throws SSLException {
  this(NettyChannelBuilder.forAddress(host, port)
    .negotiationType(NegotiationType.TLS)
    .sslContext(sslContext)
    .build());
}
```

이제 usePlaintext 대신에 sslContext를 설정했는데 sslContext는 신뢰 저장소 파일, 클라이언트 인증서 체인 파일, 클라이언트 개인키 등에 대한 정보를 포함한다. 리스트 8.7은 클라이언트 sslContext를 빌드하는 방법을 보여준다.

리스트 8.7 클라이언트의 SSL 컨텍스트를 빌드하는 소스 코드

신뢰할 수 있는 인증서 모음을 제공받는 경우 TrustManager를 빌드. 모든 TLS 연결에 필요
```
private static SslContext buildSslContext(String trustCertCollectionFilePath,
String clientCertChainFilePath, String clientPrivateKeyFilePath)
throws SSLException {
  SslContextBuilder builder = GrpcSslContexts.forClient();
  if (trustCertCollectionFilePath != null) {
```

```
    builder.trustManager(new File(trustCertCollectionFilePath));
  }
  if (clientCertChainFilePath != null
      && clientPrivateKeyFilePath != null) {  ◀── 클라이언트의 공개키/개인키 쌍을 제공받으면
    builder.keyManager(new File(clientCertChainFilePath),     KeyManager 빌드. mTLS를 위해 필요
                       new File(clientPrivateKeyFilePath));
  }
  return builder.build();
}
```

클라이언트는 mTLS나 TLS를 사용 가능하지만 둘 다 사용하지 않을 수 있도록 빌드 가능
한데 리스트 8.7에서 볼 수 있듯이 trustCertCollectionFilePath, clientCertChainFilePath,
clientPrivateKeyFilePath 값을 전달해주지 않으면 클라이언트는 TLS와 mTLS를 지원하
지 않는다. clientCertChainFilePath와 clientPrivateKeyFilePath는 전달하지 않으면서
trustCertCollectionFilePath는 전달하면 클라이언트는 TLS만 지원하며, 3개의 파라미터
를 모두 전달하면 클라이언트는 mTLS를 지원한다. 8.2절 앞부분에서 클라이언트를 사
용할 때는 3개의 파라미터를 모두 전달해서 mTLS를 활성화한 상태로 재고 마이크로서
비스에 성공적으로 연결할 수 있었다.

이번에는 mTLS가 아닌 TLS를 사용해 클라이언트를 실행해보고 서버가 어떻게 반응하는
지 확인해보자. 실습을 위해 이전에 실행한 서버 프로세스가 아직 동작 중인지 확인 후
파라미터의 개수를 줄여 클라이언트를 다시 실행해보자.

```
\> ./build/install/sample02/bin/inventory-client localhost 50440 \
/tmp/sslcert/ca.crt
```

이번에 실행한 명령은 클라이언트를 TLS 모드로만 동작하도록 파라미터로 신뢰 저장소
모음만 클라이언트에 전달한다. 명령을 실행하면 오류 메시지를 볼 수 있는데, 이는 서버
측에서 mTLS를 의무화했기 때문이다. 서버는 클라이언트가 인증서 정보를 제공할 것으
로 예상하지만 클라이언트의 인증서와 개인키 정보를 지정하지 않고 클라이언트 프로세
스를 실행했다.

8.3 JWT를 사용해 서비스 간 gRPC 통신 보호

8.3절에서는 JWT를 사용해 gRPC로 통신하는 당사자 간의 통신 채널을 보호하는 방법을 상세히 살펴볼 예정이다. 7장에서 JWT를 사용해 서비스 간 통신을 보호하는 방법을 논의했는데 8.3절에서도 동일한 원리를 적용할 예정이며, gRPC 통신 채널 맥락에서 동일한 개념을 어떻게 적용하는지 이해하기 위해 7장에서 얻은 지식을 사용한다.

또한 7장에서는 JWT로 마이크로서비스를 보호하기 위한 예제 실습, mTLS 대비 JWT의 장점, JWT와 mTLS가 서로를 보완하는 방법을 설명했지만, 8.3절에서는 gRPC 기반 통신에 JWT를 효율적으로 사용하는 방법을 시연하기 위해 실용적인 시나리오를 사용한다.

그림 8.4에서 볼 수 있듯이, 주문 처리 마이크로서비스는 STS의 도움을 받아 클라이언트 애플리케이션에서 수신한 JWT를 다른(두 번째) JWT로 교환하고 새로운 JWT를 재고 마이크로서비스로 전달한다.

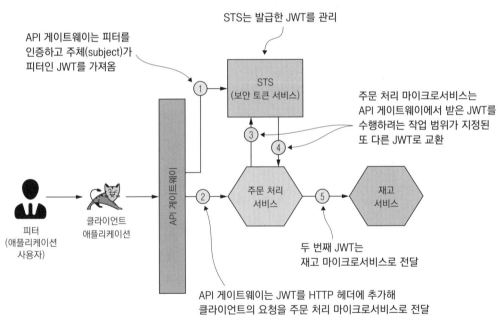

▲ **그림 8.4** 주문 처리 마이크로서비스가 받은 JWT를 재고 마이크로서비스상의 관련 작업에 접근할 수 있도록 범위가 지정된 두 번째 JWT로 교환한다.

주문 처리 마이크로서비스가 3단계에서 JWT 교환을 수행할 때 STS는 발급된 JWT를 완벽히 통제하기 때문에 STS는 JWT의 aud 값을 누구로 설정할지, JWT에 포함/제외해야 할 정보, JWT의 권한 범위 등을 결정할 수 있다. STS는 JWT와 관련한 권한 범위를 지정해 JWT가 개별 aud에서 수행할 수 있는 작업을 결정한다.

8.3절 예제와 관련한 소스 코드는 chapter08/sample03 디렉토리에 있으며 이번 예제는 그림 8.4의 3, 4, 5단계를 구현한다. sample03 디렉토리에는 sts와 client_server 하위 디렉토리가 있고 JWT를 얻기 위해 STS 컴파일과 실행이 필요하다.

명령행 도구를 열어 sample03/sts 디렉토리로 이동한 후 다음 명령을 실행해 STS 소스 코드를 컴파일하자.

```
\> mvn clean install
```

빌드를 성공적으로 완료하면 BUILD SUCCESS 메시지를 확인할 수 있다. 다음 명령을 실행해 STS를 구동하자.

```
\> mvn spring-boot:run
```

STS를 시작하면 Started Token-Service in 3.875 seconds와 유사한 메시지를 확인할 수 있다. 새로운 터미널을 열어 다음 명령을 실행해 JWT를 생성하자.

```
\> curl -v -X POST --basic -u applicationid:applicationsecret \
-H "Content-Type: application/x-www-form-urlencoded;charset=UTF-8" -k \
-d "grant_type=password&username=peter&password=peter123&scope=foo" \
https://localhost:8443/oauth/token
```

명령을 실행하면 피터의 자격증명을 사용해 STS에 토큰을 요청하고 응답으로 JWT 형식의 액세스 토큰을 얻어야 한다. 다음 응답 메시지는 간결함을 위해 access_token 파라미터의 값인 JWT 문자열을 jwt_token_value로 대체해 표현한다. https://jwt.io는 JWT 문자열을 디코딩한 값을 확인할 수 있는 사이트다.

```
{
  "access_token":"jwt_token_value",
  "expires_in":5999,
```

```
  "scope":"foo",
  "jti":"badc4a65-b6d6-4a1c-affc-3d0565cd2b55"
}
```

JWT 액세스 토큰을 획득하면 해당 토큰을 사용해 재고 마이크로서비스에 접근할 수 있다. chapter08/sample03/client_server 디렉토리로 이동한 후 다음 명령을 실행해 gRPC 서비스를 시작하자.

```
\> ./gradlew installDist
```

컴파일을 성공적으로 완료하면 BUILD SUCCESSFUL 메시지를 확인할 수 있다. 다음 명령을 실행해 서버 프로세스를 시작하자.

```
\> ./build/install/client_server/bin/inventory-server localhost 50440 \
/tmp/sslcert/server.crt /tmp/sslcert/server.pem
```

서버를 성공적으로 시작하면 INFO: Server started, listening on 50440 메시지를 확인할 수 있다. 이번 예제에서는 mTLS가 아닌 TLS를 사용하고 있고 JWT를 클라이언트 검증 절차로 사용하고 있다. 다음 단계로 클라이언트 프로세스를 시작해야 한다. 그림 8.4에서 볼 수 있듯이 클라이언트 프로세스는 주문 처리 마이크로서비스를 시뮬레이션한다. 클라이언트 프로세스를 시작하기 전에 터미널을 열어 chapter08/sample03/client_server 디렉토리로 이동한 후 다음 명령을 실행해 액세스 토큰을 환경 변수로 설정해야 하는데, 명령 실행 시 jwt_token_value를 실제 액세스 토큰값으로 대체해야 함에 주의하자.

```
\> export TOKEN=jwt_token_value
```

이제 동일한 터미널에서 다음 명령을 실행해 gRPC 클라이언트를 실행할 차례다. 실제 획득한 JWT 액세스 토큰을 gRPC 클라이언트에 파라미터로 제공해야 함을 유념하자.

```
\> ./build/install/client_server/bin/inventory-client localhost 50440 \
/tmp/sslcert/ca.crt $TOKEN
```

클라이언트를 성공적으로 실행하면 INFO: Message: Updated inventory for 1 products 메시지를 확인할 수 있는데 동일한 컴퓨터에서 클라이언트를 실행하지만 그림 8.4의 구조처럼 주문 처리 마이크로서비스에서 재고 마이크로서비스로 요청을 보냈다고 생각하자. 이번에는 터미널상에서 다음 명령을 실행해 JWT 액세스 토큰을 파라미터로 전달하지 않고 동일한 gRPC 클라이언트를 실행해보자.

```
\> ./build/install/client_server/bin/inventory-client localhost 50440 \
/tmp/sslcert/ca.crt
```

재고 마이크로서비스는 유효한 클라이언트 JWT를 기대하지만 받지 못했기 때문에 오류가 발생하고 클라이언트에게 다음과 같은 오류 메시지로 응답한다.

```
WARNING: RPC failed: Status{code=UNAUTHENTICATED, description=JWT Token is missing from
Metadata, cause=null}
```

HTTP와 달리 gRPC는 헤더가 없는 대신 클라이언트와 서버 간에 메타데이터 전송을 지원한다. **메타데이터**^{metadata}는 키와 값의 쌍으로 구성하며, 키는 문자열이고 값은 문자열이나 바이너리 형식의 데이터일 수 있다. 바이너리 데이터를 값으로 포함하는 key는 문자열 -bin을 접미사로 포함해야 한다(CD key-bin). 방금 실행한 명령에서는 메타데이터를 사용해 JWT 액세스 토큰을 클라이언트에서 서버로 전송했다. 예제에서는 ClientInterceptor를 사용했는데, 채널상의 클라이언트와 서버 간에 전달하는 메시지를 가로채서 JWT 액세스 토큰을 gRPC 메타데이터로 삽입하는 역할을 한다. ClientInterceptor 코드는 chapter08/sample03/client_server/src/main/java/com/manning/mss/ch08/sample03 디렉터리의 JWTClientInterceptor.java 파일에서 확인할 수 있다. 리스트 8.8에 보이는 interceptCall이 전달하는 개별 메시지에서 실행하는 메서드다.

리스트 8.8 JWT를 삽입하기 위해 개별 메시지에서 실행하는 메서드

```
@Override
public <ReqT, RespT> ClientCall<ReqT, RespT> interceptCall(
    MethodDescriptor<ReqT, RespT> methodDescriptor,
    CallOptions callOptions, Channel channel) {
    return new ForwardingClientCall
    .SimpleForwardingClientCall<ReqT, RespT>(channel.newCall(
        methodDescriptor, callOptions)) {
    @Override
```

```
    public void start(Listener<RespT> responseListener, Metadata headers)
    {
        headers.put(Constants.JWT_KEY, tokenValue);  ◀── 메타데이터를 요청하기 위해
        super.start(responseListener, headers);           JWT 액세스 토큰의 값을 설정
    }
  };
}
```

JWTClientInterceptor 클래스를 gRPC 클라이언트로 설정하는 방법을 이해하려면 리스트
8.9의 메서드를 살펴봐야 한다. 해당 메서드는 JWTClientInterceptor 클래스와 동일한 패
키지 내의 InventoryClient 클래스(InventoryClient.java 파일)에서 확인할 수 있다.

```
public InventoryClient(String host,
                       int port,
                       SslContext sslContext,
                       JWTClientInterceptor clientInterceptor) throws
                       SSLException {
    this(NettyChannelBuilder.forAddress(host, port)
        .negotiationType(NegotiationType.TLS)
        .sslContext(sslContext)
        .intercept(clientInterceptor)  ◀── clientInterceptor를 클라이언트와
        .build());                          서버 사이에 생성되는 채널로 설정
}
```

JWT 액세스 토큰의 유효성을 검증하기 위해 서버 측에서도 유사한 접근 방식을 따르는
데, 서버는 ServerInterceptor 인터셉터를 사용해 들어오는 메시지를 가로채고 유효성 검
증을 수행한다. 서버의 인터셉터 클래스는 chapter08/sample03/client_server/src/
main/java/com/manning/mss/ch08/sample03 디렉토리의 JWTServerInterceptor.
java 파일에서 확인할 수 있는데, 리스트 8.10에서 볼 수 있듯이 interceptCall 메서드를
메시지별로 실행한다. 예제에서는 JWT 액세스 토큰을 메타데이터에서 검색하고 검색 시
점에 검증한다.

```
@Override
public <ReqT, RespT> ServerCall.Listener<ReqT>
  interceptCall(ServerCall<ReqT, RespT> serverCall,
                Metadata metadata,
                ServerCallHandler<ReqT, RespT> serverCallHandler) {
    String token = metadata.get(Constants.JWT_KEY);    ◀── 요청 메타데이터에서 토큰 획득.
                                                            메타데이터에서 토큰을 가져오면
                                                            gRPC 메타데이터를 사용해 클라이언트에서
    if (!validateJWT(token)) {  ◀── 토큰 검증               서버로 액세스 토큰을 전달 가능
      serverCall.close(Status.UNAUTHENTICATED
      .withDescription("JWT Token is missing from Metadata"), metadata);
      return NOOP_LISTENER;
    }

    return serverCallHandler.startCall(serverCall, metadata);
}
```

요약

- 마이크로서비스 환경에서는 마이크로서비스 간에 많은 네트워크 상호작용이 발생하므로 HTTP 버전 1.1 기반 JSON은 효율적인 방법이 아니다.

- gRPC는 요청 응답 멀티플렉싱multiplexing, 바이너리 인코딩 및 헤더 압축으로 인해 HTTP 버전 1.1보다 훨씬 효율적인 버전 2 기반으로 동작한다.

- HTTP 버전 1.1과 달리 버전 2는 양방향 스트리밍을 지원해 마이크로서비스 아키텍처에 유용하다.

- gRPC는 mTLS를 지원해 마이크로서비스 간 통신 채널을 보호하는 용도로 사용할 수 있다.

- mTLS가 마이크로서비스 아키텍처상에서 보안이 필요한 모든 영역을 보호하지는 못하기 때문에 특정한 경우에는 JWT에 의존해야 한다.

- HTTP와 달리 gRPC는 헤더 개념이 없어 gRPC의 메타데이터 필드를 사용해 JWT를 전송해야 한다.

- gRPC에서 사용할 수 있는 클라이언트와 서버 인터셉터는 클라이언트에서 서버로 JWT를 전송하고 유효성을 검증하는 데 도움을 준다.

9

반응형 마이크로서비스 보호

9장에서 다루는 내용

- 카프카를 메시지 브로커로 사용해 서비스 간 통신
- 카프카에 TLS를 적용해 전송 중인 메시지 보호
- mTLS로 카프카와 연결하는 마이크로서비스 인증
- 접근 제어 목록으로 카프카 토픽 접근 제어
- 반응형 마이크로서비스를 위한 NATS 사용

6장과 7장에서는 mTLS와 JWT를 사용해 서비스 간 통신을 보호하는 방법을 설명했고, 8 장에서는 주제를 확장해 mTLS와 JWT로 gRPC를 사용해 발생하는 통신을 보호하는 방법을 설명했다. 6장부터 8장까지 다뤘던 모든 사례의 예제는 호출 측 마이크로서비스와 수신 측 마이크로서비스 간에 동기 통신을 한다고 가정했다. 서비스 간 통신을 보호하기 위해 개발한 보안 모델은 마이크로서비스 간 실제 통신 방식을 동기식으로 할지 비동기식으로 할지를 고려해야 한다.

대부분의 경우 동기식 통신은 HTTP로, 비동기식 통신은 래빗MQ^RabbitMQ, 아파치 카프카^Apache Kafka, NATS, 액티브MQ^ActiveMQ 또는 아마존 SQS 등의 메시징 시스템에서 일어난다. 9장에서는 카프카와 NATS를 메시지 브로커로 사용해 마이크로서비스 간에 이벤트 기반 방식으로 통신할 수 있게 하는 방법과 통신 채널을 보호하는 방법을 설명할 예정이다.

카프카는 다양한 마이크로서비스 환경에서 사용 중인 가장 인기 있는 메시징 시스템이다. 카프카에 대해 더 많이 알고 싶다면 딜런 스콧^{Dylan Scott}의 『Kafka in Action』(Manning, 2020)을 읽어보길 추천한다. NATS는 카프카를 대체할 수 있는 시스템으로 클라우드 네이티브 애플리케이션^{cloud-native application}을 위해 설계한 오픈소스이자 경량화한 고성능 메시징 시스템이다. NATS에 대해 더 알고 싶다면 발데마르 퀘베도^{Waldemar Quevedo}의 『Practical NATS』(Apress, 2018)를 읽어보길 추천한다.

9.1 반응형 마이크로서비스를 사용하는 이유

9.1절에서는 마이크로서비스 그룹에 반응형 마이크로서비스가 있어야 하는 필요성에 대해 설명한다. 마이크로서비스가 이벤트 생성자의 명시적인 호출이 없어도 시스템 내에서 발생한 이벤트에 반응할 수 있을 때 **반응형**^{reactive}으로 분류할 수 있고 수신 측 마이크로서비스와 호출 측 마이크로서비스의 분리가 가능하다. 이벤트를 생성한 마이크로서비스는 어떤 마이크로서비스가 이벤트를 소비할지를 알고 있을 필요가 없다.

일반적인 주문 배치 시나리오를 예로 들어, 8장에서 설명한 것처럼 주문이 들어오면 발생하는 다양한 작업들은 다음과 같다.

- 송장 준비 및 결제 처리
- 재고 수량을 줄이기 위해 재고 업데이트
- 주문 고객에게 배송 처리
- 주문 상태를 고객에게 이메일로 알림

일반적인 마이크로서비스 환경에서 위에서 언급한 여러 작업들은 독립적인 마이크로서비스에서 개별적으로 처리하기 때문에 작업은 서로 독립적이고 처리 실패가 다른 작업에 영향을 주지 않는다. 예를 들어, 배송 마이크로서비스에 버그가 있어 메모리가 부족해져도 주문을 처리하는 나머지 기능들에 영향을 주지 않아 주문을 계속 완료할 수 있다.

8장까지의 내용에서는 주문 처리 마이크로서비스가 나머지 작업의 트리거^{trigger} 지점 역할을 수행하기 때문에 주문 처리 마이크로서비스가 주문을 처리하면 재고 업데이트, 출하 개시 등의 나머지 작업을 시작하는 구조여서 그림 9.1에서 보이는 것처럼 주문 처리 마이크로서비스가 나머지 작업의 오케스트레이터^{orchestrator} 역할을 한다.

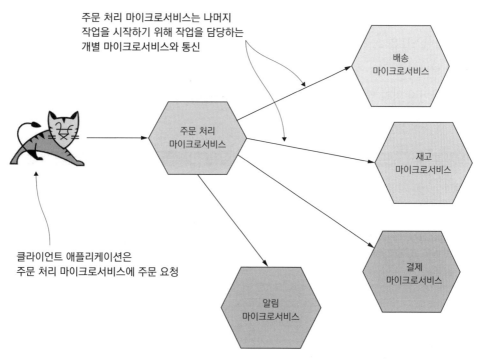

▲ **그림 9.1** 주문 처리 마이크로서비스는 다른 마이크로서비스와 통신해 주문 결제, 재고 업데이트 등의 주문 처리에 관한 이벤트를 시작한다.

주문 처리 마이크로서비스는 다른 모든 마이크로서비스를 호출해 각자 담당하고 있는 작업을 수행할 수 있게 하는데, 이러한 마이크로서비스 간의 상호작용은 동기식과 비동기식으로 나뉜다.

- **동기식 작업은 실시간 완료가 필요한 유형이다.** 예를 들어, 결제는 주문이 완료되기 전에 성공적으로 완료해야 하고 주문 처리 마이크로서비스는 주문을 기록하기 위해 시스템의 DB를 업데이트해야 한다.

- **비동기식 작업은 나중에 처리할 수 있는 유형이다.** 예를 들어 재고 업데이트, 배송 처리, 고객에게 이메일 알림 등의 작업은 실시간으로 처리하지 않아도 주문 완료에 영향을 주지 않는다. 주로 오프라인에서 핵심 작업과 비동기적으로 처리할 수 있는 작업들이 해당한다.

주문 처리 마이크로서비스가 주문 처리에 관한 나머지 작업을 수행하기 위해 다른 마이크로서비스들을 호출하는 오케스트레이터 역할을 하려면 마이크로서비스 연결 정보, 전달할 파라미터 등의 호출에 필요한 정보와 방법을 알아야 한다. 주문 처리 마이크로서비스가 나머지 처리 필요 작업을 트리거하기 위해 어떻게 함수들을 호출하는지 확인하려면 리스트 9.1의 소스 코드를 보자.

리스트 9.1 주문 처리 마이크로서비스는 다른 서비스를 동기적으로 호출

```
try {
  updateResponse = inventoryStub.updateInventory(orderBuilder.build());
} catch (StatusRuntimeException e) {
  logger.log(Level.WARNING,
  "Unable to update inventory. RPC failed: {0}", e.getStatus());
  return;
}

try {
  updateResponse = shippingStub.makeShipment(orderBuilder.build());
} catch (StatusRuntimeException e) {
  logger.log(Level.WARNING,
  "Unable to make shipment. RPC failed: {0}", e.getStatus());
  return;
}

try {
  updateResponse = notificationsStub.sendEmail(orderBuilder.build());
} catch (StatusRuntimeException e) {
  logger.log(Level.WARNING,
  "Unable to send email to customer. RPC failed: {0}", e.getStatus());
  return;
}
```

주문을 처리할 때 수행해야 할 새로운 작업이 필요한 상황이라고 가정해보자. 예를 들어, 다른 구매자에게 추천할 목적으로 개별 고객의 구매 패턴을 추적하는 새로운 기능을 도입한다고 가정해보면 해당 기능을 위해 별도의 마이크로서비스를 도입할 경우 새로운 마이크로서비스를 호출하도록 주문 처리 마이크로서비스를 업데이트해야 한다. 또한 새로운 마이크로서비스가 제공하는 기능을 소비하기 위해 주문 처리 마이크로서비스의 코드 변경과 재배포가 필요하다.

앞서 언급한 것처럼 주문 처리 마이크로서비스는 배송 시작, 이메일 전송, 재고 업데이트 등 수행이 필요한 여러 작업들의 트리거 역할을 한다. 주문을 완료하려면 이러한 여러 작업들을 수행해야 하는 건 맞지만 주문 처리 마이크로서비스에게 많은 작업을 시키는 건 마이크로서비스 아키텍처의 원칙에 어긋난다.

주문을 성공적으로 기록하기 위한 두 가지 필수 작업은 결제 처리와 DB 업데이트(거래 기록)이며, 그 외의 작업은 필수 작업을 완료한 후에 비동기적으로 처리해도 무방하다. 비동기적 처리가 가능한 작업이 반응형 마이크로서비스가 유용한 지점이다.

반응형 마이크로서비스는 마이크로서비스가 시스템에서 발생하는 이벤트에 주의를 기울이고 발생한 이벤트 유형별로 그에 맞춰 행동하는 방법으로 동작한다. 9장에서 다루는 예제에서 고객의 주문을 기록하면 주문 처리 마이크로서비스는 이벤트와 함께 주문 상세 정보를 시스템에 내보내고 이벤트를 기다리고 있는 나머지 마이크로서비스는 주문 이벤트를 수신하면 그에 맞춰 담당하고 있는 작업을 수행함으로써 반응한다. 예를 들어, 배송 마이크로서비스가 주문 이벤트를 수신하면 고객에게 배송하는 데 필요한 작업을 수행한다.

반응형 마이크로서비스는 이벤트를 시작하는 생산자 마이크로서비스와 이벤트를 수신하고 반응하는 소비자 마이크로서비스 사이에 느슨한 결합을 만든다. 그림 9.1에서 볼 수 있듯이, 기존 이벤트 처리 방식에서는 주문 처리 마이크로서비스에서 나머지 마이크로서비스(재고, 배송 등)로 연결이 가능한 직접 링크direct link가 있었다. 반응형 마이크로서비스에서는 간접 링크indirect link를 사용하는데, 이는 마이크로서비스 그룹에 그림 9.2에서 볼 수 있는 것처럼 메시지 브로커 솔루션을 도입하면서 가능해졌다. 다른 모든 마이크로서비스는 시스템에서 처리하고 있는 주문에 관심을 갖고 브로커의 특정 토픽을 구독한다.

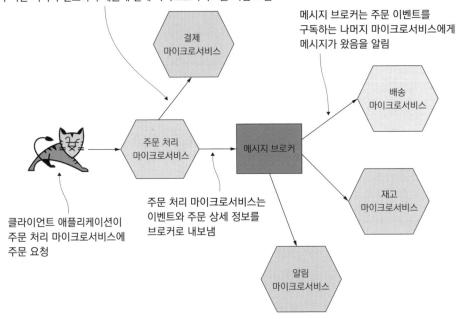

주문 처리 마이크로서비스는 주문 처리를 완료하기 위해 동기적이고 필수적인 처리가 필요하기 때문에 결제 마이크로서비스를 직접 호출

결제 마이크로서비스

메시지 브로커는 주문 이벤트를 구독하는 나머지 마이크로서비스에게 메시지가 왔음을 알림

배송 마이크로서비스

주문 처리 마이크로서비스

메시지 브로커

재고 마이크로서비스

클라이언트 애플리케이션이 주문 처리 마이크로서비스에 주문 요청

주문 처리 마이크로서비스는 이벤트와 주문 상세 정보를 브로커로 내보냄

알림 마이크로서비스

▲ **그림 9.2** 메시지 브로커를 아키텍처에 도입한다. 주문 처리 마이크로서비스는 동기적이고 필수적인 처리가 필요한 결제 작업 처리를 위해 결제 마이크로서비스를 직접 호출한 다음 이벤트를 메시지 브로커로 내보내 주문 상세 정보를 나머지 마이크로서비스에게 비동기적으로 배달할 수 있게 하는데, 이를 위해 주문 처리 마이크로서비스와 다른 마이크로서비스 간에는 간접 링크를 구성한다.

토픽과 큐 비교

메시징 시스템에서 메시지 생산자는 메시지를 큐나 토픽 중 한 곳으로 발행한다. 메시지 소비자는 메시지 수신을 위해 관심 있는 큐(queue)나 토픽(topic)을 구독한다. 토픽은 모든 구독자가 이벤트를 수신하고 처리하기를 원할 때 사용하는 반면에, 큐는 이벤트를 수신한 첫 번째 구독자 단독으로 이벤트를 처리할 필요가 있을 때 사용한다.

주문 이벤트를 수신하면 메시지를 소비하는 마이크로서비스는 자신이 담당하는 작업을 완료하기 위해 프로세스를 실행하기 시작한다. 예를 들어, 재고 마이크로서비스가 주문 이벤트를 받으면 주문 상세 정보에 따라 재고 목록을 업데이트하기 위해 코드를 실행한다. 이벤트 기반 아키텍처의 최대 장점은 메시지 생산과 소비 마이크로서비스 간의 느슨한 결합인데 이러한 구조는 결제는 결제 마이크로서비스를 통해 동기적으로 적절히 처리

됨을 보장하고 주문 처리 마이크로서비스는 시스템에 주문을 기록하는 등의 자신의 주요 작업에 집중할 수 있게 해준다.

또 다른 장점은 현재 코드에 영향을 주지 않고 새로운 기능을 시스템에 추가할 수 있다는 것이다. 앞서 설명한 동일한 예제를 참고해 사용자의 구매 패턴을 추적하는 기능을 도입하고 싶다고 가정해보면, 이전 아키텍처에서는 구매 패턴을 추적하기 위해 새로운 마이크로서비스를 도입해야 할 경우 구매 내역 마이크로서비스와 통신을 할 수 있도록 주문 처리 마이크로서비스도 변경해야 했다.

하지만 반응형 아키텍처를 사용하면 구매 내역 마이크로서비스가 메시지 브로커와의 연결에 의해 주문 이벤트를 인지하도록 만들기만 하면 되며, 주문이 처리될 때 구매 내역 마이크로서비스는 개별 주문에 대한 상세 정보를 알 수 있다. 반응형 아키텍처는 기존 코드를 변경하고 재배포하지 않더라도 새로운 기능을 시스템에 추가할 수 있는 유연성을 제공한다. 그림 9.3은 반응형 아키텍처에 구매 내역 마이크로서비스를 도입한 모습을 보여준다.

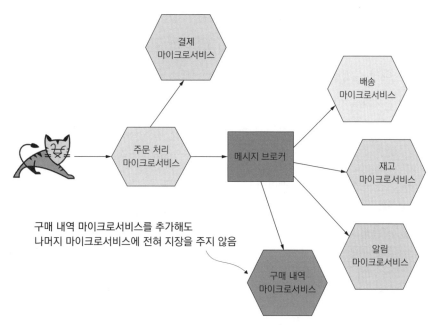

▲ **그림 9.3** 주문 처리 마이크로서비스나 다른 마이크로서비스를 변경하지 않으면서 마이크로서비스 그룹에 구매 내역 마이크로서비스를 도입한다.

9.2 카프카를 메시지 브로커로 구축

9.2절에서는 아파치 카프카를 마이크로서비스 환경의 메시지 브로커로 구축해 일부 마이크로서비스에서 데이터 이벤트 스트림을 수신하고 이를 비동기 방식으로 다른 마이크로서비스에 전달하는 방법을 살펴본다. 또한 카프카 설치, 토픽 생성, 메시지 생성자가 수신자에게 메시지를 전송하는 방법까지 다룰 예정이다.

아파치 카프카^{Apache Kafka}는 오픈소스이자 분산 스트리밍 플랫폼으로 데이터 스트림을 수신, 처리 및 저장할 수 있다. 마이크로서비스는 카프카의 토픽에 레코드 스트림을 발행할 수 있고 또 다른 마이크로서비스는 카프카 내의 하나 이상의 토픽을 구독하고 레코드 스트림을 소비할 수 있다.

카프카를 로컬에 설치하려면 우선 https://kafka.apache.org/에 접속해 다운로드를 받아야 한다. 9장 실습에서 사용한 버전은 카프카 2.7.0, 스칼라^{Scala} 2.13이다. 카프카를 다운로드하면 원하는 경로에서 zip 파일의 압축을 풀어줘야 한다. 명령행 도구로 압축을 해제한 경로로 이동해 카프카 디렉토리 내부를 탐색해보자. 이후부터는 압축을 해제한 카프카 디렉토리 경로를 편의상 kafka_home으로 지칭한다.

9장 실습은 카프카의 리눅스 실행 파일을 사용하는데, 만약 윈도우 환경에서 실습을 하고 있다면 해당 실행 파일은 kafka_home/bin/windows 디렉토리에 있다. 예를 들어, 리눅스 환경의 bin/zookeeper-server-start.sh 파일은 윈도우 환경의 bin/windows/zookeeper-server-start.bat 파일이 대체한다.

카프카는 주키퍼 서버의 실행을 요구하는데 **아파치 주키퍼**^{Apache ZooKeeper}(https://zookeeper.apache.org/)는 분산 시스템을 관리하고 실행할 수 있도록 분산 동기화, 그룹화 서비스, 이름 지정 서비스 등의 다양한 기능을 제공하는 중앙 집중식 서비스다. 그림 9.4는 주키퍼가 카프카 클러스터들을 어떻게 조정하는지를 보여준다.

명령행 도구로 kafka_home 디렉토리에서 다음 명령을 실행해 주키퍼를 실행하자.

```
\> bin/zookeeper-server-start.sh config/zookeeper.properties
```

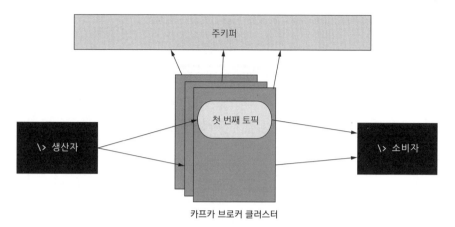

▲ **그림 9.4** 주키퍼는 카프카 클러스터 내 노드(node)들을 조정한다.

주키퍼를 실행하면 카프카 서버를 시작할 수 있다. 새로운 탭에서 실행한 명령행 도구로 kafka_home 디렉토리에서 다음 명령을 실행하자.

```
\> bin/kafka-server-start.sh config/server.properties
```

카프카 서버를 실행하면 메시지 발행 목적으로 토픽을 생성할 수 있다. 카프카는 토픽을 쉽게 만들 수 있는 도구들을 디폴트로 제공한다. 새로운 탭에서 실행한 명령행 도구로 kafka_home 디렉토리에서 다음 명령을 실행해 첫 번째 토픽(firsttopic)을 생성하자.

```
\> bin/kafka-topics.sh --create --bootstrap-server localhost:9092 \
--replication-factor 1 --partitions 1 --topic firsttopic
```

토픽을 성공적으로 생성했는지 확인하기 위해 다음 명령을 실행해보면 방금 생성한 토픽 리스트를 확인할 수 있다.

```
\> bin/kafka-topics.sh --list --bootstrap-server localhost:9092
```

카프카가 실행 중이고 토픽을 생성했기 때문에 카프카로 메시지를 전송 및 수신할 수 있다. 새로운 탭에서 실행한 명령행 도구로 kafka_home 디렉토리에서 다음 명령을 실행해 메시지를 입력할 수 있는 콘솔 프로세스를 시작하자.

```
\> bin/kafka-console-producer.sh --broker-list localhost:9092 \
--topic firsttopic
```

명령을 실행하면 메시지를 입력할 수 있는 프롬프트를 반환하는데, 메시지를 입력하기 전에 메시지를 소비할 프로세스를 시작함으로써 입력한 메시지를 확인할 수 있게 해야 한다. 새로운 터미널 탭을 연 후 kafka_home 디렉토리에서 다음 명령을 실행해 메시지를 소비할 프로세스를 시작하자.

```
\> bin/kafka-console-consumer.sh --bootstrap-server localhost:9092 \
--topic firsttopic --from-beginning
```

메시지를 입력할 수 있는 콘솔로 돌아가 메시지를 입력한 후 엔터를 눌러보면 소비자 프로세스를 실행하고 있는 터미널상에서 입력한 메시지를 확인할 수 있다. 첫 번째 프롬프트가 firsttopic으로 명명한 토픽에 메시지를 전달하면 소비자 프로세스가 토픽을 구독한다. 구독한 토픽으로 메시지가 전달되면 소비자 프로세스는 메시지를 수신한다. 그림 9.5에서 볼 수 있듯이 이번 예제에서 소비자 프로세스는 단순히 수신한 메시지를 콘솔에 출력하는 역할을 한다.

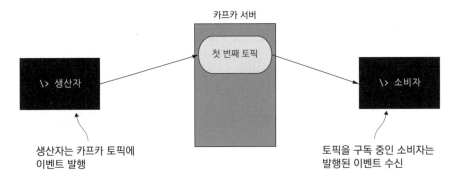

▲ **그림 9.5** 생산자 프로세서는 카프카 서버 내 토픽에 이벤트를 발행하고, 소비자 프로세스는 이벤트를 수신한다.

메시지 발행과 구독을 실습했으면 메시지 입력과 출력을 위해 실행한 프로세스를 모두 종료해도 무방하지만 9.3절의 예제 실습을 위해 카프카 프로세스는 실행 상태를 유지하자.

9.3 이벤트를 카프카 토픽에 푸시하는 마이크로서비스 개발

9.3절에서는 이벤트를 카프카 토픽에 푸시하는 스프링 부트 환경의 마이크로서비스를 개발하는 방법을 설명한다. 마이크로서비스는 HTTP 프로토콜로 메시지를 수신하고 수신한 메시지들을 이벤트로 변환해 카프카 토픽에 푸시한다. 실습을 위한 모든 예제 코드는 https://github.com/microservices-security-in-action/samples 깃허브 저장소에서 다운로드 가능하다. 명령행 도구로 chapter09/sampe01 디렉토리에서 다음 명령을 실행해 주문 처리 마이크로서비스를 빌드하자.

```
\> mvn clean install
```

9.2절에서 실행한 카프카가 여전히 실행 중이어야 실습이 가능하다. 다음 명령으로 주문 처리 마이크로서비스를 실행하자.

```
\> mvn spring-boot:run
```

주문 처리 마이크로서비스를 시작하면 카프카에 ORDERS 토픽을 생성하는데, kafka_home 디렉토리에서 다음 명령을 실행해 생성한 토픽 목록을 확인할 수 있다.

```
\> bin/kafka-topics.sh --list --bootstrap-server localhost:9092
```

이제 ORDERS 토픽으로 전송한 메시지를 출력할 새 콘솔 프로세스를 열기 위해 9.2절에서 실습한 것처럼 kafka_home 디렉토리에서 다음 명령을 실행하자.

```
\> bin/kafka-console-consumer.sh --bootstrap-server localhost:9092 \
--topic ORDERS --from-beginning
```

콘솔 프로세스를 실행하면 주문 처리 마이크로서비스에 메시지를 보낼 수 있고 어떤 행동을 하는지까지 관찰할 수 있다. 새로운 터미널 창을 열어 chapter09/sampe01 디렉토리에서 다음 curl 명령을 실행해 주문 처리 마이크로서비스에 주문 요청을 해보자.

```
\> curl http://localhost:8080/order -X POST -d @order.json \
-H "Content-Type: application/json" -v
```

chapter09/sampe01 디렉토리의 order.json 파일은 주문 처리 마이크로서비스로 보낸 JSON 형식의 메시지를 포함하고 있다. 주문을 성공적으로 완료하면 요청에 대한 응답으로 HTTP 응답 상태 코드 201을 받아야 한다. ORDERS 토픽의 메시지를 출력하는 콘솔 프로세스를 관찰하면 요청 페이로드request payload로 전달한 order.json 파일의 내용을 화면상에 출력함을 확인할 수 있다.

curl 명령은 주문 처리 마이크로서비스에 HTTP 요청을 보내 주문을 넣는다. 주문 처리 마이크로서비스는 주문 관련 비즈니스 로직을 처리함과 동시에 카프카 ORDERS 토픽에 이벤트(메시지)까지 전송한다. 이제 ORDERS 토픽을 구독하는 모든 프로세스는 토픽에서 주문 상세 정보를 수신하고 각자의 작업을 실행할 수 있다. 그림 9.6에서 확인할 수 있는 것처럼 이번 실습에서 콘솔 프로세스는 화면에 주문 상세 정보를 출력한다. 9.4절에서는 주문 이벤트를 수신하고 몇 가지 작업을 수행하는 프로세스를 설명할 예정이다.

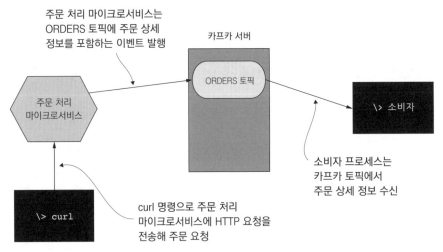

▲ **그림 9.6** curl은 주문 처리 마이크로서비스에 HTTP 요청을 보내 주문한다. 주문 처리 마이크로서비스는 자신의 비즈니스 로직을 처리한 후에 카프카 ORDERS 토픽에 주문 상세 정보를 포함해 이벤트를 발행한다. ORDERS 토픽을 구독하는 소비자 프로세스는 카프카에서 주문 상세 정보를 수신한다.

주문을 처리하는 코드를 살펴보자. chapter09/sample01/src/main/java/com/manning/mss/ch09/sample01/service 디렉토리의 OrderProcessing.java 파일은 주문 처리 마이크로서비스 코드를 호스팅하는데, 리스트 9.2에서 볼 수 있듯이 HTTP 주문

요청을 수신하면 createOrder 메서드를 실행한다.

리스트 9.2 주문 처리 마이크로서비스의 createOrder 메서드 코드

```
@RequestMapping(method = RequestMethod.POST)
public ResponseEntity<?> createOrder(@RequestBody Order order) {
  if (order != null) {
    order.setOrderId(UUID.randomUUID().toString());
    URI location = ServletUriComponentsBuilder
                  .fromCurrentRequest().path("/{id}")
                  .buildAndExpand(order.getOrderId()).toUri();
    publisher.publish(order); ◄──── 주문 처리 로직을 처리 완료한 후 카프카 토픽에 메시지 발행
    return ResponseEntity.created(location).build();
  }
  return ResponseEntity.status(HttpStatus.BAD_REQUEST).build();
}
```

리스트 9.2에서 사용한 publish 메서드는 OrderPublisher.java 파일에서 선언하고 있다.

리스트 9.3 카프카 토픽에 주문을 발행하는 코드

```
@Service
public class OrderPublisher {
  @Autowired
  private Source source;
  public void publish(Order order){
    source.output().send(MessageBuilder
                  .withPayload(order).build());
  }
}
```

실습을 위해 스프링 클라우드 바인더Spring Cloud's Binders(http://mng.bz/zjZ6)를 사용해 주문 처리 마이크로서비스를 카프카에 바인딩하는데, 스프링의 바인더 추상화는 프로그램을 다른 유형의 스트리밍 기능에 바인딩할 수 있게 해준다. 카프카 서버에 연결하는 방법을 확인하려면 chapter09/sample01/src/main/resourcese 디렉토리의 applications. properties 파일을 살펴보자.

```
spring.cloud.stream.bindings.output.destination:ORDERS
spring.cloud.stream.bindings.output.content-type:application/json
spring.cloud.stream.kafka.binder.zkNodes:localhost
spring.cloud.stream.kafka.binder.zkNodes.brokers: localhost
```

첫 번째 속성은 카프카에서 연결한 토픽의 이름이 ORDERS임을 프로그램에 알려주고 아래 2개의 속성은 주키퍼 연결 정보(localhost)를 나타낸다. 주키퍼는 디폴트 포트인 2181에서 동작하기 때문에 포트 정보를 별도로 지정할 필요는 없지만 <host>:<port>(예 localhost:2181) 형식으로 연결 정보를 지정하면 다른 포트를 사용할 수도 있다.

9.4 카프카 토픽에서 이벤트를 읽는 마이크로서비스 개발

9.3절에서는 주문을 처리할 때 카프카 토픽에 이벤트를 전송하는 마이크로서비스 코드를 확인하고 실행하는 실습을 했지만, 9.4절에서는 주문 처리 마이크로서비스에서 수신한 이벤트를 읽고 작동하는 마이크로서비스를 만드는 방법과 구매 내역 마이크로서비스를 구현해 고객의 구매 패턴을 추적하는 방법을 설명한다. 그림 9.7에서 볼 수 있듯이, 구매 내역 마이크로서비스는 카프카의 ORDERS 토픽을 구독하면서 주문 이벤트를 수신하면 이벤트에 대응하고 구매 분석과 기록에 관한 로직을 실행한다.

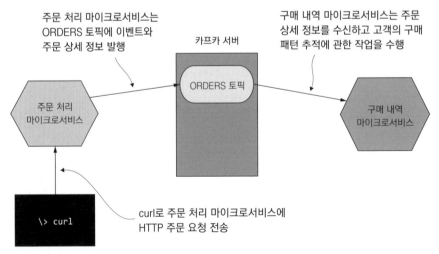

▲ **그림 9.7** 구매 내역 마이크로서비스는 카프카에서 주문 상세 정보를 수신한 다음 고객의 구매 패턴 추적에 관한 작업을 주문 처리와 비동기적으로 처리하기 시작한다.

먼저 구매 내역 마이크로서비스를 실행해 그림 9.7의 카프카를 이용한 마이크로서비스 간의 상호작용이 어떻게 일어나는지 살펴보자. 구매 내역 마이크로서비스의 소스 코드는 chapter09/sample02 디렉토리에 있다. 실습을 위해서는 이전에 실행한 카프카 서버와 주문 처리 마이크로서비스가 실행 중이어야 한다.

주문 처리 마이크로서비스는 카프카 토픽에 이벤트를 발행하는 주체이고, 구매 내역 마이크로서비스는 카프카 토픽에 수신된 이벤트의 소비자다. 명령행 도구로 chapter09/sample02 디렉토리로 이동한 후, 다음 명령을 실행해 구매 내역 마이크로서비스를 빌드하자.

```
\> mvn clean install
```

빌드를 완료하면 다음 명령을 실행해 구매 내역 마이크로서비스를 시작하자.

```
\> mvn spring-boot:run
```

구매 내역 마이크로서비스를 시작하면 카프카 토픽 ORDERS를 구독하기 시작한다. 구매 내역 마이크로서비스가 실행 중이면 주문 처리 마이크로서비스에 HTTP 주문 요청을 보내 주문을 생성할 수 있다. 새로운 터미널 탭을 열어 chapter09/sample02 디렉토리에서 다음 명령을 실행해 9.3절에서 실행한 주문 처리 마이크로서비스에 주문 요청을 하자.

```
\> curl http://localhost:8080/order -X POST -d @order.json \
-H "Content-Type: application/json" -v
```

명령을 성공적으로 실행하면 요청에 대한 응답으로 HTTP 응답 상태 코드 201을 반환하고 구매 내역 마이크로서비스를 실행 중인 터미널 탭에는 다음과 같은 메시지가 출력된다.

```
Updated buying history of customer with order: <order_id>
```

구매 내역 마이크로서비스는 카프카 토픽 ORDERS에서 주문 상세 정보를 받으면 고객의 구매 내역을 추적하는 로직을 실행하고 주문 이벤트를 수신 및 처리했다는 메시지를 콘솔에 출력한다. 그림 9.8은 이벤트 발생 순서를 보여준다.

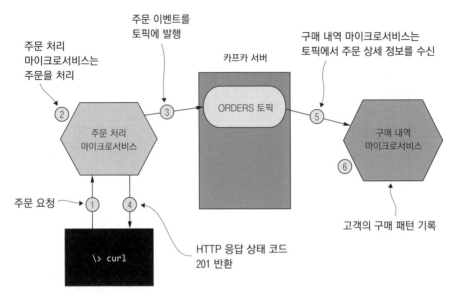

주문 처리
마이크로서비스는
주문을 처리

주문 이벤트를
토픽에 발행

구매 내역 마이크로서비스는
토픽에서 주문 상세 정보를 수신

카프카 서버

ORDERS 토픽

②

③

⑤

주문 처리
마이크로서비스

구매 내역
마이크로서비스

⑥

주문 요청

①

④

\> curl

HTTP 응답 상태 코드
201 반환

고객의 구매 패턴 기록

▲ **그림 9.8** 클라이언트(curl)가 주문 요청을 할 때 발생하는 이벤트 순서. 4단계와 5단계는 독립적인 프로세스에서 처리되어 병렬로 발생 가능하다.

주문이 접수되면 카프카에서 메시지를 수신하는 역할을 하는 구매 내역 마이크로서비스의 코드를 살펴보자. 리스트 9.4에 보이는 구매 내역 마이크로서비스의 소스 코드는 chapter09/sample02/src/main/java/com/manning/mss/ch09/sample02 디렉토리의 BuyingHistoryMicroservice.java 파일에 있다.

리스트 9.4 카프카에서 메시지를 읽는 마이크로서비스 코드

```
@SpringBootApplication
@EnableBinding(Sink.class)
public class BuyingHistoryMicroservice {

  public static void main(String[] args) {
    SpringApplication.run(BuyingHistoryMicroservice.class, args);
  }

  @StreamListener(Sink.INPUT)          구독 중인 토픽의 메시지를 수신하면 updateHistory
                                       메서드를 트리거하도록 스프링 런타임에 지시
  public void updateHistory(Order order) {
    System.out.println(
    "Updated buying history of customer with order: "
```

```
      + order.getOrderId());
  }
}
```

9.3절에서 설명한 것처럼 스프링 런타임은 chapter09/sample02/src/main/resources 디렉토리의 applications.properties 파일에서 정의한 속성을 참고해 카프카에 연결한다.

9.5 TLS를 사용해 전송 데이터 보호

9.5절에서는 카프카 서버에서 카프카 생산자 마이크로서비스와 소비자 마이크로서비스에게 전달하는 데이터를 보호하기 위해 TLS를 활성화하는 방법을 설명한다. 9.3절과 9.4절에서는 카프카로 이벤트를 전송하는 주문 처리 마이크로서비스와 카프카에서 이벤트를 수신하는 구매 내역 마이크로서비스를 구현했다.

두 경우 모두 카프카 서버와 개별 마이크로서비스 간의 데이터 전송은 평문으로 이뤄지기 때문에 마이크로서비스 그룹의 네트워크 계층에 접근할 수 있는 모든 사람은 카프카 서버와 마이크로서비스 간에 전송하는 메시지를 읽을 수 있는 구조라 바람직하지 않다.

평문 전송을 해결하려면 네트워크로 전송하는 데이터를 암호화해야 하고 이를 위해 통신 당사자 간에 TLS를 활성화해야 한다. 카프카와 주문 처리 및 구매 내역 마이크로서비스에서 TLS를 활성화하는 방법을 살펴보자.

9.5.1 TLS 키와 카프카 인증서 생성 및 서명

9.5.1절에서는 TLS 통신 활성화를 위해 카프카 서버에서 사용할 키와 인증서를 생성하는 방법과 자체 생성 인증기관을 사용해 카프카 인증서에 서명하는 방법을 설명할 예정이다. 인증기관과 기타 관련 키를 생성하려면 일련의 OpenSSL 명령을 포함하고 있는 chapter09/keys 디렉토리의 gen-key.sh 파일을 사용해야 한다.

OpenSSL은 상용 등급의 도구 모음이자 멀티 플랫폼을 지원하는 TLS용 암호화 라이브러리다. 이번 실습에서는 OpenSSL을 도커 컨테이너로 실행하기 때문에 OpenSSL을 PC에 설치할 필요는 없지만 도커는 설치해야 한다. 도커를 처음 접해본다면 부록 E를 참고하면 도움이 되지만 실습을 위해 도커에 능숙해질 필요는 없다. chapter09/keys 디렉토리에서 다음 명령을 실행해 OpenSSL 도커를 구동하자.

리스트 9.5 도커 컨테이너에서 OpenSSL 구동

```
\> docker run -it -v $(pwd):/export prabath/openssl
#
```

docker run 명령은 호스트 파일시스템의 chapter09/keys 디렉토리(${pwd}가 지시하는 현재 디렉토리)를 컨테이너 파일시스템의 /export 디렉토리에 바인드 마운트함으로써 도커 컨테이너에서 OpenSSL을 시작한다. 바인드 마운트를 하면 호스트 파일시스템의 일부를 컨테이너 파일시스템과 공유할 수 있다. OpenSSL 컨테이너는 인증서를 컨테이너 파일시스템의 /export 디렉토리에 생성한다. 바인드 마운트를 해놓은 상태이기 때문에 컨테이너 파일시스템의 /export 디렉토리 내부의 모든 파일 및 디렉토리를 호스트 파일시스템의 chapter09/keys 디렉토리에서도 접근 가능하다.

리스트 9.5의 명령을 처음 실행할 경우 시간이 다소 걸리며 실행을 완료하면 명령 프롬프트를 화면에 출력해주는데 명령 프롬프트에서 스크립트를 실행해 필요한 모든 키를 생성할 수 있다.

도커 컨테이너에서 실행해야 하는 다음 명령은 컨테이너의 export 디렉토리에 있는 gen-key.sh 파일을 실행하는데, 호스트 파일시스템의 chapter09/keys 디렉토리에 있는 gen-key.sh 파일과 동일한 파일이다.

```
# sh /export/gen-key.sh
# exit
```

이제 호스트 파일시스템의 keys 디렉토리를 확인하면 리스트 9.6의 디렉토리와 파일을 확인할 수 있다. 스크립트를 실행하면 일어나는 일들을 이해하고 싶을 경우 부록 G를 읽어봐야 한다.

```
─buyinghistory
 │ ─buyinghistory.jks ◄──── 주문 처리 마이크로서비스의 개인키와 인증기관이 서명한 인증서를 전달하는 키 저장소
 │ └truststore.jks ◄──── 인증기관의 공개 인증서를 전달하는 키 저장소
 ─ca
 │ ─ca_cert.pem ◄──── 인증기관의 공개키
 │ └ca_key.pem ◄──── 인증기관의 개인키
 ─kafka_server
 │ ─kafka_server.jks ◄──── 카프카 서버의 개인키와 인증기관이 서명한 인증서를 전달하는 키 저장소
 │ └truststore.jks ◄──── 인증기관의 공개 인증서를 전달하는 키 저장소
 └orderprocessing
    ─orderprocessing.jks ◄──── 주문 처리 마이크로서비스의 개인키와 인증기관이 서명한 인증서를 전달하는 키 저장소
    └truststore.jks ◄──── 인증기관의 공개 인증서를 전달하는 키 저장소
```

9.5.2 카프카 서버에 TLS 설정

9.5.2절에서는 카프카 서버에 TLS를 활성화하는 방법을 설명하는데, 이를 위해서는 일부 설정 파라미터를 변경하고 카프카 서버를 재시작해야 한다.

카프카에 TLS를 활성화하려면 실행 중인 카프카 서버는 종료하고 9.2절에서 실행한 주키퍼 서버는 실행 상태를 유지해야 한다. 카프카 서버를 종료하려면 카프카 서버를 실행 중인 명령행 터미널에서 Ctrl+C 키를 눌러야 한다. 프로세스를 종료한 후에는 명령행 도구로 kafka_home/config 디렉토리로 이동해 server.properties 파일을 텍스트 편집기로 열어 다음 속성들을 추가하자.

```
                                                  평문 통신은 9092 포트로, 암호화 통신은 9093 포트를
                                                  사용해 통신하도록 카프카 서버에게 지시
listeners=PLAINTEXT://:9092,SSL://:9093 ◄───
ssl.keystore.location=chapter09/keys/kafka_server/kafka_server.jks ◄────
ssl.keystore.password=manning123
ssl.enabled.protocols=TLSv1.2,TLSv1.1,TLSv1        kafka_server.jks 파일의 절대 경로 지정
ssl.keystore.type=JKS                              (사용 중인 디렉토리와 다르면 현행화 필요)
ssl.secure.random.implementation=SHA1PRNG
```

리스트 9.7의 속성들을 추가하고 나서 server.properties 파일을 저장하고 텍스트 편집기를 종료한 후에 카프카 서버를 시작해야 한다. 명령행 도구로 kafka_home 디렉토리로 이동한 후 다음 명령을 실행해 카프카 서버를 시작하자.

```
\> bin/kafka-server-start.sh config/server.properties
```

9.5.3 마이크로서비스에 TLS 설정

9.5.3절에서는 주문 처리 및 구매 내역 마이크로서비스에 TLS를 활성화하는 방법을 설명하는데, 이를 위해서는 몇 가지 속성을 활성화하고 9.5.1절에서 생성한 truststore.jks 파일의 상세 내용을 두 마이크로서비스에 제공해야 한다. TLS 활성화를 위해 업데이트한 소스 코드는 chapter09/sample03/orders_ms(주문 처리 마이크로서비스) 디렉토리와 chapter09/sample03/buying_history_ms(구매 내역 마이크로서비스)에서 확인할 수 있다.

먼저 주문 처리 및 구매 내역 마이크로서비스에 9.5.1절에서 만든 키 저장소를 설정해야 한다. chapter09 디렉토리에서 다음 명령을 실행해 chapter09/keys 디렉토리에 있는 키 저장소 파일을 마이크로서비스 디렉토리로 복사하자.

```
\> cp keys/orderprocessing/*.jks sample03/orders_ms/
\> cp keys/buyinghistory/*.jks sample03/buying_history_ms/
```

주문 처리 및 구매 내역 마이크로서비스에 키 저장소를 구성할 때는 두 가지를 고려해야 한다.

- 주문 처리 마이크로서비스에 HTTPS를 활성화하면 주문 처리 마이크로서비스와 통신하는 클라이언트 애플리케이션도 HTTPS 프로토콜로 요청을 해야 한다. 클라이언트에게 직접 노출하지 않는 구매 내역 마이크로서비스와 클라이언트 애플리케이션과의 연결에는 신경 쓸 필요 없다.
- 주문 처리와 구매 내역 마이크로서비스 모두가 카프카 서버의 공개 인증서에 서명한 인증기관의 공개 인증서를 신뢰하도록 설정해야 한다. 주문 처리 마이크로서비스는 메시지를 발행하기 위해 카프카 서버와 연결하고 구매 내역 마이크로서비스는 메시

지를 구독하기 위해 카프카 서버와 연결한다. 두 마이크로서비스와 카프카와의 통신은 TLS로 이뤄지고 마이크로서비스 모두는 카프카 서버의 공개 인증서를 발급한 인증기관을 신뢰해야 한다.

텍스트 편집기로 chapter09/sample03/orders_ms/src/main/resources 디렉토리의 application.properties 파일을 연 다음 spring.kafka.ssl.trust-store-location과 spring.kafka.ssl.trust-store-password 속성에 적절한 값을 설정하자. 2개의 속성은 스프링 부트가 카프카의 공개 인증서를 발급한 인증기관을 신뢰하도록 지시한다.

server.ssl.key-store와 server.ssl.key-store-password 속성은 주문 처리 마이크로서비스의 HTTPS 전송을 활성화한다. 적절한 값을 설정했으면 저장 후 텍스트 편집기를 종료하자. 책의 내용과 동일하게 실습을 했다면 별도의 변경은 불필요하다.

리스트 9.8 application.properties 파일의 내용

```
카프카 TLS 포트(9093)에 연결하도록 마이크로서비스에 지시. 포트를 나열하지 않으면
마이크로서비스는 평문 통신을 하는 카프카의 디폴트 포트인 9092로 연결
    server.ssl.key-store: orderprocessing.jks  ◀──── HTTPS 통신을 활성화하는 키를 전달하는 키 저장소 위치
    server.ssl.key-store-password: manning123  ◀──── 키 저장소 비밀번호
──▶ spring.kafka.bootstrap-servers:localhost:9093
    spring.kafka.properties.security.protocol=SSL  ◀──── 프로토콜을 SSL로 설정해 TLS 통신 활성화
    spring.kafka.properties.ssl.endpoint
         .identification.algorithm=  ◀──
    spring.kafka.ssl                      속성을 비워두면 마이크로서비스는 서버 인증서의 호스트명 검증을
                                          무시하기 때문에 상용 환경에서는 비워두지 않는 게 바람직
         .trust-store-location=file:truststore.jks  ◀──── 인증기관의 공개 인증서를 전달하는 키 저장소의 위치
    spring.kafka.ssl.trust-store-password=manning123  ◀──── 신뢰 저장소의 비밀번호
    spring.kafka.ssl.trust-store-type=JKS  ◀──── 신뢰 저장소의 유형
```

> |참고| ssl.endpoint.identification.algorithm 속성을 비워두면 마이크로서비스는 서버 인증서의 호스트명 검증을 무시하는 효과가 있어 실습을 편리하게 할 수 있지만, 실제 상용 환경의 시스템에서는 호스트명 검증을 생략하지 않는 게 바람직하다. 상용 환경의 서버에는 카프카 서버에 대한 적절한 DNS 설정을 해야 하고 localhost가 아닌 유효한 호스트명을 사용해 카프카 서버를 노출해야 한다. 서버 인증서에 유효한 호스트명을 사용하고 클라이언트(마이크로서비스)에서는 호스트명을 검증해야 하지만 현재는 사용할 적절한 호스트명이 없기 때문에 클라이언트의 호스트명 검증을 생략한다.

chapter09/sample03/buying_history_ms/src/main/resources 디렉토리의 application.properties 파일에도 동일하게 적절한 값을 설정해야 한다. 설정을 완료하면 명령행 도구를 사용해 chapter09/sample03/orders_ms 디렉토리로 이동한 후 다음 명령을 실행해 주문 처리 마이크로서비스를 빌드하자.

```
\> mvn clean install
```

빌드를 성공적으로 완료하면 9.3절에서 실행했던 주문 처리 마이크로서비스의 실행을 종료하고 카프카 서버가 실행 상태인지 확인한 후 다음 명령을 실행해 새로운 주문 처리 마이크로서비스를 실행하자.

```
\> mvn spring-boot:run
```

구매 내역 마이크로서비스를 대상으로도 동일한 과정이 필요하다. 새로운 터미널 탭을 열어 chapter09/sample03/buying_history_ms 디렉토리에서 다음 명령을 실행해 구매 내역 마이크로서비스를 빌드하자.

```
\> mvn clean install
```

빌드를 성공적으로 완료하면 9.4절에서 실행했던 구매 내역 마이크로서비스의 실행을 종료하고 다음 명령을 실행해 새로운 구매 내역 마이크로서비스를 실행하자.

```
\> mvn spring-boot:run
```

새로운 터미널 탭을 열어 chapter09/sample03/orders_ms 디렉토리에서 다음 명령을 실행하자.

```
\> curl -k https://localhost:8080/order -X POST -d @order.json \
-H "Content-Type: application/json" -v
```

구매 내역 마이크로서비스를 실행 중인 터미널 탭을 살펴보면 다음과 같은 메시지를 콘솔에 출력한다.

```
Updated buying history of customer with order: <order_id>
```

이 메시지는 curl 클라이언트가 주문 처리 마이크로서비스와 성공적으로 TLS 통신을 했고, 주문 처리 마이크로서비스는 TLS로 카프카의 ORDERS 토픽에 이벤트를 발행했으며, 구매 내역 마이크로서비스는 TLS로 카프카의 ORDERS 토픽의 주문 상세 정보를 읽었음을 의미한다.

9.6 mTLS를 사용한 인증

9.5절에서 마이크로서비스와 카프카 서버 간에 TLS를 활성화하는 방법을 살펴봤다. 9.6절에서는 주문 처리 마이크로서비스와 카프카 서버 간의 통신을 보호하는 방법과 클라이언트 인증 목적으로 mTLS를 사용해 구매 내역 마이크로서비스와 카프카 서버 간의 통신을 보호하는 방법을 설명할 예정이다.

마이크로서비스와 카프카 간에 TLS를 활성화하면 통신 당사자 간에 네트워크를 통해 전송하는 데이터 암호화를 보장한다. 카프카 서버의 개인키에 대한 접근 권한이 없으면 통신 구간을 도청 중인 어떠한 사람도 전송 중인 데이터를 읽을 수 없다. 또한 TLS를 활성화해 마이크로서비스(클라이언트)가 신뢰할 수 있고 실제 통신을 하려는 카프카 서버와 연결하고 있는지 확인하고 서버인 것처럼 가장하는 그 무엇에도 연결되지 않도록 한다.

그러나 여전히 남아 있는 한 가지 문제는 카프카 서버에 네트워크를 통해 접근할 수 있고 카프카의 인증서를 발급한 인증기관을 신뢰하는 사람은 카프카 서버에 이벤트를 발행하고 이벤트를 열람할 수 있다는 점인데, 예를 들어 그림 9.9처럼 악의적인 목적을 지닌 누군가가 주문 처리 마이크로서비스를 가장하고 카프카에 허위bogus 주문 이벤트를 보낼 수 있다.

그림 9.9에서 Bogus 마이크로서비스는 카프카로 이벤트를 전송해 시스템상에서 잘못된 이벤트를 처리하게 함으로써 다른 마이크로서비스들이 해당 이벤트를 받아 작업을 시작하게 한다. 잘못된 이벤트는 시스템 중단을 초래할 수 있는데, 이를 막기 위해서는 신뢰할 수 있는 마이크로서비스만 카프카와 이벤트를 주고받도록 해야 한다.

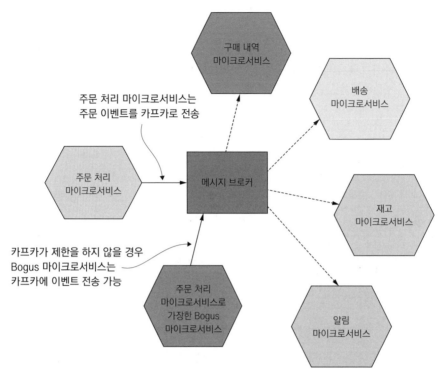

▲ **그림 9.9** Bogus 마이크로서비스가 주문 처리 마이크로서비스로 가장해 카프카에 주문 이벤트를 보내면 다른 마이크로서비스들은 해당 주문 이벤트를 처리한다. 카프카는 신뢰할 수 있는 마이크로서비스의 연결만 명시적으로 허용해야 한다.

9.5절에서는 클라이언트가 이벤트를 보내기 전에 서버를 신뢰하도록 TLS를 사용해 단방향 신뢰를 수립했다. 이제 양방향 신뢰 관계를 구축해 서버도 mTLS로 연결 요청을 하는 클라이언트를 신뢰할 수 있게 해야 한다. 카프카에 mTLS를 활성화하는 방법을 살펴보자.

카프카 서버가 멈춰 있는지 확인한 후 kafka_home/config 디렉토리의 server. properties 파일을 텍스트 편집기로 열어 다음과 같은 속성 2개를 추가해야 하는데 ssl. truststore.location 속성에는 chapter09/keys/kafka_server/trustore.jks 대신에 9.5.1절에서 생성한 truststore.jks 파일의 절대 경로를 지정해야 한다.

```
ssl.truststore.location=chapter09/keys/kafka_server/truststore.jks
ssl.truststore.password=manning123
```

동일한 파일(server.properties)의 `ssl.client.auth` 속성도 다음과 같이 변경이 필요한데, 해당 속성이 없다면 직접 추가해야 한다. `ssl.client.auth` 속성의 값을 `required`로 함으로써 연결이 맺어지기 전에 카프카 서버가 연결을 요청하는 클라이언트를 인증하도록 지시한다.

```
ssl.client.auth=required
```

파일을 저장하고 텍스트 편집기를 종료한 후에 카프카 서버를 시작하자. 이제 카프카 서버는 인증을 통과한 클라이언트의 요청만 허용할 준비가 됐다. 9.5절에서 실습했던 마이크로서비스에는 mTLS 설정을 활성화하지 않았기 때문에 카프카에서 클라이언트 인증을 의무화한 현재 상태에서는 마이크로서비스의 요청을 허용하지 않는다.

다음은 주문 처리 마이크로서비스와 구매 내역 마이크로서비스가 카프카 서버에 연결할 때 자신을 인증할 수 있도록 설정하는 단계다. 마이크로서비스 관련 코드는 chapter09/sample03 디렉토리에서 확인할 수 있다.

주문 처리 마이크로서비스에 mTLS 인증 지원을 활성화하는 방법을 살펴보기 위해 chapter09/sample03/orders_ms/src/main/resources 디렉토리에 있는 application.properties 파일을 열어보자. 리스트 9.9는 리스트 9.8에서는 언급하지 않은 새로운 속성 3개의 주석을 해제한 후의 application.properties 파일 내용을 보여준다.

리스트 9.9 mTLS를 지원하도록 수정한 application.properties 파일의 내용

마이크로서비스의 공개 인증서와 개인키를 전달하는 키 저장소의 위치. 9.5.1절에서 만든 키 저장소의 위치

```
spring.kafka.ssl.key-store-location=file:orderprocessing.jks
spring.kafka.ssl.key-store-password=manning123    ◀──── 키 저장소의 비밀번호
spring.kafka.ssl.key-store-type=JKS    ◀──── 키 저장소의 유형
```

동일한 작업이 구매 내역 마이크로서비스에도 필요하다. 구매 내역 마이크로서비스의 application.properties 파일은 chapter09/sample03/buying_history_ms/src/main/resources 디렉토리에 있다. 키 저장소 파일의 위치로 buyinghistory.jks 파일을 사용해야 한다(buyinghistory.jks 파일은 9.5.1절에서 만들었고 9.5.3절에서 chapter09/sample03/buying_history_ms 디렉토리로 복사했다).

2개의 application.properties 파일을 업데이트하면 마이크로서비스를 빌드 및 실행할 수 있다. 이전 실습에서 실행한 마이크로서비스들을 중단했는지 확인한 후 명령행 도구로 chapter09/sample03/orders_ms 디렉토리에서 다음 명령을 실행해 주문 처리 마이크로서비스를 빌드하자.

```
\> mvn clean install
```

마이크로서비스 빌드 후 다음 명령을 실행해 주문 처리 마이크로서비스를 실행하자.

```
\> mvn spring-boot:run
```

거래 내역 마이크로서비스를 빌드하고 실행하기 위해 chapter09/sample03/buying_history_ms 디렉토리에서도 동일한 작업이 필요하다. 거래 내역 마이크로서비스를 빌드했다면 chapter09/sample03/orders_ms 디렉토리에서 다음 curl 명령을 실행해 주문 처리 마이크로서비스에 주문 요청을 하자.

```
\> curl -k https://localhost:8080/order -X POST -d @order.json \
-H "Content-Type: application/json" -v
```

명령을 성공적으로 실행하면 구매 내역 마이크로서비스를 실행 중인 터미널 탭에는 다음과 같은 메시지가 출력된다.

```
Updated buying history of customer with order: <order_id>
```

9.7 접근 제어 목록을 사용해 카프카 토픽에 대한 접근 제어

9.7절에서는 접근 제어 목록ACL, access control list으로 클라이언트(마이크로서비스)의 카프카 토픽으로의 접근을 제어하는 방법을 설명한다. 9.6절에서는 mTLS를 사용해 클라이언트 인증을 활성화하는 방법과 카프카 서버로의 연결을 제어하는 방법을 설명했다. 신뢰할 수 있는 클라이언트만 카프카에 연결할 수 있게 했고, 이를 위해 클라이언트(마이크로서비스)와 카프카 서버 모두에서 상호 신뢰할 수 있는 인증서를 사용했으며, 통신 당사자(클라이언트, 서버)들의 인증서에 서명할 상호 신뢰할 수 있는 자체 인증기관을 생성했다.

이제 집근이 필요한 마이크로서비스만 카프가 토픽에 선택적으로 접근 권한을 부여할 수 있게 해보자. 예를 들어, 주문 처리 마이크로서비스만 카프카의 ORDERS 토픽에 이벤트를 발행할 수 있고 구매 내역 마이크로서비스만 ORDERS 토픽에서 이벤트를 읽을 수 있도록 허용해야 한다. 아쉽지만 mTLS만으로 가능한 범위는 아니다. 실습했던 코드에서 구매 내역 마이크로서비스에 접근 권한을 부여하지 않았지만, 그림 9.10에서 볼 수 있듯이 9.6절의 구매 내역 마이크로서비스는 mTLS로 연결 권한을 받았기 때문에 마음만 먹는다면 ORDERS 토픽에 이벤트를 발행하는 게 기술적으로 가능하다.

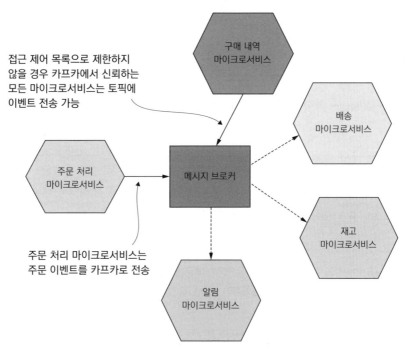

▲ **그림 9.10** 구매 내역 마이크로서비스는 카프카 토픽에 이벤트를 전송한다. 접근 제어 목록으로 제한하지 않으면 카프카에서 신뢰하는 모든 마이크로서비스는 토픽에 이벤트를 전송할 수 있다. 해당 이벤트는 접근 제어 목록으로 제한하지 않으면 카프카를 구독하는 마이크로서비스에 전달한다.

9장에서 지금까지 설명한 건 클라이언트와 서버 간의 상호 인증이지만 이제는 카프카 토픽에 이벤트를 발행할 수 있는 마이크로서비스를 제한하는 방법을 살펴보자. 카프카 토픽에 더 구체적인 접근 제어를 적용하려면 카프카에 인가 절차를 구현해야 하는데 카프카는 접근 제어 목록을 사용해 인가 절차를 구현하는 방법을 제공한다. 접근 제어 목록은 카프카 리소스를 대상으로 작업을 수행하는 개체[entity]를 허용하거나 거부하는 카프카의 기본적인 규칙이다. 카프카 접근 제어 목록은 다음과 같은 형식으로 정의한다.

```
Principal P is [Allowed/Denied] Operation O From Host H
on any Resource R matching ResourcePattern RP
```

여기서

- Principal은 작업 수행을 시도하는 개체다.
- Operation은 토픽 생성, 토픽에 이벤트 생성, 토픽에서 이벤트 열람 등의 여러 작업 중 허용하거나 거부할 작업이다.
- Host는 카프카 클라이언트의 IP 주소/호스트명이다.
- Resource는 토픽, 소비자 그룹 등과 같은 카프카의 개체다.
- ResourcePattern은 규칙을 적용할 리소스를 식별하는 데 사용하는 패턴이다.

9.7.1 카프카 접근 제어 목록 활성화 및 클라이언트 식별

9.7.1절에서는 설정을 변경해 카프카에 접근 제어 목록을 활성화하는 방법을 설명한다. 설정을 변경하기 전에 카프카 서버가 종료 상태인지 확인해야 한다.

> |참고| 9.5~9.6절에서 했던 실습의 연장선이기 때문에 9.7절부터 책을 읽고 있다면 9.5~9.6절의 설명에 따라 카프카에서 mTLS를 활성화해야 한다.

텍스트 편집기로 kafka_home/config 디렉토리의 server.properties 파일을 열어 다음 속성을 추가하자.

```
authorizer.class.name=kafka.security.auth.SimpleAclAuthorizer
allow.everyone.if.no.acl.found=true
ssl.principal.mapping.rules=RULE:^CN=(.*?)$/$1/L,DEFAULT
```

authorizer.class.name 속성은 카프카 내 인가 로직을 실행하는 클래스명을 포함한다. 예제에서는 카프카와 함께 제공되는 디폴트 클래스를 사용한다. 필요하다면 디폴트 구현을 재정의하고 사용자 지정 인가 클래스명을 추가해도 무방하다. 클래스명을 server.properties 파일에 추가함으로써 카프카에서 접근 제어 목록을 활성화한다.

allow.everyone.if.no.acl.found 속성은 주어진 리소스와 관련한 접근 제어 목록을 찾을 수 없을 때 수행할 작업을 지정한다. 카프카 디폴트 정책은 접근 제어 목록이 선언되어 있지 않으면 리소스(토픽)에 대한 접근을 거부한다. 속성을 true로 설정하면 접근 제어 목록으로 리소스에 대한 접근 규칙을 적용하지 않는 한 누구나 제한 없이 카프카 토픽에 접근할 수 있다.

ssl.principal.mapping.rules 속성은 작업 수행을 시도하는 개체(카프카 클라이언트)를 식별하는 패턴을 정의한다. mTLS를 사용해 클라이언트(마이크로서비스)를 인증하기 때문에 카프카 서버는 클라이언트 인증서의 속성으로 클라이언트를 식별한다. ssl.principal.mapping.rules 속성에 여러 규칙을 정의할 수 있는데, 각각의 규칙은 다음과 같은 형식을 사용해 정의해야 한다.

RULE:pattern/replacement/[LU]

규칙은 제공받은 자격증명(즉 클라이언트 인증서)에서 주체(작업 수행을 시도하는 개체)를 식별하는 정규 표현식이다. 인증 과정에 X509 인증서나 mTLS를 사용할 때 주체 식별자는 **고유 이름**distinguished name, 즉 **DN**이다. 인증서의 고유 이름은 인증서 상세 정보를 쉼표로 구분된 키-값 쌍으로 결합하는 문자열이다. 일반 이름CN, common name orders.ecomm.com을 가진 인증서의 경우 고유 이름은 다음과 같다.

CN=orders.ecomm.com,OU=Unknown,O=Unknown,L=Unknown,ST=Unknown,C=Unknown

ssl.principal.mapping.rules 속성을 지정하지 않으면 카프카는 ACL을 적용할 때 전체 고유 이름을 확인한다. 속성을 사용하면 다음과 같은 주요 매핑 규칙으로 디폴트 동작을 재정의할 수 있다.

RULE:^CN=(.*?),OU=(.*?),O=(.*?),L=(.*?),ST=(.*?),C=(.*?)$/$1/L

위 규칙은 정규 표현식으로 선언해둔 접근 제어 목록과 일치할 때 모든 인증서를 수락하고 소문자(L) CN($1) 값만 고려하도록 카프카에 지시한다. 대체 문자열을 $1로 설정하고 선택적인 대소문자 일치자를 L로 설정해 소문자를 나타낸다. 예를 들어, 고유 이름이 아래 문자열과 일치하는 인증서를 가진 클라이언트(마이크로서비스)의 경우 카프카는 클라이언트를 orders.ecomm.com으로 식별하고 해당 일반 이름을 대상으로 접근 제어 목록 설정을 해야 한다.

```
CN=orders.ecomm.com,OU= Unknown,O=Unknown,L=Unknown,ST=Unknown,C=Unknown
```

9.5.1절에서 마이크로서비스에서 사용할 인증서를 만들 때 주문 처리 마이크로서비스는 orders.ecomm.com으로, 구매 내역 마이크로서비스는 bh.ecomm.com으로 일반 이름CN을 사용했음을 참고하자.

설정 변경을 완료하면 server.properties 파일을 저장하고 텍스트 편집기를 종료한 후에 카프카 서버를 재시작해야 한다. 카프카에서 접근 제어 목록을 활성화했으니 이제는 카프카에서 접근 제어 목록을 정의할 차례다.

9.7.2 카프카에서 접근 제어 목록 정의

9.7.2절에서는 명령행 도구를 사용해 카프카의 접근 제어 목록을 정의한다. 카프카에서 접근 제어 목록을 활성화한 상태로 서버가 실행 중이기 때문에 토픽에 적용해야 하는 규칙 정의를 계속 진행할 수 있다. 2개의 규칙을 설정할 예정이다.

- 주문 처리 마이크로서비스만 ORDERS 토픽에 이벤트 발행(ORDERS 토픽의 생산자) 허용
- 구매 내역 마이크로서비스만 ORDERS 토픽에서 이벤트 소비(ORDERS 토픽의 소비자) 허용

명령행 도구로 kafka_home 디렉토리에서 다음 명령을 실행하자.

```
\> bin/kafka-acls.sh --authorizer-properties \
zookeeper.connect=localhost:2181 \
--add --allow-principal User:"orders.ecomm.com" --producer --topic ORDERS
```

명령을 실행하면 다음과 같은 메시지를 화면에 출력한다.

```
Adding ACLs for resource `ResourcePattern(resourceType=TOPIC, name=ORDERS,
patternType=LITERAL)`:
  (principal=User:orders.ecomm.com, host=*, operation=DESCRIBE, permissionType=ALLOW)
  (principal=User:orders.ecomm.com, host=*, operation=CREATE, permissionType=ALLOW)
  (principal=User:orders.ecomm.com, host=*, operation=WRITE, permissionType=ALLOW)
```

메시지를 통해 확인할 수 있듯이 orders.ecomm.com 사용자가 ORDERS 토픽을 생성
create, 작성write, 설명describe할 수 있는 접근 제어 목록을 생성했다. operation CREATE는
일반 이름이 orders.ecomm.com이면 토픽을 새로 생성할 수 있음을 나타낸다.
operation WRITE는 일반 이름이 orders.ecomm.com이면 토픽에 이벤트를 발행할 수 있
음을 나타내고, operation DESCRIBE는 일반 이름이 orders.ecomm.com이면 토픽의 상
세 정보를 볼 수 있음을 나타낸다. 접근 제어 목록 생성 시 호스트를 명시적으로 언급하
지 않았기 때문에 모든 호스트에서 작업(생성, 작성, 설명)을 허용한다. 방금 생성한 접근
제어 목록을 제거하려는 경우 다음 명령을 사용할 수 있지만 9장의 실습을 완료하기 전
에는 실행하면 안 된다.

```
\> bin/kafka-acls.sh --authorizer-properties \
zookeeper.connect=localhost:2181 --remove \
--allow-principal User:"orders.ecomm.com" --producer --topic ORDERS
```

다음 명령을 실행해 일반 이름이 bh.ecomm.com인 인증서를 가진 구매 내역 마이크로
서비스에게 ORDERS 토픽에 대한 읽기 접근을 허용하자.

```
\> bin/kafka-acls.sh --authorizer-properties \
zookeeper.connect=localhost:2181 --add \
--allow-principal User:"bh.ecomm.com" --operation Read --topic ORDERS
```

명령을 실행하면 다음과 같은 메시지를 화면에 출력한다.

```
Adding ACLs for resource `ResourcePattern(resourceType=TOPIC, name=ORDERS,
patternType=LITERAL)`:
  (principal=User:bh.ecomm.com, host=*, operation=READ, permissionType=ALLOW)
```

방금 생성한 접근 제어 목록을 제거하려는 경우 다음 명령을 사용할 수 있지만 9장의 실
습을 완료하기 전에는 실행하면 안 된다.

```
\> bin/kafka-acls.sh --authorizer-properties \
zookeeper.connect=localhost:2181 --remove \
--allow-principal User:"bh.ecomm.com" --operation Read --topic ORDERS
```

다음 명령을 실행해 ORDERS 토픽을 대상으로 한 접근 제어 목록을 확인할 수 있다.

```
\> bin/kafka-acls.sh --authorizer-properties \
zookeeper.connect=localhost:2181 --list --topic ORDERS
```

명령을 실행하면 다음과 유사한 형태로 ORDERS 토픽에 적용한 모든 접근 제어 목록을 출력한다.

```
Current ACLs for resource `ResourcePattern(resourceType=TOPIC, name=ORDERS,
patternType=LITERAL)`:
  (principal=User:orders.ecomm.com, host=*, operation=DESCRIBE, permissionType=ALLOW)
  (principal=User:orders.ecomm.com, host=*, operation=CREATE, permissionType=ALLOW)
  (principal=User:orders.ecomm.com, host=*, operation=WRITE, permissionType=ALLOW)
  (principal=User:bh.ecomm.com, host=*, operation=READ, permissionType=ALLOW)
```

이제 ORDERS 토픽에 대한 접근을 제어하는 모든 접근 제어 목록을 생성했다. 카프카 서버를 재시작했기 때문에 주문 처리와 구매 내역 마이크로서비스 둘 다 중지 후 재시작이 필요하다.

카프카에서 접근 제어 목록이 작동하는 방식을 테스트하려면 chapter09/sample03/orders_ms 디렉토리에서 다음 curl 명령을 실행해 주문 처리 마이크로서비스에 주문 요청을 해보자.

```
\> curl -k https://localhost:8080/order -X POST -d @order.json \
-H "Content-Type: application/json" -v
```

명령을 성공적으로 실행하면 구매 내역 마이크로서비스를 실행 중인 터미널 탭에는 다음과 같은 메시지가 출력된다.

```
Updated buying history of customer with order: <order_id>
```

9.8 NATS를 메시지 브로커로 설정

9.8절에서는 이벤트 기반 마이크로서비스에서 메시지/이벤트 교환 시 카프카 대신 사용할 수 있는 메시지 브로커인 **NATS**를 살펴본다. NATS(https://nats.io/)는 클라우드 네이티브 애플리케이션용으로 설계한 오픈소스이자 경량화한 메시징 시스템으로, 클라우드 네이티브 컴퓨팅 재단CNCF, Cloud Native Computing Foundation의 프로젝트 중 하나다.

NATS는 카프카와 마찬가지로 발행자와 구독자 개념을 갖고 있다. NATS 발행자는 주체에 메시지를 보내고 주체에 연결된 구독자들은 메시지를 수신할 수 있다. NATS의 **주체**subject는 발행자와 구독자가 서로를 찾기 위해 사용하는 문자열 식별자다. 그림 9.11은 NATS에서 발행자와 구독자가 주체를 사용하는 방법을 보여준다.

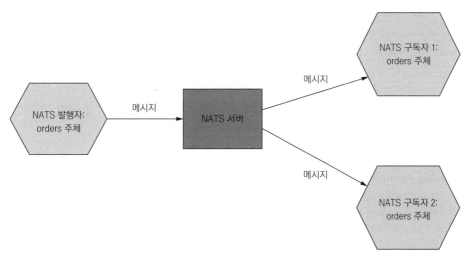

▲ **그림 9.11** NATS 서버의 orders 주체에 접근하는 발행자와 구독자

NATS는 메시지를 대상으로 **최대 한 번**at-most-once의 서비스 품질을 제공한다. NATS는 개별 주체를 청취 중이고 연결 상태인 구독자에게만 메시지를 전달한다. 카프카와 달리 NATS는 지속적인 메시지 전달을 제공하지 않는다. NATS는 기본적으로 메시지를 전송한 후 전달 여부에 신경 쓰지 않는 메시지 전달 시스템이어서 메시지 전달 시점에 수신자가 NATS 서버와 연결하지 않은 상태라면 나중에 연결을 하더라도 메시지를 받지 못한

다. 클라이언트가 더 높은 수준의 메시지 전달 보장을 요구한다면 클라이언트 애플리케이션 자체적으로 보장 방안을 구축하거나 NATS 스트리밍(https://docs.nats.io/nats-streaming-concepts/intro)을 사용해야 한다.

NATS는 1메가바이트 이하의 작은 메시지를 빠른 속도로 처리할 수 있도록 설계됐지만 NASTS를 사용해 10메가바이트를 넘지 않는 범위 내에서는 1메가바이트 이상의 메시지 교환도 가능하다. NATS 서버를 설정하고 발행자와 구독자를 NATS 서버에 연결하는 방법을 간략히 살펴보자.

NATS 도커 이미지로 실습을 진행할 예정이므로 도커가 실습 환경에 설치되어 있어야 한다. 도커로 NATS 서버를 설정하는 건 간단하다. 도커를 설치한 상태라면 명령행 도구를 열어 다음 명령을 실행하자.

```
\> docker run -p 4222:4222 -p 8222:8222 -p 6222:6222 \
--name nats-server -ti nats:latest
```

명령을 처음 실행한다면 NATS 서버의 도커 이미지를 로컬 도커 저장소에 다운로드하고 도커 컨테이너를 실행하는 데 시간이 걸릴 수도 있다. 프로세스를 시작하면 다음과 같은 메시지를 확인할 수 있다.

```
Listening for client connections on 0.0.0.0:4222
Server is ready
Listening for route connections on 0.0.0.0:6222
```

이제 메시지를 전달하고 수신하기 위해 NATS 서버에 연결할 준비가 됐다. 새 터미널 탭에서 다음 명령을 실행하면 NATS 서버를 중지할 수 있고

```
\> docker stop nats-server
```

다음 명령을 실행하면 NATS 서버를 다시 시작할 수 있다.

```
\> docker start nats-server
```

이제 NATS 서버를 설치하고 실행했으니 다음 단계는 서로 통신할 NATS 클라이언트와 NATS 서버를 실행하는 것이다. 클라이언트와 서버의 코드는 chapter09/sample05 디렉토리에 있다. 새로운 명령행 도구로 chapter09/sample05/natssub 디렉토리에서 다음 명령을 실행해 구독자(메시지 수신자)의 코드를 빌드하자.

```
\> mvn clean install
```

빌드를 성공적으로 완료하면 BUILD SUCCESS 메시지를 화면에 출력하고 natssub 디렉토리 하위에 target 디렉토리를 생성했음을 확인할 수 있다. 터미널로 chapter09/sample05/natssub 디렉토리에서 다음 명령을 실행해 NATS 구독자 프로세스를 실행하자.

```
\> java -jar target/com.manning.mss.ch09.sample05.natssub-1.0.0.jar
```

NATS에서 메시지 수신을 대기하는 구독자 프로세스를 시작했다. 새 명령행 도구를 열어 chapter09/sample05/natspub 디렉토리에서 다음 명령을 실행해 NATS 발행자 프로세스의 코드를 컴파일하자.

```
\> mvn clean install
```

빌드를 성공적으로 완료하면 다음 명령을 실행해 NATS 발행자 프로세스를 실행하자.

```
\> java -jar target/com.manning.mss.ch09.sample05.natspub-1.0.0.jar
```

실행한 프로세스는 NATS 서버에 메시지를 보내고 NATS 구독자 프로세스는 해당 메시지를 받아야 한다. NATS 구독자 프로세스를 실행 중인 터미널에는 다음과 같은 메시지가 출력된다.

```
Received message: Welcome to NATS
```

텍스트 편집기로 chapter09/sample05/natspub/src/main/java/com/manning/mss/ch09/sample05/natspub 디렉토리에 있는 NatsPublisher.java 파일을 열어 메시지를 생성하는 코드를 살펴보자.

리스트 9.10 NATS를 통해 메시지 발행

updates 주체로 메시지 푸시

```
try {
    natsConnection = Nats.connect("nats://localhost:4222");  ◄──── NATS 서버 연결 정보
    natsConnection.publish("updates", "Welcome to NATS".getBytes(StandardCharsets.UTF_8));
    natsConnection.flush(Duration.ZERO);  ◄──── 연결을 종료하기 전에 메시지가 전달되는지 확인
}
```

텍스트 편집기로 chapter09/sample05/natssub/src/main/java/com/manning/mss/ ch09/sample05/natssub 디렉토리에 있는 NatsSubscriber.java 파일을 열어 NATS를 통해 수신한 메시지를 출력하는 코드를 살펴보자.

리스트 9.11 NATS를 통해 메시지 소비

```
try {
    natsConnection = Nats.connect("nats://localhost:4222");  ◄──── NATS 서버 연결 정보
    Subscription sub = natsConnection.subscribe("updates");  ◄──── updates 주체 메시지 구독
    Message msg = sub.nextMessage(Duration.ZERO);
    String str = new String(msg.getData(), StandardCharsets.UTF_8);
    System.out.print("Received message: ");
    System.out.println(str);  ◄──── 수신한 메시지 출력
}
```

카프카 서버 보안에서 설명한 옵션들과 유사하게 NATS 서버로의 연결은 TLS로 기밀성을 유지할 수 있고, mTLS나 JWT로 NATS 서버에 연결하는 클라이언트 애플리케이션을 인증할 수 있다. 이 책에서는 NATS 보안에 대해 상세히 다루지 않지만 https://docs. nats.io/nats-server/configuration/securing_nats 사이트에서 언제든지 NATS 문서를 참조할 수 있다.

요약

- 일반적인 마이크로서비스 그룹에서 클라이언트 애플리케이션의 요청을 허용하는 마이크로서비스는 실행 흐름과 관련된 나머지 마이크로서비스의 작업에 대한 트리거 역할을 수행한다. 요청을 허용하는 마이크로서비스는 다른 마이크로서비스 실행을 트리거하기 위해 동기 및 비동기 유형의 이벤트를 모두 시작할 수 있다.

- 반응형 프로그래밍은 데이터 스트림과 시스템의 이벤트 변경사항 전파에 의존하는 선언적 프로그래밍 패러다임이다.

- 다른 마이크로서비스에 직접적으로 연결된 마이크로서비스는 종속성으로 인해 확장성과 관리 비효율성이 발생할 수 있다. 비동기 이벤트 처리를 위해 시스템에서 발생하는 이벤트에 반응할 수 있는 반응형 마이크로서비스를 구축해 마이크로서비스 간의 종속성을 줄일 수 있다.

- 아파치 카프카는 메시지 큐와 유사하게 작동하는 분산 스트림 플랫폼이다.

- 마이크로서비스 그룹에서 카프카를 메시지 브로커로 사용해 메시지 생산 마이크로서비스와 소비 마이크로서비스 간에 이벤트를 비동기 방식으로 전달한다.

- 반응형 마이크로서비스 패턴을 사용해 마이크로서비스 간의 직접 링크를 제거하고 운영 효율성을 높일 수 있다. 반응형 마이크로서비스 패턴은 사용자를 위해 마이크로서비스의 응답 시간을 더 단축하고 시스템에 새로운 기능을 도입할 수 있도록 더 나은 기반을 제공한다.

- TLS는 마이크로서비스와 카프카 간에 전송하는 메시지를 암호화하기 위해 사용한다.

- 카프카는 연결을 허용하는 마이크로서비스를 제어하고 카프카에 연결하는 클라이언트를 인증하기 위해 mTLS를 사용한다.

- 카프카는 토픽과 같은 카프카 리소스를 대상으로 작업을 수행하는 다양한 마이크로서비스를 허용하거나 거부하는 인가 메커니즘으로 접근 제어 목록을 사용한다.

- 카프카와 유사하게 NATS는 반응형 마이크로서비스 구축에 사용할 수 있는 또 다른 인기 있는 오픈소스 기술이다.

## Part 4

안전한 배포

3부에서는 마이크로서비스 그룹 내의 서비스 간 통신을 보호하는 방법을 배웠다. 하지만 여전히 모든 마이크로서비스를 물리적 시스템에 배포하고 있다. 4부에서는 3부에서 실습한 예제를 확장해 컨테이너 환경에 배포하는 방법을 다룬다.

10장에서는 도커에 마이크로서비스를 배포하고 mTLS와 JWT를 사용해 서비스 간 통신을 보호하는 방법과 도커가 내장하고 있는 보안 기능을 설명한다.

11장에서는 쿠버네티스^{Kubernetes}에서 도커 컨테이너로 마이크로서비스를 배포하고 mTLS와 JWT로 서비스 간 통신을 보호하는 방법을 설명한다.

10장과 11장에서 개별 마이크로서비스는 자신의 보안 처리에 신경을 써야 하는데, 간단히 말해 개별 마이크로서비스는 보안 처리를 하기 위해 일련의 스프링 부트 라이브러리를 내장할 필요가 있다. 12장에서는 이스티오^{Istio} 서비스 메시를 사용해 보안 처리 부담에서 마이크로서비스를 벗어나게 할 수 있는 방법을 설명한다.

4부를 다 읽고 나면 컨테이너 환경에서 마이크로서비스를 배포하는 방법과 이스티오 서비스 메시를 사용해 서비스 간 통신을 보호하는 방법을 알게 된다.

10
도커로 컨테이너 보안 정복

10장에서 다루는 내용

- 컨테이너 환경에서 JWT와 mTLS를 사용해 서비스 간 통신 보호
- 컨테이너 환경에서 시크릿 관리
- 도커 컨텐트 트러스트를 사용해 도커 이미지 서명 및 검증
- Docker Bench for Security 실행

마이크로서비스 아키텍처의 여러 가지 이점들은 비용 지출을 초래한다. 지속적 통합과 지속적 배포$^{CI/CD}$로 마이크로서비스 개발 및 배포를 지원할 수 있는 적절한 인프라를 갖추지 못하면 목표를 달성하지 못할 가능성이 높다. 다시 말해, 마이크로서비스 아키텍처의 핵심 목표 중 하나는 생산 속도다. 수백 개의 마이크로서비스를 운영할 경우 자동화 도구 없이는 사실상 관리가 불가능하다. 운영 환경으로 이관하기 전에 효율적이고 오류 발생 가능성이 적은 방법으로 다양한 환경에서 마이크로서비스 패키징, 배포 및 테스트를 하는 건 중요하다.

시간이 지남에 따라 **도커**^{Docker}는 가장 인기 있는 마이크로서비스 패키징 및 배포 도구(플랫폼)가 됐다. 도커는 실행 환경을 컨테이너로 추상화하고 소프트웨어와 모든 종속성까지

패키징할 수 있다.

10장에서는 도커를 사용한 컨테이너 환경에 마이크로서비스를 배포하고 보호하는 방법을 설명한다. 도커의 기본 구조는 부록 E에서 다루고 있으므로, 도커를 처음 사용한다면 부록 E를 먼저 살펴보는 게 좋다. 도커에 익숙하더라도 10장의 나머지 부분에서는 기본 지식이 있다는 가정하에 설명을 하기 때문에 가급적 부록 E를 먼저 읽어보는 걸 권장한다.

도커는 **컨테이너 오케스트레이션 프레임워크**^{container orchestration framework} 내에서 사용되기 때문에 실제로는 도커만 사용하는 건 아니다. 쿠버네티스^{Kubernetes}나 도커 스웜^{Docker Swarm} 등의 컨테이너 오케스트레이션 프레임워크는 네트워크 기반의 추상화를 제공한다. 쿠버네티스 같은 컨테이너 오케스트레이션 소프트웨어는 수천 개 이상의 노드를 가진 복잡한 분산 환경에서도 컨테이너를 배포, 관리, 확장할 수 있다. 11장에서 마이크로서비스 보안에서 컨테이너 오케스트레이션 프레임워크(쿠버네티스)의 역할까지 설명할 예정이니 기대해도 좋다.

마이크로서비스 배포 보안은 격리 환경인 컨테이너 보안뿐만 아니라 컨테이너 오케스트레이션 프레임워크 맥락까지 고려해야 한다. 컨테이너 환경의 배포에서 살펴봐야 할 중요한 패턴은 서비스 메시^{Service Mesh} 패턴이다. 서비스 메시 패턴은 매우 높은 수준에서 서비스 간 통신을 처리하고 마이크로서비스 부담 완화와 보안 프로세스를 프록시에 위임하는 데 도움을 준다. 이스티오는 가장 인기 있는 서비스 메시 솔루션인데, 12장에서 이스티오를 사용한 컨테이너 환경의 마이크로서비스를 보호하는 방법을 설명할 예정이다. 다시 한번 말하지만 마이크로서비스를 보호할 때 격리된 컨테이너 보안만을 고려해서는 안 된다.

10.1 도커에서 STS 실행

7장에서 JWT와 STS(보안 토큰 서비스)가 발급한 JWT를 사용해 마이크로서비스를 보호하는 방법을 배웠다. 그림 10.1에서 볼 수 있듯이, 7장과 동일한 사례를 실습하지만 STS를 도커에 배포한다는 차이가 있다.

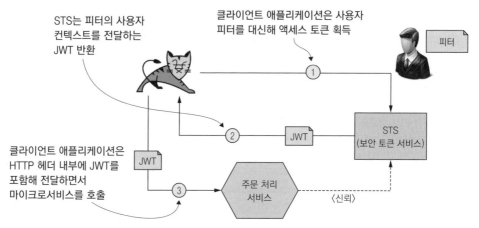

STS는 피터의 사용자 컨텍스트를 전달하는 JWT 반환

클라이언트 애플리케이션은 사용자 피터를 대신해 액세스 토큰 획득

피터

STS (보안 토큰 서비스)

JWT

클라이언트 애플리케이션은 HTTP 헤더 내부에 JWT를 포함해 전달하면서 마이크로서비스를 호출

JWT

주문 처리 서비스

〈신뢰〉

▲ **그림 10.1** STS는 웹 애플리케이션에 JWT 자가 수용적 액세스 토큰을 발급한다(OAuth 2.0으로 보호하는 환경). 웹 애플리케이션은 사용자 피터를 대신해 주문 처리 마이크로서비스 접근에 토큰을 사용한다.

10장의 모든 예제 코드는 https://github.com/microservices-security-in-action/samples 깃허브 저장소의 chapter10 디렉토리에 있다. chapter10/sample01 디렉토리에 있는 STS 소스 코드는 자바로 개발한 스프링 부트 애플리케이션이다.

chapter10/sample01 디렉토리에서 리스트 10.1의 첫 번째, 두 번째 명령을 실행해 STS 프로젝트를 빌드하고 도커 이미지를 생성한 다음 세 번째 명령을 실행해 생성한 이미지로 STS 도커 컨테이너를 구동하자(도커 컨테이너는 8443 포트를 사용하기 때문에 다른 프로세스가 이미 8443 포트를 점유하고 있는지 확인해야 한다). 리스트 10.1은 도커 프로젝트에서 사용하는 표준 명령이다(부록 E의 E.4절에서 상세히 설명).

리스트 10.1 STS 빌드 및 도커 이미지 생성 명령

```
\> mvn clean install
\> docker build -t com.manning.mss.ch10.sample01:v1 .
\> docker run -p 8443:8443 com.manning.mss.ch10.sample01:v1
```

이제 7.6절에서 실행했던 것과 동일한 다음 curl 명령을 실행해 STS를 테스트해보자.

```
\> curl -v -X POST --basic -u applicationid:applicationsecret \
-H "Content-Type: application/x-www-form-urlencoded;charset=UTF-8" \
-k -d "grant_type=password&username=peter&password=peter123&scope=foo" \
https://localhost:8443/oauth/token
```

실행한 명령에서 웹 애플리케이션의 클라이언트 ID는 applicationid이고, STS에 하드코딩된 클라이언트 시크릿은 applicationsecret이다. 명령을 성공적으로 실행하면 STS는 JWT나 JWS^JSON Web Signature^인 OAuth 2.0 액세스 토큰을 반환한다.

```
{
"access_token":"eyJhbGciOiJSUzI1NiIsInR5cCI6IkpXVCJ9.eyJzdWIiOiJwZXRlciIsImF1ZCI6IiouZWNv
bW0uY29tIiwibmJmIjoxNjEzMzM4NDE5LCJ1c2VyX25hbWUiOiJwZXRlciIsInNjb3BlIjpbImZvbyJdLCJpc3MiO
iJzdHMuZWNvbW0uY29tIiwiZXhwIjoxNjEzMzQ0NDE5LCJpYXQiOjE2MTMzMzg0MTksImF1dGhvcml0aWVzIjpbIl
JPTEVfVVNFUiJdLCJqdGkiOiIzZmUwNDliOC03ZDIxLTRkYTUtODYyNi01YzA0OWZhOGM1MzgiLCJjbGllbnRfaWQ
iOiJhcHBsaWNhdGlvbmlkIn0.nS2TwHqxfhbWNrlmMB31LypN-MeOyHYqY7UOgJpclWkQ5ynHs2EtPf-raOKFjtii
qQWmRyd0pvyiMeWcDiCDivBFiP2f9yXaANw160MH3cgj79PBOU7ZBP5Rr-Lo_LUNoOH7DQeOxoXvByjp-
rimyhyZzs2rO7F0q_oDxFYwvMrojTwmd_tBrzL7uUkFD2KwRAimVNtdOVsL2LrzJlqcfQM69z3HZmlJvK72j2sea2
rvW22EorrOyvWbCKEpJCTsZWXwy7vllxu4l4ghPsb33eUoDIUqeArKLhdFVyR_wfg_1VstiTS8b6Ep5bDQPM5uuj5
TfAHLJ7ByudgwUUJQug",
"token_type":"bearer",
"refresh_token":"",
"expires_in":5999,
"scope":"foo",
"jti":"4d2bb648-461d-4eec-ae9c-5eae1f08e2a2"
}
```

10.2 도커 컨테이너에서 시크릿 관리

10.1절에서 STS 도커 이미지 생성 시 중요한 걸 놓쳤는데, 모든 키와 키에 접근하는 데 사용할 자격증명을 STS 도커 이미지에 포함했었다. 키와 자격증명을 포함한 이미지를 도커 레지스트리^Docker registry^에 푸시하면 도커 이미지에 접근할 수 있는 모든 사람이 권한을 도용해 악의적인 행동을 할 수 있고 이러한 일은 절대 발생해서는 안 된다. 좀 더 자세히 살펴보자.

10.1절에서 만든 취약한 STS 도커 이미지를 prabath/insecure-sts-ch10:v1으로 이미 도커 허브^Docker Hub^에 공개^public^ 형태로 게시해뒀기 때문에 누구든지 다음 docker run 명령을 실행해 취약한 도커 이미지를 로컬 환경으로 가져와 실행할 수 있다(도커에 익숙하지 않다면 도커 이미지를 도커 허브에 게시하는 방법을 설명한 부록 E를 읽어보자).

```
\> docker run -d prabath/insecure-sts-ch10:v1

6d17474b4be7adc9bdd6912db7eb058efc8b5945259a00ceeb4e038620d58cb2
```

컨테이너를 시작한 후 다음 명령을 실행하면 컨테이너에 연결해 실행 중인 셸에 접근할 수 있다(위의 docker run 명령 실행을 통해 얻은 컨테이너 ID 전문을 모두 넣어줘야 한다).

```
\> docker exec -it 6d17474b4be7adc9bdd6912db7eb0... sh
#
```

이제 컨테이너의 셸을 실행한 상태여서 파일시스템에 직접 접근할 수 있다. 컨테이너 파일시스템의 / 디렉토리의 파일과 디렉토리 목록을 확인해보자.

```
# ls
bin                                     proc
com.manning.mss.ch10.sample01-1.0.0.jar root
dev                                     run
etc                                     sbin
home                                    srv
keystore.jks                            sys
lib                                     tmp
media                                   usr
mnt                                     var
opt
```

이제 com.manning.mss.ch10.sample01-1.0.0.jar 파일의 압축을 풀어 application. properties 파일이 포함하고 있는 시크릿(인증에 필요한 정보)을 확인할 수 있다.

```
# jar -xvf com.manning.mss.ch10.sample01-1.0.0.jar
# vi  BOOT-INF/classes/application.properties
```

application.properties 파일은 리스트 10.2처럼 STS가 자신이 발급한 JWT에 서명하는 데 사용할 개인키에 접근할 수 있는 자격증명을 포함하고 있다.

리스트 10.2 application.properties 파일의 내용

```
server.port: 8443                            ┌ TLS 통신에 사용할 서비스의
server.ssl.key-store: /opt/keystore.jks ◀────┘ 개인키와 공개키를 가진 키 저장소
```

```
server.ssl.key-store-password: springboot
server.ssl.keyAlias: spring
spring.security.oauth.jwt: true
spring.security.oauth.jwt.keystore.password: springboot
spring.security.oauth.jwt.keystore.alias: jwtkey
spring.security.oauth.jwt.keystore.name: /opt/jwt.jks ◄━━━ STS가 발급한 JWT에 서명하기 위해
                                                           사용하는 개인키를 가진 키 저장소
```

10.2.1 도커 이미지에 포함한 시크릿 외부화

10.2.1절에서는 STS 도커 이미지의 설정 파일을 외부화한다. 중요 정보를 저장하고 있는 2개의 키 저장소 파일(keystore.jks, jwt.jks)과 application.properties 파일 모두를 외부화해야 한다.

chapter10/sample01 디렉토리 하위에 config 디렉토리를 생성하고 chapter10/sample01/src/main/resources 디렉토리의 application.properties 파일을 chapter10/sample01/config 디렉토리로 옮기는 절차(cp가 아닌 mv 명령 실행)가 필요하지만 편의상 깃허브에서 내려받은 파일에 이미 config 디렉토리와 application.properties를 포함했기 때문에 필요시 삭제하고 새로 만드는 형태로 실습 진행이 필요하다. chapter10/sample01 디렉토리에서 리스트 10.3의 명령 2개를 실행해 application.properties 파일 없이 새로운 JAR 파일을 빌드하고 도커 이미지를 만들자. 새로운 도커 이미지는 키 저장소(keystore.jks, jwt.jks)와 application.properties 파일을 포함하고 있지 않다.

> **리스트 10.3** STS를 빌드하고 중요 정보를 포함하지 않는 도커 이미지 생성

```
\> mvn clean install

[INFO] BUILD SUCCESS

\> docker build -t com.manning.mss.ch10.sample01:v2 -f Dockerfile-2 .

Step 1/4 : FROM openjdk:8-jdk-alpine
 ---> 792ff45a2a17
Step 2/4 : ADD target/com.manning.mss.ch10.sample01-1.0.0.jar
com.manning.mss.ch10.sample01-1.0.0.jar
 ---> 2be952989323
```

```
Step 3/4 : ENV SPRING_CONFIG_LOCATION=/application.properties
 ---> Running in 9b62fdebd566
Removing intermediate container 9b62fdebd566
 ---> 97077304dbdb
Step 4/4 : ENTRYPOINT ["java", "-jar",
        "com.manning.mss.ch10.sample01-1.0.0.jar"]
 ---> Running in 215919f70683
Removing intermediate container 215919f70683
 ---> e7090e36543b
Successfully built e7090e36543b
Successfully tagged com.manning.mss.ch10.sample01:latest
```

리스트 10.1에서 도커 이미지를 생성하기 위해 실행했던 명령과 리스트 10.3에 있는 명령의 차이점을 알아차렸을지 모르겠지만 이번에는 -f 옵션과 Dockerfile-2 값을 추가로 전달해 도커에게 디폴트 이미지 설정 파일명인 Dockerfile 대신에 사용자 지정 파일인 Dockerfile-2를 사용하라고 지시한다. Dockerfile-2 파일의 내용을 살펴보자.

리스트 10.4 Dockerfile-2 파일의 내용

```
FROM openjdk:8-jdk-alpine
ADD target/com.manning.mss.ch10.sample01-1.0.0.jar \
        com.manning.mss.ch10.sample01-1.0.0.jar
ENV SPRING_CONFIG_L  OCATION=/opt/application.properties
ENTRYPOINT ["java", "-jar", \
        "com.manning.mss.ch10.sample01-1.0.0.jar"]
```

첫 번째 줄은 도커 레지스트리(도커 허브)에서 openjdk:8-jdk-alpine 이미지를 가져오도록 도커에게 지시한다. openjdk:8-jdk-alpine은 생성하려는 도커 이미지의 기본 이미지다. 두 번째 줄은 com.manning.mss.ch10.sample01-1.0.0.jar 파일을 호스트 파일시스템의 target 디렉토리에서 컨테이너 파일시스템의 / 디렉토리로 복사하도록 도커에게 지시한다. 세 번째 줄은 SPRING_CONFIG_LOCATION 환경 변수를 생성하고 해당 환경 변수에 /opt/application.properties 값을 넣으라고 도커에게 지시한다. 컨테이너 내부에서 실행 중인 프로세스는 SPRING_CONFIG_LOCATION 환경 변수를 읽어 application.properties 파일의 경로를 검색한 다음 컨테이너 파일시스템의 /opt 디렉토리에서 실제 파일을 찾는다. 마지막으로 네 번째 줄은 컨테이너의 진입점이나 컨테이너를 시작할 때 어떤 프로세스를 실행해야 하는지를 도커에게 알려준다.

10.1절에서 만든 이미지와 다르게 이번에는 어떠한 키 저장소나 application.properties 파일도 이미지에 추가하지 않았다. 새로 만든 도커 이미지를 사용해 컨테이너를 구동하려면 키 저장소 및 application.properties 파일을 적재할 수 있는 호스트 파일시스템의 위치를 나열해야 한다.

chapter10/sample01 디렉토리에서 리스트 10.5의 명령들을 실행해 도커 이미지에서 컨테이너를 구동하자. 도커 이미지를 빌드하는 데 사용한 명령(리스트 10.3)을 주의 깊게 살펴봤다면 v2 태그를 지정한 걸 알 수 있어 v2 태그와 리스트 10.5의 이미지명을 사용해야 한다.

리스트 10.5 외부에 저장한 파일을 사용해 도커 컨테이너 실행

컨테이너 파일시스템에서 TLS 키를 전달하는 키 저장소까지의 경로
(컨테이너 파일시스템에서 TLS 키를 전달하는 키 저장소를 참조하기 위한 경로)

호스트 시스템에서 TLS 키를
전달하는 키 저장소까지의 경로

```
\> export JKS_SOURCE="$(pwd)/keystores/keystore.jks"
\> export JKS_TARGET="/opt/keystore.jks"
\> export JWT_SOURCE="$(pwd)/keystores/jwt.jks"
\> export JWT_TARGET="/opt/jwt.jks"
\> export APP_SOURCE="$(pwd)/config/application.properties"
\> export APP_TARGET="/opt/application.properties"
```

호스트 시스템에서 JWT 서명을 위한
키를 전달하는 키 저장소까지의 경로

호스트 시스템에서 application.
properties 파일까지의 경로

컨테이너 파일시스템에서 JWT 서명을 위한 키를
전달하는 키 저장소까지의 경로

컨테이너 파일시스템에서
application.properties 파일까지의 경로

```
\> docker run -p 8443:8443 \
--mount type=bind,source="$JKS_SOURCE",target="$JKS_TARGET" \
--mount type=bind,source="$JWT_SOURCE",target="$JWT_TARGET" \
--mount type=bind,source="$APP_SOURCE",target="$APP_TARGET" \
com.manning.mss.ch10.sample01:v2
```

이번에 실행한 명령은 10.1절에서 실행한 docker run 명령과 다르게 --mount 인수를 3개 전달했다. 10.1절에서 사용한 도커 이미지는 컨테이너를 실행하기 위해 keystore.jks, jwt.jks, application.properties 파일을 내장하고 있었지만 새로운 이미지에는 없기 때문에 docker run 명령을 실행할 때마다 해당 파일들을 호스트 파일시스템에서 적재할 수

있는 방법을 --mount 인수로 알려줘야 한다.

첫 번째 --mount 인수는 호스트 파일시스템의 keystores/keystore.jks 파일을 컨테이너 파일시스템의 /opt/keystore.jks에 마운트한다. 두 번째 --mount 인수는 호스트 파일시스템의 keystores/jwt.jks 파일을 컨테이너 파일시스템의 /opt/jwt.jks에 마운트한다. 세 번째 --mount 인수는 호스트 파일시스템의 /config/application.properties 파일을 컨테이너 파일시스템의 /opt/application.properties에 마운트한다. 컨테이너를 성공적으로 시작하면 다음과 같은 메시지를 화면에 출력한다.

```
INFO 30901 --- [main] s.b.c.e.t.TomcatEmbeddedServletContainer :
Tomcat started on port(s): 8443 (https)
INFO 30901 --- [main] c.m.m.ch10.sample01.TokenService         :
Started TokenService in 4.729 seconds (JVM running for 7.082)
```

10.1.2절과 동일한 curl 명령을 실행해 STS를 테스트해보자.

```
\> curl -v -X POST --basic -u applicationid:applicationsecret \
-H "Content-Type: application/x-www-form-urlencoded;charset=UTF-8" \
-k -d "grant_type=password&username=peter&password=peter123&scope=foo" \
https://localhost:8443/oauth/token
```

10.2.2 환경 변수로 시크릿 전달

설정 파일과 키 저장소 파일을 도커 이미지 외부에 저장하면 누구도 도커 이미지 내부에서는 시크릿을 찾을 수 없지만 여전히 호스트 파일시스템에 보관 중인 설정 파일은 하드코딩한 시크릿을 포함하고 있어 호스트 파일시스템에 접근할 수 있는 모든 사람은 시크릿을 찾을 수 있다. 10.2.2절에서는 설정 파일(application.properties)에서 시크릿을 제거하고 런타임에 인수로 컨테이너에 전달하는 방법을 살펴본다.

chapter10/sample01/application.properties 파일의 내용을 복사해 chapter10/sample01/config/application.properties 파일에 붙여넣자. 리스트 10.6은 업데이트한 chapter10/sample01/config/application.properties 파일의 내용을 보여준다.

```
server.port: 8443
server.ssl.key-store: /opt/keystore.jks  ◀──── keystore.jks 파일의 비밀번호를 조회하기 위한 대체 문자열
server.ssl.key-store-password: ${KEYSTORE_SECRET}
server.ssl.keyAlias: spring
spring.security.oauth.jwt: true
spring.security.oauth.jwt.keystore.password: ${JWT_KEYSTORE_SECRET}  ◀──┐ jwt.jks 파일의 비밀번호를
spring.security.oauth.jwt.keystore.alias: jwtkey                        │ 조회하기 위한 대체 문자열
spring.security.oauth.jwt.keystore.name: /opt/jwt.jks
```

application.properties 파일 내 모든 시크릿을 제거하고 ${KEYSTORE_SECRET}과 ${JWT_KEYSTORE_SECRET} 문자열로 대체했다. 변경사항은 도커 이미지에서 이미 분리한 파일에만 변경이 있기 때문에 새 이미지를 빌드할 필요는 없다. chapter10/sample01 디렉토리에서 업데이트한 application.properties 파일을 사용해 리스트 10.7의 명령을 실행해 STS 도커 이미지의 컨테이너를 구동하자.

```
\> export JKS_SOURCE="$(pwd)/keystores/keystore.jks"
\> export JKS_TARGET="/opt/keystore.jks"
\> export JWT_SOURCE="$(pwd)/keystores/jwt.jks"
\> export JWT_TARGET="/opt/jwt.jks"
\> export APP_SOURCE="$(pwd)/config/application.properties"
\> export APP_TARGET="/opt/application.properties"

\> docker run -p 8443:8443 \
--mount type=bind,source="$JKS_SOURCE",target="$JKS_TARGET" \
--mount type=bind,source="$JWT_SOURCE",target="$JWT_TARGET" \
--mount type=bind,source="$APP_SOURCE",target="$APP_TARGET" \
-e KEYSTORE_SECRET=springboot \  ◀──── keystore.jks 파일에 접근하기 위한 비밀번호
-e JWT_KEYSTORE_SECRET=springboot \  ◀──── jwt.jks 파일에 접근하기 위한 비밀번호
com.manning.mss.ch10.sample01:v2
```

docker run 명령 실행 시 -e 인수로 application.properties 내의 대체 문자열에 대응하는 값을 인수로 전달한다. 컨테이너를 성공적으로 시작하면 터미널은 다음과 같은 로그를 출력한다.

```
INFO 30901 --- [main] s.b.c.e.t.TomcatEmbeddedServletContainer :
Tomcat started on port(s): 8443 (https)
INFO 30901 --- [main] c.m.m.ch10.sample01.TokenService        :
Started TokenService in 4.729 seconds (JVM running for 7.082)
```

10.2.1절에서 실행한 것과 동일한 curl 명령을 실행해 STS를 테스트해보자.

```
\> curl -v -X POST --basic -u applicationid:applicationsecret \
-H "Content-Type: application/x-www-form-urlencoded;charset=UTF-8" \
-k -d "grant_type=password&username=peter&password=peter123&scope=foo" \
https://localhost:8443/oauth/token
```

10.2.3 도커로 배포하는 운영 환경의 시크릿 관리 방안

10.2.1절과 10.2.2절에서 설명한 두 가지 접근 방법은 컨테이너화한 운영 환경 배포 절차에서 시크릿을 관리하기 위한 원칙이지만 두 가지 경우 모두 자격증명을 평문으로 처리하고 있어 명확한 해결책은 아니다.

10장 도입부에서 설명한 것처럼 운영 환경에 도커를 배포할 때 컨테이너 오케스트레이션 프레임워크를 함께 사용해야 한다. 도커가 개발한 도커 스웜도 있지만 쿠버네티스는 가장 인기 있는 컨테이너 오케스트레이션 프레임워크다. 쿠버네티스와 도커 스웜 모두 컨테이너 환경에서 시크릿을 더 잘 관리할 수 있게 해주는 솔루션이다. 11장에서 쿠버네티스로 시크릿을 관리하는 방법을 상세히 다룰 예정인데, 쿠버네티스에 익숙하지 않다면 부록 J를 먼저 읽어보는 게 좋다.

10.3 도커 이미지 서명 및 검증을 위해 도커 컨텐트 트러스트 사용

10.3절에서는 **도커 컨텐트 트러스트**DCT, Docker Content Trust로 도커 이미지를 서명하고 검증하는 방법을 설명한다. 도커 컨텐트 트러스트는 이미지 서명 및 검증에 **노터리**Notary (https://github.com/theupdateframework/notary)를 사용한다. 노터리는 도커에 직접 종속성을 갖지 않는 오픈소스 프로젝트다.

노터리를 사용하면 도커 이미지 외의 것들도 서명 및 검증이 가능하다. 노터리로 서명한 도커 이미지를 도커 레지스트리(⑥ 도커 허브)에 게시하면 도커 이미지 사용자가 사용 전에 무결성을 검증할 수 있다. 노터리는 10.3.1절에서 설명할 TUF^The Update Framework를 사용해 독자적으로 구현한 서비스로 보안 적용을 좀 더 쉽게 만든다.[1]

10.3.1 TUF

2009년에 일련의 보안 연구원들이 리눅스 패키지 관리자에서 발견된 보안 취약점을 해결하고자 TUF를 만들었다. TUF는 키 저장소나 서명키를 손상시키려는 공격자들에 대응해 개발자들이 소프트웨어 업데이트 시스템의 보안을 유지하는 데 도움을 주는 게 목적이다.[2] TUF로 구현한 첫 번째 결과물은 인기 소프트웨어인 토르^Tor(www.torproject.org)의 애플리케이션 업데이트 프로그램인 Thandy다. TUF에 관해 상세히 알고 싶으면 https://github.com/theupdateframework/specification에서 제공하는 TUF 사양을 살펴보길 권장한다.

10.3.2 도커 컨텐트 트러스트

도커 컨텐트 트러스트는 독자적인 방법으로 노터리와 도커(1.8 이후 버전)를 통합하는데, 노터리가 수행하는 모든 기능이 아닌 일부 기능만 지원하고 있어 키 관리와 관련한 일부 고급 기능이 필요할 경우 여전히 노터리를 사용해야 한다. 노터리 명령행 도구는 도커 배포 시 함께 제공한다. DCT를 설치하면 개발자는 이전과 동일한 방식으로 pull, push, build, create, run 등의 도커 명령을 실행할 수 있지만 DCT는 내부적으로 도커 레지스트리에 게시된 해당 도커 이미지에 서명이 됐는지 확인하고 서명된 이미지만 도커 레지스트리에서 가져올 수 있게 한다.

도커 레지스트리에 이미지를 게시할 때 게시자의 개인키로 도커 이미지에 서명을 한다.

---

1   독자적인 구현(opinionated implementation)은 구체적인 도구 모음을 사용해 잘 정의한 방법으로 안내를 하는데, 더 적은 옵션을 제공하고 어떻게 해야 하는지를 지시한다. 선택할 수 있는 옵션이 많아질수록 최선의 옵션을 찾기 어렵기 때문에 더 적은 옵션 제공은 이점이 있다.

2   TUF는 소프트웨어 업데이트 시스템을 보호하기 위한 프레임워크다(https://theupdateframework.github.io).

최초로 도커 이미지를 처음 실행하거나 받는 등의 상호작용을 할 때 해당 이미지의 게시
자와 신뢰 관계를 맺고 게시자의 공개키로 이미지의 서명을 검증한다. DCT 부트스트래
핑 모델은 SSH와 유사한 점이 있는데 SSH 서버에 처음 접속하면 SSH 클라이언트는 서
버를 신뢰할지를 묻지만 다음 접속부터는 사용자의 이전 결정을 기억하고 묻지 않는다.

10.3.3 키 생성

다음 명령을 실행해 DCT로 서명할 때 사용할 키를 생성하자. docker trust key generate
명령은 키 ID를 가진 공개키/개인키 쌍을 생성해 명령을 실행한 디렉토리에 공개키를 저
장하고 ~/.docker/trust/private 디렉토리에 개인키를 저장한다. 키 ID는 시스템에서
생성하고 서명자의 이름과 매핑된다(예제에서는 prabath가 서명자의 이름이다). 또한 키를 생
성하는 동안 비밀번호passphrase를 입력해야 하는데, 추후 생성한 키를 사용할 때는 비밀
번호를 알아야 한다.

```
\> docker trust key generate prabath

Generating key for prabath...
Enter passphrase for new prabath key with ID 1a60acb:XXXXX
Repeat passphrase for new prabath key with ID 1a60acb: XXXXX
Successfully generated and loaded private key. \
Corresponding public key available: \
  /Users/prabathsiriwardana/dct/prabath.pub
```

명령을 실행하면 **위임 키**delegation key라 불리는 키를 명령을 실행한 디렉토리에 저장한다.
명령 실행 시 서명자로 prabath를 사용하기 때문에 키를 prabath.pub라는 이름으로 생성
한다.

다음으로 위임 키의 공개키를 도커 저장소와 연결해야 한다(도커 저장소와 도커 레지스트리
를 혼동해서는 안 되며 도커에 익숙하지 않다면 부록 E의 정의 부분을 살펴봐야 한다). 이전 명령을
실행한 디렉토리와 동일한 경로에서 다음 명령을 실행해 위임 키의 공개키와 prabath/
insecure-sts-ch10 저장소를 연결하자. 명령 실행 시 prabath/insecure-sts-ch10이
아닌 자신의 저장소명, prabath.pub가 아닌 자신의 키 이름, prabath가 아닌 자신의 서명

자 이름을 사용해야 한다. 나는 10.1절에서 만든 이미지로 도커 허브에 저장소를 이미 만든 상태다.

도커 허브에 로그인하지 않은 상태로 명령을 실행하면 401 오류를 반환받는데 docer login 명령을 실행해 로그인할 수 있다. 명령을 처음 실행하면 **루트 키 쌍**^{root key pair}과 **대상 키 쌍**^{target key pair}이라는 두 가지 키 쌍을 생성하고 키 생성 절차에서 각 키 쌍에 대해 비밀번호를 입력하라는 메시지를 표시한다.

```
\> docker trust signer add --key prabath.pub prabath \
prabath/insecure-sts-ch10

Adding signer "prabath" to prabath/insecure-sts-ch10...
Initializing signed repository for prabath/insecure-sts-ch10...
You are about to create a new root signing key passphrase. This passphrase
will be used to protect the most sensitive key in your signing system. Please
choose a long, complex passphrase and be careful to keep the password and the
key file itself secure and backed up. It is highly recommended that you use a
password manager to generate the passphrase and keep it safe. There will be no
way to recover this key. You can find the key in your config directory.
Enter passphrase for new root key with ID 494b9b7: XXXXX
Repeat passphrase for new root key with ID 494b9b7: XXXXX
Enter passphrase for new repository key with ID 44f0da3: XXXXX
Repeat passphrase for new repository key with ID 44f0da3: XXXXX
Successfully initialized "prabath/insecure-sts-ch10"
Successfully added signer: prabath to prabath/insecure-sts-ch10
```

--key 인수는 위임 키의 공개키로 prabath.pub를, 서명자 이름으로 prabath를 전달한다. 명령 끝에 공백으로 구분할 경우 하나 이상의 저장소 지정도 가능하다. DCT는 저장소별로 대상 키 쌍을 생성하는데, 명령 실행 시 저장소를 하나만 지정했기 때문에 대상 키를 한 쌍만 생성한다. 루트 키는 대상 키 각각에 서명을 하고 대상 키는 **저장소 키**^{repository key}로도 불린다. 루트 키, 대상 키, 위임 키에 대응하는 생성된 모든 개인키는 디폴트로 ~/.docker/trust/private 디렉토리에서 사용할 수 있다. 변환된 개인키는 다음과 같다.

```
-----BEGIN ENCRYPTED PRIVATE KEY-----
role: root

MIHuMEkGCSqGSIb3DQEFDTA8MBsGCSqGSIb3DQEFDDAOBAgwNkfrd4OJDQICCAAw
==
-----END ENCRYPTED PRIVATE KEY-----


-----BEGIN ENCRYPTED PRIVATE KEY-----
gun: docker.io/prabath/manning-sts
role: targets

MIHuMEkGCSqGSIb3DQEFDTA8MBsGCSqGSIb3DQEFDDAOBAhs5CaEbLT65gICCAAw
==
-----END ENCRYPTED PRIVATE KEY-----


-----BEGIN ENCRYPTED PRIVATE KEY-----
role: prabath

MIHuMEkGCSqGSIb3DQEFDTA8MBsGCSqGSIb3DQEFDDAOBAiX8J+5px9aogICCAAw
==
-----END ENCRYPTED PRIVATE KEY-----
```

10.3.4 DCT로 서명

10.3.3절에서 prabath라는 이름으로 생성한 위임 키를 사용해 prabath/insecure-sts-ch10:v1 도커 이미지에 서명하기 위해 다음 명령을 실행하자. prabath/insecure-sts-ch10:v1은 자신의 이미지 정보로 수정이 필요하고 저장소명이 아닌 도커 태그를 사용해 도커 이미지에 서명하고 있음에 주목해야 한다.

```
\> docker trust sign prabath/insecure-sts-ch10:v1

Signing and pushing trust data for local image
prabath/insecure-sts-ch10:v1, may overwrite remote trust data
The push refers to repository [docker.io/prabath/insecure-sts-ch10]
be39ecbbf21c: Layer already exists
4c6899b75fdb: Layer already exists
744b4cd8cf79: Layer already exists
503e53e365f3: Layer already exists
latest: digest:
```

```
       sha256:a3186dadb017be1fef8ead32eedf8db8b99a69af25db97955d74a0941a5fb502
size: 1159
Signing and pushing trust metadata
Enter passphrase for prabath key with ID 706043c: XXXXX
Successfully signed docker.io/prabath/insecure-sts-ch10:v1
```

이제 다음 명령을 실행해 서명한 도커 이미지를 도커 허브에 게시할 수 있다.

```
\> docker push prabath/insecure-sts-ch10:v1

The push refers to repository [docker.io/prabath/insecure-sts-ch10]
be39ecbbf21c: Layer already exists
4c6899b75fdb: Layer already exists
744b4cd8cf79: Layer already exists
503e53e365f3: Layer already exists
latest: digest:
       sha256:a3186dadb017be1fef8ead32eedf8db8b99a69af25db97955d74a0941a5fb502
size: 1159
Signing and pushing trust metadata
Enter passphrase for prabath key with ID 706043c:
Passphrase incorrect. Please retry.
Enter passphrase for prabath key with ID 706043c:
Successfully signed docker.io/prabath/insecure-sts-ch10:v1
```

서명한 이미지를 도커 허브에 게시하고 나서는 다음 명령을 실행해 이미지에 관한 신뢰
데이터를 검사(키와 서명 관련 정보 확인)할 수 있다.

```
\> docker trust inspect --pretty prabath/insecure-sts-ch10:v1

Signatures for prabath/insecure-sts-ch10:v1
SIGNED TAG          DIGEST                          SIGNERS
v1                  0f99bb308437528da436c13369      prabath


List of signers and their keys for prabath/insecure-sts-ch10:v1

SIGNER              KEYS
prabath             706043cc4ae3


Administrative keys for prabath/insecure-sts-ch10:v1
```

```
Repository Key
44f0da3f488ff4d4870b6a635be2af60bcef78ac15ccb88d91223c9a5c3d31ef
Root Key
5824a2be3b4ffe4703dfae2032255d3cbf434aa8d1839a2e4e205d92628fb247
```

10.3.5 DCT로 서명 검증

DCT는 도커 클라이언트 측에서 디폴트로 비활성화되어 있어 활성화하려면 다음 명령을
실행해 DOCKER_CONTENT_TRUST 환경 변수를 1로 설정해야 한다.

```
\> export DOCKER_CONTENT_TRUST=1
```

DCT를 활성화하면 도커 클라이언트는 모든 push, build, create, pull, run 등의 명령이
서명한 이미지에 대해서만 실행되는지 확인한다. 다음 명령은 서명하지 않은 도커 이미
지를 실행하려고 하면 어떤 일이 일어나는지 보여준다.

```
\> docker run prabath/insecure-sts-ch10:v2

docker: Error: remote trust data does not exist for
docker.io/prabath/insecure-sts-ch10:v2: notary.docker.io does not have trust
data for docker.io/prabath/insecure-sts-ch10:v2.
```

DCT를 비활성화하려면 다음 명령을 실행해 DOCKER_CONTENT_TRUST 값을 공백으로 재정의
하자.

```
\> export DOCKER_CONTENT_TRUST=
```

10.3.6 DCT가 사용하는 키 유형

지금까지는 루트 키, 대상 키 및 위임 키에 대해서만 알고 있었지만 DCT는 루트 키, 대
상 키, 위임 키, 타임스탬프 키, 스냅샷 키라는 다섯 가지 유형의 키를 사용한다. 대상 키
는 저장소 키로도 알려져 있는데 그림 10.2는 키 유형별 계층 관계를 보여준다.

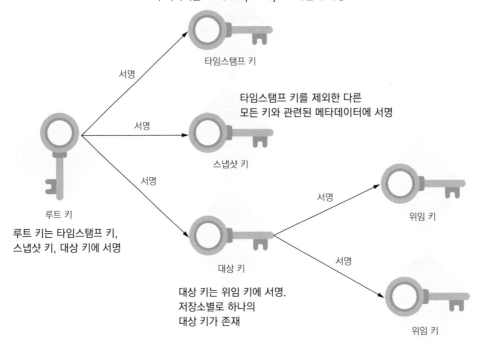

DCT는 타임스탬프 키를 사용해
리플레이 공격(replay attack)으로부터
도커 이미지를 보호. snapshot.json 파일에 서명

타임스탬프 키

서명

타임스탬프 키를 제외한 다른
모든 키와 관련된 메타데이터에 서명

서명

스냅샷 키

서명

서명

위임 키

루트 키

루트 키는 타임스탬프 키,
스냅샷 키, 대상 키에 서명

서명

대상 키

서명

대상 키는 위임 키에 서명.
저장소별로 하나의
대상 키가 존재

위임 키

저장소 내에서 여러 위임 키를 사용 가능.
위임 키는 이미지 태그에 서명

▲ **그림 10.2** DCT는 키 계층을 사용해 도커 이미지를 서명하고 검증한다.

오프라인 키offline key로도 알려진 **루트 키**root key가 DCT에서 가장 중요한 키다. 루트 키는 유효 기간이 길고 가장 높은 보안 수준으로 보호해야 할 대상이라 USB나 다른 종류의 물리적으로 분리된 별도의 오프라인 저장 매체에 저장하는 게 좋다. 개발자나 조직은 루트 키를 소유하고 DCT 기능의 다른 키들을 서명하는 데 사용한다.

위임 키로 도커 이미지에 서명하면 신뢰 데이터 모음과 해당 이미지를 연결하고 연결한 데이터 모음을 ~/.docker/trust/tuf/docker.io/[repository_name]/metadata 디렉토리에 저장한다. 또한 서명한 도커 이미지를 가져오면 로컬 파일시스템의 동일한 위치에 신뢰 데이터 모음을 저장한다. 예를 들어, prabath/insecure-sts-ch10의 메타데이터는

~/.docker/trust/tuf/docker.io/prabath/insecure-sts-ch10/metadata 디렉토리에
위치한다. 다음 명령을 실행하면 메타데이터 디렉토리의 파일 목록을 보여준다.

```
\> cd ~/.docker/trust/tuf/docker.io/prabath/insecure-sts-ch10/metadata
\> ls
root.json snapshot.json targets targets.json timestamp.json
\> ls targets
prabath.json releases.json
```

루트 키는 prabath/insecure-sts-ch10 저장소에 해당하는 유효한 모든 공개키를 나열
하고 있는 root.json 파일에 서명한다. 공개키 모음은 루트 키, 대상 키, 스냅샷 키, 타임
스탬프 키 등을 포함한다.

root.json 파일에서 참조하는 대상 키는 유효한 모든 위임 키 목록을 나열하고 있는
target.json 파일에 서명한다. target.json 파일에서 prabath로 생성한 위임 키에 대한 참
조를 찾을 수 있다. DCT는 도커 저장소별로 **대상 키**^{target key}를 생성하고 루트 키는 각 대
상 키에 서명한다. 루트 키를 생성한 후에는 대상 키를 생성할 때만 루트 키가 필요하다.
저장소는 하나의 대상 키를 갖지만 여러 위임 키를 갖는다.

DCT는 여러 **위임 키**^{delegation key}들을 사용해 이미지에 서명을 하고 저장소에 이미지를 푸
시하며 다른 위임 키를 사용해 특정 이미지의 다른 태그에 서명할 수 있다. metadata/
target 디렉토리를 살펴보면 생성한 위임 키 하위에 prabath.json 파일이 있음을 확인할
수 있다. prabath.json 파일은 위임 키로 서명한 파일이고 insecure-sts-ch10:v1 도커
이미지의 해시값을 전달한다. 동일한 위임 키를 사용해 insecure-sts-ch10:v2 같은 태
그에 서명을 할 경우 DTC는 prabath.json 파일을 v2 해시로 업데이트한다.

DCT가 생성한 **스냅샷 키**^{snapshot key}는 root.json 파일이 참조하는 키로 snapshot.json 파
일에 서명한다. snapshot.json 파일은 timestamp.json을 제외한 모든 유효한 신뢰 데이
터 파일들을 해시값과 함께 나열한다.

타임스탬프 키^{timestamp key}는 root.json 파일이 참조하는 키로 현재 유효한 snapshot.json
파일의 해시값을 전달하는 timestamp.json 파일에 서명을 한다. 타임스탬프 키는 유효
기간이 짧고 DCT가 새로운 타임스탬프 키를 생성할 때마다 timestamp.json 파일에 다

시 서명을 한다. DCT는 리플레이 공격으로부터 클라이언트 애플리케이션을 보호하기 위해 타임스탬프 키를 도입했는데, 10.3.7절에서 DCT가 리플레이 공격을 어떻게 방어하는지를 설명할 예정이다.

10.3.7 DCT가 클라이언트 애플리케이션을 리플레이 공격으로부터 보호하는 방법

공격자는 기존 도커 이미지와 10.3.6절에서 설명한 기존의 유효한 신뢰 메타데이터 파일을 재사용해 리플레이 공격을 실행할 수 있다. 기존 도커 이미지는 게시자가 패치를 완료해 도커 레지스트리에 게시한 최신 이미지에서는 해결된 취약점을 갖고 있을 수도 있다. 그러나 공격자의 리플레이 공격을 받은 피해자는 게시자가 올바르게 서명한 최신 버전의 도커 이미지를 가져왔다고 생각할 것이다.

도커 레지스트리에서 이미지를 가져올 때 같이 가져온 신뢰 메타데이터는 로컬 파일시스템의 ~/.docker/trust/tuf/docker.io/[repository_name]/metadata 디렉토리에 저장되지만 공격자가 기존 메타테이터 파일을 사용해 리플레이 공격을 할 경우 희생자는 최신 메타데이터 파일에 접근할 수 없다. 10.3.6절에서 설명한 것처럼 DCT는 리플레이 공격 이슈를 해결하기 위해 타임스탬프 메타데이터를 도입했다.

DCT는 게시자가 도커 이미지를 저장소에 게시할 때마다 업데이트한 타임스탬프와 버전 정보를 포함해 타임스탬프 파일을 생성한다. 타임스탬프 키는 snapshot.json 파일의 해시를 포함한 타임스탬프 파일에 서명을 한다. snapshot.json 파일은 업데이트되거나 새로운 도커 이미지의 해시값을 포함한다.

도커 이미지가 클라이언트 측에서 업데이트될 때마다 DCT는 최신 timestamp.json 파일을 저장소에서 다운로드한 후 다운로드한 파일(공격자가 리플레이 공격에 사용한 파일)의 서명을 검증하고 다운로드한 버전의 타임스탬프 파일이 현재 타임스탬프 파일보다 최신인지를 확인한다. 공격자의 리플레이 공격에 사용된 다운로드한 파일이 더 오래된 버전이라면 DCT는 업데이트 작업을 중지해 취약점을 가진 기존 버전의 도커 이미지로 다운그레이드하려는 리플레이 공격으로부터 시스템을 보호한다.

10.4 주문 처리 마이크로서비스를 도커에서 실행

10.4절에서는 먼저 도커에서 주문 처리 마이크로서비스를 빌드한 다음 배포한다. 이번 실습에 사용할 주문 처리 마이크로서비스는 7.7절에서 사용한 것과 동일한, 보안을 적용한 버전이고 접근하려면 10.1절에서 설명한 STS의 유효한 JWT가 필요하다. 주문 처리 마이크로서비스와 관련한 소스 코드는 chapter10/sample02 디렉토리에 있다.

먼저 chapter10/sample02 디렉토리에서 다음 명령을 실행해 프로젝트를 빌드하자. 빌드를 성공적으로 완료하면 BUILD SUCCESS 메시지를 확인할 수 있다.

```
\> mvn clean install
[INFO] BUILD SUCCESS
```

이제 chapter10/sample02 디렉토리에서 다음 명령을 실행해 주문 처리 마이크로서비스 도커 이미지를 빌드하자. 명령은 chapter10/sample02 디렉토리 내부의 메타데이터 파일인 Dockerfile을 사용한다.

```
\> docker build -t com.manning.mss.ch10.sample02:v1 .
```

실습을 계속 진행하기 전에 이전에 다뤘던 사례를 다시 살펴보자. 그림 10.3처럼 클라이언트 애플리케이션은 STS가 발급한 토큰을 사용해 주문 처리 마이크로서비스를 호출하려고 한다. 클라이언트 애플리케이션은 STS에서 토큰을 가져온 다음 토큰을 주문 처리 마이크로서비스에 전달해야 한다. 다음엔 주문 처리 마이크로서비스가 STS와 통신해 STS가 발급한 토큰을 서명하는 데 사용한 개인키와 대응하는 공개키를 가져오는데, 이 통신이 주문 처리 마이크로서비스와 STS 간에 발생하는 유일한 통신이다. chapter10/sample02/config 디렉토리의 application.properties 파일을 살펴보면 STS를 나타내는 security.oauth2.resource.jwt.keyUri 속성을 확인할 수 있다.

주문 처리 마이크로서비스를 실행하는 컨테이너와 STS 간의 직접 통신을 가능하게 하려면 사용자 지정 네트워크를 구성해야 한다. 2개의 도커 컨테이너가 동일한 사용자 지정 네트워크에 있으면 컨테이너 이름을 사용해 서로 통신이 가능하다.

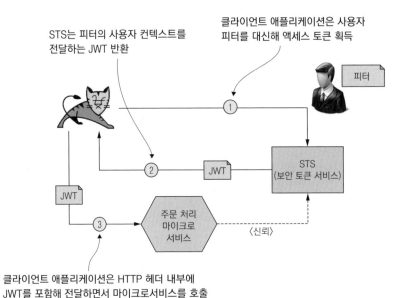

STS는 피터의 사용자 컨텍스트를
전달하는 JWT 반환

클라이언트 애플리케이션은 사용자
피터를 대신해 액세스 토큰 획득

피터

STS
(보안 토큰 서비스)

JWT

주문 처리
마이크로
서비스

〈신뢰〉

클라이언트 애플리케이션은 HTTP 헤더 내부에
JWT를 포함해 전달하면서 마이크로서비스를 호출

▲ **그림 10.3** STS는 웹 애플리케이션에 액세스 토큰 발급. 웹 애플리케이션은 사용자 피터를 대신해 액세스 토큰으로 마이크로서비스에 접근 시도

다음 명령은 manning-network로 불리는 사용자 지정 네트워크를 구성한다(도커에 익숙하지 않다면 도커 네트워크 옵션을 설명하는 부록 E를 살펴보는 게 좋다).

```
\> docker network create manning-network
```

```
06d1307dc12d01f890d74cb76b5e5a16ba75c2e8490c718a67f7d6a02c802e91
```

이제 chapter10/sample01 디렉토리에서 다음 명령을 실행해 STS를 구동해보자. 명령을 실행하면 방금 생성한 사용자 지정 네트워크인 manning-network에 STS를 추가한다.

리스트 10.8 사용자 지정 네트워크에 연결된 도커 컨테이너 실행

```
\> export JKS_SOURCE="$(pwd)/keystores/keystore.jks"
\> export JKS_TARGET="/opt/keystore.jks"
\> export JWT_SOURCE="$(pwd)/keystores/jwt.jks"
\> export JWT_TARGET="/opt/jwt.jks"
\> export APP_SOURCE="$(pwd)/config/application.properties"
\> export APP_TARGET="/opt/application.properties"
```

```
\> docker run -p 8443:8443 \
--name sts --net manning-network \          컨테이너의 이름을 정의하고 사용자 지정
                                            네트워크(manning-network)에 연결
--mount type=bind,source="$JKS_SOURCE",target="$JKS_TARGET" \
--mount type=bind,source="$JWT_SOURCE",target="$JWT_TARGET" \
--mount type=bind,source="$APP_SOURCE",target="$APP_TARGET" \
-e KEYSTORE_SECRET=springboot \
-e JWT_KEYSTORE_SECRET=springboot \
com.manning.mss.ch10.sample01:v2
```

실행한 명령은 --net 인수를 사용해 네트워크 이름을, --name 인수로 컨테이너의 이름을
지정하고 10.2절에서 도커 허브에 게시한 STS 이미지를 사용한다. 컨테이너는 동일 네
트워크 내의 모든 컨테이너에 컨테이너 이름을 사용해 접근할 수 있다. --mount 인수가
정확한 파일 위치를 가리키는지 확인하자. 명령을 chapter10/sample01 디렉토리에서
실행했다면 성공적으로 완료해야만 한다.

다음으로 10.4절 도입부에서 생성한 이미지를 사용해 주문 처리 마이크로서비스를 구동
해야 한다. chapter10/sample02 디렉토리에서 리스트 10.9의 명령들을 실행하자.

리스트 10.9 사용자 지정 네트워크에 연결된 주문 처리 마이크로서비스 실행

```
\> export JKS_SOURCE="$(pwd)/keystores/keystore.jks"
\> export JKS_TARGET="/opt/keystore.jks"
\> export TRUST_SOURCE="$(pwd)/keystores/trust-store.jks"
\> export TRUST_TARGET="/opt/trust-store.jks"
\> export APP_SOURCE="$(pwd)/config/application.properties"
\> export APP_TARGET="/opt/application.properties"

\> docker run -p 9443:9443 \
--net manning-network \        manning-network에 연결
--mount type=bind,source="$JKS_SOURCE",target="$JKS_TARGET" \
--mount type=bind,source="$TRUST_SOURCE",target="$TRUST_TARGET" \
--mount type=bind,source="$APP_SOURCE",target="$APP_TARGET" \
-e KEYSTORE_SECRET=springboot \
-e TRUSTSTORE_SECRET=springboot \
com.manning.mss.ch10.sample02:v1
```

keystore.jks, trust-store.jks, application.properties 파일의 경로를 --mount 인수로
전달했다. chapter10/sample02/config 디렉토리의 application.properties 파일을

살펴보면 STS 컨테이너의 호스트명 정보인 https://sts:8443/oauth/token_key를 정의하는 security.oauth2.resource.jwt.keyUri 속성을 확인할 수 있다.

보안을 적용한 주문 처리 마이크로서비스를 호출하려면 다음과 같은 curl 명령으로 STS에서 JWT를 가져와야 한다. 간단히 표현하기 위해 JWT 전문을 jwt_access_token 문자열로 대체했다.

```
\> curl -v -X POST --basic -u applicationid:applicationsecret \
-H "Content-Type: application/x-www-form-urlencoded;charset=UTF-8" \
-k -d "grant_type=password&username=peter&password=peter123&scope=foo" \
https://localhost:8443/oauth/token

{
"access_token":"jwt_access_token",
"token_type":"bearer",
"refresh_token":"",
"expires_in":1533280024,
"scope":"foo"
}
```

이제 이전 curl 명령을 실행해 가져온 JWT를 사용해 주문 처리 마이크로서비스를 호출할 차례다. 다음과 같은 curl 명령을 사용해 STS에서 가져온 것과 동일한 JWT를 HTTP Authorization: Bearer 헤더에 설정하고 주문 처리 마이크로서비스를 호출하자. JWT가 다소 길기 때문에 curl 명령을 실행할 때 JWT를 환경 변수(TOKEN)로 export 하고 주문 처리 마이크로서비스 요청 시 해당 환경 변수를 사용하면 좀 더 편리하다.

```
\> export TOKEN=jwt_access_token
\> curl -k -H "Authorization: Bearer $TOKEN" \
https://localhost:9443/orders/11

{
  "customer_id":"101021",
  "order_id":"11",
  "payment_method":{
    "card_type":"VISA",
    "expiration":"01/22",
    "name":"John Doe",
    "billing_address":"201, 1st Street, San Jose,CA"
```

```
    },
    "items":[
      {
        "code":"101",
        "qty":1
      },
      {
        "code":"103",
        "qty":5
      }
    ],
    "shipping_address":"201, 1st Street, San Jose, CA"
}
```

10.5 제한된 권한으로 컨테이너 실행

모든 운영체제는 디폴트로 모든 작업을 수행할 수 있는 슈퍼유저나 관리자가 있는데, 대부분의 리눅스 배포판에서는 root라고 한다. 전통적으로 리눅스 커널에는 권한이 있는 프로세스와 권한이 없는 프로세스라는 두 가지 유형의 프로세스가 있다. **권한이 있는 프로세스**privileged process는 root 사용자에 속하는 사용자 ID 0으로 실행한다. 0이 아닌 사용자 ID를 전달하는 모든 프로세스는 **권한이 없는 프로세스**unprivileged process다. 작업 수행 시 권한이 없는 모든 프로세스가 커널 수준 권한 검사를 받는 반면에 권한이 있는 프로세스는 모든 권한 검사를 거치지 않아 root 사용자에게 너무 많은 권한을 부여해 때로는 위험할 수도 있다.

운영체제는 디폴트로 모든 도커 컨테이너를 root 사용자 권한으로 실행한다. root 권한으로 실행하기 때문에 컨테이너에 접근할 수 있는 모든 사람이 컨테이너에서 호스트 파일시스템의 모든 업무를 할 수 있음을 의미하는가? 부록 E(E.13.4절)에서는 도커가 6개의 네임스페이스namespace로 프로세스 격리를 제공하는 방법을 설명한다. 리눅스에서 네임스페이스는 커널 리소스를 분할해 각 프로세스가 실행 중인 동안 접근할 수 있는 리소스들을 제한한다. 마운트 네임스페이스mount namespace를 사용하면 파일시스템의 컨테이너 뷰를 호스트 파일시스템이나 다른 컨테이너로부터 격리할 수 있다.

개별 컨테이너는 자신만의 /usr, /var, /home, /opt, /dev 디렉토리를 바라본다. 컨테이너 내에서 root 사용자로 변경한 사항은 컨테이너 파일시스템 내에서 유지된다. 그러나 컨테이너 파일시스템의 경로를 호스트 파일시스템에 매핑하는 볼륨(부록 E의 E.12절 참고)을 사용하면 root 사용자 권한으로 호스트 파일시스템에 악의적인 행동이 가능하다. 또한 root로 실행 중인 컨테이너에 접근할 수 있는 공격자는 root 권한을 사용해 컨테이너에 악성 프로그램을 설치하고 설치한 프로그램으로 네트워크 내 다른 서비스들의 취약점을 찾을 수도 있다. 10.5.1절에서 권한이 없는 프로세스로 컨테이너를 실행할 수 있는 방법을 살펴볼 예정이다.

10.5.1 컨테이너를 root 외의 사용자로 실행

컨테이너를 root 외의 사용자로 실행할 수 있는 두 가지 방법이 있다. 첫 번째 방법은 docker run 명령 실행 시 --user 또는 -u 옵션을 사용하는 방법이고, 두 번째 방법은 Dockerfile 내부에 컨테이너를 실행할 사용자를 미리 지정해두는 것이다. 첫 번째 방법을 먼저 살펴보자. 다음 명령은 이미 도커 허브에 게시한 prabath/insecure-sts-ch10:v1 이미지를 가져와 도커 컨테이너를 시작한다.

```
\> docker run --name insecure-sts prabath/insecure-sts-ch10:v1
```

컨테이너를 실행한 후 다른 터미널에서 다음 명령을 실행해 실행 중인 컨테이너(insecure-sts는 직전 명령으로 실행한 컨테이너의 이름)의 파일시스템에 연결해보자.

```
\> docker exec -it insecure-sts sh
#
```

이제 컨테이너 파일시스템에 연결된 상태라 알파인Alpine 리눅스에서 사용 가능한 명령을 실행할 수 있다. id 명령은 컨테이너를 실행한 사용자의 사용자 ID(uid)와 그룹 ID(gid)를 출력한다.

```
# id
uid=0(root) gid=0(root)
```

컨테이너와의 연결을 종료하고 다른 터미널에서 다음 명령을 실행해 insecure-sts 도커 컨테이너를 삭제하자. -f는 컨테이너를 중지하지 않은 경우에도 강제로 삭제하는 옵션이다.

```
\> docker rm -f insecure-sts
```

다음 명령은 --user 옵션을 사용해 prabath/insecure-sts-ch10:v1 이미지에서 insecure-sts 도커 컨테이너를 실행한다. --user 옵션은 사용자 ID 1000, 그룹 ID 800을 가진 사용자로 컨테이너를 실행하도록 도커에게 지시한다.

```
\> docker run --name insecure-sts --user 1000:800 \
prabath/insecure-sts-ch10:v1
```

컨테이너를 재시작하고 다른 터미널에서 다음 명령을 실행해 실행 중인 컨테이너의 파일시스템에 연결해 id 명령으로 컨테이너를 실행한 사용자 ID(uid)와 그룹 ID(gid)를 확인해보자.

```
\> docker exec -it insecure-sts sh

# id
uid=1000 gid=800
```

root 외의 사용자로 컨테이너를 실행하는 두 번째 방법은 Dockerfile 내부에 컨테이너를 실행할 사용자를 정의하는 것인데, 도커 이미지를 빌드하는 개발자에게는 좋은 접근 방법이지만 일반 사용자들에게는 첫 번째 방법이 더 유용하다. 리스트 10.10은 10.1절에서 사용한 Dockerfile과 동일한 내용이고 예제와 관련한 소스 코드는 chapter10/sample01 디렉토리에서 확인할 수 있다.

리스트 10.10 Dockerfile의 내용

```
FROM openjdk:8-jdk-alpine
ADD target/com.manning.mss.ch10.sample01-1.0.0.jar \
com.manning.mss.ch10.sample01-1.0.0.jar
ENV SPRING_CONFIG_LOCATION=/application.properties
ENTRYPOINT ["java", "-jar", "com.manning.mss.ch10.sample01-1.0.0.jar"]
```

Dockerfile은 컨테이너를 실행할 사용자를 정의하는 지시문을 포함하지 않고 있다. 사용자를 정의하지 않으면 도커는 기본 이미지인 openjdk:8-jdk-alpine을 찾는다. docker inspect 명령을 실행해 도커 이미지에 관한 상세 정보를 확인할 수 있는데 명령 실행 결과 많은 내용을 출력하지만 ContainerConfig 하위의 User 요소를 찾으면 사용자가 누구인지 알 수 있다.

```
\> docker inspect openjdk:8-jdk-alpine
[
  {
    "ContainerConfig": {
      "User": ""
    }
  }
]
```

출력 내용에 따르면 기본 이미지(openjdk:8-jdk-alpine)는 root 외의 사용자로 컨테이너를 실행하도록 도커에게 지시하지 않기 때문에 도커는 root 사용자로 컨테이너를 실행한다. root 외의 사용자로 컨테이너를 실행하려면 사용자 ID 1000인 사용자로 컨테이너를 실행하도록 요청하는 USER 명령을 추가해 Dockerfile을 업데이트해야 한다.

리스트 10.11 USER 명령을 추가해 업데이트한 Dockerfile의 내용

```
FROM openjdk:8-jdk-alpine
ADD target/com.manning.mss.ch10.sample01-1.0.0.jar \
com.manning.mss.ch10.sample01-1.0.0.jar
ENV SPRING_CONFIG_LOCATION=/application.properties
USER 1000
ENTRYPOINT ["java", "-jar", "com.manning.mss.ch10.sample01-1.0.0.jar"]
```

10.5.2 root 사용자의 권한 삭제

리눅스 커널 2.2는 root 사용자가 수행할 수 있는 모든 권한이 있는 명령을 분류하는 캐퍼빌러티^{capability}라는 새로운 기능을 도입했다. 예를 들어 cap_chown 캐퍼빌러티는 사용자가 파일이나 디렉터리의 사용자 ID나 그룹 ID를 변경할 수 있는 chown 명령을 실행할 수 있게 해준다. 이런 모든 캐퍼빌러티는 root 사용자와 독립적으로 활성화하거나 비활성화할 수 있다. 이러한 접근 방식을 사용하면 root 사용자로 컨테이너를 시작할 수 있지만 제한된 권한 모음을 갖게 된다.

10.1절에서 만든 도커 이미지를 사용해 root 사용자의 권한을 제한하는 걸 실습해보자. 다음 명령은 도커 허브에 게시해둔 prabath/insecure-sts-ch10:v1 이미지를 사용해 도커 컨테이너를 시작한다.

```
\> docker run --name insecure-sts prabath/insecure-sts-ch10:v1
```

컨테이너를 실행하고 다른 터미널에서 10.5.1절에서 실행한 것과 동일한 다음 명령을 실행해 실행 중인 컨테이너의 파일시스템에 연결해 컨테이너를 실행한 사용자의 사용자 ID와 그룹 ID를 확인해보자.

```
\> docker exec -it insecure-sts sh
```

```
# id
uid=0(root) gid=0(root)
```

root 사용자가 시스템에서 어떤 캐퍼빌러티들을 갖고 있는지 확인하려면 libcap 패키지의 일부로 제공되는 getpcaps라는 도구를 실행해야 한다. 알파인 리눅스 디폴트 배포판에는 getpcaps 도구가 없기 때문에 알파인 패키지 관리자(apk)를 사용해 다음과 같은 명령으로 libcap을 설치한다. 여전히 컨테이너 파일시스템 내부에 있기 때문에 설치 과정은 호스트 파일시스템에 영향을 주지 않는다.

```
# apk add libcap
```

```
fetch http://dl-cdn.alpinelinux.org/alpine/v3.9/main/x86_64/APKINDEX.tar.gz
fetch http://dl-cdn.alpinelinux.org/alpine/v3.9/community/x86_64/APKINDEX.tar.gz
(1/1) Installing libcap (2.26-r0)
Executing busybox-1.29.3-r10.trigger
OK: 103 MiB in 55 packages
```

설치를 성공적으로 완료하면 다음 명령을 실행해 root 사용자의 캐퍼빌러티들을 확인할 수 있다.

```
# getpcaps root
```

```
Capabilities for `root': =
```

```
cap_chown,cap_dac_override,cap_fowner,cap_fsetid,cap_kill,cap_setgid,
cap_setuid,cap_setpcap,cap_net_bind_service,cap_net_raw,cap_sys_chroot,
cap_mknod,cap_audit_write,cap_setfcap+eip
```

다른 터미널에서 다음 명령을 실행해 insecure-sts 도커 컨테이너를 삭제하자.

```
\> docker rm -f insecure-sts
```

다음 명령은 --cap-drop 옵션을 사용해 prabath/insecure-sts-ch10:v1 이미지로 insecure-sts 컨테이너를 실행한다. --cap-drop 옵션은 도커가 컨테이너를 실행하는 root 사용자에게서 chown 캐퍼빌러티를 삭제하도록 지시한다. 리눅스 커널은 cap_chown, cap_kill, cap_setuid처럼 모든 캐퍼빌러티 상수 앞에 cap_을 붙인다. 도커 캐퍼빌러티 상수는 cap_으로 시작하지 않지만 다른 방법으로 커널의 상수와 일치시키는데, 예를 들어 cap_chown 대신 chown을 사용한다.

```
\> docker run --name insecure-sts --cap-drop chown \
prabath/insecure-sts-ch10:v1
```

컨테이너를 실행하고 다른 터미널에서 다음 명령을 실행해 실행 중인 컨테이너의 파일시스템에 연결하자.

```
\> docker exec -it insecure-sts sh
```

새 컨테이너를 시작했고 컨테이너 파일시스템은 변경할 수 없기 때문에 다음 명령을 실행해 libcap을 다시 설치해야 한다.

```
# apk add libcap
```

root 사용자의 캐퍼빌러티를 다시 확인하면 cap_chown이 사라진 걸 확인할 수 있다.

```
# getpcaps root

Capabilities for `root': =
cap_dac_override,cap_fowner,cap_fsetid,cap_kill,cap_setgid,cap_setuid,
cap_setpcap,cap_net_bind_service,cap_net_raw,cap_sys_chroot,cap_mknod,
cap_audit_write,cap_setfcap+eip
```

캐퍼빌러티의 주요 이점 중 하나는 컨테이너를 실행하는 사용자를 알 필요가 없다는 것이다. docker run 명령에서 정의한 캐퍼빌러티들은 컨테이너를 실행하는 모든 사용자에게 적용된다.

docker run 명령에서 일부 캐퍼빌러티들을 삭제한 것처럼 추가할 수도 있다. 다음 명령은 모든 캐퍼빌러티를 삭제하고 1개의 캐퍼빌러티만 추가한다.

```
\> docker run --name insecure-sts --cap-drop ALL \
--cap-add audit_write prabath/insecure-sts-ch10:v1
```

10.6 Docker Bench for Security 실행

Docker Bench for Security는 인터넷 보안 센터[CIS, Center for Internet Security]의 도커 무료 버전 기준[Docker Community Edition Benchmark] 문서(https://downloads.cisecurity.org)에서 정의한 일반적이고 잘 알려진 모범 사례를 기준으로 도커 배포를 확인하는 스크립트다. Docker Bench for Security는 오픈소스 프로젝트로 깃 저장소(https://github.com/docker/docker-bench-security)에서 다운로드 가능하다.

Docker Bench for Security는 단독으로 실행하거나 도커 컨테이너로 실행할 수 있는데, 다음 명령은 두 번째 접근 방법인 docker/docker-bench-security 도커 이미지를 사용해 Docker Bench for Security를 실행한다. Docker Bench for Security를 실행하면 도커 호스트 설정, 도커 데몬 설정, 호스트 시스템상의 모든 컨테이너 이미지 및 컨테이너 런타임상의 알려진 취약점을 확인한다. 다음 출력 내용은 Docker Bench for Security에서 다루는 중요한 영역만 보여주기 위해 출력의 일부분만 표기한다.

```
\> docker run -it --net host --pid host \
--cap-add audit_control -v /var/lib:/var/lib \
-v /var/run/docker.sock:/var/run/docker.sock \
-v /etc:/etc --label docker_bench_security \
docker/docker-bench-security

# ------------------------------------------------------------------------------
# Docker Bench for Security v1.3.0
#
```

```
# Docker, Inc. (c) 2015-
#
# Checks for dozens of common best practices around deploying Docker
containers in production.
# Inspired by the CIS Docker 1.13 Benchmark.
# -------------------------------------------------------------------------
[INFO] 1 - Host Configuration
[WARN] 1.1  - Create a separate partition for containers
[INFO] 1.2  - Harden the container host
[PASS] 1.3  - Keep Docker up to date

[INFO] 2 - Docker Daemon Configuration
[WARN] 2.1  - Restrict network traffic between containers
[PASS] 2.2  - Set the logging level
[PASS] 2.3  - Allow Docker to make changes to iptables

[INFO] 3 - Docker Daemon Configuration Files
[INFO] 3.1  - Verify that docker.service file ownership is
set to root:root
[INFO]        * File not found
[INFO] 3.2  - Verify that docker.service file permissions
are set to 644 or more restrictive
[INFO]        * File not found

[INFO] 4 - Container Images and Build Files
[WARN] 4.1  - Create a user for the container
[WARN]        * Running as root: affectionate_lichterman
[INFO] 4.2  - Use trusted base images for containers

[INFO] 5 - Container Runtime
[WARN] 5.1  - Do not disable AppArmor Profile
[WARN]        * No AppArmorProfile Found: affectionate_lichterman
[WARN] 5.2  - Verify SELinux security options, if applicable

[INFO] 6 - Docker Security Operations
[INFO] 6.1  - Perform regular security audits of your
host system and containers
[INFO] 6.2  - Monitor Docker containers usage, performance
and metering
```

Docker Bench for Security 외에도 도커 이미지에서 알려진 취약점을 찾아주는 몇 가지 대안이 있는데 클레어^{Clair}는 현재는 레드햇^{RedHat}이 인수한 코어OS^{CoreOS}에서 지원하는 오픈소스 프로젝트(https://github.com/quay/clair) 중 하나이고, 앵커Anchore는 컨테이너의 취약점을 분석해주는 또 다른 인기 있는 오픈소스 프로젝트(https://github.com/anchore/anchore-engine)다.

10.7 도커 호스트에 대한 접근 보호

부록 E의 E.3절에서는 도커의 고수준 아키텍처를 설명한다. 도커에 익숙하지 않다면 부록 E를 먼저 읽어보길 권장한다.

부록 E에서 가져온 그림 10.4는 도커 클라이언트와 도커 호스트 간의 통신을 보여준다. 클라이언트와 호스트 간의 통신을 가로채서 어떤 내용을 주고받는지를 확인하려면 socat 같은 도구를 사용해야 한다(부록 E의 E.15절 참고).

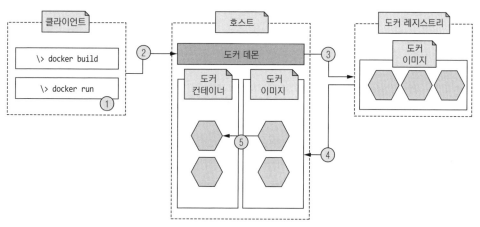

▲ **그림 10.4** 도커의 고수준 구성요소 아키텍처에서 도커 클라이언트는 REST API를 사용해 도커 호스트상에서 실행 중인 도커 데몬과 통신함으로써 도커 이미지와 컨테이너에 대한 다양한 작업을 수행한다.

10장에서 도커 클라이언트를 통해 지금까지 사용한 대부분의 도커 명령은 도커 클라이언트와 도커 데몬 모두를 동일한 시스템에서 실행했다고 가정했다. 10.7절에서는 원격지의 도커 클라이언트의 요청을 안전하게 수락하도록 도커 호스트를 설치하는 방법을 설명한다. 실제로는 쿠버네티스와 함께 도커를 실행하는 경우가 아니다(부록 J 참고). 도커 데몬에 직접 접근할 필요는 없고 쿠버네티스 API 서버에만 접근하면 된다. 11장에서는 쿠버네티스 API 서버로의 접근을 보호하는 방법을 설명한다. 지속적 통합과 지속적 배포[CI/CD] 도구를 사용해 원격에서 도커 호스트에 연결하는 도커 컨테이너를 구동하는 사람들처럼 여전히 많은 사람이 쿠버네티스 없이 도커를 실행한다. 쿠버네티스 없이 도커를 실행하면 도커 데몬을 원격지의 클라이언트에 안전하게 노출해야 한다.

10.7.1 도커 데몬에 원격 접근 활성화

도커 데몬은 도커 클라이언트의 요청을 수신하기 위해 유닉스[UNIX], TCP, FD[file descriptor]라는 세 가지 유형의 소켓을 지원한다. **TCP 소켓**[TCP socket]을 활성화하면 원격지에서 도커 클라이언트가 도커 데몬과 통신할 수 있다. 그러나 맥에서 도커 호스트를 실행하는 경우 도커 데몬에서 TCP 소켓을 활성화하기가 어렵다. 이 책에서는 운영체제와 무관하게 작동하고 도커 API를 향한 접근을 더 유연하게 통제할 수 있는 해결 방법을 따른다. 그림 10.5는 이 책에서 따르는 방법을 보여준다.

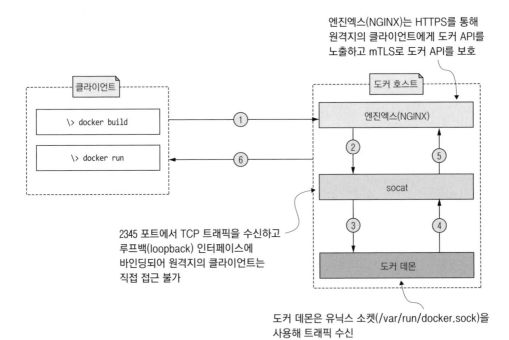

▲ **그림 10.5** 엔진엑스를 통해 원격지 클라이언트에게 도커 API를 안전하게 노출한다. socat은 엔진엑스와 도커 데몬 간의 트래픽을 전달하는 역할을 수행한다.

그림 10.5에 따라 도커 데몬을 실행하는 시스템과 동일한 시스템상에서 트래픽 전달자 역할을 하는 socat을 실행해야 한다. socat은 2345 포트에서 TCP 트래픽을 수신하고 수신한 트래픽을 도커 데몬이 대기하고 있는 유닉스 소켓으로 전달한다. socat을 실행한 다음에는 socat의 역방향 프록시 역할을 하는 엔진엑스(http://nginx.org/en/docs/) 인스턴스가 필요하다. 모든 외부의 도커 클라이언트는 엔진엑스를 거쳐 도커 데몬과 통신한다.

10.7.1절에서는 도커 컴포즈Docker Compose를 사용해 엔진엑스와 socat을 설치할 예정이다. 도커 컴포즈를 처음 사용해본다면 부록 E의 E.16절을 먼저 읽어보길 권장한다. 리스트 10.12는 chapter10/sample03 디렉토리에 있는 docker-compose.yaml 파일의 전체 내용을 보여준다.

리스트 10.12 docker-compose.yaml 파일의 내용

```
version: '3'
services:
  nginx:
    image: nginx:alpine
    volumes:
    - ./nginx.conf:/etc/nginx/nginx.conf
    ports:
    - "8080:8080"
    depends_on:
    - "socat"
  socat:
    image: alpine/socat
    volumes:
    - /var/run/docker.sock:/var/run/docker.sock
    ports:
    - "2345:2345"
    command: TCP-L:2345,fork,reuseaddr,bind=socat UNIX:/var/run/docker.sock
```

docker-compose.yaml 파일은 엔진엑스와 socat 2개의 서비스를 정의한다. 엔진엑스 서비스는 nginx:alpine 도커 이미지를 사용하고 socat 서비스는 alpine/socat 도커 이미지를 사용한다. 엔진엑스 이미지의 경우 호스트 파일시스템의 chapter10/sample03 디렉토리에 있는 nginx.conf 파일을 컨테이너 파일시스템의 /etc/nginx/nginx.conf 파

일에 바인드 마운트한다. nginx.conf 파일은 모든 트래픽을 socat으로 전달할 수 있게 해주는 엔진엑스의 주 설정 파일이다. 리스트 10.13은 nginx.conf 파일의 내용을 보여준다.

리스트 10.13 nginx.conf 파일의 내용

```
events {}
http {
  server {
    listen 8080;
    location / {
      proxy_pass          http://socat:2345/;
      proxy_redirect      off;
      proxy_set_header    Host $host;
      proxy_set_header    X-Real-IP $remote_addr;
      proxy_set_header    X-Forwarded-For $proxy_add_x_forwarded_for;
      proxy_set_header    X-Forwarded-Host $server_name;
    }
  }
}
```

socat 이미지의 경우 호스트 파일시스템의 /var/run/docker.sock 파일을 컨테이너 파일시스템의 /var/run/docker.sock 파일에 바인드 마운트한다. docker.sock 파일은 도커 데몬이 호스트 시스템에서 수신하는 유닉스 소켓을 나타내는 파일이다. docker.sock 파일을 바인드 마운트하면 socat을 실행하는 컨테이너가 호스트 파일시스템상의 유닉스 소켓에 직접 데이터를 쓸 수 있어 도커 데몬이 메시지를 받을 수 있다. 리스트 10.12의 마지막 줄인 다음 내용을 살펴보자.

```
command: TCP-L:2345,fork,reuseaddr,bind=socat UNIX:/var/run/docker.sock
```

TCP-L:2345 플래그는 2345 포트에서 TCP 트래픽을 수신대기하도록 socat에 지시한다. fork 플래그는 socat이 자신의 하위 프로세스에서 수신한 개별 패킷을 처리하게 한다. fork를 사용하면 socat은 새로운 연결을 허용할 때마다 새로운 프로세스를 생성한다. bind 플래그는 루프백 인터페이스에서만 수신대기를 하도록 socat에 지시하기 때문에 호스트 시스템 외부의 누구도 socat과 직접 통신할 수 없다. UNIX:/var/run/docker.sock 은 도커 데몬이 연결을 허용하는 유닉스 소켓의 경로다. 실제로 명령을 실행하면 2345 포트에서 TCP 트래픽을 수신하고 로그를 남긴 후에 유닉스 소켓(/var/run/docker.sock)에 전달하도록 socat에 요청한다. chapter10/sample03 디렉터리에서 다음 명령을 실행해 엔진엑스와 socat 컨테이너를 모두 시작하자.

```
\> docker-compose up

Pulling socat (alpine/socat:)...
latest: Pulling from alpine/socat
ff3a5c916c92: Pull complete
abb964a97c4c: Pull complete
Pulling nginx (nginx:alpine)...
alpine: Pulling from library/nginx
e7c96db7181b: Already exists
f0e40e45c95e: Pull complete
Creating sample03_socat_1 ... done
Creating sample03_nginx_1 ... done
Attaching to sample03_socat_1, sample03_nginx_1
```

도커 클라이언트에서 적절한 엔진엑스 호스트명을 사용해 다음 명령을 실행해보면 모든 것이 정상적으로 작동하는지 확인할 수 있는데, 정상적으로 작동한다면 도커 이미지의 상세 정보를 전달하는 JSON 페이로드를 반환한다.

```
\> curl http://nginx-host:8080/v1.39/images/json
```

10.7.2 도커 API 접근을 보호하기 위해 엔진엑스 서버에서 mTLS 활성화

10.7.2절에서는 mTLS로 엔진엑스 서버가 노출하는 API를 보호함으로써 다른 모든 도커 API까지 보호하는 방법을 살펴본다. API를 보호하려면 도커 클라이언트와 엔진엑스 서버의 공개키/개인키 쌍을 생성해야 한다. 도커 클라이언트는 자신의 키 쌍을 엔진엑스 서버를 인증하는 데 사용한다.

엔진엑스 서버와 도커 클라이언트가 사용할 키와 인증서 생성

인증기관, 엔진엑스 서버, 도커 클라이언트의 키를 생성하는 모든 작업을 수행하는 단일 스크립트를 소개한다. 인증기관은 엔진엑스와 도커 클라이언트의 인증서 모두에 서명을 한다. 키를 생성하기 위해 도커 컨테이너에서 OpenSSL을 실행해야 한다. OpenSSL은 상용 등급의 도구 모음이자 멀티 플랫폼을 지원하는 TLS용 암호화 라이브러리다. OpenSSL과 키 생성에 대한 상세한 내용은 부록 G를 참고하자. OpenSSL 도커 컨테이너를 구동하려면 chapter10/sample03/keys 디렉토리에서 다음 명령을 실행하자.

```
\> docker run -it -v $(pwd):/export prabath/openssl
#
```

docker run 명령은 호스트 파일시스템의 chapter10/sample03/keys 디렉토리(또는 $(pwd)가 지시하는 현재 디렉토리)를 컨테이너 파일시스템의 /export 디렉토리에 바인드 마운트함으로써 도커 컨테이너에서 OpenSSL을 시작한다. 바인드 마운트를 사용하면 호스트 파일시스템의 일부를 컨테이너 파일시스템과 공유할 수 있다. OpenSSL 컨테이너는 인증서를 컨테이너 파일시스템의 /export 디렉토리에 생성한다. 바인드 마운트한 상태이기 때문에 컨테이너 파일시스템의 /export 디렉토리 내부의 모든 파일은 호스트 파일시스템의 chapter10/sample03/keys 디렉토리에서도 접근 가능하다. docker run 명령을 처음 실행한다면 실행에 시간이 걸리며 모든 키를 생성할 수 있는 명령 프롬프트로 끝이 나야 한다.

```
# sh /export/gen-key.sh
# exit
```

이제 호스트 파일시스템의 chapter10/sample03/keys 디렉토리를 살펴보면 다음과 같은 파일 모음을 확인할 수 있는데, 스크립트를 실행하면 내부적으로 어떤 일이 발생하는지 이해하려면 부록 G를 살펴봐야 한다.

- chapter10/sample03/keys/ca 디렉토리의 ca_key.pem과 ca_cert.pem 파일: ca_key.pem은 인증기관의 개인키이고, ca_cert.pem은 인증기관의 공개키다.

- chapter10/sample03/keys/nginx 디렉터리의 nginx_key.pem과 nginx_cert.pem 파일: nginx_key.pem은 엔진엑스 서버의 개인키이고, nginx_cert.pem은 인증기관이 서명한 엔진엑스 서버의 공개키다.

- chapter10/sample03/keys/docker 디렉터리의 docker_key.pem과 docker_cert.pem 파일: docker_key.pem은 엔진엑스 서버에 접근 시 사용할 목적으로 생성한 도커 클라이언트의 개인키이고, docker_cert.pem은 인증기관이 서명한 도커 클라이언트의 공개키로, 이 두 키는 엔진엑스 서버에 접근 시 사용할 예정이다.

mTLS로 엔진엑스 서버 보호

방금 전에 생성한 키를 사용해 mTLS를 구동할 수 있도록 엔진엑스를 설정해보자. 10.7.1절에서 실행한 엔진엑스 컨테이너를 실행 중이라면 해당 터미널에서 Ctrl+C를 눌러 종료하자.

리스트 10.14는 chapter10/sample03 디렉터리에 있는 nginx-secured.conf 파일의 내용인데, 리스트 10.13에서 살펴봤던 파일에 TLS 설정과 관련된 새로운 파라미터들을 추가한 상태다. ssl_certificate 파라미터는 서버 인증서의 경로가 컨테이너 파일시스템의 /etc/nginx/nginx_cert.pem 파일임을 엔진엑스에 지시한다.

리스트 10.14 nginx-secured.conf 파일의 내용

```
events {}
http {
  server {
    listen                  8443 ssl;
    server_name             nginx.ecomm.com;
    ssl_certificate         /etc/nginx/nginx_cert.pem;
    ssl_certificate_key     /etc/nginx/nginx_key.pem;
    ssl_protocols           TLSv1.2;
    ssl_verify_client       on;
    ssl_client_certificate  /etc/nginx/ca_cert.pem;
    location / {
      proxy_pass      http://socat:2345/;
      proxy_redirect  off;
      proxy_set_header  Host $host;
```

```
        proxy_set_header    X-Real-IP $remote_addr;
        proxy_set_header    X-Forwarded-For $proxy_add_x_forwarded_for;
        proxy_set_header    X-Forwarded-Host $server_name;
    }
  }
}
```

업데이트한 docker-compose 설정 파일(리스트 10.15)에서 지시하는 키 파일들의 모든 경로가 호스트 파일시스템 내부에 있기 때문에 새로운 몇 가지 바인드 마운트를 한다. 호스트 파일시스템의 chapter10/sample03/keys/nginx/nginx_cert.pem 파일을 컨테이너 파일시스템의 /etc/nginx/nginx_cert.pem 파일로 매핑하고 동일한 방식으로 엔진엑스 서버의 개인키(ssl_certificate_key)도 바인드 마운트해야 한다. mTLS를 활성화하려면 리스트 10.14처럼 ssl_verify_client 값을 on으로 설정하고 ssl_client_certificate 파라미터가 신뢰할 수 있는 모든 인증기관의 공개키를 전달하는 파일을 가리키게 해야 한다. 다시 말해, 클라이언트가 신뢰할 수 있는 인증기관이 발급한 인증서를 가져올 경우 모든 클라이언트가 도커 API에 접근할 수 있도록 허락한다.

이제 새 nginx-secured.conf 파일을 사용하도록 docker-compose 설정을 업데이트 해야 한다. 리스트 10.15는 업데이트한 docker-compose 설정 파일(chapter10/sample03 디렉토리의 docker-compose-secured.yaml 파일)을 보여준다.

리스트 10.15 업데이트한 docker-compose-secured.yaml 파일의 내용

```
services:
  nginx:
    image: nginx:alpine
    volumes:
    - ./nginx-secured.conf:/etc/nginx/nginx.conf
    - ./keys/nginx/nginx_cert.pem:/etc/nginx/nginx_cert.pem
    - ./keys/nginx/nginx_key.pem:/etc/nginx/nginx_key.pem
    - ./keys/ca/ca_cert.pem:/etc/nginx/ca_cert.pem
    ports:
    - "8443:8443"
    depends_on:
    - "socat"
  socat:
```

```
image: alpine/socat
volumes:
- /var/run/docker.sock:/var/run/docker.sock
ports:
- "2345:2345"
command: TCP-L:2345,fork,reuseaddr,bind=socat UNIX:/var/run/docker.sock
```

chapter10/sample03 디렉토리에서 다음 명령을 실행해 보안을 적용한 엔진엑스와 socat 컨테이너를 시작시키자. 명령은 새로운 docker-compose 설정 파일인 docker-compose-secured.yaml 파일을 파라미터로 전달한다.

```
\> docker-compose -f docker-compose-secured.yaml up
```

모든 것이 제대로 작동하는지 확인하려면 도커 클라이언트 시스템의 chapter10/sample03 디렉토리에서 적절한 엔진엑스 호스트명을 사용해 다음 명령을 실행해보자. 명령 실행 시 -k 옵션을 사용해 HTTPS 서버 인증서 검증을 무시하도록 curl에 지시한다. mTLS로 모든 도커 API를 보호한 상태이기 때문에 명령 실행은 실패한다.

```
\> curl -k https://nginx-host:8443/v1.39/images/json
```

다음 명령은 적절한 클라이언트 측 인증서로 curl을 사용하는 방법을 보여준다. 명령은 도커 클라이언트용으로 생성한 키 쌍을 사용하는데, 명령을 실행하면 도커 이미지 상세 정보를 전달하는 JSON 페이로드를 반환해야 한다.

```
\> curl --cacert keys/ca/ca_cert.pem --cert keys/nginx/nginx_cert.pem \
--key keys/nginx/nginx_key.pem \
--resolve 'nginx.ecomm.com:8443:10.0.0.128' \
https://nginx.ecomm.com:8443/v1.39/images/json
```

--cacert 인수는 인증기관의 공개키를 나타내고, --cert와 --key 인수는 도커 클라이언트 용으로 생성한 공개키와 개인키를 나타낸다. API 진입점에서 사용하는 호스트명은 엔진 엑스에서 사용하는 인증서의 일반 이름[CN]과 일치해야 하며, 일치하지 않으면 인증서 검 증을 통과하지 못한다. 호스트명에 대한 DNS 정보를 갖고 있지 않기 때문에 --resolve 인수를 사용해 nginx.ecomm.com 도메인의 IP 주소를 10.0.0.128로 인식하도록 curl

에게 지시한다. 도커 데몬을 실행하는 시스템과 동일한 시스템에서 curl을 실행한다면 IP 주소를 127.0.0.1로 지시해야 한다.

보안을 적용한 도커 데몬과 통신하도록 도커 클라이언트 구성

이번에는 보안을 적용한 엔진엑스 서버를 통해 도커 데몬과 통신하도록 도커 클라이언트를 구성한다. 다음 명령은 도커 호스트명은 nginx.ecomm.com이고 포트는 8443임을 도커 클라이언트에게 지시한다.

```
\> export DOCKER_HOST=nginx.ecomm.com:8443
```

DNS 서버에 nginx.ecomm.com 도메인의 정보를 설정하지 않았기 때문에 도커 클라이언트를 실행하는 시스템의 /etc/hosts 파일에 nginx.ecomm.com 도메인과 IP 주소의 매핑 정보를 추가해야 한다. 동일 시스템에서 도커 데몬과 클라이언트를 모두 실행하는 경우 도커 데몬의 IP 주소로 127.0.0.1을 사용할 수 있다.

```
10.0.0.128 nginx.ecomm.com
```

이제 DOCKER_HOST 환경 변수를 설정한 것과 동일한 터미널에서 다음 명령을 실행하자. tlsverify 인수는 도커 데몬과 통신할 때 TLS를 사용하고 통신 상대방의 인증서를 검증하도록 도커 클라이언트에게 지시한다. tlskey와 tlscert 인수는 도커 클라이언트의 개인 키와 공개키를 가리키는데, 10.7.2절 도입 부분인 '엔진엑스 서버와 도커 클라이언트가 사용할 키와 인증서 생성'에서 생성한 키들이다. tlscacert 인수는 인증기관의 공개키를 가리킨다.

```
\> docker --tlsverify --tlskey keys/docker/docker_key.pem \
--tlscert keys/docker/docker_cert.pem \
--tlscacert keys/ca/ca_cert.pem images
```

도커 클라이언트의 디폴트 키를 실습을 통해 생성한 키로 대체하는 것도 가능하다.

- ~/.docker/key.pem을 keys/docker/docker_key.pem으로 대체
- ~/.docker/cert.pem을 keys/docker/docker_cert.pem으로 대체
- ~/.docker/ca.pem을 keys/ca/ca_cert.pem으로 대체

이제 다음 명령으로 도커 클라이언트를 실행할 수 있다.

```
\> docker --tlsverify images
```

> **컨테이너 보안을 위한 10계층**
>
> 레드햇이 공개한 백서인 '컨테이너 보안을 위한 10계층'은 컨테이너 호스트 멀티테넌시(multi-tenancy), 컨테이너 콘텐츠, 컨테이너 레지스트리, 컨테이너 구축, 컨테이너 배포, 컨테이너 오케스트레이션, 네트워크 격리, 스토리지, API 관리, 페더레이션(federation) 클러스터 등 컨테이너 보안의 10가지 요소를 설명한다. 비록 백서가 레드햇 엔터프라이즈 리눅스(Enterprise Linux) 및 레드햇 오픈시프트(OpenShift)에 초점을 두고 있지만 훌륭한 자료임은 틀림없다. 상세한 내용은 https://www.redhat.com/rhdc/managed-files/cl-container-security-openshift-cloud-devops-tech-detail-f7530kc-201705-a4-ko.pdf를 참고하자.

10.8 컨테이너 이상의 보안 고려

전형적인 마이크로서비스 배포 절차에서 컨테이너는 단독으로 작동하지 않는다. 일부 사람들은 컨테이너만으로 마이크로서비스를 배포하기도 하지만 확장 가능한 대부분의 마이크로서비스 배포 절차는 쿠버네티스 같은 오케스트레이션 프레임워크 내의 컨테이너를 사용한다. 마이크로서비스 배포 보안은 컨테이너의 오케스트레이션 프레임워크에서 제공하는 보안 구성에 따라 달라진다. 몇 가지 오케스트레이션 프레임워크가 있지만 전세계에서 가장 많이 사용하는 건 쿠버네티스이고 부록 J와 11장에서 상세히 다루고 있다.

쿠버네티스 외에도 서비스 메시는 마이크로서비스 배포 보안에서 중요한 역할을 한다. **서비스 메시**는 마이크로서비스 간의 분산형 애플리케이션 네트워킹 인프라로 회복, 보안, 모니터링 가능성, 라우팅 제어를 제공한다. 소프트웨어 정의 네트워킹^{SDN, software-defined networking}에 익숙하다면 서비스 메시를 SDN의 일종으로 생각해도 무방하다. 인기 있는 서비스 메시는 여러 종류가 있지만 가장 많이 사용하는 건 이스티오이고, 부록 K와 12장에서 이스티오를 사용해 마이크로서비스를 보호하는 방법을 상세히 설명할 예정이다.

요약

- 도커 컨테이너는 마이크로서비스 패키징, 분배, 테스트, 배포의 사실상 표준이 됐다.

- 모범 사례는 도커 이미지에 시크릿(인증에 필요한 정보)을 포함하지 않고 외부에 저장해 참조하는 것이다. 쿠버네티스와 도커 스웜 같은 컨테이너 오케스트레이션 프레임워크는 컨테이너 환경에서 시크릿을 관리하는 더 나은 방법을 제공한다.

- 마이크로서비스에 보안을 적용할 때 마이크로서비스 배포 보안은 격리된 컨테이너 보안뿐만 아니라 컨테이너 오케스트레이션 프레임워크 맥락에서 고려해야 한다.

- DCT는 도커 이미지에 서명을 하고 검증하는 데 사용한다. DCT를 사용하면 마이크로서비스 환경에서 신뢰할 수 있는 컨테이너만 실행할 수 있고 사용자가 개발한 도커 이미지에 의존하는 개발자가 해당 도커 이미지의 유효성을 검증할 수 있다.

- 모범 사례는 컨테이너를 root 사용자로 실행하지 않는 것이다. 이를 위한 첫 번째 접근법은 Dockerfile 자체에 컨테이너를 실행할 사용자를 정의하거나 docker run 명령 실행 시 인수로 전달하는 것이고, 두 번째 접근법은 캐퍼빌러티를 사용해 컨테이너 내에서 사용자가 수행할 수 있는 작업을 제한하는 것이다.

- 도커 데몬을 원격지의 클라이언트에게 노출해야 하는 경우에는 정당한 사용자만 접근할 수 있도록 모든 도커 API를 보호해야 한다.

- Docker Bench for Security는 인터넷 보안 센터^{CIS}의 도커 무료 버전 기준 문서(https://downloads.cisecurity.org)에서 정의한 잘 알려진 모범 사례를 기준으로 도커 배포를 확인하고 도커 환경을 검증한다.

11

쿠버네티스상의 마이크로서비스 보안

11장에서 다루는 내용

- 마이크로서비스 환경에서 서비스 간 통신 보호
- 쿠버네티스에서 시크릿 관리
- 서비스 계정 생성 및 계정과 파드 연결
- 역할 기반 접근 제어로 쿠버네티스 API 서버로의 접근 보호

10장에서 도커 컨테이너에 마이크로서비스를 배포하고 보호하는 방법을 설명했다. 실제 운영 환경 배포 과정에는 컨테이너만 있는 게 아니라 컨테이너 오케스트레이션 프레임워크 내에서 컨테이너를 사용한다. 컨테이너가 물리적인 시스템에 대한 추상화인 반면, 컨테이너 오케스트레이션 프레임워크는 네트워크 기반 추상화를 제공한다. **쿠버네티스** Kubernetes는 현재까지 가장 인기 있는 컨테이너 오케스트레이션 프레임워크다.

쿠버네티스의 원리와 보안 기능을 이해하는 건 모든 마이크로서비스 개발자에게 필수적이다. 부록 J에서 쿠버네티스 기본 구조를 다루고 있으므로 쿠버네티스를 처음 사용한다면 부록을 먼저 읽어보자. 쿠버네티스에 익숙하더라도 11장의 나머지 부분에서는 부록 J에서 언급하는 내용을 이미 알고 있다고 가정하므로 가급적 부록 J를 살펴보는 걸 추천한다.

11.1 쿠버네티스상에서 STS 실행

11.1절에서는 10장에서 빌드한 STS 도커 컨테이너를 쿠버네티스에서 배포한다. 사용할 도커 이미지는 이미 도커 허브에 prabath/insecure-sts-ch10:v1로 게시해뒀다. 쿠버네티스에 컨테이너를 배포하려면 먼저 파드를 만들어야 한다. 부록 J를 읽으면 개발자나 데브옵스^{DevOps} 인력은 파드에 직접 작업하지 않고 디플로이먼트에 작업한다는 사실을 알 수 있다. 따라서 쿠버네티스에 파드를 생성하려면 디플로이먼트를 생성해야 한다.

11.1.1 STS로 사용할 쿠버네티스 디플로이먼트를 YAML 형식으로 정의

디플로이먼트^{Deployment}는 YAML 파일로 표현하는 쿠버네티스 객체다. prabath/insecure-sts-ch10:v1 도커 이미지를 사용하는 리스트 11.1의 YAML 파일을 생성해보자. 11장에서 다루는 모든 예제의 소스 코드는 https://github.com/microservices-security-in-action/samples 깃허브 저장소의 chapter11 디렉토리에서 받을 수 있고, 리스트 11.1은 chapter11/sample01 디렉토리에 있는 sts.deployment.yaml 파일의 내용이다.

리스트 11.1 sts.deployment.yaml 파일

```
apiVersion: apps/v1
kind: Deployment
metadata:
  name: sts-deployment
  labels:
    app: sts
spec:
  replicas: 1  ◄──── 파드와 일치하는 1개의 복제본을 실행하도록 쿠버네티스에 지시
  selector:  ◄──── 디플로이먼트는 셀렉터(selector)별로 일치하는 파드를 전달.
    matchLabels:     셀렉터는 여러 라벨(label)을 전달하는 선택적 영역
      app: sts
  template:  ◄──── 템플릿(template)은 디플로이먼트의 개별 파드가 어떻게 보여야 하는지를 설명.
    metadata:      selector/matchLabels를 정의할 경우 파드 정의는 일치하는 라벨을 전달
      labels:
        app: sts
    spec:
      containers:
      - name: sts
```

```
    image: prabath/insecure-sts-ch10:v1
    ports:
    - containerPort: 8443
```

11.1.2 쿠버네티스에서 STS 디플로이먼트 생성

11.1.2절에서는 리스트 11.1의 YAML 파일에 정의한 STS로 사용할 쿠버네티스 디플로이먼트를 생성한다. 실습을 위해서는 쿠버네티스 클러스터에 접근할 수 있는 권한이 있다고 가정한다. 만약 권한이 없다면 부록 J의 J.5절을 따라서 구글 쿠버네티스 엔진에서 쿠버네티스 클러스터를 생성하자.[1] 쿠버네티스 클러스터에 접근할 수 있는 권한이 있다면 chapter11/sample01 디렉토리로 이동한 후 다음 명령을 실행해 STS로 사용할 디플로이먼트를 생성해보자.

```
\> kubectl apply -f sts.deployment.yaml

deployment.apps/sts-deployment created
```

다음 명령을 사용해 쿠버네티스 클러스터 내 현재 네임스페이스의 모든 디플로이먼트를 찾아보자. 명령을 성공적으로 실행하면 STS의 복제본 하나가 실행 중임을 확인할 수 있다.

```
\> kubectl get deployment sts-deployment

NAME             READY    UP-TO-DATE    AVAILABLE    AGE
sts-deployment   1/1      1             1            12s
```

11.1.3 디플로이먼트 트러블슈팅

모든 게 항상 잘되면 좋겠지만 예기치 못한 문제가 발생할 가능성은 배제할 수 없다. 쿠버네티스가 YAML 파일에 대해 불평을 표현한다면 전자책의 텍스트를 복사해 붙여넣을

---

[1] 이 책의 모든 예제는 자신만의 로컬 쿠버네티스 환경을 구성하는 대신 좀 더 간단하고 번거로움이 없는 구글 클라우드를 사용한다. 로컬에서 예제를 실습해야만 한다면 도커 데스크톱이나 미니쿠베를 사용해 단일 노드 쿠버네티스 클러스터 환경을 구성할 수도 있다.

때 공백이 추가됐거나 오류 때문일 수 있다. 실습을 할 때는 전자책에서 복사해 붙여넣기보다는 깃허브 저장소의 파일을 사용하는 게 좋다.

또한 YAML 파일을 형식에 맞게 작성했는지 검증할 수 있는 YAML Lint(www.yamllint.com) 같은 온라인 도구와 오픈소스 도구인 kubeval(www.kubeval.com) 등의 도움을 받을 수도 있다. YAML Lint는 YAML 파일의 유효성만 검증하는 반면, kubeval은 쿠버네티스 스키마에 대한 설정 유효성까지 검증해준다는 특징이 있다.

kubectl apply 명령을 성공적으로 실행하더라도 kubectl get deployments 명령을 실행하면 준비 상태인 복제본이 없다고 표시될 수도 있는데 다음 3개의 명령은 이를 해결하는데 매우 유용하다.

- kubectl describe 명령은 디플로이먼트와 관련된 메타데이터 집합을 보여준다.

  ```
  \> kubectl describe deployment sts-deployment
  ```

- kubectl get events 명령은 현재 쿠버네티스 네임스페이스에서 생성된 모든 이벤트를 보여준다. 디플로이먼트를 생성하는 동안 문제가 발생하면 오류나 경고를 표시한다.

  ```
  \> kubectl get events
  ```

- kubectl logs는 트러블슈팅에 유용한 또 다른 명령이다. 파드를 대상으로 kubectl logs 명령을 실행할 수 있는데, kubectl get pods 명령을 먼저 실행해 로그를 가져올 파드의 이름을 확인한 다음에 파드 이름(sts-deployment-799fdff46f-hdp5s)을 파라미터로 전달해야 한다.

  ```
  \> kubectl logs sts-deployment-799fdff46f-hdp5s -follow
  ```

쿠버네티스 디플로이먼트 관련 문제를 파악하고 해결하는 데 도움을 얻으려면 쿠버네티스 커뮤니티 포럼(https://discuss.kubernetes.io)이나 쿠버네티스 스택 오버플로우 채널(https://stackoverflow.com/questions/tagged/kubernetes)을 방문하는 것도 좋은 방법이다.

11.1.4 쿠버네티스 클러스터 외부에 STS 노출

11.1.4절에서는 STS를 쿠버네티스 클러스터 외부에 노출하는 쿠버네티스 서비스를 생성한다. 쿠버네티스 서비스에 익숙하지 않다면 부록 J를 먼저 읽어보는 걸 권장한다.

이번에 생성하려는 쿠버네티스 서비스는 로드밸런서^{LoadBalancer} 유형이다. 파드의 복제본이 여러 개 있다면 로드밸런서 유형의 서비스는 로드밸런서 역할을 수행하는데, 보통은 쿠버네티스 호스팅 환경(실습에서는 구글 쿠버네티스 엔진 사용)에서 제공하는 외부 로드밸런서다. 서비스를 생성하기 위해 리스트 11.2의 YAML 파일을 살펴보자. 해당 YAML 파일은 chapter11/sample01 디렉토리의 sts.service.yaml 파일이다.

서비스는 443 포트에서 수신대기하고 트래픽을 8443 포트로 포워딩한다. 리스트 11.1을 보면 디플로이먼트를 생성할 때 STS 마이크로서비스 컨테이너가 8443 포트에서 수신대기함을 알 수 있다. 서비스가 특정 포트에서 수신대기한다는 표현이 100% 정확하진 않지만 내부적으로 일어나는 일을 단순하게 표현하는 좋은 방법이다. 부록 J에서 설명한 것처럼 서비스를 생성할 때 실제 발생하는 일은 쿠버네티스 클러스터의 개별 노드가 iptables를 업데이트해 서비스의 IP 주소/이름 및 포트를 향한 모든 요청이 대상 파드 중 하나로 전달되는 것이다.

> **리스트 11.2** sts.service.yaml 파일

```
apiVersion: v1
kind: Service
metadata:
  name: sts-service
spec:
  type: LoadBalancer
  selector:
    app: sts
  ports:
  - protocol: TCP
    port: 443
    targetPort: 8443
```

쿠버네티스 클러스터에서 서비스를 생성하려면 로컬 시스템의 chapter11/sample01 디렉토리에서 다음 명령을 실행해야 한다.

```
\> kubectl apply -f sts.service.yml

service/sts-service created
```

다음 명령을 실행해 쿠버네티스 클러스터의 현재 네임스페이스 내 모든 서비스를 확인해 보자.[2]

```
\> kubectl get services
NAME          TYPE          CLUSTER-IP      EXTERNAL-IP   PORT(S)         AGE
kubernetes    ClusterIP     10.39.240.1     <none>        443/TCP         134m
sts-service   LoadBalancer  10.39.244.238   <pending>     443:30993/TCP   20s
```

쿠버네티스가 방금 생성한 sts-service에 외부 IP 주소를 할당하려면 시간이 조금 걸린다. 동일한 명령을 몇 분 후 실행하면 sts-service에 할당한 외부 IP 주소를 포함한 출력을 확인할 수 있다.

```
\> kubectl get services
NAME          TYPE          CLUSTER-IP     EXTERNAL-IP   PORT(S)         AGE
kubernetes    ClusterIP     10.39.240.1    <none>        443/TCP         135m
sts-service   LoadBalancer  10.39.244.238  34.82.103.6   443:30993/TCP   52s
```

이제 로컬 시스템에서 7.2절에서 사용한 것과 동일한 아래 curl 명령을 실행해 STS를 테스트해보자. 명령 내 IP 주소는 직전에 실행한 명령에서 확인한 sts-service의 외부 IP다.

```
\> curl -v -X POST --basic -u applicationid:applicationsecret \
-H "Content-Type: application/x-www-form-urlencoded;charset=UTF-8" \
-k -d "grant_type=password&username=peter&password=peter123&scope=foo" \
https://34.82.103.6/oauth/token
```

위 명령에서 applicationid와 applicationsecret은 STS에 하드코딩된 웹 애플리케이션의 클라이언트 ID와 클라이언트 시크릿이다. 명령을 성공적으로 실행하면 STS는 JWT(정확하게는 JWS)인 OAuth 2.0 액세스 토큰을 반환한다.

```
{
"access_token":"eyJhbGciOiJSUzI1NiIsInR5cCI6IkpXVCJ9.eyJleHAiOjE1NTEzMTIzNz
YsInVzZXJfbmFtZSI6InBldGVyIiwiYXV0aG9yaXRpZXMiOlsiUk9MRV9VU0VSIl0sImp0aSI6I
jRkMmJiNjQ4LTQ2MWQtNGVlYy1hZTljLTVlYWUxZjA4ZTJhMiIsImNsaWVudF9pZCI6ImFwcGxp
```

```
Y2F0aW9uaWQiLCJzY29wZSI6WyJmb28iXX0.tr4yUmGLtsH7q9Ge2i7gxyTsO0a0RS0Yoc2uBuA
W5OVIKZcVsIITWV3bDN0FVHBzimpAPy33tvicFROhBFoVThqKXzzG00SkURN5bnQ4uFLAP0NpZ6
BuDjvVmwXNXrQp2lVXl41Q4eTvuyZozjUSCXzCI1LNw5EFFi22J73g1_mRm2jdEhBp1TvMaRKLB
Dk2hzIDVKzu5oj_gODBFm3a1S-IJjYoCimIm2igcesXkhipRJtjNcrJSegBbGgyXHVak2gB7I07
ryVwl_Re5yX4sV9x6xNwCxc_DgP9hHLzPM8yz_K97jlT6Rr1XZBlveyjfKs_XIXgU5qizRm9mt5
xg",
"token_type":"bearer",
"refresh_token":"",
"expires_in":5999,
"scope":"foo",
"jti":"4d2bb648-461d-4eec-ae9c-5eae1f08e2a2"
}
```

실습에서는 쿠버네티스에서 실행 중인 STS와 TLS 통신을 했는데, STS는 prabath/insecure-sts-ch10:v1 도커 이미지에 내장된 TLS 인증서를 사용하고 쿠버네티스 로드밸런서는 수신한 모든 요청을 대상 컨테이너로 터널링하는 역할을 한다.[3]

11.2 쿠버네티스 환경에서 시크릿 관리

11.1절에서는 안전하지 않은 상태라 이미지 이름을 insecure-sts로 명명한 prabath/insecure-sts-ch10:v1 도커 이미지를 사용했는데, 안전하지 않은 이유는 10장에서 상세히 설명했듯이 이미지를 만드는 과정에서 키에 접근하기 위한 모든 키와 자격증명을 이미지 자체에 포함했기 때문이다. 이미지를 도커 허브에 게시한 상태이기 때문에 이미지에 접근할 수 있는 모든 사람에게 시크릿이 노출되고 이는 상상할 수 없는 안 좋은 결과를 초래할 수도 있다. 안전하지 않은 STS의 소스 코드는 chapter10/sample01 디렉토리에 있다.

도커 이미지를 안전하게 하려면 우선 모든 키 저장소와 자격증명을 외부화해야 한다. 10장에서 도커 이미지로부터 모든 자격증명을 포함하고 있는 application.properties 파일과 2개의 키 저장소 파일(TLS 통신을 보호하기 위한 키 저장소, STS가 발급한 JWT 액세스 토큰

---

3 쿠버네티스 로드밸런서는 TLS 터널링 외에도 TLS 터미네이션(termination)까지 수행할 수 있다. TLS 터미네이션 후 로드밸런서와 마이크로서비스 간에 새로운 연결을 생성한다.

에 서명하기 위한 키 저장소)을 외부화하는 방법을 설명했고 업데이트한 도커 이미지를 도커 허브에 prabath/secure-sts-ch10:v1로 게시해뒀다. 도커 이미지가 빌드되는 방법에 대한 이해를 돕기 위해 리스트 11.3은 리스트 10.4의 Dockerfile을 반복해서 보여준다.

```
FROM openjdk:8-jdk-alpine
ADD target/com.manning.mss.ch10.sample01-1.0.0.jar \
        com.manning.mss.ch10.sample01-1.0.0.jar
ENV SPRING_CONFIG_LOCATION=/opt/application.properties
ENTRYPOINT ["java", "-jar", "com.manning.mss.ch10.sample01-1.0.0.jar"]
```

application.properties 파일을 외부화했기 때문에 스프링 부트는 SPRING_CONFIG_ LOCATION 환경 변수로 지정한 /opt 디렉토리에 있는 application.properties 파일을 읽어야 해서 application.properties 파일이 도커 컨테이너의 /opt 디렉토리에 있을 거라고 예상한다. 하지만 application.properties 파일을 외부화하는 게 목표이기 때문에 해당 파일을 컨테이너 파일시스템에 넣을 수는 없다.

10장에서는 바인드 마운트를 사용했기 때문에 도커가 호스트 시스템의 application. properties 파일을 로드해 컨테이너 파일시스템의 /opt 디렉토리에 매핑했었다. 다음 명령은 바인드 마운트를 하면서 도커 컨테이너를 실행하기 위해 10장에서 사용했던 명령으로, 참조용으로 다시 언급한 내용이므로 명령을 실행하려면 10.2.2절의 절차를 따라야 한다.

```
\> export JKS_SOURCE="$(pwd)/keystores/keystore.jks"
\> export JKS_TARGET="/opt/keystore.jks"
\> export JWT_SOURCE="$(pwd)/keystores/jwt.jks"
\> export JWT_TARGET="/opt/jwt.jks"
\> export APP_SOURCE="$(pwd)/config/application.properties"
\> export APP_TARGET="/opt/application.properties"

\> docker run -p 8443:8443 \
--mount type=bind,source="$JKS_SOURCE",target="$JKS_TARGET" \
--mount type=bind,source="$JWT_SOURCE",target="$JWT_TARGET" \
--mount type=bind,source="$APP_SOURCE",target="$APP_TARGET" \
```

```
-e KEYSTORE_SECRET=springboot \
-e JWT_KEYSTORE_SECRET=springboot \
prabath/secure-sts-ch10:v1
```

위의 명령은 바인드 마운트로 application.properties 파일뿐만 아니라 2개의 키 저장소 파일까지 전달한다. 리스트 11.4의 application.properties 파일 내 키 저장소 위치를 살펴보면 스프링 부트는 컨테이너 파일시스템의 /opt 디렉토리에서 keystore.jks와 jwt.jks 파일을 찾고 키 저장소 비밀번호를 외부화했음을 알 수 있다. 이제 스프링 부트는 docker run 명령으로 전달한 KEYSTORE_SECRET 환경 변수가 지정한 경로에서 keystore.jks 파일의 비밀번호를, JWT_KEYSTORE_SECRET 환경 변수가 지정한 경로에서 jwt.jks 파일의 비밀번호를 읽는다.

리스트 11.4 application.properties 파일의 내용

```
server.port: 8443
server.ssl.key-store: /opt/keystore.jks
server.ssl.key-store-password: ${KEYSTORE_SECRET}
server.ssl.keyAlias: spring
spring.security.oauth.jwt: true
spring.security.oauth.jwt.keystore.password: ${JWT_KEYSTORE_SECRET}
spring.security.oauth.jwt.keystore.alias: jwtkey
spring.security.oauth.jwt.keystore.name: /opt/jwt.jks
```

11.2.1 컨피그맵을 사용한 쿠버네티스 설정 외부화

쿠버네티스 환경에서 컨테이너를 실행하면 11.2절에서 도커에게 사용한 방법으로는 로컬 파일시스템의 설정 파일을 전달할 수 없다. 쿠버네티스는 컨피그맵^{ConfigMap} 객체를 도입해 쿠버네티스 환경에서 실행할 컨테이너나 마이크로서비스의 설정을 분리한다. 11.2.1절에서는 application.properties, keystore.jks, jwt.jks 파일과 키 저장소 비밀번호를 컨피그맵 객체로 나타내는 방법을 설명할 예정이다.

컨피그맵은 키 저장소 비밀번호 같은 민감한 데이터를 처리하기엔 적합하지 않아 민감한 데이터 처리에는 또 다른 쿠버네티스 객체인 시크릿^{Secret}을 사용한다. 11.3절에서는 키

저장소 비밀번호를 컨피그맵에서 쿠버네티스 시크릿으로 옮긴다. 쿠버네티스 컨피그맵에 익숙하지 않다면 부록 J를 참고해 내부적으로 작동하는 방법을 확인해두자.

11.2.2 application.properties 파일을 위한 컨피그맵 정의

쿠버네티스는 설정 파일의 전체 내용을 포함해 컨피그맵 객체를 생성할 수 있게 해준다. 리스트 11.5는 application.properties를 키로 사용해 `data` 요소 하위에 application. properties 전문을 포함하는 예를 보여준다. 키의 이름은 컨테이너 파일시스템에 존재할 것으로 예상하는 파일의 이름과 일치해야 한다. chapter11/sample01 디렉토리의 sts. configuration.yaml 파일에서 application.properties 파일의 전체 컨피그맵 정의를 확인할 수 있다.

리스트 11.5 application-properties-config-map의 정의

```
apiVersion: v1
kind: ConfigMap
metadata:
  name: sts-application-properties-config-map
data: ◀──── 텍스트 형태의 파일로 컨피그맵 객체 생성
  application.properties: │ ◀─┐ 키 이름은 컨테이너 파일시스템에 존재하는
    [                          │ 실제 파일의 이름과 일치 필요
      server.port: 8443
      server.ssl.key-store: /opt/keystore.jks
      server.ssl.key-store-password: ${KEYSTORE_SECRET}
      server.ssl.keyAlias: spring
      spring.security.oauth.jwt: true
      spring.security.oauth.jwt.keystore.password: ${JWT_KEYSTORE_SECRET}
      spring.security.oauth.jwt.keystore.alias: jwtkey
      spring.security.oauth.jwt.keystore.name: /opt/jwt.jks
    ]
```

YAML 파일에 컨피그맵을 정의하면 kubectl 클라이언트로 쿠버네티스 환경에서 컨피그맵 객체를 생성할 수 있지만 다른 세 가지 컨피그맵 객체에 대한 설명을 완료하는 11.2.5 절까지는 잠시 설명을 보류한다.

11.2.3 keystore.jks와 jwt.jks 파일을 위한 컨피그맵 정의

쿠버네티스는 텍스트 형태(리스트 11.5 참고)나 바이너리 형태 파일의 컨피그맵 객체를 생성할 수 있다. 리스트 11.6에서는 2개의 키 저장소(keystore.jks, jwt.jks)의 컨피그맵을 생성하기 위해 바이너리 형태 옵션을 사용한다. base64로 인코딩한 keystore.jks 파일의 내용은 binaryData 요소 하위의 keystore.jks 키의 값이다. 키의 이름은 컨테이너 파일시스템의 /opt 디렉토리에 존재할 것으로 예상하는 파일의 이름과 일치해야 한다.

2개의 키 저장소 파일의 전체 컨피그맵 정의는 chapter11/sample01 디렉토리의 sts. configuration.yaml 파일에서 확인할 수 있고 바이너리 파일을 base64로 직접 변환하려는 경우 chapter10/sample01/keystores 디렉토리의 실제 파일을 사용하면 된다.[4]

> **리스트 11.6 keystore.jks 및 jwt.jks를 위한 컨피그맵 정의**

```
apiVersion: v1
kind: ConfigMap
metadata:
  name: sts-keystore-config-map
binaryData: ◀── 바이너리 형태의 파일로 컨피그맵 객체 생성
  keystore.jks: [base64-encoded-text]
---
apiVersion: v1
kind: ConfigMap
metadata:
  name: sts-jwt-keystore-config-map
binaryData:
  jwt.jks:[base64-encoded-text]
```

11.2.4 키 저장소 자격증명을 위한 컨피그맵 정의

쿠버네티스는 컨피그맵에 작성한 모든 것을 평문으로 저장하기 때문에 운영 환경에서는 컨피그맵에 자격증명을 포함해서는 안 된다. 쿠버네티스 환경의 배포 과정에서 자격증명을 저장하기 위해서는 컨피그맵이 아닌 시크릿이라는 쿠버네티스 객체를 사용한다. 시크

---

4 바이너리 파일을 base64 인코딩한 텍스트 파일로 변환하려면 Browserling(www.browserling.com/tools/file-to-base64) 같은 온라인 도구가 도움을 준다.

릿 객체에 대해서는 11.3절에서 설명할 예정이므로 그때까지는 키 저장소 자격증명을 컨피그맵에 정의한다.

리스트 11.7은 sts-keystore-credentials 컨피그맵의 정의를 보여주는데, keystore.jks 파일에 접근할 때 필요한 비밀번호(KEYSTORE_PASSWORD 키)와 jwt.jks 파일에 접근할 때 필요한 비밀번호(JWT_KEYSTORE_PASSWORD)를 data 요소의 하위에 정의한다. 키 저장소 자격증명의 컨피그맵 정의 전문은 chapter11/sample01 디렉토리의 sts.configuration.yaml 파일에서 확인할 수 있다.

리스트 11.7 키 저장소 자격증명 정의

```
apiVersion: v1
kind: ConfigMap
metadata:
  name: sts-keystore-credentials
data:
  KEYSTORE_PASSWORD: springboot
  JWT_KEYSTORE_PASSWORD: springboot
```

11.2.5 kubectl 클라이언트로 컨피그맵 생성

chapter11/sample01 디렉토리의 sts.configuration.yaml 파일에서 지금까지 11.2절에서 설명한 4개의 컨피그맵 정의를 확인할 수 있다. chapter11/sample01 디렉토리에서 다음과 같은 kubectl 명령을 사용해 쿠버네티스 환경의 컨피그맵 객체를 생성할 수 있다.

```
\> kubectl apply -f sts.configuration.yaml

configmap/sts-application-properties-config-map created
configmap/sts-keystore-config-map created
configmap/sts-jwt-keystore-config-map created
configmap/sts-keystore-credentials created
```

다음 kubectl 명령은 쿠버네티스 클러스터 내 현재 네임스페이스의 사용 가능한 모든 컨피그맵 객체 목록을 출력한다.

```
\> kubectl get configmaps

NAME                                           DATA   AGE
sts-application-properties-config-map          1      50s
sts-keystore-config-map                        0      50s
sts-jwt-keystore-config-map                    0      50s
sts-keystore-credentials                       2      50s
```

11.2.6 쿠버네티스 디플로이먼트에서 컨피그맵 소비

리스트 11.1의 YAML 파일로 생성한 쿠버네티스 디플로이먼트가 11.2.5절에서 생성한
컨피그맵에서 값을 읽어오려면 적용해야 하는 변경사항들을 살펴보자. 쿠버네티스 디플
로이먼트의 정의를 업데이트한 전체 내용은 chapter11/sample01 디렉토리의 sts.
deployment.with.configmap.yaml 파일에서 확인할 수 있다. 컨피그맵을 두 가지 방
법으로 활용해볼 텐데, 첫 번째는 컨피그맵에서 파일의 내용을 읽은 후 해당 파일을 컨테
이너 파일시스템에 마운트할 예정이고 두 번째는 컨피그맵에서 값을 읽고 해당 값을 컨
테이너의 환경 변수로 설정하려 한다. 리스트 11.8은 컨테이너에 관한 설정을 전달하는
디플로이먼트 객체의 일부를 보여준다.

리스트 11.8 STS 디플로이먼트 정의의 일부

```
spec:
  containers:
  - name: sts
    image: prabath/secure-sts-ch10:v1
    imagePullPolicy: Always
    ports:
    - containerPort: 8443
    volumeMounts:  ◀──── 쿠버네티스 디플로이먼트가 사용할 볼륨 마운트 정의
    - name: application-properties  ◀──── volumes 영역을 참조하는 볼륨의 이름
      mountPath: "/opt/application.properties"  ◀──── 볼륨을 마운트할 컨테이너 파일시스템의 위치
      subPath: "application.properties"
    - name: keystore
      mountPath: "/opt/keystore.jks"
      subPath: "keystore.jks"
    - name: jwt-keystore
```

```
          mountPath: "/opt/jwt.jks"
          subPath: "jwt.jks"
        env: ◄──── 쿠버네티스 디플로이먼트가 읽을 환경 변수 집합을 정의
        - name: KEYSTORE_SECRET ◄──── application.properties 파일에서 찾은 정확한 환경 변수의 이름
          valueFrom:
            configMapKeyRef:
              name: sts-keystore-credentials ◄──── 환경 변수로 설정하려는 값을 읽어올 컨피그맵의 이름
              key: KEYSTORE_PASSWORD ◄──── 컨피그맵에서 읽어오고 싶은 값에 해당하는 키의 이름
        - name: JWT_KEYSTORE_SECRET
          valueFrom:
            configMapKeyRef:
              name: sts-keystore-credentials
              key: JWT_KEYSTORE_PASSWORD
      volumes:
      - name: application-properties ◄── 볼륨의 이름. 디플로이먼트의 volumeMounts
        configMap:                       영역 하위의 name 요소가 참조
          name: sts-application-properties-config-map ◄── application.properties 파일과 관련한
      - name: keystore                                    데이터를 전달하는 컨피그맵의 이름
        configMap:
          name: sts-keystore-config-map
      - name: jwt-keystore
        configMap:
          name: sts-jwt-keystore-config-map
```

chapter11/sample01 디렉토리에서 다음과 같은 kubectl 명령을 실행해 리스트 11.8에서 주석으로 설명한 변경사항을 쿠버네티스 디플로이먼트에 업데이트할 수 있다.

```
\> kubectl apply -f sts.deployment.with.configmap.yaml
```

```
deployment.apps/sts-deployment configured
```

11.1.4절에서 생성한 쿠버네티스 서비스는 변경할 필요가 없어 kubectl get services 명령으로 적절한 IP 주소를 갖고 실행 중인지만 확인하면 된다. 로컬 시스템에서 curl 명령으로 STS를 테스트해보자.

```
\> curl -v -X POST --basic -u applicationid:applicationsecret \
-H "Content-Type: application/x-www-form-urlencoded;charset=UTF-8" \
-k -d "grant_type=password&username=peter&password=peter123&scope=foo" \
https://34.82.103.6/oauth/token
```

이 명령에서 applicationid는 웹 애플리케이션의 클라이언트 ID이고, applicationsecret
은 클라이언트 시크릿이다. 명령을 성공적으로 실행하면 STS는 JWT(정확하게는 JWS)인
OAuth 2.0 액세스 토큰을 반환한다.

```
{
"access_token":"eyJhbGciOiJSUzI1NiIsInR5cCI6IkpXVCJ9.eyJleHAiOjE1NTEzMTIzNz
YsInVzZXJfbmFtZSI6InBldGVyIiwiYXV0aG9yaXRpZXMiOlsiUk9MRV9VU0VSIl0sImp0aSI6I
jRkMmJiNjQ4LTQ2MWQtNGVlYy1hZTljLTVlYWUxZjA4ZTJhMiIsImNsaWVudF9pZCI6ImFwcGxp
Y2F0aW9uaWQiLCJzY29wZSI6WyJmb28iXX0.tr4yUmGLtsH7q9Ge2i7gxyTsOOa0RS0Yoc2uBuA
W5OVIKZcVsIITWV3bDN0FVHBzimpAPy33tvicFROhBFoVThqKXzzG00SkURN5bnQ4uFLAP0NpZ6
BuDjvVmwXNXrQp2lVXl4lQ4eTvuyZozjUSCXzCI1LNw5EFFi22J73g1_mRm2jdEhBp1TvMaRKLB
Dk2hzIDVKzu5oj_gODBFm3a1S-IJjYoCimIm2igcesXkhipRJtjNcrJSegBbGgyXHVak2gB7I07
ryVwl_Re5yX4sV9x6xNwCxc_DgP9hHLzPM8yz_K97jlT6Rr1XZBlveyjfKs_XIXgU5qizRm9mt5
xg",
"token_type":"bearer",
"refresh_token":"",
"expires_in":5999,
"scope":"foo",
"jti":"4d2bb648-461d-4eec-ae9c-5eae1f08e2a2"
}
```

11.2.7 초기화 컨테이너를 사용한 키 저장소 로딩

쿠버네티스에서는 파드에서 2개 이상의 컨테이너를 실행할 수 있지만 실제로는 하나의
애플리케이션 컨테이너만 실행한다. 애플리케이션 컨테이너와 함께 하나 이상의 **초기화
컨테이너**init container를 실행할 수 있는데, 자바나 다른 프로그래밍 언어에 익숙하다면 쿠버
네티스 초기화 컨테이너를 자바 클래스의 생성자constructor와 유사하다고 생각하면 이해
하기 쉽다. 자바 클래스의 생성자가 다른 메소드보다 먼저 실행되는 것처럼 파드 내 초기
화 컨테이너는 다른 애플리케이션 컨테이너가 시작되기 전에 실행 및 완료돼야 한다.

초기화 컨테이너는 쿠버네티스 파드를 초기화하는 좋은 방법이며 키 저장소, 정책, 설정
등 모든 파일을 가져올 수 있다. 다른 애플리케이션 컨테이너와 마찬가지로 하나의 파드
는 여러 개의 초기화 컨테이너를 가질 수 있지만 애플리케이션 컨테이너와 달리 개별 초
기화 컨테이너는 다음 초기화 컨테이너를 시작하기 전에 완료돼야 한다.

리스트 11.9는 컨피그맵 객체(리스트 11.8 참고)가 아닌 초기화 컨테이너를 사용해 깃 저장소에서 keystore.jks, jwt.jks 파일을 로드하도록 STS 디플로이먼트를 수정한다. chapter11/sample01 디렉토리의 sts.deployment.with.initcontainer.yaml 파일에서 업데이트한 쿠버네티스 디플로이먼트의 정의 전문을 확인할 수 있다. 리스트 11.9는 초기화 컨테이너에 해당하는 업데이트한 STS 디플로이먼트의 일부를 보여준다.

리스트 11.9 초기화 컨테이너를 사용한 STS 디플로이먼트

```
initContainers: ◄──── 모든 초기화 컨테이너 나열
- name: init-keystores
  image: busybox:1.28 ◄──── 깃 저장소에서 키 저장소를 가져오기 위해 초기화 컨테이너로 사용할 도커 이미지의 이름
  command: ◄──── 도커 컨테이너가 시작할 때 실행할 명령. jwt.jks와 keystore.jks 파일을 컨테이너의 opt 디렉토리로 복사
    - "/bin/sh"
    - "-c"
    - "wget ...sample01/keystores/jwt.jks \
      -O /opt/jwt.jks | wget ...sample01/keystores/keystore.jks \
      -O /opt/keystore.jks"          초기화 컨테이너가 로드한 키 저장소를 파드 내 다른 컨테이너에서
  volumeMounts: ◄────                사용할 수 있도록 볼륨 마운트 정의
  - name: keystore ◄──── 동일한 볼륨 마운트를 참조하는 파드 내 모든 컨테이너가 사용할 동일한 이름
    mountPath: "/opt/keystore.jks" ◄──── 키 저장소 경로
    subPath: "keystore.jks" ◄───    subPath 속성은 볼륨의 일부만 마운트해야 할 경우 사용하는
  - name: jwt-keystore             속성으로, mountPath 속성의 하위 경로를 지정
    mountPath: "/opt/jwt.jks"
    subPath: "jwt.jks"
```

비지박스^{busybox} 도커 이미지를 사용해 초기화 컨테이너를 만들었고 비지박스 컨테이너를 초기화 컨테이너로 설정했기 때문에 파드의 다른 컨테이너보다 먼저 실행된다. command 요소 하위에 비지박스 컨테이너가 실행해야 하는 프로그램을 지정해 깃 저장소에서 keystore.jks 및 jwt.jks 파일을 가져와 비지박스 컨테이너 파일시스템의 /opt 디렉토리에 복사한다.

초기화 컨테이너의 목표는 STS를 실행하는 도커 컨테이너로 2개의 키 저장소를 가져오는 것이고, 이를 위해 keystore 및 jwt-keystore를 /opt 디렉토리에 매핑하는 2개의 볼륨 마운트가 필요하다. 이미 2개의 이름으로 볼륨 마운트를 한 상태이기 때문에(리스트 11.10 참고) 2개의 키 저장소는 secure-sts 컨테이너 파일시스템에서도 보인다.

```
volumeMounts:
- name: application-properties
  mountPath: "/opt/application.properties"
  subPath: "application.properties"
- name: keystore
  mountPath: "/opt/keystore.jks"
  subPath: "keystore.jks"
- name: jwt-keystore
  mountPath: "/opt/jwt.jks"
  subPath: "jwt.jks"
```

마지막으로, 초기화 컨테이너를 지원하려면 기존 STS 디플로이먼트를 한 번 더 변경해야 한다. 이전에는 STS 디플로이먼트의 volumes 요소 하위에서 컨피그맵을 가리켰지만 이제는 emptyDir로 불리는 특수한 볼륨을 가리켜야 한다. 쿠버네티스가 파드를 생성할 때 emptyDir 볼륨은 비어 있는 상태로 생성되어 초기화 컨테이너가 깃 저장소에서 가져온 키 저장소 파일로 채워진다. 해당 파드를 삭제하면 emptyDir 볼륨의 내용도 사라진다.

```
volumes:
- name: application-properties
  configMap:
  name: sts-application-properties-config-map
- name: keystore
  emptyDir: {}
- name: jwt-keystore
  emptyDir: {}
```

chapter11/sample01 디렉토리에서 다음 kubectl 명령으로 초기화 컨테이너를 사용하도록 STS 디플로이먼트를 업데이트하자.

```
\> kubectl apply -f sts.deployment.with.initcontainer.yaml

deployment.apps/sts-deployment configured
```

11.3 쿠버네티스 시크릿 사용

11.2.4절에서 설명한 것처럼 컨피그맵은 쿠버네티스에서 민감한 데이터를 외부화하는 적절한 방법이 아니다. 쿠버네티스 객체인 시크릿은 컨피그맵처럼 이름/값 쌍을 전달하지만 민감한 데이터를 저장하는 데 이상적이다. 11.3절에서는 쿠버네티스 시크릿 객체에 대해 상세히 설명하고, 키 저장소 자격증명을 외부화할 때 컨피그맵 대신 쿠버네티스 시크릿을 사용하려면 STS 디플로이먼트를 어떻게 업데이트해야 하는지 설명한다.

11.3.1 모든 컨테이너의 디폴트 토큰 시크릿

쿠버네티스는 자신이 생성한 파드의 개별 컨테이너에 시크릿을 프로비저닝provision하는데, 이를 **디폴트 토큰 시크릿**default token secret이라 부른다. 다음 kubectl 명령을 실행하면 디폴트 토큰 시크릿을 확인할 수 있다.

```
\> kubectl get secrets
```

```
NAME                      TYPE                                 DATA   AGE
default-token-l9fj8       kubernetes.io/service-account-token  3      10d
```

리스트 11.11은 디폴트 토큰 시크릿의 구조를 YAML 형식으로 보여준다. data 요소 하위의 이름/값 쌍은 base64로 인코딩한 자격증명을 전달한다. 디폴트 토큰 시크릿에는 ca.crt, namespace, token이라는 3개의 이름/값 쌍이 있는데 리스트 11.11을 통해 확인할 수 있다(ca.crt와 token은 값의 일부만 표기).

리스트 11.11 디폴트 쿠버네티스 시크릿

```
\> kubectl get secret default-token-l9fj8 -o yaml

apiVersion: v1
kind: Secret
metadata:
  annotations:
    kubernetes.io/service-account.name: default
    kubernetes.io/service-account.uid: ff3d13ba-d8ee-11e9-a88f-42010a8a01e4
  name: default-token-l9fj8
```

```
  namespace: default
type: kubernetes.io/service-account-token
data:
  ca.crt: LS0tLS1CRUdJTiBDRVJUSUZJQ...
  namespace: ZGVmYXVsdA==
  token: ZXlLaGJHY2lPaUpTVXpJMU5pSX…
```

ca.crt 값은 쿠버네티스 클러스터의 루트 인증서^root certificate다. 온라인 base64 디코더 (https://base64.guru/converter/decode/file) 같은 도구를 사용하면 인코딩한 값을 파일로 변환할 수 있는데, 변환하면 PEM 인코딩한 쿠버네티스 클러스터의 루트 인증서인 다음과 유사한 내용을 확인할 수 있다.

```
-----BEGIN CERTIFICATE-----
MIIDCzCCAfOgAwIBAgIQdzQ6l91oRfLI141a9hEPoTANBgkqhkiG9w0BAQsFADAv
MS0wKwYDVQQDEyRkMWJjZGU1MC1jNjNkLTQ5MWYtOTZlNi0wNTEwZDliOTI5ZTEw
HhcNMTkwOTE3MDA1ODI2WhcNMjQwOTE1MDE1ODI2WjAvMS0wKwYDVQQDEyRkMWJj
ZGU1MC1jNjNkLTQ5MWYtOTZlNi0wNTEwZDliOTI5ZTEwggEiMA0GCSqGSIb3DQEB
AQUAA4IBDwAwggEKAoIBAQChdg15gweIqZZraHBFH3sB9FKfv2lDZ03/MAq6ek3J
NJj+7huiJUy6PuP9t5rOiGU/JIvRI7iXipqc/JGMRjmMVwCmSv6D+5N8+JmvhZ4i
uzbjUOpiuyozRsmf3hzbwbcLbcA94Y1d+oK0TZ+lYs8XNhX0RCM+gDKryC5MeGnY
zqd+/MLS6zajG3qlGQAWn9XKClPpRDOJh5h/uNQs+r2Y9Uz4oi4shVUvXibwOHrh
0MpAt6BGujDMNDNRGH8/dK1CZ1EYJYoUaOTOeF21RSJ2y82AFS5eA17hSxY4j6x5
3ipQt1pe49j5m7QU5s/VoDGsBBge6vYd0AUL9y96xFUvAgMBAAGjIzAhMA4GA1Ud
DwEB/wQEAwICBDAPBgNVHRMBAf8EBTADAQH/MA0GCSqGSIb3DQEBCwUAA4IBAQB4
33lsGOSU2z6PKLdnZHrnnwZq44AH3CzCQ+M6cQPTU63XHXWcEQtxSDcjDTm1xZqR
qeoUcgCW4mBjdG4dMkQD+MuBUoGLQPkv5XsnlJg+4zRhKTD78PUEI5ZF8HBBX5Vt
+3IbrBelVhREuwDGClPmMR0/081ZlwLZFrbFRwRAZQmkEgCtfcOUGQ3+HLQw1U2P
xKFLx6ISUNSkPfO5pkBW6Tg3rJfQnfuKUPxUFI/3JUjXDzl2XLx7GFF1J4tW812A
T6WfgDvYS2Ld9o/rw3C036NtivdjGrnb2QqEosGeDPQOXs53sgFT8LPNkQ+f/8nn
G0Jk4TNzdxezmyyyvxh2
-----END CERTIFICATE-----
```

온라인 Report URI PEM 디코더(https://report-uri.com/home/pem_decoder) 같은 도구로 디코딩하면 다음과 유사한 결과를 얻을 수 있다.

```
Common Name: d1bcde50-c63d-491f-96e6-0510d9b929e1
Issuing Certificate: d1bcde50-c63d-491f-96e6-0510d9b929e1
Serial Number: 77343A97DD6845F2C8D78D5AF6110FA1
```

```
Signature: sha256WithRSAEncryption
Valid From: 00:58:26 17 Sep 2019
Valid To: 01:58:26 15 Sep 2024
Key Usage: Certificate Sign
Basic Constraints: CA:TRUE
```

리스트 11.11의 data 요소 하위의 token은 JWT(JWT에 대한 자세한 내용은 부록 B 참고)를 전
달한다. JWT는 base64로 인코딩되어 있어 온라인 base64 디코더(www.base64decode.
org)를 사용해 디코딩한 후 온라인 JWT 디코더(http://jwt.io)를 사용해 디코딩하면 다음
과 같은 원문을 확인할 수 있다.

```
{
  "iss": "kubernetes/serviceaccount",
  "kubernetes.io/serviceaccount/namespace": "default",
  "kubernetes.io/serviceaccount/secret.name": "default-token-l9fj8",
  "kubernetes.io/serviceaccount/service-account.name": "default",
  "kubernetes.io/serviceaccount/service-account.uid":
  "ff3d13ba-d8ee-11e9-a88f-42010a8a01e4",
  "sub": "system:serviceaccount:default:default"
}
```

쿠버네티스 파드의 개별 컨테이너는 자신의 컨테이너 파일시스템 내 /var/run/secrets/
kuberenetes.io/serviceaccount 디렉토리에서 JWT에 접근할 수 있고 컨테이너에서 쿠
버네티스 API 서버에 접근하려면 해당 JWT를 사용해 인증을 받아야 한다. 사실 이러한
JWT는 쿠버네티스 서비스 계정에 묶여 있는데 11.6절에서 서비스 계정에 대해 상세히
설명할 예정이다.

11.3.2 시크릿 사용을 위해 STS 업데이트

11.2절에서 설정 데이터 외부화 목적으로 컨피그맵을 사용하기 위해 STS 디플로이먼트
를 업데이트했고 키 저장소 자격증명도 시크릿이 아닌 컨피그맵을 사용했다. 11.3.2절에
서는 키 저장소 자격증명을 나타내는 데 시크릿을 사용할 수 있도록 STS 디플로이먼트를
업데이트할 예정이다. 우선 리스트 11.12처럼 시크릿 객체를 정의해야 한다. 시크릿 객

체 정의의 전체 내용은 chapter11/sample01 디렉토리의 sts.secrets.yaml 파일에서 확인할 수 있다.

리스트 11.12 키 저장소 자격증명을 전달하는 시크릿 객체의 정의

```
apiVersion: v1
kind: Secret
metadata:
  name: sts-keystore-secrets
stringData:
  KEYSTORE_PASSWORD: springboot
  JWT_KEYSTORE_PASSWORD: springboot
```

chapter11/sample01 디렉토리에서 다음 명령을 실행해 쿠버네티스 환경에서 시크릿을 생성해보자.

```
\> kubectl apply -f sts.secrets.yaml
```

```
secret/sts-keystore-secrets created
```

리스트 11.12에서는 stringData 요소 하위에 키 저장소 자격증명을 정의했는데, 자격증명을 data 요소 하위에 정의하는 것도 가능하며 리스트 11.16에 예제가 있다.

data 요소 하위에 자격증명을 정의하려면 값을 base64로 인코딩해야 한다. 개인키 같은 바이너리 자격증명을 사용하려면 data 요소를 사용해야 하고 텍스트 자격증명은 stringData 요소를 많이 사용한다. 주목해야 할 또 다른 중요한 점은 쿠버네티스가 stingData 요소를 쓰기 전용으로 설계했기 때문에 stringData로 정의한 시크릿을 조회하려고 할 경우 stringData 요소로 반환되는 게 아니라 base64 인코딩한 값으로 data 요소 하위에 반환된다는 것이다. 다음 kubectl 명령으로 리스트 11.12에서 생성한 시크릿 객체의 정의를 YAML 형식으로 나열할 수 있다.

```
\> kubectl get secret sts-keystore-secrets -o yaml
```

```
apiVersion: v1
kind: Secret
metadata:
```

```
    name: sts-keystore-secrets
data:
  KEYSTORE_PASSWORD: c3ByaW5nYm9vdA==
  JWT_KEYSTORE_PASSWORD: c3ByaW5nYm9vdA==
```

이제 생성한 시크릿 객체를 사용하도록 STS 디플로이먼트를 업데이트하는 방법을 살펴보자. STS 디플로이먼트의 업데이트한 YAML 설정은 chapter11/sample01 디렉토리의 sts.deployment.with.secrets.yaml 파일이다. 리스트 11.13은 시크릿 객체에서 키 저장소 자격증명을 읽고 환경 변수를 채우는 전체 STS 디플로이먼트 중 일부를 보여준다.

리스트 11.13 시크릿을 사용하는 STS 디플로이먼트 정의의 일부

```
env:
- name: KEYSTORE_SECRET
  valueFrom:
    secretKeyRef:
      name: sts-keystore-secrets
        key: KEYSTORE_PASSWORD
- name: JWT_KEYSTORE_SECRET
  valueFrom:
    secretKeyRef:
      name: sts-keystore-secrets
      key: JWT_KEYSTORE_PASSWORD
```

chapter11/sample01 디렉토리에서 다음 kubectl 명령을 실행해 STS 디플로이먼트를 업데이트하자.

```
\> kubectl apply -f sts.deployment.with.secrets.yaml
```

```
deployment.apps/sts-deployment configured
```

11.3.3 쿠버네티스가 시크릿을 저장하는 방법에 대한 이해

쿠버네티스가 시크릿을 내부적으로 처리하는 방법으로 인해 민감한 데이터를 저장하려면 컨피그맵이 아닌 시크릿을 선택해야 한다. 쿠버네티스는 시크릿으로 나타내는 민감한 데이터에 데이터가 필요한 파드에서만 접근할 수 있게 하고 이러한 경우에도 시크릿을 디스크가 아닌 메모리에만 보관한다. 쿠버네티스가 시크릿을 디스크에 기록하는 유일한 위치는 쿠버네티스 분산 키-값 저장소인 etcd에 모든 시크릿을 저장하는 마스터 노드뿐이며, 쿠버네티스 1.7 이후 버전부터 시크릿을 암호화해 저장하는 기능을 지원한다.

11.4 쿠버네티스에서 주문 처리 마이크로서비스 실행

11.4절에서는 쿠버네티스에 주문 처리 마이크로서비스를 배포한다. 그림 11.1처럼 주문 처리 마이크로서비스는 쿠버네티스에서 실행 중인 STS가 발급한 토큰을 신뢰한다. 클라이언트 애플리케이션이 JWT를 주문 처리 마이크로서비스에 전달하면 주문 처리 마이크로서비스는 JWT 서명 검증용 공개키를 검색하기 위해 STS와 통신하는데 이 통신이 주문 처리 마이크로서비스와 STS 간에 발생하는 유일한 통신이다. 실제로 주문 처리 마이크로서비스는 클라이언트 애플리케이션의 요청을 기다리는 게 아니라 시작 시점에 STS와 통신해 공개키를 가져와 메모리에 미리 저장한다.

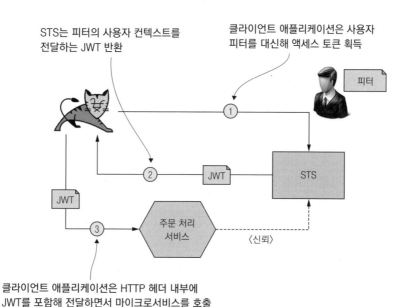

▲ 그림 11.1 STS는 JWT 액세스 토큰을 클라이언트 애플리케이션에 발급하고 클라이언트 애플리케이션은 사용자 피터를 대신해 마이크로서비스 접근 시 해당 토큰을 사용한다.

10장에서 주문 처리 마이크로서비스를 도커 컨테이너로 실행하는 방법을 설명했다. 10.4절에서 사용한 다음 도커 명령은 application.properties, 키 저장소(keystore.jks), 신뢰 저장소(trust-store.jks), 키 저장소 자격증명 및 신뢰 저장소 자격증명을 외부화한다. 명령을 지금 실행할 필요는 없고 명령을 실행하려면 10장의 절차를 따라야 한다.

```
\> export JKS_SOURCE="$(pwd)/keystores/keystore.jks"
\> export JKS_TARGET="/opt/keystore.jks"
\> export JWT_SOURCE="$(pwd)/keystores/jwt.jks"
\> export JWT_TARGET="/opt/jwt.jks"
\> export APP_SOURCE="$(pwd)/config/application.properties"
\> export APP_TARGET="/opt/application.properties"

\> docker run -p 8443:8443 \
--name sts --net manning-network \
--mount type=bind,source="$JKS_SOURCE",target="$JKS_TARGET" \
--mount type=bind,source="$JWT_SOURCE",target="$JWT_TARGET" \
--mount type=bind,source="$APP_SOURCE",target="$APP_TARGET" \
-e KEYSTORE_SECRET=springboot \
-e JWT_KEYSTORE_SECRET=springboot \
prabath/order-processing:v1
```

주문 처리 마이크로서비스를 쿠버네티스에 배포하려면 쿠버네티스 디플로이먼트와 서비스를 생성해야 하는데 이 작업은 이전에 쿠버네티스에서 STS를 배포할 때 했던 것과 유사하다.

11.4.1 주문 처리 마이크로서비스의 컨피그맵/시크릿 생성

11.4.1절에서는 application.properties 파일, 2개의 키 저장소(keystore.jks, trust-store. jks)를 외부화하기 위한 3개의 컨피그맵과 키 저장소 자격증명을 외부화하기 위한 시크릿을 생성한다. 리스트 11.14는 application.properties 파일의 컨피그맵 정의를 보여준다. 리스트 11.14에서 security.oauth2.resource.jwt.key-uri의 값은 STS 엔드포인트를 전달하는데, sts-service란 호스트명은 STS로 사용하려고 생성한 쿠버네티스 서비스의 이름이다.

```
apiVersion: v1
kind: ConfigMap
metadata:
  name: orders-application-properties-config-map
data:
  application.properties: |
    [
      server.port: 8443
      server.ssl.key-store: /opt/keystore.jks
      server.ssl.key-store-password: ${KEYSTORE_SECRET}
      server.ssl.keyAlias: spring
      server.ssl.trust-store: /opt/trust-store.jks
      server.ssl.trust-store-password: ${TRUSTSTORE_SECRET}
      security.oauth2.resource.jwt.key-uri: https://sts-service/oauth/
      token_key
      inventory.service: https://inventory-service/inventory
      logging.level.org.springframework=DEBUG
      logging.level.root=DEBUG
    ]
```

리스트 11.15는 keystore.jks 및 trust-store.jks 파일의 컨피그맵 정의를 보여준다. 컨피그맵 정의에 있는 개별 binaryData 요소는 base64 인코딩한 키 저장소 파일의 텍스트를 전달한다.

```
apiVersion: v1
kind: ConfigMap
metadata:
  name: orders-keystore-config-map
binaryData:
  keystore.jks: [base64-encoded-text]
---
apiVersion: v1
kind: ConfigMap
metadata:
  name: orders-truststore-config-map
binaryData:
  trust-store.jks: [base64-encoded-text]
```

리스트 11.16은 keystore.jks, trust-store.jks 파일 내 자격증명의 시크릿 정의를 보여준다. data 요소 하위의 개별 키들의 값은 base64 인코딩한 자격증명의 텍스트를 전달한다. 맥OS, 리눅스 터미널에서 다음 명령을 실행하면 전달한 텍스트의 base64 인코딩한 값을 생성할 수 있다.

```
\> echo -n "springboot" | base64
```

```
c3ByaW5nYm9vdA==
```

리스트 11.16 키 저장소 자격증명 시크릿

```
apiVersion: v1
kind: Secret
metadata:
  name: orders-key-credentials
type: Opaque
data:
  KEYSTORE_PASSWORD: c3ByaW5nYm9vdA==
  TRUSTSTORE_PASSWORD: c3ByaW5nYm9vdA==
```

11.4.1절에서 설명한 모든 컨피그맵과 시크릿 정의는 chapter11/sample02 디렉토리의 order.processing.configuration.yaml 파일에 있다. chapter11/sample02 디렉토리에서 다음 kubectl 명령을 실행해 쿠버네티스 환경의 컨피그맵과 시크릿 객체를 생성할 수 있다.

```
\> kubectl apply -f order.processing.configuration.yaml
```

```
configmap/orders-application-properties-config-map created
configmap/orders-keystore-config-map created
configmap/orders-truststore-config-map created
secret/orders-key-credentials created
```

다음 kubectl 명령은 쿠버네티스 클러스터 내 현재 네임스페이스의 사용 가능한 모든 컨피그맵과 시크릿 객체 목록을 출력한다.

```
\> kubectl get configmaps

NAME                                        DATA   AGE
orders-application-properties-config-map    1      50s
orders-keystore-config-map                  0      50s
orders-truststore-config-map                0      50s

\> kubectl get secrets

NAME                      DATA   AGE
orders-key-credentials    2      50s
```

11.4.2 주문 처리 마이크로서비스의 디플로이먼트 생성

11.4.2절에서는 chapter11/sample02 디렉토리 내 order.processing.deployment. with.configmap.yaml 파일에 정의한 주문 처리 마이크로서비스의 쿠버네티스 디폴로 이먼트를 생성한다. chapter11/sample02 디렉토리에서 다음 kubectl 명령을 실행해 쿠 버네티스 디플로이먼트를 생성할 수 있다.

```
\>kubectl apply -f order.processing.deployment.with.configmap.yaml

deployment.apps/orders-deployment created
```

11.4.3 주문 처리 마이크로서비스의 서비스 생성

11.4.2절에서 생성한 주문 처리 마이크로서비스의 쿠버네티스 디플로이먼트를 노출하려면 쿠버네티스 서비스까지 생성해야 한다. YAML 형식으로 작성한 서비스 정의는 chapter11/ sample02 디렉토리의 order.processing.service.yml 파일에서 확인할 수 있다. chapter11/sample02 디렉토리에서 다음 kubectl 명령을 실행해 쿠버네티스 서비스를 생성하자.

```
\> kubectl apply -f order.processing.service.yml

service/orders-service created
```

다음 명령을 사용해 쿠버네티스 클러스터 내 현재 네임스페이스의 모든 서비스를 확인해 보자. 쿠버네티스가 방금 생성한 order-service에 외부 IP 주소를 할당하려면 시간이 조금 걸리기 때문에 몇 분 후에 서비스에 할당한 외부 IP 주소를 포함한 다음과 같은 출력을 확인할 수 있다. 외부 IP 주소가 주문 처리 마이크로서비스에 접근할 때 사용해야 하는 IP 주소다.

```
\> kubectl get services

NAME            TYPE          CLUSTER-IP      EXTERNAL-IP    PORT(S)         AGE
kubernetes      ClusterIP     10.39.240.1     <none>         443/T           5d21h
orders-service  LoadBalancer  10.39.249.66    35.247.11.161  443:32401/TCP   72s
sts-service     LoadBalancer  10.39.255.168   34.83.188.72   443:31749/TCP 8m39s
```

11장에서 생성한 STS와 주문 처리 마이크로서비스로 사용할 쿠버네티스 서비스들은 로드밸런서 유형이다. 로드밸런서 유형의 서비스가 작동하도록 쿠버네티스는 외부 로드밸런서를 사용한다. 11장의 예제들은 구글 쿠버네티스 엔진에서 실행하기 때문에 구글 쿠버네티스 엔진이 외부 로드밸런서를 제공한다.

11.4.4 종단 간 흐름 테스트

11.4.4절에서는 종단 간 흐름(그림 11.2 참고. 그림 11.1과 동일한 내용이지만 편의를 위해 반복)을 테스트한다. 가장 먼저 STS에서 토큰을 얻어 주문 처리 마이크로서비스에 접근하는 데 사용해야 한다. 이제 쿠버네티스에서 실행 중인 2개의 마이크로서비스가 있다. 로컬 시스템에서 다음 curl 명령을 사용해 STS에서 토큰을 얻어보자. 명령 실행 시 STS의 정확한 외부 IP를 사용하는지 확인해야 한다.

```
\> curl -v -X POST --basic -u applicationid:applicationsecret \
-H "Content-Type: application/x-www-form-urlencoded;charset=UTF-8" \
-k -d "grant_type=password&username=peter&password=peter123&scope=foo" \
https://34.83.188.72/oauth/token
```

위 명령에서 applicationid는 웹 애플리케이션의 클라이언트 ID이고, applicationsecret은 클라이언트 시크릿이다. 명령을 성공적으로 실행하면 STS는 JWT(정확하게는 JWS)인

OAuth 2.0 액세스 토큰을 반환한다.

{
"access_token":"eyJhbGciOiJSUzI1NiIsInR5cCI6IkpXVCJ9.eyJleHAiOjE1NTEzMTIzNz
YsInVzZXJfbmFtZSI6InBldGVyIiwiYXV0aG9yaXRpZXMiOlsiUk9MRV9VU0VSIl0sImp0aSI6I
jRkMmJiNjQ4LTQ2MWQtNGVlYy1hZTljLTVlYWUxZjA4ZTJhMiIsImNsaWVudF9pZCI6ImFwcGxp
Y2F0aW9uIiwiCjzY29wZSI6WyJmb28iXX0.tr4yUmGLtsH7q9Ge2i7gxyTsOOa0RS0Yoc2uBuA
W5OVIKZcVsIITWV3bDN0FVHBzimpAPy33tvicFROhBFoVThqKXzzG00SkURN5bnQ4uFLAP0NpZ6
BuDjvVmwXNXrQp2lVX14lQ4eTvuyZozjUSCXzCI1LNw5EFFi22J73g1_mRm2jdEhBp1TvMaRKLB
Dk2hzIDVKzu5oj_gODBFm3a1S-IJjYoCimIm2igcesXkhipRJtjNcrJSegBbGgyXHVak2gB7I07
ryVwl_Re5yX4sV9x6xNwCxc_DgP9hHLzPM8yz_K97jlT6Rr1XZBlveyjfKs_XIXgU5qizRm9mt5
xg",
"token_type":"bearer",
"refresh_token":"",
"expires_in":5999,
"scope":"foo",
"jti":"4d2bb648-461d-4eec-ae9c-5eae1f08e2a2"
}

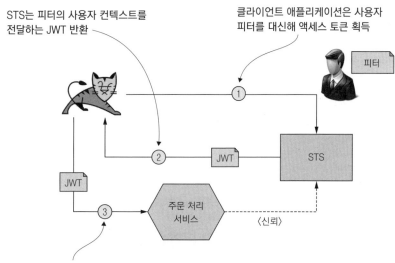

STS는 피터의 사용자 컨텍스트를
전달하는 JWT 반환

클라이언트 애플리케이션은 사용자
피터를 대신해 액세스 토큰 획득

피터

JWT

STS

JWT

주문 처리
서비스

〈신뢰〉

클라이언트 애플리케이션은 HTTP 헤더 내부에
JWT를 포함해 전달하면서 마이크로서비스를 호출

▲ **그림 11.2** STS는 JWT 액세스 토큰을 클라이언트 애플리케이션에 발급하고 클라이언트 애플리케이션은 사용자 피터를 대신해 마이크로서비스 접근 시 해당 토큰을 사용한다.

이제 이전 curl 명령에서 획득한 JWT를 HTTP Authorization: Bearer 헤더에 포함하고 curl 명령으로 주문 처리 마이크로서비스를 호출하자. JWT가 다소 길기 때문에 curl 명령을 실행할 때 도움이 되는 팁을 알려주자면, JWT를 환경 변수(TOKEN)로 export 하고 주문 처리 마이크로서비스 요청 시 해당 환경 변수를 사용하는 방법이 있다.

```
\> export TOKEN=jwt_access_token
\> curl -k -H "Authorization: Bearer $TOKEN" \
https://35.247.11.161/orders/11

{
  "customer_id":"101021",
  "order_id":"11",
  "payment_method":{
    "card_type":"VISA",
    "expiration":"01/22",
    "name":"John Doe",
    "billing_address":"201, 1st Street, San Jose, CA"
  },
  "items":[
  {
    "code":"101",
    "qty":1
  },
  {
    "code":"103",
    "qty":5
  }
  ],
  "shipping_address":"201, 1st Street, San Jose, CA"
}
```

11.5 쿠버네티스에서 재고 마이크로서비스 실행

11.5절에서는 재고 마이크로서비스를 쿠버네티스 환경에 도입하고 서비스 간 통신이 작동하는 방법을 설명한다(그림 11.3 참고). STS에서 획득한 JWT를 사용해 주문 처리 마이크로서비스를 호출할 때 주문 처리 마이크로서비스는 내부적으로 재고 마이크로서비스와 통신한다.

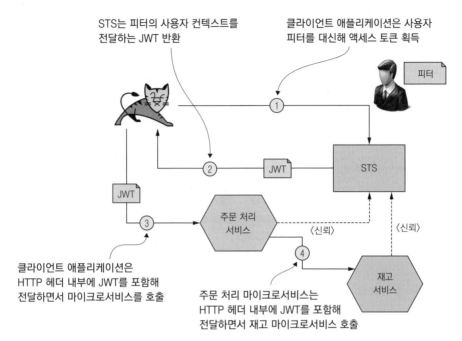

STS는 피터의 사용자 컨텍스트를
전달하는 JWT 반환

클라이언트 애플리케이션은 사용자
피터를 대신해 액세스 토큰 획득

피터

① STS

② JWT

JWT

③ 주문 처리
서비스 〈신뢰〉 〈신뢰〉

④ 재고
서비스

클라이언트 애플리케이션은
HTTP 헤더 내부에 JWT를 포함해
전달하면서 마이크로서비스를 호출

주문 처리 마이크로서비스는
HTTP 헤더 내부에 JWT를 포함해
전달하면서 재고 마이크로서비스 호출

▲ **그림 11.3** STS가 클라이언트 애플리케이션에 JWT 액세스 토큰을 발급하면 클라이언트 애플리케이션은 사용자 피터를 대신해 해당 토큰을 주문 처리 마이크로서비스 접근에 사용한다. 주문 처리 마이크로서비스는 클라이언트 애플리케이션에서 획득한 동일한 JWT를 재고 마이크로서비스 접근에 사용한다.

쿠버네티스에 재고 마이크로서비스를 배포하는 절차는 주문 처리 마이크로서비스 배포 절차와 유사하기 때문에 상세히 다루지 않는다. 가장 중요한 한 가지 차이점은 재고 마이크로서비스는 외부 클라이언트 애플리케이션이 직접 접근할 필요가 없기 때문에 쿠버네티스 서비스 유형을 클러스터 IP로 생성한다는 점이다.

chapter11/sample03 디렉토리에서 다음 kubectl 명령을 실행해 재고 마이크로서비스를 위한 쿠버네티스 디플로이먼트를 생성하자. 명령을 실행하면 컨피그맵, 시크릿, 디플로이먼트 및 서비스 집합을 만든다.

```
\> kubectl apply -f .
```

```
configmap/inventory-application-properties-config-map created
configmap/inventory-keystore-config-map created
configmap/inventory-truststore-config-map created
secret/inventory-key-credentials created
```

```
deployment.apps/inventory-deployment created
service/inventory-service created
```

다음 명령을 사용해 쿠버네티스 클러스터 내 현재 네임스페이스의 모든 서비스를 확인해보자. 재고 마이크로서비스는 클러스터 IP 유형의 서비스이기 때문에 외부 IP 주소를 찾을 수 없다.

```
\> kubectl get services

NAME               TYPE         CLUSTER-IP     EXTERNAL-IP    PORT(S)
inventory-service  ClusterIP    10.39.251.182  <none>         443/TCP
orders-service     LoadBalancer 10.39.245.40   35.247.11.161  443:32078/TCP
sts-service        LoadBalancer 10.39.252.24   34.83.188.72   443:30288/TCP
```

이제 종단 간 흐름을 테스트해볼 텐데(그림 11.3 참고). 가장 먼저 STS에서 토큰을 얻어 주문 처리 마이크로서비스에 접근하는 데 사용해야 한다. 이제 쿠버네티스에서 실행 중인 3개의 마이크로서비스가 있다. 로컬 시스템에서 다음 curl 명령을 사용해 STS에서 토큰을 얻어보자. 명령 실행 시 STS의 정확한 외부 IP를 사용하는지 확인해야 한다.

```
\> curl -v -X POST --basic -u applicationid:applicationsecret \
-H "Content-Type: application/x-www-form-urlencoded;charset=UTF-8" \
-k -d "grant_type=password&username=peter&password=peter123&scope=foo" \
https://34.83.188.72/oauth/token
```

위 명령에서 applicationid는 웹 애플리케이션의 클라이언트 ID이고, applicationsecret은 클라이언트 시크릿이다. 명령을 성공적으로 실행하면 STS는 JWT(정확하게는 JWS)인 OAuth 2.0 액세스 토큰을 반환한다.

```
{
"access_token":"eyJhbGciOiJSUzI1NiIsInR5cCI6IkpXVCJ9.eyJleHAiOjE1NTEzMTIzNz
YsInVzZXJfbmFtZSI6InBldGVyIiwiYXV0aG9yaXRpZXMiOlsiUk9MRV9VU0VSIl0sImp0aSI6I
jRkMmJiNjQ4LTQ2MWQtNGVlYy1hZTljLTVlYWUxZjA4ZTJhMiIsImNsaWVudF9pZCI6ImFwcGxp
Y2F0aW9uaWQiLCJzY29wZSI6WyJmb28iXX0.tr4yUmGLtsH7q9Ge2i7gxyTsOOa0RS0Yoc2uBuA
W5OVIKZcVsIITWV3bDN0FVHBzimpAPy33tvicFROhBFoVThqKXzzG00SkURN5bnQ4uFLAP0NpZ6
BuDjvVmwXNXrQp2lVXl4lQ4eTvuyZozjUSCXzCI1LNw5EFFi22J73g1_mRm2jdEhBp1TvMaRKLB
286 CHAPTER 11 Securing microservices on Kubernetes
Dk2hzIDVKzu5oj_gODBFm3a1S-IJjYoCimIm2igcesXkhipRJtjNcrJSegBbGgyXHVak2gB7I07
```

ryVwl_Re5yX4sV9x6xNwCxc_DgP9hHLzPM8yz_K97jlT6Rr1XZBlveyjfKs_XIXgU5qizRm9mt5
xg",
"token_type":"bearer",
"refresh_token":"",
"expires_in":5999,
"scope":"foo",
"jti":"4d2bb648-461d-4eec-ae9c-5eae1f08e2a2"
}

이제 이전 curl 명령에서 획득한 JWT를 HTTP Authorization: Bearer 헤더에 포함하고
curl 명령으로 주문 처리 마이크로서비스를 호출하자. JWT가 다소 길기 때문에 JWT를
환경 변수(TOKEN)로 export 하고 주문 처리 마이크로서비스 요청 시 해당 환경 변수를 사용
하는 방법이 있다.

```
\> export TOKEN=jwt_access_token
\> curl -v -k https://35.247.11.161/orders \
-H "Authorization: Bearer $TOKEN" \
-H "Content-Type: application/json" \
-d @- << EOF
{ "customer_id":"101021",
  "payment_method":{
    "card_type":"VISA",
    "expiration":"01/22",
    "name":"John Doe",
    "billing_address":"201, 1st Street, San Jose, CA"
  },
  "items":[
    {
      "code":"101",
      "qty":1
    },
    {
      "code":"103",
      "qty":5
    }
  ],
  "shipping_address":"201, 1st Street, San Jose, CA"
}
EOF
```

이전 명령에서 주문 처리 마이크로서비스가 재고 마이크로서비스와 통신할 수 있도록 주문 처리 마이크로서비스와 통신에 HTTP POST 메소드를 사용했다. 요청에 대한 응답은 JSON 페이로드를 포함하지 않고 HTTP 응답 상태 코드 201을 반환한다. 주문 처리 마이크로서비스가 재고 마이크로서비스와 통신할 때 재고 마이크로서비스는 상품^{item} 코드들을 로그에 출력한다. 재고 마이크로서비스에 해당하는 파드 이름을 포함해 다음 명령을 실행하면 로그를 추적할 수 있다.

```
\> kubectl logs inventory-deployment-f7b8b99c7-4t56b --follow
```

11.6 쿠버네티스 서비스 계정 사용

쿠버네티스는 인증과 인가에 사용자 계정과 서비스 계정이라는 두 가지 유형의 계정을 사용한다. 서비스 계정과 달리 사용자 계정은 쿠버네티스에서 생성하거나 관리하지 않는다. 11.6절에서는 쿠버네티스가 서비스 계정을 관리하고 파드에 연결하는 방법을 설명한다.

부록 J에서는 쿠버네티스의 고수준 아키텍처와 쿠버네티스 노드가 API 서버와 통신하는 방법을 설명한다. 쿠버네티스는 파드가 API 서버로부터 인증을 받으려고 할 때 서비스 계정을 사용한다. 서비스 계정은 파드에 신원을 제공하고 쿠버네티스는 서비스 어카운트 ServiceAccount 객체를 사용해 서비스 계정을 나타낸다. 다음 명령을 사용해 쿠버네티스 클러스터 내 현재 네임스페이스의 모든 서비스 계정을 나열해보자.

```
\> kubectl get serviceaccounts

NAME      SECRETS   AGE
default   1         11d
```

기본적으로 쿠버네티스는 쿠버네티스 클러스터를 생성할 때 default 네임스페이스에서 사용할 서비스 계정도 생성한다. 다음 kubectl 명령을 사용하면 default 서비스 계정에 대한 상세 정보를 YAML 형식으로 나열해준다. default 서비스 계정이 11.3.1절에서 설명한 디폴트 토큰 시크릿에 바인딩되어 있음을 알 수 있다.

```
\> kubectl get serviceaccount default -o yaml

apiVersion: v1
kind: ServiceAccount
metadata:
  creationTimestamp: "2019-09-17T02:01:00Z"
  name: default
  namespace: default
  resourceVersion: "279"
  selfLink: /api/v1/namespaces/default/serviceaccounts/default
  uid: ff3d13ba-d8ee-11e9-a88f-42010a8a01e4
secrets:
- name: default-token-19fj8
```

쿠버네티스는 파드별로 서비스 계정을 할당한다. 동일한 서비스 계정을 여러 파드에 할당할 수는 있지만 하나의 파드가 여러 서비스 계정을 할당받을 수는 없다(그림 11.4 참고). 예를 들어 쿠버네티스는 쿠버네티스 네임스페이스를 생성할 때 기본적으로 서비스 계정을 생성하는데, 특정 서비스 계정으로 파드를 생성하지 않는 한 해당 서비스 계정은 동일한 네임스페이스에서 생성된 모든 파드에 할당된다. 개별 네임스페이스 하위에는 default라고 불리는 서비스 계정이 있다.

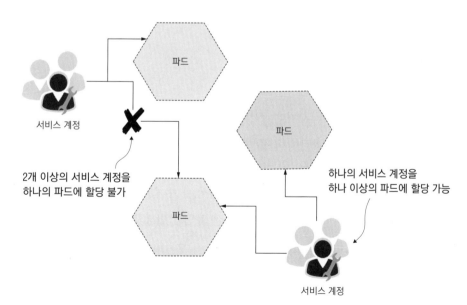

▲ **그림 11.4** 쿠버네티스 서비스 계정은 여러 파드에 할당할 수 있지만 파드는 하나의 서비스 계정만 할당받을 수 있다.

11.6.1 서비스 계정 생성 및 파드와 계정 연결

11.6.1절에서는 ecomm이란 서비스 계정을 생성하고 해당 계정을 사용하도록 STS 디플로이먼트를 업데이트한다. STS 디플로이먼트에서 실행 중인 모든 파드를 ecomm 서비스 계정으로 실행하려 한다. 다음 kubectl 명령을 사용해 서비스 계정 ecomm을 생성하자.

```
\> kubectl create serviceaccount ecomm

serviceaccount/ecomm created
```

서비스 계정을 생성할 때 쿠버네티스는 토큰 시크릿까지 생성해 서비스 계정에 연결한다. STS 디플로이먼트를 ecomm 서비스 계정으로 실행하도록 업데이트할 때 STS 디플로이먼트의 모든 파드는 토큰 시크릿을 사용해 API 서버로부터 인증을 받을 수 있다. 다음 명령은 서비스 계정 ecomm의 상세 정보를 YAML 형식으로 보여준다.

```
\> kubectl get serviceaccount ecomm -o yaml

apiVersion: v1
kind: ServiceAccount
metadata:
  name: ecomm
  namespace: default
secrets:
- name: ecomm-token-92p7g
```

이제 STS 디플로이먼트에서 ecomm 서비스 계정을 사용하도록 설정하자. 업데이트한 STS 디플로이먼트의 전체 정의는 chapter11/sample01 디렉토리의 sts.deployment. with.service.account.yaml 파일에 있다. 11.3.2절에서 생성한 STS 디플로이먼트의 앞부분에 변경한 내용을 포함한다. 리스트 11.17에서 볼 수 있듯이 serviceAccountName 요소를 디플로이먼트의 spec 요소 하위에 추가한 게 유일한 변경사항이다.

리스트 11.17 파드에 서비스 계정 연결

```
spec:
  serviceAccountName: ecomm
  containers:
```

```
  - name: sts
    image: prabath/secure-sts-ch10:v1
    imagePullPolicy: Always
    ports:
    - containerPort: 8443
```

chapter11/sample01 디렉토리에서 다음 명령을 사용해 STS 디플로이먼트를 업데이트 하자.

```
\> kubectl apply -f sts.deployment.with.service.account.yaml
```

```
deployment.apps/sts-deployment configured
```

STS 디플로이먼트 하위에 생성한 파드 쿠버네티스를 대상으로 kubectl describe pod 명 령을 실행하면 해당 파드가 쿠버네티스에서 자동으로 생성한 ecomm 서비스 계정의 토 큰 시크릿을 사용함을 알 수 있다.

11.6.2 사용자 지정 서비스 계정으로 파드 실행 시 이점

디플로이먼트의 파드 spec 요소 하위(리스트 11.17 참고)에 서비스 계정을 나열하지 않으면 쿠버네티스는 해당하는 쿠버네티스 네임스페이스 하위에 생성된 동일한 default 서비스 계정으로 모든 파드를 실행한다.[5]

> |참고| 개별 파드나 파드 그룹별로 다른 서비스 계정을 사용하면 파드가 쿠버네티스 API 서버에서 수행할 수 있는 작업을 분리하고 파드 간 통신에 세분화된 접근 제어를 적용하는 데 도움을 준다.

파드나 파드 그룹별로 다른 서비스 계정을 사용하는 건 쿠버네티스 디플로이먼트에서 따라야 하는 보안 모범 사례 중 하나다. 다시 말하지만, 파드별로 다른 서비스 계정이 있더라도 API 서버에서 인가 여부를 확인하지 않으면 의미가 없다. 기본적으로 구글 쿠버네티스 엔신은 역할 기반 접근 제어를 활성화한다.

---

5   쿠버네티스 디플로이먼트 객체의 파드 spec 요소는 해당 파드의 파라미터를 정의한다.

쿠버네티스 클러스터가 인가 여부를 확인하지 않는 경우 다른 옵션이 있다. 파드가 API 서버와 일절 통신하지 않도록 하려면 해당 파드에 디폴트 토큰 시크릿을 프로비저닝하지 않도록 쿠버네티스에게 요청할 수 있고 토큰 시크릿이 없으면 어떠한 파드도 API 서버와 통신할 수 없다. 디폴트 토큰 프로비저닝을 비활성화하려면 디플로이먼트의 파드 spec 요소 하위(리스트 11.17 참고)에 automountServiceAccountToken 값을 false로 설정해야 한다.

11.7 쿠버네티스에서 역할 기반 접근 제어 사용

쿠버네티스의 **역할 기반 접근 제어**^{RBAC, role-based access control}는 쿠버네티스 클러스터에서 사용자나 서비스가 할 수 있는 작업을 정의한다. 일반적으로 **역할**^{role}은 권한이나 능력의 집합을 정의하는데, 쿠버네티스는 롤^{Role}과 클러스터롤^{ClusterRole}이라는 두 가지 유형의 객체가 있다. 롤 객체는 네임스페이스 내의 쿠버네티스 리소스와 관련된 능력을, 클러스터롤은 쿠버네티스 클러스터 수준의 능력을 나타낸다.

쿠버네티스는 한 명 이상의 사용자에게 역할을 바인딩할 수 있도록 롤바인딩^{RoleBinding}과 클러스터롤바인딩^{ClusterRoleBinding}이란 두 가지 유형의 바인딩을 정의한다. 롤바인딩 객체는 네임스페이스 리소스나 롤을 사용자나 서비스 집합에 바인딩하는 것을 나타낸다. 클러스터롤바인딩 객체는 클러스터 수준의 리소스를 사용자나 서비스 집합에 바인딩하는 것을 나타낸다. kubectl get clusterroles 명령을 사용해 쿠버네티스 환경에서 사용 가능한 모든 클러스터롤을 나열해보자. 명령 실행 결과는 구글 쿠버네티스 엔진에서 디폴트로 사용 가능한 클러스터롤의 일부를 보여준다.

```
\> kubectl get clusterroles

NAME                                          AGE
admin                                         12d
cloud-provider                                12d
cluster-admin                                 12d
edit                                          12d
gce:beta:kubelet-certificate-bootstrap        12d
gce:beta:kubelet-certificate-rotation         12d
gce:cloud-provider                            12d
```

```
kubelet-api-admin                    12d
system:aggregate-to-admin            12d
system:aggregate-to-edit             12d
system:aggregate-to-view             12d
```

다음 kubectl 명령을 사용하면 파라미터로 전달한 클러스터롤의 권한을 확인할 수 있다. YAML 형식의 명령 실행 결과는 cluster-admin 역할이 API 그룹에 속한 리소스에 대한 모든 작업을 수행할 수 있음을 보여준다. 실제로 cluster-admin 역할은 쿠버네티스 클러스터에 대한 모든 권한을 갖는다.

```
\> kubectl get clusterrole cluster-admin -o yaml

apiVersion: rbac.authorization.k8s.io/v1
kind: ClusterRole
Using role-based access control in Kubernetes 291
metadata:
  annotations:
    rbac.authorization.kubernetes.io/autoupdate: "true"
  labels:
    kubernetes.io/bootstrapping: rbac-defaults
  name: cluster-admin
rules:
- apiGroups:
  - '*'
  resources:
  - '*'
  verbs:
  - '*'
- nonResourceURLs:
  - '*'
  verbs:
  - '*'
```

다음 명령을 실행해 쿠버네티스 환경에서 사용 가능한 모든 클러스터롤바인딩을 나열해 보자. 명령 실행 결과는 구글 쿠버네티스 엔진에서 디폴트로 사용 가능한 클러스터롤바인딩의 일부를 보여준다.

```
\> kubectl get clusterrolebinding

NAME                                                AGE
cluster-admin                                       12d
event-exporter-rb                                   12d
gce:beta:kubelet-certificate-bootstrap             12d
gce:beta:kubelet-certificate-rotation              12d
gce:cloud-provider                                  12d
heapster-binding                                    12d
kube-apiserver-kubelet-api-admin                    12d
kubelet-bootstrap                                   12d
```

다음 kubectl 명령을 사용해 클러스터롤바인딩에 연결된 사용자와 서비스를 확인해보자. YAML 형식의 명령 실행 결과는 roleRef 영역의 하위에서 cluster-admin 역할이 cluster-admin 클러스터롤을 참조하고 subjects 영역 하위에서 system:masters 그룹이 역할 바인딩의 일부임을 보여준다. 다시 말해, cluster-admin 클러스터롤바인딩은 system:masters 그룹을 cluster-admin 클러스터롤에 바인딩하므로 system:masters 그룹 구성원은 쿠버네티스 클러스터에 대한 모든 권한을 갖는다.

```
\> kubectl get clusterrolebinding cluster-admin -o yaml

apiVersion: rbac.authorization.k8s.io/v1
kind: ClusterRoleBinding
metadata:
  annotations:
    rbac.authorization.kubernetes.io/autoupdate: "true"
  labels:
    kubernetes.io/bootstrapping: rbac-defaults
  name: cluster-admin
roleRef:
  apiGroup: rbac.authorization.k8s.io
  kind: ClusterRole
  name: cluster-admin
subjects:
- apiGroup: rbac.authorization.k8s.io
  kind: Group
  name: system:masters
```

11.5절에서 설명한 것처럼 쿠버네티스는 사용자 계정과 서비스 계정이라는 두 가지 유형의 계정을 사용하는데, 사용자 계정은 쿠버네티스가 관리하지 않는다. 계정 외에도 **그룹**group을 사용해 사용자 계정과 서비스 계정을 모두 그룹화할 수 있고 예제에서는 system:masters라는 그룹을 사용한다.

쿠버네티스는 요청을 인증하고 승인하는 플러그인 아키텍처를 갖고 있다. 인증 플러그인이 요청을 인증 완료하면 해당 계정(사용자 계정 또는 서비스 계정)에 대한 사용자 이름과 그룹 정보를 인증 플러그인 체인에 반환한다. 인증 플러그인이 사용자의 그룹 정보를 찾는 방법은 플러그인 구현 방법에 따라 다르지만 쿠버네티스는 내부적으로 그룹 정보를 유지할 필요가 없다. 인증 플러그인은 모든 외부 소스에 연결해 계정과 그룹 매핑 정보를 찾을 수 있다. 말 나온 김에 설명을 좀 더 해보면 쿠버네티스는 서비스 계정을 대상으로 한 사전 정의된 그룹의 집합을 관리한다. 예를 들어, system:serviceaccounts:default 그룹은 default 네임스페이스 하위의 모든 서비스 계정을 가정한다.

쿠버네티스가 그룹을 사용하는 방법을 이해할 수 있도록 실용적인 예제를 살펴보자. 얼마 전 도커 데스크톱 개발자가 쿠버네티스 지원을 추가하기로 결정했을 때 해당 개발자들은 쿠버네티스 환경의 모든 서비스 계정을 클러스터 관리자cluster admin로 승격시키고 싶어 했고 이를 용이하게 하기 위해 cluster-admin 클러스터롤을 system:serviceaccounts 그룹에 바인딩하는 docker-for-desktop-binding이란 클러스터롤바인딩을 고안했다. system:serviceaccounts 그룹은 쿠버네티스 클러스터의 모든 시스템 계정이 구성원이라고 가정하는 쿠버네티스가 기본으로 제공하는 그룹이다. 다음은 docker-for-desktop-binding 클러스터롤바인딩의 정의를 보여준다.

```
apiVersion: rbac.authorization.k8s.io/v1
kind: ClusterRoleBinding
metadata:
  name: docker-for-desktop-binding
roleRef:
  apiGroup: rbac.authorization.k8s.io
  kind: ClusterRole
  name: cluster-admin
subjects:
```

```
  - apiGroup: rbac.authorization.k8s.io
    kind: Group
    name: system:serviceaccounts
```

11.7.1 STS에서 쿠버네티스 API 서버와 통신

예를 들어, API 서버와 통신해야 하는 STS가 필요하다고 가정해보자. STS 코드 자체에 통신 로직이 구현되어 있으면 이상적이겠지만, 이번 실습은 예시이기 때문에 STS를 실행하는 컨테이너에서 curl을 사용한다. 다음 kubectl 명령을 사용해 STS 파드의 셸에 직접 접근하자. 현재 개별 파드에는 1개의 컨테이너만 있기 때문에 파드 이름(sts-deployment-69b99fc78c-j76tl)을 사용할 수 있다.

```
\> kubectl -it exec sts-deployment-69b99fc78c-j76tl sh
#
```

명령을 실행하면 컨테이너 내에서 셸 프롬프트를 표시한다. 또한 11.6.1절을 따라 STS 디플로이먼트를 업데이트해 ecomm 서비스 계정으로 STS 디플로이먼트가 동작한다고 가정한다.

curl을 사용해 API 서버와 통신하길 원하기 때문에 우선 STS 컨테이너에서 다음 명령으로 curl을 설치해야 한다. 컨테이너는 변경할 수 없기 때문에 실습 중에 파드를 재시작하면 curl을 다시 설치해야 한다.

```
# apk add --update curl && rm -rf /var/cache/apk/*
```

API를 호출하려면 JWT인 디폴트 토큰 시크릿을 HTTP Authorization 헤더에 포함해 전달해야 한다. 다음 명령을 사용해 토큰 시크릿을 TOKEN 환경 변수에 export 하자. 앞서 언급했듯이 디폴트 토큰 시크릿은 모든 컨테이너의 /var/run/secrets/kubernetes.io/serviceaccount 디렉토리의 token 파일에서 확인할 수 있다.

```
# export TOKEN=$(cat /var/run/secrets/kubernetes.io/serviceaccount/token)
```

다음 curl 명령을 실행하면 쿠버네티스 API 서버와 통신해 현재 파드에 관한 모든 메타데이터를 나열하는데, TOKEN 환경 변수로 export 했던 디폴트 토큰 시크릿을 HTTP Authorization 헤더에 포함해 전달한다. 쿠버네티스는 파드 내부의 HOSTNAME 환경 변숫값을 해당 파드 이름으로 채우고 kubernetes.default.svc 호스트명을 쿠버네티스 컨트롤 플레인에서 실행 중인 API 서버의 IP 주소와 매핑한다.

```
# curl -k -v -H "Authorization: Bearer $TOKEN" \
https://kubernetes.default.svc/api/v1/namespaces/default/pods/$HOSTNAME
```

위 명령의 응답으로 API 서버는 HTTP 응답 상태 코드 403을 반환하는데, ecomm 서비스 계정이 API에 접근할 권한이 없음을 의미한다. 실제로는 ecomm 서비스 계정은 API 서버의 모든 API에 접근할 수 있는 권한이 없고 이는 구글 쿠버네티스 엔진의 디폴트 상태다. 쿠버네티스가 개별 네임스페이스에 대해 생성한 default 서비스 계정이나 사용자 지정 서비스 계정은 어떤 역할에도 연결되어 있지 않다.

11.7.2 서비스 계정을 클러스터롤과 연결

서비스 계정을 클러스터롤과 연결하면 클러스터롤에 승인된 특정 작업과 관련한 권한들이 서비스 계정에 부여된다. ecomm 서비스 계정을 클러스터롤과 연결하는 방법으로는 새로운 클러스터롤바인딩을 생성하는 방법과 기존 클러스터롤바인딩을 업데이트하는 방법이 있다. 11.7.2절에서는 구글 쿠버네티스 엔진에서 ecomm-cluster-admin이란 새로운 클러스터롤바인딩을 생성한다. ecomm-cluster-admin 클러스터롤바인딩의 정의는 chapter11/sample01 디렉토리 내 ecomm.clusterrole.binding.yaml 파일과 리스트 11.18에서 확인할 수 있다.

리스트 11.18 ecomm-cluster-admin의 정의

```
apiVersion: rbac.authorization.k8s.io/v1
kind: ClusterRoleBinding
metadata:
  labels:
    addonmanager.kubernetes.io/mode: Reconcile
```

```
    kubernetes.io/cluster-service: "true"
  name: ecomm-cluster-admin
roleRef:
  apiGroup: rbac.authorization.k8s.io
  kind: ClusterRole
  name: cluster-admin
subjects:
- kind: ServiceAccount
  namespace: default
  name: ecomm
```

chapter11/sample01 디렉토리에서 다음 명령을 사용해 새로운 클러스터롤로 쿠버네티스 환경을 업데이트하자.

```
\> kubectl apply -f ecomm.clusterrole.binding.yaml
```

```
clusterrolebinding.rbac.authorization.k8s.io/kube-apiserver-kubelet-api-admin
configured
```

이제 11.7.1절에서 했던 실습을 다시 해보면, 클러스터롤과 연결된 ecomm 서비스 계정이 파드에 관한 모든 메타데이터를 목록화할 권한이 있기 때문에 API 서버로부터 성공적인 응답을 받을 수 있다.

쿠버네티스 인가 모델에 대해 더 많이 알고 싶다면 https://kubernetes.io/docs/reference/access-authn-authz/authorization/ 온라인 문서를 참고하자.

요약

- 쿠버네티스는 컨피그맵을 사용해 컨테이너에서 실행하는 애플리케이션 코드에서 설정을 외부화하지만 민감한 데이터를 외부화하는 데는 적절한 방법이 아니다.
- 쿠버네티스 환경에서 민감한 데이터를 저장하는 이상적인 방법은 시크릿을 사용하는 것이다. 쿠버네티스는 암호화한 형태로 분산 키-값 저장소인 etcd에 시크릿값을 저장한다.

- 쿠버네티스는 시크릿을 사용하는 파드에만 시크릿을 전달하는데, 시크릿을 디스크에 기록하지 않고 메모리상에서만 유지한다.
- 기본적으로 쿠버네티스는 개별 파드에 JWT인 토큰 시크릿을 마운트한다. 파드는 디폴트 토큰 시크릿을 사용해 쿠버네티스 API 서버와 통신할 수 있다.
- 쿠버네티스는 사용자 계정과 서비스 계정이라는 두 종류의 계정이 있다. 서비스 계정과 달리 사용자 계정은 쿠버네티스에서 생성하거나 관리하지 않는다.
- 기본적으로 개별 파드는 서비스 계정(default)과 연결되고 개별 서비스 계정은 자신만의 토큰 시크릿을 갖는다.
- 파드나 파드 그룹별로 각기 다른 서비스 계정을 사용하는 것을 권장한다. 계정 분리는 쿠버네티스 디플로이먼트에서 항상 따라야 하는 보안 모범 사례 중 하나다.
- API 서버에 접근할 필요가 없는 파드가 있을 경우 해당 파드에는 토큰 시크릿을 프로비저닝하지 않는 게 좋다.
- 쿠버네티스는 API 서버로의 접근 제어를 적용하기 위해 롤/클러스터롤과 롤바인딩/클러스터롤바인딩 등을 사용한다.

12

이스티오 서비스 메시로 마이크로서비스 보호

12장에서 다루는 내용

- 이스티오 인그레스 게이트웨이에서 TLS 터미네이션
- mTLS로 이스티오 환경의 서비스 간 통신 보호
- JWT로 이스티오 환경의 서비스 간 통신 보호
- 이스티오로 역할 기반 접근 제어 적용
- 이스티오 배포 환경에서 키 관리

6장에서는 인증서로 서비스 간 통신을 보호하는 방법을 알아봤고, 7장에서는 주제를 확장해 JWT로 서비스 간 통신을 보호하는 방법까지 알아봤다. 10장과 11장에서는 쿠버네티스 환경에서 도커 컨테이너로 마이크로서비스 집합을 배포하고 mTLS와 JWT로 서비스 간 통신을 보호하는 방법을 설명했다. 그동안 다뤘던 서비스 간 통신을 보호하는 방안들에서는 개별 마이크로서비스가 스스로 보안 처리에 신경을 써야만 했다. 즉, 개별 마이크로서비스는 보안 처리를 할 수 있도록 일련의 스프링 부트 라이브러리를 내장했는데 이는 마이크로서비스가 하나의 특정 기능만 수행해야 한다는 마이크로서비스 아키텍처의 단일 책임 원칙 위반이다.

서비스 메시^{service mesh}는 마이크로서비스 아키텍처에서 단일 책임 원칙을 구현하고자 하는 점진적인 노력의 결과물이다. 실제로 서비스 메시는 부록 K에서 상세히 설명한 마이크로서비스 환경의 회복, 보안, 모니터링 가능성, 라우팅 제어에 대한 모범 사례를 구현할 수 있는 아키텍처 패턴이다. 이스티오는 마이크로서비스와 별도로 실행되고 마이크로서비스를 오가는 트래픽을 투명하게 가로채며 보안과 서비스 품질 제어까지 적용하는 **프로세스 외 서비스 메시**^{out-of-process service mesh} 구현이다.

> |**참고**| 서비스 메시 패턴이나 이스티오를 처음 접하는 경우 부록 K를 먼저 읽어보는 걸 권장한다. 12장은 서비스 메시 패턴과 이스티오를 이해하고 있고 부록 K의 모든 예제를 살펴봤다고 가정한다.

12장에서는 이스티오를 사용한 서비스 메시 아키텍처에 따라 6장과 7장에서 설명한 일부 예제를 다시 실행할 예정이다.

12.1 쿠버네티스 디플로이먼트 설정

12.1절에서는 11.5절과 유사한 쿠버네티스 디플로이먼트(그림 12.1 참고)를 설정할 예정인데, 주문 처리 및 재고 마이크로서비스에서 JWT 검증 역할과 mTLS를 제거한 것이 11.5절의 쿠버네티스 디플로이먼트와의 유일한 차이점이다. 또한 3개의 마이크로서비스 모두에서 TLS 지원을 제거했다(그림 12.1 참고). 쿠버네티스에 익숙하지 않거나 다뤄본 지 오래됐다면 쿠버네티스 기본을 설명한 부록 J를 참고하면 도움이 된다.

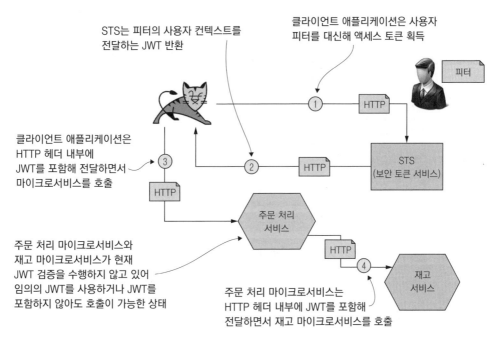

STS는 피터의 사용자 컨텍스트를
전달하는 JWT 반환

클라이언트 애플리케이션은 사용자
피터를 대신해 액세스 토큰 획득

피터

HTTP

STS
(보안 토큰 서비스)

클라이언트 애플리케이션은
HTTP 헤더 내부에
JWT를 포함해 전달하면서
마이크로서비스를 호출

HTTP

HTTP

주문 처리
서비스

HTTP

재고
서비스

주문 처리 마이크로서비스와
재고 마이크로서비스가 현재
JWT 검증을 수행하지 않고 있어
임의의 JWT를 사용하거나 JWT를
포함하지 않아도 호출이 가능한 상태

주문 처리 마이크로서비스는
HTTP 헤더 내부에 JWT를 포함해
전달하면서 재고 마이크로서비스를 호출

▲ **그림 12.1** STS는 클라이언트 애플리케이션에게 JWT 액세스 토큰을 발급하고 클라이언트 애플리케이션은 사용자 피터를 대신해 해당 토큰으로 주문 처리 마이크로서비스에 접근한다. 주문 처리 마이크로서비스는 클라이언트 애플리케이션에서 획득한, 동일한 JWT를 사용해 재고 마이크로서비스에 접근한다.

12.1.1 이스티오 자동삽입 활성화

배포 예정인 마이크로서비스에 이스티오 지원을 추가하려면(엔보이Envoy를 사이드카sidecar 프록시로 마이크로서비스 디플로이먼트에 자동삽입하려면) 다음과 같은 kubectl 명령을 실행해야 한다. 그림 12.2는 디플로이먼트의 구조에 대한 높은 수준의 이해를 제공한다. 다음 명령은 default 네임스페이스에 자동삽입을 활성화한다(부록 K에서 이스티오를 쿠버네티스에 설치하는 방법과 사이드카 자동삽입에 대해 상세히 설명한다). 구글 쿠버네티스 엔진GKE, Google Kubernetes Engine에서 새로운 쿠버네티스 클러스터를 사용한다면 클러스터에 이스티오 부가기능 사용을 활성화했는지 확인해야 한다(상세 내용은 부록 K 참고).

```
\> kubectl label namespace default istio-injection=enabled
```

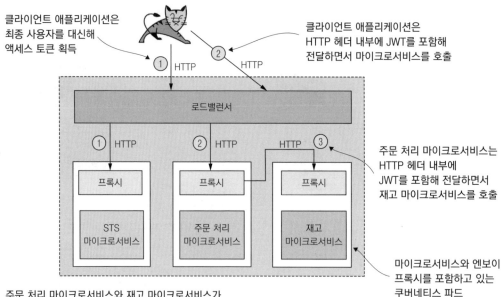

클라이언트 애플리케이션은
최종 사용자를 대신해
액세스 토큰 획득

클라이언트 애플리케이션은
HTTP 헤더 내부에 JWT를 포함해
전달하면서 마이크로서비스를 호출

주문 처리 마이크로서비스는
HTTP 헤더 내부에
JWT를 포함해 전달하면서
재고 마이크로서비스를 호출

마이크로서비스와 엔보이
프록시를 포함하고 있는
쿠버네티스 파드

주문 처리 마이크로서비스와 재고 마이크로서비스가
현재 JWT 검증을 수행하지 않고 있어 임의의 JWT를
사용하거나 JWT를 포함하지 않아도 호출이 가능한 상태

▲ **그림 12.2** 이스티오는 마이크로서비스를 전달하는 컨테이너와 엔보이 사이드카 프록시를 개별 파드에 도입한다.

12장의 예제 실습을 위해 구글 쿠버네티스 엔진에서 생성한 쿠버네티스 클러스터(부록 K 나 11장 참고)나 도커 데스크톱에서 실행되는 로컬 쿠버네티스 클러스터를 사용할 수 있다. 이 책을 쓰고 있는 시점에 구글 쿠버네티스 엔진의 최신 버전은 1.14.10-gke.27이고 해당 버전은 이스티오 1.2.10만 지원하는데, 이스티오 1.2.10은 2019년 12월에 출시한 버전으로 이 책을 쓰고 있는 시점에 최신 버전은 2020년 6월에 출시한 1.6.2다. 구글 쿠버네티스 엔진에서 최신 버전의 이스티오를 지원하는 데는 시간이 걸리기 때문에 이스티오 1.5.x 이상 버전에 도입한 새로운 기능을 구글 쿠버네티스 엔진에서는 테스트할 수 없다. 12장에서는 이스티오 1.5.0 버전에 도입한 새로운 보안 기능을 설명하는데, 이 책을 읽는 시점에도 구글 쿠버네티스 엔진이 이스티오 버전을 1.5.x로 업그레이드하지 않으면 실습을 위해 구글 쿠버네티스 엔진이 아닌 도커 데스크톱에 이스티오를 설치해야 한다. https://cloud.google.com/istio/docs/istio-on-gke/versions에서 구글 쿠버네티스 엔진과 이스티오의 버전 매핑 정보를 확인할 수 있다.

12.1.2 기존 작업 정리

부록 K나 11장 예제를 실행했다면 chapter12/sample01 디렉토리에서 다음 명령을 실행해 디플로이먼트를 정리하자(12장 실습을 위해 부록 K나 11장 예제를 필수적으로 실행해야 하는 건 아니다). 스크립트 실행 시 일부 리소스를 찾을 수 없다는 오류를 반환하더라도 무시하면 된다. 12장과 관련된 모든 소스 코드는 깃허브 저장소(https://github.com/microservices−security−in−action/samples)의 chapter12 디렉토리에서 확인할 수 있다. clean.sh 스크립트는 부록 K와 11장에서 생성한 모든 쿠버네티스 서비스, 디플로이먼트, 컨피그맵과 시크릿을 삭제한다.

```
\> sh clean.sh
```

12.1.3 마이크로서비스 배포

STS, 주문 처리 및 재고 마이크로서비스에 관한 쿠버네티스 디플로이먼트와 서비스를 생성하려면 chapter12/sample01 디렉토리에서 다음 명령을 실행해야 한다.

```
\> kubectl apply -f .

configmap/inventory-application-properties-config-map created
deployment.apps/inventory-deployment created
service/inventory-service created
configmap/orders-application-properties-config-map created
deployment.apps/orders-deployment created
service/orders-service created
configmap/sts-application-properties-config-map created
configmap/sts-jwt-keystore-config-map created
secret/sts-keystore-secrets created
deployment.apps/sts-deployment created
service/sts-service created
```

다음 명령을 실행해 환경을 확인해보자. 명령 실행 결과는 개별 마이크로서비스에 해당하는 3개의 파드를 표시한다. 개별 파드에는 2개의 컨테이너가 있는데, 하나는 마이크로서비스용이고 다른 하나는 엔보이 프록시용이다.

```
\> kubectl get pods

NAME                                      READY   STATUS      RESTARTS
inventory-deployment-7848664f49-x9z7h     2/2     Running     0
orders-deployment-7f5564c8d4-ttgb2        2/2     Running     0
sts-deployment-85cdd8c7cd-qk2c5           2/2     Running     0
```

다음으로 아래 명령을 실행해 사용 가능한 서비스를 나열해보면 로드밸런서 유형[1]의 orders-service와 sts-service가 있음을 알 수 있는데, 로드밸런서 유형이기 때문에 해당 서비스 2개는 클러스터 외부에서 접근이 가능하다. 인그레스[Ingress] 게이트웨이를 사용해 모든 트래픽이 해당 게이트웨이를 통과하도록 할 예정이므로 이스티오를 사용할 때 orders-service와 sts-service를 로드밸런서 유형의 서비스로 만들 필요는 없다. 로드밸런서 유형의 서비스가 있고 이스티오 인그레스 게이트웨이를 통해 해당 서비스를 노출한다면 마이크로서비스에 대한 2개의 진입점을 만드는 것이나 다름없어 서비스의 외부 IP 주소뿐만 아니라 이스티오 인그레스 게이트웨이의 IP 주소를 사용해 마이크로서비스에 접근할 수 있다.

```
\> kubectl get services

NAME               TYPE           CLUSTER-IP      EXTERNAL-IP      PORT(S)
inventory-service  ClusterIP      10.39.243.179   <none>          80/TCP
orders-service     LoadBalancer   10.39.242.8     35.247.11.161   80:32515/TCP
sts-service        LoadBalancer   10.39.243.231   35.199.169.214  80:31569/TCP
```

명령 실행 결과에서 PORT 컬럼을 보면 3개의 서비스가 모두 80 포트(TLS가 아닌 HTTP)에서 실행 중임을 알 수 있는데, 보안 관점에서 바람직하지 않아 12.2절에서 이스티오 인그레스 게이트웨이를 사용해 서비스들을 TLS로 보호하는 방법을 설명하고 또한 12.2절에서 orders-service, sts-service 서비스를 클러스터 IP 유형의 서비스로 재배포해 클러스터 외부에서 직접 접근할 수 없게 만들 예정이다.

---

1   쿠버네티스 서비스 유형에 익숙하지 않다면 부록 J를 참고하자.

12.1.4 주문 처리와 STS를 노드포트 서비스 유형으로 재배포

도커 데스크톱이나 미니쿠베에서 로컬 쿠버네티스 클러스터를 사용하는 경우에만 12.1.4절을 따라야 한다. 로컬 쿠버네티스 클러스터 환경의 로드밸런서 서비스 유형은 외부 로드밸런서가 없기 때문에 클러스터 외부에서 접근할 수 없어 주문 처리와 STS 마이크로서비스의 서비스 유형을 노드포트^{NodePort} 유형으로 변경해야 하며 변경을 완료하면 노드의 포트와 IP 주소(127.0.0.1)를 사용해 마이크로서비스에 접근할 수 있다.

chapter12/sample01/docker-desktop 디렉토리에서 다음 명령을 실행해 서비스 유형을 변경할 텐데, orders-service와 sts-service 서비스가 이미 존재하면 삭제하고 노드포트 유형의 서비스로 재배포한다. 명령 실행 결과를 보면, orders-service의 노드 포트는 32485이고 sts-service의 노드 포트는 31310이다.

```
\> sh deploy-locally.sh
```

```
NAME               TYPE        CLUSTER-IP       EXTERNAL-IP    PORT(S)
inventory-service  ClusterIP   10.97.213.70     <none>         80/TCP
orders-service     NodePort    10.96.187.28     <none>         80:32485/TCP
sts-service        NodePort    10.97.191.229    <none>         80:31310/TCP
```

12.1.5 종단 간 흐름 테스트

12.1.5절에서는 그림 12.1에 보이는 것처럼 종단 간 흐름을 테스트해볼 예정이다. 주문 처리 마이크로서비스를 JWT로 보호하고 있기 때문에 우선 주문 처리 마이크로서비스가 신뢰하는 STS에서 토큰을 획득해야 한다. 다음 명령을 실행해 STS와 통신해 JWT를 가져오는데 curl 명령이 클라이언트 애플리케이션 역할을 한다. curl 명령은 STS의 외부 IP 주소를 사용해야 하며 12.1.4절의 명령을 실행했다면 해당 노드 포트와 호스트명(localhost)을 사용해야 한다.

```
\> curl -v -X POST --basic -u applicationid:applicationsecret \
-H "Content-Type: application/x-www-form-urlencoded;charset=UTF-8" \
-k -d "grant_type=password&username=peter&password=peter123&scope=foo" \
http://35.199.169.214/oauth/token
```

다음 명령은 주문 처리 마이크로서비스에 HTTP GET 요청을 하는데 서비스 수준에서

JWT 검증을 하지 않고 있어 이전 명령에서 획득한 JWT를 전달할 필요는 없다. 12장 후반부에서 이스티오로 JWT 검증을 수행하는 방법을 설명한다. curl 명령은 주문 처리 마이크로서비스에 해당하는 외부 IP 주소를 사용해야 한다. 12.1.4절의 명령을 실행했다면 해당 노드 포트와 호스트명(localhost)을 사용해야 한다.

```
\> curl -k http://35.247.11.161/orders/11
```

마지막으로, 다음 명령을 실행해 주문 처리 마이크로서비스에 HTTP POST 요청을 보내 재고 마이크로서비스를 내부적으로 호출하자. 이번에도 curl 명령에서 주문 처리 마이크로서비스의 외부 IP 주소를 사용해야 하는데 12.1.4절의 명령을 실행했다면 해당 노드 포트와 호스트명(localhost)을 사용해야 한다.

```
\> curl -k -v http://35.247.11.161/orders \
-H 'Content-Type: application/json' \
-d @- << EOF
{
  "customer_id":"101021",
  "payment_method":{
    "card_type":"VISA",
    "expiration":"01/22",
    "name":"John Doe",
    "billing_address":"201, 1st Street, San Jose, CA"
  },
  "items":[
    {
      "code":"101",
      "qty":1
    },
    {
      "code":"103",
      "qty":5
    }
  ],
  "shipping_address":"201, 1st Street, San Jose, CA"
}
EOF
```

12.1.5절의 모든 통신은 HTTP 프로토콜로 이뤄지는데 쿠버네티스 환경이 제대로 작동하는지를 확인하기 위한 불완전한 설정이다. 이상적인 운영 환경에서는 HTTP 프로토콜

을 사용해 마이크로서비스를 노출해서는 안 되며, 12장 후반부로 가면서 불완전한 설정을 좀 더 완전하고 안전하게 만드는 방법을 설명할 예정이다.

12.2 이스티오 인그레스 게이트웨이에서 TLS 터미네이션 활성화

12.2절에서는 12.1절에서 쿠버네티스에 배포한 3개의 마이크로서비스에 TLS를 적용해 인그레스 게이트웨이를 통해 노출한다. 이스티오 인그레스 게이트웨이는 쿠버네티스 클러스터의 경계에서 실행되어 서비스 메시로 들어오는 모든 트래픽은 인그레스 게이트웨이를 통과해야만 한다(그림 12.3 참고). 이번 실습에서는 인그레스 게이트웨이에서만 TLS를 활성화해 개별 마이크로서비스는 HTTP 프로토콜로 동작한다. 인그레스 게이트웨이는 쿠버네티스 클러스터 경계에서 TLS를 터미네이션한 다음 HTTP 프로토콜을 사용해 대상 마이크로서비스로 트래픽을 라우팅한다.

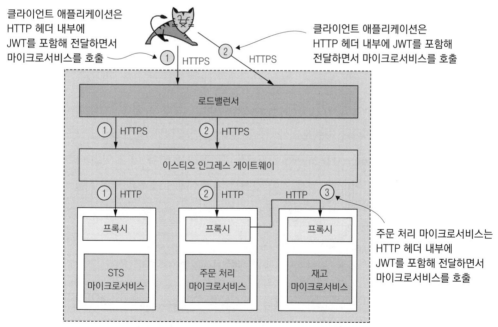

▲ **그림 12.3** 이스티오 인그레스 게이트웨이는 마이크로서비스로 들어오는 모든 요청을 가로채 TLS 연결을 터미네이션한다.

12.3절에서는 인그레스 게이트웨이와 마이크로서비스 사이뿐만 아니라 마이크로서비스 간에 mTLS를 활성화하는 방법을 설명한다.

12.2.1 이스티오 인그레스 게이트웨이에 TLS 인증서 배포

12.2.1절에서는 이스티오 인그레스 게이트웨이에서 TLS를 활성화하는 방법을 설명한다. TLS를 활성화하려면 공개키/개인키 쌍을 먼저 생성해야 하는데 생성을 위해 OpenSSL을 사용할 예정이다. OpenSSL은 다양한 플랫폼에서 TLS 적용을 위해 사용할 수 있는 상용 도구이자 암호화 라이브러리다. 부록 G는 OpenSSL을 사용해 키를 생성하는 방법을 상세히 설명한다.

예제는 키 생성에 사용할 수 있는 OpenSSL 도커 이미지를 사용하기 때문에 OpenSSL 설치에 대해 걱정할 필요는 없다. chapter12/sample02 디렉토리에서 다음 명령을 실행해 OpenSSL 컨테이너를 구동하면 OpenSSL 명령을 실행할 수 있는 프롬프트를 화면에 출력한다.

```
\> docker run -it -v $(pwd):/export prabath/openssl
#
```

공개키/개인키 쌍을 생성하기 위해 다음 OpenSSL 명령을 실행하면 chapter12/sample02/gateway-keys 디렉토리에 키를 생성한다. 깃허브 저장소에서 코드를 가져왔다면 chapter12/sample02/gateway-keys 디렉토리에 키가 이미 있기 때문에 명령 실행 전에 키를 삭제하거나 키 생성 없이 깃허브 저장소에서 가져온 키를 사용해도 무방하다. OpenSSL 도커 컨테이너의 명령 프롬프트를 종료하려면 exit를 입력하면 된다.

```
# openssl req -nodes -new -x509 -keyout /export/gateway-keys/server.key \
-out /export/gateway-keys/server.cert -subj "/CN=gateway.ecomm.com"
```

이스티오는 1.1.0 버전부터 키 프로비저닝 및 순환을 위해 sds 프로파일 하위에 SDS^{Secret Discovery Service} 기능을 도입했다(12.6.3절에서 상세히 설명). 따라서 이스티오 1.1.0 이상의 버전을 사용하더라도 1.5.0 미만 버전에서 default 프로파일을 사용한다면 SDS 기능을 사용할 수 없다. SDS 기능의 상태는 이스티오 웹사이트(https://istio.io/about/feature-stages/#security-and-policy-enforcement)에 공개하는데 1.5.0 미만 버전에서는 알파^{alpha} 단계였지만 1.5.0 이상 버전에서는 안정^{stable} 단계임을 확인할 수 있다. SDS 지원 유무에 관계없이 OpenSSL 명령으로 생성한 키를 인그레스 게이트웨이에서 배포하는 방법을 알아보자.

인그레스 게이트웨이(SDS 기능 미사용)

이번에는 SDS를 지원하지 않는 이스티오 인그레스 게이트웨이에 TLS 키를 설치하는 방법을 설명한다. 이스티오 1.5.0 이상 버전을 사용 중이라면 SDS 기능을 사용해 동일한 작업을 수행하는 방법을 설명한 '인그레스 게이트웨이(SDS 기능 사용)' 절로 넘어가도 무방하다.

이스티오 인그레스 게이트웨이는 istio-ingressgateway-certs로 불리는 잘 정의된 쿠버네티스 시크릿에서 TLS 통신에 필요한 공개키/개인키 쌍을 읽는다. 이스티오 인그레스 게이트웨이는 실제로는 쿠버네티스 클러스터 내 istio-system 네임스페이스의 파드 내에서 실행되는 엔보이 프록시다. 다음 명령을 사용해 istio-system 네임스페이스의 사용 가능한 모든 파드를 나열하고 이스티오 인그레스 게이트웨이 파드의 이름을 확인할 수 있다. 명령 실행 결과는 이스티오 인그레스 게이트웨이 파드만 보이도록 편집한 내용임을 참고하자.

```
\> kubectl get pods -n istio-system
```

```
NAME                                      READY   STATUS    RESTARTS
istio-ingressgateway-6d8f9d87f8-sc2ch     1/1     Running   0
```

이스티오 인그레스 게이트웨이 파드에 대해 상세히 알아보려면 정확한 파드명을 파라미터로 리스트 12.1의 명령을 실행해보자. 리스트 12.1은 명령을 실행한 결과 중 볼륨 마운트(부록 J와 11장에서 설명)에 관한 일부만 보여주며 코드 주석으로 중요한 일부 요소를 설명한다.

```
\> kubectl get pod -n istio-system \
istio-ingressgateway-6d8f9d87f8-sc2ch -o yaml
```

```
volumeMounts:
- mountPath: /etc/certs          ◄─── mTLS로 보호하는 업스트림 서비스와 통신할 때 엔보이가 사용하는 키에 대한
  name: istio-certs                    엔보이 로컬 파일시스템의 마운트 경로(볼륨명 istio-certs로 식별)
  readOnly: true
- mountPath: /etc/istio/ingressgateway-certs     ◄─── 다운스트림 클라이언트의 TLS를 활성화하는 데 사용할 개인
  name: ingressgateway-certs                           키/공개키 쌍에 대한 엔보이 로컬 파일시스템의 마운트 경로
  readOnly: true
- mountPath: /etc/istio/ingressgateway-ca-certs   ◄─── 다운스트림 클라이언트에 해당하는 신뢰할 수 있는
  name: ingressgateway-ca-certs                         인증기관의 공개 인증서는 mTLS를 사용해
  readOnly: true                                        인그레스 게이트웨이를 인증
- mountPath: /var/run/secrets/kubernetes.io/serviceaccount  ◄─── 이스티오에 국한되지 않고 서비스 계정에
  name: istio-ingressgateway-service-account-token-qpmwf           관련해 쿠버네티스가 프로비저닝한
  readOnly: true                                                   디폴트 토큰 시크릿(JWT)의 마운트 경로
```

chapter12/sample02 디렉토리에서 다음 명령을 실행해 12.2.1절의 도입부에서 생성한 개인키/공개키로 istio-ingressgateway-certs를 생성하자.

```
\> kubectl create secret tls istio-ingressgateway-certs \
--key gateway-keys/server.key --cert gateway-keys/server.cert \
-n istio-system
```

```
secret/istio-ingressgateway-certs created
```

마지막으로 인그레스 게이트웨이에서 TLS를 활성화하려면 게이트웨이 리소스를 정의해야 한다. 이스티오가 도입한 게이트웨이 리소스는 이스티오 인그레스 게이트웨이로 트래픽을 라우팅하는 방법을 로드밸런서에 지시한다. 게이트웨이 리소스에 대한 상세 내용은 부록 K에서 확인할 수 있다. 인그레스 게이트웨이를 istio-system 네임스페이스에서 실행하고 있기 때문에 게이트웨이 리소스도 istio-system 네임스페이스에서 생성한다. 이상적인 구조는 쿠버네티스 클러스터가 하나의 게이트웨이 리소스를 갖는 것이며 또 다른 구조는 모든 네임스페이스가 게이트웨이 리소스를 갖지만 해당 게이트웨이 리소스 모두가 istio-system 네임스페이스상의 동일한 이스티오 인그레스 게이트웨이 파드를 가리키

게 하는 것이다.

리스트 12.2는 게이트웨이 리소스의 정의를 보여준다. ecomm-gateway 게이트웨이 리소스는 HTTPS(443 포트), HTTP(80 포트) 트래픽을 엔보이 프록시인 이스티오 인그레스 게이트웨이 파드로 라우팅하도록 로드밸런서에게 지시한다.

리스트 12.2 게이트웨이 리소스의 정의(SDS 기능 미사용)

```
apiVersion: networking.istio.io/v1alpha3
kind: Gateway
metadata:
  name: ecomm-gateway
  namespace: istio-system     ◀──── istio-system 네임스페이스에 생성한 게이트웨이 리소스
spec:
  selector:
    istio: ingressgateway     ◀──── 이스티오 인그레스 게이트웨이 파드를 게이트웨이 리소스와 연결
  servers:
  - port:     ◀──── 수신한 HTTPS 트래픽을 인그레스 게이트웨이로 라우팅하도록 로드밸런서에 지시
      number: 443
      name: https
      protocol: HTTPS
    tls:
      mode: SIMPLE     ◀──── TLS 활성화
      serverCertificate: /etc/istio/ingressgateway-certs/tls.crt ◀──┐
      privateKey: /etc/istio/ingressgateway-certs/tls.key ◀──
    hosts:
    - "*"     ◀──── 수신한 HTTPS 트래픽을 모든 호스트의 인그레스 게이트웨이로 라우팅하도록 로드밸런서에 지시
  - port:     ◀──── 수신한 HTTP 트래픽을 모든 호스트의 인그레스 게이트웨이로 라우팅하도록 로드밸런서에 지시
      number: 80
      name: http
      protocol: HTTP
    hosts:
    - "*"
    tls:
      httpsRedirect: true     ◀──── 모든 HTTP 트래픽을 HTTPS 엔드포인트로 전달
```

다운스트림 클라이언트와 TLS 통신에 사용할 공개 인증서 볼륨 마운트

다운스트림 클라이언트와 TLS 통신에 사용할 개인키 볼륨 마운트

리스트 12.2의 게이트웨이 리소스는 tls 모드로 SIMPLE을 사용하는데, 이스티오는 표 12.1에서 설명하는 것처럼 네 가지 모드를 더 지원한다.

모드	설명
SIMPLE	클라이언트 애플리케이션과 인그레스 게이트웨이 간의 단방향 TLS 통신을 활성화한다. 활성화하려면 게이트웨이를 위한 공개키/개인키 쌍을 보유해야 한다.
PASSTHROUGH	SNI* 값을 기반으로 트래픽을 해당 파드로 전달하는 역할만 한다. 부록 K의 리스트 K.7에서 PASSTHROUGH 모드를 사용하는 예제를 설명하는데, 해당 모드를 사용하면 게이트웨이를 위한 공개키/개인키 쌍을 설정할 필요가 없다.
MUTUAL	클라이언트 애플리케이션(다운스트림 애플리케이션)과 인그레스 게이트웨이 간의 mTLS 통신을 활성화한다. 활성화하려면 신뢰할 수 있는 인증기관의 인증서 모음과 게이트웨이를 위한 공개키/개인키 쌍을 보유해야 한다. 신뢰할 수 있는 인증기관에서 서명한 유효한 인증서를 보유한 클라이언트 애플리케이션만 인그레스 게이트웨이에 접근할 수 있다. mTLS를 활성화하려면 신뢰할 수 있는 인증기관의 인증서를 전달하는 istio-ingressgateway-ca-certs라는 이름을 가진 시크릿을 생성해야 하고 /etc/istio/ingressgateway-ca-certs 디렉토리의 ca-chain.cert.pem 파일의 값을 전달하는 caCertificates로 불리는 새로운 요소를 게이트웨이 리소스의 tls 요소 하위에 정의해야 한다.
AUTO_PASSTHROUGH	PASSTHROUGH 모드에서 인그레스 게이트웨이는 이스티오 가상 서비스가 대상 가상 서비스의 설정 데이터를 읽어 트래픽을 업스트림 파드로 라우팅할 것으로 예상한다. AUTO_PASSTHROUGH 모드에서는 가상 서비스가 불필요하고 인그레스 게이트웨이는 필요한 모든 라우팅 정보가 SNI 값에 인코딩되어 있을 것으로 예상한다.
ISTIO_MUTUAL	MUTUAL 모드와 마찬가지로 ISTIO_MUTUAL 모드 또한 클라이언트 애플리케이션(다운스트림 애플리케이션)과 인그레스 게이트웨이 간의 mTLS 통신을 활성화한다. MUTUAL 모드와 달리 ISTIO_MUTUAL 모드는 엔보이 파일시스템의 /etc/certs 디렉토리에 있는 이스티오 자신이 프로비저닝한 인증서를 사용한다.

*SNI(Server Name Indication)는 클라이언트 애플리케이션이 TLS 핸드셰이크를 시작하기 전에 사용할 수 있는 TLS 확장 기능으로, 통신 상대방 호스트명을 서버에 전달한다. 이스티오 게이트웨이는 SNI 파라미터값을 기준으로 트래픽을 라우팅할 수 있다.

리스트 12.2에서 설명한 게이트웨이 리소스를 istio-system 네임스페이스에 배포하려면 chapter12/sample02 디렉토리에서 다음 명령을 실행해야 한다.

```
\> kubectl apply -f istio.public.gateway.yaml
```

```
gateway.networking.istio.io/ecomm-gateway created
```

인그레스 게이트웨이에서 TLS를 활성화하면 서비스 메시로 들어오는 모든 트래픽의 기밀성을 보장할 수 있다. 그런 다음 주문 처리 마이크로서비스와 STS를 인그레스 게이트웨이를 통해 노출하려면 2개의 가상 서비스를 생성해야 한다. '인그레스 게이트웨이(SDS 기능 사용)' 절에서는 SDS를 지원하는 이스티오 인그레스 게이트웨이에서 TLS를 설정하는 방법을 설명한다. 2개의 마이크로서비스를 위한 가상 서비스를 설정하는 방법은 SDS 지원 여부와 무관하다.

인그레스 게이트웨이(SDS 기능 사용)

이번에는 SDS를 지원하는 이스티오 인그레스 게이트웨이에 12.2.1절 도입부에서 생성한 TLS 키를 설치하는 방법을 설명한다. SDS 기능을 사용하지 않는 인그레스 게이트웨이에 TLS 키를 설치하는 방법을 다룬 '인그레스 게이트웨이(SDS 기능 미사용)' 절의 지침을 이미 따랐다면 12.2.2절로 바로 넘어가도 무방하다.

이스티오 1.5.0 이상 버전을 사용하고 있다고 가정하고 설명할 예정인데, 이 책을 쓰고 있는 시점을 기준으로 구글 쿠버네티스 엔진상의 디폴트 이스티오 설치 버전은 이스티오 1.5.0을 지원하지 않기 때문에 도커 데스크톱에 이스티오 1.5.0 이상을 포함한 로컬 쿠버네티스 클러스터가 필요하다. 부록 K의 K.5.1절에서 도커 데스크톱에 이스티오를 설치하는 방법을 설명한다.

이스티오 인그레스 게이트웨이에서 SDS를 사용해 TLS 키를 설치하려면 먼저 다음 명령을 사용해 인그레스 게이트웨이에서 SDS를 활성화해야 한다.[2] 명령은 이스티오 배포 시 함께 제공하는 istioctl 명령행 도구(https://istio.io/docs/reference/commands/istioctl/)를 사용한다. 명령을 실행하면 `values.gateways.istio-ingressgateway.sds.enabled` 속성을 `true`로 설정해 이스티오 설치 메타데이터 파일을 생성하고 업데이트한 메타데이터 파일을 로컬 파일시스템의 istio-ingressgateway.yaml 파일에 저장한다.

```
\> istioctl manifest generate \
--set values.gateways.istio-ingressgateway.sds.enabled=true > \
istio-ingressgateway.yaml
```

---

2 이스티오 1.5.0 버전부터 SDS를 디폴트로 활성화하지만 이스티오 인그레스 게이트웨이가 디폴트로 SDS를 사용하진 않는다(이스티오 1.6.0 버전에서는 디폴트 사용이라 SDS 활성화를 위한 istioctl manifest generate 명령과 kubectl apply 명령은 실행할 필요가 없다). 이스티오 1.5.0 버전은 디폴트로 서비스 프록시에 대해서만 SDS를 활성화한다.

이전 명령을 실행했던 동일한 경로에서 다음 명령을 실행해 업데이트한 이스티오 설정을 적용하자.

```
\> kubectl apply -f istio-ingressgateway.yaml
```

이제 12.2.1절의 도입부에서 생성한 키를 사용해 쿠버네티스 시크릿을 생성할 수 있다. 해당 키들은 chapter12/sample02/gateway-keys 디렉토리에서 찾을 수 있는데, server.cert 파일은 공개키이고 server.key 파일은 개인키다. chapter12/sample02/gateway-keys 디렉토리에서 다음 명령을 실행해 쿠버네티스 시크릿을 생성하면, 이스티오 인그레스 게이트웨이가 실행 중인 동일한 네임스페이스에 쿠버네티스 시크릿을 생성하고 이름을 ecomm-credentials로 지정한다.

```
\> kubectl create -n istio-system secret generic ecomm-credential \
--from-file=key=server.key --from-file=cert=server.cert
```

마지막으로 SDS를 지원하는 인그레스 게이트웨이에서 TLS를 활성화하려면 게이트웨이 리소스를 정의해야 한다. 이스티오가 도입한 게이트웨이 리소스는 이스티오 인그레스 게이트웨이에게 트래픽을 라우팅하는 방법을 로드밸런서에게 지시한다. 게이트웨이 리소스에 관한 좀 더 상세한 내용은 부록 K에서 확인할 수 있다. 인그레스 게이트웨이를 istio-system 네임스페이스에서 실행하기 때문에 게이트웨이 리소스도 동일한 네임스페이스에 생성한다. 쿠버네티스 클러스터에 하나의 게이트웨이 리소스만 있는 게 이상적인 구조이지만 일반적인 관행일 뿐이라 모든 네임스페이스가 게이트웨이 리소스를 갖지만 해당 게이트웨이 리소스 모두가 istio-system 네임스페이스상의 동일한 이스티오 인그레스 게이트웨이 파드를 가리키게 하는 것도 가능하다.

리스트 12.3은 게이트웨이 리소스의 정의를 보여준다. ecomm-gateway 게이트웨이 리소스는 HTTPS(443 포트), HTTP(80 포트) 트래픽을 엔보이 프록시인 이스티오 인그레스 게이트웨이 파드로 라우팅하도록 로드밸런서에게 지시한다. 리스트 12.3의 게이트웨이 정의는 리스트 12.2와 매우 유사한데 유일한 차이점은 TLS 키를 참조하는 방식이다. 리스트 12.3은 이전에 생성한 쿠버네티스 시크릿의 이름(ecomm-credential)을 사용해 TLS 키를 식별한다.

```
apiVersion: networking.istio.io/v1alpha3
kind: Gateway
metadata:
  name: ecomm-gateway
  namespace: istio-system  ◄──── istio-system 네임스페이스에 생성한 게이트웨이 리소스
spec:
  selector:
    istio: ingressgateway  ◄──── 이스티오 인그레스 게이트웨이 파드를 게이트웨이 리소스와 연결
  servers:
  - port:  ◄──── 수신한 HTTPS 트래픽을 인그레스 게이트웨이로 라우팅하도록 로드밸런서에 지시
      number: 443
      name: https
      protocol: HTTPS
    tls:
      mode: SIMPLE  ◄──── TLS 활성화
      credentialName: ecomm-credential  ◄──── TLS 키를 전달하는 쿠버네티스 시크릿
    hosts:
    - "*"  ◄──── 수신한 HTTPS 트래픽을 모든 호스트의 인그레스 게이트웨이로 라우팅하도록 로드밸런서에 지시
  - port:  ◄──── 수신한 HTTP 트래픽을 모든 호스트의 인그레스 게이트웨이로 라우팅하도록 로드밸런서에 지시
      number: 80
      name: http
      protocol: HTTP
    hosts:
    - "*"
    tls:
      httpsRedirect: true  ◄──── 모든 HTTP 트래픽을 HTTPS 엔드포인트로 전달
```

chapter12/sample02 디렉토리에서 다음 명령을 실행해 리스트 12.3의 게이트웨이 리소스를 istio-system 네임스페이스에 배포하자.

```
\> kubectl apply -f istio.public.gateway.sds.yaml

gateway.networking.istio.io/ecomm-gateway created
```

인그레스 게이트웨이에서 TLS를 활성화하면 서비스 메시로 들어오는 모든 트래픽의 기밀성을 보장할 수 있다. 그런 다음 인그레스 게이트웨이를 통해 주문 처리 마이크로서비스와 STS를 노출하려면 2개의 가상 서비스를 생성해야 한다. 2개의 마이크로서비스를 위한 가상 서비스를 설정하는 방법은 이스티오의 SDS 지원 여부와 무관하다.

12.2.2 가상 서비스 배포

12.2.2절에서는 STS와 주문 처리 마이크로서비스를 위한 2개의 이스티오 가상 서비스
VirtualServices를 정의하고 배포할 예정이다. 2개의 마이크로서비스는 클라이언트 애플리케
이션이 이스티오 인그레스 게이트웨이를 통해 접근하려는 대상이다. 재고 마이크로서비
스는 클러스터 내의 주문 처리 마이크로서비스에 의해서만 호출되기 때문에 재고 마이크
로서비스를 위한 가상 서비스를 생성할 필요가 없다.

가상 서비스를 생성하기 전에 12.1절에서 생성한 STS와 주문 처리 마이크로서비스의 쿠
버네티스 서비스 정의를 업데이트해야 한다. 쿠버네티스 클러스터 외부에 있는 curl 클
라이언트에서 종단 간 흐름을 테스트하려 하기 때문에 로드밸런서 유형의 서비스(도커 데
스크톱에서는 노드포트 서비스 유형 사용)를 사용한다. 일반적으로 인그레스 게이트웨이를 통
해 마이크로서비스를 노출하는 경우 클라이언트 애플리케이션이 쿠버네티스 서비스를
통해 직접 접근하는 걸 원치 않으며, 이스티오 인그레스 게이트웨이가 쿠버네티스 클러
스터 외부에 있는 클라이언트에서 마이크로서비스에 접근할 수 있는 단일 진입점이길 원
한다.

chapter12/sample02 디렉토리에서 리스트 12.4의 명령을 실행해 2개의 마이크로서비
스를 클러스터 IP 유형(유형을 정의하지 않을 경우 사용되는 쿠버네티스의 디폴트 서비스 유형)의
서비스로 실행하도록 업데이트하는데, 두 서비스를 삭제하고 생성하는 과정을 거친다.

> **리스트 12.4 STS와 주문 처리 마이크로서비스의 서비스 정의 업데이트**

```
\> kubectl delete service sts-service

service "sts-service" deleted

\> kubectl delete service orders-service

service "orders-service" deleted

\> kubectl apply -f order.processing.yaml

configmap/orders-application-properties-config-map unchanged
deployment.apps/orders-deployment unchanged
```

```
service/orders-service created

\> kubectl apply -f sts.yaml

configmap/sts-application-properties-config-map unchanged
configmap/sts-jwt-keystore-config-map unchanged
secret/sts-keystore-secrets configured
deployment.apps/sts-deployment unchanged
service/sts-service created
```

이제 2개의 가상 서비스를 만들 수 있는데, 하나는 STS용이고 다른 하나는 주문 처리 마이크로서비스용이다. 2개의 가상 서비스는 해당 쿠버네티스 서비스에서 라우팅 정보를 읽는다. 리스트 12.5는 주문 처리 마이크로서비스의 가상 서비스 정의를 보여준다.

리스트 12.5 주문 처리 마이크로서비스의 가상 서비스 정의

```
apiVersion: networking.istio.io/v1alpha3
kind: VirtualService
metadata:
  name: orders-virtual-service
spec:
  hosts:                          주문 처리 마이크로서비스의 가상 서비스는 orders.ecomm.com
  - orders.ecomm.com ◄──────      호스트명으로 들어오는 요청에만 적용
  gateways:                                       istio-system 네임스페이스에 생성된
  - ecomm-gateway.istio-system.svc.cluster.local ◄──── 게이트웨이 리소스의 정규화된 전체 이름
  http:          트래픽을 orders-service 서비스의 80 포트로 라우팅.
  - route: ◄──── 이스티오는 orders-service 서비스의 클러스터 IP를 찾아 트래픽을 해당 IP로 라우팅
    - destination:
        host: orders-service
        port:
          number: 80
```

STS에 해당하는 가상 서비스 정의는 chapter12/sample02 디렉터리 내 virtualservices. yaml 파일에 있는 주문 처리 마이크로서비스의 정의와 유사해 보인다. 이스티오 트래픽 정책이 작동하려면 가상 서비스 내 목적지 경로에 해당하는, 쿠버네티스 서비스 정의에 기재한 이름을 지정한 포트번호(리스트 12.6 참고)를 사용하는 게 중요하다. 또한 해당 포트번호는 https://istio.io/docs/setup/additional-setup/requirements/에서 설명한

대로 미리 정의된 값을 사용해야 한다.

```
apiVersion: v1
kind: Service
metadata:
  name: orders-service
spec:
  selector:
    app: orders
  ports:
  - name: http  ◀─── 이스티오 라우팅 정책이 작동하려면 포트에 이름 지정 필요
    protocol: TCP
    port: 80
    targetPort: 8443
```

default 네임스페이스에 가상 서비스를 배포하려면 chapter12/sample02 디렉토리에서
다음 명령을 실행하자.

```
\> kubectl apply -f virtualservices.yaml
```

```
virtualservice.networking.istio.io/sts-virtual-service created
virtualservice.networking.istio.io/orders-virtual-service created
```

주문 처리 마이크로서비스와 STS를 위한 2개의 가상 서비스를 생성하면 이스티오 인그
레스 게이트웨이는 클라이언트 애플리케이션에서 수신한 TLS 트래픽을 대상 마이크로서
비스로 라우팅할 수 있다. 12.2.2절의 계획은 인그레스 게이트웨이에서 TLS를 터미네이
션하는 것이므로 인그레스 게이트웨이와 업스트림 마이크로서비스 간 또는 마이크로서
비스 간에는 mTLS를 적용하지 말라고 이스티오에게 지시해야 한다.

12.2.3 PERMISSIVE 인증 정책 정의

12.2.3절에서는 마이크로서비스 간 또는 이스티오 인그레스 게이트웨이와 마이크로서비
스 간에는 mTLS를 적용하지 말라고 이스티오에게 지시하는 정책을 정의할 예정인데, 의
도하는 건 인그레스 게이트웨이가 TLS 연결을 터미네이션하는 것이다. 리스트 12.7의 정

책은 mtls 모드로 PERMISSIVE를 사용하기 때문에 이스티오는 spec/targets 요소에 정의한 서비스로의 모든 요청에 mTLS나 TLS를 적용하지 않는다.

리스트 12.7 PERMISSIVE 인증 정책

```
apiVersion: authentication.istio.io/v1alpha1
kind: Policy
metadata:
  name: ecomm-authn-policy
spec:
  targets: ◄——— PERMISSIVE 인증 정책을 orders-service와 inventory-service에만 적용
  - name: orders-service ◄——— 쿠버네티스 서비스 이름과 일치하는 이름 기재
  - name: inventory-service
  peers:
  - mtls:
      mode: PERMISSIVE ◄——— 평문 트래픽과 mTLS 트래픽을 동시에 허용하도록 이스티오에게 지시
```

리스트 12.7처럼 mTLS 모드를 PERMISSIVE로 정의하면 이스티오는 서비스 메시에 배포된 마이크로서비스들이 HTTP와 mTLS로 보호받는 HTTPS 요청 모두를 허용하도록 한다. 즉, 서비스 메시 내 마이크로서비스는 mTLS로 보호받는 채널을 통해 서로 통신할 수 있고 동시에 레거시 마이크로서비스나 엔보이 프록시가 없는 마이크로서비스와는 평문 통신(HTTP)이 가능하다.

기본적으로 이스티오 1.5.0은 이스티오가 제어하는 마이크로서비스 간 통신에 mTLS를 활성화한다. mTLS 모드를 PERMISSIVE로 설정하더라도 마이크로서비스 간 통신은 여전히 mTLS로 이뤄짐을 알 수 있다. 이스티오 1.5.0 미만 버전은 mTLS를 활성화하려면 12.3절에서 설명하는 DestinationRule을 정의해야 한다.

chapter12/sample02 디렉토리에서 다음 명령을 실행해 리스트 12.7에서 정의한 인증 정책을 적용하자.[3]

```
\> kubectl apply -f authentication.policy.yaml
```

```
policy.authentication.istio.io/ecomm-authn-policy created
```

---

3   이스티오 1.6.0 버전을 사용하는 경우 Policy 사용자 지정 리소스 정의(CRD)를 제거한 상태이기 때문에 명령을 실행할 필요가 없다. - 옮긴이

|참고| 이스티오 1.5.0 버전은 서비스 간 통신을 mTLS로 보호할 수 있는 정책을 정의할 수 있는 **PeerAuthentication**이란 새로운 사용자 지정 리소스 정의(CRD, custom resource definition)를 도입했다. 향후 출시 버전에서는 새로운 사용자 지정 리소스 정의가 리스트 12.7에서 설명한 정책을 대체할 것으로 예상한다. 12.4.3절에서 PeerAuthentication에 대해 상세히 알아볼 예정이다.

12.2.4 종단 간 흐름 테스트

12.2.4절에서는 그림 12.4의 종단 간 흐름을 TLS로 보호하고 있는 이스티오 인그레스 게이트웨이를 사용해 테스트할 예정이다. 클라이언트 애플리케이션(curl)은 먼저 STS 마이크로서비스와 통신해 토큰을 획득한 다음 이스티오 인그레스 게이트웨이를 통해 STS에서 획득한 JWT를 전달하며 주문 처리 마이크로서비스와 통신한다.

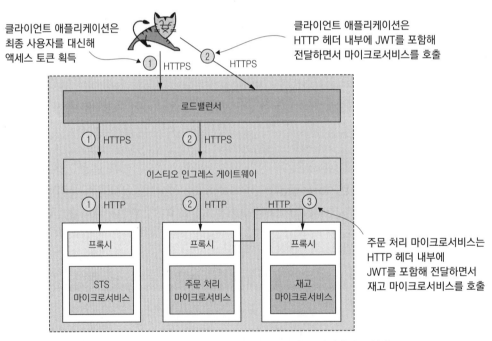

주문 처리 마이크로서비스와 재고 마이크로서비스가 현재 JWT 검증을 수행하지 않고 있어 임의의 JWT를 사용하거나 JWT를 포함하지 않아도 호출이 가능한 상태

▲ **그림 12.4** STS는 클라이언트 애플리케이션에게 JWT 액세스 토큰을 발급하고 클라이언트 애플리케이션은 사용자 피터를 대신해 해당 토큰으로 주문 처리 마이크로서비스에 접근한다. 주문 처리 마이크로서비스는 클라이언트 애플리케이션에서 획득한 동일한 JWT를 사용해 재고 마이크로서비스에 접근한다. 이스티오 인그레스 게이트웨이는 마이크로서비스로 들어오는 모든 요청을 가로채고 TLS 연결을 터미네이션한다.

curl 클라이언트와 마이크로서비스 간의 모든 통신은 인그레스 게이트웨이를 통해 일어난다. 다음과 같은 2개의 명령을 실행해 istio-system 네임스페이스에서 실행 중인 이스티오 인그레스 게이트웨이의 외부 IP 주소와 HTTPS 포트를 찾아보자. 첫 번째 명령은 istio-ingressgateway 서비스의 외부 IP 주소를 찾아 INGRESS_HOST 환경 변수에 export 한다. 두 번째 명령은 istio-ingressgateway 서비스의 HTTPS 포트를 찾아 INGRESS_HTTPS_PORT 환경 변수에 export 한다. 로드밸런서가 없는 도커 데스크톱 환경의 로컬 쿠버네티스 디플로이먼트를 사용 중이라면 외부 IP 대신 노드 IP 주소(예 127.0.0.1)와 해당 포트(예 443)를 사용해야 한다.

```
\> export INGRESS_HOST=$(kubectl -n istio-system \
get service istio-ingressgateway \
-o jsonpath='{.status.loadBalancer.ingress[0].ip}')

\> export INGRESS_HTTPS_PORT=$(kubectl -n istio-system \
get service istio-ingressgateway \
-o jsonpath='{.spec.ports[?(@.name=="https")].port}')
```

다음과 같은 echo 명령을 사용해 환경 변수에 올바른 값을 설정했는지 확인할 수 있다.

```
\> echo $INGRESS_HOST
34.83.117.171
\> echo $INGRESS_HTTPS_PORT
443
```

istio-ingressgateway 서비스의 외부 IP 주소와 포트를 설정한 환경 변수를 curl 명령의 파라미터로 전달해 STS에서 JWT를 가져오자. 이스티오 게이트웨이에서 호스트명 기반 라우팅을 사용하기 때문에 sts.ecomm.com이나 orders.ecomm.com의 DNS 매핑 정보가 없어 --resolve 옵션을 사용해 호스트명과 IP 매핑을 정의해 curl을 실행한다.

```
\> curl -v -X POST --basic -u applicationid:applicationsecret \
-H "Content-Type: application/x-www-form-urlencoded;charset=UTF-8" \
-k -d "grant_type=password&username=peter&password=peter123&scope=foo" \
--resolve sts.ecomm.com:$INGRESS_HTTPS_PORT:$INGRESS_HOST \
https://sts.ecomm.com:$INGRESS_HTTPS_PORT/oauth/token
```

curl 명령에서 applicationid는 웹 애플리케이션의 클라이언트 ID이고, applicationsecret은 클라이언트 시크릿이다. 명령을 성공적으로 실행하면 STS는 OAuth 2.0 액세스 토큰인 JWT(정확하게는 JWS)를 반환한다.

```
{
"access_token":"eyJhbGciOiJSUzI1NiIs… ",
"token_type":"bearer",
"refresh_token":"",
"expires_in":5999,
"scope":"foo",
"jti":"4d2bb648-461d-4eec-ae9c-5eae1f08e2a2"
}
```

다음 명령은 주문 처리 마이크로서비스에 HTTP GET 요청을 한다. 마이크로서비스와 통신하기 전에 이전 curl 명령에서 가져온 JWT(access_token 파라미터의 값)를 환경 변수(TOKEN)에 export 한 다음 해당 환경 변수를 사용해 HTTP 요청과 함께 JWT를 전달해 주문 처리 마이크로서비스를 요청하자. JWT를 전달하더라도 현재는 서비스 수준에서 JWT 검증을 처리하지 않는다. 12장 후반부에서 이스티오로 JWT 검증을 하는 방법을 설명한다.

```
\> export TOKEN=jwt_access_token
\> curl -k -H "Authorization: Bearer $TOKEN" \
--resolve orders.ecomm.com:$INGRESS_HTTPS_PORT:$INGRESS_HOST \
https://orders.ecomm.com:$INGRESS_HTTPS_PORT/orders/11
```

마지막으로, 다음 명령을 실행해 주문 처리 마이크로서비스에 HTTP POST 요청을 보내 재고 마이크로서비스를 내부적으로 호출하자.

```
\> curl -k -v https://orders.ecomm.com:$INGRESS_HTTPS_PORT/orders \
-H "Content-Type: application/json" \
-H "Authorization: Bearer $TOKEN" \
--resolve orders.ecomm.com:$INGRESS_HTTPS_PORT:$INGRESS_HOST \
-d @- << EOF
{
  "customer_id":"101021",
  "payment_method":{
    "card_type":"VISA",
```

```
    "expiration":"01/22",
    "name":"John Doe",
    "billing_address":"201, 1st Street, San Jose, CA"
  },
  "items":[
    {
    "code":"101",
    "qty":1
    },
    {
    "code":"103",
    "qty":5
    }
  ],
  "shipping_address":"201, 1st Street, San Jose, CA"
}
EOF
```

|문제 해결| 이전 명령 실행 시 오류가 발생하면 부록 K의 K.10.5절을 참고해 로그를 확인해보자.

12.3 mTLS로 서비스 간 통신 보호

12.3절은 이스티오 1.5.0 미만 버전에서 mTLS 작동 방식을 이해하는 데 도움을 준다. 이스티오 인그레스 게이트웨이와 마이크로서비스 간에 mTLS를 적용해 12.2절에서 다뤘던 사례를 확장해볼 예정인데(그림 12.5 참고) 12.2절의 모든 예제를 성공적으로 완료했다고 가정한다.

|참고| 이스티오 1.5.0 이상 버전을 사용한다면 mTLS가 서비스 메시 내 모든 마이크로서비스에서 디폴트로 활성화되어 있어 별도로 해야 할 일이 없다.

이스티오 환경에서 마이크로서비스 간에 mTLS를 적용하려면 엔드포인트인 클라이언트와 서버를 걱정해야 한다. 특정 마이크로서비스는 경우에 따라 mTLS 서버뿐만 아니라

클라이언트 역할을 해야 할 수도 있다. 12.3절의 사례에서는 이스티오 인그레스 게이트웨이가 주문 처리 마이크로서비스의 클라이언트이고 주문 처리 마이크로서비스가 재고 마이크로서비스의 클라이언트다. 같은 방식으로 주문 처리 마이크로서비스는 인그레스 게이트웨이의 서버이고 재고 마이크로서비스는 주문 처리 마이크로서비스의 서버다.

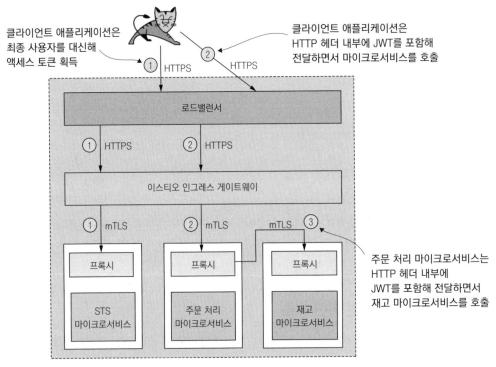

주문 처리 마이크로서비스와 재고 마이크로서비스가 현재 JWT 검증을 수행하지 않고 있어 임의의 JWT를 사용하거나 JWT를 포함하지 않아도 호출이 가능한 상태

▲ **그림 12.5** 이스티오 인그레스 게이트웨이는 마이크로서비스로 들어오는 모든 요청을 가로채 TLS 연결을 터미네이션한다. 인그레스 게이트웨이와 마이크로서비스 간의 통신뿐만 아니라 마이크로서비스 간의 통신까지 mTLS로 보호한다.

서버 측에 mTLS를 적용하려면 리스트 12.7처럼 mtls 모드를 PERMISSIVE에서 STRICT로 변경하도록 인증 정책을 업데이트해야 한다. 이제 어떤 클라이언트도 주문 처리 마이크로서비스 및 재고 마이크로서비스와 mTLS를 우회해 통신할 수 없다.

```
apiVersion: authentication.istio.io/v1alpha1
kind: Policy
metadata:
  name: ecomm-authn-policy
spec:
  targets:
  - name: orders-service
  - name: inventory-service
peers:
  - mtls:
      mode: STRICT ◀────   targets 요소에 정의한 쿠버네티스 서비스로 들어오는
                           모든 트래픽에 mTLS를 적용하도록 이스티오에게 지시
```

한 마이크로서비스가 또 다른 마이크로서비스와 통신할 때 클라이언트 측에서 mTLS를 사용하기 위해 이스티오는 DestinationRule[4]이라는 새로운 리소스 유형을 도입한다. 리스트 12.9의 DestinationRule은 디폴트 네임스페이스에 있는 모든 호스트(쿠버네티스 서비스 이름으로 지칭)와의 모든 통신에 mTLS를 활성화한다. default 네임스페이스에서 주문 처리 마이크로서비스와 재고 마이크로서비스를 실행하고 DestinationRule은 둘 사이에서 mTLS를 활성화한다. 12.3절 도입부에서 강조한 것처럼 이스티오 1.5.0 이상의 버전을 사용한다면 mTLS가 디폴트로 활성화되어 있어 마이크로서비스 간에 mTLS를 활성화하기 위해 해야 할 작업이 없다.

```
apiVersion: networking.istio.io/v1alpha3
kind: DestinationRule
metadata:
  name: ecomm-authn-service-mtls
spec:
  host: "*.default.svc.cluster.local" ◀──── 쿠버네티스 서비스 이름으로 host 지정
  trafficPolicy:
    tls:
      mode: ISTIO_MUTUAL ◀────   엔보이 파일시스템의 /etc/certs 디렉토리에 있는 이스티오가 자체적으로
                                 개별 엔보이 프록시에 프로비저닝한 인증서를 사용해 mTLS 활성화
```

---

4 DestinationRule은 마이크로서비스의 모든 아웃바운드 트래픽을 대상으로 mTLS를 설정할 뿐만 아니라 로드밸런싱, 연결 풀링(connection pooling) 등에 대한 정책을 정의하는 데도 사용한다. 더 상세한 정보는 https://istio.io/docs/reference/config/networking/destination-rule에서 확인할 수 있다.

이스티오 인그레스 게이트웨이가 default 쿠버네티스 네임스페이스 내 마이크로서비스와 통신할 때 클라이언트 측에서 mTLS를 사용하기 위해 리스트 12.10에 정의된 DestinationRule을 사용하는데, DestinationRule은 istio-system 네임스페이스에 배포된다.

리스트 12.10 DestinationRule은 게이트웨이와 서비스 간에 mTLS를 적용

```
apiVersion: networking.istio.io/v1alpha3
kind: DestinationRule
metadata:
  name: ecomm-authn-istio-gateway-mtls
  namespace: istio-system  ◄─── DestinationRule을 istio-system 네임스페이스에 배포
spec:
  host: "*.default.svc.cluster.local"  ◄─── 쿠버네티스 서비스 이름으로 host 지정
  trafficPolicy:
    tls:                              엔보이 파일시스템의 /etc/certs 디렉토리에 있는 이스티오가 자체적으로
      mode: ISTIO_MUTUAL  ◄─── 개별 엔보이 프록시에 프로비저닝한 인증서를 사용해 mTLS 활성화
```

chapter12/sample03 디렉토리에서 다음 명령을 실행해 리스트 12.9와 리스트 12.10에서 정의한 DestinationRule과 리스트 12.8에 정의한 인증 정책을 적용하자.

```
\> kubectl apply -f authentication.policy.yaml
```

```
policy.authentication.istio.io/ecomm-authn-policy configured
destinationrule.networking.istio.io/ecomm-authn-istio-gateway-mtls created
destinationrule.networking.istio.io/ecomm-authn-service-mtls created
```

mTLS를 적용한 후 종단 간 흐름을 테스트하려면 12.2.4절에서 정의한 단계를 따라야 한다.

12.4 JWT로 서비스 간 통신 보호

12.4절에서는 개별 마이크로서비스에 JWT 검증을 적용해 12.3절에서 설명한 사례를 확장해볼 예정인데 12.3절의 모든 예제를 성공적으로 완료했다고 가정한다. 여기서는 서비스 간 인증을 위해 mTLS를 사용하고 JWT를 사용해 최종 사용자 컨텍스트를 전달한다.

12.4.1 JWT 인증 적용

(이스티오 1.6.0은 Policy 사용자 지정 리소스 정의를 제거한 상태이기 때문에 이스티오 1.6.0을 사용하는 경우 12.4.1절을 건너뛰고 12.4.3절로 바로 이동하자.)

리스트 12.8의 인증 정책은 주문 처리 마이크로서비스 및 재고 마이크로서비스에 대해 mTLS만 적용하기 때문에 JWT 인증을 적용하려면 업데이트가 필요하다. 리스트 12.11은 주문 처리 마이크로서비스 및 재고 마이크로서비스로 들어오는 모든 요청에 적용하는 업데이트한 인증 정책을 보여준다.

리스트 12.11 mTLS 인증에 JWT 인증을 추가하는 인증 정책

```
apiVersion: authentication.istio.io/v1alpha1
kind: Policy
metadata:
  name: ecomm-authn-policy
spec:
  targets: ◄──── 인증 정책을 적용할 쿠버네티스 서비스 이름(orders-service와 inventory-service에만 적용)
  - name: orders-service
  - name: inventory-service
  peers:
  - mtls:
      mode: STRICT
  origins:
  - jwt:
      issuer: "sts.ecomm.com" ◄──── 요청 내 JWT의 iss 속성값과 정확히 일치해야 하는 값
```

```
audiences:                    요청 내 JWT의 aud 속성값과
  - "*.ecomm.com"    ◀────    정확히 일치해야 하는 값
                                                          요청 내 JWT의 서명에 해당하는
  jwksUri: .../chapter12/sample04/jwtkey.jwk  ◀────      JWK(JSON Web Key) 키를 가져올 URL
principalBinding: USE_ORIGIN  ◀────   원본 인증(origin authentication) 또는
                                      요청 내 JWT의 주제에서 인증 원칙 설정
```

chapter12/sample04 디렉토리에서 다음 명령을 실행해 리스트 12.11에서 정의한 인증
정책으로 업데이트하자.

```
\> kubectl apply -f authentication.policy.yaml
```

```
policy.authentication.istio.io/ecomm-authn-policy configured
```

JWT 인증을 적용한 후 종단 간 흐름을 테스트하려면 12.4.2절에서 정의한 단계를 따라
야 한다.

12.4.2 JWT 인증으로 종단 간 흐름 테스트

12.4.2절에서는 그림 12.6에서 보이는 것처럼 종단 간 흐름을 테스트한다. 여기서 따르
는 단계는 잘못된 JWT를 보내면 이스티오가 요청을 거부한다는 걸 제외하면 12.2.4절에
서 따른 단계와 완전히 동일하다.

클라이언트 애플리케이션(curl)은 먼저 STS 마이크로서비스와 통신해 JWT를 획득한 다
음 이스티오 인그레스 게이트웨이를 통해 STS에서 획득한 JWT를 전달하며 주문 처리 마
이크로서비스와 통신한다.

다음 2개의 명령을 실행해 istio-system 네임스페이스에서 실행 중인 이스티오 인그레스
게이트웨이의 외부 IP 주소와 HTTPS 포트를 찾자. 첫 번째 명령은 istio-ingressgateway
서비스의 외부 IP 주소를 찾아 INGRESS_HOST 환경 변수에 export 한다. 두 번째 명령은
istio-ingressgateway 서비스의 HTTPS 포트를 찾아 INGRESS_HTTPS_PORT 환경 변수에
export 한다. 로드밸런서가 없는 도커 데스크톱 환경의 로컬 쿠버네티스 디플로이먼트를
사용 중이라면 외부 IP 대신 노드 IP 주소(예 127.0.0.1)와 해당 포트(예 443)를 사용해야
한다.

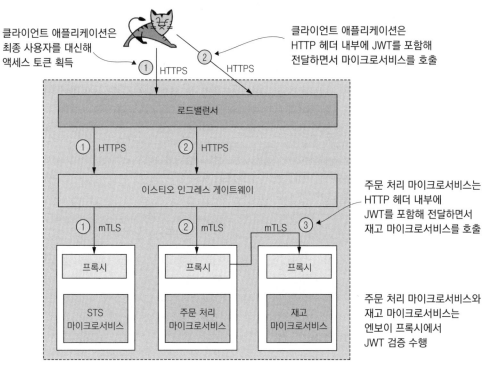

클라이언트 애플리케이션은 최종 사용자를 대신해 액세스 토큰 획득

클라이언트 애플리케이션은 HTTP 헤더 내부에 JWT를 포함해 전달하면서 마이크로서비스를 호출

주문 처리 마이크로서비스는 HTTP 헤더 내부에 JWT를 포함해 전달하면서 재고 마이크로서비스를 호출

주문 처리 마이크로서비스와 재고 마이크로서비스는 엔보이 프록시에서 JWT 검증 수행

▲ **그림 12.6** 이스티오 인그레스 게이트웨이는 마이크로서비스로 들어오는 모든 요청을 가로채 TLS 연결을 터미네이션한다. 인그레스 게이트웨이와 마이크로서비스 간의 통신뿐만 아니라 마이크로서비스 간의 통신도 mTLS로 보호한다. 엔보이 프록시는 주문 처리 및 재고 마이크로서비스의 JWT 검증을 수행한다.

```
\> export INGRESS_HOST=$(kubectl -n istio-system \
get service istio-ingressgateway \
-o jsonpath='{.status.loadBalancer.ingress[0].ip}')

\> export INGRESS_HTTPS_PORT=$(kubectl -n istio-system \
get service istio-ingressgateway \
-o jsonpath='{.spec.ports[?(@.name=="https")].port}')
```

다음 echo 명령을 사용해 환경 변수에 올바른 값을 설정했는지 확인할 수 있다.

```
\> echo $INGRESS_HOST
34.83.117.171
\> echo $INGRESS_HTTPS_PORT
443
```

istio-ingressgateway 서비스의 외부 IP 주소와 포트를 설정한 환경 변수를 curl 명령의 파라미터로 전달해 STS에서 JWT를 가져오자. 이스티오 게이트웨이에서 호스트명 기반 라우팅을 사용하기 때문에 sts.ecomm.com이나 orders.ecomm.com의 DNS 매핑 정보가 없어 --resolve 옵션을 사용해 호스트명과 IP 매핑을 정의해 curl을 실행해야 한다.

```
\> curl -v -X POST --basic -u applicationid:applicationsecret \
-H "Content-Type: application/x-www-form-urlencoded;charset=UTF-8" \
-k -d "grant_type=password&username=peter&password=peter123&scope=foo" \
--resolve sts.ecomm.com:$INGRESS_HTTPS_PORT:$INGRESS_HOST \
https://sts.ecomm.com:$INGRESS_HTTPS_PORT/oauth/token
```

위의 curl 명령에서 applicationid는 웹 애플리케이션의 클라이언트 ID이고, application secret은 클라이언트 시크릿이다. 명령을 성공적으로 실행하면 STS는 OAuth 2.0 액세스 토큰인 JWT(정확하게는 JWS)를 반환한다.

```
{
"access_token":"eyJhbGciOiJSUzI1NiIs… ",
"token_type":"bearer",
"refresh_token":"",
"expires_in":5999,
"scope":"foo",
"jti":"4d2bb648-461d-4eec-ae9c-5eae1f08e2a2"
}
```

다음 명령은 주문 처리 마이크로서비스에 HTTP GET 요청을 한다. 마이크로서비스와 통신하기 전에 이전 curl 명령에서 가져온 JWT(access_token 파라미터의 값)를 환경 변수(TOKEN)에 export 한 다음 해당 환경 변수를 사용해 HTTP 요청과 함께 JWT를 전달해 주문 처리 마이크로서비스를 요청하자.

```
\> export TOKEN=jwt_access_token
\> curl -k -H "Authorization: Bearer $TOKEN" \
--resolve orders.ecomm.com:$INGRESS_HTTPS_PORT:$INGRESS_HOST \
https://orders.ecomm.com:$INGRESS_HTTPS_PORT/orders/11
```

마지막으로, 다음 명령을 실행해 주문 처리 마이크로서비스에 HTTP POST 요청을 보내 재고 마이크로서비스를 내부적으로 호출하자.

```
\> curl -k -v https://orders.ecomm.com:$INGRESS_HTTPS_PORT/orders \
-H "Content-Type: application/json" \
-H "Authorization: Bearer $TOKEN" \
--resolve orders.ecomm.com:$INGRESS_HTTPS_PORT:$INGRESS_HOST \
-d @- << EOF
{
  "customer_id":"101021",
  "payment_method":{
    "card_type":"VISA",
    "expiration":"01/22",
    "name":"John Doe",
    "billing_address":"201, 1st Street, San Jose, CA"
  },
  "items":[
    {
    "code":"101",
    "qty":1
    },
    {
    "code":"103",
    "qty":5
    }
  ],
  "shipping_address":"201, 1st Street, San Jose, CA"
}
EOF
```

12.4.3 PeerAuthentication과 RequestAuthentication

12.4절에서 언급했듯이, PeerAuthentication과 RequestAuthentication은 이스티오 1.5.0 버전에서 도입한 새로운 사용자 지정 리소스 정의다. PeerAuthentication을 사용해 mTLS 기반 정책을 정의해 하나의 마이크로서비스를 다른 마이크로서비스에 인증하고, RequestAuthentication을 사용해 JWT 기반 정책을 정의해 최종 사용자를 인증할 수 있다.

PeerAuthentication 사용자 지정 리소스 정의

12.3절에서는 이스티오 1.5.0 버전 이상을 사용할 경우 서비스 메시 내 모든 마이크로서비스에 mTLS가 디폴트로 활성화되어 있어 해야 할 작업이 없다고 언급했다. 좀 더 상세히 설명을 해보면, 이스티오 1.5.0은 모든 마이크로서비스에 대해 mTLS를 디폴트로 적용하지 않지만 추가 설정 없이 모든 마이크로서비스 간에 mTLS로 통신할 수 있게 한다는 뜻이다. 이는 또한 클라이언트 애플리케이션이나 레거시 마이크로서비스가 HTTP (mTLS 없이 HTTPS를 사용하는 경우 포함)로 마이크로서비스에 접근하려는 경우 접근이 가능함을 의미한다. 하지만 이스티오가 제어하는 마이크로서비스 간의 통신은 mTLS를 적용한 HTTPS 통신을 한다.

이스티오 1.5 미만에서 모든 마이크로서비스 간에 mTLS를 엄격하게 적용하려면 mTLS 모드를 STRICT로 설정함으로써 MeshPolicy 사용자 지정 리소스 정의(부록 K의 리스트 K.6 참고)를 사용해 서비스 메시 수준에서 적용이 가능하다. MeshPolicy 사용자 지정 리소스 정의는 이제는 더 이상 사용하지 않으며 향후 이스티오 출시 버전에서는 제거될 예정이다. 또한 서비스 메시 수준이 아닌 서비스 수준에서 mTLS를 엄격하게 적용하려면 리스트 12.8을 참고해서 적용이 가능하다. 하지만 이스티오 1.5 버전 이상을 사용한다면 권장하는 접근 방식은 PeerAuthentication 사용자 지정 리소스 정의를 사용해 mTLS 정책을 정의하는 것이다. 리스트 12.12는 리스트 12.8과 동등한 PeerAuthentication 사용자 지정 리소스 정의 정책을 보여준다.

리스트 12.12 mTLS를 엄격하게 적용하기 위한 PeerAuthentication 정책

```
apiVersion: security.istio.io/v1beta1
kind: PeerAuthentication
metadata:
  name: default
  namespace: default ◀──── 정책을 default 네임스페이스에 배포
spec:
  selector:
    matchLabels:        ┌─ 정책을 orders 레이블(주문 처리 마이크로서비스)과
      app: orders ◀─────┘  일치하는 디플로이먼트에 적용
  mtls:
    mode: STRICT
```

chapter12/sample04 디렉토리에서 다음 명령을 실행해 리스트 12.12에서 정의한 인증 정책을 설정하자(이스티오 1.5 버전 이상만 해당).

```
\> kubectl apply -f peer.authentication.policy.yaml
```

```
peerauthentication.security.istio.io/default created
```

https://istio.io/docs/reference/config/security/peer_authentication에서 PeerAuthentication 정책을 적용하는 더 다양한 방법을 확인할 수 있다.

RequestAuthentication 사용자 지정 리소스 정의

12.4.3절 앞부분에서 설명한 것처럼 RequestAuthentication 사용자 지정 리소스 정의를 사용해 JWT 기반 정책을 정의해 최종 사용자를 인증할 수 있다. 12.4.1절에서 리스트 12.11의 인증 정책을 사용해 JWT가 전달하는 속성에 기반해 접근 제어를 활성화하는 방법을 설명했다. 해당 정책을 다시 살펴보면 복잡하고 JWT와 mTLS 설정을 모두 포함하고 있음을 알 수 있는데 이스티오 1.5.0 미만 버전의 작업 방식이기 때문이다.

이스티오 1.5.0 버전은 요청 인증(JWT)에서 피어peer 인증(mTLS)을 분리하기 때문에 여기서는 RequestAuthentication 사용자 지정 리소스 정의를 사용해 요청 내 JWT에 대한 접근 제어 정책을 정의한다. 리스트 12.13은 한 가지 변경사항을 제외하면 리스트 12.11과 동등한 RequestAuthentication 정책을 정의한다. 리스트 12.11의 정책은 주문 처리와 재고 마이크로서비스 모두에게 적용되지만 리스트 12.13의 정책은 주문 처리 마이크로서비스에만 적용된다. app:inventory 레이블을 사용해 주문 처리 마이크로서비스에 대한 유사한 정책을 정의할 수 있다.

리스트 12.13 JWT 검증을 적용하기 위한 RequestAuthentication 정책

```
apiVersion: security.istio.io/v1beta1
kind: RequestAuthentication
metadata:
  name: orders-req-authn-policy
spec:
  selector:
```

```
      matchLabels:
        app: orders  ◄─── 정책을 orders 레이블(주문 처리 마이크로서비스)과 일치하는 디플로이먼트에 적용
  jwtRules:
  - issuer: "sts.ecomm.com"  ◄─── 요청 내 JWT의 iss 속성값과 정확히 일치해야 하는 값
    audiences:
    - "*.ecomm.com"  ◄─── 요청 내 JWT의 aud 속성값과 정확히 일치해야 하는 값
    jwksUri: .../chapter12/sample04/jwtkey.jwk ◄─┐ 요청 내 JWT의 서명에 해당하는
                                                  │ JSON 웹 키를 가져올 URL
```

RequestAuthentication 사용자 지정 리소스 정의의 행동을 이해하는 게 중요하다. 요청
이 정책에서 정의한 조건과 일치하지 않는, 유효하지 않은 JWT를 전달하면 이스티오는
요청을 거부한다. 하지만 요청이 JWT를 전혀 전달하지 않으면 이스티오는 요청을 거부
하지 않는다. 꽤나 이상하지만 이 책을 쓰고 있는 시점에는 저렇게 행동한다.

RequestAuthentication 사용자 지정 리소스 정의의 이러한 이상한 행동이 보안 위험을
초래할 수 있어 AuthorizationPolicy 사용자 지정 리소스 정의를 사용해 정의한 또 다른
인가 정책을 함께 사용해야 한다. 이스티오 1.4.0 버전에서 도입한 AuthorizationPolicy
사용자 지정 리소스 정의는 12.5.4절에서 상세히 설명한다. 리스트 12.14의 정책은 유효
한 주체[subject]를 갖고 있지 않은 모든 요청을 거부한다. 즉, 요청이 JWT를 전달하지 않으
면 RequestAuthentication 정책을 통과하더라도 요청과 관련한 주체가 없기 때문에 실
패한다.

리스트 12.14 AuthorizationPolicy 사용자 지정 리소스 정의

```
apiVersion: security.istio.io/v1beta1
kind: AuthorizationPolicy
metadata:
  name: orders-services-policy
spec:
  selector:
    matchLabels:
      app: orders
  rules:
  - from:
    - source:
        requestPrincipals: ["*"]
```

chapter12/sample04 디렉토리에서 다음 명령을 실행해 리스트 12.13과 리스트 12.14
에서 정의한 대로 요청 내 JWT의 값에 기반한 인가 정책을 설정하자(이스티오 1.5 버전 이
상만 해당).

```
\> kubectl apply -f request.authentication.policy.yaml

requestauthentication.security.istio.io/orders-req-authn-policy created
authorizationpolicy.security.istio.io/orders-services-policy configured
requestauthentication.security.istio.io/inventory-req-authn-policy created
authorizationpolicy.security.istio.io/inventory-services-policy created
```

JWT 인증을 적용한 후 종단 간 흐름을 테스트하려면 12.4.2절에서 정의한 단계를 따라
야 한다.

https://istio.io/docs/reference/config/security/request_authentication/에서
RequestAuthentication 정책을 적용하는 더 다양한 방법을 확인할 수 있다.

12.4.4 서비스 간 통신에서 JWT를 사용하는 방법

12.4.1절과 12.4.3절에서는 주문 처리 마이크로서비스와 재고 마이크로서비스를 JWT로
보호한다. 주문 처리 마이크로서비스가 JWT를 사용하는 방법을 먼저 설명하면, 클라이
언트 애플리케이션은 HTTP 요청과 함께 JWT를 보내야만 하고 주문 처리 마이크로서비
스가 재고 마이크로서비스와 통신할 때 클라이언트로부터 획득한 것과 동일한 JWT를 전
달한다(7.1.1절에서 상세히 설명한 JWT로 마이크로서비스를 보호하기 위한 사용 사례 중 하나인데
7.1.2절에서 해당 사례의 제약사항에 대해서도 언급하고 있다).

그러나 이 책을 쓰고 있는 시점에 이스티오는 하나의 마이크로서비스가 자신이 획득한
JWT를 또 다른 업스트림 마이크로서비스로 전파하는 걸 지원하지 않아 12.4.1절과
12.4.3절의 예제에서는 JWT 전파를 코드 수준에서 구현했다. 주문 처리 마이크로서비스
가 HTTP 헤더(엔보이가 검증 후 뒷단의 마이크로서비스로 전달)로 전달받은 JWT를 읽고 재고
마이크로서비스와 통신할 때 HTTP 요청에 포함하도록 수정했었고 해당 코드는
chapter12/services/order/src/main/java/com/manning/mss/ch12/order/client 디
렉토리의 InventoryClient.java 파일이다.

12.4.5 JWK 상세히 살펴보기

리스트 12.11에서 엔보이 프록시는 JWKS^{JSON Web Key Set} 엔드포인트를 사용해 JWK^{JSON Web Key} 모음을 전달하는 문서를 가져온다. JWK는 암호화 키를 JSON 형식으로 표현한 것이고 JWKS는 다양한 JWK들을 JSON 형식으로 표현한 것이다. https://raw. githubusercontent.com/microservices-security-in-action/samples/master/ chapter12/sample04/jwtkey.jwk에서 JWKS를 획득한다.

리스트 12.15의 JWKS는 JWT 발급자의 공개키와 관련한 정보를 전달한다. JWT 수신자는 JWKS의 정보를 사용해 관련 공개키를 찾고 JWT의 서명을 검증한다. JWK에 관한 상세 내용은 JWK의 정의와 구조를 설명한 RFC 7517(https://tools.ietf.org/html/rfc7517)을 참고하자. PEM 인코딩한 X.509 인증서를 갖고 있다면 JWK를 PEM으로 변환해주는 온라인 도구(https://8gwifi.org/jwkconvertfunctions.jsp)를 사용해 JWK로 변환할 수 있다. 리스트 12.15에 있는 jwtkey.jwk 파일의 내용을 살펴보자.

리스트 12.15 JWKS

```
{ "keys":[  ◀─── JWK들의 배열을 나타내는 부모 요소
    {"e":"AQAB",  ◀─── RSA 알고리즘에 해당하는 암호화 파라미터        ┐ JWT 헤더 내의 kid 값과
      "kid":"d7d87567-1840-4f45-9614-49071fca4d21",  ◀───────────┘ 일치해야 하는 키 식별자
      "kty":"RSA",  ◀─── 키 유형 정의. RFC 7518에서 정의하고 있는 키 유형 중 가능한 값을 정의
      "n":"-WcBjPsrFvGOwqVJd8vpV "  ◀─── RSA 알고리즘에 해당하는 암호화 파라미터
    }
  ]
}
```

12.5 인가 적용

12.5절은 개별 마이크로서비스에 인가를 적용해 12.4절의 사례를 확장한다. 12.5절을 따라오려면 먼저 12.4절의 모든 예제를 성공적으로 완료해야 한다. 여기서는 서비스 간 인증을 위해 mTLS를 사용하는 과정에서 JWT를 사용해 최종 사용자 속성을 전달하고 JWT의 속성에 기반한 접근 제어 정책을 적용한다.

12.5.1 JWT 상세히 살펴보기

12.4.2절의 종단 간 예제를 실행하는 과정에서 STS에서 얻은 JWT를 상세히 살펴보자. JWT는 base64로 인코딩되어 있어 온라인 base64 디코더(www.base64decode.org)를 사용해 디코딩한 후 온라인 JWT 디코더(http://jwt.io)를 사용해 디코딩하면 리스트 12.16과 같은 JWT 페이로드를 확인할 수 있다. 토큰을 디코딩하면 읽을 수 있는 문자열로 바뀌는데, 부록 B에서 JWT의 구조를 상세히 설명한다. 이스티오에서는 JWT 속성에 대해 접근 제어 정책을 정의할 수 있다.

리스트 12.16 디코딩한 JWT 페이로드

```
{
  "sub": "peter",          ◀──── JWT 관련 사용자, 주체 또는 인증된 사용자
  "aud": "*.ecomm.com",    ◀──── JWT 수신자
  "user_name": "peter",
  "scope": [               ◀──── JWT와 관련된 범위 또는 JWT로 할 수 있는 작업
    "foo"
  ],
  "iss": "sts.ecomm.com",  ◀──── JWT 발급자
  "exp": 1572480488,
  "iat": 1572474488,
  "authorities": [         ◀──── JWT의 주체와 관련된 역할
    "ROLE_USER"
  ],
  "jti": "88a5215f-7d7a-45f8-9632-ca78cbe05fde",
  "client_id": "applicationid"  ◀──── JWT를 마이크로서비스로 보내는 클라이언트 애플리케이션
}
```

12.5.2 역할 기반 접근 제어 적용

12.5.2절에서는 주문 처리 마이크로서비스와 재고 마이크로서비스에 대한 역할 기반 접근 제어 정책RBAC, role-based access control을 정의한다. 일반적으로 **역할**role은 권한 모음이고 **권한**permission은 리소스와 행위의 조합이다. 예를 들어, 주문 처리 마이크로서비스에서 HTTP GET 요청을 할 수 있는 능력은 권한이다. HTTP GET 요청은 행위이고, 주문 처리 마이크로서비스는 리소스다.

마찬가지로, 주문 처리 마이크로서비스에 HTTP POST 요청을 하는 행위도 또 다른 권한이다. 이제 이러한 2개의 권한을 결합해 역할을 만들 수 있고 이 역할을 가진 모든 사용자는 주문 처리 마이크로서비스에 HTTP GET이나 POST 요청을 할 수 있다.

> |참고| 이스티오는 1.4.0 버전에서 역할 기반 접근 제어의 주요 변경사항을 도입했다(12.5.4절에서 설명할 예정). 12.5.2절에서 설명하는 ServiceRole, ServiceRoleBinding, ClusterRoleBinding 사용자 지정 리소스 정의들은 더 이상 사용되지 않으며 이스티오 버전 1.6.0에서 제거됐다. 하지만 이 책을 쓰는 시점에 여전히 많은 사람이 1.4.0 버전 미만을 사용하고 있어 12장에 관련 내용을 포함해뒀다. 이 책을 쓰는 시점에 구글 쿠버네티스 엔진의 최신 버전은 1.14.10-gke.27이고 해당 버전은 디폴트로 이스티오 1.2.10만 지원한다. 이스티오 1.4 이상의 버전을 사용한다면 12.5.2절과 12.5.3절을 읽지 않아도 무방하다.

이스티오는 정책 집합을 정의하는 ServiceRole이라는 사용자 지정 리소스 정의 리소스 유형을 도입했다. 예를 들어, 리스트 12.17의 ServiceRole 정의를 살펴보자. services 요소는 리소스 모음을 나타내고, methods 요소는 해당 리소스에 대해 허용하는 작업을 나타낸다. 쉽게 말하면 order-viewer 역할을 가진 누군가는 default 네임스페이스에서 실행 중인 orders-service 마이크로서비스에 HTTP GET 요청을 보낼 수 있다.

리스트 12.17 order-viewer ServiceRole

```
apiVersion: "rbac.istio.io/v1alpha1"
kind: ServiceRole
metadata:
  name: order-viewer
spec:
  rules:
  - services: ["orders-service.default.svc.cluster.local"] ◄── 정책을 적용할 정규화된
                                                                이름의 서비스 배열
    methods: ["GET"] ◄────── 정책을 적용할 HTTP 메소드 배열
```

리스트 12.18에서 또 다른 예제를 살펴보자. order-admin 역할을 가진 누군가는 쿠버네티스 default 네임스페이스에서 실행 중인 주문 처리 마이크로서비스에게 HTTP POST 요청을 할 수 있다.

```
apiVersion: "rbac.istio.io/v1alpha1"
kind: ServiceRole
metadata:
  name: order-admin
spec:
rules:
  - services: ["orders-service.default.svc.cluster.local"]
    methods: ["POST"]
```

ServiceRole을 사용자에게 연결하거나 바인딩하기 위해 이스티오는 ServiceRoleBinding 이라는 리소스 유형을 도입했다(그림 12.7 참고). 리스트 12.19는 ServiceRoleBinding의 예 제인데 ROLE_USER라는 역할을 가진 사용자를 order-viewer ServiceRole에 바인딩하거나 매핑한다. 이스티오는 JWT(리스트 12.16 참고)에서 authorities 속성(JSON 배열)을 확인함 으로써 사용자 역할을 찾는다. JWT 발급자 또는 STS는 LDAP과 같은 연결된 기업 신원 저장소enterprise identity store에서 사용자 역할을 찾아 JWT의 authorities 속성 하위에 포 함한다.

```
apiVersion: "rbac.istio.io/v1alpha1"
kind: ServiceRoleBinding
metadata:
  name: order-viewer-binding
spec:
  subjects:
  - properties:
      request.auth.claims[authorities]: "ROLE_USER"
  roleRef:
    kind: ServiceRole
    name: order-viewer
```

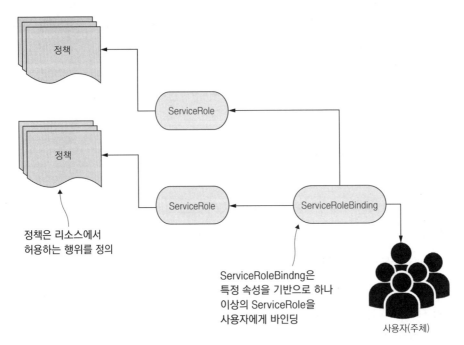

정책은 리소스에서
허용하는 행위를 정의

ServiceRoleBindng은
특정 속성을 기반으로 하나
이상의 ServiceRole을
사용자에게 바인딩

사용자(주체)

▲ **그림 12.7** ServiceRole은 일련의 행위를 리소스 모음에 바인딩하고, ServiceRoleBinding은 특정 속성을 기반으로 ServiceRole 모음을 하나 이상의 사용자에게 바인딩한다.

ServiceRole과 ServiceRoleBinding을 갖고 있기 때문에 이스티오에서 역할 기반 접근 제어를 활성화하기 위해 ClusterRbacConfig를 정의해야 한다. 리스트 12.20의 ClusterRbacConfig는 쿠버네티스 default 네임스페이스 하위의 모든 서비스를 대상으로 역할 기반 접근 제어를 활성화한다.

리스트 12.20 ClusterRbacConfig 리소스 정의

```
apiVersion: "rbac.istio.io/v1alpha1"
kind: ClusterRbacConfig
metadata:
  name: default
spec:
  mode: ON_WITH_INCLUSION
  inclusion:
    namespaces: ["default"]  ◀── 쿠버네티스 default 네임스페이스의 서비스에 한해
                                  역할 기반 접근 제어 활성화
```

이스티오는 리스트 12.20의 mode 요소로 나열할 수 있는 네 가지 값을 표 12.2와 같이 정의한다.

▼ **표 12.2** RBAC 설정 모드

값	설명
OFF	역할 기반 접근 제어를 완전히 비활성화
ON	모든 쿠버네티스 네임스페이스 내 모든 서비스를 대상으로 역할 기반 접근 제어 활성화
ON_WITH_INCLUSION	inclusion 요소 하위에 언급한 쿠버네티스 네임스페이스 내 서비스를 대상으로만 역할 기반 접근 제어 활성화
ON_WITH_EXCLUSION	exclusion 요소 하위에 언급한 쿠버네티스 네임스페이스 내 서비스를 제외하고 모든 쿠버네티스 네임스페이스 내 서비스를 대상으로 역할 기반 접근 제어 활성화

chapter12/sample05 디렉토리에서 다음 명령을 실행해 리스트 12.17부터 리스트 12.20에서 정의한 대로 ServiceRole, ServiceRoleBinding, ClusterRbacConfig를 생성하자.

```
\> kubectl apply -f .

clusterrbacconfig.rbac.istio.io/default created
servicerole.rbac.istio.io/order-viewer created
servicerole.rbac.istio.io/order-admin created
servicerolebinding.rbac.istio.io/order-viewer-binding created
```

역할 기반 접근 제어를 적용한 후 종단 간 흐름을 테스트하려면 12.5.3절에 정의한 단계를 따라야 한다.

12.5.3 역할 기반 접근 제어를 사용한 종단 간 흐름 테스트

12.5.3절에서는 그림 12.8의 종단 간 흐름을 테스트할 예정인데 12.2.4절에서 수행한 단계와 동일하다. 이번 테스트에서 주문 처리 마이크로서비스에 HTTP GET 요청을 할 수 있지만 HTTP POST 요청을 할 경우 실패한다. 요청과 함께 전달된 JWT의 주체가 ROLE_USER 역할과 order-viewer ServiceRole의 구성원만 전달하고 order-admin ServiceRole을

전달하지 않기 때문에 HTTP POST 요청은 실패한다. order-admin ServiceRole의 구성원만 주문 처리 마이크로서비스에 HTTP POST 요청을 할 수 있다.

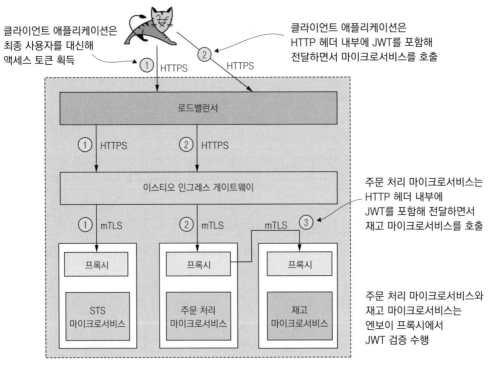

▲ **그림 12.8** 이스티오 인그레스 게이트웨이는 마이크로서비스로 들어오는 모든 요청을 가로채 TLS 연결을 터미네이션한다. 인그레스 게이트웨이와 마이크로서비스 간의 통신뿐만 아니라 마이크로서비스 간의 통신까지 mTLS로 보호한다. 엔보이 프록시는 주문 처리 마이크로서비스와 재고 마이크로서비스를 위한 JWT 검증을 수행한다.

클라이언트 애플리케이션(curl)은 먼저 STS 마이크로서비스와 통신해 JWT를 획득한 다음 이스티오 인그레스 게이트웨이를 통해 STS에서 획득한 JWT를 전달하며 주문 처리 마이크로서비스와 통신한다.

다음과 같은 2개의 명령을 실행해 istio-system 네임스페이스에서 실행 중인 이스티오 인그레스 게이트웨이의 외부 IP 주소와 HTTPS 포트를 찾아보자. 첫 번째 명령은 istio-ingressgateway 서비스의 외부 IP 주소를 찾아 INGRESS_HOST 환경 변수에 export 하고, 두 번째 명령은 istio-ingressgateway 서비스의 HTTPS 포트를 찾아 INGRESS_HTTPS_PORT 환경 변수에 export 한다. 로드밸런서가 없는 도커 데스크톱 환경의 로컬 쿠버네티스 디플로이먼트를 사용 중이라면 외부 IP 대신 노드 IP 주소(예 127.0.0.1)와 해당 포트(예 443)를 사용해야 한다.

```
\> export INGRESS_HOST=$(kubectl -n istio-system \
get service istio-ingressgateway \
-o jsonpath='{.status.loadBalancer.ingress[0].ip}')

\> export INGRESS_HTTPS_PORT=$(kubectl -n istio-system \
get service istio-ingressgateway \
-o jsonpath='{.spec.ports[?(@.name=="https")].port}')
```

다음 echo 명령을 사용해 환경 변수에 올바른 값을 설정했는지 확인할 수 있다.

```
\> echo $INGRESS_HOST
34.83.117.171
\> echo $INGRESS_HTTPS_PORT
443
```

istio-ingressgateway 서비스의 외부 IP 주소와 포트를 설정한 환경 변수를 curl 명령의 파라미터로 전달해 STS에서 JWT를 가져오자. 이스티오 게이트웨이에서 호스트명 기반 라우팅을 사용하기 때문에 sts.ecomm.com이나 orders.ecomm.com의 DNS 매핑 정보가 없어 --resolve 옵션을 사용해 호스트명과 IP 매핑을 정의해 curl을 실행해야 한다.

```
\> curl -v -X POST --basic -u applicationid:applicationsecret \
-H "Content-Type: application/x-www-form-urlencoded;charset=UTF-8" \
-k -d "grant_type=password&username=peter&password=peter123&scope=foo" \
--resolve sts.ecomm.com:$INGRESS_HTTPS_PORT:$INGRESS_HOST \
https://sts.ecomm.com:$INGRESS_HTTPS_PORT/oauth/token
```

curl 명령에서 applicationid는 웹 애플리케이션의 클라이언트 ID이고, applicationsecret은 클라이언트 시크릿이다. 명령을 성공적으로 실행하면 STS는 OAuth 2.0 액세스 토큰인 JWT(정확하게는 JWS)를 반환한다.

```
{
"access_token":"eyJhbGciOiJSUzI1NiIs… ",
"token_type":"bearer",
```

```
"refresh_token":"",
"expires_in":5999,
"scope":"foo",
"jti":"4d2bb648-461d-4eec-ae9c-5eae1f08e2a2"
}
```

다음 명령은 주문 처리 마이크로서비스에 HTTP GET 요청을 한다. 마이크로서비스와 통신하기 전에 이전 curl 명령에서 가져온 JWT(access_token 파라미터의 값)를 환경 변수(TOKEN)에 export 한 다음 해당 환경 변수를 사용해 HTTP 요청과 함께 JWT를 전달해 주문 처리 마이크로서비스를 요청하자.

```
\> export TOKEN=jwt_access_token
\> curl -k -H "Authorization: Bearer $TOKEN" \
--resolve orders.ecomm.com:$INGRESS_HTTPS_PORT:$INGRESS_HOST \
https://orders.ecomm.com:$INGRESS_HTTPS_PORT/orders/11
```

마지막으로, 다음 명령을 실행해 주문 처리 마이크로서비스에 HTTP POST 요청을 보내 재고 마이크로서비스를 내부적으로 호출해보면 HTTP 응답 상태 코드 403을 반환한다. order-admin ServiceRole의 구성원만 주문 처리 마이크로서비스에 HTTP POST 요청을 보낼 수 있어 요청과 함께 제공한 JWT의 주체가 ServiceRole에 속하지 않기 때문에 이스티오는 요청을 거부한다.

```
\> curl -k -v https://orders.ecomm.com:$INGRESS_HTTPS_PORT/orders \
-H "Content-Type: application/json" \
-H "Authorization: Bearer $TOKEN" \
--resolve orders.ecomm.com:$INGRESS_HTTPS_PORT:$INGRESS_HOST \
-d @- << EOF
{
  "customer_id":"101021",
  "payment_method":{
    "card_type":"VISA",
    "expiration":"01/22",
    "name":"John Doe",
    "billing_address":"201, 1st Street, San Jose, CA"
  },
  "items":[
```

```
    {
    "code":"101",
    "qty":1
    },
    {
    "code":"103",
    "qty":5
    }
  ],
  "shipping_address":"201, 1st Street, San Jose, CA"
}
EOF
```

12.5.4 이스티오 1.4.0 버전 이후 역할 기반 접근 제어 개선사항

이스티오는 1.4.0 버전부터 12.5.2절에서 설명한 ServiceRole, ServiceRoleBinding, ClusterRoleBinding 사용자 지정 리소스 정의를 제거한 대신 AuthorizationPolicy라는 새로운 사용자 지정 리소스 정의를 도입했다. 리스트 12.21은 AuthorizationPolicy 사용자 지정 리소스 정의를 사용해 주문 처리 마이크로서비스에 대한 인가 정책을 정의한다. 리스트 12.21은 user_name 속성의 값이 peter이고 scope 값이 foo이며 authorities 속성이 ROLE_USER일 때 주문 처리 마이크로서비스로 HTTP GET이나 POST 요청을 할 수 있도록 허용한다. 속성값은 요청과 함께 전달된 JWT의 클레임 집합에서 가져온다.

리스트 12.21 AuthorizationPolicy 사용자 지정 리소스 정의로 인가 정책 정의

```
apiVersion: security.istio.io/v1beta1
kind: AuthorizationPolicy
metadata:
  name: orders-services-policy
  namespace: default
spec:
  selector:
    matchLabels:
      app: orders   ◀── 인가 정책을 orders 레이블(주문 처리 마이크로서비스)을 전달한 디플로이먼트에만 적용
    action: ALLOW   ◀── 인가 정책에서 정의한 기준을 충족하면 요청을 진행할 수 있도록 허용
    rules:
```

```
  - to:
    - operation:
        methods: ["GET", "POST"]  ◀────── 주문 처리 마이크로서비스에서 허용하는 HTTP 메소드 정의
    when:
    - key: request.auth.claims[user_name]
      values: ["peter"]  ◀─────────────┐  요청과 함께 전달된 JWT에서 가져온 user_name 속성의 값이
    - key: request.auth.claims[scope]   │  peter일 경우에만 정책 적용 대상이 됨
┌─▶ values: ["foo"]
│   - key: request.auth.claims[authorities]
│     values: ["ROLE_USER"]  ◀────┐  요청과 함께 전달된 JWT에서 가져온 authorities 속성의 값이
│                                  └  ROLE_USER인 경우에만 정책 적용 대상이 됨
└ 요청과 함께 전달된 JWT에서 가져온 scope 속성의 값이 foo일 경우에만 정책 적용 대상이 됨
```

이스티오가 버전 1.4.0에서 AuthorizationPolicy 사용자 지정 리소스 정의를 도입했을 때는 ALLOW 행위만 지원했지만, 버전 1.5.0 버전부터는 DENY 행위까지 지원을 한다. 동일한 마이크로서비스를 대상으로 ALLOW와 DENY 행위를 모두 포함한 정책을 정의하는 경우 이스티오는 DENY 행위를 먼저 평가하기 때문에 DENY 관련 정책 중 하나가 요청과 일치한다면 이스티오는 요청 측의 행위를 거부한다.

AuthorizationPolicy는 JWT를 사용한 요청 인증을 기반으로 할 뿐만 아니라 피어 인증까지 같이 사용할 수 있다. 리스트 12.22는 주문 처리 마이크로서비스에서 오는 요청에 대해서만 재고 마이크로서비스로의 접근을 제한하는 AuthorizationPolicy 예제를 보여준다. 해당 제한 정책은 주문 처리 마이크로서비스를 전달하는 파드와 연결된 서비스 계정을 사용해 수행되는데 이스티오는 해당 서비스 계정 이름으로 서비스 메시 내 개별 파드에 인증서를 프로비저닝한다. 따라서 재고 마이크로서비스에 mTLS로 피어 인증을 적용할 때 이스티오가 요청 측의 인증서를 살펴본다면 대상 서비스 계정을 식별할 수 있다.

리스트 12.22 피어 인증으로 AuthorizationPolicy 정의

```
apiVersion: security.istio.io/v1beta1
kind: AuthorizationPolicy
metadata:
  name: inventory-services-policy
  namespace: default
spec:
```

```
selector:
  matchLabels:
      app: inventory
action: ALLOW
rules:
- from:
  - source:
      principals: ["cluster.local/ns/default/sa/ecomm"]
  to:
  - operation:
      methods: ["PUT"]
```

chapter12/sample05/1.4.0 디렉토리에서 다음 명령을 실행해 리스트 12.21과 리스트 12.22에서 설명한 인가 정책을 설정하자(이스티오 1.5 버전 이상만 해당).

```
\> kubectl apply -f request.authz.policy.yaml

authorizationpolicy.security.istio.io/orders-services-policy configured

\> kubectl apply -f peer.authz.policy.yaml

serviceaccount/ecomm configured
deployment.apps/orders-deployment configured
authorizationpolicy.security.istio.io/inventory-services-policy configured
```

리스트 12.22에 해당하는 peer.authz.policy.yaml을 적용하면 ecomm 서비스 계정을 생성하고 해당 계정으로 주문 처리 마이크로서비스를 재배포한다. 인가 정책을 적용한 후 종단 간 흐름을 테스트하려면 12.4.2절에서 정의한 단계를 따라야 한다.

https://istio.io/docs/reference/config/security/authorization-policy/에서 AuthorizationPolicy에 관해 더 상세한 내용을 확인할 수 있다.

> |문제 해결| peer.authz.policy.yaml을 이스티오 배포에 적용한 후 주문 처리 마이크로서비스에 해당하는 파드가 제대로 시작되지 않는다면 https://github.com/microservices-security-in-action/samples/blob/master/chapter12/troubleshooting.md를 참고하자.

12.6 이스티오에서 키 관리

이스티오 환경에서 컨트롤 플레인 구성요소인 **시타델**^{Citadel}이 관리하고 있는 개별 워크로드에 키와 인증서를 프로비저닝한다. 쿠버네티스 환경에서 파드는 이스티오의 워크로드이고 이스티오는 개별 파드에 엔보이 프록시를 연결하기 때문에 시타델이 관리하는 개별 워크로드에 키/인증서 쌍을 프로비저닝한다고 말할 때 내부적으로 발생하는 일은 시타델이 해당 파드에서 실행 중인 개별 엔보이 프록시에 키/인증서를 프로비저닝하는 것이다.

시타델이 키/인증서를 프로비저닝함으로써 이스티오에서 실행 중인 개별 워크로드가 신원을 유지하고 워크로드 간에 안전한 통신을 용이하게 한다. 또한 시타델은 개별 엔보이 프록시에 프로비저닝한 키/인증서를 교체한다.

이스티오 환경에서 mTLS를 활성화하면 엔보이는 자신에게 프로비저닝된 키를 사용해 다른 엔보이 프록시나 워크로드를 인증한다. 그러나 이스티오 1.1 이후 버전부터 작동 방식이 크게 바뀌었다. 12.6.1절에서 이스티오가 키/인증서를 프로비저닝하고 교체하는 데 사용하는 다양한 접근 방식을 설명한다.

12.6.1 볼륨 마운트를 통한 키 프로비저닝과 교체

이스티오 1.1.0 버전 이전에는 볼륨 마운트로 시타델을 통해 엔보이 프록시에 키/인증서를 프로비저닝했다. 이스티오 1.1.0 이상 1.5.0 미만에서도 sds 이스티오 프로파일을 활성화하지 않았다면 엔보이 프록시에 키/인증서를 프로비저닝하는 건 볼륨 마운트로 시타델을 통해야 한다.[5] 리스트 12.23은 주문 처리 파드에서 실행 중인 엔보이(또는 이스티오 프록시)와 관련된 볼륨 마운트를 보여준다.

리스트 12.23의 명령을 실행하려면 파드 이름(orders-deployment-f7bc58fbc-bbhwd)을 쿠버네티스 클러스터에서 실행 중인 실제 이름으로 바꿔야 한다. 엔보이 프록시는 로컬 파일시스템의 /etc/certs 디렉토리에서 시타델이 프로비저닝한 인증서/키에 접근할 수

---

5 이스티오 1.4.0을 위한 설치 설정 프로파일은 sds를 독립 프로파일로 포함한다(https://archive.istio.io/v1.4/docs/setup/additional-setup/config-profiles 참고).

있다. 시타델은 개별 키/인증서의 만료일을 추적한 다음 만료 전에 교체한다.

```
\> kubectl get pod orders-deployment-f7bc58fbc-bbhwd -o yaml

volumeMounts:
- mountPath: /etc/istio/proxy
  name: istio-envoy
- mountPath: /etc/certs/    ◄─── 엔보이 프록시가 사용하는 키를 마운트한 엔보이 로컬 파일시스템의 마운트 경로
  name: istio-certs
  readOnly: true
- mountPath: /var/run/secrets/kubernetes.io/serviceaccount
  name: default-token-9h45q    ◄───  쿠버네티스가 프로비저닝한 디폴트 토큰 시크릿(JWT).
  readOnly: true                      이스티오만 사용하는 게 아님
```

다음 명령을 사용해 주문 처리 마이크로서비스와 관련된 엔보이 프록시에 프로비저닝된
PEM 인코딩한 인증서를 출력하자. 명령 실행 시 환경에 맞는 정확한 파드명을 사용했는
지 확인해야 한다.

```
\> kubectl exec -it orders-deployment-f7bc58fbc-bbhwd \
-c istio-proxy cat /etc/certs/cert-chain.pem
```

명령 실행 결과는 온라인 Report URI PEM 디코더(https://report-uri.com/home/pem_
decoder) 같은 도구로 디코딩하면 원문 확인이 가능하며 디코딩한 결과는 리스트 12.24
와 같다. 인증서의 수명이 90일이고 서비스 계정에게 발급됐음을 확인할 수 있다(Subject
Alternative Names 속성 참고).

```
Issued By: cluster.local    ◄─── 인증서 발급자
Serial Number: 3BF3584E3780C0C46B9731D561A42032    ◄─── 인증서 관련 고유번호
Signature: sha256WithRSAEncryption    ◄─── 인증기관은 서명 알고리즘에 따라 인증서와 관련된 공개키에 서명
Valid From: 23:29:16 10 May 2020
Valid To: 23:29:16 08 Aug 2020
                                         인증서를 메시지에 서명하거나 키를 암호화하는 데
Key Usage: Digital Signature, Key Encipherment    ◄─── 사용할 수 있으나 데이터 암호화 용도로는 사용 불가
Extended Key Usage: TLS Web Server Authentication,
                    TLS Web Client Authentication    ◄─── mTLS 인증에 사용할 수 있는 인증서
```

```
Basic Constraints: CA:FALSE
Subject Alternative Names:
    URI:spiffe://cluster.local/ns/default/sa/default ◄── 이스티오 프록시와 연관된 서비스 계정에
                                                         해당하는 SPIFFE 식별자
```

쿠버네티스 환경에서 파드를 생성할 때 파드와 서비스 계정을 연결할 수 있다. 여러 파드는 동일한 서비스 계정에 연결될 수 있다. 파드와 연결할 서비스 계정을 지정하지 않으면 쿠버네티스는 디폴트 서비스 계정을 사용한다. 11.6절에서 서비스 계정에 대해 상세히 설명한다. 시타델은 서비스 계정 이름을 인증서의 Subject Alternative Names 필드 하위에 SPIFFE(부록 H 참고) 표준을 준수해 추가한다.

12.6.2 볼륨 마운트를 통한 키 프로비저닝 및 키 교체 제한

구글 쿠버네티스 엔진에서 이스티오 부가기능을 사용해 12장의 예제를 실행하는 경우 키 프로비저닝과 교체는 12.6.1절에서 설명한 방식으로 동작한다.[6] 하지만 해당 방식은 다음과 같은 한계 또는 위험요소가 있다.

- 시타델이 쿠버네티스 시크릿을 업데이트해 키/인증서를 프로비저닝/교체할 때마다 새로운 키/인증서를 로드하기 위해 해당 엔보이 프록시를 재시작해야만 한다.
- 개인키는 키 사용처인 엔보이 프록시를 실행하는 쿠버네티스 노드 외부의 시타델에서 생성된다. 잠재적인 보안 이슈 한 가지는 키들을 시타델에서 파드를 호스팅하는 쿠버네티스 노드로 전송할 때 손상될 수 있다는 것이다.

한계를 극복하기 위해 이스티오는 버전 1.1.0부터 SDS^Secret Discovery Service를 도입했다.

12.6.3 SDS로 키 프로비저닝 및 교체

12.6.3절에서는 SDS를 사용해 이스티오가 키를 프로비저닝하고 교체하는 방법을 설명한다. 이스티오는 버전 1.1.0부터 sds 프로파일에 SDS 기능을 도입했다. 그래서 이스티오 1.1.0부터 1.5.0 미만 사이의 버전을 사용하더라도 default 프로파일을 사용한다면 SDS

6　이 책을 쓰고 있는 시점을 기준으로 최신 구글 쿠버네티스 엔진 클러스트 버전은 1.14.10-gke.27이고, 해당 버전은 이스티오 1.2.10만 지원한다.

기능을 확인할 수 없다. 기본적으로 이스티오 버전 1.5.0 이상에서는 SDS를 활성화한다. 이스티오 기능 상태를 확인할 수 있는 웹사이트(https://istio.io/about/feature-stages/ #security-and-policy-enforcement)에서 SDS 기능에 관한 정보까지 확인할 수 있는데, 이 스티오 버전 1.5.0 이후부터는 안정stable 상태다.

이스티오 1.5.0 미만 버전에서 sds 프로파일을 활성화하면 istio-system 네임스페이스 하위의 모든 쿠버네티스 노드에서 실행 중인 SDS 노드 에이전트를 찾을 수 있다. 그림 12.9는 이스티오 노드 에이전트(SDS 서버로도 알려져 있음)가 키 프로비저닝을 가능하게 하는 방법을 설명한다. 하지만 이스티오 버전 1.5.0 이후부터는 노드 에이전트를 제거하고 해당 기능을 엔보이 프록시로 이동시켰다.

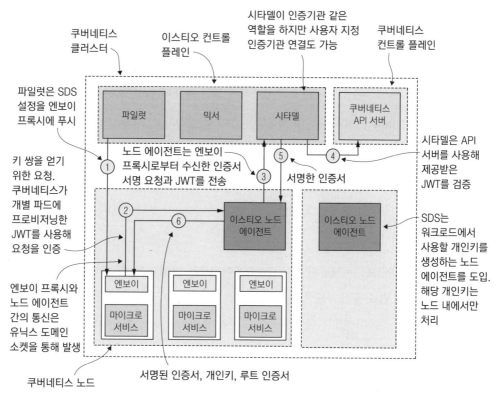

▲ 그림 12.9 SDS는 개별 쿠버네티스 노드에서 실행 중인 노드 에이전트(1.5.0 미만 버전만 해당)를 도입한다. 노드 에이전트는 해당 노드의 개별 워크로드(엔보이 프록시)에서 사용할 키 쌍을 생성하고 시타델에서 서명을 획득한다.

개별 단계의 작동 방식을 살펴보자.

1. 이스티오 컨트롤 플레인상에서 실행되는 파일럿은 쿠버네티스가 구동하는 모든 파드를 추적한다. 새로운 파드를 발견하면 파일럿은 해당하는 엔보이 프록시와 통신해 다른 설정과 함께 SDS 설정을 전달한다. 예를 들어, SDS 설정은 엔보이 프록시가 유닉스 도메인 소켓(https://en.wikipedia.org/wiki/Unix_domain_socket)을 통해 노드 에이전트와 통신할 수 있는 방법을 포함한다.

2. 엔보이 프록시는 유닉스 도메인 소켓을 통해 노드 에이전트와 통신해 키 쌍을 요청하는데, 엔보이 프록시는 해당 요청과 함께 쿠버네티스에 의해 파드에 프로비저닝된 JWT를 전달한다. JWT는 해당 파드와 관련한 서비스 계정에 연결된다.

3. 노드는 키 쌍을 생성한 다음 CSR을 생성해 프록시에서 가져온 JWT와 함께 시타델로 보낸다. 인증서를 생성할 때 노드 에이전트는 제공된 JWT와 관련된 서비스 계정 이름을 사용해 Subject Alternative Name(리스트 12.24)을 도출하고 이를 인증서에 포함한다. 생성된 인증서는 부록 H에서 설명한 SPIFFE 표준을 준수한다.

4. 시타델은 API 서버와 통신해 제공받은 JWT를 검증하고 워크로드가 정확한 JWT를 전달하는지와 정확한 쿠버네티스 노드상에서 실행 중인지를 확인한다.

5. 시타델은 서명한 인증서를 노드 에이전트에 반환한다.

6. 노드 에이전트는 서명된 인증서, 개인키, 루트 인증서를 엔보이 프록시나 워크로드에 반환한다.

키가 워크로드에 프로비저닝된 후에 노드 에이전트는 만료일을 추적한다. 캐시된 모든 키를 대상으로 만료에 가까운 키를 반복적으로 찾는 타이머 작업을 실행한다. 키 만료가 가까워지면 노드 에이전트는 대상 엔보이 프록시에 메시지를 보내고 엔보이 프록시는 그림 12.7과 동일한 절차를 시작해 새로운 키를 가져온다. SDS를 사용해 키를 프로비저닝하고 교체할 경우 주요 이점 중 하나는 새로운 키를 다시 로드하기 위해 엔보이 프록시를 재시작할 필요가 없다는 것이다.

요약

- 서비스 메시는 보안, 모니터링 가능성, 라우팅 제어 및 회복을 마이크로서비스 구현에서 다른 수준의 추상화로 분리해야 하는 필요성을 강조하는 아키텍처 패턴이다.

- 이스티오는 마이크로서비스와 함께 데이터 플레인에 배포된 엔보이 서비스 프록시를 사용해 마이크로서비스를 오가는 트래픽을 가로채고 보안 정책을 적용한다.

- 이스티오 시타델은 인증서를 마이크로서비스 그룹 내 개별 서비스 프록시에 프로비저닝하고 인증서 교체를 처리하는 컨트롤 플레인 구성요소다.

- 이스티오 인그레스 게이트웨이는 쿠버네티스 클러스터의 경계에서 실행되어 TLS를 터미네이션하고 업스트림 마이크로서비스와 mTLS 연결을 설정할 수 있다.

- 이스티오는 DestinationRule로 불리는 새로운 리소스 유형을 도입했는데, 특정 호스트와의 모든 통신에 mTLS를 사용하도록 클라이언트 측 엔보이 프록시에게 지시한다. 하지만 이스티오 1.5.0부터는 디폴트로 활성화되어 있어 마이크로서비스 간에 mTLS를 활성화하기 위해 아무것도 할 필요가 없다.

- 이스티오 버전 1.5.0은 인증에 사용할 새로운 두 가지 유형의 리소스인 Peer Authentication과 RequestAuthentication을 도입했다. PeerAuthentication 리소스 유형을 사용해 mTLS 기반 정책을 정의할 수 있고 RequestAuthentication 리소스 유형을 사용해 JWT 기반 정책을 정의할 수 있다.

- 이스티오는 인가를 수행하기 위해 ServiceRole과 ServiceRoleBinding이라는 두 가지 사용자 지정 리소스 유형을 도입했는데, ServiceRoleBinding은 역할/권한을 ServiceRole에 매핑하는 데 사용한다. 그러나 이스티오 버전 1.4.0을 사용 중이면 AuthorizationPolicy 리소스 유형을 사용해야 한다.

- sds 프로파일을 사용하는 이스티오 1.1.0 이후 버전부터 이스티오는 SDS로 키 프로비저닝과 교체를 수행한다. 이스티오 1.5.0 이후 버전부터는 기본적으로 SDS를 지원한다.

- SDS를 사용하면 워크로드와 관련된 개인키는 해당 쿠버네티스 노드 내에서만 처리된다. 키 교체 중에 키를 다시 로드하기 위해 엔보이 프록시를 재시작할 필요는 없다.

Part 5

안전한 개발

생산 속도는 마이크로서비스 아키텍처로 전환하게 하는 주요 계기 중 하나다. 개발 프로세스에서 보안 점검을 자동화하면 개발 주기에서 버그를 가능한 한 빨리 발견하고 수정 리소스를 최소화한다는 이점이 있다. 5부에서는 소나큐브^{SonarQube}, 젠킨스^{Jenkins}, OWASP ZAP을 사용해 마이크로서비스 보안 점검을 자동화하는 방법을 설명한다.

13

시큐어 코딩 관행 및 자동화

13장에서 다루는 내용

- OWASP API 보안 TOP 10 취약점
- 소나큐브를 사용한 소스 코드 정적 분석
- 젠킨스와 통합해 코드 분석 자동화
- OWASP ZAP을 사용한 소스 코드 동적 분석

소스 코드나 시스템 설계가 복잡할수록 보안 취약점이 존재할 가능성이 높아진다. 그간 발표된 연구에 따르면 일정 시점이 지나면 코드의 길이가 길어짐에 따라 애플리케이션의 결함 수가 증가한다. 결함 수는 코드의 길이에 비례해 일정하게 증가하는 게 아니라 기하급수적으로 증가한다. 기능과 보안의 점검 범위가 충분하지 않으면 변경사항에 대한 확신을 갖기 어려워 운영 환경에 배포하는 것을 주저하게 된다.

개발 수명주기에는 정적 코드 분석과 동적 점검이라는 두 가지 주요 보안 점검이 통합되어 있는데, 일 단위 빌드 후 보안 점검을 자동으로 실행하도록 보안 점검을 통합할 수 있다. 13장의 나머지 부분에서는 OWASP^{Open Web Application Security Project}가 분류한 상위 10개의 API 보안 취약점을 살펴본 다음 소스 코드 정적 분석과 동적 분석을 수행할 수 있는 도구를 살펴볼 예정이다.[1] 보안 모범 사례를 자세히 알아보려면 로라 벨^{Laura Bell} 외 두 명의 저자가 쓴 『Agile Application Security: Enabling Security in a Continuous Delivery Pipeline』(O'Reilly Media, 2017)을 읽어보길 권장한다.

13.1 OWASP API 보안 TOP 10

OWASP API 보안(www.owasp.org/index.php/OWASP_API_Security_Project)은 조직이 잠재적으로 취약한 API를 배포하는 것을 방지하는 것을 목표로 하는 오픈소스 프로젝트다. 이 책을 통해 설명한 것처럼 마이크로서비스를 API로 소비자에게 노출하기 때문에 이러한 API를 더 안전하게 만들고 보안 위험을 피하는 방법을 찾아 적용하는 게 중요하다. OWASP API 보안 TOP 10은 다음과 같다.

1. 취약한 객체 수준 인가^{broken object-level authorization}
2. 취약한 인증^{broken authentication}
3. 과도한 데이터 노출^{excessive data exposure}
4. 리소스 부족 및 속도 제한^{lack of resources and rate limiting}
5. 취약한 함수 수준 인가^{broken function-level authorization}
6. 대량 할당^{mass assignment}
7. 잘못된 보안 설정^{security misconfiguration}
8. 인젝션^{injection}
9. 부적절한 자산 관리^{improper asset management}
10. 불충분한 로깅 및 모니터링^{insufficient logging and monitoring}

13.1.1 취약한 객체 수준 인가

취약한 객체 수준 인가는 식별자^{ID, identifier}를 사용해 API에서 정보를 검색할 때 발생하는 취약점이다. 사용자는 OAuth 2.0 같은 프로토콜을 사용하는 애플리케이션으로 API를

---

1   OWASP는 소프트웨어 보안을 개선하기 위해 노력하는 비영리 단체다(https://owasp.org/).

사용할 수 있도록 인증을 받으려 한다.[2] 애플리케이션은 객체 ID를 사용해 API에서 데이터를 가져올 수 있다. ID를 사용해 사용자 상세 정보를 가져오는 페이스북의 API 예제를 살펴보자.

```
\> curl -i -X GET "https://graph.facebook.com/{user-id} \
?fields=id,name&access_token={your-user-access-token}"
```

위 명령은 ID를 식별자로 하여 사용자의 상세 정보를 검색할 수 있는 API를 보여준다. 요청문에 있는 user-id를 경로 파라미터로 전달해 해당하는 사용자의 상세 정보를 얻는데, 쿼리 파라미터에 API를 사용할 수 있도록 인증받은 사용자의 액세스 토큰을 포함해 전달한다. 페이스북이 API 소비자(액세스 토큰 주인)가 사용자 상세 정보에 접근할 수 있는 권한을 갖고 있는지 확인하지 않으면 공격자는 조회하고 싶은 ID 소유자의 상세 정보에 접근할 수 있다. 예를 들어, 친구 목록에 없는 사용자의 상세 정보를 조회할 수 있다(그림 13.1 참고). 이러한 권한 확인은 모든 API 요청을 대상으로 수행해야 한다.

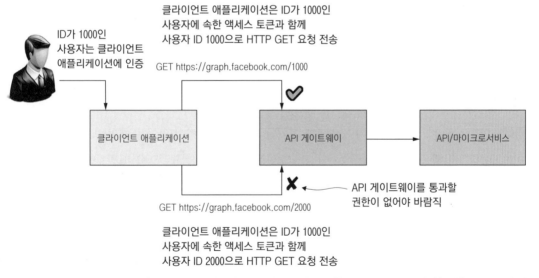

▲ **그림 13.1** 공격을 받고 있는 클라이언트 애플리케이션은 취약한 객체 수준 인가 취약점을 악용해 다른 사용자에게 속한 액세스 토큰으로 해당 사용자의 상세 정보를 검색할 수 있다.

---

2   OAuth 2.0은 인가 프레임워크이지만 리소스의 경계 지점이나 API로 들어오는 모든 트래픽을 가로채는 API 게이트웨이에서 사용자를 인증하는 데도 도움을 준다.

API 요청 측의 권한을 확인하지 않아 발생하는 공격을 줄이려면 요청문에 user-id를 포함해 전달하지 않거나 무작위의 추측 불가능한 ID를 사용해야 한다. 액세스 토큰을 사용해 API를 요청하는 사용자의 상세 정보만 노출하려는 경우 API에서 user-id를 제거하고 /me와 같은 대체 ID를 사용할 수 있는데, 예를 들면 다음과 같다.

```
\> curl -i -X GET "https://graph.facebook.com/me?fields=id,name&\
access_token={your-user-access-token}"
```

user-id를 생략할 수 없고 다른 사용자의 상세 정보를 가져올 필요가 있다면 사용자를 추측할 수 없는 무작위 ID를 사용해야 한다. 사용자 식별자가 데이터베이스에서 자동 증가하는 정숫값이라고 가정해보면 어떤 경우에는 사용자 ID로 5를 전달하고 다른 경우에는 976을 전달할 텐데, 이런 경우 API 소비자에게 5부터 1000과 같은 범위에 사용자 ID가 있으므로 사용자 상세 정보를 임의로 요청할 수 있다는 힌트를 제공한다. 따라서 추측할 수 없는 ID를 사용하는 게 최선의 방법이다. 시스템이 이미 구축되어 있고 ID를 변경할 수 없다면 API 계층과 별도의 내부 매핑 시스템의 무작위 식별자를 사용해 외부에 노출한 무작위 문자열을 내부 ID와 매핑하는 방법을 사용해 객체(사용자)의 실제 ID를 API 소비자로부터 숨길 수 있다.

13.1.2 취약한 인증

취약한 인증은 API의 인증 체계가 강력하지 않거나 적절히 구현하지 않았을 때 발생하는 취약점이다. 이 책을 통해 OAuth 2.0이 API 보안을 위한 사실상 표준임을 배웠지만 프레임워크로서의 OAuth 2.0은 개발자가 API를 보호할 수 있는 여러 가지 옵션을 제공하는 역할만 하기 때문에 토큰의 적절한 만료 시간과 애플리케이션에 적합한 승인 방식을 선택해야 한다. 예를 들어 선택한 액세스 토큰의 만료 시간은 토큰 유출에 관한 위험, 필요한 접근 가능 기간(SAML grant 또는 JWT grant), 공격자가 유효한 토큰을 추측하거나 생성하는 데 필요한 시간에 따라 달라질 수 있다.

OAuth 2.0은 불투명한 액세스 토큰(참조 토큰)이나 자가 수용적 JWT 형식의 토큰을 사용해 작동한다. 3장에서 설명한 것처럼 참조 액세스 토큰을 사용해 API 게이트웨이에 배포한 API에 접근하면 게이트웨이는 토큰 발급자(또는 STS)와 통신해 토큰의 유효성을 검증한다. 참조 액세스 토큰 발급자는 토큰의 길이가 128비트보다 길거나 같은지와 암호화한 안전한 난수나 의사난수^{pseudorandom} 숫자로 구성됐는지 확인해야 한다. 7장에서 JWT와 JWT 속성에 대해 다뤘는데, JWT를 액세스 토큰으로 사용하는 경우 게이트웨이는 자체적으로 토큰을 검증할 수 있다. 참조 액세스 토큰 및 JWT를 사용하는 경우 모두 게이트웨이는 토큰 검증을 적절히 수행했는지 확인해야 한다. 예를 들어, JWT의 경우 게이트웨이는 토큰을 검증하고 다음 사항을 확인해야 한다.

- 토큰을 안전한 서명 알고리즘과 키로 적절히 서명했는지
- 토큰 발급자를 신뢰할 수 있는지
- 토큰 수신자가 정확한지
- 토큰이 만료 상태는 아닌지
- 토큰에 바인딩된 범위^{scope}를 요청 리소스에 접근할 수 있도록 허용할지

보안 체계를 적절히 구현하지 못하면 API를 악용할 수 있는 공격에 취약한 상태가 지속될 수 있다. IETF OAuth 워킹그룹에서 개발한 OAuth 2.0 보안 모범 사례 문서(https://tools.ietf.org/html/draft-ietf-oauth-security-topics-14)는 OAuth 2.0에 관한 보안 모범 사례를 공유하고, OAuth 2.0 위협 모델 및 보안 고려사항 문서(https://tools.ietf.org/html/rfc6819)에서 정의한 모범 사례를 확장한다. 동일한 OAuth 워킹 그룹의 JWT 모범 사례 문서(https://tools.ietf.org/html/rfc8725)는 JWT 발급 및 검증에 대한 모범 사례를 정의한다. OAuth 2.0 보안을 심도 있게 이해하고 싶다면 언급한 문서들을 읽어보기를 권장한다.

13.1.3 과도한 데이터 노출

API는 관련성이 있고 소비자에게 필요한 데이터만 반환해야 한다. 예를 들어, 애플리케이션(소비자)이 특정 사용자가 18세 이상인지를 알려달라고 요청할 경우 사용자의 생일이나 나이를 노출하기보다는 18세 이상(참)/18세 미만(거짓) 형태의 결괏값을 반환해야 하며, 이러한 최소한의 데이터 노출은 API뿐만 아니라 다른 소프트웨어 시스템이나 웹사이

트에도 동일하게 적용해야 한다.

소프트웨어 시스템이나 웹사이트도 실행 중인 기술이나 기술 버전을 노출해서는 안 된다. HTML 페이지 소스에서 웹사이트에서 사용하는 기술을 찾아내는 건 흔한 일이다. 웹사이트를 특정 플랫폼에서 실행하는 경우 HTML 소스에 나타나는 라이브러리나 CSS에 기술 플랫폼의 이름과 버전을 포함하는 경우가 많은데 공격자가 해당 정보를 사용해 취약점을 찾아내고 시스템을 공격할 수 있기 때문에 좋은 방법은 아니다.

얼마 전 위치 기반 온라인 데이트 서비스인 3Fun 모바일 애플리케이션에서 과도한 데이터 노출 취약점이 발견됐다.[3] API가 불필요하게 노출한 위치 정보를 사용해 공격자는 백악관과 대법원을 비롯한 전 세계 주요 도시 앱 사용자의 데이트 선호도를 확인할 수 있었고, 노출된 생년월일을 사용해 정확한 사용자를 찾아내고 개인 사진을 해킹할 수 있었다.

API 구현 시 발생하는 내부 오류에 대한 API 응답에서 완전한 스택 추적을 제공하는 오류 처리를 할 경우 과도한 데이터 노출이 발생할 가능성이 높다. Exception Shielding은 안전한 방법으로 오류를 처리할 수 있게 해주는 일반적인 패턴 중 하나인데, 클라이언트 애플리케이션과 실제 오류를 공유하는 대신, Exception Shielding 패턴은 오류 코드로 상세한 오류 내용을 보호하고 API 응답을 통해 클라이언트 애플리케이션과는 오류 코드만을 공유한다.

13.1.4 리소스 부족 및 속도 제한

API는 종종 주어진 시간 내에 허용할 요청 수와 반환하는 데이터의 양을 제한하지 않아, 공격자는 정당한 사용자가 시스템을 사용할 수 없도록 분산 서비스 거부 공격을 수행할 수 있다. 사용자 상세 정보를 검색할 수 있는 다음과 같은 API가 있다고 가정해보자.

```
https://findusers.com/api/v2?limit=10000000
```

API가 사용자의 단일 API 요청에서 쿼리할 수 있는 최대 수를 제한하지 않을 경우 소비

---

3   단체 데이트앱 3Fun은 이용자 150만 명의 민감한 데이터를 노출했다(https://techcrunch.com/2019/08/08/group-dating-app-3fun-security-flaws/ 참고).

자가 제한값으로 매우 큰 값을 설정할 수 있어 이로 인해 시스템은 너무 많은 사용자의 상세 정보를 가져옴으로써 가지고 있는 모든 리소스를 소모하고 정당한 사용자의 요청을 처리할 수 없게 된다. 검색할 최대 레코드 수에 대한 설정은 애플리케이션 계층에서 자체 적으로 구현하거나 API 게이트웨이로 구현할 수 있다.

공격자 또한 분산 클라이언트를 사용해 초당 백만 건의 요청을 보내는 것처럼 매우 짧은 시간 내에 많은 수의 요청을 전송해 분산 서비스 거부 공격을 수행함으로써 정당한 사용 자가 시스템을 사용할 수 없게 만들 수 있다. 일반적으로 분산 서비스 거부 공격에 대한 방어는 네트워크 경계에서 웹 방화벽을 사용해 수행한다.

13.1.5 취약한 함수 수준 인가

취약한 함수 수준 인가 취약점은 API에 세분화한 인가 정책이 없을 때 발생한다. API는 일 반적으로 여러 기능(리소스)으로 구성할 수 있는데, 예를 들어 사용자 정보를 검색하려면 GET /users/{user-id} 요청을, 특정 사용자를 삭제하려면 DELETE /users/{user-id} 요청 을 해야 한다. 두 기능 모두 /users라는 단일 API의 일부인데 해당 API에 대한 권한을 API 수준이 아닌 세부 기능별로 세분화해 부여해야 한다.

API 수준에서 인가를 수행하면 사용자 정보를 검색(GET)할 수 있는 권한을 가진 사용자가 암시적으로 사용자 정보를 삭제(DELETE)할 수 있는 권한까지 갖게 되어 보안 관점에서 적 절하지 않다. 2장에서 설명한 것처럼 OAuth 2.0 범위를 사용해 수행할 수 있는 작업을 정의할 수 있는데, 범위별로 다른 리소스에 바인딩할 수 있고 OAuth 2.0 액세스 토큰을 요청할 때 관련 권한이 있는 사용자에게만 범위를 부여해야 한다.

어떤 경우에는 4장에서 설명한 것처럼 단일 페이지 애플리케이션(SPA) 같은 API를 소비 하는 애플리케이션에 권한을 위임한다. 단일 페이지 애플리케이션은 OIDC를 사용해 사 용자의 역할을 얻고 사용자가 적절한 역할을 갖지 않은 경우 UI에서 관련 기능(예 DELETE) 을 숨길 수 있지만 해당 기능을 여전히 API 수준에서 노출하고 있는 취약한 상태라 적절 한 설계로 볼 수 없다.

앞서 언급한 것처럼 권한 확인은 OAuth 2.0 범위나 유사한 방법을 사용해 리소스에서 시행해야 한다. 세분화한 권한이 필요한 작업을 추측할 수 없게 만드는 방법도 있다. 예를 들어 DELETE /users/{user-id} 대신 GET /users/{user-id}?action=delete를 사용하는데, 이런 방법도 좋은 설계는 아니어서 API 설계를 엉망으로 만들 뿐만 아니라 문제점을 실제 해결하지 못한다. 공격을 지연시키기 위해 문제점을 숨기는 이런 방법을 **모호한 보안** security by obscurity이라고 하는데 좋은 방향은 아니다.

13.1.6 대량 할당

대량 할당은 API가 바인딩할 속성을 선택하지 않고 클라이언트에게서 전달받은 JSON 객체에 맹목적으로 바인딩할 때 발생하는 취약점이다. 역할을 포함한 사용자 속성을 나타내는 JSON이 있다고 가정해보면 GET /users/{user-id} 요청은 다음과 같은 결과를 반환한다.

```
{"user":
  {
    "id": "18u-7uy-9j3",
    "username": "robert",
    "fullname": "Robert Smith",
    "roles": ["admin", "employee"]
  }
}
```

반환 결과에서 알 수 있듯이 역할뿐만 아니라 사용자의 상세 정보까지 반환한다. 이제 동일한 JSON을 사용해 시스템에서 사용자를 생성하거나 수정한다고 가정해보면, 일반적으로 POST /users나 PUT /users/{user-id} 요청으로 JSON 메시지를 /users API에 전달해 처리할 텐데, API가 전달받은 JSON 메시지를 기준으로 사용자 역할을 할당하는 경우 사용자를 추가하거나 수정할 수 있는 권한을 가진 모든 사용자가 다른 사용자나 자신에게 역할을 할당할 수 있다. 이러한 API를 사용해 운영 중인 특정 시스템의 가입 양식이 있다고 가정해보면, 누구나 시스템 관리자 역할에 자신을 할당할 수 있다. 문제점을 해결하려면 API가 입력 메시지에서 객체에 할당할 필드를 선택해야 하며, 해당 작업으로 클라이언트가 전달한 JSON 객체와는 별도의 JSON 객체를 정의할 수 있도록 하는 게 이상적인 방향이다.

13.1.7 잘못된 보안 설정

API에 대한 **잘못된 보안 설정**은 다양한 이유로 발생 가능한데 디폴트 설정이 안전하지 않아 주로 발생한다. 잘못된 설정의 예를 들어보면 다음과 같다.

- API에서 HTTPS만 허용하지만 HTTP를 활성화 상태로 유지
- API 리소스에 불필요한 HTTP 메소드 허용(**예** GET만 필요하지만 POST 메소드까지 허용)
- 시스템 내부 정보를 노출하는 오류 메시지에 스택 추적 제공
- 불필요한 도메인에서 API에 접근을 허용하는 느슨한 CORS(교차 출처 리소스 공유)

잘못된 보안 설정을 방지하려면 API의 설계 시간과 런타임 모두에 주의를 기울여야 한다. API 규격을 확인하는 도구를 사용해 API 설계 모범 사례를 준수하는지 확인해야 하며, 이를 통해 API에서 불필요한 HTTP 메소드를 허용하는지와 같은 설계 시점의 오류를 방지할 수 있다. APISecurity.io에서 제공하는 API Contract Security Auditor(https://apisecurity.io/tools/audit/) 같은 도구를 사용하면 API 정의(개방형 API 파일)를 확인해 API 설계 관점의 취약점과 실수를 확인할 수 있다. 시스템의 런타임을 강화하는 행위는 되도록 자동화해 처리가 필요하다. 예를 들어 API를 배포할 때 일반적으로 HTTPS 프로토콜로만 API를 노출해야 하는데, 관리자가 HTTP를 비활성화하는 걸 기대하기보다는 API 자체적인 배포 스크립트를 자동화해 HTTP를 비활성화해야 할 뿐만 아니라 소프트웨어는 보안을 강화하고 보안 패치를 적용한 서버상에서만 실행해야 한다. 또한 필요한 모든 런타임 설정을 적용했는지를 검증할 수 있는 강력한 점검 절차를 수립 및 운영해야 한다. 넷플릭스의 Security Monkey(https://github.com/Netflix/security_monkey)는 자사 AWS 와 GCP 계정을 안전한 설정에서 운영할 수 있게 해주는 도구 중 하나다.

13.1.8 인젝션

SQL^{Structured Query Language} 인젝션이나 커맨드^{command} 인젝션 같은 **인젝션 결함**^{injection flaw}은 API가 수신한 데이터를 인터프리터에 전달해 쿼리나 명령의 일부로 실행할 때 발생한다. 예를 들어, 사용자 API에서 name 파라미터를 받아 SQL 문에 제공하는 검색 기능을 제공한다고 가정해보면 API 요청은 다음과 같을 것이다.

```
GET /search/users?name=robert
```

API는 파라미터로 전달받은 name 값을 다음과 같이 SQL 문에 포함한다.

```
SELECT * FROM USERS WHERE NAME = robert;
```

만약 name 파라미터의 값 robert를 robert; DELETE FROM USERS WHERE ID = 1;로 변경하면 SQL 문은 다음과 같아지면서 시스템에서 ID가 1인 사용자를 삭제 처리한다.

```
SELECT * FROM USERS WHERE NAME = robert; DELETE FROM USERS WHERE ID = 1;
```

인젝션 공격을 완화하려면 사용자 입력을 항상 검증해야 한다. 정적 코드 분석 도구는 파라미터를 SQL 문에서 직접 사용하는지 여부도 탐지할 수 있고, 웹 방화벽은 런타임에서 인젝션 공격을 탐지하고 방어할 수 있다. 프로그래밍 언어도 인젝션 공격을 방어하기 위한 자체 메커니즘을 갖고 있는데, 자바는 SQL 문을 실행하는 데 사용할 수 있는 PreparedStatement 구성을 제공함으로써 인젝션 취약점을 처리하고 방어한다.

13.1.9 부적절한 자산 관리

쿠버네티스나 컨테이너 같은 플랫폼은 개발자들이 다양한 환경에서 API를 손쉽게 배포할 수 있게 해주지만 많은 API가 시간이 지남에 따라 쉽게 배포되고 잊히게 하는 새로운 문제를 가져왔다. 기존 API를 잊고 최신 버전의 API를 배포하면 이전 버전의 API에는 관심이 줄어들 수밖에 없다.

조직은 보안 패치나 기타 수정사항을 여전히 작동하고 있는 기존 API에 적용하는 걸 잊을 수 있다. 문서화하고 적절히 관리하지 않으면 기존 API의 상세 정보를 잊어버려 변경을 꺼려할 수 있어 오래된 API는 패치를 적용하지 않은 취약한 상태로 남아 있을 수 있다. 따라서 적절한 API 관리 시스템으로 API를 문서화하고 유지 관리하는 일은 중요하다.

레드햇의 3scale(www.redhat.com/en/technologies/jboss-middleware/3scale)과 WSO2의 API Manager(https://wso2.com/api-management/)는 알려진 오픈소스 API 관리 솔루션이다. API 관리 솔루션은 API를 배포할 때 모범 사례를 적용하고 어떤 API가 사용 중인

지와 어떤 API가 폐기해도 될 만큼 오래됐는지를 알려주는데, API 테스트 스크립트를 유지하고 필요시 API 테스트까지 지원한다.

13.1.10 불충분한 로깅 및 모니터링

시스템에서 수행하는 모든 작업은 로그에 기록하고, 모니터링해야 하며, 비정상 여부를 분석해야 한다. 로깅과 모니터링 절차가 없으면 시스템에서 어떤 일이 일어나고 있는지 알 수 없다.

예를 들어, 사용자가 영국 IP에서 토큰을 사용해 API에 접근했다고 가정해보면 몇 분 후 미국 IP에서 동일한 토큰을 사용한다면 해당 토큰은 누군가에 의해 도용됐을 가능성이 있다. API에 접근할 수 있는 유효한 자격증명을 포함하고 있기 때문에 인증과 인가 계층에서는 부적절한 요청임을 감지하지 못한다.

이런 유형의 비정상 행위를 감지하려면 다른 메커니즘이 필요한데, 적절한 API 관리 솔루션이 필요한 또 다른 사례다. 사용자 행위를 분석하고 행위 데이터를 처리함으로써 비정상 행위나 의심스러운 패턴을 찾는 시스템을 도입하는 게 취약점을 탐지하고 방어하는 유일한 방법이다.

13.2 정적 코드 분석 실행

13.2절에서는 소나큐브(www.sonarqube.org)로 정적 코드 분석을 실행하는 예제를 살펴본다. **소나큐브**^{SonarQube}는 코드를 검색해 보안 취약점, 코드 스멜, 버그를 찾아주는 데 도움을 주는 오픈소스 도구로, 빌드 프로세스와 통합해 빌드별로 코드를 지속적으로 스캔할 수 있다. 또한 13장 후반부에서 살펴볼 젠킨스 같은 자동화 빌드 도구와 통합할 수 있다.

정적 코드 분석은 코드를 실행하지 않고(프로그램을 실행하지 않고) 코드를 디버깅하는 방법이다. 정적 분석은 코드가 업계 모범 사례를 준수하는지 확인하고 안 좋은 사례를 방지하는 데 도움을 준다. 정적 코드 분석은 사고가 발생하기 전에 코드상의 오류를 찾아낼 수 있기 때문에 중요하다. 소나큐브 같은 자동화 도구는 개발자가 코드 정적 분석을 수행하는 데 도움을 줄 수 있다.

하지만 정적 분석은 소프트웨어 품질 분석의 첫 번째 단계일 뿐이며, 코드의 포괄적인 범위를 보장하기 위해 수행하는 동적 분석도 있지만 13.2절에서는 정적 코드 분석에만 중점을 두고 동적 코드 분석은 13.4절에서 설명할 예정이다. 13장의 예제는 깃허브 저장소(https://github.com/microservices-security-in-action/samples/tree/master/chapter13)에서 다운로드해 원하는 디렉토리에 저장하면 된다. 도커 컨테이너에서 로컬로 소나큐브를 실행하기 때문에 실습을 위해서는 도커를 설치해야 하며, 첫 번째 예제를 실행하려면 다음 단계를 따라야 한다. 도커 프로세스가 실행 중인지 확인하기 위해 터미널 창에서 다음 명령을 실행해 실행 중인 도커 버전을 출력해보자.

```
\> docker --version
```

도커가 실행 중이라면 다음 명령을 실행해 로컬 워크스테이션에 소나큐브 도커 이미지를 다운로드하자.

```
\> docker pull owasp/sonarqube
```

명령을 성공적으로 실행하면 로컬 도커 저장소에 소나큐브 도커 이미지가 생긴다. 다음 단계는 다음 명령을 실행해 도커 컨테이너를 실행하는 것이다.

```
\> docker run -d -p 9000:9000 -p 9092:9092 owasp/sonarqube
```

명령을 성공적으로 실행하면 소나큐브가 시스템에서 실행 중임을 나타내는 무작위 ID를 화면에 출력해야 한다. 다음 명령을 실행해 시스템에서 실행 중인 도커 프로세스 목록을 확인해보자.

```
\> docker ps
```

owasp/sonarqube라는 이름을 가진 도커 이미지를 확인할 수 있는데, 웹 브라우저를 띄워 http://localhost:9000에 접속하면 소나큐브 대시보드를 열 수 있다. 아직 코드 스캔을 실행하지 않았다면 우측 상단에 '0 Projects Analyzed'라는 메시지를 표시한다.

다음 단계는 메이븐 실행 시 소나큐브를 활성화해 코드를 스캔하는 것이다. 메이븐 프로젝트에서 소나큐브 스캔을 활성화하려면 $MAVEN_HOME/conf 디렉토리(◎ /usr/local/

apache-maven-3.5.2/conf)에 있는 settings.xml 파일에 다음 내용을 추가해야 한다. chapter13 디렉토리에 샘플 settings.xml 파일이 있으니 참고하자.

```xml
<settings>
  <pluginGroups>
    <pluginGroup>org.sonarsource.scanner.maven</pluginGroup>
  </pluginGroups>
  <profiles>
    <profile>
      <id>sonar</id>
      <activation>
        <activeByDefault>true</activeByDefault>
      </activation>
      <properties>
        <sonar.host.url>
          http://localhost:9000
        </sonar.host.url>
      </properties>
    </profile>
  </profiles>
</settings>
```

위 내용을 settings.xml에 추가해 저장하고 파일을 닫은 후에 터미널을 사용해 chapter13/sample01 디렉토리로 이동하자. 해당 디렉토리에는 3장의 주문 처리 마이크 로서비스 예제의 소스 코드가 있는데, 코드를 스캔해 잠재적인 보안 취약점을 찾기 위해 다음 명령을 실행하자.

```
\> mvn clean verify sonar:sonar
```

빌드를 성공적으로 마치면 웹 브라우저로 http://localhost:9000에 접속하거나 이전에 방문한 페이지를 새로고침해보면 우측 상단에 하나의 프로젝트를 스캔했음을 표시한다. 스캔한 프로젝트의 상세 정보를 보기 위해 1을 클릭해보면 스캔한 프로젝트 이름인 com.manning.mss.ch13.sample01이 보인다. 스캔한 프로젝트는 이 책을 쓰는 시점에 보안 취약점이 없다. 하지만 6개의 코드 스멜을 보고한다(그림 13.2 참고).

▲ **그림 13.2** 프로젝트 스캔 결과를 보여주는 소나큐브 페이지

최신 버전의 소나큐브가 새로운 취약점과 실수를 발견할 수 있는 기능을 갖춰 출시되면 소나큐브가 코드의 취약점을 보고할 가능성도 있다. 코드 스멜의 상세 내용을 보려면 프로젝트 이름을 클릭해 원인을 파악할 수 있다. 소나큐브는 상세 내용을 잘 설명하고 수정이 필요한 부분에 대한 개선방안도 제공한다.

이번 코드에는 흥미로는 보안 취약점이 없기 때문에 다른 예제를 실습해보자. chapter13/sample02 디렉토리에 사용자의 신용카드 결제를 허용하는 새로운 마이크로서비스가 있고 pay라는 이름의 메소드를 갖고 있다. 소스 코드는 sample02/src/main/java/com/manning/mss/ch13/sample02/service 디렉토리의 PaymentsService.java 파일인데 pay 메소드에 `@RequestMapping("/payment")` 애노테이션이 있으므로 해당 애노테이션이 /payment 경로를 통해 기능을 노출하고 있음을 나타낸다. chapter13/sample02 디렉토리에서 이전과 동일한 명령을 실행하자.

```
\> mvn clean verify sonar:sonar
```

빌드를 성공적으로 마친 후 웹 브라우저로 소나큐브 대시보드를 새로고침해보면 스캔한 프로젝트 수가 2개로 늘어났음을 확인할 수 있다. 스캔한 프로젝트의 상세 정보를 보기 위해 2나 UI에 표시된 프로젝트 수를 클릭해보면 프로젝트 리스트에 com.manning.mss.ch13.sample02라는 이름을 가진 두 번째 프로젝트를 확인할 수 있다.

sample02 프로젝트에는 보안 취약점이 1개 있다. 프로젝트 이름을 클릭한 후 취약점을 클릭하면 상세 정보를 확인할 수 있는데, 다음과 같은 메시지를 표시한다.

```
Add a "method" parameter to this "@RequestMapping" annotation.
```

위의 메시지를 클릭하면 취약점을 발견한 코드의 정확한 지점으로 이동한다. 소나큐브가 보고한 취약점은 pay 메소드가 기능의 경로(/payment)를 선언하지만 기능을 노출하는 HTTP 메소드를 선언하지 않았다는 것이다.

원래 의도는 결제 기능은 HTTP POST 메소드로만 허용하려 했으나 이를 명시적으로 선언하지 않으면 GET, DELETE 등의 기타 의도하지 않은 메소드에도 노출이 되어 시스템에서 결제 정보를 제거하는 작업(DELETE 메소드)을 수행할 수 있는 사용자도 결제 기능 이용이 가능해질 수 있다. 이러한 취약점은 OWASP API 보안 TOP 10의 잘못된 보안 설정에 해당해 다음과 같이 애노테이션을 변경함으로써 기능을 노출하는 메소드를 명시적으로 언급하는 게 좋다.

```
@RequestMapping(value = "/payment", method = RequestMethod.POST)
```

애노테이션으로 HTTP POST 메소드를 리소스에 바인딩함을 명시적으로 선언했다. 다음 코드를 다른 import 문과 함께 클래스 상단에 추가해 RequestMethod 클래스를 import 해야 한다.

```
import org.springframework.web.bind.annotation.RequestMethod;
```

코드를 수정해 저장한 후 chapter13/sample02 디렉토리에서 mvn clean verify sonar:sonar 명령을 다시 실행하고 소나큐브 대시보드를 새로고침해보면 이전에 보고한 취약점이 사라졌음을 알 수 있다.

13.3 젠킨스와 보안 점검 통합

젠킨스Jenkins는 오픈소스 자동화 서버로 많은 빌드, 배포 및 자동화 프로세스를 지원하는 플러그인을 제공한다. 이제 코드의 보안 점검을 빌드 파이프라인과 통합할 차례다. **빌드**

파이프라인^{build pipeline}은 빌드 프로세스에서 발생하는 연속적인 단계(그림 13.3 참고)로 실제 빌드가 일어나기 전에 코드에서 취약점을 스캔할 수 있다면 가장 좋다.

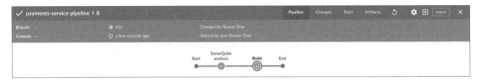

▲ **그림 13.3** 소나큐브로 코드를 스캔하고 빌드 프로세스를 시작하는 젠킨스 빌드 파이프라인의 첫 번째 단계

소나큐브를 사용해 코드에서 취약점을 스캔하는 방법을 배웠으니 이제 젠킨스로 취약점 스캔을 자동화하는 방법과 자동화의 중요성을 배워보자. 취약점 스캔 자동화는 개별 빌드 단계 전에 코드를 스캔해 취약점이 없는지 확인하는 CI/CD의 일부분이다.

대부분의 상황에서 업무는 팀 단위 협업하에 이뤄지고 팀 구성원들은 공유 저장소에 코드를 저장하는 프로젝트 기반으로 업무를 진행한다. 협업 환경에서 버그와 취약점이 없는 코드를 유지하는 업무를 개인에게 부여하는 건 현실성이 없어 누군가는 코드를 검증하고 취약점이 있는 코드를 점검할 때 알려줄 수 있는 메커니즘이 필요하다. 개발 수명주기에선 가능한 한 빨리 취약점을 식별하는 게 조치를 손쉽게 할 수 있는 방법이다. 젠킨스를 설정하고 소나큐브를 사용해 코드를 스캔하도록 빌드 파이프라인을 구성하는 방법을 살펴보자. 실습을 위해서는 13.2절에서 설명한 소나큐브가 실행 상태여야 한다.

13.3.1 젠킨스 설정 및 실행

13.3.1절에서는 젠킨스를 도커 컨테이너에 설정하고, 13.3.2절에서는 마이크로서비스의 소스 코드를 컴파일하는 간단한 빌드 파이프라인을 구성한다. 실습을 위해서는 도커가 필요하다. 예제 코드는 깃허브 저장소(https://github.com/microservices-security-in-action/chapter13)에 있는데 해당 저장소는 다른 예제의 코드가 있는 저장소와 다르다. 젠킨스는 저장소의 최상위 경로에 설정 파일(Jenkinsfile)이 있어야 하기 때문에 별도의 저장소가 필요해 이 책의 다른 예제들과 별도의 저장소에 코드를 저장하면 설명과 실습에 용이하다. 다음 명령을 실행하면 새 저장소를 로컬 시스템에 복제할 수 있다.

```
\> git clone \
https://github.com/microservices-security-in-action/chapter13.git
```

저장소에서 코드를 가져온 후 다음 설명에 따라 젠킨스를 설정하자. 도커를 실행 중인지 확인한 후 다음 명령을 실행해 컨테이너에서 젠킨스 도커 이미지를 실행하자.

```
\> docker run --rm -u root -p 7070:8080 \
-v jenkins-data:/var/jenkins_home \
-v /var/run/docker.sock:/var/run/docker.sock \
-v "$HOME":/home jenkinsci/blueocean
```

-p 7070:8080 인수는 호스트(로컬 시스템)의 7070 포트를 컨테이너 내부에서 실행 중인 젠킨스의 8080 포트에 매핑한다. -v "$HOME":/home 옵션은 호스트 시스템의 홈 디렉토리를 컨테이너 이미지 내부의 /home 경로에 마운트한다. 현재 윈도우 OS를 사용한다면 홈 경로($HOME)를 수정해 다음과 같은 명령을 실행해야 한다.

```
\> docker run --rm -u root -p 7070:8080 \
-v jenkins-data:/var/jenkins_home \
-v /var/run/docker.sock:/var/run/docker.sock \
-v "%HOMEDRIVE%%HOMEPATH%":/home jenkinsci/blueocean
```

위 명령은 실행한 터미널에서 젠킨스 프로세스를 시작하는데, 다음과 같이 2개의 별표 사이에 젠킨스를 시작하기 위해 필요한 문자열(2ud7j28ojr9jhaa8wljhue8skiuq8nm)을 출력해야 한다. 추후 사용하기 위해 해당 문자열을 저장할 수도 있고 젠킨스에 처음 로그인할 때 자신만의 자격증명으로 admin 사용자를 생성할 수도 있다.

```
*******************************************************
*******************************************************
*******************************************************
Jenkins initial setup is required. An admin user has been created and a
password generated. Please use the following password to proceed to
installation:

2ud7j28ojr9jhaa8wljhue8skiuq8nm

This may also be found at: /var/jenkins_home/secrets/initialAdminPassword
```

```
****************************************************************
****************************************************************
****************************************************************
```

프로세스가 실행된 후 웹 브라우저로 http://localhost:7070에 접속하면 Unlock
Jenkins 페이지를 노출하고 관리자 비밀번호를 넣으라는 메시지를 표시한다. 이전에 확
인한 문자열(2ud7j28ojr9jhaa8wljhue8skiuq8nm)을 복사해 관리자 비밀번호 입력란에 붙여넣
은 후 Continue를 클릭하자.

이제 Customize Jenkins 페이지가 보인다. Install Suggested Plugins 옵션을 클릭해 젠킨
스에서 권장하는 디폴트 플러그인 모음을 설치하자. 몇 분 정도 시간이 흐르고 프로세스
를 완료하면 새로운 관리자를 생성하라는 메시지를 표시한다. 생성하려는 계정의 상세
정보를 제공하고 초기 설정 프로세스를 완료하자.

이제 젠킨스 홈페이지로 이동하게 된다. 소나큐브 플러그인을 설치하려면 왼쪽 메뉴에서
Manage Jenkins를 클릭한 그림 13.4처럼 Manage Plugins를 클릭하자.

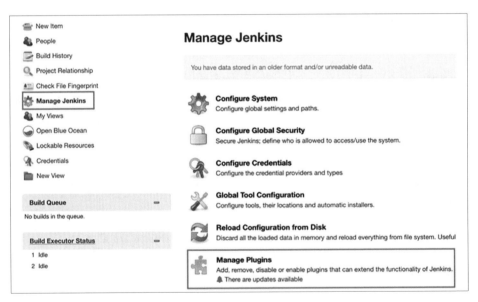

▲ **그림 13.4** Manage Jenkins 페이지에서 관련 플러그인 설치

나타나는 페이지에서 Available 탭을 클릭하고 Filter 입력 상자에 SonarQube를 입력해 소나큐브와 관련한 모든 플러그인을 필터링하자. SonarQube Scanner라는 플러그인을 선택한 다음 Install Without Restart를 선택하자.

설치를 완료하면 Manage Jenkins 페이지로 돌아가서 Configure System을 클릭해 빌드 프로세스에 소나큐브를 구성하자. 이제 SonarQube servers라는 영역이 생겼음을 알 수 있다. Add SonarQube 버튼을 클릭한 다음 제시된 양식에 이름은 SonarScanner로, Server URL은 http://host.docker.internal:9000으로 그림 13.5와 동일하게 상세 정보를 입력하자. Server URL 값 앞뒤에 공백을 포함하진 않았는지 주의하자. host.docker.internal을 호스트로 제공하는 이유는 젠킨스가 도커 컨테이너에서 실행 중이고 localhost로는 소나큐브를 실행 중인 호스트 시스템의 포트에 연결할 수 없기 때문이다. 또한 Environment variables Enable injection of SonarQube server configuration as build environment variables 체크박스에 체크한 후(그림 13.5 참고) Save 버튼을 눌러 설정을 저장하자.

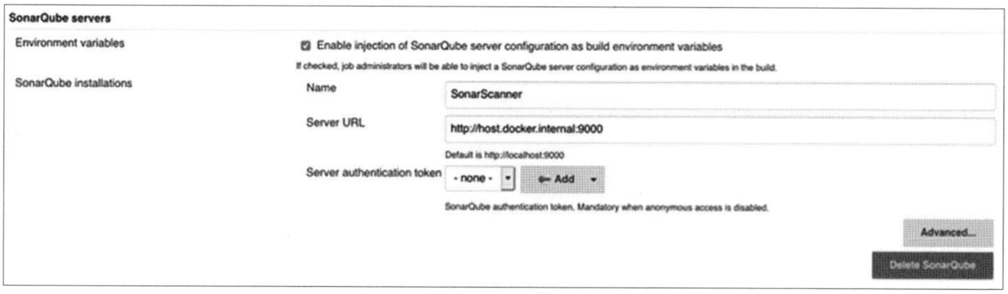

▲ **그림 13.5** 젠킨스에 소나큐브 플러그인을 설정하려면 소나큐브 호스트 URL로 host.docker.internal을 사용해 젠킨스 도커 컨테이너를 실행 중인 호스트 시스템의 포트에 연결해야 한다.

이제 젠킨스 빌드 파이프라인을 생성할 차례다.

13.3.2 젠킨스로 빌드 파이프라인 설정

젠킨스의 파이프라인은 자동화 프로세스를 실행할 때 수행할 단계를 젠킨스에 지시하는 설정이다. 설정을 하려면 젠킨스 홈페이지(http://localhost:7070/) 왼쪽 상단의 New Item을 클릭한 후 그림 13.6을 참고해 파이프라인의 이름을 입력하고, Pipeline 옵션을 선택한 다음 왼쪽 하단의 OK 버튼을 클릭하자.

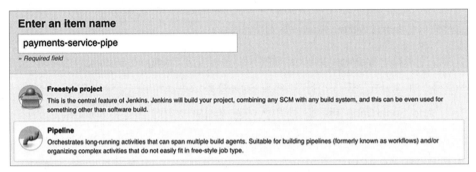

▲ 그림 13.6 프로젝트를 대상으로 젠킨스 파이프라인을 생성하려면 파이프라인 이름을 입력하고 Pipeline 옵션을 선택한다.

파이프라인을 생성하면 새로 생성한 파이프라인을 설정할 수 있는 페이지로 이동한다. 그림 13.7을 참고해 Pipeline 탭에 접근한 다음 Definition 드롭다운 박스에서 Pipeline script from SCM을 선택하고 SCM으로 Git을 선택하자.

| General | Build Triggers | Advanced Project Options | **Pipeline** |

Pipeline

| Definition | Pipeline script from SCM |
| SCM | Git |

Repositories

Repository URL | /home/work/ms-security-inaction/chapter13
Credentials | - none - | ← Add ▾

Advanced...

Add Repository

Branches to build

Branch Specifier (blank for 'any') | */master

Add Branch

Repository browser | (Auto)

Additional Behaviours | Add ▾

Script Path | Jenkinsfile

Lightweight checkout ☑

▲ 그림 13.7 젠킨스 파이프라인 설정에서 저장소 URL 경로와 기타 상세 정보를 입력한 화면

Repository URL도 입력해야 한다. Repository URL의 경로는 예제를 포함하는 저장소를 복제한 디렉토리 경로인데 /home은 호스트 시스템의 $HOME 경로에 매핑된다. 예를 들어, 저장소를 /Users/roger/code/ms-security-inaction/chapter13 디렉토리에 복제했고 /Users/roger가 $HOME 경로라면 Repository URL은 /home/code/ms-security-inaction/chapter13이 되어야 한다.

또한 파이프라인에서 가장 중요한 설정 파일인 Jenkinsfile 값을 지정해야 하는 Script Path 옵션을 확인하자. Jenkinsfile은 앞서 언급한 저장소 URL의 최상위 경로에 있어야 하며 파이프라인에서 실행할 단계를 포함하고 있다. 13.3.1절에서 저장소를 로컬 시스템에 복제할 때 Jenkinsfile 파일의 사본도 같이 복제한 상태다. Jenkinsfile 파일의 내용을 살펴보자.

리스트 13.1 Jenkinsfile 파일

```
pipeline {
    agent {  ◀──  agent는 일반적으로 젠킨스의 지시에 의해 작업을 실행하는 시스템이나 컨테이너를 의미하는데, 예제에서는
                   메이븐의 도커 이미지를 사용해 빌드를 실행, 즉 젠킨스 파이프라인을 실행하면 메이븐의 도커 이미지를 실행
        docker {
            image 'maven:3-alpine'
            args '-v /root/.m2:/root/.m2'
        }
    }
    stages {  ◀────  빌드 파이프라인 단계(stage)
        stage('SonarQube analysis') {  ◀────  소나큐브 분석(SonarQube analysis) 단계
            steps {
                withSonarQubeEnv(installationName: 'SonarScanner') {
                    sh 'mvn clean verify sonar:sonar'
                }
            }
        }
        stage('Build') {  ◀────  빌드(Build) 단계
            steps {
                sh 'mvn -B clean package'  ◀──  메이븐 빌드 실행.
            }                                   -B 옵션은 비대화형 모드에서 빌드를 실행함을 지시
        }
    }
}
```

stage는 젠킨스 파이프라인의 다양한 단계를 정의하는데(그림 13.8 참고), 예제의 첫 번째 단계는 소나큐브 분석을 실행하고 두 번째 단계는 코드 빌드를 수행한다. SonarQube analysis처럼 단계를 지칭하기 위한 이름을 제공할 수 있지만 installationName 파라미터는 젠킨스용 소나큐브 플러그인(이 경우 SonarScanner)을 설정할 때 제공한 것과 동일해야 한다. 단계별로 제공하는 스크립트는 관련 작업을 수동으로 실행하는 것과 동일한 스크립트여야 한다. 13.2절과 동일한 명령(sh 'mvn clean verify sonar:sonar')을 실행해 코드에서 취약점을 스캔하는 것을 볼 수 있다.

그림 13.7의 상세 정보들을 입력하면 파이프라인 설정을 저장할 수 있다. 저장을 완료하면 젠킨스 홈페이지에서 파이프라인을 표시하고 있음을 확인할 수 있어야 한다. 파이프라인(payments-service-pipe)을 클릭한 다음 왼쪽에 있는 **Open Blue Ocean** 링크를 클릭하자. 클릭 시 나타낸 페이지에서 **Run** 버튼을 클릭해 파이프라인을 실행해야 하는데, 클릭 전에 소나큐브를 실행 중인지 확인하자. 관련 항목을 클릭하면 빌드 진행 상황을 확인할 수 있다.[4]

파이프라인을 처음 실행하면 인터넷 연결 속도에 따라 완료하는 데 몇 분 정도 걸릴 수 있는데, 이는 빌드를 실행하는 메이븐 컨테이너가 이전과 다른 새로운 것이기 때문이다. 메이븐은 빌드를 실행하기 전에 프로젝트에 관한 모든 종속성을 로컬 저장소에 다운로드한다. 컨테이너의 로컬 메이븐 저장소에 종속성들이 존재하기 때문에 두 번째 실행부터는 빌드 속도가 더 빨라진다. 그러나 젠킨스도 컨테이너에서 실행되기 때문에 컨테이너의 불변성으로 인해 젠킨스 컨테이너를 다시 시작하면, 빌드 과정에서 종속성을 다시 내려받아야 한다.

젠킨스 홈페이지(http://localhost:7070)에서 개별 단계의 진행사항을 볼 수 있다. 특정 단계를 클릭하면 수행 중인 작업(스크립트)에 관한 로그를 보여준다. 빌드를 실행하면 그림 13.8과 같은 진행 상태를 확인할 수 있는 화면을 표시한다.

---

4 파이프라인 실행 시 "Invalid agent type 'docker' specified." 오류가 뜨면서 진행이 안 되는 경우 젠킨스 플러그인 Docker와 Docker Pipeline 설치가 필요하다. 또한 리눅스 환경일 경우 "SonarQube server [http://host.docker.internal:9000] can not be reached" 오류 메시지를 확인할 수 있는데 13.3.1절에서 host.docker.internal 대신 사용 중인 IP 주소(예 192.168.5.130)를 설정하면 실습을 진행할 수 있다. - 옮긴이

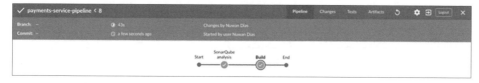

▲ **그림 13.8** 빌드 과정의 진행 상태를 확인할 수 있는 화면

이제 웹 브라우저로 http://localhost:9000에 접속해보면 방금 스캔한 코드는 samples/chapter13/sample02 디렉토리 내부의 코드와 동일하다. 하지만 해당 예제에 있는 취약점을 제거하기 위해 코드를 수정했다.

소나큐브를 사용해 코드를 스캔하고 빌드하는 첫 번째 젠킨스 파이프라인 설정을 완료했고 젠킨스 파이프라인에서 **Run** 버튼을 클릭해 파이프라인을 수동으로 실행해봤다. 파이프라인은 자동화된 프로세스상에서 실행되는 게 이상적이다. 파이프라인의 **Configure** 옵션 하위의 **Build Trigger** 영역에서 파이프라인을 자동으로 실행할 수 있는 옵션을 찾을 수 있다.

젠킨스는 주기적인 간격으로 깃허브 훅(https://developer.github.com/webhooks/)을 사용해 파이프라인을 실행할 수 있게 해주는데 소나큐브의 Quality Gate를 통과하지 못하면 빌드 작업을 실패할 수 있다. Quality Gate는 소나큐브 문서(http://mng.bz/WP2l)에서 설명하는 것처럼 Jenkinsfile의 고급 설정으로 수행이 가능하다. 젠킨스는 빌드 실패 시 이메일 및 기타 알림을 보낼 수 있도록 구성할 수 있는데, 실패 시 자동 알림을 보내는 프로세스까지 적용함으로써 완전히 자동화된 빌드 프로세스를 구성할 수 있다.

13.4 OWASP ZAP으로 동적 분석 실행

코드의 **동적 분석**dynamic analysis은 코드를 실행하는 동안 자동 및 수동 프로세스를 통해 코드를 점검하는 방법으로, OWASP ZAP(www.owasp.org/index.php/OWASP_Zed_Attack_Proxy_Project)을 사용해 동적 분석을 할 수 있다. 'Zed Attack Proxy'의 약자인 ZAP은 웹 애플리케이션의 보안 취약점을 찾을 수 있는 오픈소스 도구다.

동적 코드 분석은 실시간 실행 중에 프로그램을 평가하는 소프트웨어 테스트 메커니즘으로, 정적 코드 분석과 달리 소프트웨어 실행이 필요하다. 동적 분석은 다양한 실행 흐름을 발생시킬 수 있는 입력 파라미터를 자동으로 생성해 프로그램의 여러 실행 경로를 테스트한다. 동적 분석은 소프트웨어 테스트 프로세스의 효율성을 크게 높일 수 있기 때문에 소프트웨어 개발자나 테스터에게 유용한 방법이다.

ZAP은 클라이언트 애플리케이션(웹 브라우저)과 서버 간에 프록시처럼 동작해(그림 13.9 참고) 요청과 응답을 분석함으로써 애플리케이션에 잠재적인 취약점이 있는지 확인한다.

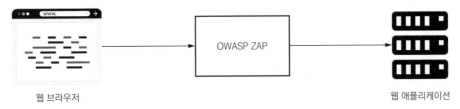

웹 브라우저   웹 애플리케이션

▲ **그림 13.9** OWASP ZAP은 웹 브라우저와 웹 애플리케이션 사이에서 프록시처럼 동작해 모든 요청과 응답을 가로챈다.

13.4.1 패시브 스캐닝과 액티브 스캐닝 비교

모의해킹(침투 테스트penetration testing)은 컴퓨터 시스템, 네트워크 또는 웹 애플리케이션의 악용될 수 있는 취약점을 찾기 위한 점검 프로세스다. 모의해킹을 해본 적이 없다면 로이스 데이비스Royce Davis의 『The Art of Network Penetration Testing』(Manning, 2020)을 읽어보길 권장한다.

모의해킹을 진행할 때 **패시브 스캔**passive scan은 시스템에 영향을 주지 않도록 알려진 취약점을 찾는 방법으로, 웹사이트의 데이터를 수정하지 않아 가용성이 중요하거나 접근 권한이 없는 사이트가 대상일 경우 유용하다. 패시브 스캔은 트래픽을 생성하지 않고 오가는 트래픽과 전달하는 데이터를 확인해 위험과 취약점을 식별하는 수동적인 과정이라 취약점을 찾을 가능성이 낮다. 알려진 취약점을 제공하는 공개된 데이터베이스에서 대상 소프트웨어와 패치 정보를 찾는 행위와 통신 당사자가 전달하는 메시지를 분석해 의미 있는 데이터 패턴이 있는지를 찾는 행위 등이 패시브 스캔의 예가 될 수 있다.

반면 **액티브 스캐닝**^{active scanning}은 취약점을 찾기 위해 알려진 기법을 사용해 의도적으로 시스템에 침투를 시도하기 때문에 훨씬 효과적이다. 예를 들어, 악의적인 SQL 문을 실행해 데이터베이스를 수정하는 데 사용할 수 있는 SQL 인젝션을 테스트할 수 있는데, 데이터 수정뿐만 아니라 악성 스크립트를 시스템에 삽입할 수도 있어 허용된 시스템에서만 액티브 스캔을 수행해야 한다. 액티브 스캐닝은 다른 환경의 사용자에게 영향을 주지 않도록 지정된 환경(웹 QA)에서 수행해야 한다.

13.4.2 ZAP으로 모의해킹 수행

13.4.2절에서는 ZAP을 사용해 의도적으로 취약하게 구성한 웹사이트를 대상으로 모의해킹을 수행한다. 실습을 하려면 자바 11 버전 이상이 필요하다. www.zaproxy.org/download/에서 OWASP ZAP을 내려받아 설치한 후 실행하자. 13.4.2절의 실습은 ZAP 2.9.0 버전을 사용한다. 그림 13.10처럼 ZAP 세션을 지속할지 묻는 화면이 표시되는데, 세션을 유지하지 않는 옵션을 선택하고 Start 버튼을 클릭하자.

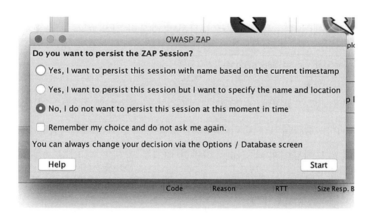

▲ **그림 13.10** ZAP 세션 지속 여부를 확인하는 시작 화면. 실습을 위해 세션을 유지할 필요 없음

오픈소스 웹 애플리케이션인 OWASP의 WebGoat 애플리케이션을 대상으로 스캔을 해볼 예정이다. WebGoat는 의도적으로 취약점을 포함하도록 설계한 애플리케이션이므로 다양한 유형의 취약점을 학습하는 데 유용하다. 이 책에서 실습에 사용한 WebGoat

v.8.0.0.M26은 https://github.com/WebGoat/WebGoat/releases/download/
v8.0.0.M26/webgoat-server-8.0.0.M26.jar에서 다운로드할 수 있다. WebGoat 실습
에는 자바 11 버전 이상이 필요한데, 명령행 도구에서 java -version을 실행하면 설치한
자바 버전을 확인할 수 있다.

> |경고| WebGoat 애플리케이션은 취약점이 많다. 공격자가 정보를 탈취해가거나 시스템에 해를
> 끼칠 수 있는 악성 스크립트를 실행하지 못하도록 인터넷 연결을 끊고 WebGoat 애플리케이션을
> 실행하는 게 좋다.

webgoat-server-<version>.jar 파일을 다운로드한 후 원하는 위치에 복사하고 명령
행 도구를 사용해 해당 경로에서 다음 명령을 실행해 WebGoat 웹 애플리케이션을 실
행하자.

```
\> java -jar webgoat-server-8.0.0.M26.jar --server.port=9090 \
--server.address=localhost
```

WebGoat 애플리케이션을 성공적으로 시작하면 다음과 같은 메시지를 표시한다.

```
Started StartWebGoat in 14.386 seconds
```

웹 브라우저로 http://localhost:9090/WebGoat에 접속하면 로그인 화면과 새 사용자
를 등록할 수 있는 링크를 표시한다. 링크를 클릭해 WebGoat를 사용할 계정을 생성하
고 로그인하면 웹사이트에서 제공하는 다양한 링크를 탐색할 수 있다. WebGoat는 학습
목적으로 OWASP 커뮤니티에서 주로 설계한 웹사이트이기 때문에 다양한 유형의 취약
점과 대응방안에 관한 귀중한 정보와 교육자료를 포함하고 있다. 이제 ZAP을 사용해
WebGoat를 공격하는 방법을 살펴보자.

먼저 웹사이트에서 자동 스캔을 수행해 명백히 잘못된 설정이나 취약점을 찾아볼 예정이
다. ZAP UI로 돌아가 웰컴 페이지에서 그림 13.11에 표시된 **Automated Scan** 옵션을 클
릭하자.

▲ **그림 13.11** WebGoat 애플리케이션을 대상으로 자동 스캔을 수행하기 위해 ZAP Welcome 페이지에서 Automated Scan 옵션을 클릭한다.

다음 화면에서 공격할 애플리케이션 URL로 http://localhost:9090/WebGoat를 입력하자. **Use Ajax Spider** 옵션은 그림 13.12에 표시된 것처럼 **Firefox**를 선택하자(원하는 다른 브라우저를 선택할 수도 있지만 필요한 드라이버를 설치해야 한다).

▲ **그림 13.12** WebGoat 애플리케이션의 상세 정보를 얻고 파이어폭스를 사용해 공격하기 위한 ZAP의 Automated Scan 화면

필요한 정보를 제공하면 **Attack** 버튼을 클릭해 웹사이트 공격을 시작하자. 공격을 시작하면 임시로 웹 브라우저를 열고 웹사이트 페이지에 공격을 실행한다. **Active Scan** 탭을 선택하면 공격 진행사항을 확인할 수 있다. 공격을 완료하면 **Alerts** 탭을 확인해 발견한 취약점과 경고를 살펴보자.

Alerts 영역은 몇 가지 노란색 플래그를 보여줘야 한다. 개별 경고를 클릭하면 보고된 세부 정보를 찾을 수 있다. WebGoat 애플리케이션은 로그인을 필요로 하기 때문에 자동 스캔은 로그인과 사용자 등록 다음 단계를 공격할 수 없는데, 이는 대부분의 민감한 웹 애플리케이션에서도 동일하게 발생 가능한 이슈다.

AJAX Spider 탭을 선택하고 스캔한 페이지의 URL을 관찰해 페이지의 상세 정보를 확인할 수 있는데, CSS 링크, 자바스크립트, 이미지, 로그인 페이지와 사용자 등록 페이지의 경로로 구성되어 있음을 알 수 있다. 자동 스캔은 사용자 로그인이 필요한 애플리케이션을 대상으로 할 경우 효과적이지 않다. 모의해킹을 더 효과적으로 하려면 가능한 한 많은 기능과 조합을 포함하는 방법으로 애플리케이션을 수동으로 탐색해야 한다.

< 버튼을 클릭해 ZAP 웰컴 페이지로 돌아간 다음 Manual Explore 옵션을 선택하자. 공격할 WebGoat 애플리케이션의 URL로 http://localhost:9090/WebGoat를 제공하고 애플리케이션을 실행할 브라우저로 파이어폭스를 선택한 다음 그림 13.13에 보이는 것처럼 Launch Browser 버튼을 클릭하자.

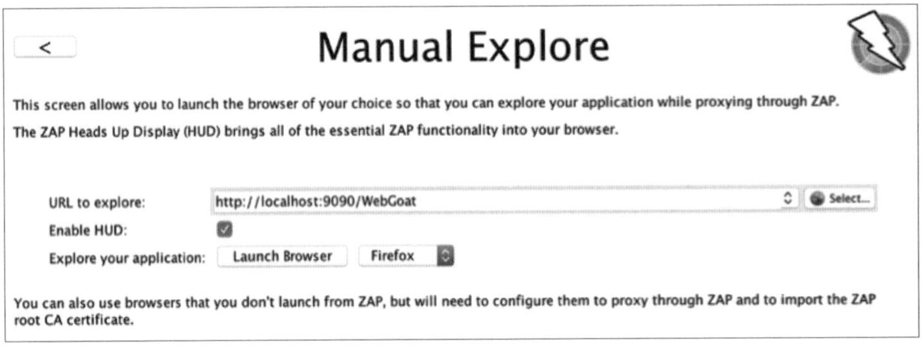

Manual Explore

This screen allows you to launch the browser of your choice so that you can explore your application while proxying through ZAP. The ZAP Heads Up Display (HUD) brings all of the essential ZAP functionality into your browser.

URL to explore:	http://localhost:9090/WebGoat Select...
Enable HUD:	☑
Explore your application:	Launch Browser Firefox

You can also use browsers that you don't launch from ZAP, but will need to configure them to proxy through ZAP and to import the ZAP root CA certificate.

▲ **그림 13.13** ZAP Manual Explore 화면에 세부 정보를 제공하고 Launch Browser 버튼을 클릭한다.

버튼을 클릭하면 파이어폭스 브라우저를 시작하고 지침tutorial을 확인하거나 다음 단계로 진행할 수 있는 옵션을 표시하는데, 다음 단계로 진행할 수 있는 옵션을 선택하면 WebGoat에 로그인할 수 있는 화면을 표시한다. WebGoat에서 이전에 생성한 계정으로 로그인하면 그림 13.14와 같은 WebGoat 홈페이지를 표시한다.

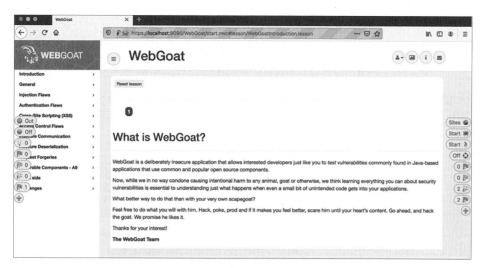

▲ **그림 13.14** WebGoat 홈페이지의 왼쪽 메뉴에 있는 다양한 지침

이제 웹사이트의 취약한 페이지를 방문해 ZAP으로 취약점을 식별하는 방법을 확인할 예정이다. 왼쪽 메뉴에서 Cross Site Scripting 링크를 클릭한 다음 아래에 나타나는 첫 번째 링크를 클릭하자. 그림 13.15와 동일한 화면을 볼 수 있는데, 화면 상단의 메뉴에 표시된 7을 클릭하자.

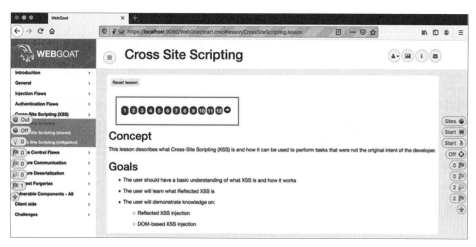

▲ **그림 13.15** Cross Site Scripting 페이지에서 보이는 XSS 공격 정보와 방어 방법

지침 단계 7에서는 폼form을 대상으로 반사형 XSScross-site scripting 공격을 시도할 수 있다. **반사형 XSS 공격**reflected XSS attack은 사용자에게 링크를 통해 전달한 악성 스크립트가 공격을 받고 있는 애플리케이션의 웹 페이지에서 실행되는 XSS의 한 유형이다. 지침은 그림 13.16에서 볼 수 있는 것처럼 장바구니에서 몇 가지 항목을 확인할 수 있는 폼이 있다.

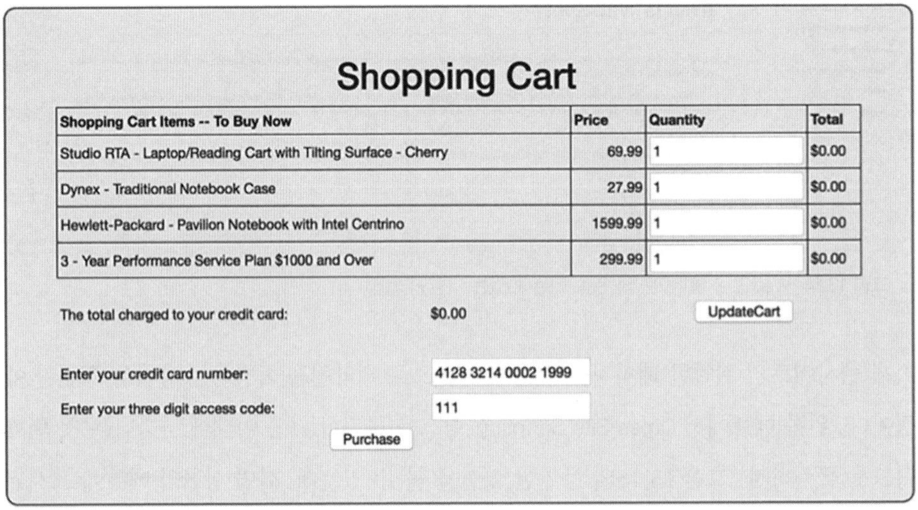

Shopping Cart

Shopping Cart Items -- To Buy Now	Price	Quantity	Total
Studio RTA - Laptop/Reading Cart with Tilting Surface - Cherry	69.99	1	$0.00
Dynex - Traditional Notebook Case	27.99	1	$0.00
Hewlett-Packard - Pavilion Notebook with Intel Centrino	1599.99	1	$0.00
3 - Year Performance Service Plan $1000 and Over	299.99	1	$0.00

The total charged to your credit card:　　　$0.00　　　　UpdateCart

Enter your credit card number:　　　4128 3214 0002 1999

Enter your three digit access code:　　　111

Purchase

▲ **그림 13.16** 반사형 XSS 공격에 취약한 장바구니 폼에서 ZAP이 취약점을 감지할 수 있도록 Purchase 버튼을 클릭한다.

Purchase 버튼을 클릭하면 XSS 공격을 알려주는 경고를 페이지에 표시하는데, ZAP이 폼을 제출한 후 페이지가 반사형 XSS에 취약하다는 사실을 감지했기 때문이다.

취약점에 대한 상세 정보를 확인하고 폼 내 어떤 필드가 취약한지를 확인하려면 ZAP UI 페이지로 돌아가서 **Alerts** 영역을 선택해야 한다. XSS 취약점을 언급하는 **Alerts** 영역에 빨간색 플래그가 표시됨을 알 수 있다. 관련 취약점을 클릭하면 상세 정보를 노출하기 때문에 폼에서 취약한 필드가 어디인지 확인할 수 있다. 그림 13.17은 XSS 취약점에 관한 상세 정보를 노출하는 ZAP UI를 보여준다.

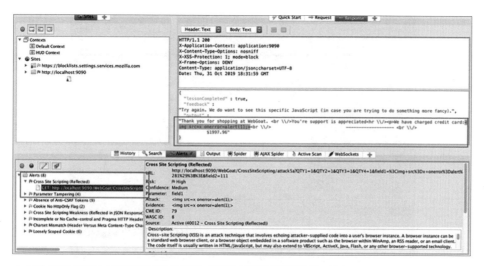

▲ **그림 13.17** ZAP은 신용카드번호를 출력하는 영역이 XSS에 취약함을 보고한다.

그림 13.17에서 강조한 텍스트 상자는 페이지에 XSS 취약점이 존재하는 영역이 있음을
보여주는데, 해당 영역은 Purchase 버튼을 클릭했을 때 신용카드번호를 출력하는 곳이
다. 신용카드번호를 허용하는 필드에 자바스크립트 코드를 수동으로 입력하면 취약점 존
재 여부를 검증할 수 있다. 폼을 제출한 파이어폭스 브라우저로 돌아가 신용카드번호 필
드에 다음 문자열을 넣고 Purchase 버튼을 클릭해보자.

```
<script>alert("Attacked");</script>
```

그림 13.18과 동일한 Attacked 텍스트를 포함한 자바스크립트 팝업창을 띄워주는 팝업
을 노출해야 한다.

ZAP을 사용하면 정적 코드 분석 도구로 식별할 수 없는 다양한 유형의 웹 애플리케이션
동적 공격을 탐지할 수 있을 뿐만 아니라 권장하는 대응방안까지 제공한다.

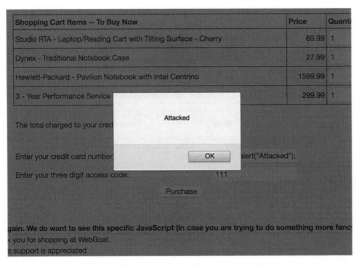

▲ **그림 13.18** 구매를 시도할 때 나타나는 자바스크립트 팝업. 웹 페이지는 사용자가 신용카드번호 입력란에 입력한 문자열 출력을 시도한다.

동적 및 정적 스캔을 수행하는 도구는 많은 오탐을 생산한다는 단점이 있다. 대부분의 탐지 결과는 유효하지 않지만 정탐 여부를 확인하기 위해 코드를 검토하는 데 많은 시간이 걸린다. 오탐은 오픈소스와 상용 도구 모두 공통적으로 발생하는 문제로 영향을 최소화하는 한 가지 방법은 이전 경험을 기반으로 잘못 탐지한 문제를 지능적으로 거부할 수 있는 취약점 관리 시스템을 구축하는 것이다. 개발자 중 한 명이 유효하지 않은 것으로 표시한 문제가 있다면 취약점 관리 시스템은 이를 학습하고 추후 동일하거나 유사한 이슈가 보고되면 시스템은 유효하지 않은 문제로 판단해 자동 종료한다.

요약

- OWASP API 보안 TOP 10 취약점은 API에서 발견된 가장 일반적인 취약점과 식별된 취약점별로 권장하는 완화 메커니즘을 설명한다.
- 정적 분석으로 실행 없이 코드를 디버깅해 잠재적인 버그와 보안 취약점을 식별할 수 있다. 소나큐브는 실행 없이 코드를 스캔하고 디버깅하는 데 사용할 수 있는 오픈소스 도구다.

- 코드 스캔 프로세스를 젠킨스 같은 자동화 도구와 통합하는 게 중요하다. 자동화 도구는 빌드 파이프라인을 통해 코드 분석을 실행하고 코드 빌드 실패나 소프트웨어의 Quality Gate를 통과하지 못해 오류가 발생할 때 알림을 보내는 자동화된 메커니즘을 제공한다.
- 동적 분석은 코드를 실행하는 동안 자동화 및 수동 프로세스를 통해 코드를 확인한다. 동적 분석은 다양한 코드 실행 경로를 테스트해 버그와 취약점을 식별할 수 있는 다양한 조합의 인위적인 파라미터를 생성한다.
- OWASP ZAP은 코드 동적 분석을 수행하는 데 사용할 수 있는 오픈소스 도구다.

부록 A

OAuth 2.0과 OIDC

OAuth 2.0은 국제 인터넷 표준화 기구[IETF, Internet Engineering Task Force] OAuth 워킹 그룹이 개발한 인가 프레임워크로 RFC 6749에서 정의하고 있는데, OAuth 2.0은 접근 위임 문제를 해결하는 데 초점을 두고 있다. OIDC[OpenID Connect]는 OAuth 2.0 상위에 구축된 신원 계층으로 OpenID 재단이 사양을 개발했다.

2장에서 OAuth 2.0이 무엇이며 OAuth 2.0을 사용해 마이크로서비스를 보호하고 OAuth 2.0 권한 범위로 서비스 수준 인가를 적용하는 방법을 간략히 알아봤고, 3장에서는 OAuth 2.0 토큰 유효성 검사 목적으로 Zuul API 게이트웨이를 사용하는 방법을 살펴봤다. 4장에서는 OIDC를 사용해 단일 페이지 애플리케이션[SPA]에 로그인해 OAuth 2.0으로 보호하고 있는 주문 처리 마이크로서비스에 접근하는 방법을 다뤘다. 부록 A에서는 마이크로서비스 개발자가 이해해야 하는 OAuth 2.0과 OIDC 원리를 상세하게 알아볼 예정이다.

OAuth 2.0과 API 보안에 대한 이해도를 높이고 싶다면 이 책의 공동 저자이기도 한 프라바스 시리와데나의 『OAuth 2.0 API 보안 2/e』(에이콘, 2021)과 저스틴 리처[Justin Richer]와 안토니오 산소[Antonio Sanso]가 쓴 『OAuth 2 in Action』(에이콘, 2018)을 추천한다.

A.1 접근 위임 문제

A라는 사용자 또는 시스템이 B라는 사용자를 대신해 리소스(마이크로서비스, API 등)에 접근해 어떤 작업을 하려고 하면 B의 접근 권한을 A에게 위임해야 한다. 예를 들어, 타사 애플리케이션이 페이스북 상태 메시지를 조회할 수 있게 하려면 타사 애플리케이션에 페이스북 API 접근 권한을 부여해야 한다. 접근 위임에는 두 가지 모델이 있다.

- 자격증명을 공유하는 접근 위임
- 자격증명을 공유하지 않는 접근 위임

첫 번째 모델을 따른다면, 페이스북 자격증명을 공유해 해당 자격증명으로 인증을 받게 함으로써 타사 애플리케이션이 페이스북 API를 사용하고 페이스북 상태 메시지를 읽을 수 있도록 해야 한다(페이스북을 예로 들었지만 페이스북은 자격증명 공유 모델을 지원하지 않는다). 자격증명 공유는 매우 위험한 모델이다.

자격증명을 타사 애플리케이션에 공유하는 순간 해당 애플리케이션은 페이스북 상태 메시지를 읽는 것뿐만 아니라 자격증명 소유자가 할 수 있는 모든 작업을 수행할 수 있다. 즉, 친구 목록을 읽을 수 있고 사진을 볼 수 있으며 메신저를 통해 친구와 대화가 가능하다. 자격증명 공유는 OAuth가 나오기 전에 많은 애플리케이션이 사용하던 모델이다. 플리커 Auth, 구글 AuthSub 및 야후 BBAuth는 자격증명 공유 없이 접근 위임을 수행하는 자신만의 방식으로 문제를 해결하려 했다. 2007년에 출시한 OAuth 1.0이 문제를 표준 방식으로 해결하려는 첫 번째 노력이었고 OAuth 2.0은 OAuth 1.0에서 정해진 방향을 따랐으며 2012년 10월에 RFC 6749가 됐다.

A.2 OAuth 2.0이 접근 위임 문제를 해결한 방법

OAuth 1.0과 OAuth 2.0 모두 개념적으로 동일한 방법을 사용해 접근 위임 문제를 해결하는데, 주요 차이점은 OAuth 2.0이 OAuth 1.0보다 확장성이 우수하다는 것이다. OAuth 1.0은 구체적인 프로토콜인 반면에 OAuth 2.0은 인가 프레임워크다. 부록의 나머지 부분에서 언급하는 OAuth는 OAuth 2.0을 의미한다.

그림 A.1은 **자격증명을 공유하지 않는 접근 위임**access delegation with the no credential-sharing 모델
에서 타사 웹 애플리케이션이 페이스북 API에 접근하는 요청/응답 흐름을 보여준다.

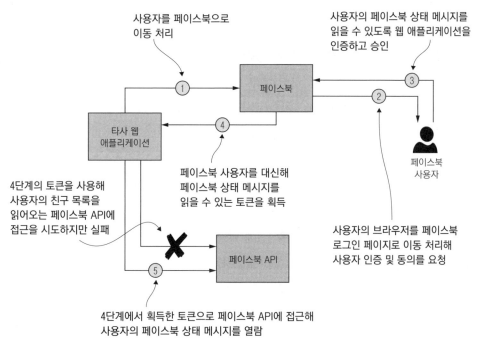

▲ **그림 A.1** 타사 애플리케이션은 사용자의 상태 메시지를 읽을 수 있는 권한을 보유한 페이스북 임시 토큰을 얻기 위해 자격증명을 공유하지 않는 접근 위임 모델을 준수한다.

OAuth 2.0을 사용하면 타사 웹 애플리케이션은 사용자를 페이스북 영역으로 먼저 이동시킨다. 페이스북은 제한된 시간 동안 사용자의 페이스북 상태 메시지를 읽을 수 있는 타사 웹 애플리케이션과 임시 토큰을 공유해도 되는지를 확인받기 위해 사용자 인증과 동의를 요청한다. 웹 애플리케이션이 토큰을 얻으면 페이스북 API 요청에 토큰을 사용한다.

페이스북 임시 토큰은 제한된 수명을 갖고 있고 페이스북 사용자, 타사 웹 애플리케이션 및 목적에 구속된다. 여기서 토큰의 목적은 사용자의 페이스북 상태 메시지를 읽어오는 것이라 토큰은 상태 메시지를 읽을 수 있는 권한만 보유해야 한다. OAuth 2.0 용어는 다음과 같다.

- 페이스북 사용자를 **리소스 소유자**^{resource owner}라고 부른다. 리소스 소유자는 해당 리소스 소유자가 소유한 리소스에 대한 접근 수준을 가져야 할 사용자를 결정한다.

- 토큰을 발급하는 페이스북을 **인가 서버**^{authorization server}라고 부른다. 인가 서버는 리소스 소유자를 인증하거나 식별하는 방법을 알고 있고 리소스 소유자의 동의하에 해당 소유자가 소유한 리소스에 타사 애플리케이션이 접근할 수 있도록 접근 권한을 부여한다.

- 페이스북 API를 **리소스 서버**^{resource server}라고 부른다. 리소스 서버는 리소스 소유자가 소유한 리소스를 보호하고 접근 요청이 인가 서버가 발급한 유효한 토큰과 함께 오는 경우에 한해 리소스에 접근할 수 있게 한다.

- 타사 웹 애플리케이션을 **클라이언트**^{client}라고 부른다. 클라이언트는 리소스 소유자를 대신해 리소스를 소비한다.

- 페이스북에서 타사 웹 애플리케이션에 발급하는 토큰을 **액세스 토큰**^{access token}이라 부른다. 인가 서버는 액세스 토큰을 발급하고 리소스 서버는 액세스 토큰을 검증한다. 액세스 토큰의 유효성을 검증하려면 리소스 서버는 인가 서버와 통신할 수 있다.

- 토큰의 목적을 **권한 범위**^{scope}라고 부른다. 리소스 서버는 토큰이 연결된 권한 범위에 대해서만 사용될 수 있는지 확인한다. 타사 애플리케이션이 상태 메시지를 읽을 수 있는 액세스 토큰으로 사용자의 페이스북 담벼락에 글을 게시하려고 하면 요청은 실패한다.

- 타사 웹 애플리케이션이 토큰을 가져오는 동안 발생하는 이벤트의 흐름을 **승인 흐름**^{grant flow}이라 부르며 **승인 방식**^{grant type}에 따라 달리 정의된다.

부록 A의 나머지 부분에서 OAuth 2.0의 개념을 상세히 설명할 예정이다.

A.3 OAuth 2.0 흐름의 행위자

OAuth 2.0에서는 접근 위임 흐름(그림 A.2 참고)에서 개별적으로 수행하는 역할에 따라 네 명의 행위자에 대해 주로 얘기하는데, A.2절에서 간략히 설명했다.

- 리소스 서버
- 클라이언트
- 최종 사용자(리소스 소유자라고도 함)
- 인가 서버

일반적인 접근 위임 흐름에서 클라이언트는 인가 서버에서 제공한 토큰으로 최종 사용자
(리소스 소유자)를 대신해 리소스 서버에서 호스팅되는 리소스에 접근한다. 액세스 토큰은
최종 사용자를 대신해 리소스에 접근할 수 있는 접근 권한을 클라이언트에 부여한다.

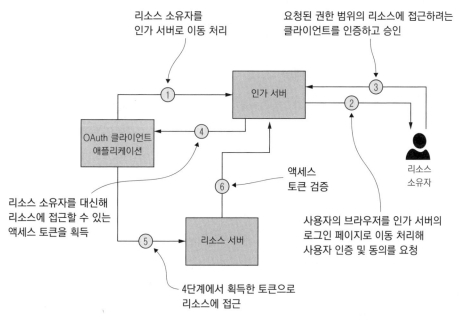

▲ **그림 A.2** 일반적인 OAuth 2.0 접근 위임 흐름에서 클라이언트는 인가 서버에서 제공한 토큰으로 최종 사용자
를 대신해 리소스 서버에서 호스팅되는 리소스에 접근

A.3.1 리소스 서버의 역할

리소스 서버는 리소스를 호스팅하고 특정 조건에 따라 누가 어떤 리소스에 접근할 수 있
는지 결정한다. 이미지와 비디오 호스팅 서비스로 유명한 플리커Flickr를 사용하면 플리커
에 업로드하는 모든 이미지와 비디오가 리소스이고 이미지와 비디오를 호스팅하는 플리

커는 리소스 서버가 된다. A.2절에서 설명한 페이스북 예제에서 페이스북 API를 호스팅하는 서버가 리소스 서버이고 페이스북 담벼락, 친구 목록, 동영상 및 사진은 페이스북 API가 노출하는 리소스에 해당한다.

마이크로서비스 환경에서는 마이크로서비스(예 책 앞부분에서 개발 및 테스트한 주문 처리 마이크로서비스)를 리소스 서버로, 주문을 리소스로 간주할 수 있다. 주문 처리 마이크로서비스는 주문 관리를 담당하는 객체다. 또한 모든 마이크로서비스를 외부 클라이언트 애플리케이션에 리소스 서버로 노출하는 API 게이트웨이 도입을 고려할 수도 있다. 5장에서 설명한 것처럼 API 게이트웨이는 호스팅하는 모든 API에 대해 트래픽 제한과 접근 제어 정책을 중앙에서 시행한다.

A.3.2 클라이언트 애플리케이션의 역할

클라이언트는 리소스의 소비자다. 플리커를 다시 예로 들면 사진에 접근하려는 모바일, 웹, 데스크톱 애플리케이션 등 모든 종류의 애플리케이션이 클라이언트에 해당한다. A.2절에서 설명한 페이스북 예제에서 페이스북 상태 메시지를 읽으려는 타사 애플리케이션도 클라이언트 애플리케이션이다.

마이크로서비스 환경에서는 주문 처리 마이크로서비스를 소비하는 애플리케이션이 클라이언트 애플리케이션이다. 클라이언트 애플리케이션은 최종 사용자를 대신해 리소스에 접근하기 위한 최종 사용자의 승인을 구하는 OAuth 흐름 내 객체다.

A.3.3 리소스 소유자의 역할

리소스 소유자나 **최종 사용자**는 리소스를 소유한 사람이다. 플리커 예제에서 플리커 포토를 소유한 사람이 리소스 소유자나 최종 사용자가 된다. 페이스북 예제에서 페이스북 사용자는 리소스 소유자다.

마이크로서비스 환경에서는 클라이언트 애플리케이션(내부적으로 주문 처리 마이크로서비스와 통신)으로 주문을 하는 사람이 최종 사용자에 해당한다. 어떤 경우에는 클라이언트 애플리케이션 자신이 다른 당사자의 개입 없이 마이크로서비스에 접근하는 최종 사용자가 될 수도 있다.

A.3.4 인가 서버의 역할

OAuth 2.0 환경에서 **인가 서버**는 일반적으로 **액세스 토큰**으로 불리는 토큰을 발급한다. **OAuth 2.0 토큰**은 최종 사용자를 대신해 리소스(**예** 마이크로서비스나 API)에 접근하려는 클라이언트 애플리케이션에게 인가 서버가 발급한 키를 의미한다. 리소스 서버는 접근 요청과 함께 전달된 액세스 토큰을 검증하기 위해 인가 서버와 통신한다. 인가 서버는 액세스 토큰을 발급하기 전에 클라이언트 애플리케이션의 신원을 검증하는 방법과 최종 사용자를 인증하는 방법을 알아야 한다.

A.4 승인 방식

A.4절에서는 OAuth 2.0 승인 방식을 논의하고 애플리케이션에 적합한 승인 방식을 선택하는 방법을 알려준다. 이 책은 마이크로서비스에 관한 주제를 다루고 있어 승인 방식에 비중을 두고 설명하지만, 엄밀히 얘기하면 OAuth 2.0은 마이크로서비스에 관한 주제가 아니다.

특성이 다른 다양한 유형의 애플리케이션이 마이크로서비스를 소비한다. 애플리케이션이 사용자를 대신해 리소스에 접근할 수 있는 액세스 토큰을 획득하는 방법은 애플리케이션 특성에 따라 달라진다. 클라이언트 애플리케이션은 OAuth 2.0 **승인 방식**으로 알려진 요청/응답 흐름을 선택해 인가 서버에서 액세스 토큰을 가져온다.

표준 OAuth 2.0 규격에는 다섯 가지의 주요 승인 방식이 있는데, 개별 승인 방식은 액세스 토큰을 가져오는 단계를 설명한다. 특정 승인 방식을 실행한 결과는 마이크로서비스 상의 리소스에 접근할 수 있는 액세스 토큰이다. OAuth 2.0 규격의 주요 승인 방식 다섯 가지는 다음과 같다.

- **클라이언트 자격증명**^{client credentials} : 최종 사용자가 없는 두 시스템 간의 인증에 적합 (A.4.1절에서 설명)
- **리소스 소유자 비밀번호**^{resource owner password} : 신뢰할 수 있는 애플리케이션에 적합 (A.4.2절에서 설명)

- **인가 코드**^{authorization code}: 최종 사용자가 있는 거의 모든 애플리케이션에 적합(A.4.4 절에서 설명)
- **암시적**^{implicit}: 사용해서는 안 됨(A.4.5절에서 설명)
- **리프레시 토큰**^{refresh token}: 만료된 액세스 토큰을 갱신할 때 사용(A.4.3절에서 설명)

OAuth 2.0 프레임워크는 다섯 가지의 승인 방식으로 제한되지 않고 필요에 따라 승인 방식을 추가할 수 있는 확장 가능한 프레임워크다. 다음은 핵심 규격에서 정의하진 않지만 관련 프로파일에서 포함하고 있는 인기 있는 두 가지 승인 방식이다.

- **OAuth 2.0 클라이언트 인증 및 인가 승인을 위한 SAML 프로파일**: SAML 2.0을 사용하는 싱글 사인온^{single sign-on} 이 있는 애플리케이션에 적합(RFC 7522에서 정의)
- **OAuth 2.0 클라이언트 인증 및 인가 승인을 위한 JWT 프로파일**: OIDC를 사용하는 싱글 사인온이 있는 애플리케이션에 적합(RFC 7523에서 정의)

A.4.1 클라이언트 자격증명 승인 방식

클라이언트 자격증명 승인 방식을 사용하면 승인 흐름에 클라이언트 애플리케이션과 인가 서버만 참여하며, 별도의 리소스 소유자가 없어 클라이언트 애플리케이션이 리소스의 소유자다.

클라이언트는 인가 서버가 발급한 **클라이언트 ID**와 **클라이언트 시크릿**으로 알려진 자신의 자격증명을 전달하는데, **클라이언트 ID**는 클라이언트 애플리케이션의 식별자이고 **클라이언트 시크릿**은 클라이언트의 비밀번호다. 클라이언트 애플리케이션은 시크릿을 안전하게 저장하고 사용해야 한다. 예를 들어, 클라이언트 시크릿을 평문으로 저장해서는 안 되며 암호화해 데이터베이스 같은 지속성 있는 저장소에 저장해야 한다.

그림 A.3처럼 클라이언트 자격증명 승인 방식에서 클라이언트 애플리케이션은 액세스 토큰을 얻기 위해 HTTPS 프로토콜로 자신의 클라이언트 ID와 클라이언트 시크릿을 인가 서버로 보내야 한다. 인가 서버는 ID와 시크릿 조합을 검증하고 액세스 토큰으로 응답한다.

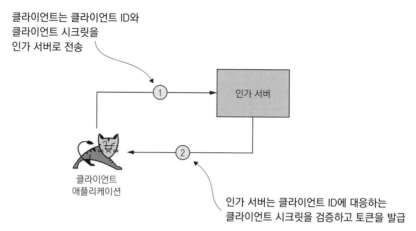

클라이언트는 클라이언트 ID와
클라이언트 시크릿을
인가 서버로 전송

인가 서버

①

클라이언트
애플리케이션

②

인가 서버는 클라이언트 ID에 대응하는
클라이언트 시크릿을 검증하고 토큰을 발급

▲ **그림 A.3** 클라이언트 자격증명 승인 방식은 최종 사용자가 없어도 애플리케이션이 액세스 토큰을 획득한다
(애플리케이션 자신이 최종 사용자).

다음은 curl 명령으로 클라이언트 자격증명 승인 요청을 보내는 예를 보여준다(설명을 위

한 예이므로 그대로 실행해서는 안 됨).

```
\> curl \
-u application_id:application_secret \
-H "Content-Type: application/x-www-form-urlencoded" \
-d "grant_type=client_credentials" https://localhost:8085/oauth/token
```

curl 명령에서 application_id는 클라이언트 애플리케이션의 클라이언트 ID이고,
application_secret은 클라이언트 시크릿이다. -u 옵션은 application_id:application_
secret 문자열을 base64 인코딩하도록 curl에게 지시한다. HTTP Authorization 헤더에
설정해 인가 서버로 보내지는 문자열은 YXBwbGljYXRpb25faWQ6YXBwbGljYXRpb25fc2VjcmV0이
다. 인가 서버는 요청을 검증하고 다음과 같은 HTTP 응답으로 액세스 토큰을 발급한다.

```
{
    "access_token":"de09bec4-a821-40c8-863a-104dddb30204",
    "token_type":"bearer",
    "expires_in":3599
}
```

비록 curl 명령에서 클라이언트 시크릿(application_secret)을 사용해 인가 서버의 토큰 처리 지점에서 클라이언트 애플리케이션을 인증하더라도 더 강력한 인증이 필요한 경우 대안으로 mTLS를 사용할 수 있다. mTLS를 사용하면 클라이언트 애플리케이션은 공개키/개인키 쌍이 필요하고 인가 서버는 공개키나 인증서의 발급자를 신뢰해야 한다.

클라이언트 자격증명 승인 방식은 API에 접근하고 최종 사용자에 대해 신경 쓸 필요가 없는 애플리케이션에 적합하다. 간단히 말해 접근 위임에 대해 걱정할 필요가 없거나 클라이언트 애플리케이션이 다른 사람을 대신하지 않고 자체적으로 API에 접근할 때 유용해, 클라이언트 자격증명 승인 방식은 주로 시스템 간 인증이나 애플리케이션, 주기적 작업 또는 모든 종류의 시스템이 OAuth 2.0으로 마이크로서비스에 직접 접근하려고 할 때 사용된다.

향후 5일 간의 날씨를 예측해 제공하는 날씨 마이크로서비스를 예로 들어보자. 마이크로서비스에 접근해야 하는 웹 애플리케이션을 빌드하는 경우 마이크로서비스는 애플리케이션 사용자에게 관심이 없기 때문에 클라이언트 자격증명 승인 방식을 사용하면 되며, 마이크로서비스는 최종 사용자가 아닌 애플리케이션 접근에만 신경을 쓰면 된다.

A.4.2 리소스 소유자 비밀번호 승인 방식

리소스 소유자 비밀번호 승인 방식은 클라이언트 자격증명 승인 방식의 확장이지만 사용자 계정과 비밀번호로 리소스 소유자 인증에 대한 지원을 추가한다. 리소스 소유자 비밀번호 승인 방식은 리소스 소유자(최종 사용자), 클라이언트 애플리케이션, 리소스 서버, 인가 서버의 4개 당사자가 관련되어 있다.

리소스 소유자는 클라이언트 애플리케이션에 계정과 비밀번호를 제공한다. 클라이언트 애플리케이션은 제공받은 정보가 내장하고 있는 클라이언트 ID 및 시크릿을 포함해 인가 서버에 토큰 요청을 보낸다. 그림 A.4는 리소스 소유자 비밀번호 승인 방식을 보여준다.

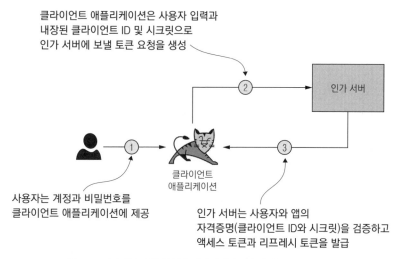

클라이언트 애플리케이션은 사용자 입력과
내장된 클라이언트 ID 및 시크릿으로
인가 서버에 보낼 토큰 요청을 생성

인가 서버

클라이언트
애플리케이션

사용자는 계정과 비밀번호를
클라이언트 애플리케이션에 제공

인가 서버는 사용자와 앱의
자격증명(클라이언트 ID와 시크릿)을 검증하고
액세스 토큰과 리프레시 토큰을 발급

▲ **그림 A.4** 비밀번호 승인 방식은 애플리케이션이 액세스 토큰을 획득 가능

다음은 curl 명령으로 인가 서버에 비밀번호 승인 요청을 보내는 예를 보여준다(설명을 위한 예이므로 그대로 실행해서는 안 됨).

```
\> curl \
-u application_id:application_secret \
-H "Content-Type: application/x-www-form-urlencoded" \
-d "grant_type=password&username=user&password=pass" \
https://localhost:8085/oauth/token
```

클라이언트 자격증명 승인 방식과 동일하게 애플리케이션 ID(application_id)와 애플리케이션 시크릿(application_secret)을 HTTP Authorization 헤더에 base64 인코딩해 전송한다. 요청 본문은 승인 방식 문자열, 사용자의 계정, 사용자 비밀번호를 포함한다. 요청 헤더와 본문에 민감한 정보를 평문으로 포함해 전달하기 때문에 통신은 TLS(HTTPS)로 이뤄져야 하며, 그렇지 않을 경우 네트워크 도청이 가능한 공격자가 전달되는 값을 볼 수 있다.

리소스 소유자 비밀번호 승인 방식을 사용하면 인가 서버는 클라이언트 애플리케이션을 인증하기 위해 클라이언트 ID와 시크릿(application_id와 application_secret)뿐만 아니라 사용자의 자격증명도 확인하며, 4개의 필드가 모두 유효한 경우에 한해 토큰을 발급한다.

클라이언트 자격증명 승인 방식과 동일하게, 인증에 성공하면 인가 서버는 유효한 액세스 토큰을 응답한다.

```
{
  "access_token":"de09bec4-a821-40c8-863a-104dddb30204",
  "refresh_token":" heasdcu8-as3t-hdf67-vadt5-asdgahr7j3ty3",
  "token_type":"bearer",
  "expires_in":3599
}
```

응답이 포함하고 있는 refresh_token 파라미터의 값은 액세스 토큰이 만료되기 전에 현재 액세스 토큰을 갱신하는 데 사용할 수 있다(리프레시 토큰은 A.6절에서 설명). 눈치챘을지 모르겠지만, 클라이언트 자격증명 승인 방식에서는 refresh_token을 얻을 수 없었다.

비밀번호 승인 방식을 사용하면 리소스 소유자(애플리케이션 사용자)가 계정과 비밀번호를 클라이언트 애플리케이션에 제공해야 한다. 따라서 비밀번호 승인 방식은 인가 서버가 신뢰하는 클라이언트 애플리케이션에서만 사용돼야 하는데, 이러한 접근 위임 모델을 **자격증명 공유를 사용한 접근 위임**access delegation with credential sharing이라고 하며 OAuth 2.0이 권장하지 않는 모델이다. OAuth 2.0 규격에 포함하는 이유가 궁금할 텐데, 유일한 이유는 HTTP Basic 인증을 사용하는 레거시 애플리케이션을 OAuth 2.0으로 전환하는 데 도움을 주기 위해서이기 때문에 가급적 사용하지 않아야 한다.

클라이언트 자격증명 승인 방식과 마찬가지로 비밀번호 승인 방식도 애플리케이션이 클라이언트 시크릿을 안전하게 저장해야 한다. 사용자 자격증명을 책임감 있게 처리하는 건 매우 중요하다. 클라이언트 애플리케이션이 최종 사용자의 비밀번호를 로컬에 저장하지 않고 인가 서버에서 액세스 토큰을 가져올 때만 사용하고 잊어버리는 게 이상적이다. 클라이언트 애플리케이션이 비밀번호 승인 흐름의 마지막에 가져온 액세스 토큰의 수명은 제한적이라 인가 서버가 보낸 토큰 응답에 포함되어 있는 refresh_token을 사용해 만료되기 전에 새 토큰을 가져와야 한다. refresh_token을 사용하면 토큰이 만료될 때마다 클라이언트 애플리케이션이 사용자 계정과 비밀번호를 물어볼 필요가 없다.

A.4.3 리프레시 토큰 승인 방식

리프레시 토큰 승인 방식은 기존 액세스 토큰을 갱신할 때 사용한다. 일반적으로 현재 액세스 토큰이 만료되거나 만료가 임박했을 때, 애플리케이션 사용자에게 다시 로그인하라는 메시지를 표시하지 않고 새로운 액세스 토큰이 필요할 때 사용한다. 리프레시 토큰 승인을 사용하려면 애플리케이션이 토큰 응답에서 액세스 토큰과 리프레시 토큰을 받아야 한다.

모든 승인 방식이 액세스 토큰과 함께 리프레시 토큰을 발급하는 건 아니다. 클라이언트 자격증명 승인과 암시적 승인 방식은 리프레시 토큰을 발급하지 않기 때문에(추후 A.4.5절에서 설명) 리프레시 토큰 승인 방식은 리프레시 토큰을 발급하는 다른 승인 방식을 사용하는 애플리케이션에서만 사용할 수 있는 특별한 승인 방식이다. 그림 A.5는 리프레시 토큰 승인 흐름을 보여준다.

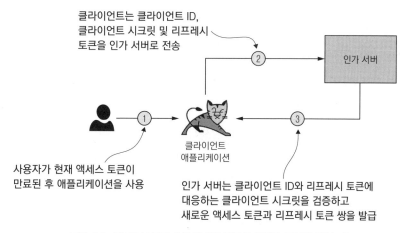

▲ **그림 A.5** 리프레시 토큰 승인 방식은 만료된 액세스 토큰을 갱신 가능

다음은 curl 명령으로 리프레시 토큰 승인 방식을 사용해 액세스 토큰을 갱신하는 예를 보여준다(설명을 위한 예이므로 그대로 실행해서는 안 됨).

```
\> curl \
-u application_id:application_secret \
-H "Content-Type: application/x-www-form-urlencoded" \
-d "grant_type=refresh_token&refresh_token=heasdcu8-as3t-hdf67-vadt5-asdgahr7j3ty3" \
https://localhost:8085/oauth/token
```

리소스 소유자 비밀번호 승인 방식과 동일하게 애플리케이션의 클라이언트 ID와 클라이언트 시크릿(application_id와 application_secret)을 HTTP Authorization 헤더에 base64 인코딩해 전송해야 하고 요청 페이로드(본문)에 리프레시 토큰의 값도 포함해 전송해야 한다. 리프레시 토큰 승인 방식은 클라이언트 시크릿과 리프레시 토큰값을 손상 위험 없이 안전하게 저장할 수 있는 애플리케이션에서만 사용해야 한다.

리프레시 토큰은 제한된 수명을 갖지만 일반적으로 액세스 토큰의 수명보다 훨씬 길기 때문에 애플리케이션은 액세스 토큰 만료 후 상당한 시간이 경과한 뒤에도 리프레시 토큰으로 액세스 토큰을 갱신할 수 있다. 액세스 토큰 갱신 요청을 하면 인가 서버는 다른 리프레시 토큰과 함께 갱신한 액세스 토큰을 전송하는데, 해당 리프레시 토큰은 인가 서버에서 받은 첫 번째 리프레시 토큰과 동일할 수도 있고 다를 수도 있다. 리프레시 토큰의 동일 여부는 인가 서버가 정하는 것으로, OAuth 2.0 규격이 지정하는 범위는 아니다.

A.4.4 인가 코드 승인 방식

인가 코드 승인 방식은 데스크톱 애플리케이션, 웹 애플리케이션(웹 브라우저를 통해 접근)이나 HTTP 리다이렉트를 처리할 수 있는 네이티브^native 모바일 애플리케이션에서 사용한다. 인가 코드 승인 흐름에서 가장 먼저 발생하는 이벤트는 클라이언트 애플리케이션이 인가 서버에게 인가 코드 요청을 시작하는 것인데, 해당 요청은 애플리케이션의 클라이언트 ID와 인증에 성공할 때 사용자를 리다이렉트할 URL을 제공한다.

그림 A.6에서 볼 수 있듯이 클라이언트 애플리케이션의 첫 번째 단계는 인가 코드 요청을 시작하는 것이다. 다음은 인가 코드를 얻기 위한 HTTP 요청 예를 보여준다(설명을 위한 예이므로 그대로 실행해서는 안 됨).

```
GET https://localhost:8085/oauth/authorize?
          response_type=code&
          client_id=application_id&
          redirect_uri=https%3A%2F%2Fweb.application.domain%2Flogin
```

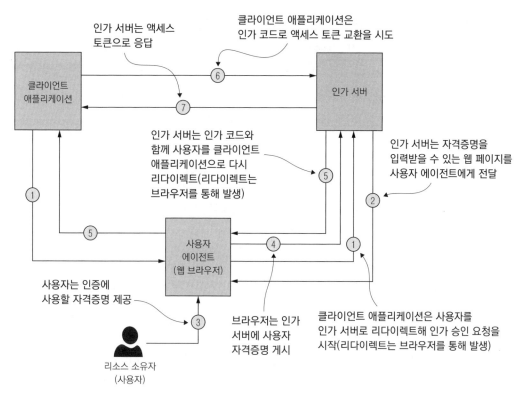

인가 서버는 액세스
토큰으로 응답

클라이언트 애플리케이션은
인가 코드로 액세스 토큰 교환을 시도

인가 서버는 인가 코드와
함께 사용자를 클라이언트
애플리케이션으로 다시
리다이렉트(리다이렉트는
브라우저를 통해 발생)

인가 서버는 자격증명을
입력받을 수 있는 웹 페이지를
사용자 에이전트에게 전달

사용자는 인증에
사용할 자격증명 제공

브라우저는 인가
서버에 사용자
자격증명 게시

클라이언트 애플리케이션은 사용자를
인가 서버로 리다이렉트해 인가 승인 요청을
시작(리다이렉트는 브라우저를 통해 발생)

▲ **그림 A.6** 인가 코드 승인 방식을 사용하면 클라이언트 애플리케이션이 최종 사용자(또는 리소스 소유자)를 대신해 액세스 토큰을 획득 가능

요청은 client_id(application_id), redirect_uri, response_type 파라미터를 포함하는데, response_type은 인가 코드가 요청에 대한 응답으로 예상된다는 걸 인가 서버에 알려준다. 인가 코드는 제공된 redirect_uri로의 HTTP 리다이렉트(https://developer.mozilla.org/en-US/docs/Web/HTTP/Redirections)에서 쿼리 파라미터로 제공된다. redirect_uri는 인증에 성공할 경우 인가 서버가 웹 브라우저를 리다이렉트시켜야 하는 위치를 포함한다.

HTTP 통신에서 리다이렉트는 300에서 310 사이의 응답 상태 코드를 보낼 때 발생하는데 예제는 응답 상태 코드 302를 받는다. 응답은 Location이란 HTTP 헤더를 포함하고, 헤더값에는 브라우저가 리다이렉트돼야 할 URL을 포함한다. Location 헤더를 예로 들면 다음과 같다.

```
Location: https://web.application.domain/login?code=hus83nn-8ujq6-7snuelq
```

redirect_uri는 인가 서버에 특정 클라이언트 애플리케이션을 등록할 때 제공된 redirect_uri와 동일해야 한다. Location 헤더의 URL은 인가 승인 흐름을 시작하는 데 사용한 HTTP 요청의 redirect_uri 파라미터와 동일해야 한다. 이번 인가 요청 예에 포함하지 않은 한 가지 선택적 파라미터는 scope다. 인가 요청을 생성할 때 애플리케이션은 발급받을 토큰에 필요한 권한 범위^{scope}를 요청할 수 있으며 A.5절에서 상세히 설명할 예정이다.

인가 요청을 수신하면 인가 서버는 우선 클라이언트 ID와 redirect_uri를 검증하는데 파라미터가 유효하면 인가 서버의 로그인 페이지를 제공한다(유효한 사용자 세션이 이미 인가 서버에서 실행되고 있지는 않다고 가정). 사용자는 로그인 페이지에 계정과 비밀번호를 입력해야 한다. 계정과 비밀번호가 확인되면 인가 서버는 인가 코드를 발급하고 HTTP 리다이렉트를 통해 웹 브라우저에 제공한다. 아래처럼 인가 코드는 redirect_uri의 일부다.

```
https://web.application.domain/login?code=hus83nn-8ujq6-7snuelq
```

인가 코드가 redirect_uri를 통해 웹 브라우저에 제공되기 때문에 HTTPS 프로토콜로 암호화해 전달해야 하며, 브라우저 리다이렉트이기 때문에 인가 코드의 값이 최종 사용자에게 보이고, 서버 로그상에도 기록될 수 있다. 인가 코드가 손상될 위험을 줄이기 위해 인가 코드는 일반적으로 수명이 짧은(30초 이하) 일회성 코드다. 코드를 두 번 이상 사용하는 경우 인가 서버는 이전에 발급한 모든 토큰을 해지한다.

인가 코드를 수신하면 클라이언트 애플리케이션은 인가 서버에게 인가 코드를 보내 액세스 토큰으로 교환을 요청하는 토큰 요청을 시작한다. 다음은 토큰 요청을 하는 curl 명령이다(그림 A.6의 6단계 참고).

```
\> curl \
-u application1:application1secret \
-H "Content-Type: application/x-www-form-urlencoded" \
-d "grant_type=authorization_code&
    code=hus83nn-8ujq6-7snuelq&
    client_id=application_id&
    redirect_uri=https%3A%2F%2Fweb.application.domain%2Flogin" \
https://localhost:8085/oauth/token
```

지금까지 논의한 다른 승인 방식처럼, 인가 코드 승인 방식도 클라이언트 ID와 클라이언트 시크릿(선택사항)을 HTTP Authorization 헤더에 base64 인코딩해 전송해야 하며, grant_type 파라미터를 authorization_code로 설정해 전송해야 한다. authorization_code 자체의 값과 redirect_uri는 HTTP 요청의 페이로드로 인가 서버의 토큰 처리 지점에 전송된다. 전송한 값들의 유효성을 검증한 후 인가 서버는 HTTP 응답으로 클라이언트에게 액세스 토큰을 발급한다.

```
{
  "access_token":"de09bec4-a821-40c8-863a-104dddb30204",
  "refresh_token":" heasdcu8-as3t-hdf67-vadt5-asdgahr7j3ty3",
  "token_type":"bearer",
  "expires_in":3599
}
```

인가 코드를 반환하기 전에(그림 A.6의 5단계) 인가 서버는 사용자 계정과 비밀번호를 검사해 사용자를 검증한다. 그림 A.6의 6단계에서 인가 서버는 애플리케이션의 클라이언트 ID와 시크릿을 검사해 클라이언트 애플리케이션을 검증한다. 인가 코드 승인 방식은 애플리케이션 인증을 요구하지 않아 인가 코드를 토큰으로 교환하기 위해 토큰 처리 지점(인가 서버)을 대상으로 한 요청에서 애플리케이션 시크릿을 사용해야 하는 건 아니며, 이는 4장에서 설명하는 단일 페이지 애플리케이션과 함께 인가 코드 승인 방식을 사용할 때 권장하는 접근 방식이다.

앞서 살펴본 것처럼 인가 코드 승인 방식은 사용자, 클라이언트 애플리케이션 및 인가 서버를 포함한다. 비밀번호 승인과 달리 인가 코드 승인 방식은 사용자가 클라이언트 애플리케이션에 자격증명을 제공할 필요가 없어 사용자는 인가 서버의 로그인 페이지에만 자격증명을 제공하면 되기 때문에 클라이언트 애플리케이션은 사용자의 로그인 계정을 알 수 없으므로 완전히 신뢰하지 않는 웹, 모바일 및 데스크톱 애플리케이션에 사용자 자격증명을 제공할 필요가 있을 때 적합하다.

인가 코드 승인 방식을 사용하는 클라이언트 애플리케이션은 프로토콜을 안전하게 사용하기 위한 몇 가지 전제 조건을 갖고 있어야 한다. 애플리케이션은 클라이언트 시크릿,

리프레시 토큰, 인가 코드와 같은 민감한 정보를 알고 처리해야 하기 때문에 해당 정보를 주의해서 저장하고 사용할 수 있어야 한다. 예를 들어, 클라이언트 시크릿과 리프레시 토큰을 저장할 때의 암호화 메커니즘과 인가 서버와의 보안 통신을 위해 HTTPS 프로토콜 사용이 필요하다. 클라이언트 애플리케이션과 인가 서버 간의 통신은 TLS로 이뤄져야 공격자가 교환되는 정보를 볼 수 없다.

A.4.5 암시적 승인 방식

암시적 승인 방식은 인가 코드 승인 방식과 유사하지만 액세스 토큰을 가져오기 전에 인가 코드를 가져오는 중간 단계를 포함하지 않는 대신 인가 서버는 암시적 승인 요청에 대한 응답으로 액세스 토큰을 직접 발급한다.

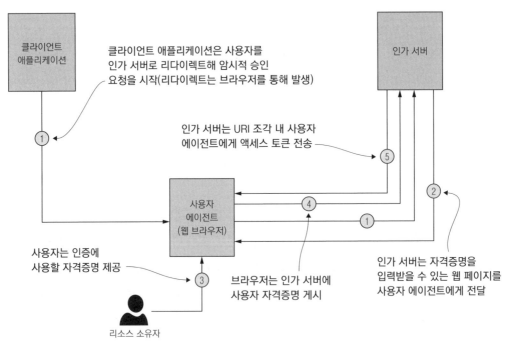

▲ **그림 A.7** 암시적 승인 방식은 클라이언트 애플리케이션이 액세스 토큰을 획득할 수 있도록 허용한다.

암시적 승인 방식을 사용하면 사용자가 애플리케이션에 로그인을 시도할 때 클라이언트 애플리케이션이 암시적 승인 요청을 생성해 로그인 흐름을 시작한다. 승인 요청은 클라이언트 ID와 redirect_uri를 포함해야 하며 인가 코드 승인 방식과 동일하게 redirect_uri는 인증에 성공할 때 사용자 에이전트를 클라이언트 애플리케이션으로 다시 리다이렉트하기 위해 인가 서버에서 사용한다. 다음은 암시적 승인 요청 예를 보여준다(설명을 위한 예이므로 그대로 실행해서는 안 됨).

```
GET https://localhost:8085/oauth/authorize?
        response_type=token&
        client_id=application_id&
        redirect_uri=https%3A%2F%2Fweb.application.domain%2Flogin
```

위 요청에서 볼 수 있듯이 인가 코드 승인 방식의 초기 요청과 암시적 승인 방식 초기 요청의 차이는 암시적 승인 방식에서는 response_type 파라미터가 토큰이라는 사실인데, 암시적 요청에 대한 응답으로 액세스 토큰을 가져오는 데 관심이 있음을 인가 서버에게 알려준다. 인가 코드 승인 방식과 마찬가지로 사용자 에이전트가 필요한 권한 범위를 가진 토큰을 발급하도록 인가 서버에게 요청할 수 있는 scope는 선택적 파라미터다.

인가 서버가 토큰 발급 요청을 수신하면 클라이언트 ID와 redirect_uri를 검증하고 유효한 경우 인가 서버의 로그인 페이지를 사용자에게 제공한다(브라우저에서 인가 서버를 대상으로 한 실행 중인 활성 사용자 세션이 없다고 가정). 사용자가 자격증명을 입력하면 인가 서버는 자격증명을 검증하고 사용자에게 동의 페이지를 제공해 애플리케이션이 scope 파라미터가 나타나는 작업을 수행할 수 있음을 확인한다(scope가 요청에 제공된 경우에만 해당). 사용자는 인가 서버의 로그인 페이지에 자격증명을 제공하기 때문에 인가 서버만 사용자의 자격증명을 알게 된다. 사용자가 필요한 scope에 동의하면 인가 서버는 토큰을 발급하고 해당 토큰을 URI 조각으로 redirect_uri에 포함해 사용자 에이전트에 제공한다. 다음은 리다이렉트의 예를 보여준다.

```
https://web.application.domain/login#access_token=jauej28slah2&expires_in=3599
```

사용자 에이전트(웹 브라우저)가 리다이렉트를 수신하면 web.application.domain/login URL에 HTTPS 요청을 보낸다. access_token 필드를 URI 조각(URL에서 # 문자로 표시)으로 제공받기 때문에 해당 값을 web.application.domain으로 운영 중인 서버에 제출하지 않아 토큰을 발급한 인가 서버와 사용자 에이전트(웹 브라우저)만 액세스 토큰의 값을 알게 된다. 암시적 승인 방식은 리프레시 토큰을 사용자 에이전트에 제공하지 않는다. 부록 A 앞부분에서 설명한 것처럼 액세스 토큰의 값을 URL로 전달하기 때문에 해당 토큰의 값이 브라우저 기록과 서버 로그에 기록될 수 있다.

암시적 승인 방식은 클라이언트 애플리케이션에게 클라이언트 시크릿이나 리프레시 토큰 같은 민감한 정보를 유지하도록 요구하지 않아 콘텐츠를 자바스크립트를 통해 웹 브라우저에게 렌더링하는 단일 페이지 애플리케이션에서 사용하기 좋은 선택지인데, 단일 페이지 애플리케이션의 대부분은 클라이언트 측(브라우저)에서 실행되어 클라이언트 시크릿 같은 민감한 정보를 처리할 수 없다. 하지만 암시적 승인 방식을 사용할 때의 보안 문제는 장점보다 훨씬 더 중요한 이슈이므로 단일 페이지 애플리케이션에서도 더 이상 사용을 권장하지 않는다. A.4.4절에서 설명한 것처럼 단일 페이지 애플리케이션의 경우에도 애플리케이션에 사용자 자격증명을 제공하지 않는 인가 코드 승인 방식 사용을 권장한다.

A.5 OAuth 2.0 액세스 토큰에 권한을 바인딩하는 권한 범위

인가 서버가 발급하는 개별 액세스 토큰은 하나 이상의 권한 범위^{scope}와 연결되는데, 권한 범위는 토큰의 용도를 정의한다. 토큰은 하나 이상의 용도를 가질 수 있어 여러 권한 범위와 연계할 수 있다. 권한 범위는 클라이언트 애플리케이션이 토큰을 사용해 리소스 서버에서 수행할 수 있는 작업을 정의한다.

클라이언트 애플리케이션이 인가 서버에게 토큰을 요청할 때 토큰 요청과 함께 토큰으로 할 수 있는 예상 권한 범위도 지정하지만(그림 A.8 참고) 인가 서버가 해당 요청을 존중하고 요청을 받은 모든 권한 범위로 토큰을 발급해야 하는 건 아니다. 인가 서버는 리소스 소유자의 동의하에 자체적으로 권한 범위를 결정할 수 있고 액세스 토큰과 연결할 범위를 지정할 수 있다. 인가 서버는 토큰 응답으로 토큰과 함께 연결된 권한 범위를 클라이언트 애플리케이션으로 다시 보낸다.

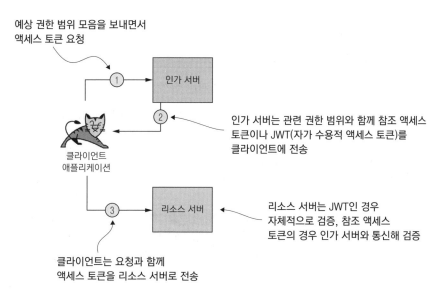

예상 권한 범위 모음을 보내면서
액세스 토큰 요청

인가 서버

① →

② ←

인가 서버는 관련 권한 범위와 함께 참조 액세스
토큰이나 JWT(자가 수용적 액세스 토큰)를
클라이언트에 전송

클라이언트
애플리케이션

③ →

리소스 서버

리소스 서버는 JWT인 경우
자체적으로 검증, 참조 액세스
토큰의 경우 인가 서버와 통신해 검증

클라이언트는 요청과 함께
액세스 토큰을 리소스 서버로 전송

▲ **그림 A.8** 클라이언트 애플리케이션은 예상 권한 범위 모음을 보내면서 액세스 토큰을 요청. 액세스 토큰이 자가 수용적 JWT이면 리소스 서버는 인가 서버와 통신하지 않고 토큰을 자체검증한다.

A.6 자가 수용적 액세스 토큰

액세스 토큰은 참조 토큰이거나 자가 수용적 토큰이다. **참조 토큰**reference token은 토큰 발급자만 토큰을 검증하는 방법을 알고 있는 단순 문자열이다. 리소스 서버가 참조 토큰을 받으면 토큰을 검증하기 위해 인가 서버와 통신해야만 한다.

자가 수용적 토큰self-contained token이면 참조 토큰과 대조적으로 리소스 서버가 토큰을 자체검증 가능해 인가 서버와 통신할 필요가 없다(그림 A.8 참고). 자가 수용적 토큰은 서명된 JWT이거나 JWS다(부록 B 참고). 국제 인터넷 표준화 기구 OAuth 워킹 그룹에서 개발한 OAuth 2.0 액세스 토큰의 JWT 프로파일은 자가 수용적 액세스 토큰의 구조를 정의한다.

A.7 OIDC란 무엇인가

OIDC^{OpenID Connect}는 OAuth 2.0 최상위에 있는 부가적인 신원 계층으로 ID 토큰의 개념을 사용한다. **ID 토큰**은 사용자 클레임 및 기타 관련 속성을 포함한 인증된 사용자 정보를 포함하는 JWT다. 인가 서버가 ID 토큰을 발급할 때 개인키를 사용해 JWT(서명된 JWT를 JWS^{JSON Web Signature}라고 함)의 내용에 서명을 한다. 애플리케이션이 ID 토큰을 유효한 것으로 허용하기 전에 JWT의 서명을 검증해 JWT의 내용을 검사해야 한다.

> |참고| **ID 토큰**은 계정, 이메일 주소, 전화번호 같은 정보를 얻기 위한 애플리케이션에서 사용한다. **액세스 토큰**은 애플리케이션이 최종 사용자를 대신하거나 자체적으로 보안을 적용한 API에 접근하는 데 사용하는 자격증명이다. OAuth 2.0이 액세스 토큰만 제공하는 반면에 OIDC는 액세스 토큰과 ID 토큰을 모두 제공한다.

다음은 OIDC 규격(http://mng.bz/yyWo)에서 정의한 표준 클레임을 포함하는 ID 토큰의 페이로드를 디코딩한 예를 보여준다.

```
{
  "iss":"http://server.example.com",
  "sub":"janedoe@example.xom",
  "aud":"8ajduw82swiw",
  "nonce":"82jd27djuw72jduw92ksury",
  "exp":1311281970,
  "iat":1311280970,
  "auth_time":1539339705,
  "acr":"urn:mace:incommon:iap:silver",
  "amr":"password",
  "azp":"8ajduw82swiw"
}
```

디코딩 예의 속성에 대한 상세한 설명은 OIDC 규격에 있는데, 몇 가지 중요한 속성에 대한 설명은 다음과 같다.

- iss: ID 토큰 발급자의 신원(일반적으로 ID 토큰을 발급한 인가 서버를 나타내는 식별자)
- sub: 토큰을 발급받은 주체(일반적으로 인가 서버에서 인증을 받은 사용자)

- aud: 토큰의 대상자로 특정 목적으로 토큰을 사용할 수 있는 객체의 식별자 모음이며, 클라이언트 애플리케이션의 OAuth 2.0 client_id와 0개 이상의 기타 식별자 배열을 포함. 특정 클라이언트 애플리케이션이 ID 토큰을 사용한다면 해당 애플리케이션이 ID 토큰의 의도한 대상자 중 하나인지 검증해야 하며 클라이언트 애플리케이션의 client_id는 aud 클레임 중 하나여야 함
- iat: ID 토큰이 발급된 시간
- exp: ID 토큰이 만료되는 시간. 애플리케이션은 exp 클레임이 현재 타임스탬프보다 이후인 경우에만 ID 토큰을 사용해야 함

일반적으로 ID 토큰은 액세스 토큰 응답의 일부로 가져올 수 있다. A.5절에서 설명한 것처럼 OAuth 2.0 공급자는 액세스 토큰을 얻기 위해 다양한 승인 방식을 지원하는데, 일반적으로 ID 토큰은 액세스 토큰에 대한 응답으로 전송된다. 응답으로 ID 토큰을 전송해야 함을 인가 서버에게 알리려면 토큰 요청의 scope로 openid를 지정해야 한다. authorization_code 승인 방식을 사용할 때 응답으로 ID 토큰을 전송해야 함을 인가 서버에게 알리는 예는 다음과 같다.

```
GET https://localhost:8085/oauth/authorize?
           response_type=code&
           scope=openid&
           client_id=application1&
           redirect_uri=https%3A%2F%2Fweb.application.domain%2Flogin
```

ID 토큰은 다음과 같은 형태로 토큰 요청에 대한 응답으로 전송된다.

```
{
  "access_token": "sdfj82j7sjej27djwterh720fnwqudkdnw72itjswnrlvod92hvkwyfp",
  "expires_in": 3600,
  "token_type": "Bearer",
  "id_token": "sdu283ngk23rmas….."
}
```

id_token은 '.'로 구분된 3개의 base64 URL 인코딩한 문자열로 생성된 JWT인데 가독성을 위해 문자열을 생략해 표현했다. 3장에서 실제로 단일 페이지 애플리케이션과 함께 OIDC를 사용하는 방법을 설명한다.

A.8 OIDC와 OAuth 2.0에 관한 추가 정보

OIDC와 OAuth 2.0에 대해 상세히 알아보려면 이 책의 공동 저자인 프라바스 시리와데나가 제공하는 유튜브 영상을 참고하자.

- curl을 사용한 OAuth 2.0(www.youtube.com/watch?v=xipHJSW93KI): 클라이언트 애플리케이션으로 curl을 사용해 모든 핵심 OAuth 2.0 승인 방식을 설명

- OAuth 2.0 액세스 토큰과 OIDC ID 토큰 비교(https://www.youtube.com/watch?v=slCt5aS7wzk): OAuth 2.0 액세스 토큰과 OIDC ID 토큰의 차이점을 설명

- OAuth 2.0 응답 방식과 승인 방식 비교(www.youtube.com/watch?v=Qdjuavr33E4): OAuth 2.0 흐름에서 response_type 파라미터와 grant_type 파라미터의 차이점을 설명

- OAuth 2.0 토큰 유효성 검사(www.youtube.com/watch?v=CuawoBrs_6k): 리소스 서버가 액세스 토큰 검증을 위해 인가 서버와 통신하는 데 사용하는 OAuth 2.0 토큰 유효성 검사 RFC를 설명

- OAuth 2.0 토큰 해지(www.youtube.com/watch?v=OEab8UoEUow): 클라이언트 애플리케이션이 액세스 토큰을 해지하는 데 사용하는 OAuth 2.0 토큰 해지 RFC를 설명

- 코드 교환을 위한 증명 키(www.youtube.com/watch?v=2pJShFKYoJc): 코드 가로채기 공격으로부터 애플리케이션을 보호하는 데 도움을 주는 코드 교환을 위한 증명 키 RFC를 설명

- OIDC를 사용한 단일 페이지 애플리케이션 보안: OIDC의 내부 기능과 OIDC를 사용해 단일 페이지 애플리케이션을 보호하는 방법을 설명

부록 B

JWT

이 책에서는 JWT^{JSON Web Token}에 대해 여러 번 설명해왔다. 2장에서는 JWT를 OAuth 2.0 자가 수용적 액세스 토큰으로 사용하는 방법을 설명했고, 4장에서는 OIDC가 JWT를 ID 토큰으로 사용해 OpenID 공급자로부터 클라이언트 애플리케이션으로 사용자 클레임^{claim}을 전송하는 방법을 설명했다. 7장에서는 마이크로서비스 그룹 내 서비스 간에 JWT를 사용해 최종 사용자 컨텍스트를 전달하는 방법을 설명했다. 11장에서는 쿠버네티스의 개별 파드가 JWT로 쿠버네티스 API 서버의 인증을 받는 방법을 살펴봤다. 12장에서는 이스티오 서비스 메시가 JWT를 사용해 엔보이 프록시에서 최종 사용자 컨텍스트를 검증하는 방법을 보여줬다. 마지막으로 부록 F에서는 OPA^{Open Policy Agent}가 JWT를 사용해 인가 요청과 함께 정책 데이터를 전달하는 방법을 설명했다.

부록 B에서는 마이크로서비스 환경을 보호하는 데 필수적인 요소인 JWT에 대해 상세히 설명한다. JWT를 더 심도 있게 이해하고 싶다면 이 책의 공동 저자이기도 한 프라바스 시리와데나의 『OAuth 2.0 API 보안 2/e』(에이콘, 2021)과 JWT Internals and Applications 발표 자료(https://www.youtube.com/watch?v=c-jsKk1OR24)를 추천한다.

B.1 JWT의 정의

JWT는 암호학적으로 안전한 방법으로 다양한 유형의 어설션^assertion이나 클레임을 다른 곳으로 전달하는 컨테이너다. **어설션**^assertion은 개체가 발급한 누군가 또는 무언가에 관한 강력한 진술로 개체는 어설션의 발급자로도 알려져 있다.

거주지의 차량 관리국^DMV, Department of Motor Vehicles이 이름, 주소, 눈 색깔, 머리 색깔, 성별, 생년월일, 면허 만료일, 면허번호를 포함한 개인정보를 사용해 JWT(운전 면허증)를 생성할 수 있다고 가정해보자. 모든 개인정보는 사용자에 대한 속성 또는 클레임이고 **속성 어설션**^attribute assertion이라고도 한다. DMV는 JWT의 발급자다.

JWT를 받은 사람은 토큰 발급자(DMV)에 대한 신뢰 수준에 따라 JWT의 내용을 참으로 받아들일지 여부를 결정할 수 있다. 하지만 JWT를 허용하기 전에 발급자를 어떻게 알 수 있을까? JWT 발급자는 자신의 개인키를 사용해 JWT에 서명을 한다. 그림 B.1에서 설명하는 시나리오에서 JWT의 수신자인 바텐더는 JWT의 서명을 검증하고 서명자를 볼 수 있다.

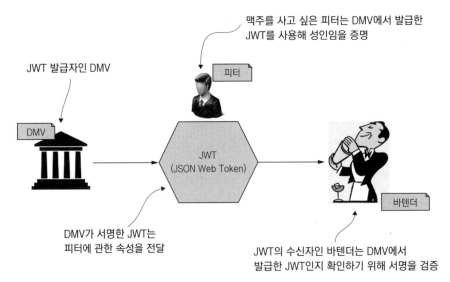

▲ **그림 B.1** JWT는 암호학적으로 안전한 방법으로 다른 곳으로 어설션을 전송하는 컨테이너다. JWT의 수신자인 바텐더는 JWT의 발급자인 DMV를 신뢰할 경우에만 JWT를 허용한다.

속성 어설션 외에도 JWT는 인증과 인가 어설션을 전달할 수도 있는데, 사실 JWT는 컨테이너라 필요한 무엇이든 채울 수 있다. 인증 어설션은 사용자 이름과 어설션을 발급하기 전에 발급자가 사용자를 인증하는 방법일 수 있다. DMV 사례에서 사용자의 이름, 성, 운전면허 번호 또는 DMV에 어떻게 알려져 있는지 등이 인증 어설션이 될 수 있다.

인가 어설션authorization assertion은 사용자의 자격이나 사용자가 수행할 수 있는 작업에 관한 것으로, JWT가 발급자에게서 가져온 어설션에 따라 수신자는 어떻게 행동해야 할지를 결정할 수 있다. DMV 예제에서 DMV가 사용자의 나이를 JWT 내 속성으로 포함하기로 결정하면 나이는 속성 어설션이고 바텐더는 사용자가 맥주를 살 수 있는 만큼의 나이를 먹었는지를 계산할 수 있다. 또한 사용자의 나이를 바텐더와 공유하지 않고도 맥주를 살 수 있을 만큼 나이가 많다는 걸 알 수 있는 인가 어설션을 포함할 수 있는데, 이 경우 바텐더는 JWT를 허용하고 사용자(피터)에게 맥주를 판매한다. 바텐더는 사용자의 나이를 모르지만 DMV는 사용자에게 맥주를 판매하도록 승인한다.

사용자에 대한 어설션 묶음을 전달하는 것 외에도 JWT는 이면에서 또 다른 역할을 한다. JWT는 최종 사용자의 신원 외에도 발급자의 신원도 전달할 수 있어 JWT의 서명은 발급자의 신원을 암시적으로 포함한다. 토큰의 서명을 검증하는 동안 해당 공개키를 살펴보면 수신자는 토큰의 발급자가 누구인지를 파악할 수 있다.

B.2 JWT의 외관

마이크로서비스 환경에서 JWT 사용 사례를 살펴보기 전에 JWT를 먼저 자세히 살펴보자. 그림 B.2는 가장 일반적인 형태의 JWT를 보여주는데 base64url 인코딩한 문자열이기 때문에 원문의 내용을 알기 어렵다.

그림 B.2는 JWS^JSON Web Signature인데 B.3절에서 상세히 설명할 예정이다. 가장 일반적으로 사용되는 JWT 형식인 JWS는 '.'으로 구분한 세 부분으로 구성되어 있다.

- 첫 번째 부분은 JOSE^JSON Object Signing and Encryption 헤더다.
- 두 번째 부분은 **클레임 묶음**claim set이나 **페이로드**payload다.
- 세 번째 부분은 **서명**signature이다.

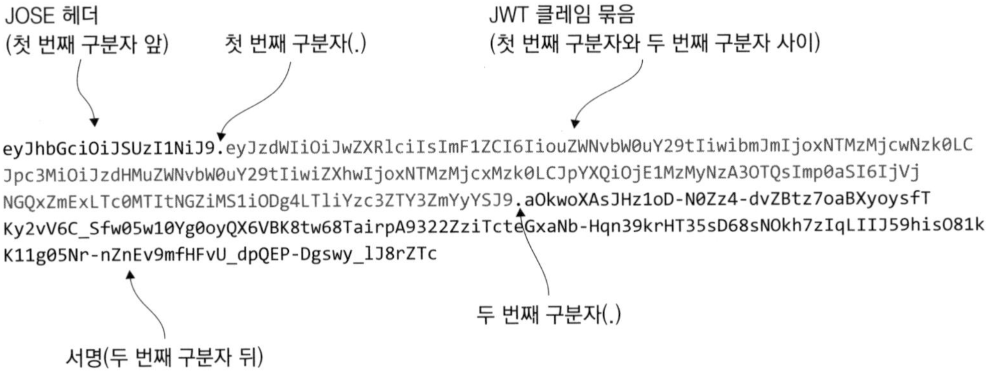

첫 번째 구분자(.)

JWT 클레임 묶음
(첫 번째 구분자와 두 번째 구분자 사이)

eyJhbGciOiJSUzI1NiJ9.eyJzdWIiOiJwZXRlciIsImF1ZCI6IiouZWNvbW0uY29tIiwibmJmIjoxNTMzMjcwNzk0LC
Jpc3MiOiJzdHMuZWNvbW0uY29tIiwiZXhwIjoxNTMzMjcxMzk0LCJpYXQiOjE1MzMyNzA3OTQsImp0aSI6IjVj
NGQxZmExLTc0MTItNGZiMS1iODg4LTliYzc3ZTY3ZmYyYSJ9.aOkwoXAsJHz1oD-N0Zz4-dvZBtz7oaBXyoysfT
Ky2vV6C_Sfw05w10Yg0oyQX6VBK8tw68TairpA9322ZziTcteGxaNb-Hqn39krHT35sD68sNOkh7zIqLIIJ59hisO81k
K11g05Nr-nZnEv9mfHFvU_dpQEP-Dgswy_lJ8rZTc

서명(두 번째 구분자 뒤)

두 번째 구분자(.)

▲ **그림 B.2** base64url 인코딩한 JWT(정확하게는 JWS)

JOSE 헤더는 메시지 서명에 사용할 알고리즘과 같은 JWT에 관한 메타데이터를 표현하는 base64url 인코딩한 JSON 객체다. 다음은 base64url 디코딩한 JOSE 헤더다.

```
{
  "alg": "RS256",
}
```

JWT 클레임은 base64url 인코딩한 어설션을 전달하는 JSON 객체의 묶음이다. 다음은 base64url 디코딩한 클레임 묶음이다.

```
{
  "sub": "peter",
  "aud": "*.ecomm.com",
  "nbf": 1533270794,
  "iss": "sts.ecomm.com",
  "exp": 1533271394,
  "iat": 1533270794,
  "jti": "5c4d1fa1-7412-4fb1-b888-9bc77e67ff2a"
}
```

JWT 규격(RFC 7519)은 sub, aud, nbf, iss, exp, iat, jti라는 7개의 속성을 정의한다. 7개의 규격 중 필수항목은 없으며 필수와 선택항목이 무엇인지 정의하는 건 다른 규격에 달려 있다. 예를 들어, OIDC 규격은 iss 속성을 필수로 만든다. JWT 규격에서 정의하는 7개의 속성은 인터넷 주소 관리 기구^{IANA, Internet Assigned Numbers Authority} 웹 토큰 클레임 레지스트리^{Web Token Claims registry}에 등록되어 있지만 JWT 클레임 묶음에 고유한 사용자 지정 속성을 도입할 수 있다. JWT 규격의 7가지 속성을 상세히 알아보자.

B.2.1 JWT iss 속성

JWT 클레임 묶음의 iss 속성은 JWT **발급자**^{issuer}나 주장 당사자에 해당하는 식별자를 전달한다. JWT는 발급자의 개인키로 서명이 필요하다. 주어진 신뢰 도메인 내의 일반적인 마이크로서비스 환경에서 모든 마이크로서비스는 단일 발급자를 신뢰하고 발급자는 STS^{security token service}로 알려져 있다.

B.2.2 JWT sub 속성

JWT 클레임 묶음의 sub 속성은 JWT의 **주체**^{subject}를 정의한다. 주체는 JWT의 소유자여서 JWT는 주체에 대한 클레임을 전달한다. JWT 애플리케이션은 sub 속성의 정의를 더 세분화할 수 있다. 예를 들어, OIDC 규격은 sub 속성을 필수로 만들고 토큰 발급자는 sub 속성이 고유한 식별자를 전달하는지 확인해야 한다.

B.2.3 JWT aud 속성

JWT 클레임 묶음의 aud 속성은 토큰의 **대상자**^{audience}나 의도한 수신자를 지정한다. 그림 B.2에서는 aud 속성을 *.ecomm.com 문자열값으로 설정했는데, aud 속성의 값으로는 마이크로서비스나 JWT 수신자에게 알려진 모든 문자열이나 URI를 설정할 수 있다.

개별 마이크로서비스는 JWT를 유효한 것으로 허용하기 전에 aud 파라미터의 값이 알고 있는 값인지 확인해야 한다. aud 값이 foo.ecomm.com인 foo라는 마이크로서비스가 있다면 aud 값으로 bar.ecomm.com을 전달하는 모든 JWT를 거부해야 한다. aud 값을 기준으로 JWT를 허용하거나 거부하는 로직은 대상 마이크로서비스와 전체 마이크로서비스 보안 설계를 어떻게 하느냐에 따라 달라질 수 있는데, 예를 들어 보안 설계를 통해 모든 마이크로서비스가 aud 값이 〈microservice identifier〉.ecomm.com이나 *.ecomm.com인 토큰을 허용하는 데 동의하는 정책을 정의할 수 있다.

B.2.4 JWT exp, iat, nbf 속성

JWT 클레임 묶음의 exp 속성값은 1970-01-01T0:0:0Z 협정 세계시[UTC, Coordinated Universal Time]로부터의 경과 시간을 초로 환산한 만료 시간을 나타낸다. JWT의 모든 수신자는 JWT를 허용할 때 exp 속성이 나타내는 시간이 과거가 아닌지, 즉 토큰이 만료되지 않았는지 확인해야 한다. JWT 클레임 묶음의 iat 속성은 JWT를 발급한 시간을 나타내는데, exp 속성과 마찬가지로 1970-01-01T0:0:0Z 협정 세계시[UTC]로부터의 경과 시간을 초로 환산한다.

클레임 묶음에 nbf 속성이 있는 경우 iat와 exp 간의 시간 차이가 JWT의 수명은 아니다. nbf 속성으로 지정한 시간 전에 JWT 처리를 시작하거나 JWT를 유효한 토큰으로 허용해서는 안 된다. nbf 속성값 또한 1970-01-01T0:0:0Z 협정 세계시[UTC]로부터의 경과 시간으로, nbf 속성이 클레임 묶음에 있을때 JWT의 수명은 exp와 nbf 속성 간의 차이로 계산한다. 하지만 대부분의 경우 nbf 값은 iat 값과 같다.

B.2.5 JWT jti 속성

JWT 클레임 묶음의 jti 속성값은 토큰의 고유 식별자를 정의한다. 토큰 발급자가 동일한 jti로 여러 개의 JWT를 발급하지 않는 게 이상적이지만 JWT 수신자가 여러 발급자의 토큰을 허용하는 경우 JWT 수신자와 단일 발급자 간에만 jti의 고유성이 유지된다(다른 발급자의 jti와는 중복 가능성 존재).

B.3 JWS(JSON Web Signature)

B.2절에서 설명한 JWT(그림 B.3 참고)는 또한 JWS이기도 하다. JWS는 서명한 메시지를 표현하는 방법으로, 메시지에는 JSON 페이로드, XML 페이로드 또는 바이너리 등 무엇이든 포함할 수 있다.

JOSE 헤더
(첫 번째 구분자 앞)　　　　　첫 번째 구분자(.)　　　　JWT 클레임 묶음
　　　　　　　　　　　　　　　　　　　　　　　　　　　(첫 번째 구분자와 두 번째 구분자 사이)

eyJhbGciOiJSUzI1NiJ9.eyJzdWIiOiJwZXRlciIsImF1ZCI6IiouZWNvbW0uY29tIiwibmJmIjoxNTMzMjcwNzk0LC
Jpc3MiOiJzdHMuZWNvbW0uY29tIiwiZXhwIjoxNTMzMjcxMzk0LCJpYXQiOjE1MzMyNzA3OTQsImp0aSI6IjVj
NGQxZmExLTc0MTItNGZiMS1iODg4LTliYzc3ZTY3ZmYyYSJ9.aOkwoXAsJHz1oD-N0Zz4-dvZBtz7oaBXyoysfT
Ky2vV6C_Sfw05w10Yg0oyQX6VBK8tw68TairpA9322ZziTcteGxaNb-Hqn39krHT35sD68sNOkh7zIqLIIJ59hisO81k
K11g05Nr-nZnEv9mfHFvU_dpQEP-Dgswy_lJ8rZTc

서명(두 번째 구분자 뒤)　　　　　　　　　　　두 번째 구분자(.)

▲ **그림 B.3** base64url 인코딩한 JWT(정확하게는 JWS)

JWS는 압축 직렬화와 JSON 직렬화 등 두 가지 방법으로 직렬화해 표시할 수 있다. 모든 JWT를 JWS라고 부르지는 않는데, JWS를 압축 직렬화하고 JSON 객체를 페이로드로 전달하는 경우에만 JWS가 JWT가 된다. JWT 용어로는 페이로드를 **클레임 묶음**claim set이라 부른다. 그림 B.4는 압축 직렬화한 JWS 또는 JWT를 보여준다. B.3절에서는 그림 B.4의 개별 구성요소의 의미를 상세히 설명한다.

▲ **그림 B.4** JOSE 헤더, 클레임 묶음 및 서명을 포함하는 JWS를 압축 직렬화한 JWT

JSON 직렬화를 통해 JWS를 JSON 페이로드로 표현할 수 있는데(그림 B.5 참고) JSON 직렬화한 경우 JWS를 JWT라고 부르지 않는다. JSON 직렬화한 JWS의 payload 파라미터는 모든 값을 전달할 수 있다. 그림 B.5에서 서명되고 표현된 메시지는 모든 관련 메타데이터를 포함하는 JSON 메시지다.

```
{ ⊟
    "payload":"eyJpc3MiOiJqb2UiLA0KICJleHAiOjEzMDA4MTkzOD",
    "signatures":[ ⊟
        { ⊟
            "protected":"eyJhbGciOiJSUzI1NiJ9",
            "header":{ ⊟
                "kid":"2014-06-29"
            },
            "signature":"cC4hiUPoj9Eetdgtv3hF80EGrhuB"
        },
        { ⊟
            "protected":"eyJhbGciOiJFUzI1NiJ9",
            "header":{ ⊟
                "kid":"e909097a-ce81-4036-9562-d21d2992db0d"
            },
            "signature":"DtEhU3ljbEg8L38VWAfUAqOyKAM"
        }
    ]
}
```

▲ **그림 B.5** JSON 직렬화를 사용해 관련 메타데이터를 포함하는 JWS

JWT와 달리 JSON 직렬화한 JWS는 동일한 페이로드를 대상으로 여러 서명을 전달할 수 있다. 그림 B.5에서 signatures JSON 배열은 2개의 요소를 전달하는데, 개별 요소는 동일한 페이로드의 다른 서명을 전달한다. signatures JSON 배열의 개별 요소 내에 있는 protected와 header 속성은 해당 서명과 관련된 메타데이터를 정의한다.

오픈소스인 Nimbus(https://connect2id.com/products/nimbus-jose-jwt) 자바 라이브러리를 사용해 JWS를 생성하는 방법을 살펴보자. 부록 B에서 사용한 모든 예제 관련 소스 코드는 https://github.com/microservices-security-in-action/samples 깃허브 저장소의 appendix-b 디렉토리에서 받을 수 있다.

> |**참고**| 부록 B의 예제를 실행하기 전에 2.1.1절에서 언급한 모든 필수 소프트웨어를 다운로드 및 설치했는지 확인해야 한다.

JWS를 빌드하는 예제를 빌드하고 실행해보자. appendix-b/sample01 디렉토리에서 다음과 같은 메이븐^{Maven} 명령을 실행해야 하는데, 처음에는 빌드 프로세스를 완료하는 데 시간이 조금 걸릴 수도 있다. 명령을 성공적으로 실행하면 BUILD SUCCESS 메시지를 확인할 수 있다.

```
\> mvn clean install
[INFO] BUILD SUCCESS
```

이제 자바 프로그램을 실행해 appendix-b/sample01/lib 디렉토리에서 다음 명령으로 JWS를 생성하자. 명령을 성공적으로 실행하면 base64url 인코딩한 JWS를 출력한다.

```
\> java -cp "../target/com.manning.mss.appendixb.sample01-1.0.0.jar:*" \
com.manning.mss.appendixb.sample01.RSASHA256JWTBuilder
```

eyJhbGciOiJSUzI1NiJ9.eyJzdWIiOiJwZXRlciIsImF1ZCI6IiouZWNvbW0uY29tIiwibmJmIj
oxNTMzMjcwNzk0LCJpc3MiOiJzdHMuZWNvbW0uY29tIiwiZXhwIjoxNTMzMjcxMzk0LCJpYXQiOjE1MzMyNzA3OTQ
sImp0aSI6IjVjNGQxZmExLTc0MTItNGZiMS1iODg4LTliYzc3ZTY3ZmYyYSJ9.aOkwoXAsJHz1oD-N0Zz4-
dvZBtz7oaBXyoysfTKy2vV6C_Sfw05w10Yg0oyQX6VBK8tw68TairpA9322ZziTcteGxaNb-Hqn39krHT35sD68sN
Okh7zIqLIIJ59hisO81kK11g05Nr-nZnEv9mfHFvU_dpQEP-Dgswy_lJ8rZTc

JWT 디코더(https://jwt.io)를 사용해 JWS를 디코딩한 값을 확인할 수 있는데, 다음은 JWS 클레임 묶음 또는 페이로드를 디코딩한 결과다.

```
{
  "sub": "peter",
  "aud": "*.ecomm.com",
  "nbf": 1533270794,
  "iss": "sts.ecomm.com",
  "exp": 1533271394,
  "iat": 1533270794,
  "jti": "5c4d1fa1-7412-4fb1-b888-9bc77e67ff2a"
}
```

> |참고| 이전 명령을 실행하는 중에 오류가 발생하면 올바른 위치(appendix-b/sample01/lib)에서 명령을 실행했는지와 -cp 옵션의 인숫값이 " " 내부에 있는지 확인해야 한다.

JWT를 생성한 코드를 살펴보자. 설명을 포함하는 간단하고 이해하기 쉬운 코드이며 appendix-b/sample01/src/main/java/com/manning/mss/appendixb/sample01 디렉토리 내 RSASHA256JWTBuilder.java 파일이다.

리스트 B.1의 메소드는 JWT 생성의 핵심 작업을 수행하는데, 토큰 발급자의 개인키를 입력 파라미터로 허용하고 해당 키를 사용해 RSA−SHA256 알고리즘으로 JWT에 서명을 한다.

리스트 B.1 RSASHA256JWTBuilder.java 파일

```
public static String buildRsaSha256SignedJWT(PrivateKey privateKey)
    throws JOSEException {

  // audience 제한 목록 작성
  List<String> aud = new ArrayList<String>();
  aud.add("*.ecomm.com");

  Date currentTime = new Date();

  // 클레임 묶음 생성
  JWTClaimsSet jwtClaims = new JWTClaimsSet.Builder().
  // 발급자의 값 설정
  issuer("sts.ecomm.com").
  // JWT가 속할 주체(subject)의 값 설정
  subject("peter").
  // audience 제한값 설정
  audience(aud).
  // 만료 시간을 10분으로 설정
  expirationTime(new Date(new Date().getTime() + 1000 * 60 * 10)).
  // 유효 시간을 현재 시간으로 설정
  notBeforeTime(currentTime).
  // 발급 시간을 현재 시간으로 설정
  issueTime(currentTime).
  // 생성한 UUID를 JWT 식별자로 설정
  jwtID(UUID.randomUUID().toString()).build();
  // RSA-SHA256 알고리즘으로 JWS 헤더 생성

  JWSHeader jswHeader = new JWSHeader(JWSAlgorithm.RS256);

  // RSA 개인키로 서명자 생성
  JWSSigner signer = new RSASSASigner((RSAPrivateKey) privateKey);

  // JWS 헤더와 JWT 바디로 서명된 JWT를 생성
  SignedJWT signedJWT = new SignedJWT(jswHeader, jwtClaims);
```

```
    // HMAC-SHA256으로 JWT에 서명
    signedJWT.sign(signer);

    // base64url 인코딩한 텍스트로 직렬화
    String jwtInText = signedJWT.serialize();

    // JWT 값 출력
    System.out.println(jwtInText);

    return jwtInText;
}
```

B.4 JWE(JSON Web Encryption)

B.3절에서 JWT가 압축 직렬화한 JWS임을 언급했는데, JWT는 압축 직렬화한 JWE^{JSON Web Encryption}이기도 하다. JWS와 마찬가지로 JWE는 압축 직렬화나 JSON 직렬화를 사용해 암호화한 메시지를 나타낸다. JWE는 압축 직렬화를 사용한 경우에만 JWT로 불린다. 즉, JWT를 압축 직렬화하면 JWS나 JEW가 될 수 있다. JWS는 자신이 포함하고 있는 데이터의 무결성과 부인방지 측면을 다루지만 JWE는 기밀성 유지를 위해 데이터를 보호한다.

압축 직렬화한 JWE(그림 B.6 참고)는 다섯 부분으로 나뉘는데, 개별 부분은 base64url 인코딩되고 구분자(.)로 구분된다. JOSE 헤더는 암호화와 관련한 메타데이터를 전달하는 JWE의 일부분이고 JWE 암호화 키, 초기화 벡터 및 인증 태그는 암호화 과정에서 수행하는 암호화 작업과 관련이 있다. 부록 B에서는 상세히 설명하지 않을 예정이므로 관심이 있다면 JWT, JWS, JWE에 대해 설명해놓은 http://mng.bz/gya8 문서를 읽어보는 것을 추천한다. 마지막으로 JWE의 암호문 부분에는 암호화한 글자를 포함한다.

▲ 그림 B.6 압축 직렬화한 JWE인 JWT

JSON 직렬화를 사용하면 JWE를 JSON 페이로드로 표시하는데 해당 JWE를 JWT로 부르진 않는다. JSON 직렬화한 JWE의 암호문 속성은 JSON, XML 또는 바이너리 등 모든 페이로드의 암호화한 값을 전달할 수 있다. 실제 페이로드는 암호화되고 그림 B.7에서 볼 수 있듯이 모든 관련 메타데이터를 포함한다.

```
{ ⊟
  "protected":"eyJlbnMiOiLJBMTI4Q0JDLUhTMjU2In0",
  "unprotected":{ ⊟
    "jku":"https://server.example.com/keys.jwks"
  },
  "recipients":[ ⊟
    { ⊟
      "header":{ ⊟
        "alg":"RSA1_5",
        "kid":"2011-04-29"
      },
      "encrypted_key":"UGhIOguC7IuEvf_NPVaXsGMoLOmwvc1GyqlI9XShH59_i8J0PH5ZZyNfGy2xGd"
    },
    { ⊟
      "header":{ ⊟
        "alg":"A128KW",
        "kid":"7"
      },
      "encrypted_key":"6KB7Q7dM9YTIgHtLvtgWQBmKwboJW3of9locizkDTHzBC2IlrT1oOQ"
    }
  ],
  "iv":"AxY8DCtDaGlsbGljb3RoZQ",
  "ciphertext":"KDlTtXchhZTGufMYmOYGS4HffxPSUrfnqCHXaI9wOGY",
  "tag":"Mz-VPPyU4RlcuYv1IwIvzw"
}
```

▲ **그림 B.7** JSON 직렬화를 사용해 관련 모든 메타데이터를 포함하는 JWE

오픈소스 Nimbus 자바 라이브러리를 사용해 JWE를 생성하는 방법을 살펴보자. 부록 B에서 사용한 모든 예제 관련 소스 코드는 https://github.com/microservices-security-in-action/samples 깃허브 저장소의 appendix-b 디렉토리에서 받을 수 있다. JWE를 빌드하는 데 사용할 자바 코드를 살펴보기 전에 예제를 빌드하고 실행해보자. appendix-b/sample02 디렉토리에서 다음 메이븐 명령을 실행하자. 명령을 성공적으로 실행하면 BUILD SUCCESS 메시지를 확인할 수 있다.

```
\> mvn clean install
[INFO] BUILD SUCCESS
```

이제 appendix-b/sample02/lib 디렉토리에서 다음 명령을 실행해 JWE를 생성하자. 명령을 성공적으로 실행하면 base64url 인코딩한 JWE를 출력한다.

```
\> java -cp "../target/com.manning.mss.appendixb.sample02-1.0.0.jar:*" \
com.manning.mss.appendixb.sample02.RSAOAEPJWTBuilder
```

eyJlbmMiOiJBMTI4R0NNIiwiYWxnIjoiUlNBLU9BRVAifQ.**Cd0KjNwSbq5OPxcJQ1ESValmRGPf7BFUNpqZFfKT
Cd-9XAmVE-zOTsnv78SikTOK8fuwszHDnz2eONUahbg8eR9oxDi9kmXaHeKXyZ9Kq4vhg7WJPJXSUonwGxcibgECJ
ySEJxZaTmA1E_8pUaiU6k5UHvxPUDtE0pnN5XD82cs.0b4jWQHFbBaM_azM.XmwvMBzrLcNW-oBhAfMozJlmESfG6
o96WT958BOyfjpGmmbdJdIjirjCBTUATdOPkLg6-YmPsitaFm7pFAUdsHkm4_KlZrE5HuP43VM0gBXSe-41dDDNs7
D2nZ5QFpeoYH7zQNocCjybseJPFPYEw311nBRfjzNoDEzvKMsxhgCZNLTv-tpKh6mKIXXYxdxVoBcIXN90UUYi.**
mVLD4t-85qcTiY8q3J-kmg

다음은 복호화한 JWE 페이로드다.

JWE Header:{"enc":"A128GCM","alg":"RSA-OAEP"}
JWE Content Encryption Key: Cd0KjNwSbq5OPxcJQ1ESValmRGPf7BFUNpqZFfKTCd-9
XAmVE-zOTsnv78SikTOK8fuwszHDnz2eONUahbg8eR9oxDi9kmXaHeKXyZ9Kq4vhg7WJPJXSUonwGxcibgECJySEJ
xZaTmA1E_8pUaiU6k5UHvxPUDtE0pnN5XD82cs
Initialization Vector: 0b4jWQHFbBaM_azM
Ciphertext: XmwvMBzrLcNW-oBhAfMozJlmESfG6o96WT958BOyfjpGmmbdJdIjirjCBTUA
TdOPkLg6-YmPsitaFm7pFAUdsHkm4_KlZrE5HuP43VM0gBXSe-41dDDNs7D2nZ5QFpeoYH7zQNocCjybseJPFPYEw
311nBRfjzNoDEzvKMsxhgCZNLTv-tpKh6mKIXXYxdxVoBcIXN90UUYi
Authentication Tag: mVLD4t-85qcTiY8q3J-kmg
Decrypted Payload:
```
{
  "sub":"peter",
  "aud":"*.ecomm.com",
  "nbf":1533273878,
  "iss":"sts.ecomm.com",
  "exp":1533274478,
  "iat":1533273878,
  "jti":"17dc2461-d87a-42c9-9546-e42a23d1e4d5"
}
```

|참고| 이전 명령을 실행하는 중에 오류가 발생하면 올바른 위치(appendix-b/sample02/lib)에서 명령을 실행했는지와 -cp 옵션의 인숫값이 " " 내부에 있는지 확인해야 한다.

이제 JWE를 생성한 코드를 살펴보자. 설명을 포함하는 간단하고 이해하기 쉬운 코드이며 sample02/src/main/java/com/manning/mss/appendixb/sample02 디렉토리 내 RSAOAEPJWTBuilder.java 파일이다. 리스트 B.2의 메소드는 JWE 암호화의 핵심 작업을 수행하는데, 토큰 수신자의 공개키를 입력 파라미터로 허용하고 해당 공개키를 사용해 RSA-OAEP로 JWE를 암호화한다.

리스트 B.2 RSAOAEPJWTBuilder.java 파일

```
public static String buildEncryptedJWT(PublicKey publicKey)
    throws JOSEException {

  // audience 제한 목록 작성
  List<String> aud = new ArrayList<String>();

  aud.add("*.ecomm.com");

  Date currentTime = new Date();

  // 클레임 묶음 생성
  JWTClaimsSet jwtClaims = new JWTClaimsSet.Builder().

  // 발급자의 값 설정
  issuer("sts.ecomm.com").
  // JWT가 속할 주체의 값 설정
  subject("peter").
  // audience 제한값 설정
  audience(aud).
  // 만료 시간을 10분으로 설정
  expirationTime(new Date(new Date().getTime() + 1000 * 60 * 10)).
  // 유효 시간을 현재 시간으로 설정
  notBeforeTime(currentTime).
  // 발급 시간을 현재 시간으로 설정
  issueTime(currentTime).
  // 생성한 UUID를 JWT 식별자로 설정
  jwtID(UUID.randomUUID().toString()).build();
  // RSA-OAEP와 AES/GCM으로 JWE 헤더 생성
  JWEHeader jweHeader = new JWEHeader(JWEAlgorithm.RSA_OAEP,
                                     EncryptionMethod.A128GCM);
```

```java
    // RSA 공개키로 encrypter 생성
    JWEEncrypter encrypter = new RSAEncrypter((RSAPublicKey) publicKey);

    // JWE 헤더와 JWT 페이로드로 암호화한 JWT 생성
    EncryptedJWT encryptedJWT = new EncryptedJWT(jweHeader, jwtClaims);

    // JWT 암호화
    encryptedJWT.encrypt(encrypter);

    // base64url 인코딩한 텍스트로 직렬화
    String jwtInText = encryptedJWT.serialize();

    // JWT 값 출력
    System.out.println(jwtInText);

    return jwtInText;
}
```

부록 C

단일 페이지 애플리케이션
아키텍처

4장에서는 앵귤러^{Angular}로 단일 페이지 애플리케이션을 생성하는 방법을 설명한 다음 해당 애플리케이션에서 주문 처리 마이크로서비스에 접근하는 방법까지 설명했다. 단일 페이지 애플리케이션은 API 집합으로 애플리케이션을 구축할 때 이미 널리 사용하는 아키텍처 패턴이다. 실제로 API 채택의 증가는 개발자들이 단일 페이지 애플리케이션을 구축하는 데 큰 영향을 미쳤다. 부록 C에서는 단일 페이지 애플리케이션 아키텍처의 기본 동작원리를 설명한다. 단일 페이지 애플리케이션 아키텍처를 심도 있게 배워보고 싶은 사람에게는 에밋 스콧 주니어^{Emmit A. Scott, Jr}의 『SPA Design and Architecture』(Manning, 2015)를 추천한다.

C.1 단일 페이지 애플리케이션 아키텍처란 무엇인가?

단일 페이지 애플리케이션^{SPA, single-page application}은 프론트엔드^{frontend}와 사용자 지향 웹 애플리케이션을 개발하기 위한 아키텍처 패턴이다. 기존의 다중 페이지 애플리케이션^{MPA, multiple-page application} 아키텍처에서는 웹 브라우저가 웹 서버에 요청을 보내면 웹 서버는 데이터베이스를 조회하거나 다른 외부 서비스와 통신해 요청된 웹 페이지에 필요한 데이터(콘텐츠)를 먼저 로드하고 HTML을 생성해 웹 브라우저에 제공한다.

이전 문장의 'HTML'이란 단어에 주목할 필요가 있는데 서버는 브라우저가 렌더링할 여러 HTML 페이지를 생성하는 역할을 담당해야 해서 이러한 유형의 애플리케이션을 '다중 페이지' 애플리케이션이라고 한다. 그림 C.1에서 볼 수 있듯이 웹 브라우저가 특정 페이지에 요청을 보내면 웹 서버는 데이터를 보관하고 있는 곳에 데이터를 요청하고 수신한 데이터를 HTML 형태의 콘텐츠로 생성한 후 웹 브라우저에 반환한다.

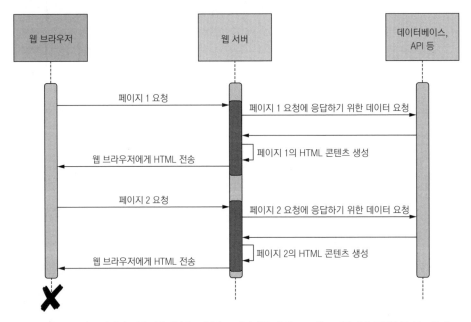

▲ **그림 C.1** 다중 페이지 애플리케이션은 요청별로 페이지를 다시 로드해 브라우저에 콘텐츠를 로드한다.

반면에 단일 페이지 애플리케이션은 애플리케이션을 처음 로딩할 때 초기 HTML, CSS, 자바스크립트를 딱 한 번 브라우저에 로딩한다. 데이터를 추가로 가져와야 하는 요청 시 단일 페이지 애플리케이션은 데이터 형식에 상관없이 실제 데이터를 웹 서버에서 직접 다운로드한다. 동적 HTML 콘텐츠는 이미 로딩하거나 캐싱한 자바스크립트를 통해 브라우저가 직접 생성한다. 그림 C.2는 단일 페이지 애플리케이션의 작업 흐름을 보여준다.

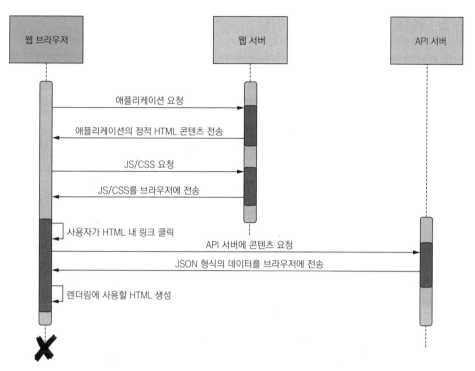

▲ **그림 C.2** 단일 페이지 애플리케이션 아키텍처는 페이지를 다시 로드하지 않고 브라우저에 콘텐츠를 로드한다.

오늘날 대부분의 최신 웹사이트는 단일 페이지 애플리케이션 패턴을 따른다. 지메일, 구글 맵스, 페이스북, 트위터, 에어비앤비, 넷플릭스, 페이팔 등을 사용해본 경험이 있다면 단일 페이지 애플리케이션을 사용해본 것이다.

다중 페이지와 단일 페이지 애플리케이션의 일반적인 차이점은 다중 페이지에서는 새로운 콘텐츠에 대한 요청별로 웹 페이지를 다시 로드하지만 단일 페이지 애플리케이션에서는 애플리케이션을 브라우저에 로드한 후 페이지를 다시 로드하지 않는다는 것이다. 모든 새로운 콘텐츠는 웹 서버에 요청하지 않고 브라우저 자체적으로 렌더링^{rendering}한다. 단일 페이지 애플리케이션은 웹 서버가 아닌 다른 엔드포인트(API)와 통신해 새로운 콘텐츠를 검색하지만 콘텐츠 렌더링은 브라우저에서 발생한다.

단일 페이지 애플리케이션 중 대부분은 1개의 HTML 파일(단일 페이지)만 갖고 있기 때문에 단일 페이지 애플리케이션으로 불리며 웹사이트의 콘텐츠는 사용자 행동에 따라 파일의 HTML을 동적으로 변경함으로써 렌더링된다.

C.2 단일 페이지 애플리케이션의 이점

단일 페이지 애플리케이션과 다중 페이지 애플리케이션을 비교해봤을 때 단일 페이지 애플리케이션에 여러 가지 이점이 있고 그중 일부는 마이크로서비스 아키텍처에 특히 유용하다.

- 애플리케이션의 초기 로딩을 제외하고는 HTML 생성이 클라이언트 측(브라우저)에서 발생하고 다운로드받아야 하는 데이터양(주로 JSON 콘텐츠)이 작기 때문에 페이지 렌더링이 훨씬 빠르다. HTML, CSS 및 자바스크립트를 애플리케이션 수명 동안 한 번만 로드한다.

- HTML 콘텐츠 생성 책임을 서버에서 제외했기 때문에 웹 서버의 부하가 줄어들어 웹 애플리케이션을 확장해야 할 필요성이 낮아지고 세션 처리에 관한 많은 문제점을 해결해주는 효과가 있다. 백엔드 API를 향한 개별 요청은 인증 목적의 토큰을 전달하는데 개별 API 엔드포인트에서 세션 처리 방법을 관리해야 한다.

- 애플리케이션 디자인이 간단(HTML, CSS 및 자바스크립트만 해당)하기 때문에 HTTP 프로토콜을 사용해 접근 가능하거나 고급 웹 서버 기능이 필요하지 않은 모든 유형의 환경에서 애플리케이션을 호스팅할 수 있다.

- 데이터를 가져와 적절하게 렌더링할 수 있도록 API를 사용해 마이크로서비스와 통신하게끔 애플리케이션을 쉽게 변경할 수 있기 때문에 애플리케이션이 더 유연해진다.

- 단일 페이지 애플리케이션은 표준 HTTP 기반 REST API로 데이터를 검색하기 때문에 데이터를 효과적으로 캐시하고 오프라인에서 활용할 수 있다. 잘 구현한 REST API는 HTTP ETag와 유사한 캐시 검증을 지원해 브라우저가 클라이언트 측 캐시를 효과적으로 저장, 검증 및 사용할 수 있다.[1]

---

1   HTTP ETag(엔티티 태그)는 웹 캐시를 검증할 수 있도록 HTTP가 제공하는 여러 메커니즘 중 하나다.

C.3 단일 페이지 애플리케이션의 단점

단일 페이지 애플리케이션이 장점만 있는 건 아니므로 구현하기 전에 신중하게 고려해야 할 부분들이 있지만 다행히도 엔지니어들이 단일 페이지 애플리케이션 아키텍처의 한계를 극복할 여러 방법들을 찾아내 주고 있다.

- 콘텐츠 렌더링이 자바스크립트로 일어난다. 웹 페이지가 무겁거나 응답하지 않는 자바스크립트를 포함할 경우 애플리케이션 사용자의 브라우저 프로세스에 영향을 미칠 수 있다.
- 애플리케이션이 자바스크립트에 의존하기 때문에 크로스 사이트 스크립팅XSS, cross-site scripting 공격에 노출되기 쉬워 개발자는 특히 주의해야 한다.
- 단일 페이지 애플리케이션은 자바스크립트를 비활성화한 브라우저에서는 동작하지 않는데, 해결책이 있지만 해당 해결책은 단일 페이지 애플리케이션의 이점을 얻는 데는 도움이 되지 않는다.
- HTML, CSS 및 자바스크립트 등을 모두 로드해야 하기 때문에 브라우저로 애플리케이션을 처음 로드하는 데 시간이 걸리지만 로드 시간을 줄일 수 있는 해결책도 존재한다.
- 애플리케이션이 주로 클라이언트 측(브라우저)에서 동작하기 때문에 자격증명이나 토큰 같은 민감한 정보를 처리하기 어렵다.

마이크로서비스 환경의 모니터링 가능성

5장에서는 프로메테우스와 그라파나를 사용해 마이크로서비스 환경을 모니터링하는 방법을 상세히 설명했다. 모니터링과 분석을 현대 용어로 표현하면 **모니터링 가능성**observability이다. 부록 D에서는 모놀리식monolithic 애플리케이션에 비해 마이크로서비스 환경에서 모니터링 가능성이 중요한 이유를 설명한다.

D.1 모니터링 가능성의 필요성

기존의 모놀리식 애플리케이션에 비해 마이크로서비스를 지원하는 애플리케이션은 심하게 분산되어 있다. 모놀리식 애플리케이션에서 foo라는 함수가 bar라는 함수를 호출할 때 외부 요인으로 인해 함수 호출이 실패할 가능성은 드문데, 이는 2개의 함수가 동일 프로세스상에 있기 때문이다. 프로세스에서 오류가 발생하면 애플리케이션 전체가 중단되어 부분적인 오류가 발생할 가능성이 줄어든다. 그림 D.1은 동일한 프로세스상의 여러 기능으로 구성한 쇼핑몰 애플리케이션을 보여준다.

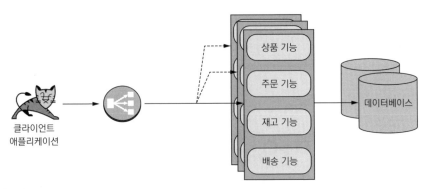

▲ **그림 D.1** 확장 가능한 모놀리식 애플리케이션에서 애플리케이션의 모든 기능은 동일한 프로세스상에 존재해 애플리케이션에 오류가 발생하면 모든 기능을 중단한다.

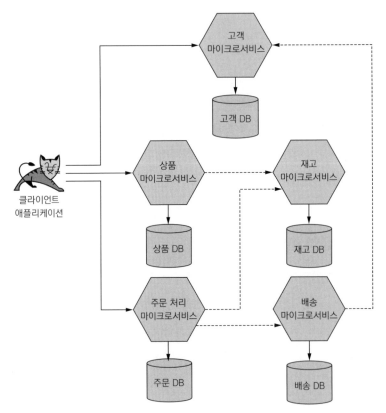

▲ **그림 D.2** 마이크로서비스 기반 아키텍처는 개별 기능을 독립적인 여러 마이크로서비스로 구현한다.

모놀리식 애플리케이션을 마이크로서비스 아키텍처로 구현하면 아마도 그림 D.2와 같은 아키텍처가 될 텐데, 일반적인 마이크로서비스 환경에서 클라이언트의 요청은 여러 마이크로서비스를 거쳐야 하기 때문에 오류를 최소화하기 위한 회복력, 안정성 및 복구 요소를 마이크로서비스에 내장해야 한다. 실제 예를 살펴봄으로써 꼼꼼한 모니터링이 필요한 이유를 알아보자.

클라이언트가 상품 마이크로서비스에게 구매 가능한 상품을 질의하는 요청을 보내면 상품 마이크로서비스는 재고 마이크로서비스에게 판매 가능한 재고 목록을 질의하는데, 재고 마이크로서비스는 다음과 같은 다양한 이유로 요청을 처리하지 못할 수 있다.

- 재고 마이크로서비스가 높은 리소스 사용률로 실행 중에 있어 느린 응답 속도로 인해 상품 마이크로서비스와 재고 마이크로서비스 간의 연결 시간을 초과할 수 있다.
- 재고 마이크로서비스가 프로세스 충돌이나 시스템 중지로 현재 사용할 수 없는 상태일 수 있다.
- 재고 마이크로서비스의 리소스 사용률이 높지 않지만 일부 느리게 실행되는 데이터베이스 쿼리로 인해 응답 시간이 오래 걸린다.
- 재고 데이터베이스의 일부 데이터 불일치로 인해 재고 마이크로서비스의 코드에서 발생한 오류로 코드가 정상적으로 실행되지 않아 오류/예외가 발생한다.

위의 네 가지 유형의 실패에서 상품 마이크로서비스는 잔여 재고 정보를 제공하지 않고 단순 상품 목록만 제공하는 등 재고 마이크로서비스의 응답이 없을 경우에 대비한 대안이 있어야 한다. 마이크로서비스의 부분적 오류는 정정 및 해결을 위해 빠른 인지가 필요해 모니터링 가능성은 마이크로서비스의 중요한 요소다.

D.2 모니터링 가능성의 네 가지 요소

모니터링 가능성의 네 가지 주요 요소는 메트릭metrics, 추적tracing, 로깅logging, 시각화visualization다. 마이크로서비스를 효과적으로 모니터링하려면 개별 요소가 모두 중요한데, 네 가지 요소에 주목해야 하는 이유를 살펴보자.

D.2.1 메트릭의 중요성

메트릭metrics은 일정 기간 동안 기록되는 데이터값의 집합으로 주로 최소, 최대, 평균, 백분위수로 기록하는 숫잣값이다. 메트릭은 일반적으로 소프트웨어 프로세스의 효율성을 측정하는 데 사용하는데, 예를 들어 특정 프로세스의 CPU 사용량, 평균 부하 등이 메트릭에 해당한다(그림 D.3 참고).

메트릭은 D.1절에서 설명한 요청을 처리하지 못할 가능성을 최소화하기 위해 문제를 해결하고 예방조치를 할 때 유용하다. 특정 마이크로서비스가 과도한 리소스 사용률로 실행 중인 경우 관련 마이크로서비스의 메트릭을 모니터링하면 데브옵스 담당자가 조치를 취할 수 있도록 경고 메시지를 발송하는 데 도움을 준다. 쿠버네티스 같은 시스템은 메트릭을 모니터링함으로써 자동 복구 및 자동 확장 활동을 수행해 마이크로서비스 오류가 비즈니스에 미치는 영향을 최소화한다.

▲ **그림 D.3** 메모리, 세션 등의 다양한 속성을 기반으로 마이크로서비스의 메트릭 기록

메트릭은 제한된 속성 집합을 기반으로 마이크로서비스를 개별적으로 모니터링하는 데만 유용하다는 단점이 있다. 메트릭에 속성을 추가하는 데는 기술적 제약이 없지만 많은 메트릭을 추가하려면 스토리지가 많이 필요해 마이크로서비스 관리가 어려워진다. 또한 메트릭은 여러 마이크로서비스에 걸쳐 발생한 문제나 타사 시스템에 관련한 요청으로 인해 발생한 문제를 알려주지 않아 이를 해결하려면 분산 추적이 필요하다.

D.2.2 추적의 중요성

추적^{trace}은 관련된 분산 이벤트를 순차적으로 나열한 것으로, 이벤트별로 모든 당사자를 구분할 수 있는 고유 식별자^{UID, unique identifier}가 있다. 추적은 시스템의 여러 구성요소에 걸쳐 생성한 로그 모음과 같다. 개별 로그 기록은 시스템의 다양한 구성요소에서 발생한 단일 요청(이벤트) 데이터와 연계할 수 있는 고유 식별자를 갖는다. 추적의 개별 레코드는 진입점 타임스탬프, 지연 정보 또는 요청 출처를 식별하거나 요청 흐름 문제를 해결하는 데 유용한 기타 정보와 같은, 요청을 추적하고 문제를 해결할 수 있는 관련 정보를 포함할 수 있다.

D.1절의 세 번째 글머리 기호는 데이터베이스 쿼리 때문에 요청에 응답하는 데 오랜 시간이 걸리는 마이크로서비스(재고 마이크로서비스)에 대한 언급인데 시스템의 필수 요소가 정상 상태이기 때문에 메트릭은 원인 파악에 별로 도움이 되지 않는다. 재고 마이크로서비스는 정상 상태이지만 데이터베이스에 접근하는 특정 기능을 완료하는 데 오랜 시간이 걸리는 경우여서 상품 마이크로서비스만 부분적으로 클라이언트의 요청 처리에 실패한다. 재고 마이크로서비스의 코드를 분석해 데이터베이스 쿼리의 지연 시간 정보가 포함된 기록을 추적한다면 문제를 일으키는 요청 흐름 내 특정 영역을 식별하는 데 도움이 된다. 그림 D.4에서 좀 더 자세히 살펴보자.

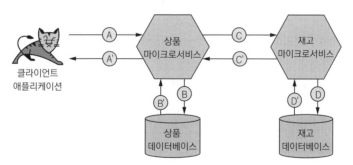

▲ **그림 D.4** 클라이언트 애플리케이션의 요청 흐름에서 서비스 간 호출을 시작하고 중지하는 지점

그림 D.4에서 볼 수 있듯이 클라이언트 애플리케이션이 상품 마이크로서비스를 요청하면 고유 식별자를 사용해 추적을 시작한다. 클라이언트 애플리케이션의 요청을 처리하기 위해 발생하는 대략적인 이벤트 순서는 다음과 같다.

1. 클라이언트 애플리케이션은 상품 마이크로서비스에 대한 요청을 시작한다. 이 시점 이전에는 추적이 없었기 때문에 상품 마이크로서비스는 첫 번째 스팬^{span}(A)[1]을 생성해 추적을 시작한다.

2. 상품 마이크로서비스는 상품 데이터베이스에서 상품 목록을 검색하는 기능을 실행한다. 상품 마이크로서비스는 상품 목록 검색을 위해 새로운 스팬(B ↔ B′)을 생성해 이전 단계에서 시작한 추적에 추가한다. 생성한 스팬은 상품 목록 검색 후 종료되기 때문에 스팬 세부 정보를 마이크로서비스 자체적으로 내보낸다.

3. 상품 마이크로서비스는 데이터베이스에서 획득한 상품 ID를 재고 마이크로서비스에 전달해 해당 상품에 대한 재고 세부 정보를 검색하는데, 이 시점에서 상품 마이크로서비스는 새로운 스팬(C)을 생성해 동일한 추적에 추가한다.

4. 재고 마이크로서비스는 제품별 재고 세부 정보를 재고 데이터베이스에 질의하고 상품 마이크로서비스에 응답한다. 재고 마이크로서비스는 새로운 스팬(D ↔ D′)을 생성해 상품 마이크로서비스가 시작한 추적에 추가한다. 재고 세부 정보 질의를 완료하면 스팬 세부 정보를 내보낸다.

5. 상품 마이크로서비스는 클라이언트 애플리케이션으로 보낼 상품 및 상품의 재고 세부 정보를 포함한 응답을 생성하는데, 이 시점에서 스팬(C)이 완료되어 스팬 세부 정보를 내보낸다.

6. 상품 마이크로서비스는 클라이언트 애플리케이션에게 응답을 한다. 클라이언트 애플리케이션에게 응답을 전송하기 전에 상품 마이크로서비스가 스팬 A를 완료하고 스팬 세부 정보를 내보낸다.

클라이언트 애플리케이션의 요청 흐름의 개별 홉^{hop}은 스팬으로 표현한다. 실행 흐름이 특정 측정 지점에 도달하면 실행에 대한 상세 정보를 포함한 스팬 기록을 생성한다. 개별 스팬은 요청 처리를 시작하는 지점에서 상품 마이크로서비스가 생성한 고유 식별자를 포함하는 동일한 추적에 속한다. 전체 요청을 완료하는 데 약 1초가 걸린다고 가정해보면

---

1 스팬(span)은 분산 시스템에서 수행하는 개별 작업 단위를 나타내는데, 일반적으로 클라이언트가 서버로 호출한 하나의 호출을 추적(trace)이라 하고, 서비스 구성요소 간 호출을 스팬(span)이라 한다.

재고 마이크로서비스의 데이터베이스 쿼리는 약 700밀리초를 소비하는데, 스팬을 그림으로 표현하면 그림 D.5와 유사하다.

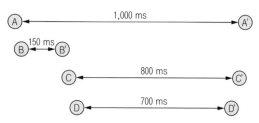

▲ **그림 D.5** 개별 스팬에서 걸린 시간을 분석해보면 재고 마이크로서비스에서 발생한 데이터베이스 작업이 가장 긴 요청 시간을 소비하는 게 분명해진다.

앞서 설명한 내용이 분산 이벤트를 추적하는 일반적인 패턴과 일치하더라도 모든 마이크로서비스가 추적을 내보낼 때 단일 패턴을 준수할 필요가 있고 단일 패턴을 준수할 경우 쿼리가 더 쉽고 일관성을 띤다. 따라서 추적에 관해 전 세계 모든 마이크로서비스가 동일한 국제 표준을 준수하는 게 바람직하다. 오픈트레이싱^{OpenTracing}(https://opentracing.io/)은 클라우드 네이티브 컴퓨팅 재단$^{CNCF, Cloud Native Computing Foundation}$이 지원하는 분산 추적 요구사항에 대한 벤더 중립적인 사양으로 다양한 프로그래밍 언어에 대한 측정 라이브러리를 제공한다. 오픈센서스^{OpenCensus}(https://opencensus.io/)는 추적 수집을 위한 또 다른 접근 방식을 제공한다. 오픈센서스는 구글에서 시작해 마이크로소프트와 VM웨어의 지원도 받고 있다. 오픈센서스는 메트릭과 분산 추적을 수집하기 위한 다양한 프로그래밍 언어용 라이브러리도 제공한다. 하지만 2019년 5월 클라우드 네이티브 컴퓨팅 재단은 오픈트레이싱과 오픈센서스 프로젝트를 통합해 오픈텔레메트리^{OpenTelemetry}(https://opentelemetry.io/)라는 새로운 프로젝트를 만든다고 발표했다. 오픈텔레메트리를 오픈트레이싱과 오픈센서스 프로젝트의 메이저 버전 업그레이드로 생각해도 무방하다.

|**참고**| 재거(Jaeger, www.jaegertracing.io)와 집킨(Zipkin, https://zipkin.io/)은 오픈트레이싱 사양을 준수하는 가장 인기 있는 오픈소스 분산 추적 솔루션이다.

모든 마이크로서비스의 수많은 지점에 측정 코드를 추가해야 하기 때문에 추적을 기존 시스템에 장착하는 건 어려운 과제다. 또한 흐름에 관련한 서비스 중 일부는 사용자가 제어할 수 없기 때문에 측정이 불가능할 수도 있고 특정 흐름의 모든 구성요소를 측정하지 못하면 원하는 최적의 결과를 얻지 못할 확률이 있다. 그리고 어떤 경우에는 종단 간 전체 흐름을 추적할 수 없다면 현재 갖고 있는 어떤 추적도 사용하지 못할 수도 있다.

서비스 메시(부록 K 참고)는 추적을 위해 마이크로서비스를 측정할 수 없는 경우 해결 방안이 될 수 있다. 서비스 메시는 사이드카^{sidecar}(그림 D.6)를 마이크로서비스에 연결해 추적 및 기타 기능을 추가한다.[2] 서비스 메시를 사용하면 마이크로서비스를 전혀 수정하지 않고도 모든 마이크로서비스에서 추적을 유지할 수 있다. 이스티오^{Istio}와 링커드^{Linkerd}는 마이크로서비스 아키텍처에 도움을 줄 수 있는 인기 있는 서비스 메시 구현이다.

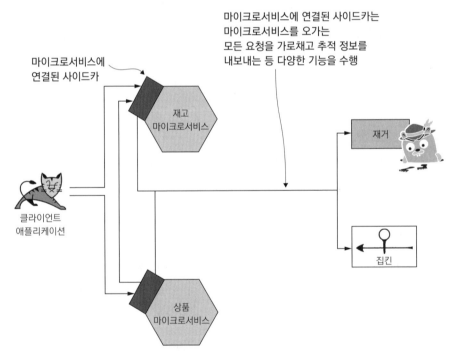

▲ **그림 D.6** 사이드카는 마이크로서비스 자체를 변경하지 않고도 추적 관련 정보를 내보내는 데 도움을 준다.

---

2 사이드카 프록시는 보안, 추적 가능성과 같은 특정 기능을 메인 프로세스에서 추상화하는 아키텍처 패턴이다.

D.2.3 로깅의 중요성

로그^{log}는 특정 이벤트에 대한 타임스탬프 기록이다. 예를 들어, 특정 프로세스의 시작을 알리는 요청의 승인이나 오류/예외 기록일 수도 있다. 경험상 이 책을 읽고 있는 사람 중 대부분은 로그 기록의 중요성을 알고 있을 것이다.

메트릭과 추적은 격리되어 있거나 여러 마이크로서비스에 걸쳐 있는 마이크로서비스에 관한 통계 정보를 관찰하는 데 사용되지만 대부분의 경우 이런 통계 정보는 문제의 근본 원인을 찾는 데 유용하지 않다. D.1절의 네 번째 글머리 기호에서 설명한 실패 시나리오에서 데이터베이스의 데이터 불일치로 인해 마이크로서비스 코드에서 오류가 발생했다. 이 경우 데이터베이스의 특정 불일치가 마이크로서비스의 문제를 초래했는데, 메트릭이나 추적만 사용해 원인을 찾거나 문제를 해결할 수 없는 유형의 오류다. 통계적 관점에서 마이크로서비스는 지연 없이 기능을 실행했거나 리소스 사용량을 추가했겠지만 로그에 예외가 출력되어 코드 실행에 실패했을 것이다. 이것이 로그 수집 및 분석 도구를 사용해 로그를 모니터링하는 게 중요한 이유다.

Fluentd 같은 기술을 모든 마이크로서비스의 로그 집계에 사용할 수 있다. Fluentd는 엘라스틱서치^{Elasticsearch}와 스플렁크^{Splunk} 같은 시스템에 연결되어 로그 기록을 분석하고 질의하는 데 사용할 수 있다. Fluentd는 커넥터를 기반으로 경고 메시지를 트리거해 이메일, SMS 알림, 메신저 메시지 등을 보낼 수 있도록 구성이 가능하다.

D.2.4 시각화의 중요성

모니터링 가능성의 또 다른 중요한 요소는 마이크로서비스에서 수집한 데이터와 스트림의 **시각화**^{visualization}이며 사람의 편의를 위한 요소다. 실패 또는 실패 위험에 따라 조치를 취할 수 있는 자동화한 시스템이 있을 수 있지만, 실제로 대부분의 조직은 문제가 발생하면 문제를 해결하기 위해 여전히 일정 수준의 인적 개입을 필요로 한다.

따라서 시스템 상태를 지속적으로 보여주는 대시보드가 있으면 큰 도움을 준다. 키바나^{Kibana}와 그라파나가 시스템 모니터링과 관련해 통계를 시각화하는 가장 인기 있는 2개의 프로그램이다. 5장에서 그라파나를 사용해 마이크로서비스를 모니터링하는 방법을 설명한다. 이 책을 쓰고 있는 시점을 기준으로 그라파나는 가장 인기 있는 오픈소스 데이터 시각화 도구다.

부록 E

도커의 원리

소프트웨어 개발자라면 소프트웨어를 배포하고 난 후 특정 환경에서 동작하지 않는다는 사실을 알게 되어 고통을 겪어본 경험이 있을 텐데, 이러한 사실이 소프트웨어는 내 PC에서만 작동한다는 개발자의 외침을 만들어냈다. 도커는 종속성까지 함께 소프트웨어에 패키징해 배포함으로써 고통을 극복하도록 도와준다. 10장에서 도커 환경에 배포한 마이크로서비스 보안에 대해 설명하는데, 도커를 처음 접해보는 사람들에게는 어려운 주제일 수 있어 부록 E는 10장을 이해할 수 있는 배경지식을 제공하기 위해 작성한 내용이다.

E.1 도커의 개요

도커Docker는 소프트웨어 패키징, 배포 및 실행을 단순화하는 오픈소스 프로젝트다. 도커는 2010년에 설립한 개인 회사의 이름이기도 한데 해당 회사는 여전히 도커 오픈소스 프로젝트에 관여하고 있고 도커 상용 버전을 유지하고 있다. 용어 사용의 혼동을 막기 위해 회사를 지칭할 때는 '도커 주식회사'라는 용어를 사용하고, 도커 오픈소스 프로젝트에서 만든 소프트웨어를 지칭할 때는 '도커'라고 하겠다.

도커는 인프라(호스트 PC) 위에 추상화 계층을 구축해 도커에서 실행되는 모든 소프트웨어를 인프라에서 쉽게 분리하고 배포 가능하게 한다. 도커의 핵심 기능은 리눅스 커널을 기반으로 구현했으며 리눅스 커널은 실행 중인 프로세스를 격리할 수 있는 환경을 구축할 수 있게 해준다. 이러한 격리 환경을 **컨테이너**^{container}라고 부른다.

컨테이너에서 실행 중인 프로세스는 파일시스템, 프로세스 식별자, 호스트명, 도메인명, 네트워크 인터페이스 등의 뷰^{view}를 갖고 있는데 동일한 호스트 운영체제상의 컨테이너에서 실행 중인 다른 프로세스의 뷰와 충돌하지 않는다. 예를 들어, 별도의 컨테이너상에서 동작하는 독립적인 프로세스는 같은 호스트 운영체제에서 실행 중이더라도 동일한 포트번호를 사용할 수 있다. 부록 E를 읽다 보면 컨테이너가 가져오는 격리 수준에 대해 더 많이 배울 수 있다.

E.1.1 도커 이전의 컨테이너

도커로 인해 컨테이너가 인기를 끌게 됐지만 사실 컨테이너의 개념은 그림 E.1에서 볼 수 있는 것처럼 수십 년 전에 나왔다. 1979년에 유닉스 버전 7에, 1982년에 BSD^{Berkeley Software Distribution}에 도입한 chroot 시스템 호출을 사용해 실행 중인 프로세스의 루트 디렉터리를 변경할 수 있었다. 실행 중인 프로세스에 대한 가시성을 제한하기 위해 chroot 시스템 호출은 오늘날에도 여전히 인기 있으며 시스템 관리자가 꼽는 모범 사례다.

거의 20년 후인 2000년에 FreeBSD는 FreeBSD Jails를 지원하기 시작했다. chroot 개념을 기반으로 구현한 Jails는 호스트 환경을 여러 개의 격리된 파티션으로 나눌 수 있었다. 각 파티션은 **제일**^{jail}로 불리는데 자체적인 사용자 집합을 가질 수 있었지만 다른 제일^{jail}에서 실행 중인 프로세스와는 상호작용할 수 없었다.

2001년에 추가된 Linux-VServer는 FreeBSD Jails와 유사한 개념을 따랐는데 Linux-VServer를 분할해 각 파티션이 자신만의 격리된 파일시스템, 네트워크 및 메모리를 가질 수 있었다.

2004년에 솔라리스 10은 Solaris Containers(Solaris Zones라고도 함)라는 새로운 기능을 도입했다. FreeBSD Jails처럼 Solaris Containers는 운영체제 수준의 가상화를 제공했다. 2006년에 구글은 CPU, 디스크 입출력, 메모리, 네트워크를 격리할 수 있는 Process

Containers를 도입했는데 1년 후 컨트롤 그룹^{cgroup, control group}으로 이름을 변경해 리눅스 커널 2.6.24에 추가됐다. 2008년에 LXC^{Linux Containers}(리눅스 컨테이너)는 컨트롤 그룹과 네임스페이스^{namespace}상에서 동작하는 컨테이너 기술을 개발했다. 컨트롤 그룹과 네임스페이스는 오늘날 사용하는 컨테이너의 기초 기능이다. 상세한 내용은 E.13절에서 설명할 예정이지만 도커 버전 1.10까지는 LXC 기반이다. E.13.4~E.13.5절에서 컨트롤 그룹 및 네임스페이스를 상세히 설명한 다음 도커와의 관련성까지 설명할 예정이다.

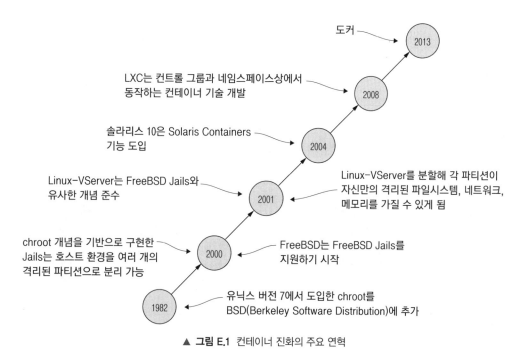

▲ 그림 E.1 컨테이너 진화의 주요 연혁

E.1.2 리눅스 컨테이너에 가치를 더하는 도커

도커는 기존 리눅스 컨테이너보다 이식성이 우수하다. 도커는 애플리케이션과 종속성까지 도커 이미지에 패키징하는 공통 형식을 정의해 리눅스 컨테이너를 다중 플랫폼 간에 이식 가능하게 만들고 컨테이너를 공유 및 배포할 수 있는 생태계를 구축한다. 개발자들은 도커를 실행하는 모든 플랫폼에서 도커 이미지를 사용할 수 있고 도커는 인프라에 관계없이 컨테이너를 실행할 수 있는 동일한 환경을 제공한다.

E.1.3 가상 머신과 컨테이너 비교

가상 머신^{VM, virtual machine}은 인프라 기반 가상 환경을 제공한다. 일반적으로 가상 머신은 유형 1 하이퍼바이저와 유형 2 하이퍼바이저라는 두 가지 모델로 작동한다. **하이퍼바이저** ^{hypervisor}는 가상 머신을 실행하거나 가상 머신의 수명주기를 관리하는 소프트웨어로, 유형 2 하이퍼바이저 가상 머신이 가장 일반적인 모델이다. 버추얼박스^{VirtualBox}(www. virtualbox.org), VM웨어^{VMWare}, 맥에서 쓰이는 패러럴즈^{Parallels} 모두 유형 2 하이퍼바이 저로 가상 머신을 운영한다.

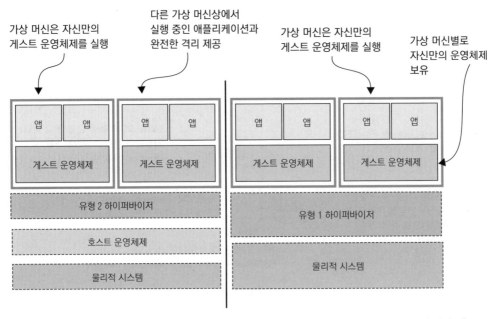

▲ **그림 E.2** 유형 1 하이퍼바이저와 유형 2 하이퍼바이저 비교. 호스트 운영체제상에서 실행 중인 가상 머신들은 자신만의 운영체제를 보유한다. 유형 1 하이퍼바이저가 물리적 시스템 상위에서 추상화를 제공하는 반면에, 유형 2 하이퍼바이저는 호스트 운영체제 상위에서 추상화를 제공한다.

그림 E.2에서 볼 수 있듯이 유형 2 하이퍼바이저는 호스트 운영체제 상위에서 실행되고 모든 가상 머신은 하이퍼바이저 상위에서 실행된다. 유형 1 하이퍼바이저는 물리적 시스템에 직접 설치해 실행하는 방식이기 때문에 호스트 운영체제가 불필요하다. 호스트 시스템의 사양에 따라 다르지만 하이퍼바이저는 여러 개의 가상 머신을 실행할 수 있고 가상 머신별로 자신만의 운영체제를 갖고 있다. 동일한 호스트 운영체제의 다른 가상 머신 상에서 실행 중인 애플리케이션들은 서로 격리되지만 동일한 가상 머신에서 실행 중인 애플리케이션들은 격리되지 않는다.

가상 머신과 달리 컨테이너는 자신만의 게스트 운영체제가 없고 오히려 호스트와 운영체제 커널을 공유한다. 그림 E.3은 애플리케이션을 포함한 컨테이너가 도커 계층 상위에서 어떻게 실행되는지 보여준다. 컨테이너 자체가 리눅스 기반으로 만들어졌기 때문에 실제로 도커 계층은 없으며 컨테이너는 커널에서 실행된다.

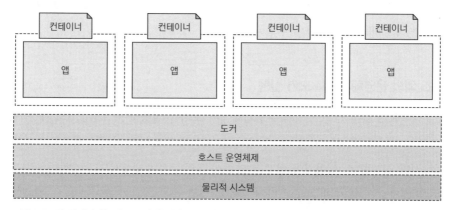

▲ **그림 E.3** 각 컨테이너는 호스트와 운영체제 커널을 공유한다. 애플리케이션은 자신의 컨테이너에서 실행되고 다른 컨테이너의 애플리케이션들과는 격리된다.

도커는 기본적으로 리눅스에서 실행된다. 도커를 다른 플랫폼에서 실행하려면 리눅스 운영체제를 사용한 가상 머신을 사용해 가상 머신에서 도커를 실행한다(E.1.4절에서 상세히 다룰 예정). 컨테이너는 게스트 운영체제가 없기 때문에 애플리케이션 실행에 필요한 최소한의 소프트웨어 패키지만 보유하고 있어 가상 머신보다 훨씬 가벼우며 마이크로서비스 패키징 및 배포용으로 인기가 높다. 또한 컨테이너는 게스트 운영체제가 없기 때문에 컨테이너를 부팅하는 데 걸리는 시간이 가상 머신보다 훨씬 짧다.

패키징 측면에서 컨테이너당 하나의 애플리케이션 패턴을 따른다. 하나의 컨테이너는 하나의 프로세스를 나타내며 컨테이너당 하나의 프로세스를 사용하면 확장 요구사항을 좀 더 원활하게 처리할 수 있다. 부하에 따라 프로세스를 확장할 수는 없지만 프로세스를 실행하는 컨테이너를 수평으로 확장하는 건 가능하다. 동일한 컨테이너에서 실행 중인 여러 프로세스가 서로 다른 확장 요구사항을 갖고 있는 경우 컨테이너를 확장하는 것만으로 문제를 해결하기는 어렵다. 또한 단일 컨테이너에서 여러 애플리케이션들을 실행하면 애플리케이션별로 격리된 환경을 제공할 수 없기 때문에 컨테이너 사용 목적이 퇴색하고 이로 인해 관리가 더욱 어려워진다.

컨테이너 환경에서 여러 프로세스를 실행하면 프로세스들은 자신의 컨테이너에서 격리되어 실행되기 때문에 서로 직접 통신을 할 수 없다. 가상 머신과 동일한 수준의 격리 수준을 달성하려면 개별 애플리케이션을 독립적인 가상 머신으로 패키징해 실행해야 하지만 호스트 운영체제에 많은 부담을 주게 된다.

E.1.4 리눅스 외의 운영체제에서 도커 실행

윈도우나 맥OS 같은 리눅스 외의 운영체제에서 도커를 실행하면 그림 E.3의 계층 구조는 조금 달라진다. 도커는 기본 리눅스 구성을 사용해 프로세스 격리를 제공하고 리눅스 커널에서만 실행할 수 있었지만 현재는 리눅스 외의 운영체제에서도 동작한다. 윈도우, 맥OS를 대상으로 한 도커 지원의 발전 과정을 다룬 좋은 자료가 많지만 E.1.4절에서는 도커의 현재 작동 방식에만 중점을 둬 설명한다.

그림 E.4에서 볼 수 있듯이 도커는 맥OS에서는 애플리케이션에 하이퍼바이저 기능을 내장하는 도구 모음인 HyperKit 기반 xhyve 하이퍼바이저를, 윈도우에서는 Hyper-V 하이퍼바이저(윈도우 10 이상부터 윈도우에 내장)를 사용한다. xhyve와 Hyper-V 모두 호스트 운영체제에서 알파인[Alpine] 리눅스(보안을 지향하는 경량화한 리눅스 배포판)를 부팅할 수 있게 해주는데, 도커는 알파인 리눅스 커널에서 실행된다.

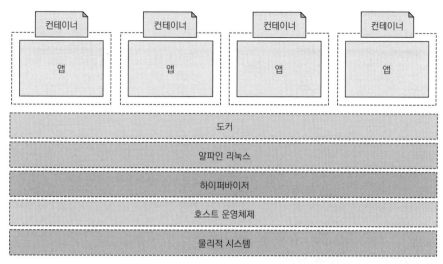

▲ **그림 E.4** 리눅스 외의 운영체제에서 도커는 하이퍼바이저에서 실행된다. 도커는 리눅스 기본 구성을 사용해 프로세스 격리를 제공하고 알파인 리눅스 커널에서만 실행된다.

E.2 도커 설치

도커 설치는 어렵지 않다. 도커는 무료^{CE, Community Edition}와 유료^{EE, Enterprise Edition} 두 가지 버전이 있는데, 이 책에서는 오픈소스인 무료 버전으로 실습을 한다. 무료와 유료 버전의 핵심 기능은 동일하지만 업무에 필수적인 애플리케이션을 도커로 실행하는 대규모 회사들에게서 받은 비용으로 유료 버전에 더 많은 기능을 추가한다.

도커 설치 방법이 바뀔 수도 있고 최신 버전에서는 작동하지 않는 내용을 포함할 수도 있기 때문에 이 책에서는 도커 설치 방법을 나열하지 않는다. https://docs.docker.com/install/#supported-platforms에서 플랫폼별로 도커를 설치하는 방법을 설명하는 명확한 문서를 공개하고 있으므로 해당 문서를 참고하면 무리 없이 설치가 가능하다. 설치를 완료하면 다음 명령을 실행해 설치한 도커의 상세 정보를 확인하자.

```
\> docker version

Client: Docker Engine - Community
 Version:           19.03.13
```

```
API version:        1.40
Go version:         go1.13.15
Git commit:         4484c46d9d
Built:              Wed Sep 16 17:02:52 2020
OS/Arch:            linux/amd64
Experimental:       false

Server: Docker Engine - Community
 Engine:
  Version:          19.03.13
  API version:      1.40 (minimum version 1.12)
  Go version:       go1.13.15
  Git commit:       4484c46d9d
  Built:            Wed Sep 16 17:01:20 2020
  OS/Arch:          linux/amd64
  Experimental:     false
 containerd:
  Version:          1.3.7
  GitCommit:        8fba4e9a7d01810a393d5d25a3621dc101981175
 runc:
  Version:          1.0.0-rc10
  GitCommit:        dc9208a3303feef5b3839f4323d9beb36df0a9dd
 docker-init:
  Version:          0.18.0
  GitCommit:        fec3683
```

유료 버전(기업용)과 무료 버전 비교

기업용과 무료 버전은 동일한 핵심 기능을 공유하지만 구독료를 받는 유료 버전은 개인 이미지 관리, 컨테이너 앱 관리, 쿠버네티스와 스웜(Swarm)으로 클러스터 관리 지원, 보안 스캔, 서명 통합 관리 등의 부가적인 기능을 지원한다. 개별 기능들을 설명하는 건 이 책의 주제를 벗어나기 때문에 도커를 자세히 배우고 싶다면 제프 니콜로프(Jeff Nickoloff)와 스티븐 쿠엔즐리(Stephen Kuenzli)의 『Docker in Action』(Manning, 2019)과 이안 미엘(Ian Miell), 아이단 홉슨 세이어즈(Aidan Hobson Sayers)의 『예제로 배우는 도커 2/e』(에이콘, 2021)를 추천한다. 또한 나이젤 풀턴(Nigel Poulton)의 『Docker Deep Dive』(independently, 2018)는 도커 내부에 대해 간결하게 설명한 내용을 포함하고 있으니 참고하자.

E.3 도커의 고수준 아키텍처

도커 내부를 살펴보고 컨테이너 환경을 구축하는 방법을 자세히 알아보기 전에 고수준 high-level 구성요소 아키텍처를 살펴보자. 도커는 그림 E.5에서 볼 수 있듯이 클라이언트—서버 아키텍처를 따른다. 도커 클라이언트는 REST API를 사용해 도커 호스트상에서 실행 중인 도커 데몬과 통신해 도커 이미지와 컨테이너에 대한 다양한 작업을 수행한다(E.3절 후반부에서 이미지와 컨테이너의 차이점을 설명할 예정이니 지금은 도커 이미지를 애플리케이션 배포 단위로, 컨테이너를 실행 중인 애플리케이션 인스턴스로 생각하자).

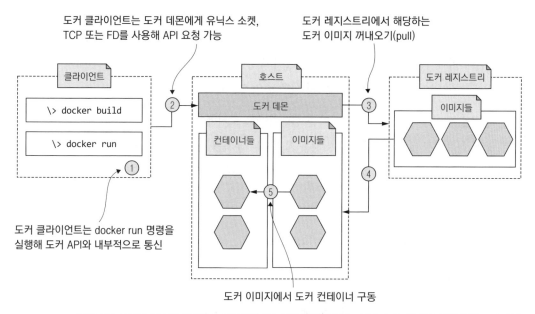

▲ **그림 E.5** 도커의 고수준 구성요소 아키텍처에서 도커 클라이언트는 도커 호스트상에서 실행 중인 도커 데몬과 REST API로 통신해 이미지 및 컨테이너에서 다양한 작업을 수행

도커 데몬은 도커 클라이언트의 요청을 수신하기 위해 유닉스, TCP, FD^file descriptor라는 세 가지 유형의 소켓을 지원한다. TCP 소켓을 활성화만 하면 도커 클라이언트는 도커 데몬과 원격으로 통신을 할 수 있다. 부록 E의 모든 예제는 클라이언트와 데몬 간에 유닉스 소켓 기반 통신을 하고 동일한 시스템에서 클라이언트와 데몬을 모두 실행한다고 가정한다. 10장에서 TCP 프로토콜과 보안을 적용한 도커 API를 사용해 도커 데몬 원격 접근을 허용하는 방법을 설명한다.

도커 컨테이너로 애플리케이션을 실행하기 위해 도커 클라이언트에서 docker run 명령을 실행하자(그림 E.5의 1단계 참고). 도커 클라이언트는 도커 호스트에서 실행 중인 도커 데몬과 API로 통신한다(2단계).

도커 데몬은 클라이언트가 요청한 도커 이미지가 로컬 시스템에 존재하는지 확인한 후 존재하지 않으면 도커 레지스트리(도커 이미지 저장소)와 통신해 해당하는 이미지와 모든 의존성까지 가져온 다음(3단계, 4단계) 컨테이너 단위로 이미지 실행을 시작한다(5단계).

도커 이미지 Docker image는 애플리케이션 패키지다. 도커 이미지를 개발자나 대중에게 공유하려면 도커 레지스트리가 필요한데 누구나 사용할 수 있는 **도커 허브**Docker Hub(https://hub.docker.com)가 공개된 도커 레지스트리의 좋은 예다. **컨테이너**container는 실행 중인 프로세스인데 이미지를 사용해 컨테이너를 시작하고 동일한 이미지를 사용해 여러 컨테이너를 실행할 수 있어 컨테이너를 이미지의 실행 중인 인스턴스라고 생각하면 된다.

다음 명령은 이미지를 사용해 컨테이너를 실행하라고 도커에게 지시하는데 최초 실행인 경우 도커 허브에서 hello-world 이미지를 가져오는 절차를 선행한다. 도커 컨테이너 내부에서 실행 중인 프로세스는 Hello from Docker!로 시작하는 메시지를 화면에 출력한다.

```
\> docker run hello-world

Unable to find image 'hello-world:latest' locally
latest: Pulling from library/hello-world
1b930d010525: Pull complete
Digest:
sha256:2557e3c07ed1e38f26e389462d03ed943586f744621577a99efb77324b0fe535
Status: Downloaded newer image for hello-world:latest

Hello from Docker!
This message shows that your installation appears to be working correctly.

To generate this message, Docker took the following steps:
 1. The Docker client contacted the Docker daemon.
 2. The Docker daemon pulled the "hello-world" image from the Docker Hub.
    (amd64)
 3. The Docker daemon created a new container from that image which runs the
    executable that produces the output you are currently reading.
```

```
4. The Docker daemon streamed that output to the Docker client, which sent
   it to your terminal.

To try something more ambitious, you can run an Ubuntu container with:
 $ docker run -it ubuntu bash

Share images, automate workflows, and more with a free Docker ID:
 https://hub.docker.com/
```

더 많은 예제와 설명을 알고 싶다면 https://docs.docker.com/get-started/를 방문해
보자.

E.4 애플리케이션 컨테이너화

7장에서 JWT$^{\text{JSON Web Token}}$와 STS가 발급한 JWT를 사용해 마이크로서비스를 보호하는
방법을 배웠고, 10장에서 동일 사례를 컨테이너 환경으로 다시 살펴봤다. 실습을 위해,
자바로 개발된 스프링 부트 애플리케이션인 STS를 컨테이너 환경에서 실행하려면 도커
이미지를 먼저 생성해야 한다. E.4절에서는 STS 도커 이미지를 생성해볼 예정이다.

E.4.1 도커 이미지란?

도커 이미지는 배포에 필요한 소프트웨어를 묶어놓은 파일이고 여러 계층(E.9절에서 설명)
으로 빌드된다. 객체지향 프로그래밍에 익숙하다면 클래스와 객체에 대해 알고 있을 텐
데 도커 이미지는 클래스와 유사하다. 도커 이미지의 실행 중인 인스턴스는 **컨테이너**라고
불리는데, 하나의 클래스에서 여러 객체나 인스턴스를 만들 수 있는 것처럼 하나의 도커
이미지로 여러 개의 도커 컨테이너를 만들 수 있다.

E.4.2 애플리케이션 빌드

부록 E에 나오는 모든 예제의 소스 코드는 https://github.com/microservices-
security-in-action/samples 깃허브 저장소의 appendix-e 디렉토리에서 받을 수 있다.

appendix-e/sample01 디렉토리에서 다음 명령을 실행해 STS를 빌드하자. 명령을 성공적으로 실행하면 BUILD SUCCESS 메시지를 확인할 수 있다.

```
\> mvn clean install
[INFO] BUILD SUCCESS
```

appendix-e/sample01/target 디렉토리를 살펴보면 방금 빌드한 STS JAR 파일을 찾을 수 있다.

E.4.3 Dockerfile 생성

도커 컨테이너에서 STS를 실행하려면 E.4.2절에서 만든 JAR 파일로 도커 이미지를 빌드해야 한다. 도커 이미지 빌드의 첫 번째 단계는 Dockerfile 파일(리스트 E.1 참고)을 만드는 것이다. Dockerfile 파일은 도커 이미지 생성 시 도커가 따라야 하는 단계별 지침을 포함하고 있다. 필요한 종속성을 포함해 STS 이미지를 생성하도록 지시하는 appendix-e/sample01 디렉토리의 Dockerfile 내용을 보여주고 있는 리스트 E.1을 살펴보자.

리스트 E.1 Dockerfile 파일의 내용

```
FROM openjdk:8-jdk-alpine ◄──── 도커 레지스트리에서 가져올 도커 이미지 지정
ADD target/com.manning.mss.appendixe.sample01-1.0.0.jar \
/com.manning.mss.appendixe.sample01-1.0.0.jar ◄──── JAR 파일을 컨테이너 파일시스템에 복사
ADD keystores/keystore.jks /opt/keystore.jks ◄──── jks 파일을 컨테이너 파일시스템에 복사
ADD keystores/jwt.jks /opt/jwt.jks ◄──── jwt.jks 파일을 컨테이너 파일시스템에 복사
ENTRYPOINT ["java", "-jar", \
"com.manning.mss.appendixe.sample01-1.0.0.jar"] ◄──── 컨테이너의 진입점 제공
```

첫 번째 줄은 도커 레지스트리에서 openjdk:8-jdk-alpine 도커 이미지를 가져오도록 지시하는데, 이번 실습의 도커 레지스트리는 디폴트 옵션인 공개된[public] 도커 허브다. openjdk:8-jdk-alpine은 생성하려는 도커 이미지의 기본 이미지다. 도커 이미지가 필요할 경우 처음부터 만들 필요는 없고 애플리케이션 종속성을 해결해줄 수 있는 다른 이미지가 이미 존재한다면 재사용해도 무방하다. 예를 들어, 이번 예제에서 애플리케이션을 실행하려면 자바가 필요해 도커 허브에 이미 존재하는 OpenJDK 도커 이미지를 사용해 도커 이미지 빌드를 시작한다.

두 번째 줄은 호스트 파일시스템 target 디렉토리의 com.manning.mss.appendixe. sample01-1.0.0.jar 파일을 컨테이너 파일시스템의 루트 디렉토리로 복사하도록 도커에게 지시한다. 세 번째 줄은 호스트 파일시스템 keystores 디렉토리의 keystore.jks 파일을 컨테이너 파일시스템의 /opt 디렉토리로 복사하도록 도커에게 지시하는데, 해당 파일은 TLS^{Transport Layer Security}를 활성화하는 데 사용할 키 저장소 파일이다. 네 번째 줄은 호스트 파일시스템 keystores 디렉토리의 jwt.jks 파일을 컨테이너 파일시스템의 /opt 디렉토리로 복사하도록 도커에게 지시하는데, 해당 파일은 STS가 자신이 발급한 JWT에 서명하는 데 사용할 개인키를 포함하는 키 저장소다. 마지막 다섯 번째 줄은 도커에게 컨테이너의 진입점이나 컨테이너를 시작할 때 실행해야 하는 명령을 알려주는데, 이번 예제에서 도커는 com.manning.mss.appendixe.sample01-1.0.0.jar 파일을 실행한다.

E.4.4 도커 이미지 빌드

appendix-e/sample01 디렉토리에서 다음 명령을 실행하면 현재 경로에 있는 Dockerfile(리스트 E.1 참고)을 사용해 도커 이미지를 빌드하도록 도커에게 지시한다. 명령을 실행하기 전에 컴퓨터에서 도커가 실행 중인지 확인해야 한다.[1]

```
\> docker build -t com.manning.mss.appendixe.sample01 .
```

명령 실행 시 Dockerfile의 이름을 구체적으로 언급할 필요는 없다. 공백으로 놔두거나 파일명을 언급하지 않으면 디폴트로 현재 위치의 Dockerfile을 찾는다. -t 옵션은 도커 이미지명을 나열할 때 사용하는데 이번 예제에서는 com.manning.mss.appendixe. sample01이 파일명이다. 명령을 성공적으로 실행하면 다음과 같은 메시지를 화면에 출력한다.

```
Sending build context to Docker daemon 22.32MB
Step 1/5 : FROM openjdk:8-jdk-alpine
8-jdk-alpine: Pulling from library/openjdk
e7c96db7181b: Pull complete
```

---

1   도커가 실행 중인지 확인하려면 docker version 명령을 실행해보면 되는데, 실행 중인 경우 도커 엔진 클라이언트와 서버의 버전 정보를 포함한 각종 정보를 화면에 출력한다.

```
f910a506b6cb: Pull complete
c2274a1a0e27: Pull complete
Digest:
sha256:94792824df2df33402f201713f932b58cb9de94a0cd524164a0f2283343547b3
Status: Downloaded newer image for openjdk:8-jdk-alpine
 ---> a3562aa0b991
Step 2/5 : ADD target/com.manning.mss.appendixe.sample01-1.0.0.jar
/com.manning.mss.appendixe.sample01-1.0.0.jar
 ---> 802dd9300b9f
Step 3/5 : ADD keystores/keystore.jks /opt/keystore.jks
 ---> 125e96cbc5a8
Step 4/5 : ADD keystores/jwt.jks /opt/jwt.jks
 ---> feeb468921c9
Step 5/5 : ENTRYPOINT ["java", "-jar",
          "com.manning.mss.appendixe.sample01-1.0.0.jar"]
 ---> Running in 5c1931cc19a2
Removing intermediate container 5c1931cc19a2
 ---> defa4cc5639e
Successfully built defa4cc5639e
Successfully tagged com.manning.mss.appendixe.sample01:latest
```

도커가 Dockerfile의 각 줄을 단계적으로 실행한 결과를 확인할 수 있다. Dockerfile의
명령들은 일부 특정 명령을 제외하고 도커 이미지에 읽기 전용 계층을 추가하는데, E.9
절에서 도커 이미지의 계층에 대해 살펴볼 예정이다. 다음 명령은 명령을 실행한 시스템
내의 모든 도커 이미지 목록을 보여준다.

```
\> docker images
```

REPOSITORY	TAG	IMAGE ID	SIZE
com.manning.ms.appendixe.sample01	latest	defa4cc5639e	127MB
openjdk	8-jdk-alpine	792ff45a2a17	105MB

E.4.5 도커 이미지로 컨테이너 실행

이제 STS로 사용하기 위해 빌드한 도커 이미지가 있다. 필요할 경우 공개 또는 비공개 여
부를 선택해 도커 레지스트리에 게시함으로써 다른 사람도 사용하게 할 수 있다. 도커 레

지스트리에 게시하기 전에 로컬 시스템에서 STS를 실행해 컨테이너화한 STS에서 토큰을 얻는 방법을 살펴보자. 도커 이미지를 빌드한 시스템에서 도커 클라이언트를 사용해 다음 명령을 실행하자(정확히 말하면 빌드한 이미지를 갖고 있는 도커 호스트에 연결한 시스템에서 도커 클라이언트를 실행해야 한다).

```
\> docker run -p 8443:8443 com.manning.mss.appendixe.sample01
```

명령을 실행하면 E.4.4절에서 만든 이미지(com.manning.mss.appendixe.sample01)를 사용해 도커 컨테이너를 구동하는데, 컨테이너의 8443 포트에서 STS를 시작해 호스트 8443 포트와 매핑한다. docker run 명령에 전달한 -p 인수가 포트 매핑을 수행하는데 첫 번째 8443은 컨테이너의 포트를, 두 번째 8443은 호스트 시스템의 포트를 나타낸다. 명령 실행 전에 호스트 시스템의 8443 포트를 다른 프로세스가 사용 중이진 않은지 확인하자. E.18절에서 도커 네트워킹을 설명할 때 포트를 매핑해야 하는 이유를 배울 예정이다. 컨테이너를 성공적으로 시작하면 다음과 같은 로그를 터미널에 출력한다.

```
INFO 30901 --- [main] s.b.c.e.t.TomcatEmbeddedServletContainer :
Tomcat started on port(s): 8443 (https)
INFO 30901 --- [main] c.m.m.appendixe.sample01.TokenService    :
Started TokenService in 4.729 seconds (JVM running for 7.082)
```

이제 7.5절에서 사용했던 것과 동일한 curl 명령을 실행해 STS를 테스트해보자.

```
\> curl -v -X POST --basic -u applicationid:applicationsecret \
-H "Content-Type: application/x-www-form-urlencoded;charset=UTF-8" \
-k -d "grant_type=password&username=peter&password=peter123&scope=bar" \
https://localhost:8443/oauth/token
```

curl 명령에서 applicationid는 웹 애플리케이션의 클라이언트 ID이고, applicationsecret은 클라이언트 시크릿이다. 명령을 성공적으로 실행하면 STS는 OAuth 2.0 액세스 토큰인 JWT(정확하게는 JWS)를 반환한다. 액세스 토큰의 일부만 보이도록 응답 메시지를 요약하면 다음과 같다.

```
{
"access_token":"eyJhbGciOiJSUzI1NiIsI...",
"token_type":"bearer",
"refresh_token":"",
"expires_in":5999,
"scope":"bar",
"jti":"5ed1c472-c3ba-48a3-bab6-bac7c4cca311"
}
```

E.5 컨테이너명과 컨테이너 ID

docker run 명령으로 컨테이너를 시작할 때 name 인수를 사용해 컨테이너의 이름을 지정할 수도 있다. 다음 명령은 hello-world 이미지를 사용해 my-hello-world라는 이름을 가진 도커 컨테이너를 시작한다.

```
\> docker run --name my-hello-world hello-world
```

name 인수를 전달하지 않으면 도커는 컨테이너의 이름으로 범용 고유 식별자^{UUID, universally unique identifier}를 할당한다. 컨테이너는 이름 외에도 변경할 수 없는 랜덤하게 생성한 식별자인 ID(컨테이너 ID)도 갖고 있다. 컨테이너 ID와 이름의 주요 차이점은 실행 중인 컨테이너의 이름은 docker rename 명령으로 변경할 수 있지만 컨테이너 ID는 변경할 수 없다는 것이다. 컨테이너에는 사람이 읽을 수 있거나 기억하기 쉬운 이름을 지정하는 게 좋으며 이름으로 실행 중인 컨테이너에서 특정 작업을 수행할 수 있다. 이름을 지정하지 않은 상태로 컨테이너에서 작업을 수행하려면 컨테이너 ID나 시스템이 생성한 컨테이너 이름을 먼저 찾아야 한다.

E.6 도커 레지스트리

도커 레지스트리^{registry}는 배포를 위해 도커 이미지를 저장하는 장소로, 도커 이미지를 위한 스토리지 및 콘텐츠 전달 시스템이다. 레지스트리는 다양한 **저장소**^{repository}를 갖고 있는데 저장소는 도커 이미지의 여러 버전(태그)들의 모음이다(그림 E.6 참고). 도커 레지스트리를 로컬 환경에 배포하려면 도커의 온라인 문서(https://docs.docker.com/registry/deploying/)를 참고해야 한다.

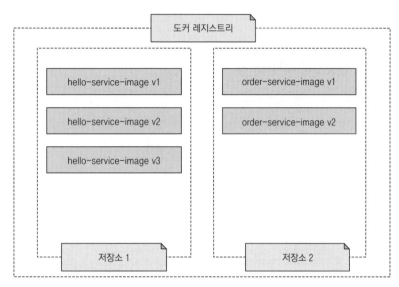

▲ **그림 E.6** 도커 레지스트리에는 다양한 저장소가 있고, 개별 저장소는 다양한 버전의 도커 이미지를 보유하고 있다.

로컬에 배포할 수 있는 도커 레지스트리는 두 가지 버전이 있는데, 첫 번째는 오픈소스 무료 버전이고 다른 하나는 도커 주식회사의 DTR^Docker Trusted Registry이다. 하지만 DTR은 유료이고 접근 제어 기능 내장(LDAP/액티브 디렉토리 통합 포함), 이미지 보안 스캔, 이미지 서명 등의 부가적인 기능을 제공한다. DTR에 대한 부가적인 정보는 도커 온라인 문서(https://docs.docker.com/ee/dtr/)를 참고하자.

E.6.1 도커 허브

도커 허브^Docker Hub(https://hub.docker.com)는 가장 알려진 도커 레지스트리이자 도커의 디폴트 레지스트리다. 도커 주식회사가 운영하는 도커 허브는 공개^public 저장소와 개인^private 저장소를 모두 제공한다. 공개 저장소는 무료이고 게시한 이미지에 누구나 접근 가능하다. 이 책을 쓰는 시점에 도커 허브는 하나의 개인 저장소만 제공하고 더 필요할 경우 비용을 지불해야 한다.

E.6.2 하버

DTR과 유사하게 하버^{Harbor}(https://goharbor.io/)는 몇 가지 부가적인 기능(주로 보안과 신원 관리)을 가진 오픈소스를 확장한 도커 레지스트리이지만 DTR과 달리 오픈소스다.

E.6.3 도커 클라우드 플랫폼과 레지스트리

자체 서버에서 도커를 실행하고 하드웨어를 직접 관리하는 대신 도커 플랫폼을 서비스로 제공하는 클라우드 회사를 찾아볼 수 있다. 다양한 클라우드 회사들이 있고 모든 회사는 자신만의 도커 레지스트리를 호스팅 서비스로 제공한다.

- **구글 컨테이너 레지스트리**^{GCR, Google Container Registry}: 구글 클라우드 플랫폼과 통합한 도커 레지스트리 서비스
- **아마존 엘라스틱 컨테이너 레지스트리**^{ECR, Elastic Container Registry}: 아마존 엘라스틱 컨테이너 서비스^{ECS, Elastic Container Service}와 통합한 도커 레지스트리 서비스
- **마이크로소프트의 애저 컨테이너 레지스트리**^{ACR, Azure Container Registry}: 애저 쿠버네티스 서비스^{AKS, Azure Kubernetes Service}와 통합한 도커 레지스트리 서비스. 애저 쿠버네티스 서비스는 2020년 2월부터 애저 컨테이너 서비스^{ACS, Azure Container Service}를 대체
- **레드햇의 오픈시프트 컨테이너 레지스트리**^{OCR, OpenShift Container Registry}: 오픈시프트 컨테이너 플랫폼^{OCP, OpenShift Container Platform}과 통합한 도커 레지스트리 서비스
- **피보탈 컨테이너 서비스**^{PKS, Pivotal Container Service}: 도커 레지스트리인 하버^{Harbor}와 통합한 도커 레지스트리 서비스
- **IBM의 클라우드 컨테이너 레지스트리**^{Cloud Container Registry}: IBM 클라우드 쿠버네티스 서비스^{Cloud Kubernetes Service}와 통합한 도커 레지스트리 서비스(쿠버네티스는 부록 J에서 설명)
- **오라클 컨테이너 레지스트리**^{Oracle Container Registry}: 쿠버네티스를 위한 오라클 클라우드 인프라스트럭처 컨테이너 엔진^{Oracle Cloud Infrastructure Container Engine for Kubernetes}과 통합한 도커 레지스트리 서비스

E.7 도커 허브에 이미지 게시

E.7절에서는 E.4.4절에서 만든 도커 이미지를 도커 허브의 공개 저장소에 게시하는 방법을 설명한다. 우선 https://hub.docker.com에 접속해 계정을 생성해야 한다. E.7절에서는 도커 계정으로 prabath를 사용하는데 자신의 계정으로 대체해서 실습을 진행해야 한다. 도커 허브의 유효한 로그인 세션을 생성하기 위해 다음 명령을 실행하고 비밀번호를 입력하자.

```
\> docker login --username=prabath

Password:
Login Succeeded
```

다음으로 도커 허브에 게시할 도커 이미지의 이미지 ID를 찾아야 한다. 다음 명령은 호스트 시스템의 모든 도커 이미지를 목록화해서 화면에 출력하기 때문에 필요한 이미지 ID를 찾을 수 있다.

```
\> docker images

REPOSITORY                         TAG      IMAGE ID      CREATED       SIZE
com.manning.mss.appendixe.sample01 latest   71eb517b430d  An hour ago   127MB
```

이제 다음 명령을 실행해 도커 이미지 ID 71eb517b430d를 가진 이미지에 태그를 지정해야 한다(E.8절에서 태그에 대해 설명). 실습을 위해서는 71eb517b430d 대신 자신의 도커 이미지 ID를 입력해야 함에 유의하자. 71eb517b430d가 도커 이미지 ID이고 prabath/manning-sts-appendix-e가 도커 이미지명인데 도커 계정명인 prabath를 자신의 계정으로 대체해야 한다.

```
\> docker tag 71eb517b430d prabath/manning-sts-appendix-e
```

마지막으로, 다음 명령을 실행해 태그를 지정한 도커 이미지를 도커 허브에 업로드[push]하자.

```
\> docker push prabath/manning-sts-appendix-e
```

prabath/manning-sts-appendix-e 이미지를 도커 허브에 게시하면 실제로는 도커 허브 레지스트리의 prabath/manning-sts-appendix-e 저장소에 게시한다. 이제 도커 허브에 접근할 수 있는 모든 사람이 도커 이미지를 가져갈 수도 있고 E.4.5절에서 사용한 것과 동일한 명령을 실행해 컨테이너를 구동할 수 있도 있지만 도커 이미지명은 prabath/manning-sts-appendix-e를 사용해야 한다.

```
\> docker run -p 8443:8443 prabath/manning-sts-appendix-e
```

E.8 이미지명과 이미지 ID

도커 이미지를 빌드하려면 이미지명을 알아야 한다. E.7절에서 이미지 이름으로 prabath/manning-sts-appendix-e를 사용했다. 정확히 말해 prabath/manning-sts-appendix-e는 이미지 이름이 아니라 이미지를 저장하고 있는 저장소명이다(현재도 저장소 이름 대신 이미지 이름이라고 부르는 걸 선호하는 사람들이 많다). E.6절에서 설명한 것처럼 저장소는 주어진 도커 이미지의 다양한 버전을 갖고 있다. 다시 말해 레지스트리, 저장소, 이미지 버전은 도커 이미지를 고유하게 식별한다.

이미지 버전은 일반적으로 **태그**^{tag}로 알려져 있다. 태그는 다른 소프트웨어의 버전과 동일한 의미를 갖는다. 도커 허브에서 톰캣 애플리케이션 서버 이미지(https://hub.docker.com/_/tomcat?tab=tags)를 보면 다양한 태그를 발견할 수 있는데, 태그들은 톰캣의 버전을 나타내고 이는 따라야 하는 관행이다. 도커 허브에서 이미지를 가져오려면 태그를 사용하지 않고 저장소 이름으로 가져오는 방법과 저장소 이름과 태그 모두를 사용하는 방법의 두 가지 옵션이 있다.

E.8.1 태그를 사용하지 않거나 latest 태그를 사용해 도커 이미지 가져오기

태그를 사용하지 않고 도커 이미지를 가져오는 방법을 살펴보자. 다음 명령은 태그 없이 톰캣 이미지를 가져온다.

```
\> docker pull tomcat
```

다음 명령을 실행해 도커 허브에서 가져온 톰캣 이미지의 태그를 확인하자.

```
\> docker images tomcat

REPOSITORY     TAG          IMAGE ID           CREATED           SIZE
tomcat         latest       1c721f25f939       11 hours ago      649MB
```

톰캣 이미지의 태그가 latest임을 알 수 있는데 이는 가장 혼란스러운 태그다. E.7절처럼 도커 이미지를 태그 없이 저장소 이름만 사용해 도커 허브에 게시하면 도커 허브는 디폴트로 latest 태그를 할당한다. 하지만 latest 태그는 저장소에 있는 최신 톰캣 이미지가 아니라 태그 없이 도커 허브에 게시한 이미지임에 유의해야 한다.

또한 태그 없이 이미지 저장소 이름을 사용해 docker pull이나 docker run 명령을 사용할 때 도커 허브는 latest 태그를 가진 도커 이미지를 요청한다고 생각하기 때문에 이전 실습에서 docker pull tomcat 명령을 실행할 때 도커는 latest 태그를 가진 톰캣 이미지를 가져왔다. 다른 태그를 가진 최신 톰캣 이미지가 있더라도 태그를 별도로 지정하지 않았기 때문에 도커는 latest 태그를 가진 톰캣 이미지를 가져온다. 톰캣 저장소 내 모든 이미지에 태그를 지정하면 해결된다고 생각할 수도 있지만, 그렇게 하면 태그를 지정하지 않은 명령은 가져와야 하는 이미지를 찾을 수 없어 오류가 발생한다.

E.8.2 도커 이미지에 태그 지정

도커 허브에 게시하는 모든 이미지에 태그를 지정해 latest 태그를 가진 도커 이미지를 최신 이미지로 관리하자. 이번에는 E.7절에서 사용한 도커 이미지에 태그를 설정해 도커 허브에 게시하는 절차를 다시 반복해보자.

이미지를 도커 허브에 게시하기 전에 저장소 이름(prabath/manning-sts-appendix-e)에 태그(v1)를 지정해 게시를 완료하면 docker run 명령 실행 시 도커 허브에 게시한 이미지의 태그를 사용해 필요한 버전의 이미지를 정확히 가져올 수 있다.

```
\> docker tag 71eb517b430d prabath/manning-sts-appendix-e:v1
\> docker push prabath/manning-sts-appendix-e:v1
\> docker run -p 8443:8443 prabath/manning-sts-appendix-e:v1
```

E.8.3 다른 서비스 제공자의 도커 레지스트리 사용

E.8절 도입부에서 레지스트리, 저장소, 이미지 버전(또는 태그)이 도커 이미지를 고유하게 식별한다고 했었지만 지금까지 실행한 명령에서 레지스트리명을 사용한 적이 없다. 이유를 짐작했을 수도 있지만, 도커는 도커 허브를 디폴트 레지스트리로 사용하기 때문에 명시적으로 다른 레지스트리를 사용하라고 지시하지 않으면 도커 허브를 사용한다. 구글 컨테이너 레지스트리에 prabath/manning-sts-appendix-e 저장소가 있다고 가정해보면 이미지를 가져오기 위해서는 구글 컨테이너 레지스트리의 도메인 주소인 gcr.io를 사용해 docker run 명령을 실행해야 한다.

```
\> docker run -p 8443:8443 gcr.io/prabath/manning-sts-appendix-e:v1
```

이미지를 구글 컨테이너 레지스트리에 게시하려면 다음과 같은 명령을 실행해야 한다.

```
\> docker tag 71eb517b430d gcr.io/prabath/manning-sts-appendix-e:v1
\> docker push gcr.io/prabath/manning-sts-appendix-e:v1
```

E.8.4 도커 허브의 공식/비공식 이미지

도커 허브는 일부 공식 이미지들을 유지하고 있다. 이용자들이 이미지를 도커 허브에 게시하고 별다른 행동을 하지 않는다면 비공식 이미지가 되고 비공식 이미지의 저장소명은 도커 허브 계정명으로 시작해야 한다. 실습에 사용하는 이미지가 비공식 이미지이기 때문에 도커 허브 계정명인 prabath를 포함한 prabath/manning-sts-appendix-e를 저장소명으로 사용하는 것이다.

도커 허브에 공식 이미지를 게시하려면 https://docs.docker.com/docker-hub/official_images/에서 설명하고 있는 부가적인 작업이 필요하고 도커 주식회사의 전담팀이 공식 이미지를 검토하고 게시하는 절차까지 거쳐야 한다. 사용자 관점에서는 저장소 이름을 구성하는 방식에 차이가 있는데 공식 저장소는 도커 허브 계정으로 시작하는 저장소명을 사용할 필요가 없다. 예를 들어, 다음 명령은 도커 허브에서 공식 톰캣 이미지를 가져온다.

```
\> docker pull tomcat
```

E.8.5 이미지 ID

도커 이미지를 JSON 객체로 나타낼 수 있는데 JSON 객체는 도커 이미지 내의 JSON 파일에 쓰여진다. 다음과 같은 2개의 명령을 실행해 도커 허브에서 9.0.20 태그를 가진 톰 캣 도커 이미지를 가져와 9.0.20.tar 파일로 저장하자.

```
\> docker pull tomcat:9.0.20
\> docker save -o tomcat.9.0.20.tar tomcat:9.0.20
```

docker save 명령은 이미지의 모든 내용을 포함해 tomcat.9.0.20.tar 파일을 생성한다. tar 압축 형식은 운영체제에 따라 달라질 수 있지만 일반적으로 다음 명령을 실행하면 압축을 풀 수 있다.

```
\> tar -xvf tomcat.9.0.20.tar
```

명령을 실행하면 긴 이름을 가진 디렉토리들과 JSON 파일들을 생성한다. 만약 JSON 파일을 찾기 어려우면 ls *.json 명령을 실행해 생성한 파일을 필터링해서 볼 수 있는데, 해당 파일은 tomcat:9.0.20 도커 이미지를 나타내는 가장 중요한 파일이다. 운영체제별로 명령이 다를 수 있지만 주어진 파일(내용)로부터 고정된 길이의 256비트 다이제스트^{digest}(256비트)를 생성하는 해시 알고리즘인 SHA-256 다이제스트를 계산할 수 있는 도구가 있다. openssl 명령으로 JSON 파일의 SHA-256 다이제스트를 생성해보자.

```
\> openssl dgst -sha256 \
ce15fe2bbf240cb610a970b26f0fd9d4cc78ad52a62b049773840076e7c98117.json

SHA256(ce15fe2bbf240cb610a970b26f0fd9d4cc78ad52a62b049773840076e7c98117.json)=
ce15fe2bbf240cb610a970b26f0fd9d4cc78ad52a62b049773840076e7c98117
```

이미 인지했을 수도 있지만 파일명과 SHA-256 해시값은 동일하다. 즉, 도커 이미지의 이미지 ID는 해당 JSON 파일의 SHA-256 해시값을 16진수로 표현한 값이다. 이미지 ID가 SHA-256 해시값인지를 명확히 검증하기 위해 다음 명령을 실행해보면 이미지 ID 값이 도커 이미지의 이미지 ID 중 앞 12자리임을 확인할 수 있다.

```
\> docker images tomcat:9.0.20
```

```
REPOSITORY    TAG         IMAGE ID        CREATED         SIZE
tomcat        9.0.20      ce15fe2bbf24    20 months ago   639MB
```

E.8.6 이미지 ID를 사용해 이미지 가져오기

도커 레지스트리에서 이미지를 가져오기 위해 지금까지는 이미지명과 태그를 사용했다. 예를 들어, 다음 명령은 9.0.20 태그를 가진 톰캣 이미지를 가져온다.

```
\> docker pull tomcat:9.0.20
```

태그를 사용해 이미지를 가져올 때 몇 가지 주의사항이 있다. 태그는 변경할 수 있는 값이고 또한 동일한 태그를 가진 여러 이미지를 도커 레지스트리에 업로드push할 수 있는데 최근에 업로드한 이미지가 기존에 있던 동일한 태그를 가진 이미지를 재정의한다. 태그를 사용해 이미지를 가져올 경우 항상 동일한 이미지를 가져온다는 보장이 없기 때문에 이미지 ID로 이미지를 가져옴으로써 문제를 해결해야 한다.

이미지 ID는 이미지의 SHA-256 해시값이고 이미지의 내용을 변경하면 해시값도 변경되므로 이미지 ID도 변경된다. 2개의 다른 이미지는 동일한 이미지 ID를 가질 수 없기 때문에 이미지 ID나 해시값을 사용하면 항상 동일한 이미지를 가져올 수 있다. 다음 명령은 이미지 ID로 이미지를 가져오는 방법을 보여준다. tomcat@sha256: 뒤의 텍스트는 가져오려는 톰캣 이미지의 이미지 ID를 나타낸다.

```
\> docker pull \
tomcat@sha256:\
b3e124c6c07d761386901b4203a0db2217a8f2c0675958f744bbc85587d1e715
```

E.9 이미지 계층

E.4.4절에서 빌드한 도커 이미지와 E.7절에서 도커 허브에 게시한 도커 이미지는 6개의 계층을 갖고 있다. 도커 이미지를 빌드하기 위해 docker build 명령을 실행할 때 도커는

ENV, EXPOSE, ENTRYPOINT, CMD 등의 몇 가지 명령을 제외하고 Dockerfile의 개별 명령에 대한 계층을 생성한다. 이해를 돕기 위해 리스트 E.1과 동일한 Dockerfile을 리스트 E.2에서 다시 살펴보자.

리스트 E.2의 Dockerfile을 사용해 생성한 도커 이미지는 4개의 계층만을 생성해야 한다. Dockerfile에는 5개의 명령이 있지만 ENTRYPOINT 명령은 이미지 계층을 생성하지 않는다. 하지만 앞서 언급한 대로 Dockerfile은 6개의 계층을 갖고 있다. 그렇다면 나머지 계층은 어디에서 생성하는지 궁금할 텐데, 2개의 계층은 openjdk:8-jdk-alpine의 기본 이미지에서 가져온다.

리스트 E.2 Dockerfile의 내용(리스트 E.1과 동일)

```
FROM openjdk:8-jdk-alpine
ADD target/com.manning.mss.appendixe.sample01-1.0.0.jar \
/com.manning.mss.appendixe.sample01-1.0.0.jar
ADD keystores/keystore.jks /opt/keystore.jks
ADD keystores/jwt.jks /opt/jwt.jks
ENTRYPOINT ["java", "-jar", \
"com.manning.mss.appendixe.sample01-1.0.0.jar "]
```

도커는 계층 단위로 도커 허브에서 이미지를 가져온다. 다음과 같은 2개의 명령은 도커 허브에서 prabath/manning-sts-appendix-e 이미지를 가져와 이미지의 세부 정보를 출력한다.

```
\> docker pull prabath/manning-sts-appendix-e
\> docker inspect prabath/manning-sts-appendix-e
```

출력 내용 중 계층별 SHA-256 해시값은 다음과 같다.

```
"Layers": [
"sha256:f1b5933fe4b5f49bbe8258745cf396afe07e625bdab3168e364daf7c956b6b81",
"sha256:9b9b7f3d56a01e3d9076874990c62e7a516cc4032f784f421574d06b18ef9aa4",
"sha256:ceaf9e1ebef5f9eaa707a838848a3c13800fcf32d7757be10d4b08fb85f1bc8a",
"sha256:d963c5cba055449dcb15bf4a5a1902c570bc06abecaa4477889aa1a693950357",
"sha256:0a30d1e16375c64eb6d135009b80a89d1313a0fed706c1847954926abec46be3",
"sha256:cc2891c9c52b485327391141b64e619ba22794702dae7d2b0b9266f926f06c6f"
]
```

도커 이미지의 계층을 탐색할 수 있는 **dive**(https://github.com/wagoodman/dive)라는 도구가 있다. dive를 로컬 시스템에 설치하면 다음 명령을 실행해 prabath/manning-sts-appendix-e 이미지의 계층을 탐색할 수 있다.

```
\> dive prabath/manning-sts-appendix-e
```

도커 이미지의 각 계층은 읽기 전용이고 고유 식별자를 갖고 있으며 다른 계층 위에 위치한다. 이미지를 기반으로 컨테이너를 만들 때 도커는 **컨테이너 계층**container layer으로 불리는 읽기/쓰기가 가능한 또 다른 계층을 읽기 전용 계층 상위에 추가한다. 실행 중인 컨테이너를 대상으로 한 모든 쓰기 작업은 컨테이너 계층에 기록한다. 컨테이너는 이미지를 읽기 전용으로 사용하기 때문에 컨테이너 계층에 기록한 모든 데이터는 컨테이너를 삭제할 때 함께 사라진다. 컨테이너 계층을 제외한 나머지 계층은 변경 불가능하고 컨테이너 계층에 기록한 모든 데이터는 컨테이너를 제거한 후에 사라지기 때문에 원래 도커 이미지에 변경이 발생하지는 않는다. E.12절에서 컨테이너의 런타임 데이터, 특히 로그에 기록하는 데이터를 지속적으로 저장하는 방법을 설명할 예정이다.

이미지 생성 시 도커가 사용하는 계층화 접근 방법은 이미지 재사용성을 높인다. 동일한 이미지로 여러 개의 컨테이너를 실행하면 각 컨테이너는 읽기 전용 계층을 공유하지만 읽기 전용 계층 상위에 자신만의 독립적인 컨테이너 계층을 갖는다. 다른 이미지 간에도 컨테이너가 동일한 이미지 계층에 의존하는 경우 도커는 이러한 이미지 계층도 재사용한다.

E.10 컨테이너 수명주기

컨테이너는 이미지의 인스턴스다. 컨테이너를 생성하면 생성, 실행, 일시중지, 중지, 종료, 삭제와 같은 수명주기의 여러 단계를 거친다(그림 E.7 참고).

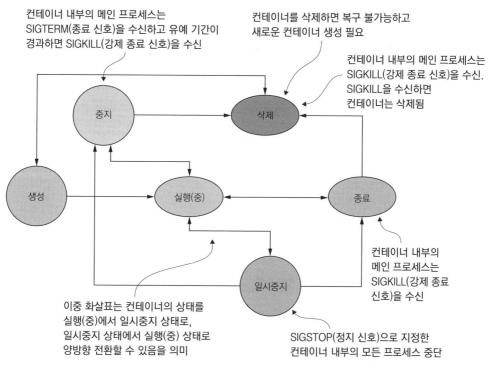

컨테이너 내부의 메인 프로세스는
SIGTERM(종료 신호)을 수신하고 유예 기간이
경과하면 SIGKILL(강제 종료 신호)을 수신

컨테이너를 삭제하면 복구 불가능하고
새로운 컨테이너 생성 필요

컨테이너 내부의 메인 프로세스는
SIGKILL(강제 종료 신호)을 수신.
SIGKILL을 수신하면
컨테이너는 삭제됨

중지

삭제

생성

실행(중)

종료

일시중지

컨테이너 내부의
메인 프로세스는
SIGKILL(강제 종료
신호)을 수신

이중 화살표는 컨테이너의 상태를
실행(중)에서 일시중지 상태로,
일시중지 상태에서 실행(중) 상태로
양방향 전환할 수 있음을 의미

SIGSTOP(정지 신호)으로 지정한
컨테이너 내부의 모든 프로세스 중단

▲ **그림 E.7** 생성부터 삭제까지의 단계별 컨테이너의 상태 변화

E.10.1 이미지로 컨테이너 생성

부록 E 앞부분에서 docker run 명령으로 컨테이너를 시작했다. docker run 명령은 컨테이너를 만들고 시작하는 두 가지 작업을 수행하지만 그 대신 docker create 명령을 사용해 도커 이미지에서 컨테이너를 만들 수도 있다. 다음 명령은 톰캣 도커 이미지를 도커 허브에서 가져와 my-web-server라는 이름으로 컨테이너를 만든다. 컨테이너를 성공적으로 만들면 해당 컨테이너의 ID를 출력한다.

```
\> docker create --name my-web-server tomcat

d9ad318893e3844695d9f25dd53cb88128329b90d024c86d1774475b81e39de3
```

다음 명령을 실행하면 최근에 생성한 컨테이너의 상태를 보여주는데 my-web-server의 상태가 Created임을 확인할 수 있다.

```
\> docker ps -l

CONTAINER ID    IMAGE      STATUS      NAMES
d9ad318893e3    tomcat     Created     my-web-server
```

컨테이너를 생성했지만 실행 중이지는 않은데 docker create 명령은 이미지를 가져와서 새로운 쓰기 가능한 계층을 추가한 다음 실행할 준비까지만 한다.

E.10.2 컨테이너 시작하기

docker start 명령을 실행하면 생성했거나 중지 상태인 도커 컨테이너를 시작할 수 있다.

```
\> docker start my-web-server
```

컨테이너를 부팅하면 다음 명령은 컨테이너의 상태를 Up으로 표시한다.

```
\> docker ps -l

CONTAINER ID    IMAGE      STATUS          NAMES
d9ad318893e3    tomcat     Up 7 seconds    my-web-server
```

E.10.3 실행 중인 컨테이너 일시중지하기

docker pause 명령으로 실행 중인 컨테이너를 일시중지할 수 있다. docker pause 명령은 SIGSTOP 신호를 대상 컨테이너의 실행 중인 모든 프로세스에게 보낸다.[2]

부연설명을 해보면 컨테이너의 쓰기 가능한 계층에 데이터를 쓰면 컨테이너의 일시중지를 해제해도 해당 데이터를 계속 사용할 수 있다는 의미다. 컨테이너 일시중지는 쓰기 가능한 계층을 삭제하지 않고 이미 기록한 데이터를 변경하지 않는다. 도커는 시스템에서 컨테이너를 제거할 때만 컨테이너 계층에 기록한 데이터를 정리한다(E.10.6절 참고). 심지어 컨테이너를 종료해도(E.10.5절 참고) 컨테이너 계층은 지워지지 않는다. 다음 명령을 실

---

2   프로세스가 SIGSTOP 신호를 수신하면 운영체제는 프로세스를 일시중지하지만 프로세스의 상태를 보존하고 재시작할 준비를 하고 있으며 재시작할 때까지는 CPU에 적재하지 않는다.

행해 컨테이너를 일시중지해보자.

```
\> docker pause my-web-server
```

컨테이너를 일시중지한 후 다음 명령을 실행하면 컨테이너의 상태가 Paused임을 확인할 수 있다.

```
\> docker ps -1
```

```
CONTAINER ID      IMAGE        STATUS                        NAMES
d9ad318893e3      tomcat       Up About a minute (Paused) my-web-server
```

다음 명령을 실행해 일시중지한 컨테이너를 다시 실행 상태로 전환할 수 있다.

```
\> docker unpause my-web-server
```

일시중지한 컨테이너의 컨테이너 계층이 일시중지 상태를 해제하거나 실행 상태로 전환한 후에도 변경되지 않은 것처럼 컨테이너의 메모리에 기록한 모든 데이터도 변경되지 않은 상태를 유지한다. 변경되지 않은 건 docker pause 명령이 컨테이너의 일시중지를 해제할 때 컨테이너에서 실행 중인 프로세스를 재시작하지 않기 때문이다.

E.10.4 실행 중인 컨테이너 중지하기

컨테이너가 실행 중 상태이면 docker stop 명령으로 컨테이너를 중지할 수 있다. docker stop 명령은 컨테이너 내부의 메인 프로세스에게 SIGTERM 신호를 보내고 유예 기간이 경과하면 SIGKILL 신호를 보낸다. 애플리케이션이 SIGTERM 신호를 수신하면 수행해야 할 작업을 결정할 수 있는데, 정상적으로 중지하기 위해 모든 리소스를 정리한 다음에 중지한다.

예를 들어, 컨테이너에서 실행 중인 마이크로서비스에 현재 처리 중인 요청이 이미 있는 경우 새로운 요청을 허용하지 않고 해당 요청을 처리한 후에 자체적으로 중지할 수 있다.

서비스가 스스로 중지하지 않기로 결정한 경우 유예 기간이 경과한 후에 SIGKILL 신호가 생성되고 해당 신호는 컨테이너가 어떤 상황이든 중지하도록 만든다.

```
\> docker stop my-web-server
```

컨테이너를 중지한 후 다음 명령을 실행하면 컨테이너는 상태 코드 143을 가진 Exited 상태임을 확인할 수 있다.

```
\> docker ps -l

CONTAINER ID    IMAGE          STATUS                     NAMES
d9ad318893e3    tomcat    Exited (143) 3 seconds ago   my-web-server
```

다음 명령을 실행하면 컨테이너를 Exited 상태에서 실행 상태로 되돌릴 수 있다.

```
\> docker restart my-web-server
```

중지한 컨테이너의 컨테이너 계층은 재시작한 후에도 변경되지 않은 상태를 유지하지만 컨테이너의 메모리에 기록한 데이터는 모두 손실되는데(docker pause 명령과의 차이점) docker stop 명령은 컨테이너에서 실행 중인 메인 프로세스를 중지하고 컨테이너를 재시작하면 프로세스를 다시 시작시키기 때문이다.

E.10.5 컨테이너 종료하기

docker kill 명령을 사용하면 실행 중이거나 일시중지 상태인 컨테이너를 종료할 수 있다. docker kill 명령은 컨테이너 내부의 메인 프로세스에 SIGKILL 신호를 보내 실행 중인 컨테이너를 즉시 종료한다.

```
\> docker kill my-web-server
```

> |참고| docker stop 명령은 실행 중인 프로세스의 정리를 제어할 수 있기 때문에 컨테이너를 중지할 때는 docker kill이 아닌 docker stop 명령을 실행해야 한다.

컨테이너를 종료한 후 다음 명령을 실행하면 컨테이너는 상태 코드 137을 가진 Exited 상태임을 확인할 수 있다.

```
\> docker ps -l

CONTAINER ID    IMAGE          STATUS                      NAMES
d9ad318893e3    tomcat    Exited (137) 20 seconds ago   my-web-server
```

다음 명령을 실행해 종료 상태의 컨테이너를 실행 상태로 되돌릴 수 있다.

```
\> docker restart my-web-server
```

종료한 컨테이너의 컨테이너 계층은 재시작하더라도 변경되지 않은 상태를 유지하지만 docker stop과 마찬가지로 컨테이너의 메모리에 쓴 모든 데이터는 손실된다. 데이터가 손실되는 이유는 docker kill 명령이 컨테이너에서 실행 중인 메인 프로세스를 중지하고 컨테이너를 재시작할 때 프로세스를 다시 시작시키기 때문이다.

E.10.6 컨테이너 삭제하기

docker rm 명령을 사용하면 도커 호스트에서 컨테이너를 삭제할 수 있다. 컨테이너를 삭제하기 전에 docker stop이나 docker kill로 실행 중인 컨테이너를 먼저 중지해야 한다.

```
\> docker rm my-web-server
```

컨테이너를 삭제하면 되돌릴 방법이 없어 필요시 컨테이너를 다시 생성해야 한다.

E.11 이미지 삭제하기

도커 레지스트리에서 이미지를 가져오거나 E.4.4절처럼 이미지를 직접 만들면 이미지를 도커 호스트에 저장한다. 다음 명령을 사용해 도커 호스트에 저장한 태그 9.0.20을 가진 톰캣 이미지의 사본을 삭제할 수 있다.

```
\> docker image rm tomcat:9.0.20
```

이미지를 삭제할 때 시스템 내 다른 이미지와의 종속성이 없는 경우 도커는 모든 이미지 계층을 삭제한다. 이미지를 삭제하기 전에 먼저 docker rm 명령(E.10.6절 참고)을 사용해 관련 컨테이너를 삭제해야 한다.

모든 미사용 컨테이너, 네트워크, 이미지를 삭제하고 싶다면 다음 명령을 사용하자.

```
\> docker system prune -a
```

E.12 컨테이너의 런타임 데이터 보존

컨테이너는 변경할 수 없다. 컨테이너 파일시스템이나 컨테이너 계층에 저장한 모든 데이터는 컨테이너를 삭제한 직후 사라지는데 그런 일이 일어나도록 그냥 둘 수는 없다. 도커 이미지로 컨테이너를 구동 및 중지하고 동일한 상태로 컨테이너를 가져오기 위해서는 컨테이너 환경에서 변경 불가능한 컨테이너가 중요하다. 하지만 런타임 로그 같은 유지해야 하는 일부 데이터는 보존이 필요하다. 도커 볼륨 및 바인드 마운트는 컨테이너의 런타임 데이터를 보존하는 데 도움을 준다.

E.12.1 도커 볼륨을 사용해 런타임 데이터 보존

도커 **볼륨**^{volume}을 사용해 컨테이너 파일시스템 외부에 데이터를 보존하면 도커는 도커 호스트 파일시스템 내 자체 스토리지를 사용하고 도커가 해당 스토리지를 직접 관리한다. 도커 볼륨을 사용해 컨테이너 간에 데이터를 공유하는 방법을 설명하는 예제를 살펴보자.

볼륨에 로그를 쓰는 하나의 컨테이너가 있고 동일한 볼륨을 공유하는 또 다른 컨테이너는 로그를 읽어 Fluentd 같은 로그 관리 시스템에 로그를 보내준다. 동일한 방법으로 아마존 S3에 로그 데이터를 저장하는 경우 공유 볼륨에서 로그를 읽어오고 S3에 로그를 게시하는 또 다른 컨테이너를 사용할 수 있다. 볼륨에 로그를 저장하는 컨테이너가 로그를 저장할 위치나 저장 방법을 반드시 알아야 하는 건 아니고 다른 컨테이너가 그 책임을 맡을 수도 있다. 컨테이너 간의 역할 분담은 단일 책임 원칙을 구현하는 좋은 방법이다.

도커 볼륨의 동작원리를 이해하기 위해 간단한 예를 살펴보자. 톰캣 컨테이너를 구동하고 로그 파일을 도커 볼륨에 저장할 예정인데 도커 볼륨에 저장하면 컨테이너를 중지해도 로그가 남아 있다. 다음 명령을 실행해 볼륨을 매핑한 톰캣 컨테이너를 구동하자. docker run 명령의 -v 인수는 컨테이너 파일시스템의 /usr/local/tomcat/logs 디렉토리를 도커 호스트의 log-vol 볼륨에 매핑하도록 지시하고 --rm 인수를 사용해 프로세스(톰캣 서버)를 종료한 후 시스템에서 톰캣 컨테이너를 삭제하도록 지시한다. log-vol 볼륨이 시스템에 없더라도 도커는 해당 볼륨을 자동으로 생성해준다.

```
\> docker run --rm --name tomcat \
-v log-vol:/usr/local/tomcat/logs tomcat:9.0.20
```

컨테이너를 시작하면 생성한 볼륨 내의 모든 로그 파일을 확인할 수 있고 컨테이너를 종료한 후에도 로그 파일은 여전히 볼륨에 남아 있다. 도커 호스트 파일시스템을 확인해 볼륨의 파일들을 직접 볼 수는 없는데, 다음 명령과 같이 동일한 볼륨을 사용하는 또 다른 컨테이너로 볼륨의 내용을 나열하는 방법으로 해결할 수 있다. busybox 도커 이미지를 사용해 실습해보자.

```
\> docker run --rm -i -v log-vol:/view_volume busybox find /view_volume
```

E.12.1절의 실습에서는 -v 옵션으로 볼륨을 매핑하는데 다음 명령처럼 --mount 옵션으로 대체할 수도 있다. 원래는 -v 옵션은 독립실행형^{standalone} 도커 컨테이너와, --mount는 도커 스웜(E.17절에서 설명)과 함께 사용하기 위한 옵션이지만 도커 17.06 이후 버전부터 -v 옵션 대신 --mount 옵션을 사용할 수 있게 됐다. --mount 옵션을 사용하려면 type 파라미터 전달이 필요한데 실습에서는 volume으로 지정한다.

```
\> docker run --rm --name tomcat \
--mount type=volume,source=log-vol,target=/usr/local/tomcat/logs \
tomcat:9.0.20
```

--mount 옵션은 volume과 bind라는 두 가지 유형을 지원하는데 E.12.2절에서는 bind에 대해 설명한다. 디폴트 마운트 유형은 volume이므로 type 파라미터를 전달하지 않을 경우 volume 유형의 마운트를 사용한다.

```
\> docker run --rm --name tomcat \
--mount source=log-vol,target=/usr/local/tomcat/logs tomcat:9.0.20
```

E.12.2 바인드 마운트를 사용해 런타임 데이터 보존

바인드 마운트^{bind mount}를 하면 호스트 파일시스템과 컨테이너 파일시스템의 디렉토리나 파일을 매핑할 수 있다. 도커가 볼륨의 스토리지를 관리하는 도커 볼륨과 달리 바인드 마운트를 하면 사용자가 스토리지를 완전히 제어할 수 있다.

E.12.1절과 동일한 예제로 바인드 마운트 작동 방식을 살펴보자. 톰캣 컨테이너를 구동

하고 호스트 시스템의 디렉토리에 로그 파일을 저장할 예정이라 컨테이너를 종료해도 로그는 남아 있다. 다음 명령으로 톰캣 컨테이너를 구동하고 바인드 마운트를 하자. docker run 명령의 -v 인수는 컨테이너 파일시스템의 /usr/local/tomcat/logs 디렉토리를 호스트 파일시스템의 ~/logs 디렉토리에 매핑한다. 호스트 파일시스템에 ~/logs 디렉토리가 없다면 자동으로 디렉토리 생성까지 해준다.

```
\> docker run --name tomcat \
-v ~/logs:/usr/local/tomcat/logs tomcat:9.0.20
```

컨테이너를 시작하면 호스트 파일시스템의 ~/logs 디렉토리에서 모든 로그를 확인할 수 있고 컨테이너를 종료한 후에도 로그 파일들은 호스트 파일시스템에 남아 있다. 컨테이너에서 데이터를 가져오는 바인드 마운트 사례를 살펴봤는데, 바인드 마운트나 볼륨을 사용하면 호스트 파일시스템에서 컨테이너 파일시스템으로 데이터를 보내주는 것 또한 가능하다. 10장에서는 바인드 마운트로 도커 이미지의 키/자격증명을 외부화한다.

직전에 실행한 명령에서는 -v 옵션을 사용해 바인드 마운트를 하지만, 다음 명령처럼 --mount 옵션을 사용해도 무방하다.

```
\> docker run --name tomcat \
--mount type=bind,\
source=/Users/prabath/logs,target=/usr/local/tomcat/logs \
tomcat:9.0.20
```

-v 옵션 대신 --mount 옵션을 사용할 수 있지만 몇 가지 차이점이 있는데, --mount 옵션은 source 파라미터로 전달한 디렉토리가 존재하지 않을 경우 디렉토리를 생성해주지 않는다.

볼륨과 바인드 마운트 중 어떤 것을 선택해야 할지 고민할 수도 있는데, 두 옵션 모두 많이 사용하고 있지만 바인드 마운트와 달리 볼륨은 호스트 파일시스템의 구조에 의존하지 않고 도커가 자체적으로 스토리지를 관리하기 때문에 도커 커뮤니티의 권장사항은 바인드 마운트가 아닌 볼륨 사용이다.

E.13 도커 내부 아키텍처

최초에는 도커에서 프로세스 격리를 구현할 때 LXC^{Linux Container}를 사용했었다. 리눅스 컨트롤 그룹과 네임스페이스는 LXC의 두 가지 기본 기술이고 LXC가 아닌 리눅스 커널이 컨트롤 그룹과 네임스페이스를 구현한다. 2013년에 도커를 처음 출시했을 때는 LXC 기반으로 구현한 도커 데몬을 포함했었지만 도커 버전 0.9부터 LXC 사용을 선택으로 전환한 후 버전 1.10 이후 버전부터 실행 환경에서 LXC 사용을 중단했다.

도커 주식회사가 개발한 libcontainer가 LXC를 대체했고 현재는 libcontainer가 도커의 기본 실행 환경이다. libcontainer를 사용하게 된 동기는 LXC를 거치지 않고 컨테이너를 빌드 및 실행하기 위해 커널 수준의 구조에 직접 접근하기 위함이었다(LXC는 리눅스 커널의 일부가 아님). libcontainer는 리눅스 커널 수준에서 컨트롤 그룹 및 네임스페이스와 상호작용하는 라이브러리다.

LXC에 대한 지원을 중단하는 것 외에도 도커는 모놀리식^{monolithic} 도커 데몬을 분해하고 일부 기능을 제거하는 작업을 수행했는데, 이 작업은 E.19절에서 설명할 모비^{Moby} 프로젝트에 영감을 주기도 했다. 그림 E.8은 도커 내부 아키텍처를 보여준다.

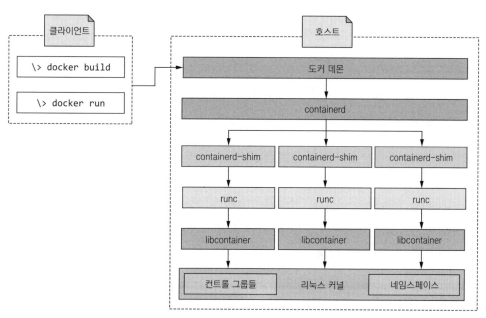

▲ **그림 E.8** 리눅스 커널에서 구현한 컨트롤 그룹 및 네임스페이스는 도커 내부 아키텍처에서 도커 컨테이너의 핵심적인 구성요소다.

E.13.1 containerd

containerd는 모든 수명주기 단계에서 컨테이너를 관리하는 도커 내부 아키텍처의 구성 요소인데 컨테이너의 시작, 중지, 일시중지, 삭제를 처리한다. containerd는 API 요청으로 제공되거나 도커 데몬에 의해 전달된 이미지 이름으로 필요한 도커 이미지를 찾아 OCI^{Open Container Initiative} 번들로 변환한 다음 containerd-shim이라는 다른 구성요소에 제어권을 전달한다.

OCI(www.opencontainers.org)는 컨테이너 형식과 런타임에 대한 표준을 개발하기 위해 도커 주식회사와 컨테이너 업계의 사람들이 2015년 6월에 설립한 리눅스 재단에서 운영하는 그룹이다. 도커는 1.11 이후 버전부터 OCI 사양을 지원한다.

E.13.2 Containerd-shim

containerd-shim은 컨테이너를 만들고 실행하기 위해 운영체제 커널과 내부적으로 통신하는 runc 프로세스를 자식 프로세스로 생성한다. runc는 컨테이너를 자식 프로세스로 시작하고 컨테이너를 실행하기 시작하면 runc는 스스로 종료한다.

E.13.3 runc

runc는 OCI 컨테이너 런타임 사양을 구현한다. runc는 운영체제 커널과 통신해 컨테이너를 생성하고, libcontainer 라이브러리를 사용해 커널 수준에서 컨트롤 그룹 및 네임스페이스와 상호작용한다.

E.13.4 리눅스 네임스페이스

도커는 네임스페이스로 프로세스 격리를 구현한다. 리눅스 **네임스페이스**^{namespace}는 실행 중인 개별 프로세스가 자신만의 독립적인 리소스에 대한 뷰를 갖도록 커널 리소스를 분할한다. 네임스페이스를 구현하면서 리눅스는 6개의 새로운 상수 플래그와 share와 setns라는 두 가지 새로운 시스템 호출을 도입했다. 각 플래그는 다음과 같이 네임스페이스를 나타낸다.

- **PID 네임스페이스**: CLONE_NEWPID 플래그로 식별. 이상적으로는 호스트 운영체제에서 프로세스를 실행할 때 고유한 프로세스 식별자를 얻어야 하지만, 분할된 프로세스 ID[PID, process ID] 네임스페이스가 있으면 각 컨테이너는 동일 호스트 시스템상의 다른 컨테이너에서 실행 중인 프로세스와 독립적인 자체 프로세스 식별자를 갖는다. 디폴트로 각 컨테이너는 자신만의 PID 네임스페이스를 갖는다.

  컨테이너 간에 PID 네임스페이스를 공유하려면 --pid 옵션의 인수를 docker run 명령에 전달해 디폴트 행동을 재정의할 수 있다. 예를 들어, 다음 명령은 hello-world 도커 컨테이너가 호스트 시스템의 PID 네임스페이스를 사용하게 만든다.

  ```
  \> docker run --pid="host" hello-world
  ```

  다음 명령은 hello-world 도커 컨테이너가 foo 컨테이너의 PID 네임스페이스를 사용하게 만든다.

  ```
  \> docker run --pid="container:foo" hello-world
  ```

- **UTS 네임스페이스**: CLONE_NEWUTS 플래그로 식별. UTS[UNIX Time Sharing](유닉스 시간 공유) 네임스페이스는 호스트명과 네트워크 정보 서비스[NIS, Network Information Service] 도메인명을 분리한다. 즉, UTS 네임스페이스는 호스트명을 격리하고 개별 컨테이너는 다른 컨테이너명에 관계없이 자신의 호스트명을 가질 수 있다. 디폴트 행동을 재정의하고 호스트 시스템의 UTS 네임스페이스를 컨테이너와 공유하려면 --uts 옵션의 파라미터를 host로 설정해 docker run 명령에 전달하면 된다.

  ```
  \> docker run --uts="host" hello-world
  ```

- **NET 네임스페이스**: CLONE_NEWNET 플래그로 식별. NET 네임스페이스는 네트워크 경로, 방화벽 규칙, 네트워크 장치 등의 네트워킹 스택을 격리한다. 예를 들어, 2개의 다른 컨테이너에서 실행 중인 각기 다른 프로세스는 충돌 없이 동일한 포트를 사용할 수 있다. E.18절에서 도커 네트워킹을 상세히 설명할 예정이다.

- **MNT 네임스페이스**: CLONE_NEWNS 플래그로 식별. MNT[mount] 네임스페이스는 시스템의 마운트 지점을 격리하는데, 마운트 지점은 간단히 말해 데이터의 위치를 의미한다.

예를 들어, USB 펜 드라이브를 맥북에 연결하면 운영체제가 펜 드라이브의 파일시스템을 /Volumes 디렉토리에 자동으로 마운트한다. MNT 네임스페이스는 파일시스템에 대한 컨테이너의 뷰를 다른 컨테이너 및 호스트 파일시스템과 격리하는 데 도움이 된다. 컨테이너들은 자신만의 /usr, /var, /home, /opt, /dev 디렉토리를 가질 수 있다.

- **IPC 네임스페이스**: `CLONE_NEWIPC` 플래그로 식별. IPC 네임스페이스는 메모리 세그먼트, 세마포어, 메시지 큐 같은 프로세스 간 통신에 관한 리소스를 격리한다. 디폴트로 개별 컨테이너는 자신만의 개인private 네임스페이스를 갖는데, `--ipc` 옵션의 파라미터를 `docker run` 명령에 전달함으로써 디폴트 행동을 재정의할 수 있다. 예를 들어, 다음 명령은 hello-world 도커 컨테이너가 다른 컨테이너(foo)의 IPC 네임스페이스에 연결하게 만든다.

```
\> docker run --ipc="container:foo" hello-world
```

- **USR 네임스페이스**: `CLONE_NEWUSER` 플래그로 식별. USR 네임스페이스는 지정한 컨테이너 내에서 사용자 식별자를 격리한다. USR 네임스페이스는 각기 다른 컨테이너에서 동일한 식별자를 가진 사용자나 그룹을 가질 수 있게 해주며, 또한 컨테이너 외부에는 root 접근 권한을 부여하지 않은 상태로 프로세스를 컨테이너의 root 권한으로 실행할 수 있다.

E.13.5 리눅스 컨트롤 그룹

컨트롤 그룹cgroup은 개별 프로세스에 할당된 리소스를 통제할 수 있는 리눅스 커널의 기능이다. 컨트롤 그룹을 사용하면 주어진 프로세스나 컨테이너가 소비할 수 있는 CPU 시간, CPU 코어 수, 메모리양 등을 정의할 수 있는데, 이는 여러 컨테이너가 호스트 시스템의 동일한 물리적 리소스(CPU, 메모리, 네트워크 등) 집합을 공유하는 환경에서 한 컨테이너가 리소스를 오남용하는 것을 방지하기 위해 매우 중요하다.

리소스양을 `docker run` 명령의 인수로 전달해 컨테이너의 리소스 사용량을 제한할 수 있다. 다음 명령은 hello-world 도커 이미지로 시작한 컨테이너의 최대 메모리 사용량을

256메가바이트로 설정한다.

```
\> docker run -m 256m hello-world
```

다음 명령은 hello-world 컨테이너가 2개 이하의 CPU 코어를 사용할 수 있게 한다.

```
\> docker run –cpuset-cpus="1,2" hello-world
```

E.14 docker run 실행 후 일어나는 일

도커 클라이언트를 통해 docker run 명령을 실행하면 도커 클라이언트는 도커 데몬에서
실행 중인 API와 통신을 한다(그림 E.9 참고). 도커 클라이언트와 데몬은 동일 호스트에서
실행할 수도 있고 물리적으로 구분된 별도의 시스템일 수도 있다. 도커 데몬이 새로운 컨
테이너를 생성하고 구동하라는 API 요청을 받으면 내부적으로 부록 E 도입부에서 설명
한 containerd로 불리는 또 다른 구성요소와 통신을 개시한다.

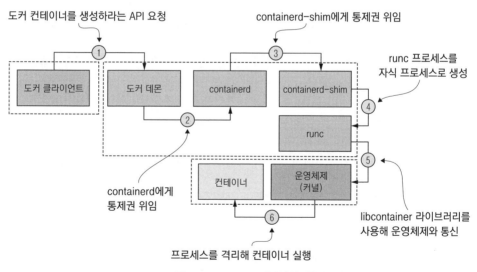

▲ **그림 E.9** docker run 명령의 동작원리

containerd는 API 요청으로 제공되는 이미지 이름으로 필요한 도커 이미지를 찾고 OCI
번들로 변환한 다음 containerd-shim이라는 구성요소에 제어권을 전달한다.

containerd-shim은 컨테이너를 생성하고 실행하기 위해 내부적으로 운영체제 커널과 통신하는 runc 프로세스를 자식 프로세스로 생성한다. runc는 컨테이너를 자식 프로세스로 시작하고 컨테이너 실행을 시작하면 스스로 종료한다. 그림 E.9는 컨테이너를 구동하는 절차를 보여준다.

E.3절에서 다음 명령을 사용해 컨테이너에서 hello-world 프로세스를 실행했었다.

```
\> docker run hello-world
```

이미 알고 있을 수도 있지만 위 명령으로 컨테이너를 실행하면 명령을 실행하는 콘솔이나 터미널은 컨테이너의 표준 입력, 출력 및 오류에 자동으로 연결된다. **포그라운드 모드**foreground mode로 알려진 컨테이너를 실행하는 이 방법이 디폴트 행동이다. **백그라운드 모드**background mode에서 컨테이너를 시작하려면 -d 옵션의 인수를 docker run 명령에 전달해야 한다. 명령을 실행하면 컨테이너 ID를 화면에 출력한다.

```
\> docker run -d hello-world
74dac4e3398410c5f89d01b544aaee1612bb976f4a10b5293017317630f3a47a
```

컨테이너를 시작하면 다음 명령을 사용해 컨테이너 ID로 컨테이너에 연결하고 로그를 가져올 수 있다.

```
\> docker container logs 74dac4e3398410c5f89d01b544aaee1612bb...
```

다음 명령은 실행 중인 컨테이너의 상태와 속성을 검사하는 또 다른 유용한 명령이다.

```
\> docker container inspect 74dac4e3398410c5f89d01b544aaee1612bb...

[
  {
    "Id": "74dac4e3398410c5f89d01b544aaee1612bb976f4",
    "Created": "2019-05-22T18:29:47.992128412Z",
    "Path": "/hello",
      "Args": [],
      "State": {
        "Status": "exited",
        "Running": false,
```

```
            "Paused": false,
            "Restarting": false,
            "OOMKilled": false,
            "Dead": false,
            "Pid": 0,
            "ExitCode": 0,
            "Error": "",
            "StartedAt": "2019-05-22T18:29:48.609133534Z",
            "FinishedAt": "2019-05-22T18:29:48.70655394Z"
        },
    }
]
```

E.15 도커 클라이언트와 호스트 간의 트래픽 검사

지금까지 시도한 모든 도커 명령은 도커 클라이언트에서 생성해 도커 호스트로 전송됐다. socat 도구를 사용해 도커 클라이언트와 호스트 간의 트래픽을 검사해볼 텐데 socat은 내부적으로 어떤 일들이 일어나는지 이해하는 데 도움을 준다.

먼저 운영체제에 socat을 설치해야 하는데 맥OS는 brew를, 데비안/우분투 리눅스에서는 apt-get을 사용해야 한다. 설치 방법을 찾을 수 있는 가장 좋은 방법은 운영체제 이름을 사용해 구글에서 socat을 검색하는 것이다(운영체제별로 설치 방법을 한곳에 모아둔 사이트는 찾을 수 없었다). socat과 그 밖의 모든 종속적인 소프트웨어를 설치하면 다음 명령을 실행할 수 있다.

```
\> socat -d -d -v TCP-L:2345,fork,bind=127.0.0.1 UNIX:/var/run/docker.sock

2021/02/28 12:48:54 socat[7141] N listening on AF=2 127.0.0.1:2345
```

-d -d 플래그는 모든 심각한 결함fatal, 오류error, 경고warning, 공지notice 메시지를 출력하도록 socat에 요청한다. -d를 하나 더 추가하면 정보성 메시지까지 출력한다. socat 사용법에 대한 상세한 설명을 확인하려면 socat의 매뉴얼(man 페이지)을 봐야 한다.

- -v 플래그는 전송한 데이터를 대상 스트림과 표준 오류stderr에 기록하도록 socat에 지시한다.

- TCP-L:2345 플래그는 2345 포트에서 TCP 트래픽 수신을 대기하도록 지시한다.
- fork 플래그는 socat이 하위 프로세스의 패킷까지 처리할 수 있게 한다. fork를 사용하면 socat은 허용한 연결별로 새로운 프로세스를 생성한다.
- bind=127.0.0.1 플래그는 루프백^{loopback} 인터페이스에서만 수신대기하도록 socat에 지시하므로 호스트 시스템 외부의 누구도 socat과 직접 통신할 수 없다.
- UNIX:/var/run/docker.sock은 도커 데몬이 연결을 허용할 네트워크 소켓의 주소다.

실제로 명령을 실행하면 2345 포트에서 TCP 트래픽을 수신하고 로그를 저장하며 유닉스 소켓인 /var/run/docker.sock으로 로그를 전달하도록 socat에 요청한다. 디폴트로 도커 클라이언트는 유닉스 소켓과 통신하도록 구성되어 있다. 그러나 도커 클라이언트와 도커 호스트 간의 트래픽을 가로채려면 도커 클라이언트에게 socat을 거쳐 요청을 보내도록 지시해야 하기 때문에 다음 명령으로 DOCKER_HOST 환경 변수를 재정의해 socat을 가리키게 해야 한다.

```
\> export DOCKER_HOST=localhost:2345
```

환경 변수를 설정한 것과 동일한 터미널에서 docker images 명령을 실행해 도커 호스트에서 사용 가능한 모든 도커 이미지를 찾아보자.

```
\> docker images
```

명령을 실행하는 동안 socat을 실행하고 있는 터미널을 관찰해보면 도커 클라이언트와 호스트 간의 요청 및 응답 메시지를 확인할 수 있다. 다음 curl 명령을 실행해 도커 API와 직접 통신하면 docker 명령을 실행하지 않고도 도커 클라이언트와 호스트 간의 요청 및 응답 메시지를 확인할 수 있다(도커 데몬과 socat이 localhost에서 실행 중이라고 가정).

```
\> curl http://localhost:2345/v1.39/images/json
```

DOCKER_HOST 환경 변수를 재설정하려면 다음 명령을 실행하자. 이제 도커 클라이언트는 이전처럼 socat을 거치지 않고 도커 호스트와 직접 통신한다.

```
\> export DOCKER_HOST=
```

E.16 도커 컴포즈

도커 컴포즈^{Docker Compose}는 다중 컨테이너 애플리케이션을 관리하는 데 도움을 주는 파이썬으로 개발한 오픈소스 도구다(도커 엔진의 일부가 아님). 예를 들어 마이크로서비스, 데이터베이스 및 메시지 큐로 구성한 애플리케이션이 있다고 가정해보면 각 구성요소는 자신만의 별도의 컨테이너에서 독립적으로 실행된다. 이러한 컨테이너를 독립적으로 관리하는 대신 docker-compose.yaml이라 불리는 단일 YAML 파일을 만들고 해당 파일에 필요한 모든 파라미터와 종속성을 정의할 수 있다. 3개의 컨테이너를 모두 사용해 애플리케이션을 시작하려면 docker-compose.yaml 파일이 있는 디렉토리에서 docker-compose up이라는 단일 명령만 실행하면 된다.

디폴트로 docker-compose 명령은 현재 디렉토리에서 docker-compose.yaml 파일을 찾지만 -f 옵션의 인수로 YAML 파일명을 전달해 디폴트 행동을 재정의할 수 있다(**CLI** docker-compose -f my-docker-compose.yaml up). 리스트 E.3은 docker-compose.yaml 샘플 파일을 보여준다.

리스트 E.3 docker-compose.yaml 파일

```yaml
version: '3'
services:
  zookeeper:
    image: wurstmeister/zookeeper
  kafka:
    image: wurstmeister/kafka
    ports:
    - "9092:9092"
    environment:
      KAFKA_ADVERTISED_HOST_NAME: localhost
      KAFKA_ZOOKEEPER_CONNECT: zookeeper:2181
    depends_on:
    - "zookeeper"
  sts:
    image: prabath/manning-sts-appendix-e
    ports:
    - "8443:8443"
    depends_on:
    - "kafka"
```

docker-compose.yaml 파일은 애플리케이션에 대한 3개의 컨테이너를 정의한다. STS는 메시지 브로커인 아파치 카프카^{Apache Kafka}에 의존하는 토큰을 발급하는 마이크로서비스다. 카프카는 분산 구성 관리를 위해 내부적으로 아파치 주키퍼^{ZooKeeper}에 의존한다. 실제로 STS 애플리케이션을 실행하려면 3개의 도커 이미지가 필요한데, 한 번의 docker-compose up 명령으로 3개의 컨테이너를 모두 시작할 수 있다.

도커 컴포즈에 대해 상세히 설명하는 건 이 책의 주제를 벗어나기 때문에 자세히 이해하고 싶다면 온라인 문서(https://docs.docker.com/compose/overview/)나 『Docker in Action』(Manning, 2019) 11장을 참고하길 바란다.

E.17 도커 스웜

실제로 운영 환경에서 도커를 실행할 때는 수많은 노드에서 실행 중인 수백 개의 도커 컨테이너가 있을 수 있는데, **노드**^{node}는 물리적 시스템일 수도 있고 가상 머신일 수도 있다. 또한 컨테이너에서 실행하는 애플리케이션의 고가용성 측면에서 생각해보면 각기 다른 컨테이너에서 실행 중인 동일한 애플리케이션의 여러 복제본^{replica}이 필요하다. 애플리케이션 복제본의 수를 결정하려면 단일 컨테이너가 처리할 수 있는 부하(트래픽)와 시스템이 받는 평균 및 최대 부하를 알아야 한다. 평균 부하를 처리하기 위한 최소한의 복제본을 실행한 다음 부하가 증가함에 따라 자동확장(더 많은 복제본 구동)하는 게 바람직하고 이러한 접근 방식을 사용하면 최소한의 시스템 리소스만 낭비한다.

도커 스웜^{Docker Swarm}은 가용성 관점의 문제 대부분을 해결한다. 도커 스웜은 버전 1.12부터 도커 엔진의 일부였지만 이전 버전에서는 도커와 별개의 제품이었다. 도커 스웜의 두 가지 주요 목표는 다중 노드 도커 클러스터 관리와 도커 컨테이너를 위한 오케스트레이션 엔진 역할 수행인데, 이 두 가지 기능은 스웜킷^{SwarmKit}(https://github.com/docker/swarmkit/)으로 불리는 오픈소스 프로젝트로 도커에 내장되어 있다.

E.3절에서 설명한 고수준 도커 아키텍처를 다시 살펴보자. 그림 E.10은 그림 E.5와 동일하며 1개의 도커 노드를 나타낸다. 컨테이너를 실행하려면 도커 클라이언트는 API를 사용해 도커 호스트와 직접 통신해 컨테이너를 실행한다. 다중 노드를 가진 도커 클러스터

에서 도커 클라이언트가 여러 도커 호스트와 통신하고 컨테이너 실행을 예약하는 건 비현실적인데, 이건 매우 기본적인 제한사항 중 하나이며 E.17절 도입 부분에서 설명한 것처럼 이를 해결하는 여러 가지 방법이 있다. 그림 E.10에서 표현한 아키텍처는 도커 클러스터에서 더 이상 사용하지 않는다.

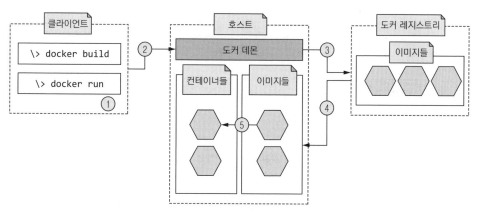

▲ **그림 E.10** 도커의 고수준 구성요소 아키텍처에서 도커 클라이언트는 도커 호스트상에서 실행 중인 도커 데몬과 REST API로 통신해 이미지 및 컨테이너에서 다양한 작업을 수행

도커 스웜이 제안하는 새로운 아키텍처(그림 E.11)는 일련의 관리자 노드와 작업자 노드를 도입한다. 다시 말해, 도커 클러스터는 관리자와 작업자 노드의 모음이다.

클러스터의 **관리자 노드**^{manager node}는 클러스터의 상태를 관리한다. 예를 들어, 주어진 애플리케이션의 5개의 복제본을 실행해야 한다면 관리자 노드는 복제본 실행을 확인해야 한다. 또한 부하가 증가할수록 더 많은 복제본을 구동하고 부하가 감소할수록 복제본을 중지해야 하는 경우 관리자 노드는 특정 애플리케이션의 부하를 모니터링하여 복제본을 구동하거나 중지하기 위한 제어 신호를 생성해야 한다. **작업자 노드**^{worker node}의 역할은 관리자 노드의 제어 신호를 허용하고 제어 신호에 따라 행동하는 것이다. 실제로 컨테이너들은 작업자 노드에서 실행된다.

도커 클러스터에서 애플리케이션 실행을 예약하려면 도커 클라이언트는 관리자 노드 중 하나와 통신해야 한다. 클러스터의 관리자 노드 집합은 **컨트롤 플레인**^{control plane}이라고 한다.

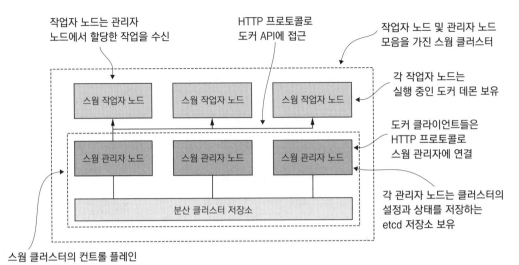

작업자 노드는 관리자
노드에서 할당한 작업을 수신

HTTP 프로토콜로
도커 API에 접근

작업자 노드 및 관리자 노드
모음을 가진 스웜 클러스터

각 작업자 노드는
실행 중인 도커 데몬 보유

도커 클라이언트들은
HTTP 프로토콜로
스웜 관리자에 연결

각 관리자 노드는 클러스터의
설정과 상태를 저장하는
etcd 저장소 보유

스웜 작업자 노드　스웜 작업자 노드　스웜 작업자 노드

스웜 관리자 노드　스웜 관리자 노드　스웜 관리자 노드

분산 클러스터 저장소

스웜 클러스터의 컨트롤 플레인

▲ **그림 E.11** 고수준 도커 스웜 아키텍처에서 스웜 클러스터는 관리자 노드와 작업자 노드 모음으로 구성된다.

스웜은 컨테이너보다 작은 배포 단위인 **서비스**service라는 새로운 개념을 도커 클러스터에 도입했다. 실제로 서비스는 도커 컨테이너 위에 래퍼wrapper를 빌드하고 서비스에 래핑된 컨테이너를 **복제본**replica 또는 **작업**task이라고 한다.

docker service create 명령으로 도커 서비스를 만들 수 있다. docker run 명령에서 사용하는 이미지명, 포트 정보, 기타 인수 외에도 docker service create 명령은 docker service create -help 명령으로 확인할 수 있는 다른 파라미터까지 허용한다. 다음 명령의 replicas 인수는 스웜에게 해당 서비스(hello-world)나 애플리케이션의 복제본 5개를 생성하도록 요청한다.

\> docker service create –name hello-service –replicas 5 hello-world[3]

스웜에 대한 상세한 설명은 이 책의 주제를 벗어나기 때문에 더 많은 내용을 알고 싶다면 『Docker in Action』(Manning, 2019)의 12장을 읽어보자. 도커 스웜에 관한 온라인 문서 (https://docs.docker.com/engine/swarm/key-concepts/)도 스웜에 대해 배울 수 있는 좋은 자료다.

3　복제본을 생성하는 명령을 참고로 설명한 것으로 관리자 노드 지정 등 사전에 필요한 작업을 진행하지 않았기 때문에 명령 실행 시 오류가 난다. - 옮긴이

E.18 도커 네트워킹

E.13.4절에서 설명한 것처럼 리눅스 커널의 NET 네임스페이스는 컨테이너의 네트워크 경로, 방화벽 규칙, 네트워크 장치 등의 네트워킹 스택 격리를 제공한다. 도커 컨테이너는 자체 네트워킹 스택이 있다. 도커 네트워킹은 고^{Go} 프로그래밍 언어로 작성한 libnetwork 오픈소스 라이브러리로 구현하고 컨테이너 네트워크 모델$^{CNM, Container}$ $^{Network Model}$ 설계 사양을 기반으로 한다. 컨테이너 네트워크 모델은 샌드박스^{sandbox}, 접점^{endpoint}, 네트워크 등 도커 네트워킹의 핵심적인 구성요소를 정의한다(그림 E.12 참고).

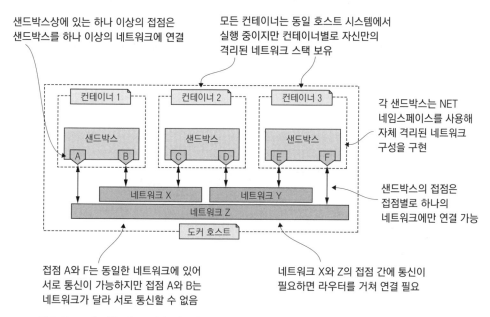

▲ **그림 E.12** 도커는 샌드박스, 접점, 네트워크라는 3개의 핵심 구성요소를 정의하는 컨테이너 네트워크 모델 설계를 준수한다.

샌드박스는 격리된 네트워크 구성에 대한 추상화다. 예를 들어, 각 컨테이너는 라우팅 테이블, 방화벽 규칙, DNS$^{Domain Name System}$ 구성을 포함한 자체 네트워크 샌드박스가 있다. 도커는 NET 네임스페이스를 사용해 샌드박스를 구현한다. **접점**은 네트워크 인터페이스를 나타내며 개별 샌드박스는 자신만의 접점 집합을 갖는다. 접점 집합인 가상 네트워크 인터페이스들은 샌드박스를 네트워크에 연결하고 서로 통신해야 하는 접점들은 네

트워크를 형성한다. 디폴트로 도커는 브리지^{bridge}, 호스트^{host}, 논^{none}이라는 세 가지 네트워킹 모드를 지원한다. 다음 명령은 도커가 지원하는 도커 네트워크를 나열한다.

```
\> docker network ls

NETWORK ID          NAME            DRIVER            SCOPE
f8c9f194e5b7        bridge          bridge            local
a2b417db8f94        host            host              local
583a0756310a        none            null              local
```

리스트 E.4는 네트워크 ID를 사용해 지정한 네트워크에 대한 상세 정보를 가져온다.

리스트 E.4 브리지 네트워크 상세 정보

```
\> docker network inspect f8c9f194e5b7

[
  {
    "Name": "bridge",
    "Id": "f8c9f194e5b70c305b3eb938600f9caa8f5ed11439bc313f7245f76e0769ebf6",
    "Created": "2019-02-26T00:20:44.364736531Z",
    "Scope": "local",
    "Driver": "bridge",
    "EnableIPv6": false,
    "IPAM": {
      "Driver": "default",
      "Options": null,
      "Config": [
        {
          "Subnet": "172.17.0.0/16",
          "Gateway": "172.17.0.1"
        }
      ]
    },
    "Internal": false,
    "Attachable": false,
    "Ingress": false,
    "ConfigFrom": {
      "Network": ""
    },
```

```
      "ConfigOnly": false,
      "Containers": {},
      "Options": {
        "com.docker.network.bridge.default_bridge": "true",
        "com.docker.network.bridge.enable_icc": "true",
        "com.docker.network.bridge.enable_ip_masquerade": "true",
        "com.docker.network.bridge.host_binding_ipv4": "0.0.0.0",
        "com.docker.network.bridge.name": "docker0",
        "com.docker.network.driver.mtu": "1500"
      },
      "Labels": {}
  }
]
```

E.18.1 브리지 네트워킹

도커의 **브리지 네트워킹**^{bridge networking}은 동일 호스트 시스템상에서 실행 중인 컨테이너 간의 연결을 구축하기 위해 리눅스 bridging과 iptables를 사용한다. 브리지는 도커의 디폴트 네트워킹 모드다. 도커는 새 컨테이너를 구동하면 해당 컨테이너에 사설 IP 주소를 할당한다.

E.3절에서 실행한 hello-world 컨테이너를 이미 갖고 있다면 다음과 같은 2개의 명령을 실행해 할당된 사설 IP 주소를 확인할 수 있다. 첫 번째 명령은 hello-world에 해당하는 컨테이너 ID를 찾고, 두 번째 명령은 컨테이너 정보를 조회한다. 두 번째 명령의 실행 결과는 터미널상에 출력한 정보 중 네트워크 설정에 관한 일부 정보만 표시했다.

```
\> docker ps

CONTAINER ID  IMAGE            STATUS            PORTS
b410162d213e  hello-world Up About a minute  0.0.0.0:8443->8443/tcp

\> docker inspect b410162d213e

[
  {
    {
```

```
    "Networks": {
      "bridge": {
        "Gateway": "172.17.0.1",
        "IPAddress": "172.17.0.2",
        "IPPrefixLen": 16,
        "IPv6Gateway": "",
        "GlobalIPv6Address": "",
        "GlobalIPv6PrefixLen": 0,
        "MacAddress": "02:42:ac:11:00:02"
      }
    }
  }
]
```

컨테이너에 할당한 사설 IP 주소는 호스트 시스템에서 직접 접근할 수 없다. 한 컨테이너가 동일 호스트 시스템상의 사설 IP를 가진 또 다른 컨테이너와 통신이 필요한 경우 그림 E.13과 같이 docker0 브리지 네트워킹 인터페이스를 통해 라우팅된다.

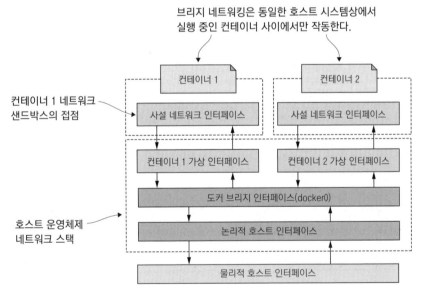

▲ **그림 E.13** 컨테이너는 도커에서 제공하는 브리지 네트워킹 인터페이스를 사용해 서로 통신한다.

컨테이너를 구동하거나 중지하면 IP 주소는 동적으로 변경될 가능성이 있어 동일한 호스트 시스템상의 컨테이너 간 IP 주소 기반 통신은 최선의 옵션이 아니다. 사설 IP 주소 대신 컨테이너의 이름을 사용한 컨테이너 간 통신도 가능하다. 이름을 사용한 통신은 도커에서 임의로 생성한 UUID로 컨테이너를 구동하지 않고 의미 있는 이름을 수동으로 부여할 경우에만 누릴 수 있는 이점이다.

E.18.2 호스트 네트워킹

컨테이너 간 통신을 용이하게 하기 위한 **호스트 네트워킹**^{host networking}은 도커에서 가장 여유로운 옵션이다. 컨테이너에 호스트 네트워킹을 활성화하면 호스트 시스템의 네트워킹 스택을 직접 사용하고 호스트 시스템과 네트워크 네임스페이스를 공유한다. 호스트 네트워킹을 활성화하려면 다음처럼 docker run 명령에 host라는 network 인수를 전달해야 한다.

```
\> docker run --network="host" hello-world
```

E.18.3 논 네트워킹(네트워킹 비활성화)

논 네트워킹^{none networking} 모드는 컨테이너에서 사용할 수 있는 모든 네트워킹 인터페이스를 비활성화해 어떤 네트워크와도 연결하지 않는 폐쇄된 컨테이너를 만든다. 특정 작업을 수행할 때 네트워크 연결이 없는 컨테이너가 필요한 경우가 있을 수 있는데, 예를 들어 특정한 형식의 로그 파일 집합을 먼저 처리한 다음 또 다른 형식으로 로그를 출력해야 하는 경우다. 네트워킹을 비활성화하려면 다음처럼 docker run 명령에 none이라는 network 인수를 전달해야 한다.

```
\> docker run --network="none" hello-world
```

E.18.4 도커 운영 환경 배포 절차에서의 네트워킹

브리지 네트워킹은 동일한 호스트 시스템에 배포된 컨테이너 간, 즉 단일 호스트 환경에서만 작동한다. 운영 환경 배포에서 단일 호스트 환경에서만 작동하는 브리지 네트워킹은 사용 범위가 한정적이라 각기 다른 호스트 시스템에서 실행 중인 컨테이너 간의 통신이 필요하다. 쿠버네티스, 도커 스웜 같은 컨테이너 오케스트레이션 프레임워크는 도커에서 다중 호스트 간의 네트워킹을 지원한다. 도커 스웜은 도커 오버레이 네트워킹^{overlay} networking을 사용해 다중 호스트 컨테이너 통신을 지원하며 11장에서 쿠버네티스가 다중 호스트 네트워킹을 지원하는 방법을 자세히 설명한다.

E.19 모비 프로젝트

2017년에 도커 주식회사는 연례 사용자 콘퍼런스인 도커콘^{DockerCon}에서 **모비 프로젝트** Moby project를 발표했다. 모비 프로젝트를 발표하면서 도커 깃허브 프로젝트는 github.com/docker/docker에서 github.com/moby/moby로 옮겨졌다.

모비 프로젝트는 기존의 모놀리식 도커 프로젝트를 여러 구성요소로 분할해 도커 생태계를 확장하는 걸 목표로 한다. 다양한 프로젝트의 개발자들은 이러한 구성요소를 재사용해 자체 컨테이너 기반 시스템을 구축할 수 있다. 모비 프로젝트에 대한 상세 내용은 https://www.docker.com/blog/introducing-the-moby-project/에서 확인 가능하다.

부록 F

OPA

일반적인 마이크로서비스 환경은 다음 두 지점 중 하나 또는 모든 지점에서 접근 제어 정책을 적용할 수 있다.

- **마이크로서비스 그룹의 경계:** 일반적으로 API 게이트웨이에 해당(5장에서 설명)
- **서비스의 경계:** 일반적으로 서비스 메시나 내장된 라이브러리 모음(7장과 12장에서 설명)

서비스 수준으로 인가를 구현하면 개별 서비스가 원하는 방식으로 접근 제어 정책을 적용할 수 있다. 일반적으로 API 게이트웨이(경계 지점)에서 대략적인 접근 제어 정책을 적용하고 서비스 수준에서 더 세분화한 접근 제어 정책을 적용하는데, 서비스 수준에서 데이터 기준으로 권한을 부여하는 게 일반적이다. 예를 들어, 마이크로서비스 그룹의 경계 지점에서 특정 사용자가 주문 처리 마이크로서비스로 HTTP GET 요청을 보낼 수 있는지 여부를 확인할 수 있다. 그러나 주문 관리자만 거래 금액이 만 불 이상인 주문을 볼 수 있도록 하는 것과 같은 데이터 기준 검사는 서비스 수준에서 시행한다.

부록 F에서는 접근 제어 시스템의 주요 구성요소, 접근 제어 패턴, OPA^{Open Policy Agent}를 사용한 접근 제어 정책 적용과 정의 방법 등을 설명한다. OPA(www.openpolicyagent.org)는 마이크로서비스에 의존하지 않는 경량 다용도 오픈소스 정책 엔진이다. OPA를 사용해 세분화한 접근 제어 정책을 정의하고 마이크로서비스 그룹 내부뿐만 아니라 인프라 전반의 다른 위치에서 정책을 시행할 수 있다. 5장에서 OPA를 간략하게 살펴봤기 때문에 부록 F에서는 좀 더 상세히 설명할 예정이며 5, 7, 10, 11, 12장에서 다뤘던 컨테이너, 쿠버네티스, 이스티오, JWT를 잘 이해하고 있다고 가정한다.

F.1 접근 제어 시스템의 주요 구성요소

일반적인 접근 제어 시스템은 정책 관리 지점[PAP, policy administration point], 정책 적용 지점[PEP, policy enforcement point], 정책 결정 지점[PDP, policy decision point], 정책 정보 지점[PIP, policy information point], 정책 저장소[policy store]라는 다섯 가지 주요 요소로 구성되어 있다(그림 F.1 참고).

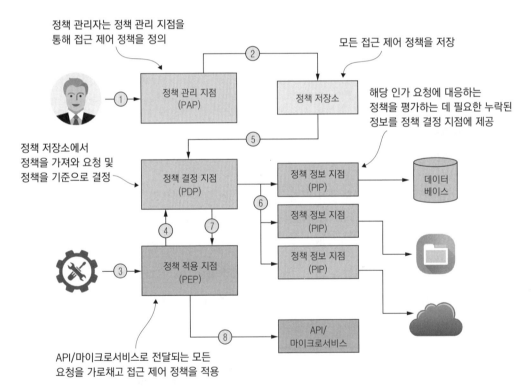

▲ **그림 F.1** 일반적인 접근 제어 시스템의 구성요소. 정책 관리 지점은 접근 제어 정책을 정의한 다음 해당 정책을 정책 저장소에 저장한다. 런타임 시 정책 적용 지점은 모든 요청을 가로채고 인가 요청을 생성하며 정책 결정 지점과 통신한다. 정책 결정 지점은 정책 저장소에서 정책을, 정책 정보 지점에서 기타 누락된 정보를 가져온 다음 정책 평가를 통해 내린 결정을 다시 정책 적용 지점에 전달한다.

정책 관리 지점은 정책 관리자와 개발자가 접근 제어 정책을 정의할 수 있게 하는 구성요소다. 대부분의 경우 정책 관리 지점 구현은 자체 사용자 인터페이스를 갖거나 API를 통해 기능을 노출한다. 일부 접근 제어 시스템은 구체적인 정책 관리 지점 없이 파일시스템에서 직접 정책을 읽기 때문에 타사 도구를 사용해 정책을 작성해야 한다. 정책 관리 지점을 통해 정책을 정의하면 정책 관리 지점은 정책을 정책 저장소에 기록한다. 정책 저장소는 데이터베이스, 파일시스템 또는 웹 기반 서비스 형태일 수도 있다.

정책 적용 지점은 보호 대상 서비스/API와 클라이언트 애플리케이션 사이에 위치한다. 런타임 시 정책 적용 지점은 클라이언트 애플리케이션과 서비스 간의 모든 트래픽을 가로챈다. 3장에서 설명한 것처럼 정책 적용 지점은 API 게이트웨이일 수도 있고 7장과 8장에서 설명한 대로 애플리케이션 자체에 내장된 일종의 인터셉터일 수도 있다. 또한 12장처럼 정책 적용 지점 역할을 마이크로서비스로 들어오는 모든 요청을 가로채는 서비스 메시 환경의 프록시가 할 수도 있다.

정책 적용 지점이 요청을 가로채면 요청에서 사용자, 리소스, 행위 같은 특정 파라미터를 추출하고 인가 요청을 생성한 다음 정책 결정 지점과 통신해 요청을 승인했는지를 확인한다. 요청을 승인했다면 정책 결정 지점은 대상 서비스나 API로 요청을 전달하고 요청을 승인하지 않았다면 클라이언트 애플리케이션에 오류를 반환한다. 요청이 정책 적용 지점에 도달하기 전에 적절한 인증을 받았다고 가정해보자.

정책 적용 지점이 정책 결정 지점과 통신해 인가 여부를 확인할 때 정책 결정 지점은 정책 저장소에서 해당하는 모든 정책을 가져온다. 그리고 해당 정책에 부합하는 인가 요청을 평가하는 동안 필수 정보가 누락됐음을 알게 되면 정책 결정 지점은 정책 정보 지점과 통신한다. 예를 들어 나이가 21세 이상인 경우에만 맥주를 구매할 수 있지만, 이름을 주체subject로, 구매를 행위로, 맥주를 리소스로 포함하는 접근 제어 정책이 있다고 가정해보면 나이를 누락했기 때문에 정책 결정 지점은 나이를 알기 위해 정책 정보 지점과 통신한다.

F.2 OPA란 무엇인가

앞부분에서 설명한 것처럼 OPA는 마이크로서비스에 의존하지 않는 경량 다용도 오픈소스 정책 엔진이다. OPA를 사용해 세분화한 접근 제어 정책을 정의하고 마이크로서비스 환경 내부뿐만 아니라 인프라 전반의 여러 위치에서 정책을 적용할 수 있다. OPA는 접근 제어 정책을 정의하기 위해 Rego(www.openpolicyagent.org/docs/latest/policy-language)라는 새로운 선언적 언어를 도입했다.

OPA는 여러 이기종 기술 스택에서의 정책 시행을 통합하려는 목표를 갖고 2016년에 오픈소스 프로젝트로 시작됐다. OPA 얼리어답터 중 한 곳인 넷플릭스는 OPA로 마이크로서비스 환경의 접근 제어 정책을 적용하는데, 넷플릭스 외에도 클라우드플레어^{Cloudflare}, 핀터레스트^{Pinterest}, 인튜이트^{Intuit}, 캐피털 원^{Capital One}, 스테이트 스트리트^{State Street}를 비롯한 여러 곳에서도 OPA를 사용하고 있다. 이 책을 쓰고 있는 시점을 기준으로 OPA는 클라우드 네이티브 컴퓨팅 재단^{CNCF, Cloud Native Computing Foundation}에서 진행하고 있는 프로젝트다.

F.3 OPA의 고수준 아키텍처

F.3절에서는 OPA의 고수준 아키텍처가 논의에 어떻게 부합하는지 설명한다. 그림 F.2에서 볼 수 있듯이 OPA 엔진은 독립실행형^{standalone} 배포로 자체 실행되거나 애플리케이션에 내장된 라이브러리 형태로 실행될 수 있다.

OPA 서버를 독립실행형 배포로 실행하면 OPA는 정책 적용 지점이 연결할 수 있고 인가 여부를 확인할 수 있는 REST API 모음을 노출한다. 그림 F.2에서 OPA 엔진은 정책 결정 지점 역할을 한다.

오픈소스 OPA 서버는 정책을 작성하고 OPA 서버에 정책을 게시할 수 있는 도구나 사용자 인터페이스를 제공하지 않지만 비주얼 스튜디오 코드^{Visual Studio Code} 같은 도구를 사용해 OPA 정책을 생성할 수 있고 OPA는 비주얼 스튜디오 코드 플러그인도 갖고 있다. OPA 서버를 독립실행형이 아닌 애플리케이션 내 라이브러리로 포함하기로 결정한다면 OPA가 제공하는 Go API를 사용해 상호작용할 수 있다.

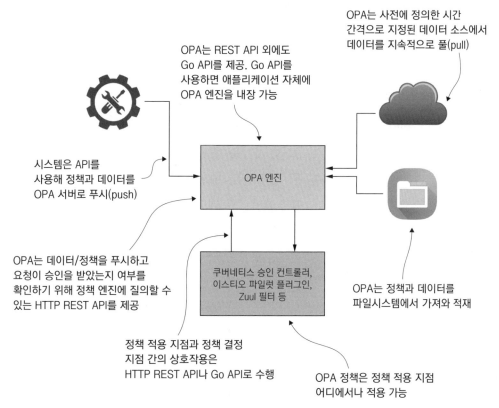

OPA는 REST API 외에도
Go API를 제공. Go API를
사용하면 애플리케이션 자체에
OPA 엔진을 내장 가능

OPA는 사전에 정의한 시간
간격으로 지정된 데이터 소스에서
데이터를 지속적으로 풀(pull)

시스템은 API를
사용해 정책과 데이터를
OPA 서버로 푸시(push)

OPA 엔진

OPA는 데이터/정책을 푸시하고
요청이 승인을 받았는지 여부를
확인하기 위해 정책 엔진에 질의할 수
있는 HTTP REST API를 제공

쿠버네티스 승인 컨트롤러,
이스티오 파일럿 플러그인,
Zuul 필터 등

OPA는 정책과 데이터를
파일시스템에서 가져와 적재

정책 적용 지점과 정책 결정
지점 간의 상호작용은
HTTP REST API나 Go API로 수행

OPA 정책은 정책 적용 지점
어디에서나 적용 가능

▲ **그림 F.2** 애플리케이션이나 정책 적용 지점은 HTTP REST API나 Go API를 통해 OPA 정책 엔진과 통합 가능하다.

정책을 갖고 있으면 OPA API로 OPA 서버에 게시할 수 있는데, 게시할 경우 OPA 엔진은 해당 정책을 메모리에만 보관하기 때문에 서버를 부팅할 때마다 정책을 게시하는 메커니즘을 구축해야 한다. 정책 파일을 OPA 뒷단의 파일시스템에 복사해 OPA 서버가 부팅할 때 가져가게 하는 방법도 있는데, 정책을 변경하면 OPA 서버를 재시작해야 한다. 그러나 OPA 서버가 파일시스템에서 동적으로 정책을 가져오는 옵션도 있지만 운영 환경 배포 절차에서는 권장하지 않는다. 또한 번들 서버를 사용해 OPA 서버에 정책을 보낼 수 있는데 F.7절에서 상세히 설명할 예정이다.

OPA는 외부 데이터를 정책 결정 지점이나 OPA 엔진으로 가져오는 정책 정보 지점 디자인$^{PIP\ design}$을 갖고 있는데, F.7절에서 OPA가 외부 데이터를 가져오는 방법을 상세히 설명한다.

F.4 도커 컨테이너로 OPA 배포

F.4절에서는 OPA 서버를 도커 컨테이너로 배포하는 방법을 설명한다. OPA로 정책을 가져오는 여러 가지 방법이 있다. 중요한 사실은 OPA는 가져온 정책을 메모리에 저장하기 때문에 지속성이 없어 OPA를 재시작하거나 재배포할 때 OPA 정책을 다시 가져올 수 있는 방법이 필요하다는 점이다. 예를 들어, 쿠버네티스 승인 제어에 OPA를 사용하면 정책은 쿠버네티스 API 서버에 유지되고 OPA는 OPA REST API를 통해 정책을 가져올 수 있는 자체 사이드카를 갖는데 이러한 방식은 5.3절에서 다뤘던 방식과 거의 동일하다. 마이크로서비스 환경에서 OPA를 사용할 때는 번들 API를 통해 정책을 다운로드해 OPA를 구성하거나(예 AWS의 S3를 번들 서버로 사용) 볼륨/바인드 마운트를 사용해 OPA를 실행하는 컨테이너에 정책을 마운트하는 게 가장 일반적인 접근 방식이다.

바인드 마운트를 사용하면 모든 정책을 호스트 파일시스템의 디렉토리에 보관한 다음 OPA 도커 컨테이너 파일시스템에 마운트한다. appendix-f/sample01 디렉토리의 run_opa.sh 파일(파일의 내용을 자신의 환경에 맞게끔 수정 가능)을 살펴보면 다음과 같은 도커 명령을 확인할 수 있는데 호스트 파일시스템의 '현재 위치/policies' 디렉토리를 컨테이너 파일시스템의 /policies 디렉토리에 마운트한다.

```
\> docker run --mount type=bind,source="$(pwd)"/policies,target=/policies \
-p 8181:8181 openpolicyagent/opa:0.15.0 run /policies --server
```

OPA 서버를 시작하려면 appendix-f/sample01 디렉토리에서 다음 명령을 실행하자. 명령을 실행하면 appendix-f/sample01/policies 디렉토리에서 OPA 정책을 가져온다(F.6절에서 OPA 정책을 상세히 설명한다).

```
\> sh run_opa.sh

{
  "addrs":[
    ":8181"
  ],
  "insecure_addr":"",
  "level":"info",
  "msg":"Initializing server.",
  "time":"2019-11-05T07:19:34Z"
}
```

appendix−f/sample01 디렉토리에서 다음 명령을 실행해 OPA 서버를 테스트할 수 있다. appendix−f/sample01 디렉토리의 policy_1_input_1.json 파일은 인가 요청에 필요한 입력 데이터를 JSON 형식으로 전달한다(F.6절에서 인가 요청을 상세히 설명한다).

```
\> curl -v -X POST --data-binary @policy_1_input_1.json \
http://localhost:8181/v1/data/authz/orders/policy1

{"result":{"allow":true}}
```

쿠버네티스에서 OPA를 배포하는 절차는 부록 J에서 논의한 것처럼 쿠버네티스에 다른 서비스를 배포하는 것과 유사한데, 상세한 내용은 OPA 문서(http://mng.bz/MdDD)에서 확인할 수 있다.

F.5 mTLS로 OPA 서버 보호

OPA는 인가 결정이 필요한 마이크로서비스와 동일한 서버에서 실행되도록 설계됐다. 따라서 마이크로서비스와 OPA 간 통신에 대한 첫 번째 방어 계층은 통신이 로컬호스트 내에서 이뤄진다는 사실이다. OPA는 정책 관리 지점에서 작성해 정책 저장소에 기록한 관련 정책의 호스트−로컬 캐시다. OPA는 다른 서버에 접근하지 않고도 자체적으로 갖고 있는 호스트−로컬 캐시를 사용해 인가 결정을 내릴 수 있다.

OPA는 인가 결정이 필요한 마이크로서비스와 운명을 공유하고 해당 결정을 위해 네트워크 통신이 필요하지 않기 때문에 인가 결정의 가용성과 성능이 높다. 그럼에도 불구하고 OPA는 심층 방어를 권장하고 OPA와 마이크로서비스 간이나 OPA와 다른 클라이언트 간의 통신을 mTLS로 보호한다.

F.5절에서는 mTLS로 OPA 서버를 보호하는 방법을 설명한다. mTLS를 적용하면 OPA 서버와 기타 클라이언트 애플리케이션 간에 발생하는 모든 통신을 암호화하고 적절한 키를 소유한 정당한 클라이언트만 OPA 서버와 통신할 수 있다. mTLS로 OPA 서버를 보호하려면 다음 작업을 수행해야 한다.

- OPA 서버에서 사용할 공개키/개인키 쌍 생성
- OPA 클라이언트에서 사용할 공개키/개인키 쌍 생성
- 인증기관^{CA}에서 사용할 공개키/개인키 쌍 생성
- 인증기관의 개인키로 OPA 서버의 공개키에 서명해 OPA 서버의 공개 인증서 생성
- 인증기관의 개인키로 OPA 클라이언트의 공개키에 서명해 OPA 클라이언트의 공개 인증서 생성

위의 작업들을 손쉽게 수행하려면 appendix-f/sample01/keys 디렉토리의 gen-key. sh 스크립트 파일을 사용해야 한다. appendix-f/sample01/keys 디렉토리에서 다음 명령을 실행해 OpenSSL 도커 컨테이너를 구동하자. 호스트 파일시스템의 현재 디렉토리(appendix-f/sample01/keys)를 컨테이너 파일시스템의 /export 디렉토리에 마운트함을 알 수 있다.

```
\> docker run -it -v $(pwd):/export prabath/openssl
#
```

컨테이너를 성공적으로 부팅하면 OpenSSL 명령을 입력할 수 있는 프롬프트를 표시한다. 다음 명령을 실행해 OpenSSL 명령 모음을 실행하는 gen-key.sh 파일을 실행해보자.

```
# sh /export/gen-key.sh
```

명령을 성공적으로 실행하면 appendix-f/sample01/keys/ca 디렉토리에서 인증기관용

키들을, appendix-f/sample01/keys/opa 디렉토리에서 OPA 서버용 키들을, appendix-f/sample01/keys/client 디렉토리에서 OPA 클라이언트용 키들을 발견할 수 있다. 키 생성을 위해 실행한 OpenSSL 명령을 정확히 이해하려면 부록 G를 확인하자.

OPA 서버를 이미 실행 중이라면 **Ctrl+C**를 눌러 중단해야 한다. OPA 서버에서 TLS를 지원하게 하려면 appendix-f/sample01 디렉토리에서 다음 명령을 실행하자.

```
\> sh run_opa_tls.sh

{
  "addrs":[
    ":8181"
  ],
  "insecure_addr":"",
  "level":"info",
  "msg":"Initializing server.",
  "time":"2019-11-05T19:03:11Z"
}
```

appendix-f/sample01 디렉토리에서 다음 명령을 실행해 OPA 서버를 테스트할 수 있다. appendix-f/sample01 디렉토리의 policy_1_input_1.json 파일은 인가 요청에 필요한 입력 데이터를 JSON 형식으로 전달한다. 이번에는 OPA 서버와 통신에 HTTPS 프로토콜을 사용한다.

```
\> curl -v -k -X POST --data-binary @policy_1_input_1.json \
https://localhost:8181/v1/data/authz/orders/policy1

{"result":{"allow":true}}
```

리스트 F.1에서 run_opa_tls.sh 스크립트의 내용을 확인해보자. 주석은 개별 인수의 의미를 설명한다.

리스트 F.1 TLS로 OPA 서버 엔드포인트 보호

```
\> docker run \
  -v "$(pwd)"/policies:/policies \    ◀──  OPA 컨테이너에 마운트된 policies 디렉토리에서
                                            정책을 가져오도록 OPA 서버에게 지시
  -v "$(pwd)"/keys:/keys \    ◀──  OPA 서버는 OPA 컨테이너에 마운트된 keys 디렉토리에서
                                   TLS 통신에 사용할 키/인증서를 검색
```

```
-p 8181:8181 \  ◀──── 컨테이너 포트를 호스트 포트에 매핑
openpolicyagent/opa:0.15.0 \  ◀──── OPA 도커 이미지의 이름
run /policies \  ◀──── OPA 컨테이너에 마운트된 policies 디렉토리에서 정책과 데이터를 가져와 OPA 서버를 실행
--tls-cert-file /keys/opa/opa.cert \  ◀──── TLS 통신에 사용할 인증서
--tls-private-key-file /keys/opa/opa.key \  ◀──── TLS 통신에 사용할 개인키
--server  ◀──── server 모드로 OPA 엔진 시작
```

이제 OPA 서버와 OPA 클라이언트(curl) 간의 통신을 TLS로 보호한다. 하지만 여전히 OPA 서버의 IP 주소에 접근할 수 있는 사람은 누구나 TLS로 접근할 수 있다. 인증 관점에서 OPA 엔드포인트를 보호할 수 있는 두 가지 방법은 토큰 인증과 mTLS다.

토큰 기반 인증을 사용하는 경우 클라이언트는 OAuth 2.0 토큰을 HTTP `Authorization` 헤더에 포함해 Bearer 토큰으로 전달해야 하고 인가 정책도 작성해야 한다.[1] F.5절에서는 mTLS를 사용해 OPA 엔드포인트를 보호하는 데 중점을 둔다.

OPA 서버를 이미 실행 중이라면 **Ctrl+C**를 눌러 중단해야 한다. OPA 서버에서 mTLS를 활성화하려면 appendix-f/sample01 디렉토리에서 다음 명령을 실행하자.

```
\> sh run_opa_mtls.sh
```

리스트 F.2에서 run_opa_mtls.sh 스크립트의 내용을 확인해보자. 주석은 개별 파라미터의 의미를 설명한다.

리스트 F.2 mTLS로 OPA 서버 엔드포인트 보호

```
\> docker run \
  -v "$(pwd)"/policies:/policies \
  -v "$(pwd)"/keys:/keys \
  -p 8181:8181 \
  openpolicyagent/opa:0.15.0 \
  run /policies \
  --tls-cert-file /keys/opa/opa.cert \
  --tls-private-key-file /keys/opa/opa.key \
  --tls-ca-cert-file /keys/ca/ca.cert \
  --authentication=tls \  ◀──── CA의 공개 인증서. 모든 OPA 클라이언트는 인증기관에서 서명한 인증서를 보유해야 함
  --server  ◀──── mTLS 인증 활성화
```

---

1 인가 정책은 www.openpolicyagent.org/docs/latest/security의 설명 참고

appendix-f/sample01 디렉토리에서 다음 명령을 실행해 mTLS로 보호받는 OPA 서버를 테스트할 수 있다.

```
\> curl -k -v --key keys/client/client.key \
--cert keys/client/client.cert -X POST \
--data-binary @policy_1_input_1.json \
https://localhost:8181/v1/data/authz/orders/policy1
```

이번에는 F.5절의 도입부에서 OPA 클라이언트용으로 생성한 인증서와 키를 사용해 OPA 서버와 HTTPS 통신을 한다. OPA 클라이언트의 키와 인증서는 appendix-f/sample01/keys/client 디렉토리에 있다.

F.6 OPA 정책

접근 제어 정책을 정의하기 위해 OPA는 Rego[2]라는 새로운 선언적 언어를 도입했다. F.6절에서는 Rego 언어의 장점을 이해하기 위해 OPA 정책(리스트 F.3 참고)을 살펴볼 예정인데, 설명하는 모든 정책은 appendix-f/sample01/policies 디렉토리에 있으며 mTLS로 보호받는 F.5절에서 부팅한 OPA 서버에 이미 로드되어 있다.

리스트 F.3 Rego로 작성한 OPA 정책

```
package authz.orders.policy1  ◀── 정책의 패키지 이름. 패키지는 프로그래밍 언어처럼
                                  정책을 모듈로 구성할 수 있게 해줌

default allow = false  ◀── 디폴트로 모든 요청을 비허용. 디폴트 비허용 정책을 설정하지 않고 일치하는
                           허용 규칙이 없으면 OPA는 정의되지 않은 결정(undefined decision)을 반환

allow {  ◀── 리소스에 대한 접근을 허용하는 조건을 선언

  input.method = "POST"  ◀── 입력문(input document)은 OPA에 전달된 임의의 JSON 객체이고 사용 사례별
  input.path = "orders"      정보를 포함. 예를 들어, 입력문은 method, path, role, deptid를 포함.
  input.role = "manager"     이 조건에서는 입력문의 메소드 파라미터가 POST여야 함
}

allow {
  input.method = "POST"
  input.path = ["orders",dept_id]  ◀── 입력 문서의 path 파라미터의 값과 일치해야 하는 값.
                                       dept_id 값은 입력문의 deptid 파라미터를 의미
```

---

2 Rego에 대한 상세한 내용은 www.openpolicyagent.org/docs/latest/policy-language에서 확인할 수 있다.

```
    input.deptid = dept_id
    input.role = "dept_manager"
}
```

리스트 F.3에서 정의하고 있는 정책(policy_1.rego 파일)은 2개의 allow 규칙을 포함한다. allow 규칙이 true를 반환하려면 allow 블록 내 모든 구문이 true를 반환해야 한다. 첫 번째 allow 규칙은 manager 역할을 가진 사용자가 orders 리소스를 대상으로 HTTP POST 요청을 하는 경우에만 true를 반환한다. 두 번째 allow 규칙은 dept_manager 역할을 가진 사용자가 자기 부서의 orders 리소스를 대상으로 HTTP POST 요청을 하는 경우에만 true를 반환한다.

2개의 입력문으로 정책을 평가해보자. 첫 번째는 리스트 F.4의 입력문으로 policy_1_input_1.json 파일에 있다. appendix-f/sample01 디렉토리에서 다음 curl 명령을 실행하면 요청 내 입력문이 리스트 F.3의 정책 내 첫 번째 allow 규칙과 일치하기 때문에 true를 반환한다.

```
\> curl -k -v --key keys/client/client.key \
--cert keys/client/client.cert -X POST \
--data-binary @policy_1_input_1.json \
https://localhost:8181/v1/data/authz/orders/policy1

{"result":{"allow":true}}
```

리스트 F.4 manager 역할의 Rego 입력문

```
{
  "input":{
    "path":"orders",
    "method":"POST",
    "role":"manager"
  }
}
```

policy_1_input_2.json 파일의 내용인 리스트 F.5에 보이는 또 다른 입력문을 사용해보자. appendix-f/sample01 디렉토리에서 다음 curl 명령을 실행하면 요청 내 입력문이 리스트 F.3의 정책 내 두 번째 allow 규칙과 일치하기 때문에 true를 반환한다. 입력값을 변경하면 OPA 서버의 응답이 변경되는 걸 확인할 수 있다.

```
\> curl -k -v --key keys/client/client.key \
--cert keys/client/client.cert -X POST \
--data-binary @policy_1_input_2.json \
https://localhost:8181/v1/data/authz/orders/policy1

{"result":{"allow":true}}
```

리스트 F.5 dept_manager 역할의 Rego 입력문

```
{
  "input":{
    "path":["orders",1000],
    "method":"POST",
    "deptid":1000,
    "role":"dept_manager"
  }
}
```

이제 리스트 F.3의 정책을 약간 개선한 버전을 살펴보자. 새 정책은 리스트 F.6에서 확인할 수 있고 실행 중인 OPA 서버에 이미 배포된 상태다. 정책을 보면 사용자가 manager 역할을 갖고 있으면 모든 orders 리소스를 대상으로 HTTP PUT, POST 또는 DELETE 요청을 수행할 수 있고 dept_manager 역할을 가진 사용자라면 자신의 부서 내의 orders 리소스에만 HTTP PUT, POST 또는 DELETE 요청을 수행할 수 있다. 또한 역할과 무관하게 모든 사용자는 자신의 계정으로 모든 orders 리소스를 대상으로 HTTP GET 요청을 할 수 있어야 한다. 리스트 F.6의 주석은 정책을 어떻게 구성했는지 설명한다.

리스트 F.6 Rego로 작성한 개선된 OPA 정책

```
package authz.orders.policy2

default allow = false

allow {                                      입력문의 메소드 파라미터값이
  allowed_methods_for_manager[input.method] ◄──┘ allowed_methods_for_manager 모음에 있는지 확인
  input.path = "orders"
  input.role = "manager"
```

```
}

allow {
  allowed_methods_for_dept_manager[input.method]  ◄─── 입력문의 메소드 파라미터값이
                                                        allowed_methods_for_dept_manager
  input.deptid = dept_id                                모음에 있는지 확인
  input.path = ["orders",dept_id]
  input.role = "dept_manager"
}
allow {  ◄───── 누구나 자신의 직원 ID로 orders 리소스에 접근 가능
  input.method = "GET"
  input.empid = emp_id
  input.path = ["orders",emp_id]
}
                                                            allowed_methods_for_manager
                                                            모음의 정의
allowed_methods_for_manager = {"POST","PUT","DELETE"}  ◄───
allowed_methods_for_dept_manager = {"POST","PUT","DELETE"}  ◄─── allowed_methods_for_dept_manager
                                                                 모음의 정의
```

policy_2_input_1.json 파일의 내용인 리스트 F.7의 입력문으로 정책을 평가해보자. appendix-f/sample01 디렉토리에서 다음 curl 명령을 실행하면 요청 내 입력문이 리스트 F.6의 정책 내 첫 번째 allow 규칙과 일치하기 때문에 true를 반환한다.

```
\> curl -k -v --key keys/client/client.key \
--cert keys/client/client.cert -X POST \
--data-binary @policy_2_input_1.json \
https://localhost:8181/v1/data/authz/orders/policy2

{
  "result":{
    "allow":true,
    "allowed_methods_for_dept_manager":["POST","PUT","DELETE"],
    "allowed_methods_for_manager":["POST","PUT","DELETE"]
  }
}
```

리스트 F.7 manager 역할의 Rego 입력문

```
{
  "input":{
```

```
        "path":"orders",
        "method":"PUT",
        "role":"manager"
    }
}
```

appendix-f/sample01 디렉토리에 있는 2개의 입력문 파일인 policy_2_input_2.json 과 policy_2_input_3.json으로 동일한 curl 명령을 시도할 수 있다.

F.7 외부 데이터

정책을 평가하는 동안 OPA 엔진이 외부 데이터에 접근이 필요한 경우가 종종 있다. F.1 절에서 설명한 것처럼, 해당되는 정책에 대한 인가 요청을 평가하는 데 필요한 누락된 정 보가 있는 경우 OPA 서버는 정책 정보 지점이나 외부 데이터와 통신한다. 예를 들어 21 세 이상만 맥주를 구매할 수 있다는 접근 제어 정책이 있지만, 인가 요청은 이름을 주체 로, 구매를 행위로, 맥주를 리소스로 전달한다고 가정해보면 나이가 누락됐기 때문에 OPA 서버는 외부 데이터 출처와 통신해 해당 주체의 나이를 확인하려 한다. F.7절에서 는 정책 평가에 사용할 외부 데이터를 가져오기 위해 OPA가 제공하는 여러 접근법에 대 해 설명한다.[3]

F.7.1 푸시 데이터

외부 데이터를 OPA 서버로 가져오는 **푸시 데이터**[push data] 접근법은 OPA 서버에서 제공 하는 데이터 API를 사용한다. 5.3절에서 사용한 것과 동일한 간단한 예를 살펴보자. 리 스트 F.8의 정책은 입력문 내 method, path 및 scopes 모음이 data.order_policy_data라는 패키지 하위에 로드된 외부 데이터 출처에서 읽어온 일부 데이터와 일치하는 경우 true 를 반환한다.

---

3 외부 데이터를 가져오기 위한 접근법에 대한 상세한 설명은 https://www.openpolicyagent.org/docs/latest/ external-data/에 문서화되어 있다.

```
package authz.orders.policy3  ◄──── 정책의 패키지 이름

import data.order_policy_data as policies  ◄──── 정책으로 식별된 정적 등록 데이터의 모음을 선언

default allow = false  ◄──┐ 디폴트로 모든 요청을 비허용. 디폴트 비허용 정책을 설정하지 않고 일치하는
                          └ 허용 규칙이 없으면 OPA는 정의되지 않은 결정(undefined decision)을 반환
allow {  ◄──── 리소스 접근을 허용하는 조건을 선언
  policy = policies[_]  ◄──── policies 배열의 값을 반복
  policy.method = input.method  ◄──┐ 입력문의 method 파라미터의 값이 policies 배열의
  policy.path = input.path      ◄──┘ method 요소와 일치하는지 확인
  policy.scopes[_] = input.scopes[_]
}
```

리스트 F.8의 정책은 OPA 데이터 API를 사용해 OPA 서버로 푸시해야 하는 JSON 파일인 appendix-f/sample01 디렉토리의 order_policy_data.json 파일(리스트 F.9 참고)의 모든 외부 데이터를 사용한다. OPA 서버를 8181 포트에서 실행 중이라고 가정하면 appendix-f/sample01 디렉토리에서 다음 curl 명령을 실행해 데이터를 OPA 서버로 게시할 수 있는데, 정책을 푸시하는 게 아니라 외부 데이터만 푸시함을 유의하자. 데이터를 사용하는 정책은 이미 OPA 서버에 있으며 appendix-f/sample01/policies 디렉토리의 policy_3.rego 파일에서 찾을 수 있다.

```
\> curl -k -v --key keys/client/client.key \
--cert keys/client/client.cert -H "Content-Type: application/json" \
-X PUT --data-binary @order_policy_data.json \
https://localhost:8181/v1/data/order_policy_data
```

```
[
{
  "id": "r1",  ◄──── 리소스 경로의 식별자
  "path": "orders",  ◄──── 리소스 경로
  "method": "POST",  ◄──── HTTP 메소드
  "scopes": ["create_order"]  ◄──── orders 리소스를 대상으로 HTTP POST 요청을 할 때 필요한 scope
},
```

```
{
  "id": "r2",
  "path": "orders",
  "method": "GET",
  "scopes": ["retrieve_orders"]
},
{
  "id": "r3",
  "path": "orders/{order_id}",
  "method": "PUT",
  "scopes": ["update_order"]
}
]
```

이제 요청을 보낼 수 있도록 인가받은 상태인지 확인하려면 appendix-f/sample01 디렉토리에서 리스트 F.10의 입력문(appendix-f/sample01 디렉토리의 policy_3_input_1.json 파일)을 파라미터로 다음 curl 명령을 실행할 수 있다.

```
\> curl -k -v --key keys/client/client.key \
--cert keys/client/client.cert -X POST \
--data-binary @policy_3_input_1.json \
https://localhost:8181/v1/data/authz/orders/policy3

{"result":{"allow":true}}
```

리스트 F.10 OPA 입력문

```
{
  "input":{
    "path":"orders",
    "method":"GET",
    "scopes":["retrieve_orders"]
  }
}
```

푸시 데이터 접근법을 사용하면 데이터를 OPA 서버에 푸시할 시기를 제어할 수 있다. 예를 들어, 외부 데이터가 업데이트되면 업데이트한 데이터를 OPA 서버로 푸시할 수 있다. 하지만 푸시 데이터 접근법에는 한계가 있는데, 데이터 API를 사용해 외부 데이터를

OPA 서버로 푸시하면 OPA 서버는 데이터를 메모리상의 캐시에서 유지하기 때문에 서버를 재시작할 때 데이터를 다시 푸시해야 한다. 한계에도 불구하고 OPA 상태를 외부 데이터와 동기화해주는, OPA 근처에서 실행 중인 사이드카를 가진 쿠버네티스 승인 제어 사례에서 사용되는 접근법이다.

F.7.2 파일시스템에서 데이터 로딩

F.7.2절에서는 파일시스템에서 외부 데이터를 가져와 적재하는 방법을 설명한다. OPA 서버를 시작할 때 OPA 서버가 데이터 파일과 정책을 가져와야 하는 파일시스템의 디렉토리를 지정해야 한다. appendix-f/sample-01 디렉토리의 run_opa_mtls.sh 파일(리스트 F.11)을 살펴보자. 코드 주석은 시작 시 파일시스템에서 정책을 가져와 적재하는 방법을 설명한다.

리스트 F.11 시작 시점의 정책 로딩

```
docker run \
  -v "$(pwd)"/policies:/policies \ ◀──── 호스트 시스템의 '현재 위치/polices' 디렉토리를 컨테이너 파일시스템의
  -v "$(pwd)"/keys:/keys \                /policies 디렉토리에 마운트하는 도커 바인드 마운트
  -p 8181:8181 \
  openpolicyagent/opa:0.15.0 \
  run /policies \ ◀──── policies 디렉토리에서 정책과 데이터를 가져와 적재하면서 OPA 서버를 실행
  --tls-cert-file /keys/opa/opa.cert \
  --tls-private-key-file /keys/opa/opa.key \
  --tls-ca-cert-file /keys/ca/ca.cert \
  --authentication=tls \
  --server
```

이미 실행 중인 OPA 서버는 F.7.2절에서 설명할 정책과 데이터를 갖고 있다. 먼저 appendix-f/sample01/policies 디렉토리에 있는 외부 데이터 파일(order_policy_data_from_file.json)을 확인해보자. 파일 구조를 약간 변경한 걸 제외하면 리스트 F.9와 동일하며 리스트 F.12에서 내용을 확인할 수 있다.

```json
{"order_policy_data_from_file" :[
    {
      "id": "p1",
      "path": "orders",
      "method": "POST",
      "scopes": ["create_order"]
    },
    {
      "id": "p2",
      "path": "orders",
      "method": "GET",
      "scopes": ["retrieve_orders"]
    },
    {
      "id": "p3",
      "path": "orders/{order_id}",
      "method": "PUT",
      "scopes": ["update_order"]
    }
  ]
}
```

JSON 페이로드에서 order_policy_data_from_file이란 root 요소가 있음을 확인할 수 있다. OPA 서버는 리스트 F.13의 정책에서 사용하는 data.order_policy_data_from_file로 설정된 데이터에 해당하는 패키지 이름을 얻는다. 리스트 F.13의 정책은 패키지 이름을 바꾼거 외에는 리스트 F.8과 동일하다.

```
package authz.orders.polic4

import data.order_policy_data_from_file as policies

default allow = false

allow {
  policy = policies[_]
  policy.method = input.method
```

```
    policy.path = input.path
    policy.scopes[_] = input.scopes[_]
}
```

이제 요청을 보낼 수 있도록 인가받은 상태인지 확인하려면 리스트 F.10의 입력문
(appendix-f/sample01 디렉토리의 policy_4_input_1.json 파일)을 파라미터로 appendix-f/
sample01 디렉토리에서 다음 curl 명령을 실행할 수 있다.

```
\> curl -k -v --key keys/client/client.key \
--cert keys/client/client.cert -X POST \
--data-binary @policy_4_input_1.json \
https://localhost:8181/v1/data/authz/orders/policy4
```

```
{"result":{"allow":true}}
```

파일시스템에서 데이터를 가져와 적재할 때 한 가지 문제는 업데이트가 있을 때 OPA 서
버 재시작이 필요하다는 것이다. 그러나 OPA 서버 재시작 없이 정책을 동적으로 로드하
도록 요청하는 설정 옵션(appendix-f/sample01 디렉토리의 run_opa_mtls_watch.sh 파일 참
고)이 있지만 운영 환경에 적용을 권장하지 않는다. 실제로 OPA 서버를 쿠버네티스 환경
에 배포할 경우 모든 정책과 데이터를 깃 저장소에 보관하고 동일 파드 내에 OPA 서버
와 함께 초기화 컨테이너를 사용해 파드를 부팅할 때 깃에서 정책과 데이터를 가져올 수
있다. 초기화 컨테이너를 사용하는 프로세스는 11.2.7절에서 키 저장소를 로딩하기 위해
설명한 접근법과 동일하며, 정책이나 데이터가 업데이트되면 파드를 재시작해야 한다.

F.7.3 오버로드

OPA 서버로 외부 데이터를 가져오는 **오버로드**overload 접근법은 입력문 자체를 사용한다.
정책 적용 지점이 인가 요청을 생성할 때 외부 데이터를 요청에 포함할 수 있다. 예를 들
어 orders API가 자신에게 HTTP POST 요청을 하려는 모든 사람이 create_order scope를
가져야 한다는 걸 알고 있다고 가정해보자. 모든 scope 데이터를 OPA 서버로 미리 프로
비저닝하는 대신 정책 적용 지점은 인가 요청과 함께 해당 데이터를 보낼 수 있다. 리스
트 F.8의 정책을 약간 수정한 버전인 리스트 F.14를 살펴보자.

```
package authz.orders.policy5

import input.external as policy

default allow = false

allow {
  policy.method = input.method
  policy.path = input.path
  policy.scopes[_] = input.scopes[_]
}
```

input.external 패키지 이름을 사용해 입력문에서 외부 데이터를 가져와 적재하는 걸 알 수 있다. 외부 데이터를 입력문과 함께 전달하는 리스트 F.15의 입력문을 살펴보자.

```
{
  "input":{
    "path":"orders",
    "method":"GET",
    "scopes":["retrieve_orders"],
    "external" : {
      "id": "r2",
      "path": "orders",
      "method": "GET",
      "scopes": ["retrieve_orders"]
    }
  }
}
```

이제 요청을 보낼 수 있도록 인가받은 상태인지 확인하려면 리스트 F.15의 입력문 (appendix-f/sample01 디렉토리의 policy_5_input_1.json 파일)을 파라미터로 appendix-f/ sample01 디렉토리에서 다음 curl 명령을 실행할 수 있다.

```
\> curl -k -v --key keys/client/client.key \
--cert keys/client/client.cert -X POST \
```

```
--data-binary @policy_5_input_1.json \
https://localhost:8181/v1/data/authz/orders/policy5

{"result":{"allow":true}}
```

입력문에서 외부 데이터를 읽는 게 항상 작동하는 건 아닌데, 예를 들어 OPA 클라이언트(또는 정책 적용 지점)와 OPA 서버 간에 신뢰 관계가 있어야 한다. 다음으로 신뢰가 덜 필요하고 특히 최종 사용자의 외부 데이터에 적용할 수 있는 입력문으로 데이터를 전송하는 대안을 설명한다.

F.7.4 JWT

JWT^JSON Web Token는 암호학적으로 안전한 방법으로 여러 당사자 간에 유선 통신으로 데이터를 전송하는 안정적인 방법을 제공한다(JWT를 처음 접해본다면 부록 B를 참고하자). OPA는 입력문으로 JWT를 전달하는 방법을 제공한다. OPA 서버는 JWT를 검증한 다음 JWT에서 데이터를 읽을 수 있다. 예제를 살펴보자.

먼저 JWT를 발급하는 STS가 필요하기 때문에 다음 명령을 실행해 10장에서 설명한 것과 동일한 STS를 구동하자.

```
\> docker run -p 8443:8443 prabath/insecure-sts-ch10:v1
```

STS는 8443 포트에서 동작한다. STS를 시작하면 다음 명령을 실행해 JWT를 가져와 보자.

```
\> curl -v -X POST --basic -u applicationid:applicationsecret \
-H "Content-Type: application/x-www-form-urlencoded;charset=UTF-8" \
-k -d "grant_type=password&username=peter&password=peter123&scope=foo" \
https://localhost:8443/oauth/token
```

curl 명령에서 applicationid는 웹 애플리케이션의 클라이언트 ID이고, applicationsecret은 STS에 하드코딩되어 있는 클라이언트 시크릿이다. 명령을 성공적으로 실행하면 STS는 OAuth 2.0 액세스 토큰인 JWT(정확하게는 JWS)를 반환한다.

```
{
"access_token":"eyJhbGciOiJSUzI1NiIsInR5cCI6IkpXVCJ9.eyJleHAiOjE1NTEzMTIzNz
YsInVzZXJfbmFtZSI6InBldGVyIiwiYXV0aG9yaXRpZXMiOlsiUk9MRV9VU0VSIl0sImp0aSI6I
jRkMmJiNjQ4LTQ2MWQtNGVlYy1hZTljLTVlYWUxZjA4ZTJhMiIsImNsaWVudF9pZCI6ImFwcGxp
Y2F0aW9uIiwiLCJzY29wZSI6WyJmb28iXX0.tr4yUmGLtsH7q9Ge2i7gxyTsOOa0RS0Yoc2uBuA
W5OVIKZcVsIITWV3bDN0FVHBzimpAPy33tvicFROhBFoVThqKXzzG00SkURN5bnQ4uFLAP0NpZ6
BuDjvVmwXNXrQp2lVXl41Q4eTvuyZozjUSCXzCI1LNw5EFFi22J73g1_mRm2jdEhBp1TvMaRKLB
Dk2hzIDVKzu5oj_gODBFm3a1S-IJjYoCimIm2igcesXkhipRJtjNcrJSegBbGgyXHVak2gB7I07
ryVwl_Re5yX4sV9x6xNwCxc_DgP9hHLzPM8yz_K97jlT6Rr1XZBlveyjfKs_XIXgU5qizRm9mt5
xg",
"token_type":"bearer",
"refresh_token":"",
"expires_in":5999,
"scope":"foo",
"jti":"4d2bb648-461d-4eec-ae9c-5eae1f08e2a2"
}
```

이제 출력 결과에서 access_token 파라미터의 값인 JWT를 추출할 수 있는데, 길이가 다소 길기 때문에 전체 문자열을 복사했는지 확인해야 한다. 리스트 F.16은 token 파라미터의 값으로 JWT를 복사한 값을 사용하는 입력문이다. 리스트 F.16은 JWT의 일부만 표시하고 있어, 전체 입력문을 확인하려면 appendix−f/sample01 디렉토리의 policy_6_input_1.json 파일을 확인해야 한다.

리스트 F.16 JWT로 데이터를 전달하는 입력문

```
{
  "input":{
    "path": ["orders",101],
    "method":"GET",
    "empid" : 101,
    "token" : "eyJhbGciOiJSUzI1NiIsInR5cCI6IkpXVCJ9... "
  }
}
```

리스트 F.17은 리스트 F.16의 입력문에 해당하는 정책을 보여주는데, 코드 주석은 핵심 내용을 설명한다.

```
package authz.orders.policy6

default allow = false

certificate = `-----BEGIN CERTIFICATE-----   ◄─┐  JWT에 서명하는 개인키에 해당하는 JWT를
MIICxzCCAa+gAwIBAgIEHP9VkjAN…                 │  검증하기 위한 PEM 인코딩한 STS의 인증서
-----END CERTIFICATE-----`

allow {
  input.method = "GET"
  input.empid = emp_id
  input.path = ["orders",emp_id]
  token.payload.authorities[_] = "ROLE_USER"
}

token = {"payload": payload} {
  io.jwt.verify_rs256(input.token, certificate)   ◄──── RSA SHA256 알고리즘으로 JWT의 서명을 검증
  [header, payload, signature] := io.jwt.decode(input.token)   ◄──── JWT 디코딩
  payload.exp >= now_in_seconds   ◄──── JWT가 만료 상태인지 확인
}
                                         ┌  현재 시간을 초 단위로 확인.
                                         │  now_ns()는 나노초 단위로 시간을 반환
now_in_seconds = time.now_ns() / 1000000000   ◄──┘
```

이제 요청을 보낼 수 있도록 인가받은 상태인지 확인하려면 리스트 F.16의 입력문
(appendix-f/sample01 디렉토리의 policy_6_input_1.json 파일)을 파라미터로 appendix-f/
sample01 디렉토리에서 다음 curl 명령을 실행할 수 있다.

```
\> curl -k -v --key keys/client/client.key \
--cert keys/client/client.cert -X POST \
--data-binary @policy_6_input_1.json \
https://localhost:8181/v1/data/authz/orders/policy6

{"result":{"allow":true}}
```

리스트 F.17에서 JWT 검증을 하려면 먼저 서명의 유효성을 검증한 다음 만료 기간을 확
인해야 한다. OPA에는 한 번에 모든 걸 검증하는 io.jwt.decode_verify(string,

constraints)라는 내장 함수가 있어[4] 해당 함수를 사용해 서명[signature], 만료 시간[expiration], 활성일[nbf, not before use], 대상 시스템[audience], 발급자[issuer] 등을 확인할 수 있다.

F.7.5 번들 API

번들 API[bundle API] 접근법에 따라 외부 데이터를 OPA 서버로 가져오려면 일단 번들 API 서버가 있어야 한다. **번들 서버**[bundle server]는 번들을 호스팅하는 엔드포인트다. 예를 들어, 번들 서버는 AWS S3 버킷이나 깃허브 저장소일 수도 있다. 번들은 잘 정의한 디렉토리 구조 아래에서 OPA 정책과 데이터 파일을 전달하는 gzip 형태의 tar 압축 파일이다.[5]

번들 엔드포인트를 사용할 수 있게 되면 번들 엔드포인트, 번들 엔드포인트에 접근할 수 있는 자격증명(보안을 적용한 경우), 폴링 간격 등으로 OPA 설정 파일을 업데이트한 다음 OPA 서버를 구동할 때 해당 설정 파일을 파라미터로 전달해야 한다.[6] OPA 서버를 가동하면 사전에 정의한 시간 간격이 경과된 후 최신 번들을 얻기 위해 번들 API를 지속적으로 폴링한다.

데이터를 자주 변경한다면 번들 API를 사용할 때 단점이 있다. OPA 서버가 사전에 정의한 시간 간격이 경과된 후 번들 API를 폴링하므로 정책이나 데이터를 자주 업데이트한다면 오래된 데이터를 기반으로 인가 결정을 내릴 수 있다. 단점을 해결하기 위해 폴링 간격을 줄일 수 있지만 번들 API를 가져와 적재하는 횟수를 증가시킨다.

F.7.6 정책 평가 과정에 데이터 가져오기

이 책을 쓰고 있는 시점에 **정책 평가 과정에 데이터를 가져오는 접근법**[pull data during evaluation]은 실험적인 기능으로, 해당 접근법을 사용하면 모든 외부 데이터를 OPA 서버의 메모리에 적재할 필요가 없고 정책 평가 과정에서 필요할 때 데이터를 가져온다. 정책 평가 과정에서 데이터를 가져오려면 OPA 내장 함수인 http.send를 사용해야 하는데, 이를 위해

---

4   http://mng.bz/aRv9에서 JWT를 검증하는 모든 OPA 함수를 확인할 수 있다.

5   번들을 생성하는 방법에 대한 상세 내용은 www.openpolicyagent.org/docs/latest/management/#bundles에서 확인할 수 있다.

6   설정 옵션에 대한 상세한 내용은 http://www.openpolicyagent.org/docs/latest/configuration/에서 설명한다.

서는 OPA 서버에서 데이터 요청을 허용하고 해당 데이터로 응답하기 위해 OPA 서버에 접근할 수 있는 HTTP 프로토콜로 API(또는 마이크로서비스)를 호스팅해야 한다.[7]

F.8 OPA 통합

부록 F 앞부분에서 설명한 것처럼 OPA는 범용 정책 엔진이며 범용 정책 엔진으로서 다양한 접근 제어 사례를 처리할 수 있다. 예를 들어 OPA를 쿠버네티스와 도커 승인 제어용으로, 엔보이, 콩Kong 및 기타 인기 있는 API 게이트웨이의 API 인가용으로, 스피내커Spinnaker, 부메랑Boomerang 및 테라폼Terraform의 CI/CD 파이프라인으로, SQLite의 데이터 필터링용으로 사용할 수 있다. F.8절에서는 마이크로서비스 배포에 관한 세 가지 사례를 간략히 설명한다.[8]

F.8.1 이스티오

이스티오Istio는 구글Google, 리프트Lyft, IBM이 개발한 서비스 메시 구현이다. 이스티오는 오픈소스이자 이 책을 쓰고 있는 시점을 기준으로 가장 인기 있는 서비스 메시다. 이스티오나 서비스 메시 아키텍처를 처음 접해본다면 부록 K를 참고하자.

이스티오는 이스티오 컨트롤 플레인에서 실행되는 **믹서**Mixer라 불리는 구성요소를 도입했는데(그림 F.3 참고), 전제 조건 확인, 할당량 관리 및 원격 분석 보고를 처리한다. 예를 들어, 요청이 데이터 플레인의 엔보이 프록시에 도달하면 엔보이 프록시는 믹서 API와 통신해 수신한 요청을 진행해도 되는지 확인한다. 믹서는 풍부한 플러그인 아키텍처를 갖고 있어 전제 조건 확인 단계에서 다양한 플러그인과 연결할 수 있다. 예를 들어, 들어오는 요청을 대상으로 접근 제어 정책을 평가하기 위해 외부 정책 결정 지점과 연결하는 믹서 플러그인이 있을 수 있다.

---

7 http.send 함수 사용법과 몇 가지 예제에 대한 상세한 내용은 https://www.openpolicyagent.org/docs/latest/policy-reference/#http에 문서화되어 있다.

8 www.openpolicyagent.org/docs/latest/ecosystem에서 더 많은 OPA 통합 사례를 찾을 수 있다.

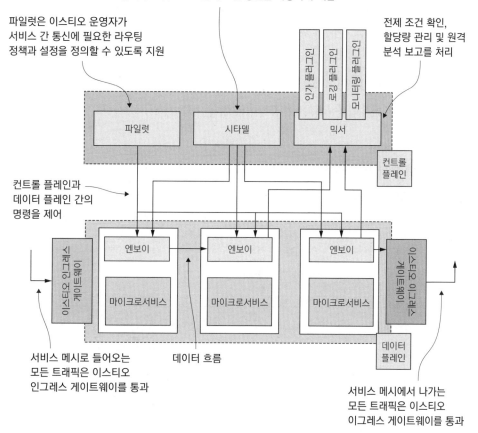

전제 조건 확인,
할당량 관리 및 원격
분석 보고를 처리

이스티오에서 실행되는 개별 워크로드에 대한 신원을
유지하고 워크로드 간의 보안 통신을 가능하게 해줌

파일럿은 이스티오 운영자가
서비스 간 통신에 필요한 라우팅
정책과 설정을 정의할 수 있도록 지원

파일럿   시타델   믹서

컨트롤
플레인

컨트롤 플레인과
데이터 플레인 간의
명령을 제어

엔보이   엔보이   엔보이

마이크로서비스   마이크로서비스   마이크로서비스

데이터
플레인

서비스 메시로 들어오는
모든 트래픽은 이스티오
인그레스 게이트웨이를 통과

데이터 흐름

서비스 메시에서 나가는
모든 트래픽은 이스티오
이그레스 게이트웨이를 통과

▲ **그림 F.3** 컨트롤 플레인과 데이터 플레인을 가진 이스티오 고수준 아키텍처

이스티오는 OPA 믹서 어댑터(플러그인)를 통하거나 엔보이의 확인 API와 직접 통합하는
등 두 가지 방식으로 OPA와 통합이 가능해 둘 중 한 가지 방식을 선택하면 된다. 믹서
어댑터를 통한 통합의 경우 요청이 데이터 플레인의 엔보이 프록시에 도달하면 믹서에
확인 API 호출을 수행하는데, 해당 API 호출은 요청에 관련된 특정 속성(예) 경로, 헤더 등)
을 전달한다. 믹서는 제어권을 OPA 믹서 어댑터로 넘긴다. OPA 엔진을 내장 라이브러
리 형태로 내장하는 OPA 믹서 어댑터는 정의된 정책에 대한 인가 여부를 확인하고 결정
을 믹서와 엔보이 프록시에 반환한다.

엔보이의 확인 API와 직접 통합하는 경우 OPA는 엔보이의 개별 인스턴스 옆의 사이드 카로 실행되고 믹서는 전혀 관여하지 않는다. 요청이 엔보이 프록시에 도달하면 믹서에 제공하는 것과 동일한 정보를 제공하면서 OPA에 직접 인가 여부에 대한 결정을 요청한다. OPA는 결정을 내리고 엔보이는 결정대로 시행을 한다. 두 번째 접근 방식은 모든 의사결정이 마이크로서비스와 동일한 로컬 서버에서 이뤄지고 네트워크 연결을 필요로 하지 않아 더 나은 가용성과 성능을 제공한다는 이점이 있다.

F.8.2 쿠버네티스 승인 컨트롤러

쿠버네티스 승인 컨트롤러^{Kubernetes admission controller}는 쿠버네티스 API 서버에서 실행하는 구성요소다(J.18절에서 쿠버네티스 내부 통신이 작동하는 방식과 승인 컨트롤러의 역할을 설명한다). API 요청이 쿠버네티스 API 서버에 도착하면 일련의 인증 및 인가 플러그인을 거쳐 마지막으로 승인 컨트롤러 플러그인을 통과한다(그림 F.4 참고).

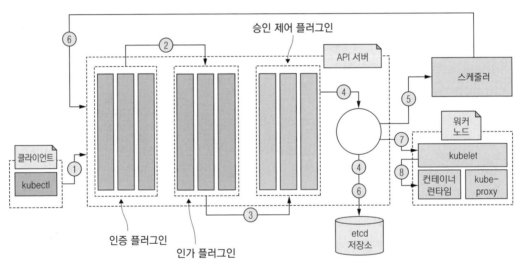

▲ **그림 F.4** kubectl이 생성한 요청은 인증, 인가, 승인 제어 플러그인을 통과한 후 etcd 저장소에 저장. 스케줄러와 kubelet은 API 서버가 생성한 이벤트에 응답

OPA 게이트키퍼^{Gatekeeper}는 승인 제어를 통해 시행되는 정책을 작성할 수 있는 쿠버네티스 API 서버에 OPA를 기본적으로 통합한 것으로 쿠버네티스 클러스터에서 허용되는

파드, 인그레스, 서비스 등을 제어하고 개별적으로 구성하는 방법을 제어할 수 있다. 공통 정책은 모든 이미지를 신뢰할 수 있는 이미지 레지스트리에서 가져왔는지 확인하고 여러 인그레스가 동일한 호스트를 사용하는 것을 금지하고, 저장소에서 암호화를 사용하도록 요구해야 함을 포함한다.[9]

F.8.3 아파치 카프카

9장에서는 반응형 마이크로서비스를 보호하는 맥락에서 카프카를 설명한다. **아파치 카프카**Apache Kafka는 마이크로서비스 환경에서 가장 인기 있는 메시지 브로커다. 카프카 인가에 OPA를 사용하려면 OPA Authorizer 플러그인을 카프카에 연결해야 한다. 요청을 인가하려면 OPA Authorizer 플러그인은 원격지의 OPA 서버와 HTTP 통신을 해야 한다.[10] 쿠버네티스 배포 환경에서는 동일한 파드에 카프카와 함께 OPA 서버를 사이드카로 배포한다.

F.9 OPA 대안

OPA가 2016년에 도입된 이래로 OPA는 주로 쿠버네티스 및 마이크로서비스 도메인에서 세분화된 접근 통제를 구현하는 사실상의 기준이 됐다. OPA에 대한 몇 가지 대안이 있지만 이 책을 쓰는 시점에는 OPA만큼의 인기는 없다.

한 가지 대안인 **XACML**eXtensible Access Control Markup Language은 OASISOrganization for the Advancement of Structured Information Standards에서 개발한 개방형 표준이다. XACML 표준은 XML 기반 정책 언어와 인가 요청 및 응답을 위한 XML 기반 스키마를 도입했다. OASIS는 2003년 XACML 1.0 규격을 발표했으며 이 책을 쓰고 있는 시점에 최신 버전은 XACML 3.0이다. XACML은 수년 전까지는 인기가 있었지만 시간이 지나면서 XML 기반

---

9 OPA 게이트키퍼에 관한 상세 내용은 https://github.com/open-policy-agent/gatekeeper에서 확인할 수 있다. 쿠버네티스 인그레스 검증을 위해 쿠버네티스에 OPA 게이트키퍼를 배포하는 방법은 http://www.openpolicyagent.org/docs/latest/kubernetes-tutorial에 설명되어 있다.

10 OPA 카프카 Authorizer에 관한 상세한 내용은 https://github.com/open-policy-agent/contrib/tree/main/kafka_authorizer에서 확인할 수 있다.

표준의 인기가 줄어듦에 따라 XACML 채택도 빠르게 감소했다. 또한 정책 언어로서 XACML은 강력하지만 매우 복잡하다. XACML 3.0의 오픈소스 구현은 Balana 프로젝트(https://github.com/wso2/balana)를 참고하자.

OPA의 또 다른 오픈소스 대안인 Speedle 또한 범용 인가 엔진이다. Speedle은 오라클에서 비교적 최근에 개발했기 때문에 OPA와 경쟁 관계라고 하기엔 다소 이른 감이 있고 이 책을 쓰고 있는 시점에는 오라클 클라우드만 내부적으로 Speedle을 사용하고 있다. Speedle에 대한 상세 정보는 https://speedle.io에서 확인할 수 있다.

OpenSSL을 사용한
인증기관 및 관련 키 생성

TLS^Transport Layer Security(전송 계층 보안)로 보안을 적용한 웹 기반 서비스를 대외적으로 제공하려면 신뢰할 수 있는 **인증기관**^CA, certificate authority에서 서명한 인증서가 있어야만 한다. 전 세계에서 사용 가능한 신뢰할 수 있는 인증기관은 많지 않으며 인증기관의 공개키는 모든 브라우저가 내장하고 있다. 브라우저가 TLS로 amazon.com과 통신할 때를 예로 들면 브라우저는 내장하고 있는 인증기관의 공개키를 사용해 서명을 검증함으로써 아마존의 인증서가 유효한지(위조하지 않았는지) 검증할 수 있다. 인증서는 아마존의 호스트명(일반이름^common name)을 포함하고 있어 브라우저는 올바른 서버와 통신을 하는지 알 수 있다.

부록 G에서는 OpenSSL로 인증기관을 생성하는 방법을 알아본다. **OpenSSL**은 다양한 플랫폼에서 TLS 적용을 위해 사용할 수 있는 상용 도구이자 암호화 라이브러리다. www.openssl.org/source 사이트에서 사용하고 있는 플랫폼에 맞는 파일을 다운로드 받아 설치할 수 있다. OpenSSL을 가장 쉽게 설치하는 방법은 도커^Docker를 사용하는 것이다. 부록 G에서는 OpenSSL 도커 이미지를 사용할 예정이므로 https://docs.docker.com/install/#supported-platforms 사이트를 참고해 도커를 설치해야 한다. 설치 프로세스는 간단하며 도커 작동 방식에 대한 상세한 이해는 현 시점에서 불필요하다(도커와 컨테이너에 대해서는 부록 E에서 상세히 다룬다).

G.1 인증기관 생성

도커를 이미 설치했다면 아래 설명들을 따라 해 인증기관을 생성하자. 실습을 하려면 부록 G 예제를 깃허브 저장소(https://github.com/microservices-security-in-action/samples)에서 호스트 파일시스템으로 다운로드하고 appendix-g/sample01/ 디렉토리에서 OpenSSL 도커 컨테이너를 구동해야 한다.

다음 docker run 명령은 호스트 파일시스템의 appendix-g/sample01 디렉토리($(pwd)가 지시하는 현재 디렉토리)를 컨테이너 파일시스템의 /export 디렉토리에 바인트 마운트^{bind} mount함으로써 도커 컨테이너에서 OpenSSL을 시작한다. 바인트 마운트를 하면 호스트 파일시스템의 일부를 컨테이너 파일시스템과 공유할 수 있다. OpenSSL 컨테이너가 인증서를 생성할 때 인증서는 컨테이너 파일시스템의 /export 디렉토리에 생성된다. 바인드 마운트를 해놓은 상태이기 때문에 컨테이너 파일시스템의 /export 디렉토리 내부의 모든 파일 및 디렉토리를 호스트 파일시스템의 appendix-g/sample01 디렉토리에서도 접근 가능하다.

리스트 G.1 도커 컨테이너에서 OpenSSL 실행

```
\> docker run -it -v $(pwd):/export prabath/openssl
#
```

명령을 처음 실행할 경우 시간이 다소 걸린다. 실행을 완료하면 인증기관 생성을 위해 OpenSSL 명령을 실행할 수 있는 명령 프롬프트를 화면에 출력한다. 다음 명령을 실행해 인증기관에서 사용할 개인키를 생성하자.

리스트 G.2 인증기관에서 사용할 개인키 생성

```
# openssl genrsa -aes256 -passout pass:"manning123" \
-out /export/ca/ca_key.pem 4096

Generating RSA private key, 4096 bit long modulus
```

생성한 개인키는 명령 실행 시 -out으로 지정한 경로인 도커 컨테이너의 /export/ca 디렉토리에 저장된다. 실습 환경의 appendix-g/sample01/ 디렉토리에 /export 디렉토리를 마운트했기 때문에 생성된 키 파일은 실습 환경의 appendix-g/sample01/ca 디렉토리에서도 확인 가능하다. 리스트 G.2에서 genrsa 명령은 4,096비트의 개인키를 생성하고 문자열 비밀번호^{passphrase}와 AES-256 알고리즘으로 개인키를 암호화하는데, 명령 실행 시 -passout으로 지정한 문자열인 manning123을 문자열 비밀번호로 사용한다.

> |참고| 문자열 비밀번호는 앞에 pass:를 붙이고 쌍따옴표로 둘러싸서 표현해야 한다.

이미 생성한 개인키와 쌍을 이루는 공개키를 365일의 유효 기간을 갖도록 생성하기 위해 req -new 명령을 실행할 차례다.

리스트 G.3 인증기관에서 사용할 공개키 생성

```
# openssl req -new -passin pass:"manning123" -key /export/ca/ca_key.pem \
-x509 -days 365 -out /export/ca/ca_cert.pem -subj "/CN=ca.ecomm.com"
```

공개키를 생성하는 과정에서 OpenSSL은 인증기관의 세부 정보(국가, 주, 조직명 등)를 알아야 한다. 세부 정보 중에서 가장 중요한 건 일반 이름^{CN, common name}이며 의미 있는 값을 제공해야 한다. 공개키 생성 과정에서 일반 이름은 중요하지 않을 수도 있지만 클라이언트 애플리케이션이 TLS를 적용한 서버와 통신할 때 클라이언트 애플리케이션은 서버의 호스트명이 인증서상의 일반 이름과 일치하는지를 검증하고 일치하지 않는다면 인증서를 거부한다.

리스트 G.3에서는 일반 이름의 값을 -subj 옵션을 사용해 /로 시작하게끔 제공한다 (OpenSSL에서 /로 시작하도록 요구). -out 옵션은 공개키를 저장할 경로를 제공하는 데 사용한다. 이제 appendix-g/sample01/ca 디렉토리에서 2개의 파일을 확인할 수 있다. ca_cert.pem 파일은 인증기관의 공개키이고 ca_key.pem 파일은 개인키다.

G.2 애플리케이션에서 사용할 키 생성

G.2절에서는 애플리케이션에서 사용할 공개키/개인키 쌍을 만드는 방법과 G.1절에서 생성한 인증기관으로부터 서명을 받는 방법을 설명한다. 애플리케이션은 마이크로서비

스일 수도 있고 웹 서버나 클라이언트 애플리케이션일 수도 있다. 공개키/개인키 쌍을 생성하기 위해 G.1절에서 실습한 것과 동일한 OpenSSL 도커 컨테이너를 사용할 예정이다. 다음 명령을 실행해 애플리케이션의 개인키를 생성하자.

리스트 G.4 애플리케이션에서 사용할 개인키 생성

```
# openssl genrsa -aes256 -passout pass:"manning123" \
-out /export/application/app_key.pem 4096
```

리스트 G.4 명령은 appendix-g/sample01/application 디렉터리에 개인키(app_key. pem) 파일을 생성한다. 갖고 있는 애플리케이션의 개인키에 인증기관의 서명을 받으려면 인증서 서명 요청(CSR, certificate-signing request)을 먼저 해야 한다. OpenSSL 도커 컨테이너에서 다음 명령을 실행해 서명을 얻기 위해 인증기관과 공유해야 하는 csr-for-app 파일을 생성하자.

리스트 G.5 애플리케이션의 인증서 서명 요청 생성

```
# openssl req -passin pass:"manning123" -new \
-key /export/application/app_key.pem \
-out /export/application/csr-for-app \
-subj "/CN=app.ecomm.com"
```

리스트 G.6의 OpenSSL 명령은 인증기관이 서명한 인증서 서명 요청을 가져온다. 리스트 G.6의 명령을 실행하면 애플리케이션의 서명된 인증서(app_cert.pem)를 생성하고 인증서는 appendix-g/sample01/application 디렉터리에서 확인할 수 있다.

리스트 G.6 인증기관이 서명한 애플리케이션의 인증서 생성

```
# openssl x509 -req -passin pass:"manning123" \
-days 365 -in /export/application/csr-for-app \
-CA /export/ca/ca_cert.pem -CAkey /export/ca/ca_key.pem \
-set_serial 01 -out /export/application/app_cert.pem
```

이제 애플리케이션에서 사용할 개인키와 인증기관이 서명한 인증서가 있다. 스프링 부트 마이크로서비스 등의 일부 자바 애플리케이션에서 사용하려면 개인키를 자바 키 저장소(JKS, Java Key Store)에 저장해야 한다.

리스트 G.7에서는 애플리케이션의 개인키와 공개 인증서를 사용해 자바 키 저장소를 생성한다. 첫 번째 명령은 개인키(app_key.pem)의 문자열 비밀번호를 제거한다. 두 번째 명령은 개인키와 공개 인증서를 합쳐 하나의 파일(application_keys.pem)을 생성한다. 세 번째 명령은 공개키 암호 표준^{PKCS, Public-Key Cryptography Standard} 유형의 키 저장소를 만든다. 세 번째 명령의 끝부분에서 공개키 암호 표준 키 저장소(app.p12)의 경로가 appendix-g/sample01/application 디렉토리임을 확인할 수 있다. 마지막 명령에서는 app.p12 공개키 암호 표준 키 저장소를 사용해 자바 키 저장소를 생성하기 위해 자바 keytool 명령을 사용한다. srcstorepass 옵션을 사용해 공개키 암호 표준 키 저장소(app.p12)의 문자열 비밀번호를 전달하고 deststorepass 옵션을 사용해 생성할 자바 키 저장소(app.jks)의 문자열 비밀번호를 전달한다. 실습을 위한 app.p12와 app.jks의 문자열 비밀번호는 manning123을 사용한다.

리스트 G.7 애플리케이션의 공개키/개인키를 사용해 자바 키 저장소 생성

```
# openssl rsa -passin pass:"manning123" \
-in /export/application/app_key.pem \
-out /export/application/app_key.pem ◀──── 개인키(app_key.pem)의 문자열 비밀번호 삭제


# cat /export/application/app_key.pem /export/application/app_cert.pem \
>> /export/application/application_keys.pem ◀── 개인키와 공개 인증서를 합쳐 단일 파일
                                                (application_keys.pem) 생성
# openssl pkcs12 -export -passout pass:"manning123" \
-in /export/application/application_keys.pem \
-out /export/application/app.p12 ◀── application_keys.pem 파일이 포함하고 있는 개인키와 공개 인증서를
                                    사용해 공개키 암호 표준 유형의 키 저장소 생성
# keytool -importkeystore -srcstorepass manning123 \
-srckeystore /export/application/app.p12 -srcstoretype pkcs12 \
-deststorepass manning123 -destkeystore /export/application/app.jks \
-deststoretype JKS ◀── 공개키 암호 표준 키 저장소(app.p12)로부터 자바 키 저장소를
                       생성하기 위해 keytool 명령 사용
```

SPIFFE

6장에서 키 프로비저닝, 신뢰 부트스트래핑, 인증서 해지, 키 교체 및 키 사용 모니터링을 포함한 키 관리 과제에 대해 설명했다. 일반적인 마이크로서비스 환경에서 개별 마이크로서비스는 키 쌍을 프로비저닝받는다. 6장에서는 자바 키 저장소 파일을 주문 처리와 재고 마이크로서비스에 수동으로 복사해 프로비저닝을 수행했다.

수백 개의 서비스를 가진 마이크로서비스 배포 환경에서 프로비저닝을 수동으로 하는 건 깔끔한 접근 방식이 아니며 모든 걸 자동화할 필요가 있다.[1] 이상적인 방법은 CI/CD 파이프라인 과정에서 키를 생성하고 마이크로서비스에 프로비저닝하는 것이다. 11장에서는 쿠버네티스 환경에서 마이크로서비스를 배포하고 보호하는 방법을 설명했고, 12장에서는 이스티오 서비스 메시를 사용해 마이크로서비스 배포를 보호하는 방법을 설명했다. 두 경우 모두 쿠버네티스와 이스티오에 의존해 마이크로서비스의 키를 프로비저닝하고 관리한다. 부록 H는 쿠버네티스와 서비스 메시에 대해 잘 알고 있다는 가정하에 설명을 하기 때문에 가급적 부록 J, 부록 K, 11장, 12장을 먼저 살펴보는 게 좋다.

---

1   키를 수동으로 프로비저닝하고 관리하면 실수나 고의로 유출될 가능성이 높아 공격자에게 워크로드/마이크로서비스 권한을 탈취당할 위험이 있다.

모든 마이크로서비스에 키를 프로비저닝한 다음에는 마이크로서비스 간에 **신뢰를 부트스트래핑**하거나 초기화해야 한다. 6장에서는 신뢰할 수 있는 클라이언트 마이크로서비스의 공개 인증서(또는 해당 인증기관의 공개 인증서)를 수신 측 마이크로서비스와 수동으로 공유해 신뢰를 부트스트랩했다. mTLS로 인증을 수행하는 마이크로서비스가 수신 측 마이크로서비스에 요청을 보내면 수신 측 마이크로서비스는 클라이언트 마이크로서비스의 인증서를 신뢰할 수 있는지 여부를 확인할 수 있다.

12장에서는 이스티오 서비스 메시로 이스티오 인증 Policy와 DestinationRules 모음을 사용해 마이크로서비스 간에 mTLS를 적용한 다음 DestinationRules의 tls 모드로 ISTIO_MUTUAL을 사용했다. ISTIO_MUTUAL을 사용하면 이스티오는 이스티오가 자체적으로 개별 파드에 프로비저닝한 키와 인증서를 사용하고 모든 파드는 디폴트로 해당 키와 인증서를 발급한 인증기관을 신뢰한다.

마이크로서비스 간의 신뢰를 부트스트랩하는 것 외에도 개별 마이크로서비스에 키를 프로비저닝한 후 프로비저닝한 키를 만료 전에 교체해야만 한다. 마이크로서비스에 수동으로 키를 프로비저닝하면 키도 수동으로 교체해야 하지만 이스티오가 키를 프로비저닝하면 이스티오 자체적으로 키를 교체할 수 있다. 이스티오가 키를 관리하는 방법은 12.6절에서 설명했기 때문에 부록 H에서는 SPIFFE가 키 프로비저닝, 신뢰 부트스트래핑 및 키 교체 문제를 해결하는 데 어떻게 도움을 주는지 설명한다.

H.1 SPIFFE 소개

SPIFFE^{Secure Production Identity Framework for Everyone}는 소프트웨어 시스템이 신원을 설정한 다음 안전한 방식으로 다른 시스템과 통신할 수 있도록 프레임워크 및 개방형 표준 모음을 정의하는 프로젝트다. SPIFFE 관점에서 마이크로서비스나 소프트웨어 시스템은 **워크로드**^{workload}이기 때문에 부록 H에서는 '마이크로서비스'와 '워크로드'를 같은 의미로 사용하지만 SPIFFE에서 워크로드는 마이크로서비스, API, 애플리케이션 서버, 게이트웨이, 데이터베이스, 메시지 브로커, STS^{security token service} 등 무엇이든 될 수 있으며 SPIFFE를 사용하기 위해 쿠버네티스에서 워크로드를 실행해야 하는 것도 아니다. SPIFFE는

SPIRE^{SPIFFE Runtime Environment}라는 오픈소스 참조 구현을 가지며 이스티오도 SPIFFE 규격을 구현한다.

> **이스티오와 SPIRE 비교**
>
> 이스티오는 쿠버네티스 클러스터 내에서 실행되도록 설계됐기 때문에 특히 서비스 계정과 쿠버네티스 네임스페이스를 기반으로 **워크로드 신원**(workload identity)을 파악하려 한다. SPIRE는 하둡 같은 오케스트레이션 프레임워크, CI/CD 파이프라인의 출처, 물리적 시스템이나 가상 시스템의 클러스터를 포함할 수 있는, 워크로드로 간주될 만한 훨씬 더 유연한 모델을 갖고 있다.
>
> 이스티오는 또한 클러스터 전체에 걸쳐 인증, 암호화, 인가 정책을 자동으로 적용할 수 있는 즉시 사용 가능한 데이터 플레인인 엔보이 프록시를 포함하지만 SPIRE는 엔보이나 기타 프록시를 직접 통합해야 한다.
>
> 이 책을 쓰고 있는 시점에 SPIFFE 규격을 따르는 다양한 구현을 상호 호환되도록 만드는 작업이 진행 중이며 한 가지 구현(에 SPIRE)에서 제공하는 신원(identity)을 갖는 워크로드들은 다른 구현(에 이스티오)의 트래픽을 인증, 암호화 및 인가할 수 있다.

SPIFFE는 주어진 배포 환경에서 개별 마이크로서비스의 신원을 설정하는 데 도움을 주면서 신뢰 부트스트랩 문제를 해결하고 노드 증명(워크로드를 실행 중인 시스템의 신원과 무결성 검증)과 워크로드의 프로세스 증명(시스템에서 실행 중인 특정 프로세스의 신원과 무결성 검증)을 제공한다. 부록 H의 도입부에서 신뢰 부트스트래핑을 정의했다. 일반적으로 **증명**^{attestation}은 무언가에 대한 증거나 입증을 의미한다.

SPIFFE를 사용하면 증명 정책을 충족하는 경우에만 마이크로서비스(또는 워크로드)에 특정 신원을 부여하는 키를 프로비저닝할 수 있다. 마이크로서비스와 마이크로서비스를 실행하는 노드(그림 H.1 참고)는 키를 프로비저닝받기 전에 관련 증명 정책을 충족한다는 충분한 증거를 제공해야만 하는데, H.4절에서 몇 가지 증명 정책의 예를 설명할 예정이다.

SPIFFE의 중요한 부분은 마이크로서비스에 프로비저닝된 키가 해당 키를 운영하는 노드를 벗어나지 않는다는 것이다. 노드는 하나 이상의 마이크로서비스를 실행하는 물리적 서버일 수도 있고 가상 시스템일 수도 있다. 그림 H.1은 쿠버네티스 환경의 2개의 노드를 보여주는데, 개별 노드는 파드 모음을 호스팅하고 개별 파드는 마이크로서비스를 실행한다.

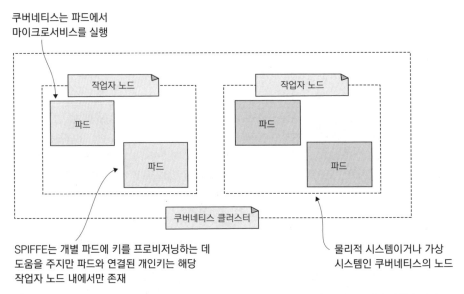

쿠버네티스는 파드에서
마이크로서비스를 실행

작업자 노드

파드

파드

쿠버네티스 클러스터

작업자 노드

파드

파드

SPIFFE는 개별 파드에 키를 프로비저닝하는 데
도움을 주지만 파드와 연결된 개인키는 해당
작업자 노드 내에서만 존재

물리적 시스템이거나 가상
시스템인 쿠버네티스의 노드

▲ **그림 H.1** 쿠버네티스 배포 환경에서는 마이크로서비스를 파드에서 실행하고 파드는 하나 이상의 마이크로서비스를 보유한다. SPIFFE로 마이크로서비스에 프로비저닝된 개인키는 노드 내에서만 존재한다.

마이크로서비스에 키를 프로비저닝하는 일반적인 방법 중 하나는 지속적 배포^{CD} 단계에서 긴 수명을 가진 자격증명 모음을 마이크로서비스에 내장하는 방법이다. 긴 수명을 가진 자격증명은 계정/비밀번호 쌍, OAuth 키, 또는 만료 기간을 길게 설정한 키 쌍이 될 수 있다. 해당 마이크로서비스는 긴 수명을 가진 자격증명을 사용해 키 서버의 인증을 받고 짧은 수명의 자격증명을 얻는데, 짧은 수명의 자격증명이 만료될 때마다 동일한 절차를 반복한다. 하지만 SPIFFE는 마이크로서비스가 긴 수명을 가진 자격증명을 보유하도록 요구하지 않으며 인증서 해지에 대해서도 걱정하지 않는다. SPIFFE는 짧은 수명의 자격증명에 의존하고 키 교체를 처리한다.

H.2 SPIFFE 프로젝트 근원

SPIFFE 프로젝트는 넷플릭스, 페이스북, 구글의 세 프로젝트의 영향을 받아 시작됐다. 6장에서 언급한 넷플릭스 프로젝트인 메타트론^{Metatron}은 지속적 배포 단계에서 개별 마이크로서비스에 긴 수명을 가진 자격증명을 삽입해 자격증명 프로비저닝 문제를 해결한다.

페이스북의 내부 공개키 기반구조PKI, public key infrastructure 프로젝트는 mTLS로 보호받는 시스템 간에 신뢰를 부트스트래핑하는 데 도움을 준다. 구글의 로아스LOAS, Low Overhead Authentication Services 프로젝트는 구글 인프라에서 실행되는 모든 작업의 신원을 설정하는 데 도움을 주는 암호화 키 배포 시스템이다.

H.3 SPIFFE ID

SPIFFE ID는 SPIFFE가 특정 배포 환경의 개별 마이크로서비스나 워크로드에 제공하는 고유한 식별자로 spiffe://trust-domain/path 형식의 URI이며 상세한 내용은 SPIFFE ID 규격(https://github.com/spiffe/spiffe/blob/main/standards/SPIFFE-ID.md)을 살펴봐야 한다.

SPIFFE의 **신뢰 도메인**trust domain은 조직, 부서, 환경(개발, 스테이징, 운영) 등을 나타낼 수 있다. 실제로 SPIRE 서버(SPIFFE의 오픈소스 참조 구현)는 개별 신뢰 도메인에서 실행되고 해당 신뢰 도메인 내 마이크로서비스에 SPIFFE ID를 발급한다. 예를 들어, SPIFFE ID spiffe://foo.com/retail/order-processing에서 foo.com은 신뢰 도메인을 의미하고 retail/order-processing은 관련 경로이며 SPIFFE ID 전문은 신뢰 도메인 foo.com에서 실행 중인 주문 처리 마이크로서비스를 나타낸다. 하지만 원하는 방식으로 SPIFFE ID를 구성할 수도 있으나 항상 의미 있고 논리적으로 SPIFFE ID를 만드는 게 좋다.

SPIFFE ID를 구성하는 과정에서 인가 정책을 적용할 수 있는 방법에 해당하는 논리적 계층을 생성할 수 있는데, 생성할 경우 추후 인가 정책을 더 쉽게 작성할 수 있다. 예를 들어, SPIFFE ID가 spiffe://foo.com/retail/order-processing/*인 모든 워크로드는 spiffe://foo.com/retail/order-processing/*와 일치하는 SPIFFE ID를 가진 다른 워크로드에 연결할 수 있다는 정책을 작성할 수 있다. 몇 가지 SPIFFE ID를 살펴보자.

- 주문 처리 마이크로서비스와 함께 실행 중인 데이터베이스 서버가 있다면 데이터베이스 서버를 spiffe://foo.com/retail/order-processing/mysql로 지정할 수 있다. 더 의미 있는 이름을 사용하려면 개발 환경에서 실행 중인 데이터베이스는 spiffe://dev.foo.com/retail/order-processing/mysql로 운영 환경에서 실행 중인 데이터

베이스는 spiffe://prod.foo.com/retail/order-processing/mysql로 이름을 지정하는 것도 좋은 방법이다.

■ 부록 J와 11장에서 설명한 쿠버네티스 환경에서 마이크로서비스를 실행하는 경우 쿠버네티스 파드에서 개별 마이크로서비스를 실행한다. 쿠버네티스에 익숙하지 않다면 부록 J와 11장을 먼저 살펴봐야 한다. 쿠버네티스 파드는 서비스 계정으로 실행되는데, 쿠버네티스는 디폴트로 해당 서비스 계정의 신원을 나타내는 JWT를 개별 파드에 프로비저닝한다. 예를 들어 default 쿠버네티스 네임스페이스의 default 서비스 계정에 해당하는 JWT 내 sub 클레임은 system:serviceaccount:default:default 처럼 보인다. 따라서 서비스 이름으로 그룹화하지 말고 마이크로서비스를 실행하는 쿠버네티스 서비스 계정으로 마이크로서비스를 그룹화하면 서비스 계정 이름으로 SPIFFE ID를 구성할 수 있다. 예를 들어 SPIFFE ID spiffe://foo.com/ns/prod/sa/mysql에서 foo.com은 쿠버네티스 클러스터, ns/prod는 쿠버네티스 네임스페이스, sa/mysql은 MySQL 파드에 해당하는 서비스 계정이다.

■ SPIFFE ID의 최대 길이는 2,048바이트라 SPIFFE ID에 원하는 관련 정보를 모두 포함하려면 최대 길이가 걸림돌이 될 수도 있다. 길이 제약을 극복하기 위해 불투명^{opaque} SPIFFE ID를 사용하는 방법이 있다. 예를 들어, 불투명 SPIFFE ID는 spiffe://foo.com/0a42aabb-6c87-41c6-9b37-b796983dcbda처럼 보이고 SPIFFE ID 수신 측은 0a42aabb-6c87-41c6-9b37-b796983dcbda로 메타데이터 엔드포인트를 질의해 추가 상세 정보를 확인할 수 있다.

두 번째 글머리 기호에 대해 좀 더 알아보면 워크로드에 해당하는 속성 모음을 SPIFFE ID에 포함함으로써 해당 속성을 기반으로 인가 정책을 작성할 수 있다. 예를 들어 prod 네임스페이스의 모든 워크로드를 허용하는 정책을 작성할 수 있는데, 바람직하고 유연해 보이지만 다음과 같은 몇 가지 유의사항이 있다.

■ SPIFFE 구현이 실제로 검증한 속성만 선언하도록 주의해야 한다.

■ 아직까지 SPIFFE는 속성에 대한 공식적인 정의(예 ns는 쿠버네티스 네임스페이스)나 인코딩 방법을 제공하지 않기 때문에 직접 구성해야 한다.

■ SPIFFE ID의 길이 제한 때문에 인코딩할 수 있는 속성 수가 제한된다.

H.4 SPIRE 작동 원리

SPIRE는 SPIFFE의 참조 구현이다. SPIFFE가 어떻게 작동하는지 배울 수 있는 가장 좋은 방법은 SPIRE 작동 원리를 확인하는 것이다. SPIRE 아키텍처는 **SPIRE 에이전트**(노드 에이전트[node agent]라고도 함)와 **SPIRE 서버**라는 두 가지 주요 구성요소를 갖는다.

SPIRE 에이전트는 워크로드나 마이크로서비스를 실행 중인 노드와 동일한 노드에서 실행된다. 예를 들어 아마존 EC2 시스템에서 마이크로서비스를 실행한다면 SPIRE 에이전트는 동일한 EC2 노드에서 실행되고, 도커 컨테이너에서 마이크로서비스를 실행한다면 SPIRE 에이전트는 도커 컨테이너를 실행하는 동일한 호스트 시스템에서 실행되며, 쿠버네티스에서 마이크로서비스를 실행한다면 SPIRE 에이전트는 동일한 쿠버네티스 노드에서 실행된다.

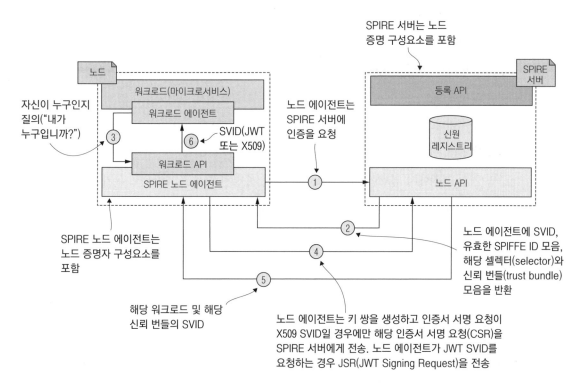

▲ **그림 H.2** SPIRE 노드 에이전트와 SPIRE 서버 간 통신에서 워크로드는 SPIRE 노드 에이전트를 통해 X.509-SVID나 JWT-SVID 획득. 워크로드와 SPIRE 노드 에이전트는 동일한 운영체제 커널을 공유

다시 말해, SPIRE 에이전트는 워크로드와 운영체제 커널을 공유하고 지정된 SPIRE 에이전트는 동일한 운영체제 커널이나 노드에서 실행 중인 다수의 워크로드를 지원할 수 있다.

그림 H.2에 정의된 단계를 통해 SPIRE 작동 방식과 설계 원칙을 설명해보면 다음과 같다.

1. SPIRE 노드 에이전트는 SPIRE 서버에 인증을 요청한다.

   인증은 **노드 증명자**^{node attester} 구성요소를 통해 이뤄진다. 노드 증명자는 SPIRE 서버와 SPIRE 노드 에이전트 양쪽에서 실행된다. 예를 들어, 워크로드가 아마존 EC2 노드에서 실행 중이라면 SPIRE 노드 에이전트의 노드 증명자는 대상 AWS 인스턴스 자격증명 문서[2](https://docs.aws.amazon.com/AWSEC2/latest/UserGuide/instance-identity-documents.html)를 선택하고 인증을 요청하기 위해 해당 문서를 SPIRE 서버로 전달한다. 자격증명 문서를 SPIRE 서버로 전달하면 서버 측의 AWS 노드 증명자가 아마존의 공개키를 사용해 해당 문서의 서명을 검증한다.

   노드 증명자는 확장 지점이다. 워크로드를 쿠버네티스 환경에서 실행하는 경우 동일한 쿠버네티스 노드(마이크로서비스를 보유한 파드도 실행)에서 실행되는 노드 에이전트는 쿠버네티스 클러스터에서 프로비저닝한 JWT를 사용해 SPIRE 서버에게 신원을 증명한다. 해당 JWT는 노드 에이전트를 고유하게 식별한다.[3]

   증명 처리 과정에서 필요한 경우 SPIRE 서버는 증명된 항목을 기반으로 부가적인 노드 메타데이터를 조회한다. AWS 환경에서 노드 증명자가 특정 AWS 인스턴스 ID로 대상 노드를 인증했음을 SPIRE 서버에게 알릴 수 있지만 인스턴스 ID가 특정 AWS 보안 그룹에 할당됐는지 확인하기 위해 AWS와 통신이 필요하다.

2. 노드 인증을 완료하면 SPIRE 서버는 노드 에이전트에게 SVID^{SPIFFE Verifiable Identity Document}를 발급한다.

---

2 AWS 인스턴스 자격증명 문서는 EC2 인스턴스와 관련한 메타데이터를 포함하는 아마존에서 서명한 문서다. 특정 EC2 인스턴스 내에서는 해당 노드에 해당하는 AWS 인스턴스 자격증명 문서만 가져올 수 있다.

3 SPIRE 에이전트는 쿠버네티스 파드에서 실행된다. 쿠버네티스의 개별 파드는 서비스 계정으로 실행되는데 쿠버네티스는 해당 서비스 계정으로 개별 파드에 JWT를 프로비저닝한다. 항상 자신의 서비스 계정으로 SPIRE 에이전트를 보유한 파드를 실행하는 게 좋다.

SVID는 암호학적으로 검증 가능한 방식으로 노드 에이전트의 SPIFFE ID를 전달하는데, SPIFFE ID의 소유자는 해당 SVID의 소유권을 증명할 수 있다. SVID는 여러 형식일 수 있는데 이 책을 쓰고 있는 시점을 기준으로 X.509 인증서나 JWT일 수 있다. X.509-SVID의 경우 1단계에서 SPIRE 에이전트가 제출한 CSR에 해당하는 서명된 인증서를 받는다. H.5절에서 SVID를 상세히 설명할 예정이다.

노드 에이전트에 대한 SVID 외에도 SPIRE 서버는 노드 에이전트를 실행 중인 노드에 해당하는 SPIFFE ID들을 찾아 셀렉터 모음과 함께 노드 에이전트에게 반환한다.

1단계와 2단계로 완료된 절차를 **노드 증명**node attestation이라고 한다. SPIRE 서버의 레지스트리는 주어진 SPIFFE ID가 워크로드에 할당될 수 있는 기준을 정의하는 증명 정책 모음을 유지한다. 예를 들어, 레지스트리 엔트리는 SPIFFE ID spiffe://foo.com/retail/order-processing이 AWS 보안 그룹 sg-e566bb82를 할당받아 실행 중인 노드와 사용자 IDUID 1002를 가진 워크로드에만 발급될 수 있다고 정의할 수 있다. 또 다른 레지스트리 엔트리는 SPIFFE ID spiffe://foo.com/retail/delivery가 AWS 보안 그룹 sg-e566bb82를 할당받아 실행 중인 노드와 UID 1003을 가진 워크로드에만 발급될 수 있다고 정의할 수 있다. 이 경우 2단계는 대상 노드가 AWS 보안 그룹 sg-e566bb82를 할당받아 실행되는 노드라면 2개의 SPIFFE ID를 노드 에이전트에 반환한다.[4]

셀렉터를 여러 가지 방식으로 정의할 수 있지만 인프라 수준(예: 보안 그룹)과 워크로드 수준(UID)의, 최소한 두 가지 방식의 메커니즘을 일반적으로 사용한다.

SPIFFE ID 모음 및 해당 셀렉터와 함께 SPIRE 서버는 신뢰 번들 맵을 반환한다. **신뢰 번들**trust bundle은 워크로드가 신뢰할 수 있는 모든 인증기관의 인증서를 전달하고 맵 내 개별 번들은 해당 신뢰 도메인에 대응해 저장된다. H.6절에서 신뢰 번들을 상세히 설명할 예정이다.

---

4 SPIFFE ID는 SPIFFE ID를 발급하는 데 사용되는 정책의 속성을 인코딩할 필요가 없고, 이러한 방식으로 인가 정책을 결정하는 데 사용할 워크로드를 호스팅하는 물리적 인프라에서 워크로드의 논리적 ID를 분리할 수 있다.

3. 워크로드는 SPIRE 노드 에이전트의 워크로드 API와 통신하고 ID를 요청한다.[5] 워크로드 API는 SPIRE 노드 에이전트 내에서 실행된다. 예를 들어, 유닉스 운영체제에서는 유닉스 도메인 소켓을 통해 노출된다.[6] 워크로드는 워크로드 API를 실행 중인 위치를 알 필요가 없어 API 실행 위치는 아마존 EC2, 쿠버네티스 또는 다른 플랫폼이 될 수도 있다. 워크로드는 워크로드 API에게 단순히 "내가 누구입니까?"라고 질의한다.

개별 워크로드나 마이크로서비스는 워크로드를 대신해 SPIRE 노드 에이전트가 노출하는 워크로드 API와 통신하는 방법을 알고 있는 SPIRE 워크로드 에이전트를 선택적으로 가질 수 있다. 쿠버네티스 환경에서 워크로드 에이전트는 관련 마이크로서비스나 워크로드와 함께 동일한 파드에서 실행된다. 엄격히 말하면 워크로드 에이전트는 워크로드를 직접적으로 나타낸다. 워크로드 에이전트는 실제 워크로드를 대신해 작동하는 프록시 같은 에이전트일 수 있지만 이전 단계의 증명 정책(2단계)과 일치해야 하기 때문에 워크로드로 계산한다. 편의상 그림 H.2를 그림 H.3에서 반복해서 보여준다.

워크로드 API가 노드 내에서만 실행되기 때문에 워크로드는 명시적으로 API의 인증을 받을 필요가 없다. 요청에 첨부된 속성을 사용해 노드 에이전트는 호출 측이 어디인지 파악할 수 있어야 한다. SPIRE는 gRPC에서 서버 측 스트리밍 RPC로 워크로드 API를 구현했다. gRPC를 처음 접하는 경우 gRPC 배경지식을 설명한 부록 I를 먼저 확인하는 게 좋다. 서버 측 스트리밍 RPC를 사용하면 워크로드나 워크로드 에이전트는 노드 에이전트에 요청을 보내고 메시지 순서를 읽기 위해 스트림을 가져온다. 워크로드는 읽지 않은 메시지가 없을 때까지 계속 스트림을 읽는다.

SPIFFE 워크로드 API 규격은 워크로드가 노드 에이전트에서 이벤트를 수신할 수 있도록 가능한 한 오랫동안 노드 에이전트와 맺어진 연결을 유지하는 걸 권장한다.

---

5   SPIFFE는 워크로드 API 규격을 https://github.com/spiffe/spiffe/blob/master/standards/SPIFFE_Workload_API.md 에서 정의한다.

6   유닉스 도메인 소켓은 동일한 호스트 운영체제에서 실행되는 프로세스 간에 데이터를 교환하기 위한 데이터 통신 처리 지점이다.

연결이 끊어지면 워크로드는 노드 에이전트와 가능한 한 빨리 새로운 연결을 맺어야 한다. 맺어진 연결은 대상 SVID를 워크로드에 가져올 뿐만 아니라 현재 SVID가 만료되기 전에 노드 에이전트가 업데이트된 워크로드에서 SVID와 신뢰 번들을 유지할 수 있게 해준다. 따라서 만료 시간을 추적하고 필요시 키를 교체하는 건 노드 에이전트의 책임이다.

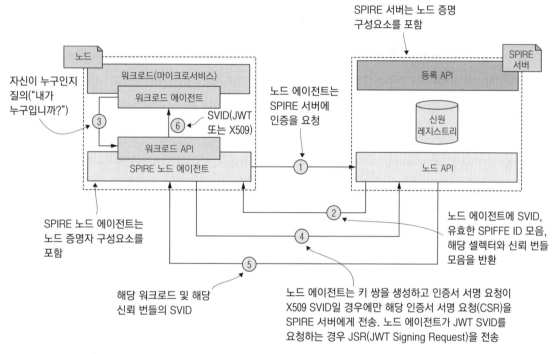

▲ **그림 H.3** SPIRE 노드 에이전트와 SPIRE 서버 간 통신에서 워크로드는 SPIRE 노드 에이전트를 통해 X.509-SVID나 JWT-SVID를 획득한다. 워크로드와 SPIRE 노드 에이전트는 동일한 운영체제 커널을 공유한다.

4. SPIRE 노드 에이전트가 워크로드 에이전트로부터 3단계의 요청을 수신하면 SPIRE 노드 에이전트는 요청을 검증하고 워크로드를 식별하려고 한다.

노드 에이전트가 유닉스 도메인 소켓을 통해 워크로드 API를 노출하면 OS 커널을 통해 워크로드와 관련한 메타데이터를 찾을 수 있어, 이 방식으로 SPIRE 노드 에이전트는 워크로드와 관련한 UID와 PID를 찾을 수 있고 2단계에서 SPIRE 서버로부터 가져온 모든 셀렉터를 스캔해 일치하는 항목을 찾을 수 있다. 일치하는 항목을 찾는 경우 노드 에이전트는 해당 워크로드에 관한 SPIFFE ID를 알게 된다. 쿠버네티스를 사용 중인 경우 노드 에이전트는 동일한 노드의 kubelet과 통신해 워크로드에 관한 PID를 kubelet 자체적으로 예약했는지 여부를 확인할 수도 있다. 모든 게 순조롭게 진행되어 노드 에이전트가 X.509-SVID를 사용하려는 경우 해당 워크로드에 대한 키 쌍을 생성하고 CSR을 생성한 후에 CSR을 SPIRE 서버로 보낸다. 노드 에이전트가 JWT-SVID를 사용하려는 경우 JWT-SVID의 의도한 대상을 포함하는 JSR^{JWT Signing Request} 또는 워크로드가 JWT-SVID를 사용해 인증길 원하는 수신 측 마이크로서비스에 관한 식별자를 생성한다.

5. SPIRE 서버는 4단계에서 CSR이나 JSR을 검증하고 SPIRE 에이전트에게 SVID를 반환한다. 앞서 설명했듯이 SVID는 여러 형식일 수 있는데, X.509 인증서나 JWT일 수 있다.

6. 5단계에서 X.509-SVID를 반환하면 노드 에이전트는 X.509-SVID와 해당하는 개인키를 워크로드에 전달한다. 5단계에서 JWT-SVID를 반환하면 노드 에이전트는 JWT-SVID를 워크로드에 전달한다. 전달받은 워크로드는 이제 SVID를 사용해 다른 워크로드를 인증할 수 있다. 노드 에이전트에서 받은 SVID가 X.509-SVID인 경우 워크로드 간 통신은 mTLS로 보호될 수 있고 JWT-SVID인 경우 워크로드는 통신하려는 수신 측 워크로드에게 Bearer 토큰으로 JWT-SVID를 전달할 수 있다. 즉, 네트워크 인프라가 허용한다고 가정할 때 X.509-SVID는 워크로드가 2개의 워크로드 간에 채널 인증과 무결성을 설정할 수 있고 JWT-SVID는 개별 메시지를 인증할 수 있다.

H.5 SVID(SPIFFE Verifiable Identity Document)

SVID^{SPIFFE Verifiable Identity Document}는 SPIFFE 규격에 정의된 ID 문서로 SPIFFE ID, 워크로드를 나타내는 공개키, SVID를 발급하는 SPIRE 서버의 유효한 서명이라는 세 가지 기본 구성요소를 갖고 있다. SPIFFE ID와 서명은 필수이지만 공개키는 선택사항이다. SVID는 SPIFFE ID 소유자가 해당 SPIFFE ID의 처리를 암호학적으로 증명할 수 있는 방식으로 SPIFFE ID를 전달한다. 이 책을 쓰고 있는 시점에 SVID는 X.509-SVID와 JWT-SVID, 두 가지 형식일 수 있다.

H.5.1 X.509-SVID

X.509-SVID는 SPIRE 노드 에이전트가 SPIRE 서버에게 제출할 필요가 있는 CSR(그림 H.4의 4단계 참고)에 대응하는 서명된 X.509 인증서를 제공한다.[7] X.509-SVID를 발급하는 동안 SPIRE 서버는 인증기관 역할을 하고, 발급된 모든 인증서는 X.509 SAN^{Subject Alternate Name} 필드에 해당하는 SPIFFE ID를 포함해야 한다. 또한 SPIRE 서버는 인증서 발급 업무를 업스트림 인증기관에 위임할 수 있다.

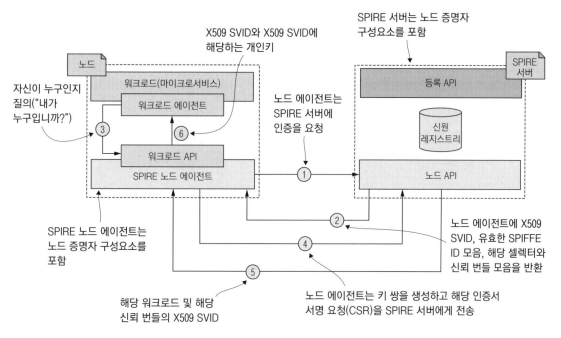

노드

워크로드(마이크로서비스)
워크로드 에이전트

워크로드 API
SPIRE 노드 에이전트

SPIRE 서버

등록 API

신원 레지스트리

노드 API

X509 SVID와 X509 SVID에 해당하는 개인키

SPIRE 서버는 노드 증명자 구성요소를 포함

자신이 누구인지 질의("내가 누구입니까?")

노드 에이전트는 SPIRE 서버에 인증을 요청

SPIRE 노드 에이전트는 노드 증명자 구성요소를 포함

노드 에이전트에 X509 SVID, 유효한 SPIFFE ID 모음, 해당 셀렉터와 신뢰 번들 모음을 반환

해당 워크로드 및 해당 신뢰 번들의 X509 SVID

노드 에이전트는 키 쌍을 생성하고 해당 인증서 서명 요청(CSR)을 SPIRE 서버에게 전송

▲ **그림 H.4** SPIRE 노드 에이전트가 X.509-SVID를 요청하면 CSR을 생성해 SPIRE 서버로 전송한다.

---

7 SPIFFE는 사용 가능한 규격(https://github.com/spiffe/spiffe/blob/master/standards/X509-SVID.md)에서 X.509-SVID를 정의한다.

공개키 기반구조 생태계에서는 루트 인증기관과 중개 인증기관 모두를 찾는데, 두 인증기관 모두 워크로드에 발급된 X.509 인증서에 서명할 수 있다. 루트 인증기관과 중개 인증기관 모두 자신만의 X.509 인증서를 갖고 있다. 중개 인증기관의 인증서는 루트 인증기관이나 다른 중개 인증기관에 의해 서명되는 반면에 루트 인증기관은 자신의 인증서에 자신이 직접 서명을 한다. 예상하는 것처럼 인증기관은 인증서의 체인이나 계층을 구축한다. 하단에는 워크로드에 대한 **리프 인증서**^{leaf certificate}가 있고 그 위에는 중개 인증기관이 서명한 인증서 모음이 있으며 마지막에는 루트 인증서로 체인이 끝난다. 다음은 X.509 인증서를 SVID로 사용하는 것과 관련한 몇 가지 핵심 사항이지만 SPIFFE 구현을 계획 중이라면 X.509-SVID 규격을 살펴보는 걸 권장한다.

- 개별 X.509 인증서는 인증서가 워크로드, 중개 인증기관 또는 루트 인증기관에 속해 있는지 여부와 관계없이 X.509 SAN 필드에 SPIFFE ID를 포함해야 한다. 인증서가 워크로드에 속해 있거나 리프 인증서라면 SPIFFE ID는 루트 외의 경로 구성요소를 가져야 한다. 예를 들어, SPIFFE ID spiffe://foo.com/retail/order-processing에서 retail/order-processing은 루트 외의 경로다. X.509 인증서가 중개 인증기관이나 루트 인증기관에 속해 있으면 SPIFFE ID가 경로 구성요소를 가져서는 안 된다.
- 개별 X.509 인증서는 critical로 표시한 키 사용^{Key Usage} 속성을 가져야만 한다.
- 중개 인증기관이나 루트 인증기관에 속한 X.509 인증서는 키 사용 속성 하위에 설정된 Key Cert Sign을 가져야만 하고 기본 제한^{Basic Constraints} 확장 하위에서 True나 Yes 값으로 인증기관^{Certificate Authority} 플래그를 전달해야 하는데, 이런 요구사항은 SPIFFE에만 국한되지 않는다. 그림 H.5는 키 사용과 기본 제한 확장이 있는 샘플 루트 인증기관 인증서를 보여준다. 리프 인증서 내 인증기관 플래그값은 False 또는 No여야 한다.

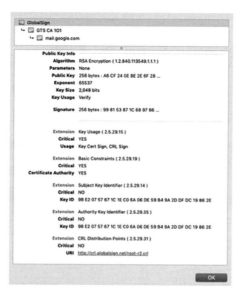

▲ **그림 H.5** GlobalSign 루트 인증기관의 X.509 인증서. 키 사용 확장의 값은 Key Cert Sign 값을 포함하고, 기본 제한 확장은 값이 Yes인 인증기관 속성을 전달한다.

- 리프 X.509 인증서만 워크로드 간 인증에 사용된다.

- 리프 X.509 인증서는 키 사용 속성의 값으로 Digital Signature를 가져야 하고 Key Cert Sign이나 CRL Sign을 갖지 않아야 한다.

- 리프 X.509 인증서는 확장된 키 사용^{Extended Key Usage} 속성을 포함해야 하며 속성값으로 id-kp-serverAuth와 id-kp-clientAuth 값을 포함해야 하는데, 2개의 값은 X.509 인증서로 TLS 통신에서 클라이언트와 서버를 모두 인증할 수 있음을 나타낸다.

- 리프 X.509 인증서의 유효성 검사 과정에서 수신 측은 신뢰할 수 있는 인증기관이 발급한 인증서인지를 확인하기 위해 인증서 경로를 검증해야 한다. SPIFFE는 인증기관 신뢰 번들을 사용해 신뢰할 수 있는 인증기관 인증서를 배포한다. 보통 노드 에이전트는 신뢰 번들을 사용해 대상 워크로드를 업데이트하는데, H.6절에서 신뢰 번들을 상세히 설명할 예정이다.

H.5.2 JWT-SVID

JWT-SVID는 SPIRE 노드 에이전트가 SPIRE 서버에 제출하는 JSR(그림 H.6의 4단계 참고)에 해당하는 서명된 JWT를 제공한다.[8] 서명된 JWT는 압축 직렬화한 JWS^JSON Web Signature이며 부록 B에서 JWS를 상세히 설명하고 있다.

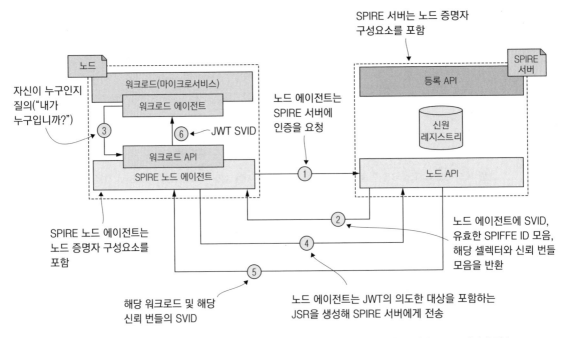

▲ **그림 H.6** SPIRE 노드 에이전트가 JWT-SVID를 요청하면 노드 에이전트는 JSR을 생성해 SPIRE 서버에 전송한다.

다음은 JWT-SVID와 관련한 몇 가지 핵심 사항이지만 SPIFFE 구현을 계획 중이라면 JWT-SVID 규격을 살펴보는 걸 권장한다.

- JWT의 핵심 요소 중 하나는 aud^audience 속성의 값이며 토큰의 의도한 수신자를 정의한다. aud 속성의 값은 JWT 수신 측에게 알려진 모든 문자열이나 URI를 설정 가능하다. Bearer 토큰을 사용한 인증 과정에서 다른 워크로드나 마이크로서비스에서

---

8   SPIFFE는 https://github.com/spiffe/spiffe/blob/main/standards/JWT-SVID.md에서 JWT-SVID를 정의한다.

JWT를 수신하는 개별 워크로드나 마이크로서비스는 JWT를 유효한 것으로 허용하기 전에 aud 파라미터의 값이 알고 있는 값인지 확인해야 한다. 그림 H.6의 3단계에서 워크로드가 JWT-SVID를 요청할 때 워크로드는 토큰의 의도한 대상을 노드 에이전트의 워크로드 API에 전달하고 4단계에서 노드 에이전트는 노드 API에게 전달한다.

- 개별 JWT-SVID는 sub 속성을 갖고 있다. sub^subject 속성은 JWT-SVID의 소유자를 정의하거나 JWT-SVID를 소유하는 워크로드의 SPIFFE ID를 전달한다. 그림 H.6의 6단계에서 SPIRE 서버가 발급한 JWT-SVID는 3단계에서 SVID를 요청한 워크로드의 SPIFFE ID를 전달한다.

- 개별 JWT-SVID는 exp 속성으로 만료 시간을 표현한다. exp 속성값은 1970-01-01T0:0:0Z 협정 세계시^UTC로부터의 경과 시간을 초 단위로 환산한 만료 시간을 나타낸다. JWT 수신 측은 JWT를 허용할 때 exp 속성이 나타내는 시간이 과거가 아닌지, 즉 토큰이 만료되지 않았는지 확인해야 한다. SPIFFE는 JWT 만료 시간을 짧게 가져가길 권장한다. 짧은 만료 시간을 사용하면 JWT를 탈취당했을 때의 위험도 낮아진다. 그림 H.6의 3단계에서 워크로드가 JWT-SVID를 요청할 때 토큰의 의도된 만료 시간을 노드 에이전트의 워크로드 API에 전달하고 4단계에서 노드 에이전트는 노드 API에게 전달한다.

- JWT-SVID 검증 절차에서 수신 측 워크로드(또는 마이크로서비스)는 JWT의 서명을 검증해야 한다. 해당 워크로드는 서명에 해당하는 공개키가 신뢰 번들 중 하나에 있는지도 확인해야 한다(H.6절 참고).

H.6 신뢰 번들

H.3절에서 설명한 것처럼 SPIFFE의 신뢰 도메인은 조직, 부서, 환경(개발, 스테이징, 운영) 등을 나타낼 수 있다. 실제로 개별 신뢰 도메인에서 실행되는 SPIRE 서버는 대상 신뢰 도메인[9]에서 실행 중인 마이크로서비스에 SPIFFE ID를 발급한다. 특정 신뢰 도메인 내

---

9   SPIFFE는 https://github.com/spiffe/spiffe/blob/main/standards/SPIFFE_Trust_Domain_and_Bundle.md에서 신뢰 도메인과 번들을 정의한다.

모든 워크로드에 발급된 SVID는 공통 서명 키로 서명되고 동일한 인증서 체인으로 검사할 수 있다. **신뢰 번들**은 신뢰 도메인의 암호화 키를 포함하기 때문에 신뢰 번들을 보유한 모든 워크로드는 다른 워크로드에서 받은 SVID가 신뢰할 수 있는 발급자가 발급한 것인지를 확인할 수 있다.

SPIFFE는 JWKS^JSON Web Key Set를 사용해 신뢰 번들을 나타낸다. JWK는 암호화 키를 JSON 형식으로 표현한 것이고 JWKS는 다양한 JWK들을 JSON 형식으로 표현한 것이다. JWK 구조와 정의는 RFC 7517(https://tools.ietf.org/html/rfc7517)을 참고하자. 리스트 H.1은 X.509-SVID에 해당하는 키를 전달하는 신뢰 번들 샘플을 보여준다.

리스트 H.1 X.509-SVID에 해당하는 SPIFFE 신뢰 번들 샘플

키 유형을 정의. RFC 7518에서 정의한 키 유형을 설정해야 하며 EC 값은 키 유형이 타원 곡선임을 의미

```json
{
  "keys": [
    {
      "use": "x509-svid",        ◄── SVID 유형을 정의. X.509-SVID이면 use 속성의 값을 x509-svid로,
                                      JWT-SVID이면 jwt-svid로 설정
      "kty": "EC",               ◄── 곡선 파라미터. 타원 곡선 키 유형에 필요한 파라미터이며
      "crv": "P-256",                키와 함께 사용되는 암호화 곡선을 식별
      "x": "fK-wKTnKL7KFLM27lqq5DC-bxrVaH6rDV-IcCSEOeL4",    타원 곡선 포인트의 y 좌표를 식별하는
      "y": "wq-g3TQWxYlV51TCPH030yXsRxvujD4hUUaIQrXk4KI"  ◄── 타원 곡선 키 유형에 필요한 파라미터
      "x5c": [ "MIIBKjCB0aADAgECA..." ]  ◄── 신뢰 도메인에 해당하는 인증서 체인을 전달
    }
  ],
  "spiffe_refresh_hint": 600     ◄── 신뢰 번들 수신 측이 번들 게시자의 업데이트
                                     여부를 확인해야 하는 빈도를 지정
}
```

타원 곡선 포인트의 x 좌표를 식별하는 타원 곡선 키 유형에 필요한 파라미터

부록 I

gRPC 원리

---

gRPC(https://grpc.io)는 원래 구글에서 개발한 오픈소스 원격 프로시저 호출 프레임워크 또는 라이브러리를 의미하며, 구글이 내부적으로 10년 이상 사용해온 스터비[Stubby]라고 불리는 차세대 시스템이다. gRPC는 전송에는 HTTP 버전 2를, 인터페이스 정의 언어[IDL, interface definition language]로는 프로토콜 버퍼[Protocol Buffers]를 사용해 시스템 간 통신 효율성을 달성한다. 8장에서는 gRPC로 마이크로서비스 간의 통신을 보호하는 방법을 설명하지만, 부록 I에서는 gRPC의 원리를 설명할 예정이다. gRPC에 대해 상세히 알아보려면 조슈아 험프리스[Joshua Humphries]와 데이빗 콘슈머[David Konsumer] 외 3인이 쓴 『Practical gRPC』(Bleeding Edge Press, 2018)와 카순 인드라시리[Kasun Indrasiri]와 다네쉬 쿠루푸[Danesh Kuruppu]가 쓴 『gRPC 시작에서 운영까지』(에이콘, 2020)를 읽어보는 걸 추천한다.

I.1 gRPC 소개

대부분의 사람들은 컴퓨터 프로그램의 기능에 익숙하며 프로그램의 **함수**[function]는 특정 작업을 수행한다. 소프트웨어 프로그램은 보통 프로그램을 실행할 때 운영체제에서 호출하는 main 함수를 갖고 있다. 일반적인 프로그램의 함수는 동일한 프로그램에서 실행되는 다른 함수(또는 main 함수)의 호출을 받고 실행된다.

RPC는 **원격 프로시저 호출**remote procedure call을 의미하는데, 이름에서 알 수 있듯이 RPC는 프로그램이 네트워크의 원격 호스트/컴퓨터에서 실행 중인 함수를 실행할 수 있는 프로토콜이다. RPC는 일반적으로 다음 예제처럼 클라이언트 측에서 메소드 스텁stub을 생성해 로컬 함수 호출처럼 보이게 하지만 실제로는 원격지의 함수를 호출한다.

```
Registry registry = LocateRegistry.getRegistry(serverIP, serverPort);
Products products = (Products) registry.lookup(name);
int count = products.getCount();
```

위의 예제에서 Products 객체는 지역 변수이고 getCount 메소드는 serverIP와 serverPort로 식별되는 원격지 서버에서 실행되는 메소드를 네트워크를 통해 원격 호출한다. 서버의 getCount 메소드는 함수의 실제 비즈니스 로직을 포함하고 있다. 클라이언트 애플리케이션의 메소드는 단순히 서버 애플리케이션의 동일 메소드에 대한 대리 역할을 한다. 그림 I.1은 클라이언트 애플리케이션이 서버 애플리케이션과 통신하기 위해 스텁을 사용하는 방법을 보여준다.

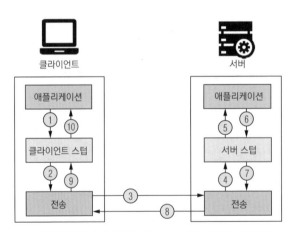

▲ **그림 I.1** RPC로 통신을 할 때 클라이언트와 서버 모두는 스텁을 인터페이스로 사용한다.

gRPC는 이제 마이크로서비스 간에 발생하는 통신에 사용할 수 있는 선택지 중 하나가 됐는데, 이는 주로 HTTP를 통한 JSON 전송 같은 일반적인 메커니즘과 비교했을 때 제공하는 성능 최적화 때문이다. 이 책 전반에서 언급한 것처럼 마이크로서비스 기반 애플리케이션은 네트워크를 통해 마이크로서비스 간에 많은 상호작용을 해서 네트워크 계층에서 달성할 수 있는 최적화는 실제 애플리케이션에서 여러 순서로 실현된다. 그림 I.2는 주어진 사용자 작업을 완료하기 위한 마이크로서비스 간의 상호작용을 보여준다.

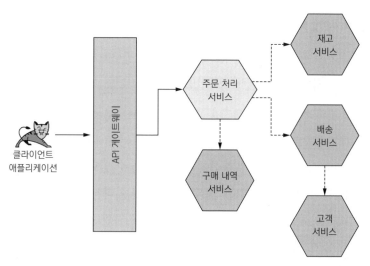

▲ **그림 I.2** 일반적인 마이크로서비스 아키텍처에서 단일 사용자 작업은 다양한 마이크로서비스 간의 많은 네트워크 상호작용을 초래한다.

그림 I.2처럼 사용자가 주문을 하면 다양한 마이크로서비스 간에 무수히 많은 상호작용이 일어난다. 주문 처리 마이크로서비스는 재고 정보를 업데이트하기 위해 재고 마이크로서비스와 통신을 하고 배송을 위해 배송 마이크로서비스와도 통신을 한다. 배송 마이크로서비스는 배송 정보를 얻기 위해 고객 마이크로서비스와 통신을 한다. 주문 처리 마이크로서비스는 구매 내역 마이크로서비스와도 통신해 고객 구매 내역을 업데이트한다.

사용자가 요청한 단일 주문 작업을 처리하기 위해 다양한 마이크로서비스 간에 네 번의 상호작용이 발생한다. 그림 I.2의 사례에서 네 번의 상호작용이 각기 다른 마이크로서비스 간에 발생하기 때문에 JSON/HTTP를 사용함으로써 얻을 수 있는 모든 시간 관점의 이점은 네 번의 순서로 실현된다. 수백 개의 마이크로서비스를 보유할 수 있는 훨씬 더 큰 애플리케이션으로 얻을 수 있는 이점은 더욱 의미가 있다. gRPC는 HTTP를 사용한

JSON/XML에 비해 두 가지 주요 이유로 마이크로서비스에서 더 나은 성능을 발휘한다.

- gRPC는 Protobuf로도 알려진 프로토콜 버퍼$^{Protocol\ Buffers}$를 사용한다.
- gRPC는 HTTP 버전 1.1이 아닌 버전 2를 전송 프로토콜로 사용한다.

I.2 프로토콜 버퍼에 대한 이해

I.2절에서는 프로토콜 버퍼를 소개하고 gRPC 개발에 필수적인 이유와 데이터 전송 효율성 측면에서 제공되는 이점에 대해서도 설명한다.

클라이언트와 서버 간의 메시지 통신을 위해 HTTP 프로토콜을 통한 JSON을 사용하면 전체 JSON 메시지를 평문 형태로 전송한다. 페이로드는 반복적이고 때로는 불필요하기도 한데, 이는 JSON/XML과 같은 형식이 사람이 읽을 수 있도록 설계됐기 때문이다. 하지만 실제로는 기계만이 JSON/XML 형식의 메시지를 처리한다. JSON/XML 형식을 사용하면 네트워크로 전달하는 메시지 구조를 더 쉽게 이해할 수 있게 해주지만 애플리케이션 런타임에 있어서는 형식이 반드시 중요하지는 않다. 프로토콜 버퍼는 유연하고 효율적이며 데이터를 직렬화하기 위한 자동화 메커니즘이다. 프로토콜 버퍼를 JSON이나 XML로 생각할 수 있지만 다음과 같은 차이가 있다.

- 주어진 메시지를 표현하는 훨씬 더 작은 크기
- 주어진 메시지를 처리하는 데 필요한 훨씬 더 짧은 시간
- 프로그래밍 언어와의 유사성으로 인한 친숙함

구글은 2001년에 인덱스 서버 요청-응답 프로토콜을 처리할 목적으로 프로토콜 버퍼를 만들었고 2008년에 대외적으로 공개했다. 현재 언어 버전은 proto3으로 알려진 버전 3이고 부록 I의 예제에서는 해당 버전을 사용한다.

프로토콜 버퍼를 사용하려면 먼저 데이터 구조화 방법을 정의해야 하는데, 이러한 구조는 확장자가 .proto인 파일에 정의한다. 리스트 I.1은 간단한 Customer 객체를 정의하는 .proto 파일을 보여준다.

```
syntax = "proto3";

message Customer {
  string name = 1;
  int32 id = 2;
  string email = 3;

  enum PhoneType {
    MOBILE = 0;
    HOME = 1;
    WORK = 2;
  }

  message PhoneNumber {
    string number = 1;
    PhoneType type = 2;
  }

  repeated PhoneNumber phone = 4;
}
```

리스트 I.1에서 보이는 것처럼 개별 메시지 유형은 하나 이상의 고유한 자료형(string, int) 필드로 구성되며 개별 필드는 식별을 위한 고유한 번호를 갖는다. 디폴트값에 대한 상세한 내용은 https://developers.google.com/protocol-buffers/docs/proto3#default에서 확인할 수 있다.

또한 리스트 I.1의 Customer 메시지 내에서 PhoneNumber 메시지를 사용한 방식과 유사하게 다른 메시지 유형 내에서 메시지 유형을 사용해 데이터 구조를 계층적 방식으로 구성할 수 있는데, 구성할 경우 Protobuf 컴파일러는 계층적 데이터 구조를 사용해 스트림에서 데이터를 읽고 해당 구조를 채우는 데 사용할 수 있는 소스 코드를 자동으로 생성한다. 또한 컴파일러는 데이터 구조를 스트림으로 변환한다. 생성된 코드는 Protobuf 컴파일러에서 지원하는 다양한 프로그래밍 언어로 사용할 수 있다.

소스 코드 생성을 이해하기 위해 스프링 부트 gRPC 모듈을 사용해 .proto 파일로부터 자바 코드를 생성하는 간단한 예제를 살펴볼 텐데, 예제 코드는 https://github.com/

microservices-security-in-action/samples/tree/master/appendix-i에서 확인할
수 있다. 예제는 자바 버전 8과 11에서 테스트를 했고 실습을 위해서는 자바 버전 8 이
상, 메이븐 버전 3.2 이상이 시스템에 설치되어 있어야 한다. appendix-i/sample01 디
렉토리에서 다음 명령을 실행하자.

```
\> mvn compile
```

컴파일에 성공하면 BUILD SUCCESS 메시지를 화면에 출력하고 target 디렉토리를 생성한
다. 새로 생성된 target/generated-sources/protobuf/java/com/manning/mss/
appendixi/sample01 디렉토리의 Customer.java 파일을 살펴보면 .proto 파일에서 선
언한 필드를 조작하는 getName, setName 등의 함수가 있음을 알 수 있다. 구현한 자바 프
로그램은 gRPC로 클라이언트와 서버 간에 데이터를 교환하기 위해 자동 생성 기능을 사
용한다. target/classes 디렉토리에는 컴파일된 Customer 클래스가 있다.

방금 컴파일한 .proto 파일인 appendix-i/sample01/src/main/proto 디렉토리의
customer.proto 파일을 텍스트 편집기나 통합 개발 환경으로 살펴보자. 파일 최상단의
syntax = "proto3";은 컴파일러에게 protobuf 버전 3을 사용하고 있음을 알려주며, com.
manning.mss.appendixi.sample01;은 자동 생성되는 자바 코드에 포함해야 하는 자바 패키
지 이름을 지정한다. 생성된 Customer.java 파일에도 동일한 패키지 지정문 코드가 포함
되어 있어야 한다. option java_multiple_files = true;는 개별 상위 메시지 유형별로 별도
의 자바 소스 파일을 생성하도록 컴파일러에게 지시한다. 이번 예제에서는 상위 메시지
유형이 Customer 하나뿐이어서 중요하지 않지만 소스를 하나의 큰 파일 대신 여러 파일로
깔끔하게 쪼개기 때문에 코드를 빌드해야 하는 메시지가 여러 개 있을 때는 편리하다.

I.3 HTTP 버전 2에 대한 이해와 버전 1.x에 대비해 갖는 이점

I.3절에서는 HTTP를 통한 JSON/XML 전송과 비교해 HTTP 버전 2와 gRPC가 HTTP
버전 2를 사용함으로써 얻는 성능 관점의 이점을 살펴볼 예정이다. gRPC가 인기를 얻고
있는 이유 중 한 가지는 HTTP를 통한 JSON 전송 같은 유사 대안에 비해 향상된 성능 때

문이다. gRPC는 HTTP 버전 2를 전송 계층 프로토콜로 사용한다. HTTP 버전 2는 성능을 크게 향상할 수 있는 요청 다중화 및 헤더 압축을 제공하고, 프레임의 바이너리 인코딩을 통해 전송되는 데이터를 훨씬 더 간결하고 효율적으로 처리한다. 요청/응답 다중화 및 바이너리 프레이밍binary framing에 대해 자세히 살펴보자.

I.3.1 요청/응답 다중화 및 성능 이점

I.3.1절에서는 통신 당사자 간의 효율적인 데이터 교환을 위해 HTTP 버전 2 프로토콜에서 사용하는 **요청 다중화**request multiplexing의 개념을 소개한다. 먼저 HTTP 버전 1의 문제점을 언급한 다음 요청 다중화가 문제점을 해결하는 방법을 살펴본다.

HTTP 버전 1을 통해 발생하는 클라이언트와 서버 간의 통신에서 클라이언트가 성능 향상을 위해 서버로 여러 개의 요청을 병렬로 전송하려면 여러 개의 TCP 연결을 사용해야 하는데,[1] 요청만큼의 연결을 사용해야 하는 건 응답을 순차적으로 해야 하는 HTTP 버전 1.x 전달 모델 때문이다. 디폴트로 단일 TCP 연결을 통해 발생하는 HTTP 버전 1.x 요청도 순차적으로 일어난다. 하지만 HTTP 파이프라이닝pipelining[2]을 사용한 단일 TCP 연결에서는 HTTP 버전 1.x를 사용하는 클라이언트도 서버에게 여러 요청을 보낼 수 있지만 많은 복잡성을 수반하고 다양한 문제를 일으키는 것으로 알려져 있어 거의 사용되지 않으므로 HTTP 버전 1.x 요청은 순차적으로 일어난다고 생각해도 무방하다.

클라이언트 애플리케이션이 HTTP 파이프라이닝을 사용하는지 여부와 무관하게 단일 TCP 연결에서 서버는 주어진 시간 동안 단일 응답만 보낼 수 있기 때문에 많은 비효율성이 발생해 HTTP 버전 1.x를 사용하는 애플리케이션은 단일 호스트에서 데이터를 요청하는 경우에도 여러 개의 TCP 연결을 사용한다. 그림 I.3은 단일 TCP 연결에서 서버에 병렬 요청을 하기 위해 HTTP 파이프라이닝을 사용하는 시나리오와 다시 전송되는 응답의 순차적 특성을 보여준다.

---

1 TCP는 두 호스트 간 연결을 설정하고 데이터 스트림을 교환할 수 있게 해준다. TCP는 데이터 전달과 패킷이 전송한 순서대로 전달됨을 보장한다.

2 파이프라이닝은 영속적인 TCP 연결을 통해 클라이언트가 응답을 기다리지 않고 서버에게 연속적인 요청을 보내는 프로세스를 의미한다.

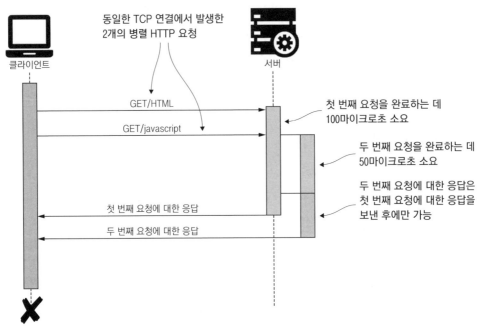

▲ **그림 I.3** 단일 TCP 연결에서 서버에 2개의 병렬 요청을 보내는 클라이언트 애플리케이션과 요청을 병렬로 처리하는 서버. 서버가 두 번째 요청을 먼저 처리 완료했더라도 첫 번째 요청에 대한 응답을 전송할 때까지 대기해야 한다.

그림 I.3처럼 클라이언트 애플리케이션은 단일 TCP 연결에서 서버로 두 번의 병렬 요청을 보내 웹 페이지를 렌더링한다. 서버는 GET /HTML 요청을 처리하고 그런 다음 GET /javascript 요청을 처리하며 첫 번째 응답을 준비하는 데 100마이크로초, 두 번째 응답을 준비하는 데 50마이크로초가 걸린다. HTTP 버전 1.x의 특성을 고려하면 응답은 클라이언트에게 순차적으로 전달이 필요해 서버가 두 번째 응답을 첫 번째 응답보다 먼저 준비했더라도 첫 번째 응답을 보낸 후에 두 번째 응답을 보낼 수 있다. 이러한 특성으로 인해 요청한 전체 웹 페이지를 렌더링할 수 있는 이상적인 시간보다 오래 기다려야 한다.

HOL **블로킹**head-of-line blocking으로도 알려진 이 문제 때문에 앞서 언급한 것처럼 클라이언트 애플리케이션은 병렬로 여러 TCP 연결을 맺어야 한다. 그림 I.4는 병렬로 여러 TCP 연결을 맺어 클라이언트 애플리케이션이 HOL 블로킹 문제를 해결하는 방법을 보여준다.

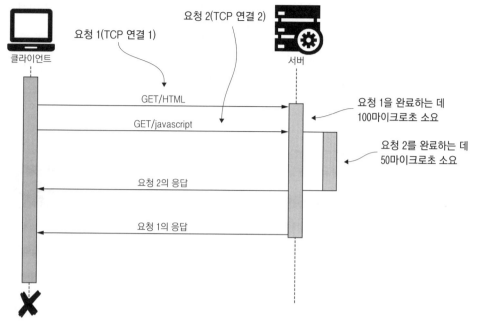

▲ **그림 I.4** 별개의 TCP 연결로 서버에 두 번의 병렬 요청을 하는 클라이언트 애플리케이션. 서버는 클라이언트 애플리케이션의 요청을 병렬로 처리한다. 요청에 대한 응답은 처리 완료 순서대로 클라이언트로 전송한다.

그림 I.4에서 볼 수 있듯이 `GET /HTML` 요청과 `GET /javascript` 요청은 각기 다른 TCP 연결을 통해 클라이언트에서 서버로 전송되는데, 부담이 적은 요청(`GET /javascript`)을 먼저 완료하기 때문에 서버는 다른 요청을 완료하기 전까지 기다리지 않고 응답을 보낼 수 있게 되어 클라이언트 애플리케이션은 단일 TCP 연결만 사용하던 이전 사례(그림 I.3)보다 훨씬 더 일찍 웹 페이지 렌더링을 시작할 수 있다.

여러 개의 동시 TCP 연결을 사용하면 HOL 블로킹 문제를 완전히 해결할 수 있는 것처럼 오해할 수도 있지만 실제로 적용을 해보면 주로 CPU, 파일 입출력, 네트워크 대역폭 등을 포함한 리소스 제한 때문에 통신 당사자 간에 생성할 수 있는 TCP 연결 수에 제한이 있다. 웹 브라우저는 일반적으로 호스트(웹 도메인)별로 6개의 동시 TCP 연결을 생성할 수 있어 웹 브라우저 컨텍스트에서 얻을 수 있는 동시성 수준은 최대 6이다. 주어진 단일 TCP 연결 내의 모든 통신은 여전히 순차적이다.

HTTP 버전 1.*x*와 비교했을 때 버전 2의 요청 및 응답 다중화는 유용하다. HTTP 버전 2
의 바이너리 프레이밍 계층은 HTTP 메시지를 개별 프레임으로 분리해 구분한 다음 다른
쪽에서 다시 조립할 수 있게 함으로써 앞서 언급한 HTTP 버전 1.*x*의 제한을 제거한다.
이해를 돕기 위해 그림 I.5를 살펴보자.

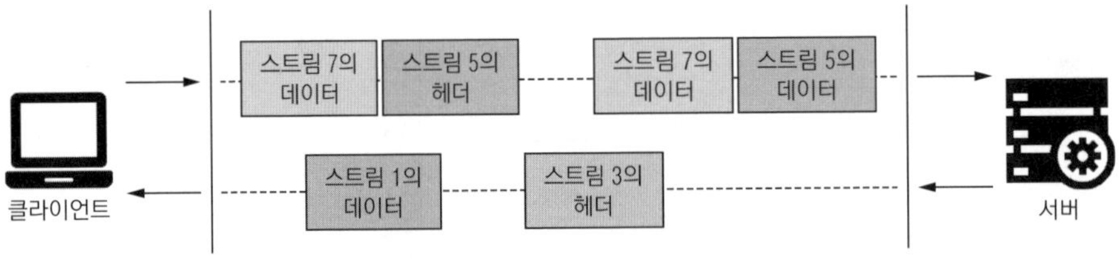

단일 TCP 연결

▲ **그림 I.5** HTTP 버전 2를 사용해 통신하는 클라이언트와 서버. 요청과 응답은 단일 TCP 연결에서 다중화되기
때문에 다른 메시지를 차단하지 않고도 여러 메시지를 동시에 전송할 수 있다.

HTTP 버전 2를 사용하면 여러 메시지를 동시에 전송할 수 있다. 송신 측은 개별 HTTP
메시지를 각기 다른 유형의 프레임(데이터 프레임, 헤더 프레임 등)으로 나누어 스트림에 할
당하고 수신 측은 스트림을 기반으로 메시지를 재조립하고 개별 메시지가 재조립을 완료
하자마자 메시지 단위로 처리를 시작하는데, 이렇게 처리하면 HTTP 버전 1.*x*의 HOL
블로킹 문제를 해결할 수 있다. HTTP 버전 2의 다중화 기능이 HTTP 버전 1.*x*에 제공하
는 많은 이점은 다음과 같다.

- 어떤 요청도 차단하지 않고 여러 요청을 병렬로 처리한다.
- 어떤 응답도 차단하지 않고 여러 응답을 병렬로 처리한다.
- 클라이언트와 서버 간에 단일 TCP 연결을 맺어 리소스 활용도를 대폭 줄이고 운영
  비용을 절감한다.
- 대기하는 유휴 시간을 줄여 클라이언트 애플리케이션 및 서버의 효율성을 향상한다.
- 네트워크 대역폭 부족을 방지하고 애플리케이션의 효율성을 개선한다.

바이너리 프레이밍 및 스트리밍은 HTTP 버전 2에서 요청과 응답을 다중화할 수 있게 해
주는 두 가지 기본 개념이다. 해당 개념들이 무엇인지와 HTTP 버전 2에 기여하는 바를
간략히 살펴보자.

I.3.2 HTTP 버전 2의 바이너리 프레이밍 및 스트림 이해

I.3.2절에서는 HTTP 버전 1.x와 버전 2 간에 메시지를 인코딩하고 교환하는 방식의 근본적인 차이점을 살펴보고, 바이너리 프레이밍의 개념과 요청 및 응답을 다중화할 수 있도록 프레임이 스트림에 할당되는 방법을 간략하게 설명할 예정이다.

HTTP 메시지는 텍스트 정보로 구성된다. 'Hypertext Transfer Protocol'이라는 이름 자체가 의미하는 것처럼 HTTP는 아스키[ASCII]로 인코딩되고 개행 기호를 포함해 여러 줄로 구분되어 있는 텍스트 정보를 포함한다. HTTP 버전 1에서는 메시지를 네트워크를 통해 공개적으로 전송한다. 하지만 HTTP 버전 2에서는 개별 메시지를 HTTP 프레임으로 분리한다.[3] 그림 I.6은 HTTP 메시지를 프레임 단위로 구분하는 방식을 보여준다.

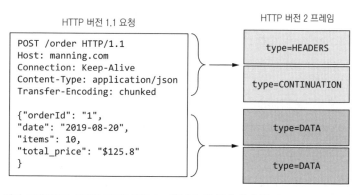

▲ **그림 I.6** 여러 프레임으로 구분된 HTTP 버전 1.x 메시지. 첫 번째 헤더 청크는 HEADERS 프레임에, 두 번째 헤더 청크는 CONTINUATION 프레임에 배치하고 요청 본문은 DATA 프레임으로 구분한다.

그림 I.6에서 볼 수 있듯이 HTTP 메시지는 여러 프레임으로 구분되고 개별 프레임은 프레임 수신자가 데이터를 해석하는 데 도움을 줄 수 있는 관련 유형[type]을 갖고 있다. HTTP 헤더는 HEADERS 프레임 유형으로, 동일한 일련번호의 결과 헤더는 CONTINUATION 프레임 유형으로, 요청 페이로드는 DATA 프레임 유형으로 전송된다. 프레임은 최대 16 메가바이트의 데이터를 보유할 수 있다. HTTP 버전 2 표준은 디폴트로 DATA 프레임의 크기를 16킬로바이트로 설정하고 필요한 경우 통신 당사자가 더 큰 값으로 협상할 수 있

---

3   프레임은 특정 유형의 데이터를 전달하는 가장 작은 통신 단위이며 HTTP 헤더, 메시지 페이로드 등이 예가 될 수 있다.

게 한다. 통신 채널을 시작할 때 다음과 같은 일련의 이벤트가 발생한다.

1. 클라이언트는 먼저 요청 메시지를 바이너리 프레임으로 나눈 다음 요청의 스트림 ID를 프레임에 할당하는데, 이렇게 하면 특정 요청의 바이너리 데이터를 포함하는 개별 프레임이 단일 스트림과 연결된다.

2. 클라이언트는 서버와의 TCP 연결에 착수하고 해당 연결을 통해 프레임 전송을 시작한다.

3. 서버가 프레임을 수신하면 프레임을 조립해 요청 메시지를 만든 다음 요청 처리를 시작한다.

4. 서버가 클라이언트에 응답할 준비가 되면 서버는 응답을 프레임으로 나누고 요청 프레임과 동일한 스트림 ID를 할당한다. 프레임이 단일 TCP 연결에서 병렬로 전송 되더라도 수신자는 개별 프레임의 스트림 ID로 프레임이 속한 적절한 메시지를 식별할 수 있는데, 이 시나리오는 그림 I.5에서 설명한 적이 있다.

그림 I.5에서 모든 스트림 ID가 홀수임을 알아차렸을 수도 있는데 이는 우연이 아니다. HTTP 버전 2는 I.4.6절에서 설명할 양방향 스트리밍을 지원하는데, 양방향 스트리밍은 기본적으로 클라이언트만 서버로 전송을 시작할 수 있는 HTTP 버전 1.x와 달리 클라이언트와 서버가 모두 프레임 전송을 시작할 수 있음을 의미한다.

클라이언트 시작 프레임은 홀수 ID를 가진 스트림에 할당되고 서버 시작 프레임은 짝수 스트림 ID에 할당되는데, ID를 구분함으로써 클라이언트와 서버가 동일한 ID로 스트림 을 시작할 가능성을 제거한다. 클라이언트와 서버가 동일한 ID로 스트림을 시작하면 수신자가 특정 프레임이 속한 메시지를 적절하게 식별할 수 없게 된다.

I.4 gRPC에서 사용할 수 있는 다양한 유형의 RPC

I.4절에서는 gRPC 프로토콜에서 사용할 수 있는 다양한 유형의 RPC와 RPC별로 유용하게 쓰일 수 있는 시나리오 유형을 살펴볼 예정이다. 살펴볼 RPC는 다음과 같다.

- 채널
- 메타데이터
- 단항 RPC
- 서버 스트리밍 RPC
- 클라이언트 스트리밍 RPC
- 양방향 스트리밍 RPC

I.4.1 채널에 대한 이해

gRPC **채널**channel은 클라이언트 애플리케이션에서 원격지에 있는 gRPC 서버의 호스트 및 포트와 맺어진 연결을 나타낸다. 채널은 사전에 정의한 다섯 가지 상태, 즉 CONNECTING, READY, TRANSIENT_FAILURE, IDLE, SHUTDOWN을 갖고 있다.[4] 개별 상태는 해당 시점에 클라이언트와 서버 간의 연결에서 특정 동작을 나타낸다. 클라이언트는 메일 압축 비활성화 같은 채널 인수를 지정해 gRPC의 디폴트 동작을 수정할 수 있다.

I.4.2 메타데이터에 대한 이해

메타데이터metadata는 인증 상세 정보 같은 RPC 호출에 대한 특정 정보를 포함한다. 메타데이터는 키-값 쌍 형태의 목록으로 제공되는데, 키는 일반적으로 문자열이며 값은 문자열 또는 바이너리 유형일 수 있지만 대부분의 경우 값은 문자열로 제공된다. 메타데이터는 클라이언트가 RPC 메시지에 대한 정보를 서버에 제공하는 데 도움을 주며, 반대 경우인 서버가 RPC 메시지에 대한 정보를 클라이언트에게 제공할 때도 도움을 준다. 메타데이터는 HTTP의 헤더와 유사하다고 생각하면 이해하기 쉽다.

---

4 gRPC 연결 의미 체계 및 API(https://github.com/grpc/grpc/blob/master/doc/connectivity-semantics-and-api.md) 참고

1.4.3 단항 RPC에 대한 이해

단항 RPC$^{unary\ RPC}$는 클라이언트와 서버 간의 응답-요청 패턴을 나타낸다. gRPC는 요청과 응답을 순차적인 패턴으로 교환하는 전통적인 모델을 지원한다. 단항 RPC에서 클라이언트는 먼저 서버의 특정 메소드를 호출하는 스텁/클라이언트 메소드를 호출한다. 서버는 메시지를 처리하고 응답을 준비해 클라이언트로 보내는데, 클라이언트와 서버 간에 교환하는 메시지 수는 동일하다(요청별로 하나의 응답 제공).

1.4.4 서버 스트리밍 RPC에 대한 이해

서버 스트리밍$^{server-streaming}$ 모델에서 서버는 단일 클라이언트 요청에 대해 응답 스트림을 보낸다. 서버 스트리밍은 단일 클라이언트 요청에 대해 여러 응답을 보내는 게 타당할 때 사용할 수 있다.

소매점에서 주문을 하면 서버가 결제 여부를 확인하고 배송 요청을 완료함으로써 주문 처리를 시작하는 시나리오를 상상해보자. 결제 처리 및 배송 작업은 서버상의 2개의 병렬 마이크로서비스에서 처리할 수 있다. 서버 스트리밍을 통해 서버는 개별 단계가 완료되자마자 클라이언트에 업데이트를 보낼 수 있다. 서버가 모든 응답 메시지를 클라이언트에 보내고 나면 서버는 상태 세부 정보(상태 코드)와 부가적인 흔적 메타데이터를 보낸다. 클라이언트는 상태 세부 정보와 메타데이터를 사용해 서버가 전송한 스트림의 마지막을 식별한다.

1.4.5 클라이언트 스트리밍 RPC에 대한 이해

서버 스트리밍 RPC와 유사하게 gRPC는 **클라이언트 스트리밍 RPC**$^{client-streaming\ RPC}$도 지원하는데, 클라이언트는 서버에 요청 스트림을 보내고 서버는 일반적으로 단일 응답을 보낸다(항상 단일 응답만 보내는 건 아님). 서버는 응답을 보내기 시작하기 전에 클라이언트가 상태 세부 정보와 메타데이터를 보낼 때까지 기다린다. 클라이언트 스트리밍은 서버가 처리나 계산을 수행하고 출력을 제공하기 전에 클라이언트가 일정 기간 동안 서버에게 여러 입력을 제출해야 할 때 유용하다.

미터기가 있는 택시를 탄다고 상상해보면 택시(클라이언트)는 몇 초에 한 번씩 위치 데이터를 업로드한다. 서버는 위치 정보를 수신하면 이동 거리를 기준으로 요금을 계산하고 몇 분에 한 번씩 고객에게 업데이트를 제공한다.

I.4.6 양방향 스트리밍 RPC에 대한 이해

양방향 스트리밍 RPCbidirectional streaming RPC에서 클라이언트는 다시 호출을 시작한다. 클라이언트 애플리케이션은 서버에 요청 스트림을 보내기 시작하고 서버는 클라이언트에게 응답 스트림을 보내기 시작한다. 데이터를 교환하는 순서는 애플리케이션에 따라 다르다. 서버는 응답을 보내기 전에 모든 클라이언트 요청 메시지를 받을 때까지 기다리거나 클라이언트가 서버로 요청 메시지를 보내는 중에도 응답을 보낼 수 있다.

부록 J

쿠버네티스의 원리

이 책을 쓰는 시점에 **쿠버네티스**^{Kubernetes}는 가장 인기 있는 컨테이너 오케스트레이션 프레임워크다.[1] **컨테이너**^{container}는 물리적인 시스템에 대한 추상화이고 **컨테이너 오케스트레이션 프레임워크**^{container orchestration framework}는 네트워크에 대한 추상화를 제공한다. 쿠버네티스 같은 오케스트레이션 소프트웨어는 수천 개 이상의 시스템(노드)이 있는 고도로 분산된 환경에서 컨테이너를 배포, 관리 및 확장할 수 있게 해준다.

쿠버네티스는 Borg라는 구글 내부 프로젝트가 시작점으로, 구글은 사내 운영 시스템이었던 Borg를 2014년에 오픈소스화해서 공개했다. Borg는 구글 개발자와 시스템 관리자가 여러 지역에 걸쳐 분산되어 있는 대규모 데이터 센터 내 수천 개의 애플리케이션을 관리할 수 있도록 도움을 준다.

쿠버네티스를 상세히 다루는 건 이 책의 주제를 벗어나기 때문에 쿠버네티스에 대해 더 많이 배우고 싶다면 마르코 룩샤^{Marko Lukša}가 쓴 『쿠버네티스 인 액션』(에이콘, 2020)을, 운영 환경 배포 시 쿠버네티스를 사용하는 방법을 배우려면 빌긴 이브리암^{Bilgin Ibryam}, 롤란

---

1   Kubernetes라는 단어가 다소 길기 때문에 K와 S 사이에 8개의 문자가 있음을 참고해 쿠버네티스를 k8s라고 부르는 경우도 있다.

트 후스^{Roland Huß}의 『쿠버네티스 패턴』(책만, 2020)을 읽어보는 걸 추천한다.

11장에서는 쿠버네티스 환경에서 마이크로서비스를 배포하고 보호하는 방법을 설명하는데, 부록 J는 쿠버네티스를 처음 사용하는 사람에게 11장을 따라갈 수 있는 토대를 제공한다.

J.1 쿠버네티스의 고수준 아키텍처

쿠버네티스는 클라이언트–서버 아키텍처를 따른다. 쿠버네티스 클러스터는 하나 이상의 마스터^{master} 노드와 하나 이상의 워커^{worker} 노드로 이뤄져 있다(그림 J.1 참고). 쿠버네티스 환경에서 마이크로서비스를 배포하려는 경우 **쿠버네티스 컨트롤 플레인**^{Kubernetes control plane}인 마스터 노드와 직접 상호작용한다. 쿠버네티스 마스터 노드에 연결하려면 로컬 시스템에서 쿠버네티스 클라이언트 실행이 필요한데 마스터 노드, 워커 노드, 쿠버네티스 클라이언트를 쿠버네티스의 세 가지 구성요소라 부른다.

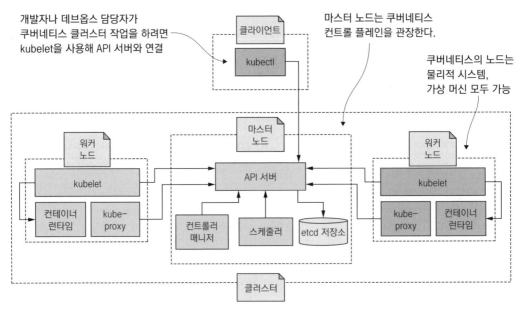

▲ 그림 J.1 쿠버네티스 클러스터는 마스터 노드와 워커 노드 집합으로 구성

J.1.1 마스터 노드

쿠버네티스 클러스터의 거의 모든 기능을 처리하는 **마스터 노드**^{master node}는 API 서버, 컨트롤러 매니저, 스케줄러, etcd 저장소라는 4개의 요소로 구성되어 있다(그림 J.1 참고). 여러 마스터 노드가 있는 배포 환경에서 각 마스터 노드는 자신을 위한 API 서버, 컨트롤러 매니저, 스케줄러 및 etcd 저장소의 복사본을 갖는다.

쿠버네티스 클러스터 구성요소 간 통신은 API 서버를 통해 이뤄진다. 예를 들어, 쿠버네티스에서 컨테이너를 배포하려면 kubectl로 불리는 쿠버네티스 클라이언트 애플리케이션과 API 서버와의 통신이 필요하다. 마스터 노드의 네 가지 구성요소에 대해서는 부록 J 후반부에서 상세히 설명할 예정이다.

J.1.2 워커 노드

쿠버네티스는 워크로드(컨테이너)를 **워커 노드**^{worker node}에서 실행한다. 마스터 노드에게 마이크로서비스를 포함하고 있는 컨테이너를 실행하도록 지시하면 마스터 노드는 워커 노드를 선택한 다음 요청받은 컨테이너를 구동 및 실행하라고 지시한다. 워커 노드는 kubelet, kube-proxy 및 컨테이너 런타임이라는 세 가지 주요 구성요소로 이뤄져 있는데(그림 J.1 참고) 부록 J의 후반부에서 상세히 설명할 예정이다.

J.2 기본 구조

쿠버네티스를 시작하려면 기본 몇 가지 기본 구조를 이해해야 한다. J.2절은 가장 많이 사용하는 구성을 다루지만 결코 포괄적인 목록을 제공하지는 않는다.

J.2.1 파드: 쿠버네티스에서 가장 작은 배포 단위

파드^{Pod}는 쿠버네티스 환경에서 가장 작은 배포 단위다(그림 J.2 참고). 파드는 컨테이너 그룹에 대한 추상화이기 때문에 쿠버네티스 파드에 2개 이상의 도커 컨테이너가 있을 수 있다(부록 E에서 도커 컨테이너를 상세히 설명한다). 쿠버네티스 환경에서 컨테이너를 독자적으로 배포할 수는 없어 파드로 컨테이너를 래핑^{wrapping}해야 한다. 예를 들어, 쿠버네티스에 주문 처리 마이크로서비스를 배포하려면 다음 단계를 따라야 한다.

1. 주문 처리 마이크로서비스 도커 이미지를 생성한다.

2. 도커 이미지를 쿠버네티스 클러스터가 접근 가능한 도커 레지스트리에 게시한다.

3. 파드를 설명하는 YAML 파일 작성. YAML 파일은 파드를 만들기 위해 도커 레지스트리에서 가져와야 하는 도커 이미지를 쿠버네티스에 전달하는 역할을 하며, 파드는 정확히 말하면 쿠버네티스 객체인 **디플로이먼트**^{Deployment} 내에 존재한다. 디플로이먼트에 대해서는 J.3.4절에서, 쿠버네티스 객체에 대해서는 J.14절에서 설명할 예정이다.

4. kubectl 명령행 도구를 사용해 쿠버네티스 마스터 노드에게 파드를 생성하도록 지시한다.

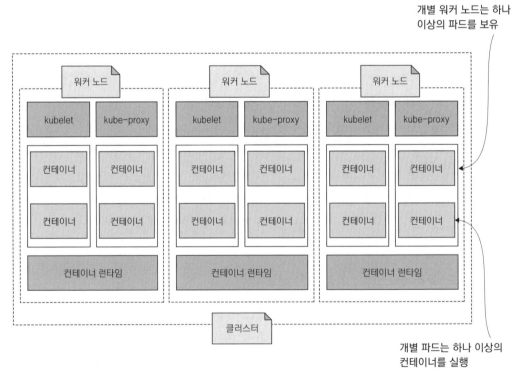

개별 워커 노드는 하나 이상의 파드를 보유

개별 파드는 하나 이상의 컨테이너를 실행

▲ **그림 J.2** 파드는 하나 이상의 컨테이너를 그룹화하고 워커 노드는 하나 이상의 파드를 실행한다.

파드를 설명하는 샘플 YAML 파일을 살펴보자. 쿠버네티스가 파드를 만들려면 이미지
이름이 prabath/manning-order-processing인 주문 처리 마이크로서비스의 도커 이
미지를 도커 허브(공개 저장소)에서 가져와야 한다.

리스트 J.1 쿠버네티스 파드의 구성을 정의하는 YAML

```
apiVersion: v1
kind: Pod  ◀──── 객체의 종류가 파드임을 설명
metadata:
  name: order-processing
  labels:
    app: order-processing
spec:
  containers:  ◀──── 해당 파드는 다수의 컨테이너를 가질 수 있음
    - name: order-processing
      image: prabath/manning-order-processing  ◀──  쿠버네티스가 도커 레지스트리(도커 허브)에서
                                                     가져올 도커 컨테이너의 이름
      ports:                                         컨테이너의 수신대기 포트 설정. 동일한 파드에서 여러 컨테이너를
        - containerPort: 8080  ◀──                   실행하는 경우 컨테이너별로 다른 포트 설정 필요
```

J.2.2 노드: 쿠버네티스 클러스터 내 가상 머신 또는 물리적 시스템

쿠버네티스의 **노드**node는 클러스터 내 가상 머신이나 물리적 시스템을 의미하며, 클러스
터는 쿠버네티스 노드들의 모음으로 이뤄져 있다. 쿠버네티스 마스터 노드에게 하나 이
상의 컨테이너를 가진 파드를 생성하라고 지시하면 마스터 노드는 가장 적합한 워커 노
드를 골라 파드를 실행하라고 지시한다.

쿠버네티스 클러스터는 여러 노드를 가질 수 있지만 파드 내 모든 컨테이너는 동일한 워
커 노드에서 실행된다. 또한 쿠버네티스 마스터 노드에게 동일한 파드의 복제본 여러 개

를 생성하라고 지시할 수 있는데, 생성한 복제본은 쿠버네티스 클러스터의 다른 노드에서 실행될 수 있다. 하지만 일반적인 경우 파드의 모든 컨테이너는 동일한 노드에서 실행된다.

J.2.3 서비스: 쿠버네티스 파드 집합 추상화

쿠버네티스 파드는 일시적이거나 짧은 수명을 가지며 언제든지 시작과 중지가 가능하다. 예를 들어 파드를 만들 때 5개의 파드 인스턴스를 시작하여 항상 실행하도록 쿠버네티스에 지시할 수 있지만, 해당 파드가 받는 부하가 특정 임계치를 초과하면 쿠버네티스는 파드의 수를 8개로 늘려 자동확장을 한다.

자동확장을 사용하면 부하가 임계치를 초과할 경우 쿠버네티스는 더 많은 파드를 생성하고 부하가 임계치 아래로 떨어지면 특정 파드를 중지한다. 쿠버네티스에게 항상 최소한의 파드 집합을 실행하도록 요청할 수 있으며 충돌crash로 인해 파드가 저절로 중지되면 쿠버네티스는 요청을 받은 최소한의 파드 집합을 유지하기 위해 새로운 파드를 구동한다.

파드는 일시적인 존재라 파드에 할당한 IP 주소는 시간이 지나면 변경될 수 있고 자동확장 환경에서 지정된 시간에 실제 실행될 파드의 수와 어떤 파드가 실행될지를 정확히 예측할 수 없다. IP 주소의 변경 가능성 때문에 클라이언트 애플리케이션과 파드와의 통신이나 파드 간 통신에 IP 주소 대신 서비스를 사용해야 한다. **서비스**Service는 파드 집합을 추상화한다(그림 J.3 참고). 쿠버네티스 서비스를 생성해 파드 집합에 대한 진입점을 만들 수 있는데, 파드를 향한 요청을 라우팅하는 수단이 서비스라고 우선 이해하자.

파드의 IP 주소가 시간이 지나면 바뀔 수도 있고 파드 생성 및 중지가 빈번하다면 서비스를 파드나 파드 집합에 어떻게 바인딩할 수 있을지 궁금할 수 있는데, 파드 집합을 대표할 서비스를 만들 때 파드 집합과 서비스 간에 정적 바인딩을 생성하지 않는다. 서비스에게 상호작용해야 할 파드의 IP 주소가 무엇인지 알리지 않는 대신 쿠버네티스가 해당 서비스와 함께 작동해야 하는 파드를 필터링할 수 있도록 라벨을 사용해 필터링 기준을 정의한다.

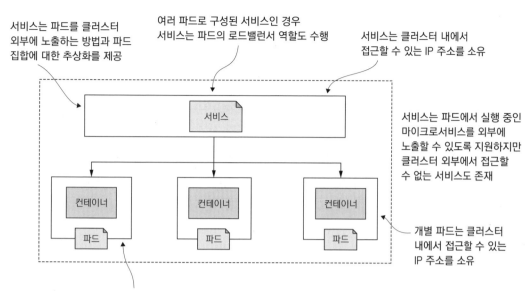

서비스는 파드를 클러스터 외부에 노출하는 방법과 파드 집합에 대한 추상화를 제공

여러 파드로 구성된 서비스인 경우 서비스는 파드의 로드밸런서 역할도 수행

서비스는 클러스터 내에서 접근할 수 있는 IP 주소를 소유

서비스는 파드에서 실행 중인 마이크로서비스를 외부에 노출할 수 있도록 지원하지만 클러스터 외부에서 접근할 수 없는 서비스도 존재

개별 파드는 클러스터 내에서 접근할 수 있는 IP 주소를 소유

쿠버네티스 클러스터 내의 파드는 NAT(Network Address Translation)를 사용하지 않고도 목적지 파드의 IP 주소를 사용해 동일한 쿠버네티스 클러스터 내의 또 다른 파드와 통신 가능. 2개의 파드는 동일한 쿠버네티스 노드가 아닌 다른 노드에 있어도 통신 가능

▲ **그림 J.3** 서비스는 하나 이상의 파드를 그룹화하고 파드를 쿠버네티스 클러스터 외부에 노출하지만, 외부에서 접근할 수 없는 서비스도 존재한다.

리스트 J.2의 샘플 YAML 파일을 보면 app:order-processing 라벨을 파드에 할당함을 알 수 있다. **라벨**^{label}은 키−값 쌍으로 app이 키이고 order-processing이 값이며 동일한 파드 정의로 생성한 모든 복제본은 동일한 라벨을 갖는다. 파드의 모든 복제본을 가리키는 서비스를 생성하려면 해당 라벨을 필터링 기준으로 사용해 서비스를 정의할 수 있다.

리스트 J.2 쿠버네티스 파드의 구성을 정의하는 YAML(리스트 J.1과 동일)

```
apiVersion: v1
kind: Pod
metadata:
  name: order-processing
  labels:
    app: order-processing
spec:
  containers:
    - name: order-processing
      image: prabath/manning-order-processing
```

```
    ports:
      - containerPort: 8080
```

쿠버네티스는 서비스들에게 가상 IP를 할당한다. 서비스의 작동 방식을 이해하는 건 흥미로운데 파드와 달리 서비스란 명칭으로 실제 실행 중인 게 없다. 쿠버네티스에서 서비스는 자체 iptables 규칙을 설정하기 위해 각 노드가 참고할 수 있는 설정 모음을 전달하므로 서비스 IP 주소 및 포트로 향하는 요청이 노드에 도달할 때 특정 서비스 뒷단에 있는 파드 중 하나에 보내질 수 있다.[2] 쿠버네티스는 서비스를 생성할 때 노드들의 iptables 규칙을 업데이트한다.

ClusterIP 서비스

쿠버네티스 서비스를 생성할 때 구체적인 유형을 나열하지 않으면 ClusterIP로 서비스를 생성한다. ClusterIP는 쿠버네티스의 디폴트 서비스 유형으로, 쿠버네티스 클러스터 내에서만 연결 가능한 유형이다. 리스트 J.3은 ClusterIP 서비스 유형의 샘플 YAML 파일을 보여준다.

리스트 J.3 ClusterIP 서비스를 정의하는 YAML

```
apiVersion: v1
kind: Service
metadata:
  name: order-processing-service
spec:
  type: ClusterIP ◀─── 선택적 속성으로 서비스 유형을 정의하며, 유형을 지정하지 않으면 ClusterIP 서비스가 됨
  selector: ◀─── 라벨(app: order-processing)과 일치하는 쿠버네티스 클러스터 내 파드 집합 선택
    app: order-processing
  ports:
  - protocol: TCP
    port: 80 ◀─── 클라이언트 애플리케이션이 접근할 포트
    targetPort: 8080 ◀─── 서비스의 개별 파드가 수신대기할 포트
```

---

2   iptables는 리눅스 커널에서 IP 패킷 필터링 규칙 리스트를 설정, 유지 및 검사하는 데 사용할 수 있는 방화벽 도구다 (https://linux.die.net/man/8/iptables).

노드포트 서비스

쿠버네티스 클러스터는 여러 노드를 갖는다. 여러 파드에서 실행이 필요한 마이크로서비스를 노드포트^{NodePort} 서비스로 노출하려는 경우 쿠버네티스는 모든 노드에서 nodePort라고 불리는 동일한 포트를 열고 해당 포트를 서비스와 바인딩한다.[3] 클러스터 외부의 클라이언트에서 노드포트 서비스에 접근하려면 노드의 IP 주소(클러스터 내 모든 노드는 자신만의 IP 주소 소유)와 서비스에 할당된 포트번호(nodePort)를 사용해야 하다.

노드 IP 주소와 서비스를 나타내는 포트로 향하는 요청이 노드에 도달하면 노드는 뒷단의 서비스를 파악하고 요청을 해당 서비스에 전송한다. 실제로 iptables 규칙을 살펴보면 노드는 요청을 뒷단의 파드 중 한 곳으로 직접 전달한다. 따라서 노드포트 서비스는 노드의 IP 주소와 서비스의 nodePort를 사용해 쿠버네티스 클러스터 외부에서 접근 가능하다. 접근하려는 노드가 종료 상태라면 클라이언트가 접속 실패를 인지하고 다른 노드에 접근해야 한다는 게 노드포트 서비스 접근 방식의 한 가지 단점이다.

쿠버네티스 클러스터 내에서 노드포트 서비스에 접근하려면 노드의 IP 주소와 nodePort가 아닌 서비스의 클러스터 IP 주소와 서비스 포트를 사용해야 한다. 리스트 J.4는 노드포트 서비스 유형의 샘플 YAML 파일을 보여준다.

리스트 J.4 노드포트 서비스를 정의하는 YAML

```
apiVersion: v1
kind: Service
metadata:
  name: order-processing-service
spec:
  type: NodePort  ◄──── 선택적 속성으로 서비스 유형을 정의
  selector:  ◄──── 라벨(app: order-processing)과 일치하는 쿠버네티스 클러스터의 파드 집합 선택
    app: order-processing
  ports:
  - protocol: TCP     │ 클러스터 내에서 클라이언트 애플리케이션이 서비스에 접근할 때 클러스터 IP와
    port: 80  ◄────   │ 함께 사용할 포트(클러스터 내부에서 서비스를 노출하는 포트)
    targetPort: 8080  ◄──── 서비스의 개별 파드가 수신대기할 포트(파드로 전달되는 요청이 도달하는 포트)
    nodePort: 30200  ◄──── 클러스터의 각 노드가 수신대기할 포트(클러스터의 모든 노드는 동일한 포트 사용)
```

---

3 이 책에서는 서비스 유형을 나타내는 NodePort와 포트 정보를 나타내는 nodePort를 혼동하지 않도록 서비스 유형인 경우에는 노드포트로, 포트인 경우에는 nodePort로 표현한다. – 옮긴이

리스트 J.4의 YAML은 app:order-processing 라벨을 가진 모든 파드를 가리키는 서비스를 생성한다. 개별 서비스는 클러스터 내에서만 접근 가능한 내부 IP(클러스터 IP) 주소를 갖고 서비스는 내부 클러스터 IP 주소와 80 포트에서 수신대기한다. 클러스터 내의 모든 파드는 서비스의 내부 IP 주소와 포트(80)를 사용해 서비스에 접근할 수 있다. nodePort(30200)는 클러스터 내 모든 노드가 노드 IP 주소(클러스터 IP가 아님)로 들어오는 트래픽을 수신대기하는 포트이고 포트로 들어온 트래픽을 해당 파드의 8080 포트(targetPort)로 라우팅한다. 서비스를 생성할 때 nodePort를 지정하지 않으면 쿠버네티스는 적절한 포트를 내부적으로 임의 선정한다.

로드밸런서 서비스

로드밸런서^{LoadBalancer} 서비스 유형은 노드포트 서비스 유형의 확장이다. 파드의 복제본이 여러 개 있는 경우 로드밸런서 서비스는 로드밸런서 역할을 하는데, 쿠버네티스 호스팅 환경에서 제공하는 일반적인 외부 로드밸런서와 동일하다고 생각하자. 쿠버네티스 호스팅 환경이 로드밸런서 서비스를 지원하지 않으면 로드밸런서로 정의한 서비스를 정상적으로 실행하는 것처럼 보이지만 실제로는 노드포트 서비스 유형으로 실행을 한다. 리스트 J.5는 로드밸런서 서비스 유형의 샘플 YAML을 보여준다.

리스트 J.5 로드밸런서 서비스를 정의하는 YAML

```
apiVersion: v1
kind: Service
metadata:
  name: order-processing-service
spec:
  type: LoadBalancer  ◀──── 선택적 속성으로 서비스 유형을 정의
  selector:  ◀──── 라벨(app: order-processing)과 일치하는 쿠버네티스 클러스터의 파드 집합 선택
    app: order-processing
  ports:
  - protocol: TCP
    port: 80
    targetPort: 8080
```

YAML은 app:order-processing 라벨을 가진 모든 파드를 가리키는 서비스를 생성한다.

서비스는 80 포트(로드밸런서 포트)에서 수신대기하고 포트로 들어온 트래픽을 파드의 8080 포트로 재라우팅하는데, 재라우팅은 nodePort(J.2.2절에서 설명)를 통해 일어난다. 리스트 J.5에서 nodePort를 정의하지 않더라도 쿠버네티스는 자동으로 노드포트를 하나 생성한다.

라우팅은 외부 로드밸런서가 80 포트에서 수신대기하고 있고 수신한 트래픽을 쿠버네티스 클러스터에 있는 특정 노드의 노드포트로 라우팅하는 방식으로 작동한다. 트래픽을 수신한 노드의 iptables는 수신한 트래픽을 해당 파드의 8080 포트로 재라우팅한다. 여러 서비스가 동일한 포트에서 수신대기할 수 있지만 개별 서비스는 로드밸런서를 가리키는 자신만의 공인 IP 주소를 갖는다. 로드밸런서 서비스는 클라우드의 쿠버네티스 구현 방식마다 다를 수 있다.

J.2.4 디플로이먼트: 쿠버네티스의 애플리케이션 표현

파드의 개념이 쿠버네티스의 기본이지만 쿠버네티스 외에는 실제로 파드를 직접 다루지는 않는다. 파드에 대해서는 J.2.1절에서 설명했는데, 파드를 직접 다루는 대신 개발자나 데브옵스 담당자는 쿠버네티스 디플로이먼트를 다룬다. **디플로이먼트**^{Deployment}는 특정 파드의 여러 복제본을 전달하는 애플리케이션을 나타내며, 파드 관리를 지원하는 쿠버네티스 객체다. 하지만 디플로이먼트는 하나의 파드 정의만 관리할 수 있어 복제본은 여러 개있을 수 있지만 파드 정의는 하나만 있다.

디플로이먼트를 사용해 파드를 만들거나 확장할 수 있고 디플로이먼트는 선택한 마이그레이션 전략(blue/green, canary 등)에 따라 한 버전에서 다른 버전으로 애플리케이션을 마이그레이션하는 데 도움을 준다. 디플로이먼트를 사용해 파드를 만들려면 리스트 J.1의 YAML 파일을 사용하는 대신 디플로이먼트를 생성하는 리스트 J.6의 YAML 파일을 사용해야 한다.

> **리스트 J.6 쿠버네티스 디플로이먼트를 정의하는 YAML**

```
apiVersion: apps/v1
kind: Deployment
metadata:
```

```
    name: order-processing-deployment
    labels:
      app: order-processing
spec:
  replicas: 5  ◀──── 파드와 일치하는 5개의 복제본을 실행하도록 쿠버네티스에게 지시
  selector:
    matchLabels:              여러 라벨을 가질 수 있는 선택적 영역.
      app: order-processing ◀── 디플로이먼트는 셀렉터별로 일치하는 파드를 전달
  template: ◀──┐ 디플로이먼트에서 개별 파드가 어떻게 보이는지 설명하는 부분. 디플로이먼트가 matchLabels 셀렉터를
    metadata:  │ 정의하는 경우 파드 정의는 labels 요소 하위 값과 일치하는 라벨을 포함해야 한다.
      labels:
        app: order-processing
    spec:
      containers:
      - name: order-processing
        image: prabath/manning-order-processing
        ports:
        - containerPort: 8080
```

J.2.5 네임스페이스: 쿠버네티스 클러스터 내 나만의 공간

쿠버네티스 **네임스페이스**^{namespace}는 동일한 물리적 쿠버네티스 클러스터 내의 가상 클러스터이며, 하나의 쿠버네티스 클러스터는 여러 네임스페이스를 갖는다. 실제로 조직에는 서로 다른 환경의 각기 다른 네임스페이스를 가진 하나의 쿠버네티스 클러스터가 있을 수 있는데 예를 들어 개발, 테스트, 스테이징 및 운영 환경별로 각기 다른 네임스페이스를 사용할 수 있다. 또한 일부 조직은 하나는 운영 환경으로, 다른 하나는 운영 이전 환경으로 2개의 쿠버네티스 클러스터를 사용한다. 운영 이전 환경 클러스터에는 개발 및 테스트를 위한 네임스페이스가 있다. 다음 YAML 파일은 쿠버네티스 네임스페이스를 나타낸다.

```
apiVersion: v1
kind: Namespace
metadata:
  name: manning
```

쿠버네티스 네임스페이스의 특징은 다음과 같다.

- 쿠버네티스 객체 이름(예 파드, 서비스, 디플로이먼트 등의 이름)은 네임스페이스 내에서 고유해야 하지만 네임스페이스를 벗어나면 상관이 없다. J.13절에서 쿠버네티스 객체에 대해 상세히 설명한다.
- 네임스페이스, 노드, 영구 볼륨명은 클러스터 내 모든 네임스페이스에서 고유해야 하며 쿠버네티스 영구 볼륨(PersistentVolume)은 스토리지 추상화를 제공한다.
- 기본적으로 네임스페이스 내 파드는 다른 네임스페이스의 파드와 통신할 수 있어 쿠버네티스 플러그인을 사용해 네임스페이스 단위로 네트워크를 격리한다.
- 개별 네임스페이스는 자신만을 위한 리소스를 가질 수 있는데, 예를 들어 동일한 쿠버네티스 클러스터를 개발 및 운영 환경으로 사용할 2개의 네임스페이스로 공유하는 경우 더 많은 CPU 코어와 메모리 리소스를 운영 환경 네임스페이스에 할당할 수 있다.
- 개별 네임스페이스는 제한된 수의 객체를 가질 수 있는데, 예를 들어 개발 네임스페이스는 최대 10개의 파드와 2개의 서비스를, 운영 네임스페이스는 50개의 파드와 10개의 서비스를 가질 수 있다.

J.3 미니쿠베와 도커 데스크톱 시작하기

미니쿠베^{minikube}는 로컬 시스템에서 실행할 수 있는 단일 노드 쿠버네티스 클러스터를 제공해주는 도구로서, 확장성에 제약이 있지만 쿠버네티스를 시작하는 가장 쉬운 방법 중 하나다. 쿠버네티스 온라인 문서는 미니쿠베를 설치하는 데 필요한 모든 정보를 제공한다(https://kubernetes.io/docs/setup/minikube/ 참고).

도커 데스크톱^{Docker Desktop}은 로컬 시스템에서 쉽게 설치할 수 있는 단일 노드 쿠버네티스 클러스터를 제공하는 미니쿠베의 대안이다. 도커 데스트톱을 설치하는 데 필요한 상세 정보는 https://docs.docker.com/desktop/에서 확인할 수 있다.

J.4 서비스형 쿠버네티스

자체 서버에서 쿠버네티스를 실행하고 하드웨어를 직접 관리하는 대신 쿠버네티스를 서비스로 제공하는 클라우드 업체를 찾을 수 있다. 여러 클라우드 업체가 쿠버네티스 서비스를 제공하고 있는데, 최근 대부분의 쿠버네티스 배포 방식은 클라우드 호스팅을 받는 쿠버네티스 배포에 의존한다. 인기 있는 **서비스형 쿠버네티스**Kubernetes-as-a-service 공급자는 다음과 같다.

- **구글**Google: 구글 쿠버네티스 엔진GKE, Google Kubernetes Engine
- **아마존**Amazon: 아마존 엘라스틱 쿠버네티스 서비스EKS, Amazon Elastic Kubernetes Service
- **마이크로소프트**Microsoft: 애저 쿠버네티스 서비스AKS, Azure Kubernetes Service
- **레드햇**Red Hat: 오픈시프트 컨테이너 플랫폼OCP, OpenShift Container Platform
- **피보탈**Pivotal: 피보탈 컨테이너 서비스PKS, Pivotal Container Service
- **IBM**: IBM 클라우드 쿠버네티스 서비스IBM Cloud Kubernetes Service
- **오라클**Oracle: 쿠버네티스 컨테이너 엔진Container Engine for Kubernetes
- **VM웨어**VMware: VM웨어 클라우드 PKSVMware Cloud PKS

클라우드 플랫폼들은 각자의 장단점이 있지만 쿠버네티스에 대한 기본 개념은 동일하다. 12장 일부를 제외하고 이 책의 모든 실습에서는 구글 쿠버네티스 엔진을 사용한다.

J.5 구글 쿠버네티스 엔진 시작하기

구글 쿠버네티스 엔진GKE은 구글에서 관리하는 서비스형 쿠버네티스다. 구글 쿠버네티스 엔진을 시작하려면 구글 클라우드 플랫폼을 사용해볼 수 있는 유효한 구글 계정이 있어야 하는데, 신규 가입자에게 제공해주는 90일간 사용할 수 있는 300불의 크레딧을 이용하면 이 책의 샘플을 충분히 실습할 수 있다.

https://cloud.google.com/free/나 구글에서 'GKE free trial' 검색을 통해 이동한 사이트에서 무료 사용자로 가입이 가능하다. 가입 후 http://mng.bz/WPVw의 간단한 안내를 따라 구글 쿠버네티스 엔진을 시작해보자. 클러스터를 만드는 방법은 바뀔 수도 있기 때문에 이 책은 해당 내용을 포함하지 않으며, 필요시 항상 구글 쿠버네티스 엔진 온라인 문서를 참고해야 한다.

J.5.1 gcloud 설치

구글 클라우드 플랫폼^{GCP, Google Cloud Platform}은 로컬 시스템과 클라우드에서 실행 중인 구글 쿠버네티스 엔진과 상호작용할 수 있는 명령행 도구를 제공한다. gcloud를 설치하려면 https://cloud.google.com/sdk/docs/quickstarts에서 제공하는 운영체제별 가이드를 따라야 한다. 실제로 설치하는 건 구글 클라우드 SDK이고 gcloud는 SDK의 일부분이다. gcloud를 성공적으로 설치했다면 다음 명령을 실행해 제대로 작동하는지 확인하자.

```
\> gcloud info

Google Cloud SDK [290.0.1]
Python Version: [2.7.10 (default, Feb 22 2019, 21:17:52)
[GCC 4.2.1 Compatible Apple LLVM 10.0.1 (clang-1001.0.37.14)]]
Installed Components:
  core: [2020.04.24]
  gsutil: [4.49]
  bq: [2.0.56]
Account: [prabath@wso2.com]
Project: [manning-ms-security]
Current Properties:
  [core]
    project: [manning-ms-security]
    account: [prabath@wso2.com]
    disable_usage_reporting: [False]
  [compute]
    zone: [us-west1-a]
```

위 명령의 실행 결과는 중요한 파라미터 일부만 표기했는데, 로컬에서 동일한 명령을 실행하면 더 많은 결과를 확인할 수 있다.

J.5.2 kubectl 설치

구글 클라우드에서 실행 중인 쿠버네티스 환경과 상호작용하려면 J.5.1절에서 설치한 gcloud 도구의 구성요소로 kubectl도 설치해야 한다. 명령행 도구인 kubectl은 로컬에서 실행되어 구글 클라우드에서 실행 중인 쿠버네티스 API 서버와 통신해 특정 작업을 수행한다. 다음 명령은 gcloud 도구의 구성요소로 kubectl을 설치한다.

```
\> gcloud components install kubectl
```

다음 명령을 실행해보자. kubectl을 성공적으로 설치했으면 오류 없이 도움말을 출력해준다.

```
\> kubectl help
```

J.5.3 gcloud에 디폴트 설정 지정

gcloud는 특정 설정을 기억하는 옵션이 있어 gcloud 명령을 실행할 때마다 설정을 반복할 필요가 없다. 다음 예제는 웹 기반 콘솔에서 생성한 구글 쿠버네티스 엔진 프로젝트의 식별자인 디폴트 프로젝트 ID를 설정한다. 구글 쿠버네티스 엔진을 설정할 때 생성한 프로젝트의 ID로 다음 명령의 [PROJECT_ID]를 변경해야 한다.

```
\> gcloud config set project [PROJECT_ID]
```

구글 쿠버네티스 엔진에서 쿠버네티스 클러스터를 생성할 때 희망하는 리전region이나 존zone을 지정해야 한다. 리전은 지리적 위치를 나타내는데, 쿠버네티스 클러스터와 연결한 모든 리소스는 해당 리전 내에 있다. 다음 명령은 디폴트 리전을 설정한다.

```
\> gcloud config set compute/zone us-west1-a
```

위 명령은 디폴트 리전과 존을 us-west1-a(북미 오리건 댈러스)로 설정하는데, us-west1이 리전이고 a가 존을 의미한다. **존**은 사용 가능한 리소스 용량과 유형을 정의하는 리전 내의 위치다. 예를 들어 us-west1 리전은 a, b, c 3개의 존을 갖고 있는데 a 존에는 디폴트 플랫폼이 인텔 제온Xeon E5 v4(Broadwell)이고 스카이레이크Skylake 플랫폼에는 최대 96

개의 vCPU 선택옵션이 있다. 리전과 존에 대한 상세 정보가 필요하다면 http://mng.
bz/EdOj를 참고하자.

J.5.4 쿠버네티스 클러스터 생성

쿠버네티스에서 작업을 수행하려면 클러스터를 미리 생성해야 하는데 자주 생성할 일은
없다. 다음 명령은 gcloud 명령행 도구를 사용해 manning-ms-security라는 쿠버네티스
클러스터를 생성한다.

```
\> gcloud container clusters create manning-ms-security⁴

Creating cluster manning-ms-security in us-west1-a...
Cluster is being configured...
Creating cluster manning-ms-security in us-west1-a...
Cluster is being deployed
...
Creating cluster manning-ms-security in us-west1-a...
Cluster is being health-checked (master is healthy)...done.
Created [https://container.googleapis.com/v1/projects/kubetest-
232501/zones/us-west1-a/clusters/manning-ms-security]
```

쿠버네티스 클러스터를 생성한 후 클러스터와 같이 작동할 수 있도록 kubectl 명령행 도
구를 설정해야 한다. 다음 명령은 클러스터(manning-ms-security)에 연결하기 위한 인증 자
격증명을 가져와 kubectl을 설정한다.

```
\> gcloud container clusters get-credentials manning-ms-security
```

이제 kubectl 명령을 실행해 쿠버네티스 클라이언트와 서버의 버전을 확인해보자.
kubectl 명령은 구글 쿠버네티스 엔진에서만 실행하는 명령이 아니라 쿠버네티스 배포
시 공통적으로 사용한다.

```
\> kubectl version
```

---

4 "Failed precondition when calling the ServiceConsumerManager" 오류 메시지가 뜨는 경우 gcloud services
    enable container.googleapis.com 명령을 실행해 API 서비스를 활성화해야 한다. – 옮긴이

J.5.5 쿠버네티스 클러스터 삭제

다음 gcloud 명령으로 구글 쿠버네티스 엔진에서 생성한 쿠버네티스 클러스터를 삭제할 수 있지만 실습을 완료할 때까지 manning-ms-security를 실제로 삭제해서는 안 된다.

```
\> gcloud container clusters delete manning-ms-security
```

J.5.6 여러 쿠버네티스 클러스터 간 전환

여러 클러스터에서 작동하도록 kubectl을 설정한 경우 클러스터를 전환하는 방법을 알아야 한다. 아마도 구글 쿠버네티스 엔진에 연결하고 도커 데스크톱이나 미니쿠베로 로컬 클러스터를 실행할 텐데 다음 명령은 사용 가능한 모든 쿠버네티스 클러스터를 나열한다.

```
\> kubectl config get-contexts
```

다음 명령을 실행하면 현재 활성 상태의 클러스터 확인이 가능하다.

```
\> kubectl config current-context
```

현재 활성 상태의 클러스터가 아닌 다른 클러스터로 전환하려면 다음 명령을 사용할 수 있는데 명령을 실행하면 클러스터를 docker−desktop으로 전환한다.

```
\> kubectl config use-context docker-desktop
```

J.6 쿠버네티스 디플로이먼트 생성

쿠버네티스 디플로이먼트를 생성하는 방법은 YAML 파일을 사용하거나 kubectl 명령행 도구를 사용하는 방법이 있다. YAML 파일을 사용하더라도 클라우드에서 실행 중인 쿠버네티스 클러스터와 kubectl로 통신해야 한다.

운영 환경의 디플로이먼트에서는 YAML 파일을 사용해 쿠버네티스 디플로이먼트 설정을 유지하고 대부분의 경우 YAML 파일에 버전을 지정해 깃 저장소에서 유지한다. 쿠버네티스 디플로이먼트에 대한 상세한 설명은 이 책의 주제를 벗어나기 때문에 더 많은 내용을 알고 싶다면 앞서 언급한 것처럼 『쿠버네티스 인 액션』(에이콘, 2020)과 『쿠버네티스 패턴』(책만, 2020)을 읽어보길 바란다.

11장의 모든 실습은 YAML 파일을 사용해 쿠버네티스 디플로이먼트를 생성하지만 부록 J에서는 명령행 도구 옵션만 사용한다. 다음 kubectl run 명령을 실행해 gcr.io/google-samples/hello-app 도커 이미지로 쿠버네티스 디플로이먼트를 생성해보자. 동일한 명령을 반복해서 실행하면 오류가 발생한다.

```
Error from server (AlreadyExists): deployments.apps "hello-server"
already exists.
```

오류가 발생할 경우 kubectl run 명령을 다시 실행하기 전에 디플로이먼트를 삭제해야 한다(delete 명령은 J.6절의 끝부분 참고).

```
\> kubectl run hello-server --image gcr.io/google-samples/hello-app:1.0 \
--port 8080

deployment.apps/hello-server created
```

위 명령을 실행하면 쿠버네티스는 도커 레지스트리(gcr.io)에서 도커 이미지를 가져와 방금 생성한 쿠버네티스 클러스터에서 컨테이너로 실행한다. kubectl 명령의 port 인수는 컨테이너에서 실행 중인 프로세스를 포트 8080으로 노출해야 함을 지정한다. 이제 다음처럼 get 명령을 실행하면 현재 쿠버네티스 클러스터 내 모든 디플로이먼트를 확인할 수 있다.

```
\> kubectl get deployments
```

```
NAME           DESIRED   CURRENT   UP-TO-DATE   AVAILABLE   AGE
hello-server   1         1         1            1           13s
```

쿠버네티스 디플로이먼트의 정보를 YAML 형식으로 보려면 다음 명령을 실행해 -o 옵션의 인수로 yaml을 전달해보자. 명령 실행 결과가 좀 긴데, hello-server 디플로이먼트에 관한 모든 세부 정보를 전달한다.

```
\> kubectl get deployments hello-server -o yaml
```

J.2.1절에서 파드가 쿠버네티스 환경에서 가장 작은 배포 단위라고 설명했는데, 디플로이먼트를 만들면 관련 파드를 자동으로 생성하고 파드 내에서 컨테이너를 실행한다. 다음과 같은 kubectl get 명령을 사용해 쿠버네티스 클러스터 내 default 네임스페이스에서 실행 중인 모든 파드 목록을 확인할 수 있다.

```
\> kubectl get pods
```

```
NAME                            READY   STATUS    RESTARTS   AGE
hello-server-5cdf4854df-q42c4   1/1     Running   0          10m
```

다음과 같은 delete 명령으로 방금 생성한 디플로이먼트를 삭제할 수 있지만 부록 J의 실습을 완료할 때까지 삭제해서는 안 된다.

```
\> kubectl delete deployments hello-server
```

J.7   디플로이먼트의 동작원리

디플로이먼트를 생성할 때 내부적으로 레플리카셋^{ReplicaSet}이라 불리는 또 다른 객체를 만들지만, 설명을 간단하게 하기 위해 J.2.4절에서 디플로이먼트 객체를 소개할 때는 별도로 언급하지 않았다. 데브옵스 담당자로서 레플리카셋을 직접 처리하진 않지만 쿠버네티스는 내부적으로 레플리카셋을 처리한다. 디플로이먼트에서 레플리카셋 객체는 파드를 생성 및 관리한다. 다음과 같은 kubectl 명령은 쿠버네티스 클러스터 내 default 네임스페이스의 모든 레플리카셋 목록을 화면에 출력한다.

```
\> kubectl get replicasets
```

```
NAME                   DESIRED   CURRENT   READY   AGE
hello-server-5cdf4854df   1         1         1       11m
```

리스트 J.7의 kubectl get 명령은 hello-server-5cdf4854df 레플리카셋 객체에 해당하는 상세 정보를 가져와 YAML 형식으로 출력한다.

```
\> kubectl get replicasets hello-server-5cdf4854df -o yaml

apiVersion: extensions/v1beta1
kind: ReplicaSet
metadata:
  labels:
    run: hello-server
  name: hello-server-5cdf4854df
  namespace: default
  ownerReferences:
  - apiVersion: apps/v1
    kind: Deployment
    name: hello-server
    uid: c7460660-7d38-11e9-9a8e-42010a8a014b
spec:
  replicas: 1
  selector:
    matchLabels:
      run: hello-server
  template:    ◄─── 레플리카셋이 제어하는 파드를 정의
    metadata:
      labels:
        run: hello-server
    spec:
      containers:
      - image: gcr.io/google-samples/hello-app:1.0
        name: hello-server
        ports:
        - containerPort: 8080
          protocol: TCP
status:
  availableReplicas: 1
  replicas: 1
```

리스트 J.7은 명령 실행 결과 중 몇 가지 중요한 영역과 속성 등 일부만 표시하는데 spec/
template 영역은 레플리카셋이 관리하는 파드를 정의한다.

J.8 쿠버네티스 서비스 생성

J.6절에서 만든 hello-server 디플로이먼트는 8080 포트에서 수신대기하지만 IP 주소가 없어 클러스터 외부에서 접근할 수 없다. 쿠버네티스에서는 마이크로서비스(이번 예에서는 hello-server)를 전달(운반)하는 컨테이너를 파드에 배포하는데 파드는 서로 간에 통신이 가능하다. 쿠버네티스 환경에서 개별 파드는 고유한 IP 주소를 갖고 있다. 다음과 같은 kubectl 명령을 실행해 쿠버네티스 네임스페이스에서 실행 중인 모든 파드를 화면에 출력하고 디플로이먼트 내에서 실행 중인 파드에 대한 구체적인 정보를 얻을 수 있다.

```
\> kubectl get pods

NAME                           READY    STATUS     RESTARTS    AGE
hello-server-5cdf4854df-q42c4  1/1      Running    0           10m

\> kubectl describe pod hello-server-5cdf4854df-q42c4

Name:           hello-server-5cdf4854df-q42c4
Namespace:      default
Status:         Running
IP:             10.36.0.6
```

위 명령을 실행하면 파드(hello-server-5cdf4854df-q42c4)에 관한 모든 상세 정보를 보여주지만, 이 책에서는 IP 주소 같은 몇 가지 중요한 파라미터 일부만 표시하고 있다. 쿠버네티스가 파드에 할당한 IP 주소는 동일한 클러스터 내에서만 접근할 수 있다.

특정 마이크로서비스나 컨테이너에 대한 일반적인 쿠버네티스 환경에서는 확장 요구사항을 해결하기 위해 동일한 파드의 여러 인스턴스를 실행한다. 쿠버네티스 클러스터의 각 파드는 다양한 복제본을 갖고 있어 이를 통해 쿠버네티스는 마이크로서비스로 들어오는 요청을 모든 파드에 분산하거나 로드밸런싱할 수 있다. 쿠버네티스 파드의 수명은 짧고 언제든 시작하고 중지할 수 있기 때문에 파드에 할당한 내부 IP 주소도 수시로 변경될 수 있다. IP 변경 때문에 파드 간 통신에는 IP 주소 대신 서비스를 사용해야 한다 (J.2.3 참고).

쿠버네티스 서비스는 주어진 기준과 일치하는 파드 집합에 대한 추상화를 제공하는데, 파드와 통신할 필요가 있을 경우 항상 서비스를 거쳐서 통신해야 한다. 다음 명령을 사용해 쿠버네티스 서비스를 생성하자.

```
\> kubectl expose deployment hello-server --type LoadBalancer \
--port 80 --target-port 8080
```

명령을 실행하면 hello-server 디플로이먼트에서 실행 중인 모든 파드에 로드밸런서 유형의 쿠버네티스 서비스를 생성한다. 다음 명령을 실행해 쿠버네티스 클러스터 내 default 네임스페이스에서 실행 중인 모든 서비스를 조회해보자.

```
\> kubectl get services

NAME          TYPE          CLUSTER-IP     EXTERNAL-IP      PORT(S)      AGE
hello-server  LoadBalancer  10.39.243.41   35.233.245.242   80:30648/TCP 6h8m
kubernetes    ClusterIP     10.39.240.1    <none>           443/TCP      8h
```

hello-server 서비스는 2개의 IP 주소를 갖고 있는데 쿠버네티스 클러스터 내에서 서비스에 접근할 때는 클러스터 IP^cluster IP를 사용하고 외부 클라이언트에서 서비스에 접근할 때는 외부 IP^external IP를 사용한다. 쿠버네티스가 서비스에 외부 IP를 할당하는 데는 몇 분 정도 시간이 걸릴 수 있어 IP 주소를 확인할 수 없다면 몇 분 후에 동일한 명령을 다시 실행해보자. 다음과 같은 curl 명령을 실행하면 외부 IP 주소로 hello-server 서비스를 테스트할 수 있다.

```
\> curl http://35.233.245.242

Hello, world!
Version: 1.0.0
Hostname: hello-server-5cdf4854df-q42c4
```

도커 데스크톱이나 미니쿠베처럼 로컬 시스템에서 실행하는 단일 노드 쿠버네티스 환경인 경우 로컬 쿠버네티스 환경과 연결된 로드밸런서가 없기 때문에 이 책의 내용대로 실습을 하더라도 hello-server 서비스에 할당된 외부 IP 주소가 표시되지 않는다. J.2.3절에서 배운 것처럼 노드포트 유형의 서비스를 생성하면 노드의 IP 주소와 nodePort를 사용해 접근할 수 있어야 한다. 다음 명령은 노드포트 유형의 서비스를 생성하는 방법을 보여준다.

```
\> kubectl expose deployment hello-server --name hello-server-local \
--type NodePort --port 80 --target-port 8080
```

로컬 시스템의 단일 노드 쿠버네티스 환경인 경우 노드 IP 주소는 127.0.0.1이다. 다음 명령을 실행하면 서비스의 nodePort를 확인할 수 있다.

```
\> kubectl describe service hello-server-local
```

로컬 환경에서 서비스를 테스트하려면 다음 명령을 실행하면 되는데 31587은 nodePort 값이다.

```
\> curl http://127.0.01:31587
```

J.9 서비스의 동작원리

서비스 생성 시 쿠버네티스는 내부적으로 서비스에 해당하는 엔드포인트Endpoints 객체를 생성한다. 엔드포인트가 필요한 이유를 자세히 살펴보기 전에 kubectl 명령을 실행해 쿠버네티스 클러스터 내 default 네임스페이스의 모든 엔드포인트 객체 목록을 출력해보자.

```
\> kubectl get endpoints

NAME            ENDPOINTS        AGE
hello-server    10.36.0.6:8080   5d18h
```

개별 엔드포인트 객체는 지정된 서비스에 연결된 파드에 관한 일련의 파드 IP 주소와 해당 컨테이너 포트를 제공한다. 리스트 J.8은 hello-server 엔드포인트 객체의 상세 정보 일부를 보여주는데, 파드의 복제본 3개와 연결된 서비스에 관한 엔드포인트 객체의 정의를 보여준다.

```
apiVersion: v1
kind: Endpoints
metadata:
  name: hello-server
  namespace: default
subsets:
- addresses:
  - ip: 10.36.0.6          ◀──── 파드를 가리키는 IP 주소
    nodeName: gke-manning-ms-security-default-pool-6faf40f5-5cnb   ◀──── 파드를 실행하는 노드의 이름.
    targetRef:                                                          파드별로 노드 이름이 다르기
      kind: Pod                                                         때문에 개별 파드는 다른
      name: hello-server-5cdf4854df-q42c4    ◀──── 파드 이름             노드상에서 실행됨
  - ip: 10.36.1.36
    nodeName: gke-manning-ms-security-default-pool-6faf40f5-br1m
    targetRef:
      kind: Pod
      name: hello-server-5cdf4854df-5z8hj
  - ip: 10.36.2.28
    nodeName: gke-manning-ms-security-default-pool-6faf40f5-vh0x
    targetRef:
      kind: Pod
      name: hello-server-5cdf4854df-bdgdc
ports:
  - port: 8080
    protocol: TCP
```

J.9절에서 설명한 것처럼 서비스는 라벨과 일치하는 파드를 찾는다. 런타임에 서비스가 파드로 트래픽을 라우팅하려면 파드의 IP 주소와 포트를 알아야 하는데, 이러한 요구를 해결하기 위해 특정 서비스와 연결된 모든 파드를 찾은 후에 쿠버네티스는 모든 파드의 IP 주소 및 서비스와 관련된 컨테이너 포트를 전달하는 엔드포인트 객체를 만든다. 엔드 포인트 객체는 파드에 변경이 있을 때마다 업데이트가 필요하다.

J.10 쿠버네티스 디플로이먼트 확장

지금까지 hello-server 디플로이먼트에는 하나의 파드만 있었지만 다음과 같은 kubectl 명령을 실행해 동일한 디플로이먼트에 있는 파드의 복제본 5개를 생성하도록 쿠버네티스에 요청해보자. 쿠버네티스는 항상 파드의 복제본 5개를 유지해야 해서 하나의 파드가 다운되면 새로운 파드를 구동한다.

```
\> kubectl scale --replicas 5 deployment hello-server

deployment.extensions/hello-server scaled

\> kubectl get pods
```

NAME	READY	STATUS	RESTARTS	AGE
hello-server-5cdf4854df-c9b4j	1/1	Running	0	52s
hello-server-5cdf4854df-fs6hg	1/1	Running	0	53s
hello-server-5cdf4854df-hpc7h	1/1	Running	0	52s
hello-server-5cdf4854df-q42c4	1/1	Running	0	7h24m
hello-server-5cdf4854df-qjkgp	1/1	Running	0	52s

J.11 쿠버네티스 네임스페이스 생성

J.3.6절에서 배운 것처럼 쿠버네티스 네임스페이스는 동일한 물리적 쿠버네티스 클러스터 내의 가상 클러스터를 의미하는데, 쿠버네티스는 자동으로 생성한 네임스페이스를 제공한다. 다음 명령을 실행해 사용 가능한 쿠버네티스 네임스페이스를 확인해보자.

```
\> kubectl get namespaces
```

NAME	STATUS	AGE
default	Active	23h
kube-public	Active	23h
kube-system	Active	23h

쿠버네티스에서 생성한 각 객체는 네임스페이스에 속한다. 쿠버네티스 시스템이 생성한 모든 객체는 kube-system 네임스페이스에 속한다. 한 네임스페이스에 속한 객체는 다른 네임스페이스에 접근할 수 없다. 특정 네임스페이스에서 접근 가능한 객체를 만들려면 해당 객체를 kube-public 네임스페이스에서 생성해야 한다. 네임스페이스를 지정하지 않고 객체를 만들면 해당 객체는 디폴트 네임스페이스에 속한다. 다음 명령을 실행해 manning이라는 사용자 지정 네임스페이스를 만들어보자.

```
\> kubectl create namespace manning
```

```
namespace/manning created
```

다음 명령은 manning 네임스페이스에서 디플로이먼트를 생성하는 방법을 보여주는데 --namespace 옵션을 생략하면 쿠버네티스는 디폴트 네임스페이스에 디플로이먼트를 생성한다.

```
\> kubectl run manning-hello-server \
--image gcr.io/google-samples/hello-app:1.0 --port 8080 --namespace=manning
```

다음과 같은 kubectl 명령은 default 네임스페이스의 모든 디플로이먼트를 보여주는데, 현재 manning이 디폴트 네임스페이스가 아니기 때문에 이전에 생성한 manning 네임스페이스의 manning-hello-server 디플로이먼트는 포함되어 있지 않다.

```
\> kubectl get deployments
```

NAME	DESIRED	CURRENT	UP-TO-DATE	AVAILABLE	AGE
hello-server	5	5	5	5	22h

manning 네임스페이스의 모든 디플로이먼트를 보려면 --namespace 옵션의 인수로 manning을 전달해야 한다(--namespace 대신 -n도 가능).

```
\> kubectl get deployments --namespace manning
```

NAME	DESIRED	CURRENT	UP-TO-DATE	AVAILABLE	AGE
manning-hello-server	1	1	1	1	36s

J.12 쿠버네티스 네임스페이스 전환

여러 쿠버네티스 네임스페이스에서 작업을 하는 경우 간혹 쿠버네티스 간 전환이 불편한 경우가 있다. kubectx 도구를 사용하면 여러 쿠버네티스 클러스터와 네임스페이스 간 전환을 매우 쉽게 할 수 있다.

kubectx는 https://github.com/ahmetb/kubectx 설명을 따라 하면 쉽게 설치할 수 있다. 설치를 완료하면 다음과 같은 kubens 명령을 실행해 manning을 default 네임스페이스로 설정할 수 있어 kubectl 명령을 실행할 때마다 --namespace 옵션의 인수를 전달할 필요가 없다.

```
\> kubens manning

Context "gke_kubetest-232501_us-west1-a_manning-ms-security" modified.
Active namespace is "manning".
```

J.13 쿠버네티스 객체 사용

쿠버네티스에는 분산 환경에서 실행 중인 애플리케이션의 다양한 측면을 나타낼 수 있는 풍부한 객체 모델이 있다. YAML 파일을 사용해 개별 쿠버네티스 객체를 설명할 수 있고 쿠버네티스 API 서버가 노출하고 etcd 저장소에서 유지하는 API를 사용해 쿠버네티스 객체를 생성, 수정, 삭제할 수 있다.[5] 예를 들어 J.2절에서 설명한 것처럼 파드, 서비스, 네임스페이스 등은 쿠버네티스의 기본적인 객체다. 각 객체는 apiVersion과 kind라는 2개의 최상위 속성과 metadata, spec, status라는 세 가지 주요 범주 하위에 또 다른 속성 집합이 있다.

- apiVersion: 객체를 표현하기 위해 사용한 쿠버네티스 API 버전을 정의하며 버전 업그레이드 시 충돌을 방지한다.

---

5 etcd는 쿠버네티스가 클러스터 데이터를 유지하는 데 사용하는 고가용성 키–값 저장소다. API 서버는 etcd 저장소에 쿠버네티스 객체에 관한 데이터를 유지한다.

- **kind**: 파드, 디플로이먼트. 네임스페이스, 볼륨 등의 속성값으로 객체 유형을 표현하는 문자열이다.
- **metadata**: 객체 이름, 고유 식별자[UID], 객체의 네임스페이스, 기타 표준 속성 등을 포함한다.
- **spec**: 쿠버네티스 객체를 생성하거나 업데이트할 때 원하는 쿠버네티스 객체 상태를 설명한다.
- **status**: 런타임에 객체의 실제 상태를 표현한다.

스펙과 상태의 차이점이 분명하게 와닿지 않을 수 있어 예를 들어 설명해보겠다. 도커 이미지로 쿠버네티스 디플로이먼트를 만들기 위해 J.6절에서 사용한 명령을 다시 살펴보자.

```
gcr.io/google-samples/hello-app
```

위 명령은 **명령형 커맨드**[imperative command]의 예다. 명령형 커맨드를 사용해 쿠버네티스에게 해야 할 작업을 정확히 알리고 쿠버네티스 객체를 관리하기 위해 필요한 모든 파라미터 제공이 가능하다(J.13.1절에서 명령행 커맨드가 아닌 선언적 구성을 사용해 쿠버네티스 객체를 만드는 방법을 배운다).

```
\> kubectl run hello-server --image gcr.io/google-samples/hello-app:1.0 \
--port 8080

deployment.apps/hello-server created
```

명령을 실행하면 쿠버네티스 클러스터에 디플로이먼트 객체를 생성한다. 다음과 같은 kubectl 명령을 사용해 생성한 디플로이먼트의 정의를 조회할 수 있다(실행 결과 중 일부만 표시).

```
\> kubectl get deployment hello-server -o yaml

apiVersion: extensions/v1beta1
kind: Deployment
metadata:
  name: hello-server
spec:
```

```
    replicas: 1
status:
  availableReplicas: 1
```

spec 카테고리 하위에서 필요한 복제본(replicas)의 수가 1이고 status 카테고리 하위에서 사용 가능한 복제본(availableReplicas)의 수가 1임을 알 수 있다. 다른 kubectl 명령형 커맨드를 사용해 복제본 수를 100개로 늘려보자. 다시 말하지만 명령형 커맨드를 사용할 때는 모든 것을 어떻게 해야 하는지를 쿠버네티스에 정확히 알려줘야 한다.

```
\> kubectl scale --replicas 100 deployment hello-server
```

```
deployment.extensions/hello-server scaled
```

위 명령은 디플로이먼트의 복제본 100개를 생성하며, 생성하는 데 몇 초 정도 시간이 걸릴 수 있다. 리스트 J.9의 kubectl 명령을 1초의 간격을 두고 여러 번 실행해 디플로이먼트의 정의를 가져올 수 있다(리스트 J.9는 실행 결과 중 일부만 표시).

리스트 J.9 hello-server 디플로이먼트 객체의 정의 일부

```
\> kubectl get deployment hello-server -o yaml

apiVersion: extensions/v1beta1
kind: Deployment
metadata:
  name: hello-server
spec:
  replicas: 100
status:
  availableReplicas: 1

\> kubectl get deployment hello-server -o yaml

apiVersion: extensions/v1beta1
kind: Deployment
metadata:
  name: hello-server
spec:
  replicas: 100
```

```
status:
  availableReplicas: 14
```

spec 카테고리 하위의 복제본의 수가 항상 100개이고 status 카테고리 하위의 사용 가능한 복제본이 처음에는 1개이지만 동일한 명령을 한 번 더 실행하면 사용 가능한 복제본이 14개로 증가한다. 상태 카테고리 하위 속성들이 쿠버네티스 객체의 실제 런타임 상태를 나타내는 반면에 스펙 카테고리 하위 속성들은 요구사항을 나타냄을 알 수 있다.

J.13.1 쿠버네티스 객체 관리

J.13절에서는 명령형 커맨드를 사용했지만 kubectl을 사용하면 명령형 커맨드, 명령형 객체 구성imperative object configurations, 선언형 객체 구성declarative object configurations의 세 가지 방법으로 쿠버네티스 객체를 관리할 수 있다. 명령형 커맨드는 쿠버네티스 입문자에게는 유용하지만 클러스터에서 쿠버네티스 상태 변경 시 명령 추적이 어렵기 때문에 운영 환경에서는 사용하지 않아야 한다. 예를 들어, 변경사항을 이전으로 되돌리고 싶다면 실행한 명령을 기억해 수동으로 처리해야 한다.

명령형 객체 구성

명령형 객체 구성에서는 명령행 인수로 모든 필수 속성을 전달하는 대신 YAML 파일을 사용해 쿠버네티스 객체를 나타낼 수 있고 kubectl을 사용해 객체를 관리할 수 있다. 예를 들어, hello-server 디플로이먼트를 나타내는 리스트 J.10의 hello-server.yaml 파일을 살펴보자.

리스트 J.10 hello-server 디플로이먼트 객체의 정의

```
apiVersion: extensions/v1beta1
kind: Deployment
metadata:
  name: hello-server
spec:
  replicas: 1
  selector:
    matchLabels:
```

```
      run: hello-server
  template:
    metadata:
      labels:
        run: hello-server
    spec:
      containers:
      - image: gcr.io/google-samples/hello-app:1.0
        name: hello-server
        ports:
        - containerPort: 8080
```

kubectl 명령으로 리스트 J.10의 객체 구성을 사용해 디플로이먼트를 생성해보자. 만약
hello-server 디플로이먼트를 이미 생성한 상태라면 metadata:name을 다른 이름으로 변경
해야 한다. 깃허브 저장소 https://github.com/microservices-security-in-action/
samples/의 appendix-j/sample01 디렉토리의 hello-server.yaml 파일로 실습을 진
행할 수 있다.

```
\> kubectl create -f hello-server.yaml
```

```
deployment.extensions/hello-server created
```

쿠버네티스 객체를 업데이트하려면 hello-server.yaml 파일 내 객체 설정을 업데이트
한 후 kubectl 명령을 실행하면 된다.

```
\> kubectl replace -f hello-server.yaml
```

한 가지 단점은 업데이트한 hello-server.yaml 파일로 객체를 업데이트하려면 필요한
모든 속성을 포함해야 하며 부분 업데이트가 불가능하다는 것이다.

선언형 객체 구성

선언형 객체 구성을 사용하면 쿠버네티스에 작업 방법을 알릴 필요가 없고 필요한 작업
만 수행할 수 있다. 디플로이먼트를 생성하려면 명령형 객체 구성과 동일하게 YAML 파
일이 있어야 한다.

리스트 J.10과 동일한 hello-server.yaml 파일로 kubectl 명령을 실행해 디플로이먼트를 생성해보자. 이전 예제를 실행했다면 `hello-server` 디플로이먼트를 이미 생성한 상태이므로 hello-server.yaml 파일 내 `metadata:name`을 다른 이름으로 변경해야 한다.

```
\> kubectl apply -f hello-server.yaml
```

명령을 실행할 때 쿠버네티스에 디플로이먼트를 생성하거나 업데이트하도록 요청하지 않고 필요한 디플로이먼트의 특성을 지정하기만 하면 쿠버네티스가 필요한 작업을 자동으로 감지해 실행한다. 새로운 객체를 생성하든 존재하는 객체를 업데이트하든 동일한 `apply` 명령을 사용한다.

J.14 쿠버네티스 API 서버

쿠버네티스 API 서버는 쿠버네티스 컨트롤 플레인에서 실행된다. API 서버에 직접 연결하는 방법과 API 서버에서 호스팅되는 API를 살펴보자. 다음과 같은 `kubectl` 명령은 API 서버로의 연결을 생성하는데, 실제로는 로컬 시스템상에서 디폴트 포트로 8001을 사용하는 프록시 서버를 구동한다.

```
\> kubectl proxy &
```

```
Starting to serve on 127.0.0.1:8001
```

리스트 J.11의 curl 명령을 실행해 API 서버에서 호스팅하는 모든 API 경로를 확인할 수 있다(실행 결과 중 일부만 표시).

리스트 J.11 쿠버네티스 API 서버가 호스팅하는 API 목록

```
\> curl http://localhost:8001/

{
  "paths": [
    "/api",
    "/api/v1",
    "/apis",
```

```
    "/apis/",
    "/apis/apps",
    "/apis/apps/v1",
    "/apis/authentication.k8s.io",
    "/apis/authorization.k8s.io/v1",
    "/apis/authorization.k8s.io/v1beta1",
    "/apis/autoscaling",
    "/apis/batch",
    "/apis/batch/v1",
    "/apis/batch/v1beta1",
    "/apis/certificates.k8s.io",
    "/apis/certificates.k8s.io/v1beta1",
    "/apis/cloud.google.com",
    "/apis/extensions",
    "/apis/extensions/v1beta1",
    "/apis/metrics.k8s.io",
    "/apis/metrics.k8s.io/v1beta1",
    "/apis/networking.gke.io",
    "/apis/policy",
    "/apis/policy/v1beta1",
    "/apis/rbac.authorization.k8s.io",
    "/apis/rbac.authorization.k8s.io/v1",
    "/apis/scheduling.k8s.io",
    "/healthz",
    "/logs",
    "/metrics",
    "/openapi/v2",
    "/swagger-2.0.0.json",
    "/swagger-2.0.0.pb-v1",
    "/swagger-2.0.0.pb-v1.gz",
    "/swagger.json",
    "/swaggerapi",
    "/version"
  ]
}
```

리스트 J.11의 curl 명령을 실행해 API 서버에서 호스팅하는 모든 API 경로를 확인할 수 있다(실행 결과 중 일부만 표시).

리스트 J.12의 curl 명령을 실행해 쿠버네티스 API 버전에서 지원하는 모든 리소스 목록을 나열할 수 있다(실행 결과 중 일부만 표시).

리스트 J.12 쿠버네티스 API 버전 v1에서 사용 가능한 리소스 목록

```
\> curl http://localhost:8001/api/v1

{
  "kind": "APIResourceList",
  "groupVersion": "v1",
  "resources": [
    {
      "name": "configmaps",
      "singularName": "",
      "namespaced": true,
      "kind": "ConfigMap",
      "verbs": [
        "create",
        "delete",
        "deletecollection",
        "get",
        "list",
        "patch",
        "update",
        "watch"
      ],
      "shortNames": [
        "cm"
      ]
    },
    {
      "name": "pods",
      "singularName": "",
      "namespaced": true,
      "kind": "Pod",
      "verbs": [
        "create",
        "delete",
        "deletecollection",
        "get",
```

```
        "list",
        "patch",
        "update",
       "watch"
      ],
      "shortNames": [
        "po"
      ],
      "categories": [
        "all"
      ]
    }
  ]
}
```

J.15 쿠버네티스 리소스

리소스^{resource}는 고유한 URL로 접근할 수 있는 쿠버네티스 객체의 인스턴스이자 REST
리소스다. 다양한 리소스 URL로 동일한 쿠버네티스 객체에 접근할 수 있다. 예를 들어,
hello-server 디플로이먼트가 아직 실행 중인 상태에서 다음 kubectl 명령을 실행하면
hello-server 디플로이먼트의 정의를 YAML 형식으로 출력한다.

```
\> kubectl get deployment hello-server -o yaml
```

명령을 실행한 결과 중 중요한 속성 일부를 보여준다.

```
apiVersion: extensions/v1beta1
kind: Deployment
metadata:
  name: hello-server
  namespace: default
  resourceVersion: "1137529"
  selfLink: /apis/extensions/v1beta1/namespaces/default/deployments/hello-server
  uid: c7460660-7d38-11e9-9a8e-42010a8a014b
spec:
  replicas: 1
```

```
status:
  availableReplicas: 1
```

selfLink 속성은 hello-server 디플로이먼트를 나타내는 리소스다. J.14절에서 설명한 것처럼 로컬 시스템에서 프록시를 시작하고 리소스 URL을 대상으로 curl 명령을 실행해 hello-server 디플로이먼트의 전체 리소스 표현을 가져올 수 있다.

```
\> kubectl proxy &

Starting to serve on 127.0.0.1:8001

\> curl \
http://localhost:8001/apis/extensions/v1beta1/namespaces/default/\
deployments/hello-server
```

J.16 쿠버네티스 컨트롤러

J.13절에서 쿠버네티스 객체의 속성 카테고리인 spec과 status에 대해 설명했는데, spec 속성은 쿠버네티스 객체의 희망 상태를 정의하지만 status 속성은 객체의 실제 상태를 정의한다.

쿠버네티스 클러스터의 상태를 원하는 상태로 유지하는 게 쿠버네티스 컨트롤러의 역할이다. 컨트롤러는 쿠버네티스 클러스터의 상태를 항상 관찰한다. 예를 들어, 쿠버네티스에게 5개의 복제본을 가진 디플로이먼트를 생성하도록 요청하면 해당 요청을 이해하고 복제본을 생성하는 게 디플로이먼트 컨트롤러의 책임이다. 쿠버네티스 컨트롤러에 대해서는 J.18절에서 상세히 설명할 예정이다.

J.17 인그레스

지금까지 부록 J에서는 쿠버네티스 서비스를 쿠버네티스 클러스터 외부에 노출하는 두 가지 방법인 노드포트 서비스와 로드밸런서 서비스에 대해 설명했으므로, 이번에는 세 번째 방법인 인그레스Ingress를 설명할 차례다.

인그레스는 HTTP나 HTTPS 프로토콜을 사용해 클러스터 외부에서 쿠버네티스 서비스로 트래픽을 라우팅하는 쿠버네티스 객체다. 인그레스는 단일 IP 주소로 하나 이상의 쿠버네티스 서비스(例 노드포트 유형의 서비스)를 노출할 수 있게 해준다. 서비스가 하나 이상의 파드에 대한 추상화인 것처럼 인그레스를 하나 이상의 서비스에 대한 추상화 수준으로 생각할 수도 있다. 리스트 J.13은 쿠버네티스 인그레스 객체를 정의하는 샘플이다.

리스트 J.13 인그레스 객체를 정의하는 YAML

```
apiVersion: extensions/v1beta1
kind: Ingress
metadata:
  name: manning-ingress
spec:
  rules:
  - http:
    paths:                          /orders URL을 향한 요청을 주문 처리 서비스로 라우팅.
    - path: /orders  ◄─────         주문 처리 서비스는 내부 클러스터 IP 주소의 80 포트에서 수신대기하는 노드포트 서비스
      backend:
        serviceName: order-processing-service
        servicePort: 80
    - path: /customers
      backend:
        serviceName: customer-service
        servicePort: 80
```

리스트 J.13의 YAML은 요청의 URL 패턴에 따라 트래픽을 2개의 백엔드 쿠버네티스 서비스로 라우팅하는 인그레스 객체를 정의한다. 요청이 /orders URL로 들어오면 쿠버네티스는 요청을 주문 처리 서비스(order-processing-service)로 라우팅한다. 요청이 /customers URL로 들어오면 쿠버네티스는 고객 서비스(customer-service)로 요청을 라우팅한다. 인그레스 리소스를 생성하면 인그레스 컨트롤러와 연결되는데, 실제로는 인그레스 리소스를 작동시키려면 인그레스 컨트롤러까지 실행해야만 한다. 예를 들어, 엔진엑스를 인그레스 컨트롤러로 사용할 수 있다. 구글 쿠버네티스 엔진은 구글 쿠버네티스 엔진 인그레스라고 불리는 자체 인그레스 컨트롤러를 사용한다. 구글 쿠버네티스 엔진 인그레스에 관한 추가 정보는 https://cloud.google.com/kubernetes-engine/docs/concepts/ingress에서 확인할 수 있다.

도커 데스크톱이나 미니쿠베를 사용해 쿠버네티스를 단일 노드 클러스터로 로컬 시스템
에서 실행하는 경우 인그레스 컨트롤러는 디폴트로 활성화되지 않는다. 도커 데스크톱과
미니쿠베에서 엔진엑스를 인그레스 컨트롤러로 설정하는 방법은 https://kubernetes.
github.io/ingress-nginx/deploy/에서 확인할 수 있다.

J.18 쿠버네티스 내부 통신

J.2절에서는 쿠버네티스 마스터 노드와 워커 노드를 설명했다. 각 노드는 자체 구성요소
집합을 갖고 있는데 이러한 구성요소들이 서로 통신하는 방법을 살펴보자. 쿠버네티스
마스터 노드나 컨트롤 플레인에서 실행 중인 구성요소들의 상태를 확인하기 위해 다음과
같은 kubectl 명령을 실행하자.

```
\> kubectl get componentstatuses

NAME                STATUS    MESSAGE               ERROR
scheduler           Healthy   ok
etcd-0              Healthy   {"health": "true"}
etcd-1              Healthy   {"health": "true"}
controller-manager  Healthy   ok
```

로컬 시스템에서 실행 중인 kubectl에서 명령을 실행하면 컨트롤 플레인 내에서 실행되
고 있는 쿠버네티스 API 서버의 API와 간단한 통신을 한다. API 서버는 내부적으로 모
든 컨트롤 플레인 구성요소의 상태를 확인하고 응답을 다시 보낸다. 부록 J에서 사용한
모든 kubectl 명령은 비슷한 방식으로 작동한다.

J.18.1 kubectl run 작동 방식

쿠버네티스 내부 통신이 어떻게 발생하는지 이해하는 가장 좋은 방법은 간단한 명령을
실행해 종단 간 작동 방식을 확인하는 것이다(그림 J.4 참고). J.6절에서는 다음 kubectl 명
령을 사용해 gcr.io/google-samples/hello-app 도커 이미지로 쿠버네티스 디플로이
먼트를 생성했다.

```
\> kubectl run hello-server --image gcr.io/google-samples/hello-app:1.0 \
--port 8080
```

로컬 시스템에서 실행 중인 kubectl에서 위 명령을 실행하면 제공한 파라미터로 요청을 생성해 쿠버네티스 API 서버의 API와 통신한다. 쿠버네티스 컨트롤 플레인의 모든 구성 요소 간의 통신은 API 서버를 거쳐 발생한다.

API 서버가 kubectl의 요청을 수신한 후 쿠버네티스 클러스터에서 발생하는 이벤트를 그림으로 표현하면 그림 J.4와 같은데 그림 내 절차들을 설명하면 다음과 같다.

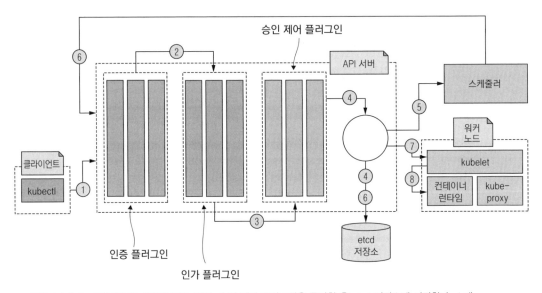

▲ **그림 J.4** kubectl이 생성한 요청은 인증, 인가, 승인 제어 플러그인을 통과한 후 etcd 저장소에 저장한다. 스케줄러와 kubelet은 API 서버가 생성한 이벤트에 응답한다.

1. API 서버로 들어오는 모든 요청은 API 서버에 배포된 인증 플러그인이 가로채 정당한 클라이언트만 API 서버와 통신할 수 있게 한다.

2. 인증을 완료하면 API 서버에 배포된 인가 플러그인이 요청을 가로채 인증을 통과한 사용자가 의도한 작업을 수행할 권한을 갖고 있는지 확인한다(모든 사용자가 파드를 생성할 수 있는 건 아니다).

3. 이제 인가받은 API 요청은 승인 제어 플러그인Admission Controller plugin을 통과한다. 승인 제어 플러그인은 API 요청을 대상으로 여러 작업을 수행할 수 있는데, 예를 들어 이벤트 비율 제한(EventRateLimit) 플러그인은 사용자별 API 요청의 수를 제한할 수 있다.

4. API 서버는 API 요청을 검증하고 API 요청과 일치하는 객체를 키-값 저장소인 etcd 저장소에서 유지한다. 쿠버네티스는 클러스터 데이터를 유지하기 위해 높은 성능의 etcd 저장소를 사용한다.

5. API 서버가 객체를 대상으로 작업을 수행하면, API 서버는 등록된 리스너 집합에게 알린다. 컨트롤 플레인에서 실행 중인 또 다른 구성요소이자 API 서버에 등록된 스케줄러는 API 요청을 받아 API 서버가 etcd 저장소 내 새로운 파드 객체를 생성할 때 알림을 수신한다.

6. 스케줄러는 파드를 실행할 노드를 찾고 API 서버를 통해 etcd 저장소에 저장된 파드 정의를 노드 정보로 업데이트한다. API 서버와 스케줄러 모두 실제로 파드를 생성하지 않는다.

7. 6단계에서 수행한 업데이트 작업이 한 번 더 다른 이벤트를 트리거한다. 파드를 실행하고 있는 대상 워커 노드에서 실행 중인 kubelet 구성요소는 해당 이벤트를 선택하거나 알림을 받고 파드 생성을 시작한다. 각 워커 노드는 kubelet을 갖고 있는데 kubelet은 API 서버의 이벤트를 수신할 수 있도록 계속 대기한다.

8. 파드를 생성하는 동안 kubelet은 동일한 워커 노드에서 실행 중인 컨테이너 런타임(예 도커)에게 레지스트리에서 컨테이너 이미지를 가져와서 시작하도록 요청한다. 이 책을 쓰는 시점에 쿠버네티스는 도커를 디폴트 컨테이너 런타임으로 사용하지만 컨테이너 런타임 인터페이스CRI, container runtime interface의 도입으로 쿠버네티스는 컨테이너 런타임을 교체할 수 있게 됐다.

파드의 모든 컨테이너를 실행하기 시작하면 kubelet은 상태를 지속적으로 모니터링하고 API 서버에게 모니터링 결과를 보고한다. kubelet이 파드를 종료하라는 이벤트를 수신하면 해당 파드의 모든 컨테이너를 종료하고 API 서버를 업데이트한다.

쿠버네티스 컨트롤러에 대해서는 J.16절에서 이미 설명했다. 쿠버네티스 클러스터가 가동 및 실행 중일 때 컨트롤러의 책임은 클러스터의 실제 상태와 희망하는 상태가 일치하는지 확인하는 것이다. 예를 들어, 레플리카셋 컨트롤러는 제어하는 파드의 상태를 확인하기 위해 API 서버를 모니터링한다. 디플로이먼트를 생성할 때 요청받은 희망하는 파드의 수가 실제 클러스터에서 실행 중인 파드의 수보다 적다면 레플리카셋 컨트롤러는 API 서버와 통신해 차이가 나는 수만큼의 파드를 생성한 다음 일반적인 디플로이먼트 생성 절차와 동일한 절차를 따른다. 스케줄러는 파드 생성 이벤트를 선택하고 새로운 파드를 노드 그룹에서 실행하도록 스케줄링한다.

J.18.2 쿠버네티스가 외부 클라이언트의 요청을 파드로 라우팅하는 방법

쿠버네티스 클러스터에서 실행 중인 파드를 외부 클라이언트에 공개하는 방법을 요약해 보면 다음 세 가지다.

- 노드포트 유형의 서비스(J.3.3절)
- 로드밸런서 유형의 서비스(J.3.3절)
- 노드포트 서비스 유형을 사용한 인그레스 컨트롤러(J.17절)

간단히 하기 위해 두 번째 시나리오에서는 로드밸런서 유형의 서비스가 있다고 가정하고 외부 클라이언트에서 요청을 수신할 때 쿠버네티스 클러스터에서 발생하는 이벤트 절차를 살펴보자. 쿠버네티스에서 서비스를 생성할 때 발생하는 이벤트는 다음과 같다.

- 쿠버네티스 클러스터의 각 워커 노드는 kube-proxy로 불리는 구성요소를 실행한다. 쿠버네티스가 노드포트나 로드밸런서 유형의 서비스를 생성하면 각 워커 노드의 kube-proxy는 알림을 받고 로컬 노드에서 해당하는 nodePort를 여는 작업을 동일하게 수행한다. ClusterIP 유형의 서비스는 nodePort와 무관하다.
- kube-proxy는 userspace, iptables, ipvs의 세 가지 모드 중 하나로 동작한다(ipvs 모드에 대해서는 부록 J에서 설명하지 않음).

- kube-proxy가 userspace 모드로 동작하면(그림 J.5 참고) kube-proxy는 iptables 정책을 노드에 설치한다. iptables는 노드의 IP 주소와 nodePort(로드밸런서 및 노드포트 유형의 서비스에만 해당)로 들어온 트래픽을 kube-proxy의 프록시 포트로 라우팅한다. 또한 서비스 포트를 열고 있는 클러스터 IP(모든 유형의 서비스에 해당)로 향하는 모든 트래픽을 kube-proxy의 프록시 포트로 라우팅하도록 iptables 정책을 업데이트한다. 클러스터 IP는 쿠버네티스가 모든 서비스를 대상으로 생성하는 가상 IP 주소다.

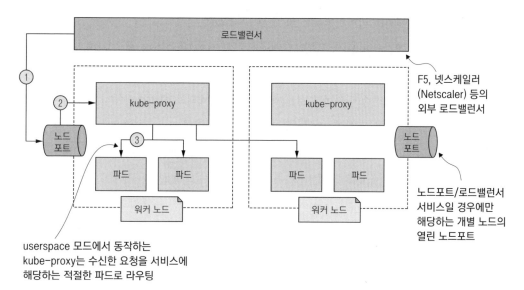

▲ **그림 J.5** userspace 모드에서 동작하는 kube-proxy는 서비스에 해당하는 적절한 파드로 요청을 라우팅한다.

- kube-proxy가 iptables 모드로 동작하면 kube-proxy는 노드의 nodePort로 향하는 모든 트래픽을 서비스 객체와 컨테이너 포트에 해당하는 엔드포인트 객체에서 무작위로 선택한 파드 IP 주소로 라우팅하는 iptables 정책을 설치한다. 또한 kube-proxy가 서비스 포트를 열고 있는 클러스터 IP에서 서비스 객체와 컨테이너 포트에 해당하는 엔드포인트 객체에서 무작위로 선택한 파드 IP 주소로 향하는 트래픽을 수신하더라도 kube-proxy는 동일한 작업을 수행하도록 iptables 정책을 업데이트한다.

로드밸런서 유형의 서비스에 요청을 보낼 때 발생하는 이벤트를 나열하면 다음과 같다.

- 쿠버네티스 클러스터 외부에 있는 클라이언트 애플리케이션은 로드밸런서의 IP 주소로 요청을 전송한다. 쿠버네티스 클러스터 외부에서 실행 중인 로드밸런서는 F5, 넷스케일러 또는 기타 로드밸런서일 수 있다. 서비스를 대상으로 kubectl get service 명령을 실행할 때 EXTERNAL-IP 컬럼은 로드밸런서의 IP 주소를 나타낸다. 개별 서비스의 로드밸런서는 자신만의 외부 IP 주소를 갖고 있다. 다시 말하지만, 로드밸런서 유형의 서비스는 클라우드 서비스 제공자에 따라 달라질 수 있고 구글 쿠버네티스 엔진에서는 서비스별로 다른 외부 IP 주소를 생성한다.
- 요청이 로드밸런서에 도착하면 로드밸런서는 목적지 IP 주소로 대상 서비스를 인식해 서비스의 nodePort를 파악한다.
- 로드밸런싱 알고리즘에 기반해 로드밸런서는 쿠버네티스 클러스터에서 노드를 선택하고 요청을 해당하는 노드 IP와 nodePort로 라우팅한다(그림 J.5의 1단계에 해당).
- kube-proxy가 userspace 모드로 동작하는 경우 로드밸런서에서 노드로 라우팅한 요청은 kube-proxy를 통과하고 kube-proxy는 nodePort(각 서비스는 자신만의 nodePort 보유)로 대상 서비스와 적절한 파드(디폴트로 라운드 로빈 알고리즘을 사용)를 파악해 요청을 해당 파드로 다시 라우팅한다. 요청을 받은 파드는 완전히 다른 노드에 있을 수도 있다(그림 J.5의 2, 3단계에 해당). kube-proxy는 해당 서비스에 연결된 엔드포인트 객체를 확인해 파드의 IP 주소를 찾는다.
- kube-proxy가 iptables 모드(그림 J.6 참고)로 동작하는 경우 요청은 kube-proxy를 거치지 않고 라우팅되지만 노드의 iptables 정책에 따라 서비스와 관련 있는 파드 중 하나로 요청을 다시 라우팅한다(그림 J.6의 2, 3단계).
- 요청이 파드에 도달하면 파드는 포트를 확인해 대상 컨테이너로 요청을 전달한다. 파드는 동일한 포트에서 다수의 컨테이너를 실행할 수 없다.

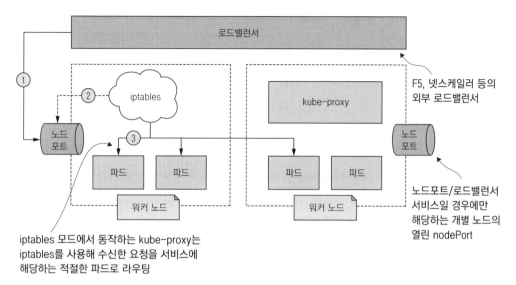

▲ **그림 J.6** iptables 모드에서 동작하는 kube-proxy는 iptables를 사용해 서비스에 해당하는 적절한 파드로 요청을 라우팅한다.

J.19 설정 관리

일반적인 쿠버네티스 환경에서 일부 컨테이너 내에서 사용하는 설정 데이터는 환경에 따라 변한다. 예를 들어, 운영 환경의 쿠버네티스 클러스터에 배포된 파드는 운영 이전 환경의 클러스터에 배포된 동일한 파드와는 다른 인증서, 데이터베이스 연결 정보 등을 갖는다. 우선 쿠버네티스 클러스터에서 설정 데이터를 전달하는 다양한 방법을 살펴본 다음 쿠버네티스 디플로이먼트 정의에서 설정 데이터를 분리하는 방법을 살펴보자.

J.19.1 디플로이먼트 정의에 설정 데이터 하드코딩

쿠버네티스 디플로이먼트에서 설정 데이터를 전달하는 간단한 방법은 환경 변수로 디플로이먼트 정의에 데이터를 하드코딩하는 것이다. 예를 들어 J.6절에서 사용한 명령을 수정해 환경 변수로 일부 설정 데이터를 전달해 디플로이먼트를 생성할 수 있다.

```
\> kubectl run hello-server --env="name1=value1" --env="name2=value2" \
--image gcr.io/google-samples/hello-app:1.0 --port 8080
```

디플로이먼트가 이미 존재하면 명령 실행 시 오류가 발생할 수도 있다. 오류가 발생하면 다음 명령을 실행해 디플로이먼트를 삭제하고 동일한 명령을 다시 실행해야 한다.

```
\> kubectl delete deployment hello-server
```

리스트 J.14의 명령을 실행해 YAML 형식의 hello-server 디플로이먼트 정의를 가져오자. 이전 명령에서 --env 옵션의 인수로 전달한 2개의 환경 변수가 디플로이먼트 정의에 반영된 걸 확인할 수 있다. hello-server 디플로이먼트의 파드에서 실행 중인 hello-server 컨테이너에 해당하는 실제 코드나 프로세스는 환경 변수의 값을 읽을 수 있다. 예를 들어, 데이터베이스에 연결하려는 서버는 환경 변수에서 데이터베이스 연결 정보를 읽을 수 있다.

리스트 J.14 YAML 형태의 hello-server 디플로이먼트 정의

```
\> kubectl get deployment hello-server -o yaml

apiVersion: extensions/v1beta1
kind: Deployment
metadata:
  labels:
    run: hello-server
  name: hello-server
spec:
  replicas: 1
  selector:
    matchLabels:
      run: hello-server
  template:
    metadata:
      labels:
        run: hello-server
    spec:
      containers:
      - env:  ◄──── 명령행 도구에서 전달한 모든 환경 변수 목록
      - name: name1
        value: value1
      - name: name2
```

```
        value: value2
      image: gcr.io/google-samples/hello-app:1.0 ◄──── 도커 이미지 이름
      name: hello-server ◄──── 파드 내부에서 실행 중인 컨테이너 이름
      ports:
      - containerPort: 8080
        protocol: TCP
```

리스트 J.14처럼 디플로이먼트를 생성할 때 설정 데이터를 디플로이먼트 객체에 연결한다. 앞서 설명한 것처럼 일반적인 운영 환경 배포에서는 디플로이먼트를 생성하기 위해 명령형 커맨드를 사용하지 않고 선언적 객체 구성을 사용한다(J.13절 참고). 선언적 구성모델의 경우 디플로이먼트 객체의 정의(J.19.1절의 예제에서는 하드코딩된 모든 환경 변수까지 포함)를 YAML 파일로 유지한 다음 kubectl apply 명령을 사용해 디플로이먼트를 생성한다.

11장에서 사용한 모든 예제는 선언적 구성 모델을 따른다. 환경 변수를 디플로이먼트 정의에 하드코딩할 때는 운영 환경과 운영 이전 환경에 다른 환경 변숫값을 정의해 복사해야 한다. 기본적으로 동일한 디플로이먼트를 대상으로 여러 YAML 파일을 유지해야 하기 때문에 권장하지 않는 접근 방법이다.

J.19.2 컨피그맵 소개

컨피그맵ConfigMap은 설정 데이터를 디플로이먼트에서 분리하는 데 도움을 주는 쿠버네티스 객체다. 11.2절에서는 컨피그맵의 포괄적인 예제를 설명했지만, J.19.2절에서는 쿠버네티스 디플로이먼트에서 컨피그맵을 사용하는 다양한 방법을 설명한다. J.19.1절과 동일한 예제를 사용하면 다음과 같이 설정 데이터를 전달하는 컨피그맵을 정의할 수 있다.

리스트 J.15 텍스트 데이터를 전달하는 컨피그맵 객체 정의

```
apiVersion: v1
kind: ConfigMap
metadata:
  name: hello-server-cm ◄──── 컨피그맵 이름
data: ◄──── 이름과 텍스트로 표현한 값 쌍으로 데이터를 나열
  name1: value1
  name2: value2
```

리스트 J.15는 텍스트 표현으로 컨피그맵 객체를 생성한다. 리스트 J.16은 바이너리 데이터를 사용해 컨피그맵을 생성하는 방법을 보여주는데, image1이라는 키의 값을 base64로 인코딩해야만 한다.

리스트 J.16 바이너리 데이터를 전달하는 컨피그맵 객체 정의

```
apiVersion: v1
kind: ConfigMap
metadata:
  name: hello-server-cm
binaryData: ◄─── 이름과 base64 인코딩한 값 쌍으로 바이너리 데이터를 나열
  image1: /u3+7QAAAAIAAAABAAAAAQAGand0..
```

선언적 구성 모델로 쿠버네티스에서 컨피그맵 객체를 생성하려면 hello-server-cm.yaml 파일이 컨피그맵의 완전한 정의를 전달한다는 가정하에 다음 명령을 사용해야 한다.

```
\> kubectl apply -f hello-server-cm.yaml
```

J.19.3 쿠버네티스 디플로이먼트에서 컨피그맵을 사용해 환경 변수 분리

J.19.3절에서는 쿠버네티스 디플로이먼트에서 컨피그맵 객체를 정의하고 있는 설정 데이터를 사용(소비)하고 환경 변수 집합을 분리하는 방법을 설명한다. 쿠버네티스 디플로이먼트는 컨피그맵의 설정 데이터를 읽고 환경 변수 집합을 업데이트한다. 리스트 J.17에서 업데이트한 hello-server 디플로이먼트를 확인할 수 있으며 작동 방식 설명을 위해 주석을 달아놓았다.

리스트 J.17 컨피그맵에서 데이터를 조회하는 hello-server 디플로이먼트 정의

```
apiVersion: extensions/v1beta1
kind: Deployment
metadata:
  labels:
    run: hello-server
  name: hello-server
spec:
  replicas: 1
```

```
    selector:
      matchLabels:
        run: hello-server
    template:
      metadata:
        labels:
          run: hello-server
      spec:
        containers:
        - env:
          - name: name1  ◄──── 환경 변수 이름. 컨테이너는 이름을 키로 사용해 환경 변숫값을 조회
            valueFrom:
              configMapKeyRef:  ◄──── 환경 변숫값을 조회하기 위해 컨피그맵 객체를 찾도록 쿠버네티스에게 지시
                name: hello-server-cm  ◄──── 컨피그맵 객체의 이름
                key: name1  ◄──── 컨피그맵 객체에 정의된 키 이름
          - name: name2
            valueFrom:
              configMapKeyRef:
                name: hello-server-cm
                key: name2
          image: gcr.io/google-samples/hello-app:1.0
          name: hello-server
          ports:
          - containerPort: 8080
            protocol: TCP
```

컨피그맵에서 데이터를 조회함으로써 쿠버네티스 디플로이먼트에서 설정 데이터를 완벽히 분리했다. 운영 환경과 운영 이전 환경별로 다른 환경 변숫값을 가진 단일 디플로이먼트 정의와 여러 개의 서로 다른 컨피그맵 객체를 가질 수 있다.

J.19.4 볼륨 마운트로 쿠버네티스 디플로이먼트에서 컨피그맵 사용

J.19.4절에서는 컨피그맵 객체에서 설정 파일을 읽어와 디플로이먼트에서 컨테이너 파일시스템으로 파일을 마운트하는 방법을 설명한다. 리스트 J.18은 컨피그맵에서 설정 파일을 표현하는 방법을 보여준다.

```
apiVersion: v1
kind: ConfigMap
metadata:
  name: properties-file-cm ◀──── 컨피그맵의 이름
data:
  application.properties: | ◀──── 대괄호 안의 콘텐츠를 전달하는 설정 파일의 이름
    [
      server.port: 8443
      server.ssl.key-store: /opt/keystore.jks
      server.ssl.key-store-password: ${KEYSTORE_SECRET}
      server.ssl.keyAlias: spring
      spring.security.oauth.jwt: true
      spring.security.oauth.jwt.keystore.password: ${JWT_KEYSTORE_SECRET}
      spring.security.oauth.jwt.keystore.alias: jwtkey
      spring.security.oauth.jwt.keystore.name: /opt/jwt.jks
    ]
```

리스트 J.19는 리스트 J.18에 정의된 컨피그맵을 필요한 컨테이너 시스템에 마운트하는 방법을 보여주며, 작동 방식 설명을 위해 주석을 달아놓았다.

```
apiVersion: extensions/v1beta1
kind: Deployment
metadata:
  labels:
    run: hello-server
  name: hello-server
spec:
  replicas: 1
  selector:
    matchLabels:
      run: hello-server
  template:
    metadata:
      labels:
        run: hello-server
      spec:
```

```
containers:
- image: gcr.io/google-samples/hello-app:1.0
  name: hello-server        ┐ 개별 볼륨 마운트에
  volumeMounts: ◀───────────┘ 해당하는 속성 정의
                                            설정 파일의 끝부분에 있는 volumes/name 요소를
  - name: application-properties ◀────────── 참조하는 볼륨의 이름
    mountPath: "/opt/application.properties" ◀─┐ 컨테이너 파일시스템 내 경로나
    subPath: "application.properties"           └ 파일을 마운트할 경로 설정
  ports:
  - containerPort: 8080
    protocol: TCP
volumes: ◀────── containers/volumeMounts 영역에서 이름으로 참조하는 일련의 볼륨들을 정의
- name: application-properties ◀───── 볼륨의 이름
  configMap:
    name: properties-file-cm ◀───── 리스트 J.18의 컨피그맵 객체의 이름
```

mountPath의 하위 경로, mountPath의 최상위 경로는
여러 volumeMount 간에 공유될 수 있다.
subPath를 정의하지 않으면 opt 디렉토리 하위에 또 다른
volumeMount가 있을 경우 문제가 생길 수도 있다.

서비스 메시와
이스티오의 원리

마이크로서비스 아키텍처의 주요 요소 중 하나는 **단일 책임 원칙**single responsibility principle, 즉 **SRP**(https://en.wikipedia.org/wiki/Single_responsibility_principle)로 마이크로서비스는 하나의 특정 기능만 수행해야 함을 나타낸다. 3장에서는 API 게이트웨이 패턴을 사용해 마이크로서비스의 대부분의 부담을 제거하고 경계 지점의 보안 처리를 API 게이트웨이에 위임하는 방법을 살펴봤다. API 게이트웨이는 주로 애플리케이션(소비자)과 API 간의 트래픽을 처리하기 때문에 6장과 7장에서 설명한 예제에서는 mTLS와 JWT를 사용해 마이크로서비스 간 통신을 보호하는 과정에서도 대부분의 작업은 마이크로서비스 자체적으로 처리가 필요했다.

서비스 메시는 여러 가지 구현 방식이 있는 아키텍처 패턴으로, 마이크로서비스 간 통신을 처리함으로써 보안 처리와 기타 비기능적 요구사항에 관한 대부분의 마이크로서비스 부담을 덜어주며 회복, 보안, 모니터링 가능성 및 라우팅 제어의 모범 사례를 마이크로서비스 배포에 적용할 수 있도록 하는데 부록 K의 후반부에서 자세히 설명할 예정이다. 부록 K는 이스티오 서비스 메시를 사용해 마이크로서비스 환경을 보호하는 데 중점을 둔 12장의 배경지식을 설명하는데, 부록 J에서 설명한 쿠버네티스를 이해하고 있어야 따라오기 수월하다.

K.1 서비스 메시를 사용하는 이유

서비스 메시^{service mesh}는 마이크로서비스 아키텍처에서 단일 책임 원칙 구현의 점진적인 결과물이다. 스프링 부트^{Spring Boot} 같은 프레임워크를 보면 오늘날 일반적인 서비스 메시에서 볼 수 있는 일부 핵심 기능을 프로그래밍 언어 수준의 라이브러리로 구현하려고 한다. 마이크로서비스 개발자는 고민할 필요 없이 단일 책임 원칙을 구현하기 위해 관련 라이브러리를 사용하기만 하면 되는데, 6장과 7장에서 mTLS와 JWT를 사용해 마이크로서비스 간 통신을 보호하면서 준수한 접근 방식이 좋은 예다. 지금까지 설명한, 그림 K.1에서 보여주는 이러한 모델을 **임베디드 서비스 메시**^{embedded service mesh} 또는 **인 프로세스 서비스 메시**^{in-process service mesh}라고 한다.

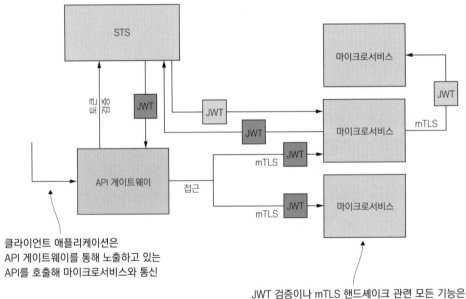

클라이언트 애플리케이션은
API 게이트웨이를 통해 노출하고 있는
API를 호출해 마이크로서비스와 통신

JWT 검증이나 mTLS 핸드셰이크 관련 모든 기능은
마이크로서비스 자체에 내장된 라이브러리에서 처리

▲ **그림 K.1** 임베디드 서비스 메시에서 개별 마이크로서비스는 내장된 라이브러리 모음을 사용해 자체적으로 보안 처리를 구현한다.

임베디드 서비스 메시는 몇 가지 단점이 있는데, 예를 들어 스프링 부트/자바 라이브러리로 보안, 모니터링 가능성, 회복을 구현하려면 마이크로서비스를 자바로 구현해야만 한다. 또한 스프링 부트 라이브러리에서 문제가 생기면 전체 마이크로서비스를 재배포해야 하고, 스프링 부트 라이브러리 내 API에 변경이 발생하면 마이크로서비스 구현도 동시에 변경해야 한다. 대체로 임베디드 서비스 메시 접근 방식은 마이크로서비스 아키텍처에 적합하지 않은 면이 있다. 부록 K의 나머지 부분에서 서비스 메시를 언급할 때는 **프로세스 외 서비스 메시**out-of-process service mesh를 의미한다고 생각해야 한다. 임베디드 서비스 메시 접근 방식과 달리 프로세스 외 서비스 메시(그림 K.2 참고)는 마이크로서비스와 별도로 실행되고 마이크로서비스를 오가는 트래픽을 투명하게 가로챈다.

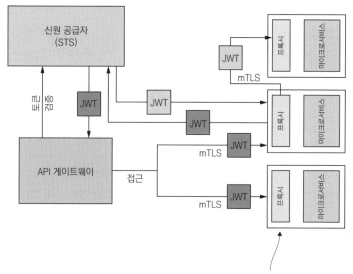

JWT 검증이나 mTLS 핸드셰이크 관련 모든 기능은
마이크로서비스를 오가는 모든 요청을 가로채는
프로세스 외 구성요소나 프록시가 처리

▲ **그림 K.2** 프록시를 통해 보안 처리를 하는 프로세스 외 서비스 메시는 대상 마이크로서비스를 오가는 모든 요청을 가로챈다.

K.2 마이크로서비스 배포의 진화

실제로 마이크로서비스 배포의 성숙도 수준은 제각각이다. 일부는 물리적 시스템 또는 가상 머신에서 임베디드 경량 애플리케이션 서버(예 스프링 부트)를 사용해 서비스를 실행하는데 이러한 접근 방식은 마이크로서비스와 작업 인력이 소규모인 경우 적합하다.

서비스 수가 증가하고 더 많은 팀이 관여하기 시작하면 자동화 없이는 업무 처리가 점점 더 어려워지고 컨테이너로 마이크로서비스를 배포하는 게 부담스러워지기 시작한다. 일반적으로 컨테이너 입문자들은 쿠버네티스 같은 컨테이너 오케스트레이션 프레임워크를 사용하지 않았지만 점점 더 많은 클라우드 서비스 제공자들이 쿠버네티스를 서비스로 제공하기 시작하면서 변하고 있는 추세다. 컨테이너의 수가 증가하면 컨테이너 오케스트레이션 프레임워크(부록 J 참고)를 사용하지 않는 컨테이너 관리는 악몽과 같다.

쿠버네티스를 사용한 후 다음 단계는 서비스 메시를 사용하는 것이다. 쿠버네티스는 대규모 마이크로서비스 배포 환경을 관리하는 데 도움을 주지만 마이크로서비스를 대상으로 한 애플리케이션 수준의 서비스 품질$^{QoS, quality-of-service}$ 기능을 제공하진 않아 서비스 메시 패턴이 등장하게 됐다. 쿠버네티스는 대규모 마이크로서비스 환경에 서비스 품질 기능을 제공하기 위해 쿠버네티스 위에서 실행 중인 서비스 메시를 가진 운영체제와 같다.

K.2.1 서비스 메시 아키텍처

서비스 메시 아키텍처는 데이터 플레인과 컨트롤 플레인이라는 두 가지 플레인으로 구성되어 있는데(그림 K.3 참고) 서로 협력해 회복, 보안, 모니터링 가능성 및 라우팅 제어에 대한 모범 사례를 마이크로서비스 배포 환경에 적용할 수 있게 해준다. 데이터 플레인부터 먼저 살펴보자.

데이터 플레인

스프링 부트 라이브러리로 임베디드 서비스 메시를 구현한 6, 7장의 스프링 부트 예제에서 스프링 부트 핸들러는 마이크로서비스로 들어오는 모든 요청을 가로챈다. 동일한 방식으로 프로세스 외 서비스 메시는 마이크로서비스를 오가는 모든 요청을 가로채는 프록시를 사용하는데, 해당 프록시를 **서비스 프록시**$^{service\ proxy}$라고 부른다(그림 K.3 참고). 서비스 프록시는 마이크로서비스의 요청과 응답 경로상에 위치하고 있기 때문에 보안 적용, 모니터링, 트래픽 관리, 서비스 검색을 수행하고 차단기나 격벽 같은 패턴을 구현해 모든 인바운드/아웃바운드 트래픽에 대한 회복력을 지원할 수 있다. 서비스 프록시는 정책 적용 지점$^{\text{PEP, policy enforcement point}}$ 역할을 한다.

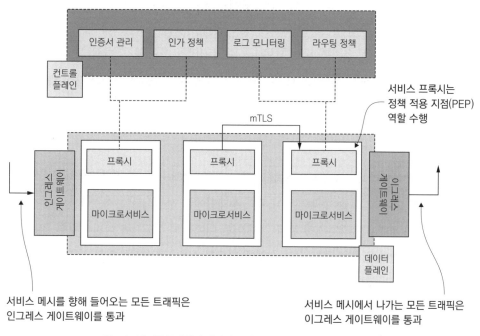

▲ **그림 K.3** 컨트롤 플레인과 데이터 플레인으로 구성된 전형적인 서비스 메시

|**참고**| 이 책은 서비스 메시의 보안에만 중점을 두고 있어 모니터링 가능성, 회복, 트래픽 관리 등 서비스 메시의 다른 기능에 대해 알고 싶다면 크리스티안 포스타(Christian Posta)가 쓴 『Istio in Action』(Manning, 2021), 리 칼코트(Lee Calcote)와 잭 부처(Zack Butcher)가 쓴 『이스티오 첫걸음』(에이콘, 2020)을 읽어보는 걸 추천한다.

일반적인 서비스 메시 아키텍처에서 개별 마이크로서비스는 자신만의 서비스 프록시를 갖고 있고 마이크로서비스를 오가는 트래픽은 투명한 방식으로 서비스 프록시를 통과한다. 마이크로서비스를 구현할 때 서비스 프록시의 존재에 불편을 느낄 필요는 없다. 마이크로서비스 환경에서 트래픽을 조정하고 정책 적용 지점 역할을 하는 서비스 프록시는 서비스 메시 아키텍처의 데이터 플레인을 구축한다.

데이터 플레인에는 서비스 프록시 외에도 **인그레스 게이트웨이**Ingress gateway와 **이그레스 게이트웨이**Egress gateway라는 2개의 구성요소가 있다. 마이크로서비스 그룹으로 들어오는 모든 트래픽은 인그레스 게이트웨이를 우선 통과하는데, 인그레스 게이트웨이가 트래픽을 어디로 전달할지를 결정한다. 마이크로서비스 그룹을 떠나는 모든 트래픽은 이그레스 게이트웨이를 통과한다. 즉, 클라이언트와 마이크로서비스 간의 모든 트래픽은 인그레스/이그레스 게이트웨이를 통과하고 내부 서비스 간의 모든 트래픽은 서비스 프록시를 통과한다.

컨트롤 플레인

서비스 메시 아키텍처에서 **컨트롤 플레인**control plane은 정책 관리 지점PAP, policy administration point 역할을 한다. 컨트롤 플레인은 데이터 플레인에서 서비스 프록시를 작동시키기 위한 모든 제어 명령을 정의하지만 런타임 시 어떤 데이터 패킷도 건드리지 않는다. 일반적인 컨트롤 플레인 구현은 관리 작업 수행에 필요한 API나 UI 포털 또는 API와 UI 포털 모두를 제공하고 개별 서비스 프록시에서 에이전트를 실행해 제어 명령을 전달한다.

K.2.2 서비스 메시 구현

서비스 메시 아키텍처 패턴을 구현하는 방식은 여러 가지가 있는데, 이 책에서 다루는 이스티오가 가장 인기 있는 방식이다. 사용률이 높은 서비스 메시 아키텍처 패턴 구현 방식은 다음과 같다.

- **이스티오**: 구글Google, 리프트Lyft, IBM이 만든 오픈소스 서비스 메시로, 리프트에서 C++로 개발한 엔보이Envoy를 서비스 프록시로 사용하며 부록 K와 12장에서 상세히 설명한다.
- **링커드**Linkerd: 부얀트Buoyant에서 개발한 서비스 메시로, 오픈소스 버전과 상용 버전이 있으며 러스트Rust로 개발한 자체 서비스 프록시가 있다. 링커드 아키텍처에 관한 상세한 내용은 https://linkerd.io/2/reference/architecture에서 확인할 수 있다.
- **해시코프 콘술**HashiCorp Consul: 해시코프에서 개발한 서비스 메시로, 오픈소스 버전과 상용 버전이 있으며 1.2 이후 버전에서 소개된 Connect란 새로운 기능으로 인해 콘

술에서 서비스 메시 기능을 제공할 수 있게 됐다. 해시코프 콘술 아키텍처에 관한 상세한 내용은 http://mng.bz/D2pa에서 확인할 수 있다.

- **아스펜 메시**^{Aspen Mesh}: 이스티오 기반으로 제작된 상용 서비스 메시로, 상세한 내용은 https://aspenmesh.io/what-aspen-mesh-adds-to-istio/에서 확인할 수 있다.

- **아마존 웹 서비스 앱 메시**^{AWS App Mesh}: 아마존 웹 서비스가 개발한 서비스 메시로, 상세한 내용은 https://aws.amazon.com/app-mesh에서 확인할 수 있다.

- **마이크로소프트 애저 서비스 패브릭**^{Microsoft Azure Service Fabric}: 마이크로소프트 애저의 서비스 메시로 상세한 내용은 http://mng.bz/lGrB에서 확인할 수 있다.

- **AVI 네트웍스**^{AVI Networks}: VM웨어^{VMware}에서 2019년 6월에 인수한 이스티오 기반으로 제작된 AVI 네트웍스의 서비스 메시로, 상세한 내용은 https://avinetworks.com/universal-service-mesh에서 확인할 수 있다.

- **레드햇 오픈시프트 서비스 메시**^{Red Hat OpenShift Service Mesh}: 이스티오 기반으로 제작된 레드햇의 서비스 메시로 상세한 내용은 https://www.openshift.com/learn/topics/service-mesh에서 확인할 수 있다.

많은 서비스 메시를 이스티오 기반으로 구현했지만 상세히 살펴보면 몇 가지 차이점을 발견할 수 있는데 웹 문서인 '서비스 메시와 이스티오 비교'(http://mng.bz/B2gr)에서 설명한 업스트림^{upstream} 이스티오 프로젝트와 레드햇 오픈시프트 서비스 메시의 차이점을 예로 들 수 있다. 이스티오, 링커드 및 콘술의 차이점을 알고 싶다면 http://mng.bz/dyZv를 참고하자. 서비스 메시는 지속적으로 발전하고 있는 프로젝트이기 때문에 항상 최신 정보를 찾아야 한다.

K.2.3 서비스 메시와 API 게이트웨이 비교

3장에서 마이크로서비스 환경의 API 게이트웨이 역할에 대해 설명했다. API 게이트웨이는 주로 클라이언트 애플리케이션과 API 간의 통신을 처리하는 반면에 서비스 메시는 내부 시스템이나 마이크로서비스 간의 통신을 주로 처리했으나 서비스 메시의 일부 구성요소가 API 게이트웨이 역할까지 해 애플리케이션과 API 간의 통신까지 처리하는 진화한 서비스 메시 구현을 볼 수 있다.

K.3 이스티오 서비스 메시

이스티오는 구글, 리프트, IBM이 개발한 서비스 메시 구현이다. 이스티오는 오픈소스이 자 이 책을 쓰고 있는 시점을 기준으로 가장 인기 있는 서비스 메시다. 2016년에 시작한 이스티오 프로젝트는 데이터 플레인에서 실행하는 서비스 프록시로 엔보이를 사용한다.[1] 컨트롤 플레인 구성요소는 고^{Go} 프로그래밍 언어로 개발했고 이스티오의 코드 베이스는 https://github.com/istio/istio에서 사용할 수 있다.

깃허브에서 오픈소스 프로젝트의 인기와 실제 사용률을 찾을 때 주요 메트릭 중 하나는 별의 수인데 이 책을 쓰고 있는 2020년 5월을 기준으로 이스티오는 22,600개의 별을 획 득했다. 부록 K에서는 이스티오 환경에서 마이크로서비스를 보호하는 방법을 설명하는 12장의 배경지식을 제공하기 위한 관점에서 이스티오를 설명한다.

K.4 이스티오 아키텍처

K.3절에서 설명한 것처럼 일반적인 서비스 메시 구현은 데이터 플레인과 컨트롤 플레인 이라는 2개의 플레인에서 동작한다(그림 K.4 참고). K.4절에서는 이스티오가 2개의 플레 인에서 어떻게 동작하는지를 설명한다.

---

1   이스티오 프로젝트에 대한 상세한 내용은 구글 클라우드 백서 '서비스 메시 시대: 이스티오를 사용한 마이크로서비스 설계, 보안 및 관리'(http://mng.bz/8pag)에서 확인할 수 있다.

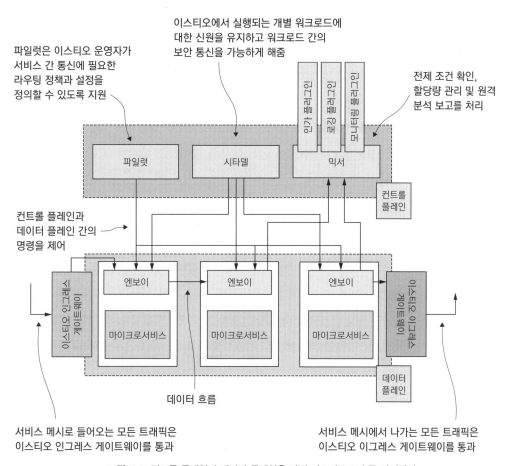

파일럿은 이스티오 운영자가
서비스 간 통신에 필요한
라우팅 정책과 설정을
정의할 수 있도록 지원

이스티오에서 실행되는 개별 워크로드에
대한 신원을 유지하고 워크로드 간의
보안 통신을 가능하게 해줌

전제 조건 확인,
할당량 관리 및 원격
분석 보고를 처리

파일럿   시타델   믹서

인그레스 어댑터
인그레스 어댑터
인그레스 어댑터

컨트롤
플레인

컨트롤 플레인과
데이터 플레인 간의
명령을 제어

엔보이   엔보이   엔보이

이스티오 인그레스 게이트웨이

마이크로서비스   마이크로서비스   마이크로서비스

이스티오 이그레스 게이트웨이

데이터
플레인

데이터 흐름

서비스 메시로 들어오는 모든 트래픽은
이스티오 인그레스 게이트웨이를 통과

서비스 메시에서 나가는 모든 트래픽은
이스티오 이그레스 게이트웨이를 통과

▲ **그림 K.4** 컨트롤 플레인과 데이터 플레인을 가진 이스티오 고수준 아키텍처

K.4.1 이스티오 데이터 플레인

이스티오 데이터 플레인^{Istio data plane}은 개별 마이크로서비스, 단일 인그레스 게이트웨이 및
이그레스 게이트웨이와 함께 서비스 프록시 모음으로 구성되는데, 구성요소별 책임과 쿠
버네티스 디플로이먼트에서 작동하는 방법을 설명하겠다.

서비스 프록시(엔보이)

이스티오는 엔보이를 서비스 프록시로 사용한다. 일반적인 쿠버네티스 배포 환경에서 엔보이는 대상 마이크로서비스와 함께 개별 파드에 사이드카로 배포된다.[2] 쿠버네티스는 파드 내의 모든 컨테이너를 동일한 노드에서 실행한다.[3] 이스티오는 또한 대상 쿠버네티스 노드에서 iptables 정책을 업데이트해 마이크로서비스를 실행하는 컨테이너로 들어오는 모든 트래픽이 엔보이를 먼저 통과하고 동일한 방식으로 마이크로서비스에서 시작된 모든 트래픽도 엔보이를 통과하도록 한다.[4] 이러한 방식으로 엔보이는 마이크로서비스로 들어오고 나가는 모든 트래픽을 제어한다. 다음은 서비스 프록시인 엔보이가 지원하는 핵심 기능들이다.

- **HTTP/2와 gRPC 지원**: 엔보이는 인바운드 및 아웃바운드 연결 모두에서 HTTP 버전 2와 gRPC를 지원한다. 사실 엔보이는 HTTP 버전 2를 빠르게 지원한 편이다. gRPC (https://grpc.io/)는 원래 구글이 개발한 오픈소스 원격 프로시저 호출 프레임워크 또는 라이브러리를 의미하며, 구글이 내부적으로 10년 이상 사용해온 스터비[Stubby]라고 불리는 차세대 시스템이다. gRPC는 전송에는 HTTP 버전 2를, 인터페이스 정의 언어로는 프로토콜 버퍼를 사용해 시스템 간 통신 효율성을 달성하는데 부록 I에서 상세히 설명한다.

  HTTP 버전 2는 HTTP 버전 1.1에 비해 성능을 크게 향상하는 요청 다중화 및 헤더 압축을 제공하고 프레임을 바이너리 인코딩해 데이터를 훨씬 더 간결하고 효율적으로 전송할 수 있다. HTTP 버전 2에 대한 상세한 설명은 부록 I나 배리 폴라드[Barry Pollard]가 쓴 『HTTP/2 in Action 웹의 핵심 프로토콜 HTTP/2 완벽 가이드』(에이콘, 2020)에서 확인할 수 있다.

- **프로토콜 변환**: 엔보이는 또한 HTTP 버전 1.1부터 2에 대한 투명 프록시이기도 하다. 엔보이는 HTTP 버전 1.1 요청을 수락하고 이를 HTTP 버전 2로 중계할 수 있다. HTTP 버전 1.1로 보내진 JSON 페이로드를 수신한 엔보이는 HTTP 버전 2를 사용하

2 　사이드카(sidecar)는 마이크로서비스를 실행하는 컨테이너와 동일한 파드에서 실행되는 컨테이너를 의미한다. 일반적인 파드에는 마이크로서비스를 실행하는 하나의 메인 자동차와 여러 개의 사이드카가 있을 수 있다. 사이드카는 메인 자동차의 프록시나 유틸리티 기능을 제공하는 컨테이너 역할을 한다.

3 　쿠버네티스 노드는 물리적 시스템이나 가상 머신이며, 여러 파드를 실행한다.

4 　iptables는 리눅스 커널에서 IP 패킷 필터 규칙을 설정, 유지 및 검사하는 프로그램이다(https://linux.die.net/man/8/iptables).

는 gRPC 요청으로 변환해 대상 마이크로서비스에 전송한다. 또한 엔보이는 마이크로 서비스가 보낸 gRPC 응답을 HTTP 버전 1.1을 사용하는 JSON으로 변환할 수 있다.

■ **로드밸런싱**: 엔보이 프록시는 상위 서비스를 위한 로드밸런서 역할을 수행할 수 있다. 한 마이크로서비스가 또 다른 마이크로서비스와 통신할 때 요청은 먼저 첫 번째 마이크로서비스와 함께 있는 엔보이 프록시를 통과한다(그림 K.5 참고). 엔보이 프록시는 **상위 마이크로서비스**[upstream microservice]라고 불리는 두 번째 마이크로서비스의 로드밸런서 역할을 수행할 수 있다. 엔보이는 자동 재시도, 경로 차단, 전역 속도 제한, 요청 섀도잉, 영역 내 로컬 로드밸런싱 등을 포함한 진보한 로드밸런싱 기능을 지원한다. 엔보이의 로드밸런싱 기능에 대한 상세한 내용은 http://mng.bz/rr1e에서 확인할 수 있다.

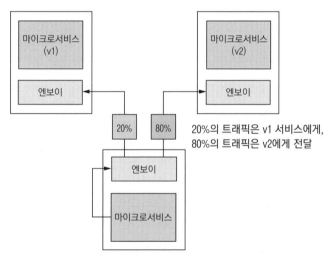

▲ **그림 K.5** 엔보이는 상위 마이크로서비스에 대한 로드밸런싱을 수행한다.

■ **모니터링 가능성**: 모니터링 가능성의 네 가지 주요 요소는 메트릭[metrics], 추적[tracing], 로깅[logging], 시각화[visualization]로 마이크로서비스를 효과적으로 모니터링하는 데 중요하다. 부록 D에서는 네 가지 주요 요소와 모니터링의 필요성을 상세히 설명한다. 마이크로서비스를 오가는 모든 요청을 가로채는 엔보이 프록시는 투명한 방식으로 통계를 생성하기에 좋은 위치에 있고 다운스트림[downstream], 업스트림[upstream], 서버[server]의 세 가지 수준에서 통계를 생성한다. 다운스트림 통계는 모든 인바운드 연결

과 관련이 있고 업스트림 통계는 모든 아웃바운드 연결과 관련이 있다. 서버 통계는 CPU, 메모리 사용량 등 엔보이 프록시 자신의 상태와 관련이 있고 엔보이는 수집한 모든 통계를 믹서에 게시한다. 믹서는 K.4.2절에서 설명한 이스티오 컨트롤 플레인의 구성요소다. 엔보이는 개별 요청에 대한 통계를 게시할 필요가 없고 오히려 통계를 임시 저장한 다음 일정량을 취합해 믹서로 전송할 수 있다.

모놀리식 배포와 달리 요청 측이 여러 엔드포인트에 걸쳐 분산되어 있는 일반적인 마이크로서비스 배포 환경에서는 로그와 통계만으로 충분하지 않아 엔드포인트 간의 로그를 연관시키는 방법이 있어야 한다. 엔보이 프록시가 업스트림 서비스에 대한 요청을 시작할 때 요청을 추적하기 위한 고유한 식별자를 생성해 업스트림 서비스에 헤더로 전송하고, 엔보이 프록시가 다운스트림 통계를 믹서에 게시할 때 해당 추적 식별자도 게시한다. 한 업스트림 서비스가 다른 업스트림 서비스와 통신하려는 경우 첫 번째 다운스트림 서비스에서 가져온 추적 식별자를 전달한다. 추적 식별자를 사용하면 엔보이 프록시에서 생성한 모든 통계를 중앙에서 수집할 때 추적 식별자를 사용해 개별 요청을 상호 연계할 수 있다.

K.4.2절에서 이스티오가 컨트롤 플레인에서 추적을 처리하는 방법을 좀 더 알아볼 예정이며 엔보이의 모니터링 가능성에 대한 추가 정보는 http://mng.bz/Vg2W에서 확인할 수 있다.

- **보안**: 엔보이는 마이크로서비스에 대한 보안 확인 지점 또는 정책 적용 지점 역할을 한다. 마이크로서비스 보안 영역에서 새로운 패턴 중 하나는 어떠한 것도 신뢰하지 않는zero-trust 네트워크 패턴으로, 간단히 말해 네트워크를 신뢰하지 않는다는 의미다. 네트워크를 신뢰하지 않으면 보호하려는 리소스(예 마이크로서비스)에 훨씬 더 가까운 위치에서 모든 보안 차단을 수행해야 하는데, 서비스 메시 아키텍처에서 엔보이가 이러한 역할을 수행한다.

  엔보이는 마이크로서비스로 들어오는 모든 요청을 가로채서 적절히 인증 및 인가를 받았는지 확인한 다음 마이크로서비스로 요청을 보내준다. 엔보이와 마이크로서비스는 모두 동일한 노드상의 파드에서 실행되기 때문에 마이크로서비스는 노드나 파드 외부에 노출되지 않으며 어떤 요청도 엔보이를 거치지 않고는 마이크로서비스에 도달할 수 없다(그림 K.6 참고).

엔보이 프록시는 mTLS, JWT 검증, 역할 기반 접근 제어[RBAC] 등의 시행을 지원한다. 12장에서는 엔보이와 이스티오가 지원하는 모든 보안 기능을 설명한다. 엔보이가 지원하는 보안 기능에 대한 추가 정보는 http://mng.bz/xW6g에서 확인할 수 있다.

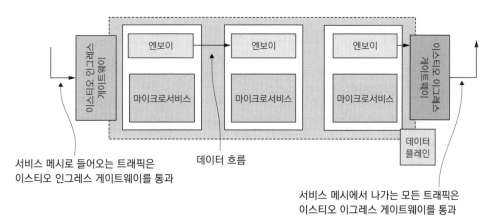

서비스 메시로 들어오는 트래픽은
이스티오 인그레스 게이트웨이를 통과

데이터 흐름

서비스 메시에서 나가는 모든 트래픽은
이스티오 이그레스 게이트웨이를 통과

▲ **그림 K.6** 서비스 메시로 들어오는 모든 요청은 인그레스 게이트웨이를 통과한다. 서비스 메시에서 나가는 모든 요청은 이그레스 게이트웨이를 통과한다.

인그레스 게이트웨이

인그레스는 클러스터 외부에서 쿠버네티스 서비스로 들어오는 HTTP나 HTTPS 트래픽을 라우팅하는 쿠버네티스 리소스로, 단일 IP 주소로 여러 쿠버네티스 서비스(예 노드포트 서비스 유형)를 노출하는 데 도움을 준다(부록 J에서 쿠버네티스 클러스터에서 인그레스가 작동하는 방법을 설명한다). 인그레스 리소스가 작동하려면 인그레스 컨트롤러까지 실행해야 한다. 일부 쿠버네티스 배포 환경은 엔진엑스, 콩[Kong] 등을 인그레스 컨트롤러로 사용한다. 구글 쿠버네티스 엔진[GKE]은 자체 오픈소스 인그레스 컨트롤러를 갖는다(https://github.com/kubernetes/ingress-gce 참고).

이스티오를 설치하면 자체 인그레스 게이트웨이를 도입하는데(그림 K.6 참고), 이스티오 인그레스 게이트웨이는 실제로 엔보이 프록시다. 서비스 메시로 들어오는 모든 트래픽은 엔보이 프록시를 통과해야 하며 중앙에서 모니터링, 라우팅 및 보안 적용이 가능하다.

이그레스 게이트웨이

인그레스 게이트웨이와 유사하게 이스티오는 이그레스 게이트웨이까지 갖고 있다(그림 K.6 참고). 쿠버네티스 디플로이먼트를 떠나는 모든 트래픽은 이그레스 게이트웨이를 통과하는데(필요시 이그레스 게이트웨이를 우회 가능) 엔보이 프록시가 이그레스 게이트웨이로 동작한다. 예를 들어, 마이크로서비스가 쿠버네티스 클러스터 외부의 엔드포인트와 통신하려는 경우 해당 요청은 이그레스 게이트웨이인 엔보이 프록시를 통과한다. 이그레스 게이트웨이에 자체 보안 정책과 트래픽 제어 정책을 적용할 수도 있다.

K.4.2 이스티오 컨트롤 플레인

이스티오 컨트롤 플레인^{Istio control plane}은 그림 K.7에서 볼 수 있듯이 파일럿^{Pilot}, 갤리^{Galley}, 믹서^{Mixer}, 시타델^{Citadel}의 네 가지 요소로 주로 구성되는데 K.4.2절에서는 개별 구성요소의 책임과 쿠버네티스 환경에서 구성요소들이 어떻게 작동하는지를 설명한다.

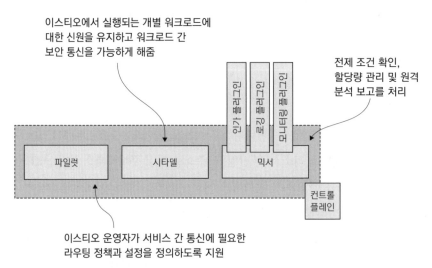

▲ **그림 K.7** 이스티오 컨트롤 플레인은 파일럿, 갤리, 믹서, 시타델의 네 가지 요소로 구성된다. 기본 인프라만 처리하는 갤리는 컨트롤 플레인 내부에 있기 때문에 별도로 표시하지 않는다.

파일럿

파일럿Pilot은 서비스 간 통신에 필요한 라우팅 정책과 설정을 정의하는 데 도움을 준다. 예를 들어, 전체 트래픽의 20%는 배송 마이크로서비스 v1(버전 1)에게, 80%는 v2(버전 2)에게 라우팅하는 정책이 있을 수 있고 서비스가 다른 서비스와 통신할 때 연결 시간 제한과 재시도 횟수를 설정할 수도 있다. 더 나아가 서킷 브레이커circuit-breaker 패턴에 관한 파라미터를 정의할 수도 있다.

주문 처리 마이크로서비스가 배송 마이크로서비스와 통신할 때 배송 마이크로서비스에 장애가 생길 경우 주문 처리와 배송 마이크로서비스 간의 연결을 끊도록 서킷 브레이커를 구성할 수 있다. 서킷(회선)이 개방 상태(단절을 의미)에 있으면 마이크로서비스 간에 통신이 발생하지 않으며, 주문 처리 마이크로서비스는 배송 마이크로서비스를 호출하는 대신 미리 구성된 디폴트값을 사용해 배송 마이크로서비스의 응답을 시뮬레이션한다. 그런 다음 n초(또는 n분) 후에 서킷 브레이커는 배송 마이크로서비스에 재연결을 시도해 제대로 작동할 경우 서킷을 닫고 제대로 작동하지 않을 경우 다음 시도까지 개방 상태를 유지한다.

파일럿은 이스티오 관리자나 운영자가 정책과 설정을 정의하는데, 필요한 API와 엔보이 프록시에 관한 설정을 가져오기 위해 데이터 플레인에서 실행되는 엔보이 프록시에서 사용할 또 다른 API를 노출한다. 엔보이가 관련 정책과 설정을 파일럿에서 가져오면 엔보이는 자신만의 설정 파일을 생성한다. 리스트 K.1은 엔보이가 서킷 브레이커를 설정하는 방법을 보여준다.

리스트 K.1 엔보이의 서킷 브레이커 설정

```
"circuit_breakers": {
  "thresholds": [
    {
      "priority": "DEFAULT",
      "max_connections": 100000,
      "max_pending_requests": 100000,
      "max_requests": 100000
    },
    {
```

```
    "priority": "HIGH",
    "max_connections": 100000,
    "max_pending_requests": 100000,
    "max_requests": 100000
  }
 ]
}
```

다음은 엔보이가 업스트림 마이크로서비스와 연결하려고 할 때 연결 속성을 유지하는 방법에 대한 또 다른 예다.

```
"upstream_connection_options": {
  "tcp_keepalive": {
    "keepalive_time": 300
  }
},
```

갤리

엔보이에 정책과 설정을 제공하려면 파일럿과 쿠버네티스 API가 상호작용해야 한다. **갤리**Galley는 컨트롤 플레인에서 실행되는 구성요소로, 하위에 있는 플랫폼의 중요한 상세 정보를 추상화한다. 예를 들어, 쿠버네티스에서 이스티오를 실행할 때 갤리는 쿠버네티스와 대화하는 방법과 파일럿이 필요한 정보를 찾는 방법을 알고 있어 파일럿이 플랫폼에 독립적인 방식으로 동작할 수 있게 해준다.

믹서

컨트롤 플레인에서 실행되는 **믹서**Mixer는 전제 조건 확인, 할당량 관리, 원격 분석 보고를 처리한다. 예를 들어, 데이터 플레인에서 요청이 엔보이 프록시에 도달하면 엔보이 프록시는 믹서 API와 통신해 해당 요청을 처리해도 되는지를 확인하기 위해 전제 조건 검사를 수행한다. 엔보이 프록시는 데이터 플레인에서 믹서에 통계를 게시하고 믹서는 프로메테우스Prometheus, 집킨Zipkin, 그라파나Grafana 같은 외부 모니터링 및 분산 추적 시스템과 연동할 수 있다.

믹서는 풍부한 플러그인 아키텍처를 갖고 있어 전제 조건 확인 단계에서 다양한 플러그인과 연결할 수 있다. 예를 들어, 들어오는 요청을 대상으로 접근 제어 정책을 평가하기 위해 외부 정책 결정 지점PDP, policy decision point과 연결하는 믹서 플러그인이 있을 수 있다.[5]

믹서는 팔러시policy와 텔레메트리telemetry라는 두 가지 하위 구성요소가 있다. 팔러시는 전제조건 확인 및 할당량 관리에 관한 정책을 시행하고 텔레메트리는 로깅, 추적과 메트릭에 관한 기능을 처리한다.

시타델

시타델Citadel은 이스티오에서 실행되는 개별 워크로드나 마이크로서비스의 신원을 유지하는 이스티오 컨트롤 플레인의 구성요소로, 워크로드 간의 보안 통신을 용이하게 한다. 시타델은 개별 워크로드에 X.509 인증서를 프로비저닝하고 관리한다. 12장에서 시타델을 상세히 설명한다.

K.4.3 이스티오 1.5.0 공개 이후 아키텍처에 도입된 변경사항

독립적인 서비스로 실행하던 시타델, 파일럿, 갤리 구성요소를 이스티오 1.5.0 버전부터 Istiod라는 단일 바이너리로 통합했다. 크레이그 박스Craig Box의 블로그 게시물(https://istio.io/latest/blog/2020/istiod/)을 읽어보면 변경 동기와 이점을 이해할 수 있다.

또한 이스티오 1.5.0은 확장성 모델과 관련한 주요 변경사항을 도입했다. 버전 1.5.0까지의 이스티오 확장성 모델은 믹서를 중심으로 진행됐고 컨트롤 플레인에서 실행되는 믹서 플러그인을 작성하면 이스티오의 기능을 확장하는 데 도움이 됐지만, 1.5.0 이후 버전부터 이스티오의 확장성 모델은 엔보이 프록시를 중심으로 진행되어 엔보이와 함께 실행할 웹어셈블리WASM, WebAssembly 필터를 작성할 수 있다.[6] 엔보이 프록시는 C++, 러스트Rust, 타입스크립트Typescript, 고Go 등 여러 언어로 필터를 빌드할 수 있는 SDK를 제공한

---

5 이스티오에서 사용할 수 있는 믹서 플러그인 모음은 https://istio.io/v1.4/docs/reference/config/policy-and-telemetry/adapters/에서 찾을 수 있다.

6 위키피디아에 따르면 웹어셈블리(종종 WASM으로 축약)는 실행 가능한 프로그램에 대한 이식 가능한 바이너리 코드 형식과 해당 텍스트 어셈블리 언어를 정의하는 개방형 표준이며 프로그램과 호스트 환경 간의 상호작용을 용이하게 해주는 인터페이스다.

다. 엔보이에 웹어셈블리 지원을 도입한 동기는 https://github.com/envoyproxy/envoy/issues/4272에서 확인할 수 있다. 이스티오의 확장성 모델이 믹서가 아닌 엔보이 프록시를 중심으로 하도록 변경되면서 이스티오에서 믹서의 역할은 축소되어, 앞으로는 필요한 경우에만 이스티오 환경에 추가할 수 있는 부가기능이 될 것으로 예상한다.

K.5 쿠버네티스에 이스티오 서비스 메시 설치

이스티오 문서(https://istio.io/docs/setup)는 쿠버네티스 환경에서 이스티오를 설치하는 방법을 설명한다. K.5절은 도커 데스크톱^{Docker Desktop}으로 이스티오를 로컬에 설치하는 방법과 구글 쿠버네티스 엔진으로 클라우드에 설치하는 방법을 설명한다.

K.5.1 도커 데스크톱에 이스티오 설치

도커 데스크톱은 로컬 시스템에서 쉽게 실행할 수 있는 인기 있는 단일 노드 쿠버네티스 환경이다. 도커 데스크톱에 이스티오를 설치하기 전에 도커 데스크톱 설치 지침(https://docs.docker.com/desktop/)에 따라 도커 데스크톱을 설치해야 한다. 도커 데스크톱에서 이스티오 실행을 위해 필요한 메모리와 CPU 리소스 요구사항은 https://istio.io/docs/setup/platform-setup/docker/에서 정의하고 있다.

도커 데스크톱에 이스티오를 설치하는 지침은 수시로 바뀔 수 있어 이 책에서는 관련 내용을 언급하지 않으며, 깃허브 저장소의 appendix-k 디렉터리에 관련 내용을 저장해뒀기 때문에 설치 지침은 https://github.com/microservices-security-in-action/samples/blob/master/appendix-k/install-istio-on-docker-desktop.md에서도 확인 가능하다.

K.5.2 구글 쿠버네티스 엔진에 이스티오 설치

K.5.2절에서는 구글 쿠버네티스 엔진에 대한 접근 권한을 보유하고 있고 쿠버네티스 클러스터가 이미 실행 중이라고 가정하기 때문에 설치에 도움이 필요할 경우 구글 쿠버네티스 엔진에서 프로젝트와 쿠버네티스 클러스터를 생성하는 방법을 다루는 부록 J를 먼

저 확인하자. 필요한 경우 다음과 같은 gcloud 명령을 실행하면 구글 쿠버네티스 엔진 클러스터에 관한 정보를 확인할 수 있다.

```
\> gcloud container clusters list

NAME                     LOCATION    MASTER_VERSION MASTER_IP      MACHINE_TYPE
manning-ms-security us-west1-a 1.13.7-gke.24  35.203.148.5 n1-standard-1

NODE_VERSION      NUM_NODES  STATUS
1.14.10-gke.27    3          RUNNING
```

구글 쿠버네티스 엔진에 이스티오 지원을 추가하는 방법은 오픈소스 이스티오 버전을 직접 설치하는 방법과 이스티오 부가기능^{add-on}을 활성화하는 방법 등이 있다. 부록 K에서는 부가기능을 활성화하는 방법을 따르기 때문에 직접 설치해보려면 http://mng.bz/NKXX를 참고하자.

이스티오 지원을 기존 구글 쿠버네티스 엔진 쿠버네티스 클러스터(manning-ms-security 클러스터)의 부가기능으로 추가하려면 다음과 같은 gcloud 명령을 사용해야 하는데, 구글 쿠버네티스 엔진의 이스티오 지원은 아직 베타 버전 수준이어서 gcloud 대신 gcloud beta 명령을 사용해야 한다. 추후 구글 쿠버네티스 엔진의 이스티오 지원이 상용 단계^{GA,} General Availability가 되면 다음 명령에서 beta를 제외할 수 있다.

```
\> gcloud beta container clusters update manning-ms-security \
--update-addons=Istio=ENABLED --istio-config=auth=MTLS_PERMISSIVE[7]
```

이스티오의 인증 옵션에 대한 파라미터로 MTLS_PERMISSIVE를 전달함으로써 개별 서비스(정확히 말하면 엔보이 프록시)에서 mTLS 사용을 선택사항으로 만든다. 이스티오가 제공하는 인증 옵션에 대해서는 12장에서 설명한다. 기존 쿠버네티스 클러스터를 업데이트하지 않고 새로 생성하려면 다음과 같은 gcloud 명령을 사용하자.[8]

```
\> gcloud beta container clusters create manning-ms-security \
--addons=Istio --istio-config=auth=MTLS_PERMISSIVE
```

---

7   명령 실행 시 오류가 발생한다면 –zone 옵션으로 리전을 파라미터로 전달해야 한다. 🔲 ––zone us–west1–a – 옮긴이

8   clusters create 명령에 사용할 수 있는 옵션 목록은 http://mng.bz/Z2V5에서 확인할 수 있다.

구글 쿠버네티스 환경에 여러 개의 쿠버네티스 클러스터를 갖고 있고 클러스터를 전환하려면 클러스터 이름을 파라미터로 다음과 같은 gcloud 명령을 실행해야 한다.

```
\> gcloud container clusters get-credentials manning-ms-security
```

구글 쿠버네티스 엔진에 설치한 이스티오 버전은 구글 쿠버네티스 엔진 클러스터 버전에 따라 다른데 http://mng.bz/D2W0에서 버전 매핑 정보를 확인할 수 있다. 또한 이스티오에는 여러 프로파일이 있는데 개별 프로파일은 필요한 이스티오 기능을 정의한다. 이스티오를 구글 쿠버네티스 엔진에 부가기능으로 설치할 때 구글의 공식적인 지원이 없으면 원하는 이스티오 기능을 선택할 수 있는 유연성에 제약이 있다. 구글 쿠버네티스 엔진에 이스티오를 직접 설치하는 경우에도 디폴트 이스티오 프로필을 사용하길 권장한다. 이스티오 프로필과 사용 가능한 기능은 http://mng.bz/lGez에서 확인할 수 있다.

K.5.3 구글 쿠버네티스 엔진의 이스티오 제약사항

이 책을 쓰는 시점에 부록의 모든 예제와 12장 대부분의 예제의 실습 환경은 이스티오 1.2.10을 지원하는 구글 쿠버네티스 엔진 클러스터 버전 1.14.10-gke.27이다. 이스티오 1.2.10은 2019년 12월에 출시됐고 이 책을 쓰는 시점의 최신 이스티오 버전은 2020년 6월에 출시한 1.6.2다. 구글 쿠버네티스 엔진이 최신 버전의 이스티오를 지원하기까지는 시간이 걸려서 구글 쿠버네티스 엔진을 사용하는 경우 이스티오 1.5.x 버전 이상에 도입된 새로운 기능을 테스트할 수는 없다. 12장에서는 이스티오 버전 1.5.0에 도입된 새로운 보안 기능을 설명하는데, 실습을 위해서는 구글 쿠버네티스 엔진이 아닌 도커 데스크톱으로 실습 환경 전환이 필요하다.

K.6 이스티오가 쿠버네티스 클러스터에 제공하는 것

쿠버네티스에 이스티오를 설치하면 새로운 네임스페이스, 새로운 사용자 지정 리소스 정의 모음, 쿠버네티스 서비스 및 파드 같은 컨트롤 플레인 구성요소 모음 등을 확인할 수 있다. K.6절에서는 이스티오가 쿠버네티스 클러스터에 가져온 주요 변경사항을 설명한다.

K.6.1 쿠버네티스 사용자 지정 리소스 정의

CRD로 알려진 **사용자 지정 리소스 정의**^{custom resource definition}는 쿠버네티스 기능을 확장하는 방법이다. 실제로 사용자 지정 리소스는 쿠버네티스 API의 확장으로 쿠버네티스 API 서버를 통한 쿠버네티스 API로 사용자 지정 리소스를 관리하고 저장할 수 있다. 예를 들어 이스티오는 Gateway, VirtualService, ServiceAccount, ServiceAccountBinding, Policy 등의 사용자 지정 리소스 모음을 도입했는데 리스트 K.2의 명령을 사용해 이스티오가 도입한 사용자 지정 리소스 목록을 확인할 수 있다. 리스트 K.2의 명령 실행 결과는 실제 확인할 수 있는 사용자 지정 리소스 중 일부만 표기한다.

리스트 K.2 이스티오가 도입한 사용자 지정 리소스 정의의 일부

```
\> kubectl get crds --all-namespaces | grep istio.io

adapters.config.istio.io                  2020-04-15T07:03:49Z
apikeys.config.istio.io                   2020-04-15T07:03:49Z
attributemanifests.config.istio.io        2020-04-15T07:03:49Z
authorizations.config.istio.io            2020-04-15T07:03:49Z
bypasses.config.istio.io                  2020-04-15T07:03:49Z
checknothings.config.istio.io             2020-04-15T07:03:49Z
circonuses.config.istio.io                2020-04-15T07:03:49Z
cloudwatches.config.istio.io              2020-04-15T07:03:49Z
```

리스트 K.2의 일부 사용자 지정 리소스 정의는 이스티오 1.4.0 이상에서 더 이상 지원하지 않는다. 예를 들어 ClusterRbacConfig, ServiceRole, ServiceRoleBinding 관련 사용자 지정 리소스 정의는 현재 사용하지 않아 1.6.0 이후부터 제거됐다. 사용자 지정 리소스 정의에 관해서는 12장에서 설명한다.

K.6.2 istio-system 네임스페이스

쿠버네티스 클러스터에 이스티오를 설치하면 istio-system이란 새 네임스페이스를 생성한다. 컨트롤 플레인(K.4.2절에서 설명) 내에서 실행되는 모든 이스티오 구성요소는 istio-system 네임스페이스에 설치된다. 다음 명령은 쿠버네티스 클러스터의 모든 네임스페이스를 나열한다.

```
\> kubectl get namespaces

NAME           STATUS   AGE
default        Active   27d
istio-system   Active   14d
kube-public    Active   27d
kube-system    Active   27d
```

K.6.3 컨트롤 플레인 구성요소

리스트 K.3의 명령을 사용해 istio-system 네임스페이스에 속하는 쿠버네티스 서비스로
실행 중인 모든 이스티오 구성요소를 나열해보자. 1.5.0 미만 버전을 사용한다면 리스트
K.3과 유사한 결과를 확인할 수 있다. 이스티오 1.5.0 이상 버전을 사용한다면 istio-
system 네임스페이스에서 실행되는 쿠버네티스 서비스 모음이 리스트 K.3과 완전히 다
르다.

리스트 K.3 쿠버네티스 서비스로 실행 중인 이스티오 구성요소

```
\> kubectl get service -n istio-system

NAME                    TYPE           CLUSTER-IP      EXTERNAL-IP
istio-citadel           ClusterIP      10.39.240.24    <none>
istio-galley            ClusterIP      10.39.250.154   <none>
istio-ingressgateway    LoadBalancer   10.39.247.10    35.230.52.47
istio-pilot             ClusterIP      10.39.243.6     <none>
istio-policy            ClusterIP      10.39.245.132   <none>
istio-sidecar-injector  ClusterIP      10.39.244.184   <none>
istio-telemetry         ClusterIP      10.39.251.200   <none>
promsd                  ClusterIP      10.39.249.199   <none>
```

쿠버네티스는 모든 이스티오 구성요소를 서비스로 노출한다. K.4.2절에서 istio-
citadel, istio-galley, istio-pilot의 책임에 대해서는 설명했기 때문에 설명하지 않은
부분들만 살펴보자.

- istio-policy와 istio-telemetry 서비스는 믹서의 일부다.

- istio-ingressgateway 서비스는 K.4.1절에서 설명한 인그레스 게이트웨이 역할을 한다.

- promsd 서비스는 오픈소스 모니터링 시스템인 프로메테우스 기반으로 메트릭에 사용한다.

- istio-sidecar-injector 서비스는 엔보이를 쿠버네티스 파드에 사이드카 프록시로 삽입하는 데 사용하며 K.8.1절에서 자세히 설명한다.

이스티오 1.5.0 이상 버전부터 istio-citadel, istio-galley, istio-pilot을 별도의 쿠버네티스 서비스로 표시하지 않는 대신 세 가지 서비스 모두의 기능을 통합하는 istiod라는 서비스를 찾을 수 있다.

리스트 K.3의 istio-system 네임스페이스의 구성요소 목록에서 누락된 게 K.4.1절에서 설명한 이스티오 인그레스 게이트웨이다. K.5절에서 설명했듯이 구글 쿠버네티스 엔진에 이스티오를 부가기능으로 설치하면 이스티오의 디폴트 프로필만 설치하는데, 이그레스 게이트웨이는 디폴트 프로필의 일부가 아니다.

리스트 K.3의 개별 서비스 뒤에는 관련 파드가 있다. 리스트 K.4의 명령은 istio-system 네임스페이스에서 실행 중인 모든 파드를 보여준다. 다시 말하지만, 1.5.0 미만 버전을 사용하는 경우에만 리스트 K.4와 유사한 명령 실행 결과를 얻을 수 있다.

리스트 K.4 istio-system 네임스페이스의 이스티오 관련 파드

```
\> kubectl get pods -n istio-system
```

NAME	READY	STATUS	RESTARTS
istio-citadel-5949896b4b-vlr7n	1/1	Running	0
istio-cleanup-secrets-1.1.12-7vtct	0/1	Completed	0
istio-galley-6c7df96f6-nw9kz	1/1	Running	0
istio-ingressgateway-7b4dcc59c6-6srn8	1/1	Running	0
istio-init-crd-10-2-2mftw	0/1	Completed	0
istio-init-crd-11-2-f89wz	0/1	Completed	0
istio-pilot-6b459f5669-44r4f	2/2	Running	0
istio-policy-5848d67996-dzfw2	2/2	Running	0
istio-security-post-install-1.1.12-v2phr	0/1	Completed	0
istio-sidecar-injector-5b5454d777-89ncv	1/1	Running	0

```
istio-telemetry-6bd4c5bb6d-h5pzm          2/2      Running    0
promsd-76f8d4cff8-nkm6s                   2/2      Running    1
```

K.6.4 istio-ingressgateway 서비스

리스트 K.4의 istio-ingressgateway 서비스를 제외하면 모든 쿠버네티스 서비스는
ClusterIP 유형의 서비스다. ClusterIP 유형은 쿠버네티스의 디폴트 서비스 유형으로 쿠
버네티스 클러스터 내에서만 접근할 수 있다. 하지만 로드밸런서 유형의 istio-
ingressgateway 서비스는 쿠버네티스 클러스터 외부에서도 접근할 수 있다. 다음과 같은
kubectl 명령을 사용해 istio-ingressgateway 서비스를 더 자세히 살펴보자.

```
\> kubectl get service istio-ingressgateway -o yaml -n istio-system
```

명령 실행 결과에서 쿠버네티스 클러스터 내부에서 실행 중인 서비스가 istio-
ingressgateway에 접근하는 데 사용할 수 있는 spec/ClusterIP와 쿠버네티스 클러스터 외
부의 클라이언트에서 istio-ingressgateway에 접근하는 데 사용할 수 있는 status/
LoadBalancer/ingress/ip를 찾을 수 있다. 또한 명령 실행 결과에서 다른 이름을 가진
spec/ports 속성 하위의 포트 배열(리스트 K.5 참고)에 주목하자. 포트 배열의 개별 요소는
다른 종류의 서비스를 나타내는데, 리스트 K.5를 예로 들면 첫 번째는 HTTP 버전 2 트
래픽용, 두 번째는 HTTPS 트래픽용, 세 번째는 TCP 트래픽용 서비스다.

리스트 K.5 다른 이름을 가진 포트 배열

```
ports:
- name: http2
  nodePort: 31346
  port: 80
  protocol: TCP
  targetPort: 80
- name: https
  nodePort: 31787
  port: 443
  protocol: TCP
  targetPort: 443
```

```
- name: tcp
  nodePort: 32668
  port: 31400
  protocol: TCP
  targetPort: 31400
```

포트 배열의 개별 요소 하위에는 `name`, `nodePort`, `port`, `targetPort`, `protocol` 등의 요소가 있다. 로드밸런서 유형의 서비스는 또한 노드포트 유형의 서비스이기도 하다(부록 J 참고). 즉, 로드밸런서 서비스는 노드포트 서비스의 확장이므로 포트 배열의 개별 요소 하위에 정의된 `nodePort` 요소를 볼 수 있다.

쿠버네티스 클러스터의 개별 노드는 `nodePort`가 지정한 포트에서 수신대기한다. 예를 들어, HTTPS 프로토콜로 `istio-ingressgateway`와 통신하려면 https 포트에 해당하는 `port` 요소의 값을 선택해야 하고 해당 https 포트에서 수신대기하는 `istio-ingressgateway`는 트래픽을 시스템이 선택한 모든 노드의 `nodePort`로 다시 라우팅한 다음 `targetPort`에서 수신대기하는 대상 파드로 라우팅해야 한다. `istio-ingressgateway` 뒷단의 파드는 엔보이 프록시를 사용해 컨테이너를 실행한다.

K.10.1절에서 마이크로서비스 배포 시 `istio-ingressgateway`를 사용하는 방법과 `istio-ingressgateway`를 사용해 외부 클라이언트 애플리케이션의 요청을 마이크로서비스로 라우팅하는 방법을 설명한다.

K.6.5 istio-ingressgateway 파드

`istio-ingressgateway` 서비스 뒷단에 있는 파드에 대해 좀 더 살펴보자. 파드의 정확한 이름을 찾으려면 다음 명령을 사용해야 한다. 파드를 필터링하려면 파드 정의에서 특정 레이블을 찾아주는 `--selector` 플래그를 사용해야 하는데, `istio-ingressgateway` 파드에는 `istio:ingressgateway` 레이블이 있다.

```
\> kubectl get pods --selector="istio=ingressgateway" -n istio-system
```

```
NAME                                     READY   STATUS    RESTARTS   AGE
istio-ingressgateway-7c96766d85-m6ns4    1/1     Running   0          5d22h
```

이제 정확한 파드 이름을 파라미터로 다음 명령을 사용해 istio-ingressgateway에 로그인할 수 있다.

```
\> kubectl -it exec istio-ingressgateway-7c96766d85-m6ns4 \
-n istio-system sh

#
```

엔보이 파일시스템에서 /etc/certs 디렉토리를 살펴보면 개인키(key.pem) 파일과 이스티오 시타델이 프로비저닝한 공개 인증서 체인 파일(cert-chain.pem)을 찾을 수 있는데(이 파일들은 이스티오 1.5.0 미만 버전에서만 존재한다), 인그레스 게이트웨이는 mTLS로 업스트림 서비스 프록시를 인증하는 데 2개의 키를 사용한다. 12장에서는 인그레스 게이트웨이와 서비스 프록시 간에 mTLS를 활성화하는 방법을 설명한다. 다음은 디렉토리 내 파일 목록을 보여주는 명령이다.

```
# cd /etc/certs
# ls
# cert-chain.pem key.pem root-cert.pem
```

또한 엔보이 파일시스템에서 다음과 같은 curl 명령을 실행하면 라우팅과 업스트림 연결에 관한 엔보이 설정을 가져온다.

```
# curl 127.0.0.1:15000/config_dump
```

엔보이 설정을 로컬시스템에 저장하고 싶은 경우 로컬 시스템에서 다음 명령을 실행해 엔보이 설정을 envoy.config.json 파일로 저장할 수 있다.

```
\> kubectl exec -it istio-ingressgateway-7c96766d85-m6ns4 \
-n istio-system curl 127.0.0.1:15000/config_dump > envoy.config.json
```

K.6.6 이스티오의 MeshPolicy

MeshPolicy는 이스티오 1.5.0 미만 버전이 쿠버네티스 클러스터에 제공하는 또 다른 중요 요소다. 이스티오는 모든 네임스페이스에서 쿠버네티스 클러스터의 모든 서비스에 적용할 수 있는 MeshPolicy 리소스(리스트 K.6 참고)를 도입했다. 이름이 default인 MeshPolicy 리소스는 클러스터 전체의 인증 정책을 정의한다. 정책의 mtls 모드는 PERMISSIVE로 설정되어 있는데, K.5절에서 쿠버네티스 클러스터에 이스티오 지원을 추가하기 위해 사용한 gcloud 명령의 파라미터값을 기반으로 한다.

네임스페이스 하위의 인증 정책이나 정책 모음을 정의해 전역global MeshPolicy를 재정의하는 것도 가능한데 인증 정책은 12장에서 상세히 설명한다. 이스티오 1.5.0부터는 MeshPolicy를 더 이상 지원하지 않는다.

리스트 K.6 MeshPolicy 정의

```
\> kubectl get meshpolicy -o yaml

apiVersion: v1
kind: List
items:
- apiVersion: authentication.istio.io/v1alpha1
  kind: MeshPolicy
  metadata:
    creationTimestamp: "2019-10-14T22:34:06Z"
    generation: 1
    labels:
      app: security
      chart: security
      heritage: Tiller
      release: istio
    name: default
  spec:
    peers:
    - mtls:
        mode: PERMISSIVE
```

K.7 쿠버네티스 디플로이먼트 생성

K.7절에서는 default 네임스페이스의 쿠버네티스 클러스터에 2개의 디플로이먼트를 생성하는데, 하나는 STS(보안 토큰 서비스)용이고 다른 하나는 주문 처리 마이크로서비스용

이며 11장에서 설명한 것과 동일한 마이크로서비스다. K.8절에서는 두 마이크로서비스에서 이스티오를 사용하는 방법을 설명한다.

부록 K에서 다루는 모든 예제의 소스 코드는 깃허브 저장소(https://github.com/microservices-security-in-action/samples)의 appendix-k 디렉토리에 있다. STS와 주문 처리 마이크로서비스의 디플로이먼트를 생성하기 위해 사용한 YAML 파일을 자세히 알아보고 싶다면 11장을 확인하자.

appendix-k/sample01 디렉토리에서 다음 명령을 실행해 STS용 쿠버네티스 디플로이먼트를 생성하자.

```
\> kubectl apply -f sts.yaml

configmap/sts-application-properties-config-map created
configmap/sts-keystore-config-map created
configmap/sts-jwt-keystore-config-map created
secret/sts-keystore-secrets created
deployment.apps/sts-deployment created
service/sts-service created
```

appendix-k/sample01 디렉토리에서 다음 명령을 실행해 주문 처리 마이크로서비스용 쿠버네티스 디플로이먼트를 생성하자.

```
\> kubectl apply -f order.processing.yaml

configmap/orders-application-properties-config-map configured
configmap/orders-keystore-config-map configured
configmap/orders-truststore-config-map configured
secret/orders-key-credentials configured
deployment.apps/orders-deployment configured
service/orders-service configured
```

다음 명령을 실행해 default 네임스페이스의 쿠버네티스 클러스터에서 사용 가능한 디플로이먼트 목록을 나열하자.

```
\> kubectl get deployments
```

```
NAME                 READY   UP-TO-DATE   AVAILABLE   AGE
orders-deployment    1/1     1            1           2m
sts-deployment       1/1     1            1           2m
```

K.8 이스티오를 STS와 주문 처리 마이크로서비스에 연결

이스티오를 마이크로서비스에 연결하면 데이터 플레인의 엔보이가 해당 마이크로서비스와 연결된다. 즉, 엔보이 프록시가 대상 마이크로서비스와의 모든 요청 및 응답을 가로챌수 있도록 엔보이 프록시를 마이크로서비스 그룹 내 개별 파드에 사이드카로 삽입해야한다.

엔보이를 사이드카 프록시로 삽입하는 방법은 쿠버네티스 디플로이먼트를 업데이트해수동으로 수행하거나 쿠버네티스 디플로이먼트에서 파드를 생성할 때마다 엔보이를 사이드카 프록시로 삽입하도록 쿠버네티스에 요청하는 두 가지 방법이 있다. 수동으로 엔보이를 사이드카 프록시로 삽입하는 방법에 대한 설명이 필요한 경우 http://mng.bz/RAND를 확인해보자.

K.8.1 사이드카 자동삽입

엔보이를 사이드카 프록시로 자동삽입하려면 다음과 같은 kubectl 명령을 실행해야 하는데 명령은 default 네임스페이스를 대상으로 자동삽입을 활성화한다.

```
\> kubectl label namespace default istio-injection=enabled
```

자동삽입은 특별한 작업을 해준다기보단 요청 경로에 쿠버네티스 승인 컨트롤러를 간단히 추가한다.[9] 이러한 새로운 승인 컨트롤러는 API 요청을 수신해 쿠버네티스에서 파드를 생성하고 파드 정의를 수정해 엔보이를 사이드카 프록시로 추가한다. 또한 다른 컨테이너를 대상 파드의 초기화 컨테이너로 추가한다. 초기화 컨테이너의 역할(11장에서 논의)은 컨테이너가 파드에서 동작하기 전에 초기화 작업을 수행하는 것이다. 다음과 같은

---

9   승인 컨트롤러는 쿠버네티스 API 서버로 들어오는 모든 요청을 가로챈다.

kubectl 명령을 사용해 istio-injection이 default 네임스페이스를 대상으로 활성화됐는지 여부를 확인할 수 있다.

```
\> kubectl get namespace -L istio-injection

NAME           STATUS   AGE   ISTIO-INJECTION
default        Active   10h   enabled
istio-system   Active   10h   disabled
kube-public    Active   10h
kube-system    Active   10h
```

자동삽입을 사용하면 재시작하지 않는 한 이미 실행 중인 디플로이먼트에 영향을 주진 않는다. 쿠버네티스는 디플로이먼트를 재시작하는 명령이 없지만 해결 방법이 없는 건 아니다. 우선 sts-deployment의 복제본을 0개로 축소해 쿠버네티스가 디플로이먼트에서 실행 중인 모든 파드를 종료하게 한 다음 복제본을 1개(원하는 개수로 확장해도 무방)로 확장하는 방법이 있고 동일한 작업을 orders-deployment를 대상으로 반복해야 한다.

```
\> kubectl scale deployment sts-deployment --replicas=0
\> kubectl scale deployment sts-deployment --replicas=1
\> kubectl scale deployment orders-deployment --replicas=0
\> kubectl scale deployment orders-deployment --replicas=1
```

이제 다음 명령을 사용해 orders-deployment와 sts-deployment 디플로이먼트에 관한 파드 이름을 찾고 이스티오가 해당 파드에 적용한 변경사항을 확인할 수 있다. 명령 실행 결과를 보면 파드별로 2개의 컨테이너가 실행 중(Ready: 2/2)임을 알 수 있다. 한 컨테이너는 마이크로서비스(주문 처리 마이크로서비스 또는 STS)이고 다른 컨테이너는 엔보이 프록시다.

```
\> kubectl get pods

NAME                                  READY   STATUS    RESTARTS   AGE
orders-deployment-6d6cd77c6-fc8d5     2/2     Running   0          71m
sts-deployment-c58f674d7-2bspc        2/2     Running   0          72m
```

다음 명령을 사용해 orders-deployment-6d6cd77c6-fc8d5 파드에 대해 자세히 알아보자.

```
\> kubectl describe pod orders-deployment-6d6cd77c6-fc8d5
```

명령 실행 결과 많은 내용을 출력하지만, 이스티오 통합으로 발생한 변경사항을 이해하기 위해 필요한 부분에 한해서만 선택적으로 K.8.2절과 K.8.3절에서 설명할 예정이다.

주어진 쿠버네티스 네임스페이스에서 이스티오를 분리하려면 다음과 같은 kubectl 명령을 실행할 수 있다. 명령 끝에 있는 '-'는 오타가 아님에 주의하자.

```
\> kubectl label namespace default istio-injection-
```

K.8.2 iptables 정책 설정

K.8.1절에서 실행한 kubectl describe pod orders-deployment-6d6cd77c6-fc8d5의 결과를 보면 proxy_init 도커 이미지로 초기화 컨테이너를 정의함을 알 수 있다.

```
Init Containers:
  istio-init:
    Container ID:  docker://54a046e5697ac44bd82e27b7974f9735
    Image:         gke.gcr.io/istio/proxy_init:1.1.13-gke.0
```

앞서 설명한 것처럼 초기화 컨테이너는 파드 내 다른 컨테이너보다 먼저 실행된다. proxy_init 이미지의 책임은 파드로 들어오고 나가는 모든 트래픽이 엔보이 프록시를 통과하도록 iptables 파드 정책을 업데이트하는 것이다.[10]

K.8.3 엔보이 사이드카 프록시

orders-deployment-6d6cd77c6-fc8d5의 파드 설명에서 볼 수 있는 또 다른 중요한 부분은 엔보이 프록시를 컨테이너(istio-proxy)로 파드에 추가하는 방법이다. 주문 처리 마이크로서비스는 8443 포트에서 수신대기하는 반면에 컨테이너(istio-proxy)는 15090 포트에서 수신대기한다.

---

10 iptables는 리눅스 커널에서 IP 패킷 필터링 규칙 리스트를 설정, 유지 및 검사하는 데 사용할 수 있는 방화벽 도구다 (https://linux.die.net/man/8/iptables).

```
Containers:
  istio-proxy:
    Container ID:  docker://f9e19d8248a86304d1a3923689a874da0e8fc8
    Image:         gke.gcr.io/istio/proxyv2:1.1.13-gke.0
    Image ID:      docker-pullable://gke.gcr.io/istio/proxyv2@sha256:829a7810
    Port:          15090/TCP
    Host Port:     0/TCP
```

클라이언트 애플리케이션은 쿠버네티스 서비스를 거쳐 orders-deployment-6d6cd77c6-fc8d5 파드에서 실행 중인 주문 처리 마이크로서비스에 도달할 수 있다(11장에서 설명). 다음과 같은 kubectl 명령을 사용해 orders-service 서비스에 대한 설명을 확인할 수 있다(K.10.1절에서 설명하는 이스티오 게이트웨이를 아직 사용하지 않고 있음).

```
\> kubectl describe service orders-service

Name:                     orders-service
Namespace:                default
Labels:                   <none>
Selector:                 app=orders
Type:                     LoadBalancer
IP:                       10.39.249.66
LoadBalancer Ingress:     35.247.11.161
Port:                     <unset> 443/TCP
TargetPort:               8443/TCP
NodePort:                 <unset> 32401/TCP
Endpoints:                10.36.2.119:8443
Session Affinity:         None
External Traffic Policy:  Cluster
Events:                   <none>
```

명령 실행 결과를 보면 서비스는 orders-deployment-6d6cd77c6-fc8d5 파드의 8443 포트로 트래픽을 다시 라우팅함을 알 수 있다. proxy_init 초기화 컨테이너(K.8.2절에서 설명)는 8443 포트로 들어오는 모든 트래픽을 엔보이 프록시가 수신대기하고 있는 15090 포트로 투명하게 라우팅하도록 iptables 정책을 업데이트한다.

K.9 종단 간 예제 실행

K.9절에서는 종단 간 흐름을 테스트한다(그림 K.8 참고). 우선 STS에서 토큰을 얻은 다음 해당 토큰을 사용해 주문 처리 마이크로서비스에 접근해야 한다. 현재 이스티오를 사용해 쿠버네티스에서 실행 중인 2개의 마이크로서비스를 갖고 있는 상태다. 다음과 같은 kubectl 명령을 사용해 STS와 주문 처리 마이크로서비스의 외부 IP를 찾아보자.

```
\> kubectl get services

NAME            TYPE          CLUSTER-IP      EXTERNAL-IP     PORT(S)          AGE
kubernetes      ClusterIP     10.39.240.1     <none>          443/TCP          10h
orders-service  LoadBalancer  10.39.242.155   35.247.42.140   443:30326/TCP    9h
sts-service     LoadBalancer  10.39.245.113   34.82.177.76    443:32375/TCP    9h
```

로컬 시스템에서 다음과 같은 curl 명령을 실행해 STS에서 토큰을 가져오자. 명령 실행 시 STS의 정확한 외부 IP 주소(34.82.177.76)를 사용하는지 확인해야 한다.

```
\> curl -v -X POST --basic -u applicationid:applicationsecret \
-H "Content-Type: application/x-www-form-urlencoded;charset=UTF-8" \
-k -d "grant_type=password&username=peter&password=peter123&scope=foo" \
https://34.82.177.76/oauth/token
```

위 명령에서 applicationid는 웹 애플리케이션의 클라이언트 ID이고, applicationsecret 은 클라이언트 시크릿이다. 명령을 성공적으로 실행하면 STS는 JWT(정확하게는 JWS)인 OAuth 2.0 액세스 토큰(access_token)을 반환한다.

```
{
"access_token":"eyJhbGciOiJSUzI1NiIsInR5cCI6IkpXVCJ9.eyJleHAiOjE1NTEzMTIzNz
YsInVzZXJfbmFtZSI6InBldGVyIiwiYXV0aG9yaXRpZXMiOlsiUk9MRV9VU0VSIl0sImp0aSI6I
jRkMmJiNjQ4LTQ2MWQtNGVlYy1hZTljLTVlYWUxZjA4ZTJhMiIsImNsaWVudF9pZCI6ImFwcGxp
Y2F0aW9uaWQiLCJzY29wZSI6WyJmb28iXX0.tr4yUmGLtsH7q9Ge2i7gxyTsOOa0RS0Yoc2uBuA
W5OVIKZcVsIITWV3bDN0FVHBzimpAPy33tvicFROhBFoVThqKXzzG00SkURN5bnQ4uFLAP0NpZ6
BuDjvVmwXNXrQp2lVXl41Q4eTvuyZozjUSCXzCI1LNw5EFFi22J73g1_mRm2j-dEhBp1TvMaRKL
BDk2hzIDVKzu5oj_gODBFm3a1S-IJjYoCimIm2igcesXkhipRJtjNcrJSegBbGgyXHVak2gB7I0
7ryVwl_Re5yX4sV9x6xNwCxc_DgP9hHLzPM8yz_K97jlT6Rr1XZBlveyjfKs_XIXgU5qizRm9mt
5xg",
"token_type":"bearer",
```

```
"refresh_token":"",
"expires_in":5999,
"scope":"foo",
"jti":"4d2bb648-461d-4eec-ae9c-5eae1f08e2a2"
}
```

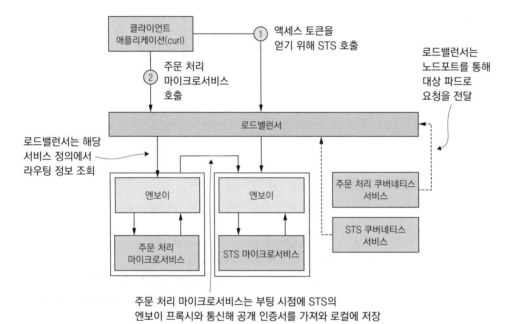

▲ **그림 K.8** 클라이언트 애플리케이션은 먼저 STS와 통신해 액세스 토큰을 얻고 해당 토큰을 사용해 주문 처리 마이크로서비스와 통신한다.

이제 이전 curl 명령에서 획득한 JWT를 HTTP Authorization: Bearer 헤더에 포함하고, 정확한 외부 IP 주소(35.247.42.140)를 사용해 curl 명령으로 주문 처리 마이크로서비스를 호출하자. JWT가 다소 길기 때문에 JWT를 환경 변수(TOKEN)로 export 하고 주문 처리 마이크로서비스 요청 시 해당 환경 변수를 사용하는 방법이 있다.

```
\> export TOKEN=jwt_access_token
\> curl -k -H "Authorization: Bearer $TOKEN" \
https://35.247.42.140/orders/11

{
```

```
  "customer_id":"101021",
  "order_id":"11",
  "payment_method":{
    "card_type":"VISA",
    "expiration":"01/22",
    "name":"John Doe",
    "billing_address":"201, 1st Street, San Jose, CA"
  },
  "items":[
    {
      "code":"101",
      "qty":1
    },
    {
      "code":"103",
      "qty":5
    }
  ],
  "shipping_address":"201, 1st Street, San Jose, CA"
}
```

주문 처리 마이크로서비스를 구현한 방식은 이스티오 서비스 메시의 모든 이점을 얻지 못한다. 예를 들어, 스프링 부트 라이브러리를 사용해 마이크로서비스 자체적으로 JWT 검증뿐만 아니라 mTLS 검증까지 수행하는데 이러한 작업은 서비스 메시에게 위임이 가능하며 위임하는 방법은 12장에서 설명한다.

K.10 이스티오 설정을 사용해 주문 처리 마이크로서비스 업데이트

K.10절에서는 이스티오에 특화된 설정을 사용해 주문 처리 마이크로서비스와 STS 마이크로서비스에 관련한, K.7절에서 생성한 쿠버네티스 디플로이먼트를 업데이트한다. 지금까지 이스티오가 주문 처리 마이크로서비스와 연계해 수행한 유일한 작업은 마이크로서비스로 들어오고 나가는 모든 요청을 엔보이 프록시가 가로채게 하는 것이었다(그림 K.8 참고). STS와 주문 처리 마이크로서비스 모두 로드밸런서 유형의 쿠버네티스 서비스로 배포되어 클라이언트 애플리케이션이 주문 처리 마이크로서비스에 요청을 보내면 요

청은 외부 로드밸런서를 거쳐 마이크로서비스와 함께 있는 엔보이 프록시에 도달한다. 외부 로드밸런서를 통해 엔보이 프록시에 직접 도달하는 요청 대신에 그림 K.9처럼 마이크로서비스를 향한 모든 요청이 이스티오 인그레스 게이트웨이를 먼저 통과하도록 구성해보자.

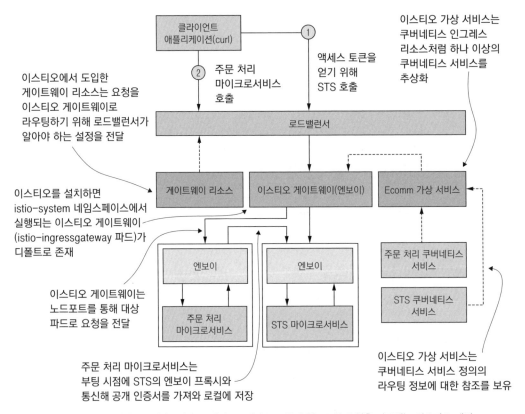

▲ **그림 K.9** 주문 처리 마이크로서비스와 STS 마이크로서비스로 들어오는 모든 요청을 가로채는 이스티오 게이트웨이

K.10.1 STS 및 주문 처리 마이크로서비스 재배포

K.7절에서 STS와 주문 처리 마이크로서비스를 로드밸런서 유형의 쿠버네티스 서비스로 배포했기 때문에 외부 클라이언트가 해당 마이크로서비스들에 직접 접근할 수 있었다. K.10.1절에서는 외부 클라이언트가 이스티오 인그레스 게이트웨이를 통해서만 접근할

수 있도록 서비스 유형을 ClusterIP로 변경할 예정이다.

다음 2개의 명령을 실행해 STS와 주문 처리 마이크로서비스에 해당하는 현재 쿠버네티스 서비스를 삭제하자.

```
\> kubectl delete service orders-service
\> kubectl delete service sts-service
```

서비스 삭제를 완료하면 appendix-k/sample01 디렉토리에서 다음 2개의 명령을 실행해 STS와 주문 처리 마이크로서비스를 위해 업데이트한 쿠버네티스 서비스를 생성하자.

```
\> kubectl apply -f sts.updated.yaml
\> kubectl apply -f order.processing.updated.yaml
```

서비스를 생성한 후, 다음 명령을 실행해 쿠버네티스 클러스터 내 default 네임스페이스에서 사용 가능한 서비스 목록을 출력하고 orders-service와 sts-service가 ClusterIP 서비스 유형인지 확인하자.

```
\> kubectl get services
```

NAME	TYPE	CLUSTER-IP	EXTERNAL-IP	PORT(S)	AGE
orders-service	ClusterIP	10.39.245.172	\<none\>	443/TCP	101s
sts-service	ClusterIP	10.39.251.64	\<none\>	443/TCP	108s

K.10.2 게이트웨이 리소스 생성

이스티오에서 도입한 게이트웨이 리소스는 (로드밸런서가 있는 경우) 쿠버네티스 환경의 외부 로드밸런서에게 이스티오 인그레스 게이트웨이로 트래픽을 라우팅하는 방법을 지시한다. K.6.4절에서 설명한 것처럼 쿠버네티스 클러스터에 이스티오를 설치하면 istio-system 네임스페이스에 istio-ingressgateway 서비스와 istio-ingressgateway 파드를 추가한다. istio-ingressgateway는 로드밸런서 유형의 서비스이자 트래픽을 서비스나 서비스 뒷단의 파드로 라우팅하는 방법을 알고 있는 쿠버네티스 환경의 외부 로드밸런서다. istio-ingressgateway 파드는 엔보이 프록시를 실행하고 istio:ingressgateway 레이블을 전달한다. 리스트 K.7은 443 포트로 들어온 모든 HTTPS 트래픽을 istio-ingressgateway 파드로 라우팅하도록 로드밸런서에 지시하는 ecomm-gateway(게이트웨이 리소스)의 정의를 보여준다.

리스트 K.7 ecomm-gateway 정의

```
apiVersion: networking.istio.io/v1alpha3
kind: Gateway
metadata:
  name: ecomm-gateway
  namespace: istio-system    ◄── 인그레스 게이트웨이가 istio-system 네임스페이스에서 실행 중이기 때문에
spec:                              게이트웨이 리소스도 동일 네임스페이스에 생성
  selector:
    istio: ingressgateway    ◄── 게이트웨이 리소스를 istio:ingressgateway 레이블을 전달하는
  servers:                       엔보이 프록시인 istio-ingressgateway 파드에 바인딩
  - port:
      number: 443
      name: http
      protocol: HTTPS
    tls:                     ── 이스티오 게이트웨이로 실행되는 엔보이 프록시에게 TLS를
      mode: PASSTHROUGH  ◄──    터미네이션하지 말고 그냥 통과시키도록 지시
    hosts:        │ 모든 호스트의 443 포트로 들어오는 모든 트래픽을
    - "*"     ◄── │ 이스티오 게이트웨이로 라우팅하도록 로드밸런서에게 지시
```

주문 처리 마이크로서비스 및 STS에 대한 게이트웨이 리소스와 가상 서비스(K.10.2절에서 설명) 리소스를 생성하려면 appendix-k/sample01 디렉터리에서 다음 명령을 실행하자.

```
\> kubectl apply -f istio.ingress.gateway.yaml

gateway.networking.istio.io/ecomm-gateway created
virtualservice.networking.istio.io/ecomm-virtual-service created
```

다음과 같은 kubectl 명령을 사용하면 디폴트 네임스페이스의 쿠버네티스 클러스터에서 사용 가능한 가상 서비스 리소스 목록을 확인할 수 있다.

```
\> kubectl get virtualservices

NAME                    GATEWAYS          HOSTS  AGE
ecomm-virtual-service   [ecomm-gateway]   [*]    6m
```

K.10.3 주문 처리 마이크로서비스와 STS 마이크로서비스의 가상 서비스 생성

이스티오에서 도입한 가상 서비스 리소스는 이스티오 게이트웨이에게 대상 쿠버네티스 서비스로 트래픽을 라우팅하는 방법을 지시한다. 쿠버네티스 서비스(부록 J에서 상세히 설명)가 하나 이상의 파드에 대한 추상화인 반면에, 이스티오 가상 서비스는 하나 이상의 쿠버네티스에 대한 추상화다. 이스티오 가상 서비스는 부록 J에서 설명한 쿠버네티스 인그레스 리소스와 상당히 유사하고, K.10.1절에서 설명한 게이트웨이 리소스는 쿠버네티스 인그레스 컨트롤러와 상당히 유사하다.

리스트 K.8은 K.10.1절에서 생성한 이스티오 게이트웨이에게 SNI 값[11]이 sts.ecomm.com인 모든 HTTPS 트래픽은 sts-service(쿠버네티스 서비스)로 라우팅하도록, SNI 값이 orders.ecomm.com인 트래픽은 orders-service(쿠버네티스 서비스)로 라우팅하도록 지시하는 ecomm-virtual-service(가상 서비스 리소스)의 정의를 보여준다.

리스트 K.8 ecomm-virtual-service 정의

```
apiVersion: networking.istio.io/v1alpha3
kind: VirtualService
metadata:
  name: ecomm-virtual-service
spec:
  hosts:
  - "*"
  gateways:
  - ecomm-gateway.istio-system.svc.cluster.local
tls:
  - match:
    - port: 443
      sni_hosts:                        SNI 헤더가 sts.ecomm.com 값을 전달하면
      - sts.ecomm.com  ◀──────    이스티오 게이트웨이는 sts-service로 트래픽을 라우팅
  route:
  - destination:
      host: sts-service  ◀──────  STS 파드의 쿠버네티스 서비스 이름
```

---

11 SNI(Server Name Indication)는 클라이언트 애플리케이션이 TLS 핸드셰이크를 시작하기 전에 사용할 수 있는 TLS 확장 기능으로 통신 상대방 호스트명을 서버에 전달한다. 이스티오 게이트웨이는 SNI 파라미터값을 기준으로 트래픽을 라우팅할 수 있다.

```
        port:
          number: 443  ◄──────  sts-service는 443 포트에서 수신대기
  - match:
    - port: 443
      sni_hosts:          ┌ SNI 헤더가 orders.ecomm.com 값을 전달하면
      - orders.ecomm.com ◄┤ 이스티오 게이트웨이는 orders-service로 트래픽을 라우팅
    route:
    - destination:        ┌ 주문 처리 마이크로서비스를 제공하는
        host: orders-service ◄┤ 파드의 쿠버네티스 서비스 이름
        port:
          number: 443  ◄──────  orders-service는 443 포트에서 수신대기
```

K.10.4 종단 간 흐름 실행

K.10.4절에서는 그림 K.9에서 도식화한 종단 간 흐름을 테스트한다. 우선 STS에서 토큰을 얻어온 다음 해당 토큰을 사용해 주문 처리 마이크로서비스에 접근해야 한다. 현재 이스티오 인그레스 게이트웨이 뒷단에 2개의 마이크로서비스가 있다. 다음 2개의 명령을 사용해 istio-system 네임스페이스에서 실행되는 이스티오 인그레스 게이트웨이의 외부 IP 주소와 HTTPS 포트를 확인하자. 첫 번째 명령은 istio-ingressgateway 서비스의 외부 IP 주소를 확인해 INGRESS_HOST 환경 변수에 export 하고, 두 번째 명령은 istio-ingressgateway 서비스의 HTTPS 포트를 확인해 INGRESS_HTTPS_PORT 환경 변수에 export 한다.

```
\> export INGRESS_HOST=$(kubectl -n istio-system \
get service istio-ingressgateway \
-o jsonpath='{.status.loadBalancer.ingress[0].ip}')

\> export INGRESS_HTTPS_PORT=$(kubectl -n istio-system \
get service istio-ingressgateway \
-o jsonpath='{.spec.ports[?(@.name=="https")].port}')
```

다음과 같은 echo 명령을 사용하면 환경 변수에 정확한 값을 설정했는지 확인할 수 있다.

```
\> echo $INGRESS_HOST
34.83.117.171
\> echo $INGRESS_HTTPS_PORT
443
```

로컬 시스템에서 이전에 환경 변수에 설정한 istio-ingressgateway 서비스의 외부 IP와 포트를 파라미터로 다음 curl 명령을 사용해 STS에서 토큰을 얻어오자. 이스티오 게이트 웨이에서 SNI 값을 기준으로 라우팅하기 때문에 STS에 접근하려면 호스트명으로 sts. ecomm.com을 사용해야 하는데 sts.ecomm.com 호스트명에 대한 DNS 매핑 정보가 없기 때문에 --resolve 옵션을 사용해 호스트명과 IP 매핑을 정의해 curl을 실행한다.

```
\> curl -v -X POST --basic -u applicationid:applicationsecret \
-H "Content-Type: application/x-www-form-urlencoded;charset=UTF-8" \
-k -d "grant_type=password&username=peter&password=peter123&scope=foo" \
--resolve sts.ecomm.com:$INGRESS_HTTPS_PORT:$INGRESS_HOST \
https://sts.ecomm.com:$INGRESS_HTTPS_PORT/oauth/token
```

curl 명령에서 applicationid는 웹 애플리케이션의 클라이언트 ID이고, applicationsecret 은 클라이언트 시크릿이다. 명령을 성공적으로 실행하면 STS는 OAuth 2.0 액세스 토큰 (access_token)인 JWT(정확하게는 JWS)를 반환한다.

```
{
"access_token":"eyJhbGciOiJSUzI1NiIsInR5cCI6IkpXVCJ9.eyJleHAiOjE1NTEzMTIzNz
YsInVzZXJfbmFtZSI6InBldGVyIiwiYXV0aG9yaXRpZXMiOlsiUk9MRV9VU0VSIl0sImp0aSI6I
jRkMmJiNjQ4LTQ2MWQtNGVlYy1hZTljLTVlYWUxZjA4ZTJhMiIsImNsaWVudF9pZCI6ImFwcGxp
Y2F0aW9uaWQiLCJzY29wZSI6WyJmb28iXX0.tr4yUmGLtsH7q9Ge2i7gxyTsOOa0RS0Yoc2uBuA
W5OVIKZcVsIITWV3bDN0FVHBzimpAPy33tvicFROhBFoVThqKXzzG00SkURN5bnQ4uFLAP0NpZ6
BuDjvVmwXNXrQp2lVXl4lQ4eTvuyZozjUSCXzCI1LNw5EFFi22J73g1_mRm2j-dEhBp1TvMaRKL
BDk2hzIDVKzu5oj_gODBFm3a1S-IJjYoCimIm2igcesXkhipRJtjNcrJSegBbGgyXHVak2gB7I0
7ryVwl_Re5yX4sV9x6xNwCxc_DgP9hHLzPM8yz_K97jlT6Rr1XZBlveyjfKs_XIXgU5qizRm9mt5xg",
"token_type":"bearer",
"refresh_token":"",
"expires_in":5999,
"scope":"foo",
"jti":"4d2bb648-461d-4eec-ae9c-5eae1f08e2a2"
}
```

이제 이전 curl 명령에서 획득한 JWT를 HTTP Authorization: Bearer 헤더에 포함해 curl 명령으로 주문 처리 마이크로서비스를 호출하자.

```
\> export TOKEN=jwt_access_token
\> curl -k -H "Authorization: Bearer $TOKEN" \
--resolve orders.ecomm.com:$INGRESS_HTTPS_PORT:$INGRESS_HOST \
https://orders.ecomm.com:$INGRESS_HTTPS_PORT/orders/11

{
  "customer_id":"101021",
  "order_id":"11",
  "payment_method":{
    "card_type":"VISA",
    "expiration":"01/22",
    "name":"John Doe",
    "billing_address":"201, 1st Street, San Jose, CA"
},
  "items":[
    {
      "code":"101",
      "qty":1
    },
    {
      "code":"103",
      "qty":5
    }
  ],
  "shipping_address":"201, 1st Street, San Jose, CA"
}
```

JWT가 다소 길기 때문에 JWT를 환경 변수(TOKEN)로 export 하고 주문 처리 마이크로서비스 요청 시 해당 환경 변수를 사용하는 방법이 있다. 이번 명령에서도 이전에 정의한 istio-ingressgateway 서비스의 외부 IP와 포트를 설정한 환경 변수를 사용했다. 이스티오 게이트웨이에서 SNI 값을 기준으로 라우팅하기 때문에 주문 처리 마이크로서비스에 접근하려면 호스트명으로 orders.ecomm.com을 사용해야 하는데 orders.ecomm.com 호스트명에 대한 DNS 매핑 정보가 없기 때문에 --resolve 옵션을 사용해 호스트명과 IP 매핑을 정의해 curl을 실행한다.

K.10.5 엔보이 프록시 디버깅

이스티오 서비스 메시 아키텍처를 사용하면 마이크로서비스를 오가는 모든 요청이 엔보이 프록시를 통과한다. 마이크로서비스 배포 환경에서 문제가 발생할 경우 엔보이 프록시의 디버그 수준 로그를 확인하면 원인을 파악하고 문제를 해결하는 데 도움을 준다. 디버그 수준 로그는 디폴트로 활성화되지 않는다.

엔보이 프록시와 연결된 파드의 정확한 레이블로 다음 명령을 실행하면 엔보이 프록시에서 디버그 수준 로그를 활성화할 수 있다. 다음 명령은 주문 처리 마이크로서비스의 배포 정의에서 찾을 수 있는 app 레이블의 값으로 orders를 사용한다. 재고 마이크로서비스를 대상으로 디버그 수준 로그를 활성화하려면 app 레이블의 값으로 inventory를 사용해야 한다.

```
\> kubectl exec $(kubectl get pods -l app=orders \
-o jsonpath='{.items[0].metadata.name}') -c istio-proxy \
-- curl -X POST "localhost:15000/logging?filter=debug" -s
```

디버그 로그를 확인하려면 주문 처리 디플로이먼트의 정확한 이름을 사용해 다음 명령을 실행하자. istio-proxy는 엔보이 프록시를 실행하는 컨테이너의 이름이다.

```
\> kubectl logs orders-deployment-6d6cd77c6-fc8d5 -c istio-proxy --follow
```

용량이 큰 로그 파일을 확인하려면 다음 명령을 사용해 마지막 100줄만 볼 수도 있다.

```
\> kubectl logs orders-deployment-6d6cd77c6-fc8d5 -c istio-proxy --tail 100
```

istio-ingressgateway에서 디버그 수준 로그를 활성화하려면 다음 명령을 사용할 수 있다.

```
\> kubectl exec $(kubectl get pods -l app=istio-ingressgateway \
-n istio-system -o jsonpath='{.items[0].metadata.name}') \
-n istio-system -c istio-proxy \
-- curl -X POST "localhost:15000/logging?filter=debug" -s
```

찾아보기

ㄱ

가상 머신 564
가상 서비스 430
갤리 750
고유 이름 311
공개 인증서 204, 208
공개키 기반구조 653
공유 JWT 238
공통 전송 계층 보안 58, 112
공평한 사용 정책 172
관리자 노드 605
구글 컨테이너 레지스트리 578
구글 쿠버네티스 엔진 369, 415, 696
구글 클라우드 플랫폼 697
권한 451
권한 기반 요청 제한 182
권한이 없는 프로세스 347
권한이 있는 프로세스 347
그라파나 183
그룹 407
깃허브 70, 114

ㄴ

내장화된 정책 결정 지점 모델 61
네스티드 JWT 245
네임스페이스 347, 369, 372, 563, 694
네트워크 정보 서비스 597
노드 687
노드 에이전트 465, 466
노드 증명자 656
노드포트 419, 691
노터리 333, 334
논 네트워킹 611

ㄷ

단기 인증서 231, 232
단기 자격증명 225, 233
단방향 TLS 205, 219
단일 책임 원칙 104, 735

단일 페이지 애플리케이션 135, 136, 545
단항 RPC 680
대상자 533
대상 키 341
대상 키 쌍 336
데이터 플레인 738
도커 184, 324, 334, 561
도커 데스크톱 419, 435, 442, 695, 752
도커 레지스트리 326, 570, 576
도커 스웜 324, 604
도커 이미지 570
도커 컨텐트 트러스트 333, 334
도커 컴포즈 357, 603
도커 허브 186, 326, 570, 577
동기식 작업 285
동일 출처 정책 143, 144, 145
동적 분석 493
동적 클라이언트 등록 프로토콜 79
디폴트 토큰 시크릿 384, 404
디플로이먼트 368, 369, 379, 382, 388, 397, 693

ㄹ

라우트 필터 124
레드햇 오픈시프트 서비스 메시 741
레플리카셋 702
로그 559
로깅 234, 745
로드밸런서 371, 394, 418, 419, 428, 692
로드밸런싱 745
로아스 653
롤 404
롤바인딩 404
루트 인증서 385
루트 키 340
루트 키 쌍 336
리눅스 네임스페이스 596
리머 224, 232, 234
리소스 718
리소스 서버 78, 137, 151, 162, 508, 509
리소스 소유자 508, 510

리소스 소유자 비밀번호 승인 방식 514
리프레시 토큰 승인 방식 517
리프 인증서 662
리플레이 공격 342
링커드 740

ㅁ

마스터 노드 389, 685
마운트 네임스페이스 347
마이크로서비스 아키텍처 32, 269
마이크로소프트 애저 서비스 패브릭 741
마이크로소프트의 애저 컨테이너 레지스트리 578
메시지 브로커 128, 283, 287, 289, 290
메타데이터 279, 679
메타트론 224, 225, 232, 652
메트릭 183, 184, 191, 234, 235, 554, 745
명령형 객체 구성 713
명령형 커맨드 711, 713
모놀리식 애플리케이션 33, 268
모놀리식 애플리케이션 진입점 35
모니터링 가능성 183, 234, 551, 745
모니터링 가능성의 3요소 234
모비 프로젝트 612
미니쿠베 419, 695
믹서 638, 750

ㅂ

바인드 마운트 360, 362, 593
반사형 XSS 공격 500
반응형 마이크로서비스 284
반응형 아키텍처 289
백그라운드 모드 600
번들 서버 637
번들 API 637
범용 고유 식별자 576
범위 92
보안 토큰 54
보안 토큰 서비스 37, 66
불투명 토큰 162, 163
불투명한 액세스 토큰 474
뷰 562
브리지 네트워킹 609
블로킹 스텝 266
비동기식 작업 286
비지박스 382
빌드 파이프라인 485

ㅅ

사용 가능한 복제본 712
사용자 계정 400
사용자 지정 리소스 정의 434, 755
사용자 컨텍스트 55, 63, 238, 245
사이드카 744
샌드박스 607
서명 531
서버 스트리밍 RPC 680
서블릿 필터 34
서비스 688
서비스 간 통신 201, 220, 232, 238, 253
서비스 계정 400, 407, 409
서비스 메시 101, 102, 242, 259, 365, 414, 736
서비스 수준 인가 60
서비스 어카운트 400
서비스 품질 738
서비스 프록시 738, 743
선언형 객체 구성 713
소나큐브 481
소프트웨어 가드 익스텐션 232
소프트웨어 가드 익스텐션 칩 234
소프트웨어 정의 네트워킹 365
수직적 확장 169
수평적 확장 169
스냅샷 키 341
스크래핑 184, 190
스터비 667
스팬 556
스프링 부트 32, 70
스프링 부트 메이븐 플러그인 211
스프링 클라우드 바인더 295
승인 방식 83, 246, 508, 511
시각화 559, 745
시계열 데이터 191
시크릿 375, 377, 384, 386, 428
시타델 462, 464, 466, 751
신뢰 도메인 63, 163, 164, 239
신뢰 번들 657, 666
신뢰 플랫폼 모듈 232, 234

ㅇ

아마존 엘라스틱 컨테이너 레지스트리 578
아마존 엘라스틱 컨테이너 서비스 578
아마존 웹 서비스 앱 메시 741
아스펜 메시 741

아파치 메이븐 71
아파치 주키퍼 290
아파치 카프카 641
암시적 승인 방식 522
애저 컨테이너 서비스 578
애저 쿠버네티스 서비스 578
액세스 토큰 80, 85, 89, 162, 508
액티브 스캐닝 495
앵귤러 136
앵귤러 명령행 도구 136
앵커 355
양방향 스트리밍 RPC 681
양방향 TLS 205
어설션 530
엔보이 743
엔보이 프록시 423, 462, 466
역방향 프록시 148
역할 404, 451
역할 기반 접근 제어 404
역할 기반 접근 제어 정책 451
영구 볼륨 695
오라클 컨테이너 레지스트리 578
오라클 클라우드 인프라스트럭처 컨테이너 엔진 578
오류 필터 124
오버로드 632
오케스트레이터 285
오프라인 키 340
오픈센서스 557
오픈시프트 컨테이너 레지스트리 578
오픈시프트 컨테이너 플랫폼 578
오픈텔레메트리 557
오픈트레이싱 557
온라인 인증서 상태 프로토콜 228
외부 경계 보안 102, 109, 203
요청 다중화 673
요청 전 필터 123
요청 후 필터 124
워커 노드 685
워크로드 462
원격 프로시저 호출 668
웹어셈블리 필터 751
위임 키 335, 341
유닉스 569
유닉스 소켓 357, 359
이그레스 게이트웨이 740, 748
이스티오 259, 415, 638

인가 서버 78, 85, 151, 162, 508, 511
인가 어설션 531
인가 코드 승인 방식 518
인그레스 719
인그레스 게이트웨이 418, 421, 428, 740, 747
인젝션 479
인증기관 129, 204, 214, 643
인증서 112, 204
인증서 서명 요청 646
인증서 해지 226
인증서 해지 목록 129, 227
인터넷 보안 센터 353, 366
인 프로세스 서비스 메시 736
일반 이름 204, 311, 363, 645
임베디드 서비스 메시 736

ㅈ

자가 수용적 액세스 토큰 129
자가 수용적 토큰 133, 163, 525
자가 수용적 JWT 80
자바 가상 머신 36
자바 개발 도구 71
자바 키 저장소 646
자체검증 128
자체발급 JWT 243, 245
작업자 노드 605
장기 자격증명 225, 233
저장소 키 336
접근 위임 110, 506
접근 제어 목록 308, 312
정적 코드 분석 481
정책 결정 지점 614
정책 관리 지점 614, 740
정책 저장소 614
정책 적용 지점 102, 614, 739
정책 정보 지점 614
제로 트러스트 네트워크 57
젠킨스 485
주체 315, 448, 533
주키퍼 291
중앙화된 정책 결정 지점 모델 60
중앙화된 정책 관리 지점 61
지속적 배포 652
지속적 통합과 지속적 배포 223, 356
진입점 33, 102

ㅊ

참조 토큰 133, 162, 474, 525
채널 679
초기화 컨테이너 381
최대 허용 한계 179
최종 사용자 78, 203
추적 555, 745

ㅋ

카프카 283, 284, 290
캐퍼빌러티 350
캠브리지 애널리티카 54
캠브리지 애널리티카/페이스북 사건 54
컨테이너 562, 570
컨테이너 계층 586
컨테이너 네트워크 모델 607
컨테이너 런타임 인터페이스 723
컨테이너 오케스트레이션 프레임워크 324, 333, 367, 683
컨테이너 ID 576
컨트롤 그룹 563, 598
컨트롤 플레인 605, 740
컨피그맵 375, 376, 377, 384, 729
쿠버네티스 324, 367, 414, 683
쿠버네티스 로드밸런서 373
쿠버네티스 승인 컨트롤러 640
쿠버네티스 컨트롤 플레인 684
큐 288
크로스 사이트 스크립팅 549
클라우드 네이티브 컴퓨팅 재단 190, 315
클라우드 컨테이너 레지스트리 578
클라우드 쿠버네티스 서비스 578
클라이언트 스트리밍 RPC 680
클라이언트 시크릿 89, 247, 256, 326, 394, 512
클라이언트 애플리케이션 78
클라이언트 자격증명 승인 방식 512
클라이언트 컨텍스트 55
클라이언트 ID 89, 247, 256, 326, 394, 512
클러스터롤 404, 409
클러스터롤바인딩 404, 409
클러스터 IP 397, 430
클레어 354
클레임 59
클레임 묶음 531, 535
키 관리 223
키 사용 속성 662
키 순환 233

키 저장소 208
키 프로비저닝 224

ㅌ

타임스탬프 키 341, 342
태그 580
토큰 78
토큰 스토어 127
토큰 유효성 검사 122, 125
토큰 처리 지점 83
토픽 288
통합 개발 환경 87
트러스트 네트워크 57
트레이싱 234

ㅍ

파드 401, 462, 685
파일럿 466, 749
패시브 스캔 494
포그라운드 모드 600
푸시 데이터 627
프로메테우스 183, 184
프로세스 외 서비스 메시 414, 737
프로토콜 버퍼 261, 263
피보탈 컨테이너 서비스 578

ㅎ

하버 578
하이퍼바이저 564
할당량 기반 애플리케이션 요청 제한 170
해시코프 콘술 740
호스트 네트워킹 611
호스트명 204
확장된 키 사용 속성 663
환경 변수 254, 258

A

Access-Control-Allow-Credentials 146
Access-Control-Allow-Headers 146
Access-Control-Allow-Methods 146
Access-Control-Allow-Origin 146
Access-Control-Max-Age 147
Access-Control-Request-Headers 146
Access-Control-Request-Method 146
access token 508
access_token 84

ACL(access control list) 308
ACR(Azure Container Registry) 578
ACS(Azure Container Service) 578
active 126
active scanning 495
AKS(Azure Kubernetes Service) 578
allow.everyone.if.no.acl.found 속성 311
Anchore 355
Angular 136
angular-oauth2-oidc 152
Apache Kafka 290, 641
Apache Maven 71
Apache ZooKeeper 290
API 게이트웨이 49, 102, 129, 176
API 게이트웨이 아키텍처 패턴 108
API 보안 109
API Contract Security Auditor 479
API gateway 49, 102
API Manager 480
apiVersion 710
applicationid 247, 256, 394
application.properties 82, 120, 160, 186, 212, 214, 217,
219, 303, 304, 307, 308
application.properties 파일 73, 327, 332, 374
applicationsecret 247, 256, 394
applications.properties 파일 295, 299
Aspen Mesh 741
assertion 530
aud 65, 126, 239, 240, 241, 242, 258, 277
aud 속성 533, 664
audience 533
authorization assertion 531
Authorization HTTP 헤더 90
AuthorizationPolicy 459
authorization server 151, 508
authorizer.class.name 속성 310
authserver.introspection.endpoint 속성 120
AUTO_PASSTHROUGH 426
availableReplicas 712
AVI 네트웍스 741
AVI Networks 741
AWS App Mesh 741

B

background mode 600
base64 83, 377, 384, 387, 392, 513
base64 디코더 385, 386, 451

Basic 인증 83, 112
Bearer 90, 165, 239, 243, 396
bidirectional streaming RPC 681
bind mount 593
blocking stub 266
bridge networking 609
build pipeline 486
bundle API 637
bundle server 637
busybox 382

C

CA(certificate authority) 129, 643
capability 350
CD 652
Center for Internet Security 353
centralized PDP model 60
certificate authority 204
cgroup 563, 598
channel 679
CI/CD(continuous integration/continuous delivery) 223,
356, 486
Citadel 462, 751
claim 59
claim set 531, 535
Clair 354
clientCertChainFilePath 275
client_credentials 83, 86
client_id 126
ClientInterceptor 279
clientPrivateKeyFilePath 275
client-streaming RPC 680
Cloud Container Registry 578
Cloud Kubernetes Service 578
Cloud Native Computing Foundation 190, 315
cluster-admin 405, 406, 407
ClusterIP 690
ClusterRbacConfig 454
ClusterRole 404
ClusterRoleBinding 404
CN(common name) 311, 645
CNM(Container Network Model) 607
common name 204
ConfigMap 375, 729
configure 메서드 160, 161
container 562, 570
containerd 596

containerd-shim 596

container layer 586

container orchestration framework 324, 683

Content-Type: application/json 83

control plane 605, 740

CORS 143, 145

CRI(container runtime interface) 723

CRL 배포 지점 227

CRL(certificate revocation list) 227

CRL distribution point 227

cross-origin resource sharing 143

CSR(certificate-signing request) 646

curl 71

custom resource definition 434, 755

D

dashboard.json 189

datasource.yml 189

DCT(Docker Content Trust) 333

declarative object configurations 713

default token secret 384

delegation key 335, 341

Deployment 368, 693

DestinationRule 439

distinguished name 311

dive 586

DN 311

docer login 명령 336

Docker 561

Docker Bench for Security 353, 354, 366

Docker Compose 357, 603

DOCKER_CONTENT_TRUST 환경 변수 339

docker create 명령 587

Docker Desktop 695, 752

docker-for-desktop-binding 407

DOCKER_HOST 환경 변수 364

Docker Hub 186, 326, 570, 577

Docker image 570

docker inspect 명령 349

docker kill 명령 590

docker pause 명령 588

Docker registry 326

docker rm 명령 591

docker run 353

docker run 명령 209, 300, 330, 348, 360

docker start 명령 588

docker stop 명령 589

Docker Swarm 324, 604

docker trust key generate 명령 335

DTR(Docker Trusted Registry) 577

dynamic analysis 493

Dynamic Client Registration Protocol 79

E

ECR(Elastic Container Registry) 578

ECS(Elastic Container Service) 578

Egress gateway 740

embedded PDP model 61

embedded service mesh 736

emptyDir 볼륨 383

Enterprise Edition 33

error filter 124

etcd 389, 710

exp 534

exp 속성 665

expires_in 84

Extended Key Usage 속성 663

F

FD(file descriptor) 569

filterType 메서드 124

firsttopic 292

Fluentd 559

foreground mode 600

G

Galley 750

Gatekeeper 640

gcloud 697

GCP(Google Cloud Platform) 697

GCR(Google Container Registry) 578

getSslContextBuilder 메서드 273

git 71, 72

GKE 696

Google Kubernetes Engine 415

Grafana 183

grant type 83, 508

grant_type 83, 258

group 407

gRPC 262, 266, 268, 276, 667

H

Harbor 578

HashiCorp Consul   740
head-of-line blocking   674
HOL 블로킹   674
horizontal scaling   169
Host   310
host networking   611
HTTPS   206
hypervisor   564

I

iat   534
id-kp-clientAuth   663
id-kp-serverAuth   663
imperative command   711
imperative object configurations   713
Ingress   719
Ingress 게이트웨이   418
Ingress gateway   740
INGRESS_HOST 환경 변수   442
INGRESS_HTTPS_PORT 환경 변수   442
init container   381
in-process service mesh   736
integrated development environment   87
interceptCall 메서드   280
I/O Overview   188
IPC 네임스페이스   598
iss 속성   533
Istio   638
istioctl 명령행 도구   427
istio-ingressgateway   757, 758
istio-ingressgateway 파드   759
ISTIO_MUTUAL   426
istio-policy   756
istio-sidecar-injector   757
istio-telemetry   756

J

Java Platform   33
javax.net.ssl.keyStore   221
javax.net.ssl.keyStorePassword   221
javax.net.ssl.trustStore   216, 220
javax.net.ssl.trustStorePassword   216, 220
Jenkins   485
JKS(Java Key Store)   646
JOSE(JSON Object Signing and Encryption)   531
JSON Web Token   59
jti 속성   534

JVM Memory   188
jvm_memory_max_bytes   185
jvm_memory_used_bytes   187
JWE(JSON Web Encryption)   539
JWK(JSON Web Key)   450
JWKS(JSON Web Key Set)   450
JWS(JSON Web Signature)   127, 247, 256, 534
JWT(JSON Web Token)   56, 59, 237, 249, 346, 386,
    529, 634
JWT 디코더   386, 451, 537
jwt_access_token   249, 251, 254
JWTClientInterceptor 클래스   280
JWT_KEYSTORE_SECRET 환경 변수   375
JWT-SVID   660, 664
jwt_token_value   277, 278

K

Key Cert Sign   662
key management   223
KEYSTORE_SECRET 환경 변수   375
Key Usage 속성   662
kind   711
kubectl   698
kubectl apply   370
kubectl get   702
kubectl get clusterrolebinding   406
kubectl get clusterroles   404
kubectl get configmaps   393
kubectl get deployments   370
kubectl get secrets   384, 393
kubectl get service   726
kubectl get serviceaccounts   400
kubectl get services   380, 394, 398
kubectl run   701
kube-proxy   724
Kubernetes   324, 367, 683
Kubernetes admission controller   640
Kubernetes control plane   684
kubeval   370

L

latest 태그   581
leaf certificate   662
Lemur   224
Linkerd   740
LoadBalancer   371, 692
LOAS(Low Overhead Authentication Services)   653

log 559
logging 234, 745
LXC(Linux Container) 595

M

manager node 605
master node 685
MeshPolicy 446, 760
message broker 128
metadata 279, 679, 711
Metatron 224, 652
metric 183
metrics 235, 554, 745
Microsoft Azure Service Fabric 741
minikube 695
Mixer 638, 750
MNT 네임스페이스 597
Moby project 612
monolithic application 33
mount namespace 347
mTLS(mutual Transport Layer Security) 58, 203, 219,
    268, 305
MUTUAL 426

N

namespace 347, 563, 596, 694
NATS 283, 284, 315, 317
NET 네임스페이스 597
Nimbus 536
NIS(Network Information Service) 597
node 687
node attester 656
Node.js 136
nodePort 691
NodePort 419, 691
none networking 611
Notary 333
npm 136

O

OAuth 2.0 43, 54, 78, 109, 113, 505
OAuth 2.0 토큰 유효성 검사 80
OAuth 2.0 token introspection 80
observability 183, 234, 551
OCI(Open Container Initiative) 596
OCP(OpenShift Container Platform) 578

OCR(OpenShift Container Registry) 578
OCSP(Online Certificate Status Protocol) 228
OCSP 스테이플링 230
OFF 455
offline key 340
OIDC(OpenID Connect) 151, 163, 505, 526
ON 455
one-way TLS 205
ON_WITH_EXCLUSION 455
ON_WITH_INCLUSION 455
OPA(Open Policy Agent) 192, 193, 196, 197, 613, 616
OPA 게이트키퍼 640
OpenCensus 557
OpenSSL 207, 270, 299, 360, 422, 620
OpenTelemetry 557
OpenTracing 557
Operation 310
OPTIONS 메서드 146
Oracle Cloud Infrastructure Container Engine for
    Kubernetes 578
Oracle Container Registry 578
orchestrator 285
order_policy_data_from_file 631
orderprocessingapp 83
orderprocessingapp:orderprocessingappsecret 문자열 82
orderprocessingservice 89
orderprocessingservicesecret 89
Origin 146
out-of-process service mesh 414, 737
overload 632
OWASP(Open Web Application Security Project) 471
OWASP API 보안 472
OWASP ZAP 493

P

PAP(policy administration point) 614, 740
passive scan 494
PASSTHROUGH 426
PDP(policy decision point) 614
PeerAuthentication 434, 445
PEM 디코더 385, 463
PEP(policy enforcement point) 614, 739
permission 451
PERMISSIVE 433, 438
PID 네임스페이스 597
Pilot 749
PIP(policy information point) 614

PKI(public key infrastructure) 653
PKS(Pivotal Container Service) 578
Pod 685
policy administration point 61
policy store 614
post-request filter 124
prabath.pub 335
prerequest filter 123
Principal 310
privileged process 347
process_start_time_seconds 185
Prometheus 183
prometheus.yml 187
promsd 757
Protocol Buffers 261
public 326
publish 메서드 295
pub/sub 메커니즘 128
push data 627

Q

QoS(quality-of-service) 738
Quick Facts 188

R

RBAC(role-based access control) 404
read 84
Red Hat OpenShift Service Mesh 741
reference token 525
registry 576
Rego 196, 623
remote procedure call 668
ReplicaSet 702
repository key 336
RequestAuthentication 445
request multiplexing 673
resource 718
Resource 310
resource owner 508
ResourcePattern 310
resource server 137, 508
REST 리소스 75
role 404, 451
Role 404
role-based access control 451
RoleBinding 404

root certificate 385
root key 340
root key pair 336
route filter 124
runc 596

S

scope 83, 84, 92, 126
scraping 184
SDN(software-defined networking) 365
SDS(Secret Discovery Service) 422, 464
Secret 375
Security Monkey 479
self-contained token 525
ServerInterceptor 280
server.port 속성 73, 82, 212, 214
server.properties 301, 302, 306, 310, 311, 312
server.ssl.key-store 303
server.ssl.key-store-password 속성 303
Service 688
ServiceAccount 400
service mesh 102, 414, 736
Service Mesh 101, 242
service proxy 738
ServiceRole 452, 458
ServiceRoleBinding 453
servlet filter 34
SGX(Software Guard Extensions) 232
signature 531
SIMPLE 426
single-page application 545
single responsibility principle 104, 735
SMTP(Simple Mail Transfer Protocol) 206
snapshot key 341
SNI(Server Name Indication) 426, 773
socat 357, 358, 359, 601
Solaris Containers 562
SonarQube 481
span 556
spec 711
SPIFFE(Secure Production Identity Framework for
    Everyone) 226, 650
SPIFFE 런타임 환경 226
SPIFFE ID 653
SPIRE(SPIFFE Runtime Environment) 226, 651
Spring Cloud's Binders 295

SPRING_CONFIG_LOCATION 환경 변수 329, 374
ssl.client.auth 속성 307
sslContext 274
ssl.endpoint.identification.algorithm 속성 303
ssl.principal.mapping.rules 속성 311
ssl.truststore.location 속성 306
status 711
STRICT 438
STS(security token service) 246, 249, 255, 276, 343, 533
Stubby 667
sub 126, 172
sub 속성 533, 665
subject 315, 448, 533
subject_token 인수 258
subject_token_type 인수 258
SVID(SPIFFE Verifiable Identity Document) 656, 660
system:masters 406

T

tag 580
target key 341
target key pair 336
TCP 569
TCP 소켓 356
TCP/IP 프로토콜 스택 109
TCP socket 356
timestamp key 341
TLS(Transport Layer Security) 204, 299, 301, 643
TLS 핸드셰이크 213, 215
TokenEndpointURL 속성 88
token introspection 122
tokenServices 함수 88
token_type 84
token_type_hint 파라미터 125
TPM(Trusted Platform Module) 232
trace 555
tracing 235, 745
trust bundle 657
trustCertCollectionFilePath 275
trust-the-network 57
TUF(The Update Framework) 334

U

unary RPC 680

unprivileged process 347
usePlaintext 274
user context 55
USR 네임스페이스 598
UTS 네임스페이스 597
UUID(universally unique identifier) 576

V

vertical scaling 169
view 562
VirtualServices 430
visualization 559, 745
VM(virtual machine) 564

W

WASM(WebAssembly) 필터 751
WebGoat 애플리케이션 495
worker node 605, 685

X

X.509-SVID 660, 661
XACML(eXtensible Access Control Markup Language) 641
X-Forwarded-For 헤더 182
XSS(cross-site scripting) 549

Y

YAML 687
YAML Lint 370

Z

Zuul 103, 116, 168

기타

@CrossOrigin 148
@CrossOrigin 애노테이션 147, 149
@EnableWebSecurity 애노테이션 88
@PostMapping 애노테이션 77
@RequestBody 애노테이션 77
@RequestMapping 애노테이션 77
@RestController 애노테이션 77
@SpringBootApplication 애노테이션 77
3scale 480

Microservices Security IN ACTION
마이크로서비스 아키텍처 보안 설계와 구현

발 행 | 2021년 9월 29일

지은이 | 프라바스 시리와데나 · 누완 디아스
옮긴이 | 박 상 영

펴낸이 | 권 성 준
편집장 | 황 영 주
편 집 | 이 지 은
디자인 | 송 서 연

에이콘출판주식회사
서울특별시 양천구 국회대로 287 (목동)
전화 02-2653-7600, 팩스 02-2653-0433
www.acornpub.co.kr / editor@acornpub.co.kr

한국어판 © 에이콘출판주식회사, 2021, Printed in Korea.
ISBN 979-11-6175-567-0
http://www.acornpub.co.kr/book/ms-security-action

책값은 뒤표지에 있습니다.